Mehdi Azaiez

Le contre-discours coranique

Studies in the History and Culture of the Middle East

Volume 30

Mehdi Azaiez

Le contre-discours coranique

DE GRUYTER

ISBN 978-3-11-060946-2
e-ISBN (PDF) 978-3-041910-8
e-ISBN (EPUB) 978-3-041916-0
ISSN 2198-0853

Library of Congress Cataloging-in-Publication Data
A CIP catalog record for this book has been applied for at the Library of Congress.

Bibliographic information published by the Deutsche Nationalbibliothek
The Deutsche Nationalbibliothek lists this publication in the Deutsche Nationalbibliografie; detailed bibliographic data are available on the Internet at http://dnb.dnb.de.

This volume is text- and page-identical with the hardback published in 2015.
Typesetting: epline, Kirchheim/Teck
Printing: Hubert & Co. GmbH & Co. KG, Göttingen
∞ Printed on acid-free paper
Printed in Germany

www.degruyter.com

Aux fruits de la Surabondance,
سارة و سامي

Préface

Le présent ouvrage est une version remaniée d'une thèse de doctorat soutenue le 18 octobre 2012 à Aix en Provence. Ce remaniement a préservé une part substantielle du texte original. Néanmoins, quelques légères corrections et additions ont été inévitables. En outre, un chapitre a été supprimé et l'annexe initialement volumineuse a été grandement allégée.

Lorsqu'en septembre 2007, je présentai un projet de recherche sur la polémique dans le Coran à la lumière des contre-discours, je reçus un accueil très favorable de Monsieur le Professeur émérite Claude Gilliot. Bien que j'eusse soupçonné l'intérêt d'une telle entreprise, je fus régulièrement surpris par les résultats obtenus. Au cœur de l'analyse, il s'est en effet confirmé l'importance d'une forme littéraire singulière : le « contre-discours » ou la mise en scène par le Coran lui-même des propos de ses adversaires. Aisément identifiable – il s'agit du discours rapporté direct de l'adversaire introduit par le verbe 'dire' –, je proposais alors d'interroger méthodiquement cette « voix » opposante. Trois mouvements ont commandé notre investigation : le premier a tenté de cerner et définir notre sujet (Chapitres I–III), le deuxième nous a conduit à identifier et quantifier un corpus (Chapitres IV–V), le troisième s'est attaché à analyser ce même corpus en interrogeant ses thèmes, ses formes et ses évolutions (Chapitres VI–IX). Tout au long de ce parcours, j'ai proposé des clarifications notionnelles (typologies des formes de contre-discours), des évaluations quantitatives (importance et répartition des contre-discours), des distinctions formelles et des types de stratégies discursives (formes de la réfutation, stratégies et effets discursifs, typologie des opposants, évolution interne). Ce travail s'est accompagné de schémas, de tableaux graphiques et d'une synopse utiles à l'élaboration d'un corpus et à son analyse.

Délibérement synchronique, je m'étais donc engagé dans une démarche interne et comparative. Interne, j'opérais une lecture dans et avec le texte. Je restais sensible à sa 'matérialité', à ses formes, à ses structures à travers une variable objectivale car délimitée et répétitive : le discours rapporté direct de l'opposant. Mais cette parole de l'adversaire n'était en l'occurrence jamais isolée de sa riposte comme en témoigne la présence de la formule répétée *yaquluna ... fa qul*. Fort de ce constat, cette parole rapportée, parole ô combien déviante, a été analysée à l'aune des répliques qu'elle entraînait. Ainsi, à la lecture interne s'est ajoutée la comparaison systématique. L'opération consista, dès lors, à analyser pour un même contre-discours les différentes ripostes qu'il engageait.

Si la cohérence de ce travail et la validité d'une telle approche me semblaient acquises, comme tente de le démontrer cette monographie, il n'en demeurait pas moins qu'elle constituait une première étape indispensable mais non suffisante.

Car engager la seule analyse comparative à l'intérieur même du texte n'impliquait-il pas de s'y enfermer ? Ce repli n'interdisait-il pas un possible surcroît d'intelligence donnée à ce même texte ? L'objection était à l'évidence justifiée et me conduisit à engager une confrontation non seulement interne mais également externe. L'éventuelle concomittance des contre-discours coraniques avec d'autres formes similaires dans la vaste littérature de l'Antiquité tardive était donc posée. Cette tâche méritait une attention toute particulière impliquant un travail considérable de lecture des textes en langues syriaque et hébraïque. Cette recherche engagée a d'ores et déjà donné quelques résultats encourageants[1]. Néanmoins, j'ai fait le choix délibéré d'exclure cette approche externe et comparative de cette monographie. J'ai, en effet, considéré qu'elle recelait en soi un objet de recherche distinct, qui méritait une maîtrise et une connaissance beaucoup plus assurée des langues syriaques et hébraïques. Je souhaite en proposer les prolongements dans le cadre d'une monographie à venir. Deux années en tant que postdoctorant d'abord à l'Université de Notre-Dame (USA) puis au Laboratoire d'excellence Labex-Resmed à Paris auront par ailleurs grandement contribué à entamer cette recherche.

Ce livre a grandement bénéficié des apports d'ouvrages et d'articles majeurs de l'islamologie contemporaine. Nombre d'entre-eux sont des travaux consacrés à la polémique coranique écrits notamment par Patricia Crone, Gerald Hawting ou John Wansbrough. Mais on s'étonnera peut-être d'apprendre que l'une des contributions majeures à notre réflexion se situe également parmi des études critiques consacrées à des oeuvres littéraires, politiques ou historiques hors de la sphère culturelle arabo-islamique. Je pense ainsi au magnifique ouvrage de Gilles Magniont sur les Pensées de Pascal, aux travaux de linguistes comme Kerbrat-Orecchioni sur les interactions verbales ou Christian Plantin sur le modèle dialogal. Je dois beaucoup à nombre de lectures d'ouvrages critiques sur la Bible et particulièrement l'une d'entre-elles écrite par Adrian Graffy sous le titre « A prophet confronts his people: the disputation speech in the prophets ». Ces lectures croisées plaident encore une fois pour la nécessaire interdisciplinarité de la recherche en islamologie en général et en coranologie particulièrement.

Ce travail est le fruit, le témoin fidèle de rencontres, de dialogues, d'enthousiasmes et de curiosités partagés, de conseils précieux et amicaux. Il m'est donc fort agréable de remercier tout particulièrement mon *Doktorvater* et Professeur émérite Claude Gilliot. En bon guide, il m'a patiemment accompagné et chemin

1 Azaiez (Mehdi), « The eschatological counter-discourse in the Qur'an and in the Sanhedrin tractatus », *in* Zelletin H. (ed.), *Return to the Origins, The Qur'ān's Reformation of Judaism and Christianity* (titre provisoire), Routledge, à paraître.

faisant, il m'a transmis le goût immodéré des notes de bas de pages même s'il me sera bien difficile de parvenir à sa rigueur, à sa précision et son exhaustivité ! Je remercie le Professeur Gabriel Said Reynolds, un très grand ami, pour ses perspicaces observations à l'égard de mon travail et la confiance qu'il m'a toujours témoigné notamment lors de la co-direction du projet du Qur'ān seminar. Je remercie également Marie-Hélène Congourdeau, Jacqueline Chabbi, Asma Hilali et Michel Cuypers pour leurs conseils si précieux et amicaux. J'exprime toute ma gratitude au Professeur John C. Cavidini qui a été le si généreux artisan de ma venue à la prestigieuse Université de Notre-Dame. Mes plus vifs remerciements vont également à l'ensemble de mes collègues de la Faculté de Théologie et d'Études Religieuses de la KU Leuven mais aussi à l'équipe des chercheurs de l'IREMAM dont Denis Gril, Pierre Larcher, Frédéric Imbert, Anne-Sylvie Boisliveau et tout particulièrement Mme Ghislaine Alleaume.

Je remercie également les nombreux chercheurs et amis qui ont contribué à poursuivre ma réflexion sur le contre-discours particulièrement lors du Qur'ān seminar : S. M. Omar Shaukat Ali, Emran El-Badawi, Patricia Crone, Guillaume Dye, Reuven Firestone, Sidney Griffith, Marcin Grodzki, Gerald Hawting, Nejmeddine Khalfallah, Manfred Kropp, Daniel Madigan, Michael Pregill, Andrew Rippin, Munim Sirry, Emmanuelle Stefanidis, Devin Stewart, Esma Tengour, Tommaso Tesei, Shawkat Toorawa, Abraham Winitzer, Munther Younes, Hamza M. Zafer, Holger Zellentin.

Je remercie également d'autres chercheurs croisés sur les chemins de la « coranologie » contemporaine : Mustapha Bentaïbi, Antoine Borrut, Stephen Burge, Abdelmajid Charfi, Abdallah Cheikh Moussa, Viviane Comerro, Muriel Debié, François Déroche, Hichem Djaït, Alba Fedeli, Geneviève Gobillot, Nader Hammami, Ghilène Hazem, Todd Lawson, Pierre Lory, Ephrem Malki, Michael Marx, Abdelwahab Meddeb, Christopher Melchert, Françoise Micheau, Sabrina Mervin, Angelika Neuwirth, Samir Khalil Samir, Michael Sells, Nicolai Sinai, Mathieu Tillier, Omar Alí-de-Unzaga et A. H. Mathias Zahniser.

Je remercie les personnes qui ont contribué par leurs écoutes, conseils et contacts à améliorer notre texte ou à l'enrichir de nouvelles réflexions : Isabelle Ardonceau, Jean-Robert Armogathe, Rémi Brague, Jean-Luc Marion.

Je remercie les membres de ma famille, ma mère Kalthoum, mes deux sœurs Sonia et Fatma et notre frère Riadh qui, pour ce dernier, n'a pas ménagé sa peine pour m'aider à achever ce travail.

Enfin, je remercie ma tendre épouse, Kaouthar, notre fille Sara et notre fils Samy. Tout au long de ce travail, ils ont été ma joie quotidienne, celle d'un époux et celle d'un père.

Ce livre est également dédié à mon père, récemment disparu. Je n'oublie pas qu'il m'avait offert, il y a 20 ans déjà, un « Que sais-je ? » écrit par Régis Blachère et intitulé simplement « Le Coran ». Rétrospectivement, « Baba » aura été le grand initiateur de ma recherche. Je lui exprime, ici et encore, mon éternelle reconnaissance.

Paris, janvier 2015.

Table des matières

Préface —— **VII**
Système de translittérations —— **XVI**
Abréviations —— **XVII**

Introduction —— 1

Partie I : **De la polémique dans le Coran au contre-discours coranique**

Chapitre I:
Les études coraniques contemporaines : *status quaestonis* —— 13
A L'absence d'une édition critique —— **13**
B La genèse du Coran en débats —— **16**
C Le nouvel essor des études coraniques —— **19**

Chapitre II :
La polémique dans le Coran : sources, méthodes et nouvelle approche —— 28
A L'approche historique —— **29**
  a La contrainte des sources —— **29**
  b Les méthodes d'analyse —— **37**
B L'approche linguistique et rhétorique —— **44**
  a La polémique : genre, formes, thèmes et structures —— **44**
  b La polémique et les techniques argumentatives dans le Coran : *« Logic, Rhetoric, and Legal Reasoning in the Qur'an*, God's arguments » —— **46**
C Prolongements : de la polémique au contre-discours coranique —— **49**

Chapitre III :
Le contre-discours coranique : une voie insuffisamment analysée —— 55
A Mohammed Arkoun : l'approche historique et « l'arrière discours » —— **56**
B Pierre Larcher : l'énonciation coranique et « la voix de l'autre » —— **58**
C Alfred Louis de Prémare : « la dialectique de la riposte » —— **65**

Chapitre IV :
Méthodologie et cadre conceptuel : l'approche intratextuelle — 68
A L'analyse de contenu — **69**
B L'approche intratextuelle : le modèle dialogal et la question argumentative — **71**
C Les cinq étapes de l'analyse — **76**

Chapitre V :
Le corpus élargi : les contre-discours coraniques (Passé, Présent, Futur) : 1/10ème du corpus total — 78
A Le contre-discours et sa riposte : une localisation (tableau synoptique) — **78**
B Le contre-discours et sa riposte : une approche quantitative — **91**
C Evolution et répartition des contre-discours et de la riposte (approches diachronique et synchronique) — **94**
D Une première interprétation des données collectées — **102**

Partie II : **Analyse du contre-discours présent et de la riposte coranique**

Chapitre VI :
Le corpus restreint : le contre-discours présent et les sourates sans les contre-discours — 109
A Les cinq questions argumentatives : définition, localisation et répartition chronologique — **109**
  a Le discours contre Dieu — **109**
  b Le discours contre le prophète — **111**
  c Le discours contre le Coran — **112**
  d Le discours contre l'eschatologie — **113**
  e Le discours contre les croyants — **114**
B Les cinq questions argumentatives dans les sourates sans contre-discours — **116**
  a Présentation du tableau — **116**
  b Premières lectures du tableau — **120**

Chapitre VII :
Les thèmes du contre-discours et de la riposte coranique — 122
A Les trois thèmes du discours contre Dieu et ses vingt-six prédicats — **122**
a La nature du Dieu des opposants — **122**
b L'action de Dieu selon les opposants — **125**
c L'action des opposants envers Dieu — **126**
B Le thème du « discours contre le prophète » et ses vingt prédicats — **127**
a La nature du prophète — **127**
b Les actes du prophète — **129**
c L'action des opposants à l'encontre du prophète — **130**
C Le thème du « discours contre le Coran » et ses vingt-six prédicats — **131**
a Le « phénomène » de la révélation coranique — **131**
b Son origine — **132**
c L'action des opposants à l'encontre du Coran — **133**
D Les trois thèmes de l'eschatologie et ses dix-huit prédicats — **134**
a La résurrection des corps et ses prédicats — **135**
E Les thèmes du discours contre les croyants — **137**
a Ce que les croyants sont (au regard des opposants) — **137**
b L'action des opposants — **138**
F Les thèmes de la riposte coranique — **139**
a La réfutation des discours contre Dieu — **140**
b La réfutation des discours contre le prophète — **140**
c La réfutation des discours contre le Coran — **141**
d La réfutation des discours contre l'eschatologie — **142**
e La réfutation des discours contre les croyants — **142**

Chapitre VIII :
Les formes du contre-discours et de la riposte coranique — 144
A A l'échelle du verset : les trois parties du Contre-discours Présent — **144**
a Le Contre-Discours Citant Introductif (CDCI) — **144**
b Les formes du CDRDP (Contre-Discours Rapporté Direct Présent) — **146**
c Les formes du CDCR (Contre-Discours Citant de la Riposte) — **147**
B Au-delà du verset : les formes du contre-discours et de la riposte — **149**
a La sourate *al Furqān* (XXV, 1–10) — **150**
b La sourate *al-wāqiʿa* (LVI, 41–55) — **151**

Chapitre IX :
Les stratégies d'élaboration, une typologie des figures de l'opposant et l'évolution des contre-discours eschatologiques — 155
A Les figures de l'opposant : lieux, formes et stratégies d'une élaboration — **156**
a Les Contre-Discours Citant Introductifs et les stratégies d'une construction de l'opposant — **156**
b Le Contre-Discours Rapporté Direct Présent et les stratégies d'une construction de l'opposant — **158**
c Le Contre-discours Citant de la Riposte et les stratégies d'une construction de l'opposant — **159**
B La figure de l'opposant : une typologie — **159**
a Les indices de désignation — **160**
b Les indices d'attitudes — **160**
c Les indices de croyances — **162**
C L'évolution des contre-discours : le cas de l'eschatologie — **164**
D L'analyse intratextuelle des contre-discours eschatologiques — **165**
a L'eschatologie sans contre-discours — **165**
b Le contre-coran eschatologique — **167**
c L'évolution des ripostes aux contre-discours eschatologiques — **170**

Partie III : **Le Contre-Discours Rapporté Direct Présent (CDRDP)**
Numérotation, localisation & classements, textes, translittérations, traductions, concordance, commentaires et analyses

A Présentation — 179

B Le corpus contre-coranique présent — 181

Conclusion — 290

Annexes

Table I — 297

Table II — 300

I Liste des CDRDP selon l'ordre d'apparition dans la vulgate coranique — **301**

II Liste des CDRDP selon un ordre chronologique supposé (Nöldeke, Schwally) — **307**

Bibliographie — 321

Sites internet — **336**

Liste des tableaux, schémas et synopse — 337

Tableaux — **337**

Schémas — **337**

Graphiques — **337**

Synopse — **338**

Index — 339

Système de translittération (Arabica)

Formes isolées	Noms et valeurs	Transcriptions
ء	*hamza* – attaque vocalique, explosive glottale	ʾ
ا	*alif* – voyelle longue	*ā*
ب	*bāʾ* – labiale occlusive sonore	*b*
ت	*tāʾ* – dentale occlusive sourde	*t*
ث	*ṯāʾ* – interdentale et spirante sourde	*ṯ*
ج	*ǧīm* – spirante palatale sonore	*ǧ*
ح	*ḥāʾ* – spiranteryngale sourde	*ḥ*
خ	*ḫāʾ* – vélaire spirante sourde	*ḫ*
د	*dāl* – dentale occlusive sonore	*d*
ذ	*ḏāl* – interdentale spirante sonore	*ḏ*
ر	*rāʾ* – vibrante linguale ou liquide	*r*
ز	*zīn* – dentale spirante sonore	*z*
س	*sīn* – dentale spirante sourde	*s*
ش	*šīn* – palatale spirante sourde	*š*
ص	*ṣād* – dentale spirante sourde vélarisé	*ṣ*
ض	*ḍād* – d emphatique, dentale occlusive sourde vélarisée	*ḍ*
ط	*ṭā* – *t* emphatique, dentale occlusive sourde vélarisée	*ṭ*
ظ	*ẓā* – *ḏ* emphatique, interdentale spirante sonore vélarisée	*ẓ*
ع	*ʿayn* – laryngale spirante sonore	ʿ
غ	*ġayn* – vélaire spirante sonore	*ġ*
ف	*fāʾ* – labiodentale spirante sourde	*f*
ق	*qāf* – occlusive arrière-vélaire sourde avec une explosion glottale	*q*
ك	*kāf* – palatale occlusive sourde	*k*
ل	*lām* – linguale liquide	*l*
م	*mīm* – labiale nasalisée	*m*
ن	*nūn* – dentale nasalisée	*n*
ه	*hāʾ* – spirante sonore	*h*
و	*wāw* – voyelle u longue	*w*
ي	*yā* – voyelle i longue	*y*
	ḍamma, fatḥa, kasra – voyelles courtes	*u, a, i*

Abréviations

Ouvrages[1]

BEQ	Speyer (H.), *Die Biblischen Erzählungen im Qoran*, Hildesheim, 1931
CLSQ	Zammit (M. R.), *A Comparative Lexical Study of Qur'ānic Arabic*, Leyde, 2002
CQ	Kassis (H. E.), *A Concordance of the Qur'ān*, Berkeley, 1984
EI	*Encyclopaedia of Islam/Encyclopédie de l'Islam*, Leyde, 1960–2005
EQ	*Encyclopaedia of the Qur'ān*, Leyde, 2001–2005
FVQ	Jeffery (A.), *Foreign Vocabulary in the Qur'ān*, Baroda, 1938
GdQ^2	Nöldeke (T.), Schwally (F.) et *alii*, *Geschichte des Qorāns*, *Die Sammlung des Qorāns*, Leipzig, 1919
GdQ^3	Nöldeke (T.), Schwally (F.), Bergsträsser (G.) et *alii*, *Geschichte des Qorāns*, *Die Geschichte des Korantexts*, Leipzig, 1938
KKK	Paret (R.) *Der Koran*, *Kommentar und Konkordanz von Rudi Paret*, Stuttgart, 200^{5}7
LA	*lisān al ʿarab*
MMAQ	Bāqī (M. F.), *al-muʿǧam al-mufahras li-alfāẓ al-Qur'ān*, Beyrouth, 196?
NPQ	Reynolds (G. S.) ed., *New Perspectives on the Qur'ān*, Londres, 2011
QBS	Reynolds (G. S.), *The Qur'ān and its Biblical Subtext*, Londres, 2010
QHC	Reynolds (G. S.) ed., *The Qur'ān in its Historical Context*, Londres, 2006
QS	Wansbrough (J.), *Quranic Studies*, Amrhest, 1977, 200^{4}2

Revues

AnIsl	*Annales Islamologiques*
BEO	*Bulletin d'Etudes Orientales*
BSOAS	*Bulletin of The School of Oriental and African Studies*
IJMES	*International Journal of Middle East Studies*
Isl	*Der Islam*
JAIS	*Journal of Arabic and Islamic Studies*
JESHO	*Journal of the Economic and Social History of the Orient*
JIS	*Journal of Islamic Studies*
JNES	*Journal of Near Eastern Studies*

1 *V.* notre bibliographie pour une présentation complète des ouvrages.

JQS	*Journal of Qur'ānic Studies*
JSAI	*Jerusalem Studies of Arabic and Islam*
JSS	*Journal of Semitic Studies*
MW	*Muslim World*
REMMM	*Revue des Mondes Musulmans et de la Méditerranée*
SI	*Studia Islamica*
WI	*Die Welt des Islams*
ZAL	*Zeitschrift für Arabische Linguistik/Journal for Arabic Linguistics (ZAL/JAL)*
ZDMG	*Zeitschrift der Deutschen Morgenländischen Gesellschaft*

Introduction

« Il y a encore à faire *dans* et *avec* le texte[1] »
François Hartog

De la date traditionnelle et supposée de la première proclamation du Coran à notre temps présent s'étirent pas moins de quatorze siècles[2]. L'évidence de ce constat implique qu'il n'est aucune lecture, aucune analyse ou interprétation qui ne soit conditionnée par cette distance abyssale. Comment ignorer, en effet, ce « vilain gouffre[3] » et ne pas souscrire à la réflexion de Paul Ricoeur sur la notion de texte qui est pour lui « beaucoup plus qu'un cas particulier de communication interhumaine, il est le paradigme de la distanciation dans la communication ; à ce titre, il révèle un caractère fondamental de l'historicité même de l'expérience humaine, à savoir qu'elle est une communication dans et par la distance[4] ». Pour le Coran (comme pour d'autres textes dits « sacrés »), cette distanciation induit deux écarts. Un premier relève de l'éloignement entre la parole proclamée (*qurʾān*) et sa mise par écrit (*muṣḥaf*). Un second désigne le décalage entre l'univers coranique et l'univers mental du lecteur d'hier comme d'aujourd'hui.

En effet, avant qu'il ne fût un texte, le Coran était une parole, un discours. Il existe aujourd'hui un large consensus entre la tradition musulmane et les islamologues pour considérer que le texte coranique résulte fondamentalement d'une manifestation à caractère oral[5]. Les données scripturaires en sont les échos les plus explicites. Le terme *qurʾān* lui-même, nom verbal dérivé de la racine *Q-R-ʾ*,

---

1 Hartog (François), *Le miroir d'Hérodote. Essai sur la représentation de l'autre*, Paris, Gallimard, (« Folio/Histoire ; 101 »), 1991, p. 465. C'est nous qui soulignons.

2 Ce laps de temps fut marqué à sa manière par un colloque récent intitulé « 610–2010 : 1400 Years, Proclamation of the Qur'an, The Historical context from the Perspectives of Philology, epigraphy, and archeology » et organisé par la Freie Universitäd de Berlin sous la direction d'Angelika Neuwirth et Michael Marx.

3 L'expression « garstiger Graben » est empruntée à G. E. Lessing. *Cf.* Greisch (Jean), *L'âge herméneutique de la raison*, Paris, Cerf, (« Cogitatio Fidei ; 133 »), 1985, p. 29.

4 Ricoeur (Paul), *Du texte à l'action. Essai d'herméneutique*, II, Paris, Seuil, (« Esprit »), 1986, p. 101–102.

5 Arkoun (Mohammed), *Ouvertures sur l'islam*, Paris, Jacques Grancher, (« ouverture »), 1992[2], p. 64–65 ; Graham (William Albert), *Beyond the Written Word, Oral Aspects of Scripture in the History of Religion*, Cambridge, Cambridge University Press, 1993, p. 88–92 ; Madigan (Daniel A.), *The Qur'ân's Self Image, Writing and Authority in Islam's Scripture*, Princeton, Princeton University Press, 2001, p. 23 ; Charfi (Abdelmajid), *L'islam entre le message et l'histoire*, Paris, Albin Michel, (« L'islam des lumières »), p. 54–55.

désigne l'action de « réciter[6] ». Les nombreuses occurrences[7] du terme l'attestent et parmi elles ce verset : « Lorsque le Coran est récité, Ecoutez et faites silence ! Peut-être vous sera-t-il fait miséricorde[8] ». De même, les nombreux procédés rhétoriques que sont les imprécations (*wayl*), les injonctions (*qul*), les apostrophes (*yā ayyuhā al-nabī*) et autres formules stéréotypées[9] rappellent à l'évidence, eux aussi, l'oralité première du Coran. Si les données scripturaires sont éloquentes, la tradition musulmane souligne, elle aussi, cette même propriété du texte. Pour exemple, un *ḥadīṯ* du recueil de Buḫari qui rapporte le récit suivant : « (...) chaque fois que Gabriel venait trouver l'Envoyé de Dieu, celui-ci l'écoutait, puis dès que Gabriel était parti, il récitait le Coran exactement comme l'ange l'avait récité (*qara'u*)[10] ». On conçoit ici clairement comment la tradition islamique met en scène la mémoire de la révélation coranique comme proclamation délivrée à Muḥammad.

Mais la tradition islamique témoigne aussi de cette première distance, celle qui sépare la proclamation orale (*qur'ān*) de sa réalisation comme recueil écrit

6 Jeffery (Arthur), *The Foreign Vocabulary of the Qur'ān*, with a foreword by Gerhard Böwering and Jane Dammen Mc Auliffe, Leiden, Brill, (« Texts and Studies on the Qur'ān ; 3 »), 2007, p. 233–234. Republication de *The Foreign Vocabulary of the Qur'ān*, Baroda, Oriental Institute, (« Gaekwad's Oriental Series ; 79 »), 1938, p. 233–234. *Cf.* Zammit (Martin R.), *A Comparative Lexical Study of Qur'ānic Arabic*, Leiden, Brill, (« Handbook of Oriental Studies. Section 1 The Near and Middle East ; 61 »), 2002, p. 336 ; Lane (Edward William), *An Arabic-English lexicon*, derived from the best and the most copious eastern sources, ... In two books: the first containing all the classical words and significations commonly known to the learned among the Arabs ; the second, those that are of rare occurence and not commonly known, London/Edinburgh, Williams and Norgate, 1863–1893, VII, p. 30–32 ; Ibn Manẓūr (Abūl-Faḍl Ğamāl Al-Dīn), *Lisān al-ʿArab*, Beyrouth, Dār iḥyā' al Turāṯ al ʿArabī, 1999, XI, p. 78.

7 La racine *Q-R-'* est présente à soixante-dix reprises. *Cf.* Kassis (Hanna E.), *A Concordance of the Qur'ān*, Foreword by Fazlur Rahman, Berkeley, University of California Press, 1984, p. 649 ; Bāqī (Muḥammad Fu'ād), *al-Muʿğam al-mufahras li-alfāẓ al-Qur'ān*, Le Caire, Dār al ḥadiṯ, 1996, p. 649–650.

8 Il s'agit de notre traduction du verset suivant C. VII, 204 : وَإِذَا قُرِئَ ٱلْقُرْءَانُ فَٱسْتَمِعُوا۟ لَهُۥ وَأَنصِتُوا۟ لَعَلَّكُمْ تُرْحَمُونَ (*wa 'iḏā quri'a l-qur'ān*[u] *fā-stamiʿū lahu wa 'ānṣitū la ʿallakum turḥamūn*[a])

9 Suyūṭī (Ğalāl al-Dīn ʿAbd al-Raḥmān al-, m. 1505), *al-itqān fī ʿulūm al-Qur'ān*, Beyrouth, Dār al Ğia, 1998, Lire les chapitres (les modes d'interpellation, 51 – les ouvertures des sourates, les finales des sourates 60 et 61) 2 vols. vol. I 751 p. ; vol. II 668 p. *Cf.* également Dundes (Alan), « Oral Formulas in the Qur'ān » in *Fables of the ancients ? Folklore in the Qur'an*, Lanham, Rowman & littlefield, 2003, p. 23–54.

10 Buḫari (Abū ʿAbd Allāh Muḥammad b. Ismāʿīl al-Ğuʿfī, *al Ğâmiʿ al-Ṣaḥīḥ*, [Recueil des traditions mahométanes], éd. L. Krehl et Th. W. Juynboll, Leyde, E. J. Brill, 1862–1908, I, p. 5. (Les termes arabes translittérés n'apparaissent pas dans la traduction de Houdas et Marçais. Nous les avons ajoutés).

(*muṣḥaf*). De ce passage de l'oralité à l'écriture, les traditions sunnite comme chiite nous donnent un récit pluriel et souvent contradictoire[11]. Les luttes guerrières qui ont marqué les premiers califats[12], le choix d'une prééminence délibérée d'un *muṣḥaf* sur d'autres[13] et la perte d'un Coran intégral[14], l'existence de lectures plurielles (*qirā'āt*)[15], les réformes orthographiques qui ont, semble-t-il présidé à l'élaboration de ces derniers[16] sont autant d'indices d'une histoire du Coran pour le moins complexe. Dès lors, rien dans cette histoire ne permet d'affirmer avec certitude que l'événement du discours coranique fut transposé scrupuleusement et dans sa totalité dans le texte que nous connaissons aujourd'hui. Tout porte à croire qu'il en fut autrement. Les données mêmes transmises par la tradition corroborent pour le moins ce constat[17].

11 Amir-Moezzi (Mohammad Ali), *Le Coran silencieux et le Coran parlant, Sources scripturaires de l'islam entre histoire et ferveur*, Paris, CNRS éditions, (« CNRS Religions »), 2011, p. 74 *sqq*.

12 Outre l'ouvrage précédent, on pourra consulter le livre de Djaït (Hichem), *La grande discorde, Religion et politique dans l'Islam des origines*, Paris, Gallimard, (« Bibliothèque des Histoires »), 1989, 421 p. Quelques pages suggestives mettent en lumière notamment le rôle des *qurrā'* (récitants coraniques) dans les luttes de pouvoir de l'Islam des origines, p. 125–137.

13 Annales quos scripsit Abu Djafar Mohammed Ibn Djarir [*Ta'rīḫ al-rusul wa'l-mulūk*, al Ṭabarī] *cum aliis*; *edidit* [M. J. de Goeje], *Lugduni Batavorum*, E. J. Brill, 1898, vol. VI, p. 2952. On peut y lire : « *wa qālū kāna al qur'ān kutub*[an] *fa-taraktahā illā wāhid*[an] ».

14 Suyūṭī (Ǧalāl al-Dīn ʿAbd al-Raḥmān al), *al-itqān fī ʿulūm al-Qur'ān*, II, *op. cit.*, Chapitre XLVII, p. 46. On peut y lire : « *qad ḏahaba minhu qur'ān*[un] *kaṯīr*[un] ».

15 *V. Infra* notre chapitre I.

16 Lors d'une conférence à l'Université de Notre Dame dans l'Indiana (20 avril 2009) intitulée : « The Alif in Qur'ānic Orthography : Vowel letters and ortho-epic writing variants », Gerd-R. Puin proposa une recherche textuelle qui tentait de suivre les évolutions de l'écriture coranique en se fondant exclusivement sur les manuscrits les plus anciens. Selon lui, ce travail permet de comprendre l'existence de variantes principalement imputables à un «manque de précision d'écriture ou de compétence orthographique dû aux scribes». Ces incohérences orthographiques disséminées dans l'édition égyptienne du roi Fu'ad seraient le résultat d'une réforme orthographique très ancienne mais inachevée et dont le corpus coranique serait le témoin. Cette hypothèse s'appuie notamment sur le fait que plusieurs types d'orthographe subsistent pour un même mot. C'est notamment le cas des lettres *wāw, yā'* et *alif* qui connurent des évolutions d'usage qui tentaient d'assurer – peut-on le supposer – la récitation fidèle du texte. *Cf.* Reynolds (Gabriel Said) éd., *New Perspectives on the Qur'ān, The Qur'ān in its Historical Context 2*, New-York, Routledge, (« Routledge Studies in the Qur'ān »), 2011, p. 147–190.

17 Sur ce point, on lira quelques pages instructives écrites par Burton (John), *The Collection of the Qur'ān*, Cambridge, Cambridge University Press, 1979, p. 117 *sqq*; Amir-Moezzi (Mohammad Ali), *Autour de l'histoire de la rédaction du Coran*, Rome, Bradley Conférence (Pisai), 21 mai 2010, p. 1–16.

Un seul exemple viendra nous en assurer. La vulgate coranique la plus largement diffusée aujourd'hui[18] n'a pas retenu deux sourates pourtant présentes dans la recension d'Ubbay et dénommée *al hal* (Le reniement) et *al-ḥafd* (La course)[19]. S'agissant de cette dernière sourate, Crapon de Crapona s'est employé à démontrer sa facture coranique en la rapprochant stylistiquement de la célèbre sourate *al Fātiḥa*[20] (elle-même absente de la recension d'Ibn Masʿūd). Au delà des convergences thématiques et stylistiques, Crapon de Crapona écrit : « Sur le plan purement métrique, les deux prières ont incontestablement une allure coranique[21]. » La question qui demeure ici est la raison pour laquelle l'une fut exclue et l'autre préservée dans la vulgate de ʿUṯman. Si la question reste débattue[22], ce dernier exemple est bien révélateur de cette première distance, passage de l'oralité à l'écriture où le processus de transmission n'implique pas une fidélité pleine et entière à l'événement du discours fondateur.

Mais quand bien même le processus de transmission eût été fidèle, d'une performance orale (*qur'ān*) vers un support écrit, rien de ce texte final ne pourra jamais retranscrire les sonorités d'une intonation, la visibilité d'une gestuelle et de son expressivité[23]. Tout passage de l'oralité à l'écriture implique ainsi un appauvrissement inévitable de l'information d'un contexte premier qui demeure irrémédiablement perdu. Autrement dit, cette première distance souligne ainsi que l'événement du discours en tant que performance orale est toujours altéré,

---

18 *V. Infra* p. 11 et n. 54.

19 Blachère (Régis), *Introduction au Coran*, Paris, Maisonneuve & Larose, 1959, p. 190 ; Crapon de Crapona (Pierre), *Le Coran : aux sources de la parole oraculaire, structure rythmiques des sourates mecquoises*, Paris, Publications Orientalistes de France, (« Arabiyya » ; 2), 1981, p. 506–507 ; Nöldeke (Theodor) & Schwally (Friedrich Zacharias) et *alii*, *Geschichte des Qorāns GdQ²*, *Die Sammlung des Qorāns*, Leipzig, Dieterieh'sche Verlagsbuchhandlung, 1919, p. 34–35 ; Sfar (Mondher), *Le Coran est-il authentique*, Paris, Sfar & (diff) le Cerf, 2000, p. 44–45 ; Jeffery (Arthur), « A Variant Text of the Fātiḥa », *MW*, 29/2 (1939), p. 158–162.

20 *Allāhumma 'innaka naʿbud wa la ka nusallī wa nasğūd wa 'inna ka nasʿā wa-naḥfid narğū raḥmatak wa-naḫšā ʿaḏabak 'inna ʿaḏabaka bi-l kuffāri mulḥiq.* (« O mon Dieu ! C'est Toi que nous adorons. En Ton honneur, nous prions et nous nous prosternons. Vers Toi nous allons et courons. Nous espérons Ta miséricorde. Nous craignons Ton Tourment. En vérité, Ton tourment doit atteindre les Infidèles. ») Traduction de Régis Blachère. *Cf.* Blachère (R.), *Introduction*, *op. cit.*, p. 189.

21 Crapon de Crapona (P.), *Le Coran*, *op. cit.*, p. 508.

22 Selon Régis Blachère, « L'historien est-il en droit de penser que ces deux oraisons furent rejetées du canon 'othmanien simplement parce qu'elles y faisaient double emploi avec la liminaire ? ». *Cf.* Blachère (Régis), *Introduction au Coran*, *op. cit.*, p. 189–190. Mondher Sfar poursuit cette réflexion considérant que cette mise à l'écart montre « à quel point les contours du texte coranique étaient imprécis à la mort du Prophète ». *Cf.* Sfar (M.), *Le Coran est-il authentique ?*, *op. cit.*, p. 45.

23 Charfi (A.), *L'islam entre le message et l'histoire*, *op. cit.*, p. 54.

soit cette performance nous est irrémédiablement perdue ou écartée, soit elle est préservée mais sans échapper à la détérioration de l'information générée par le passage à l'écrit.

Loin d'être unique, cette première distance est suivie d'une seconde tout aussi décisive. Elle concerne cette fois tous les lecteurs et auditeurs, interprètes et communautés de lecture d'hier et d'aujourd'hui. Irrémédiablement détachés de l'événement premier où interagissait « des locuteurs (...) présents l'un à l'autre, mais aussi la situation, l'ambiance, le milieu circonstanciel du discours »[24], l'homme de ce siècle aura-t-il la même perception, la même écoute, la même lecture que ceux qui entendirent ou lurent le Coran pour la première fois ? Pourra-t-il saisir les liens qui furent vécus, les implicites et allusions, alors que « ces mêmes liens nous apparaissent aujourd'hui si complexes et obscurs, entre nos propres textes et nous »[25]? Car, héritier d'un processus de sécularisation et de « dés-enchantement » (*Entzauberung*[26]), le lecteur d'aujourd'hui est particulièrement incommodé par un texte dont l'univers mental, les formes rhétoriques, les tournures et termes énigmatiques déconcertent[27]. C'est sans doute à la suite de cette déconvenue que l'on a pu lire sous la plume de célèbres écrivains ou d'orientalistes les appréciations les plus négatives à l'endroit du Coran. Leur lecture jugée pénible[28], ennuyeuse[29] voire chaotique[30] répondait à l'évidence aux exigences du lecteur dit « moderne »

---

24 Ricoeur (P.), *Du texte à l'action*, *op. cit.* (*supra* n. 3), p. 140.

25 Nous reprenons presque *in-extenso* une question posée par Paul Zumthor s'agissant de la poésie médiévale, *Essai de poétique médiévale*, *op. cit.*, p. 32.

26 Greisch (J.), *L'âge herméneutique de la raison*, *op. cit.*, p. 48.

27 A ce propos, Mohammed Arkoun écrit : « Pour un esprit moderne habitué à suivre une démonstration, une évocation, une description, un récit dans des textes composés selon un plan rigoureux, le Coran est particulièrement rebutant par sa présentation désordonnée, son usage inhabituel du discours, l'abondance de ses allusions légendaires, historiques, géographiques, religieuses, ses répétitions, ses inconséquences, bref par tout un ensemble de *signes* qui ne trouvent plus guère de supports concrets ni dans nos procédés intellectuels, ni dans notre environnement physique, social, économique, moral. » *Cf.* Arkoun (Mohammed), *Lectures du Coran*, Paris, Maisonneuve & Larose, (« Islam d'hier et d'aujourd'hui »), 1982, p. 1.

28 Carlyle écrit : « I must say, it [the Koran] is as toilsome reading as I ever undertook. A wearisome confused jumble, crude, incondite; endless iterations, long-windedness, entanglement; most crude, incondite ... ». Carlyle (Thomas), *On heroes, hero-worship and the heroic in history*, edited, with notes and introduction, by Mrs. Annie Russell Marble, New York/London, Macmillan Company, 1897, p. 86–87.

29 Voltaire écrit : « Le *Koran* est une rapsodie sans liaison, sans ordre, sans art ; on dit pourtant que ce livre ennuyeux est un fort beau livre ; je m'en rapporte aux Arabes, qui prétendent qu'il est écrit avec une élégance et une pureté dont personne n'a approché depuis ». *Cf.* Voltaire, *Œuvres complètes de Voltaire*, vol. 47, Impr. de la Société Littéraire-typographique, 1785, p. 189.

30 Nöldeke écrit : « It must be owned that the first perusal leaves on a European an impression

à la fois étranger à l'émotion religieuse du croyant et/ou modelé par sa propre culture. Dès lors, comment rendre justice aux sens d'un texte contraint par ces deux irrémédiables distances à la fois culturelle et chronologique et qui nuisent à son intelligence[31] ?

Face à ce qui semble insurmontable, il est néanmoins possible de réduire cette distance par l'exercice de la confrontation systématique. Une première tâche conduit à confronter le texte final à ses formes les plus anciennes. La perspective est génétique et procède à l'analyse du texte dans son état le plus originel, celui des manuscrits[32]. On tente ainsi de s'approcher au plus près des possibles intentions de l'auteur (ou des rédacteurs) à l'appui des premiers témoignages d'une mise en écriture[33]. Mais nous pourrions procéder également à une deuxième confrontation. Elle verrait alors le texte final comparé à une pluralité de « hors-textes ». Ces derniers s'apparenteraient au Coran par leur concomitance thématique, les genres littéraires mobilisés et/ou leur date d'élaboration. On distinguera alors des « hors-textes » en amont englobant la littérature religieuse et liturgique de l'antiquité tardive[34], mais également des « hors-textes » de l'entour ou en aval qui désigneraient les textes préislamiques[35] et ceux issus des premières communautés interprétantes[36].

---

of chaotic confusion ». *Cf.* Nöldeke (Theodor), « The Koran », *Encyclopedia Britannica*, vol. 16, p. 597. Republié dans « The Koran », Ibn Warraq ed., *The Origins of the Koran, Classic Essays on Islam's Holy Book*, New-York, Prometheus Books, 1998, p. 36.

31 Jean-Yves Lacoste écrit : « l'herméneutique est fille des distances – culturelles et/ou chronologiques qui nuisent à l'intelligence des textes ». *Cf.* Lacoste (Jean-Yves), « Herméneutique », *in* Jean-Yves Lacoste dir., *Dictionnaire Critique de Théologie*, Paris, PUF, 1988, p. 527.

32 *V. infra*, Chapitre I. Il faut ajouter à ce travail comparatif, les approches épigraphiques et archéologiques.

33 La démarche est à rapprocher des études consacrées au Nouveau Testament. *Cf.* Brown (Raymond), *Que sait-on du Nouveau Testament*, Paris, Bayard, 2000, p. 73.

34 Cette approche est illustrée par l'étude récente de Gabriel Said Reynolds intitulée « *The Qur'ān and Its Biblical Subtext* ». L'auteur écrit : « the Qur'ān should be appreciated in light of its conversation with earlier literature, in particular Biblical literature (by which I mean the Bible, apocrypha, and Jewish and Christian exegetical works) » ; Reynolds (Gabriel Said), *The Qur'ān and Its Biblical Subtext*, Londres, Routledge, (« Routledge Studies in the Qur'ān »), 2010, p. 2.

35 L'auteur qui illustre le mieux cette entreprise est Meïr Moshe Bravmann (1909–1977). En s'appuyant sur une remarquable connaissance de l'arabe classique, il tente d'éclairer les concepts coraniques (et d'autres) à la lumière des sources préislamiques. Dans un ouvrage majeur intitulé « *The spiritual background of early Islam* », il résume son intention de la manière suivante : « I intend to treat of various concepts typical of early Arab life and connected with early Islamic doctrine (...) I have been compelled to confine myself to certain basic notions, illustrative of the ideological and psychological background of primitive Islam. » *Cf.* Bravmann (M. M.), *The spiritual background of early Islam*, studies in ancient Arab concepts by M. M. Bravmann ; with

Par ces confrontations[36], l'insistance est donnée à la diachronie et à la perspective historico-critique. En privilégiant la fonction référentielle (référence aux rédacteurs et à son contexte), le Coran est alors considéré comme un document historique dont la validité des informations vient se confronter à un ensemble de textes qui lui sont externes. Mais cette démarche ne néglige-t-elle pas, pour une part, les processus internes à l'œuvre dans le Coran ? A vouloir trop vite rechercher la confrontation avec ce qui lui est autre, ne s'interdit-on pas de s'arrêter sur les dynamiques internes du texte, à ce qui est dit et surtout au comment de la chose dite ? Une troisième forme de confrontation n'est-elle pas également possible : celle du texte avec lui-même[37] ?

Car, en effet, dans la distance, il demeure néanmoins une certitude « raisonnable », celle de la médiation d'un texte (en aval) qui selon al Zarkašī contiendrait 323 015 lettres, 77 439 mots, plus de 6 000 versets et 114 sourates[38]. Ainsi, pourquoi ne pas envisager de porter notre regard sur la 'matérialité' de ce texte, sur ses formes, sur ses structures concentrant ainsi notre attention sur ce qui se donne à lire ? Dans cette perspective synchronique, ce repli se pose comme un préalable méthodologique. De cette « priorité opératoire »[39] (mais non exclusive) qui est donnée au texte, on peut retenir l'objectif de s'informer en premier lieu des formes du discours, de ses modes de fonctionnement discursif[40] et parmi elles de choisir une variable objectivement discernable, quantifiable car répétitive.

---

and introduction by Andrew Rippin, Leiden ; Boston, Brill, (« Brill classics in Islam ; vol. 4 »), 2009, p. 1.

36 Une liste des premières tentatives d'exégèse du Coran a été présentée par Claude Gilliot. L'auteur distingue une exégèse paraphrastique, d'une exégèse narrative. *Cf.* Gilliot (Claude), « Les débuts de l'exégèse coranique », *REMMM*, 58, 1990, p. 88–91.

37 C'est sans aucun doute un choix méthodologique défendu par Patricia Crone dans un article récent où elle écrit : « (...) reading the Qur'ān in the light of the Qur'ān itself, without reference to the exegetical literature, makes sense ». *Cf.* Crone (Patricia), « The Religion of the Qur'ānic Pagans : God and the Lesser Deities », *Arabica*, 57/2–3 (2010), p. 200.

38 Zarkašī, Badr al-Dīn Muḥammad ibn ʿAbd Allāh al- (m. 1392), *al-burhān fī ʿulūm al-Qur'ān*, Le Caire, Maktabat Dār al Turāṯ, 1985, IV, p. 249. Cité par McAuliffe (Jane Dammen), « introduction », *The Cambridge companion to the Qur'an*, edited by Jane Dammen Mc Auliffe, Cambrigde, Cambridge University Press, (« Cambridge companions to religion »), 2006, p. 1.

39 Zumthor (Paul), *Essai de poétique médiévale*, préface de Michel Zink et un texte inédit de Paul Zumthor, Paris, Editions du Seuil, (« Points Essais ; 433 »), 2000², p. 33.

40 L'expression « modes de fonctionnement discursif » signifie notamment selon le linguiste Frédéric François « que comprendre un texte, c'est d'abord y découvrir les indices qui permettent de savoir comment les formes linguistiques y fonctionnent ». François (Frédéric), « linguistique et analyse des textes », *linguistique*, Paris, PUF, 1980, p. 22 cité par Ben Taïbi (Mustapha), *Quelques façons de lire le texte coranique*, *op. cit.*, p. 43–45.

C'est en l'occurrence le discours rapporté direct qui a été choisi, mode privilégié de la manifestation de « l'autre ». Aisément identifiable et mesurable par l'omniprésence même d'un verbe introducteur (*qāla*)[41], il s'apparente à bien des égards à une forme stratégique du discours, notamment lorsqu'il reprend les propos d'adversaires réels ou fictifs. Collecté de manière exhaustive[42] puis catégorisé, ce discours rapporté de l'adversaire ou contre-discours coranique viendrait à être analysé par confrontation systématique. En effet, la parole contradictoire n'est jamais isolée de sa réponse ou riposte coranique. A cet égard, la présence de la formule *yaqūlūna... fa qul* (littéralement, ils disent : « ... » ... Dis-leur : « ... ») en atteste explicitement. Fort de ce constat, la lecture viendrait alors confronter les formes et thèmes de ces contre-discours et les ripostes qu'elles génèrent à l'intérieur même du texte. C'est ainsi qu'à partir de cette nouvelle variable, il sera alors possible de réinterroger la propension fondamentale du discours coranique à être polémique[43].

Informé par cette confrontation interne, il est possible ainsi d'interroger l'ensemble de ces énoncés à la fois historiquement, linguistiquement mais aussi dans leur dimension rhétorique. En effet, pour l'historien, le contre-discours recèle une parole implicite car nier la croyance de l'autre, c'est toujours réfuter à partir de ses propres croyances. Que dévoile alors la somme des contre-discours coraniques sur la façon de croire de l'opposant ? Quel portrait et identité construite parvient-on alors à découvrir ? Pour le linguiste, le contre-discours dévoile un mode de fonctionnement discursif qui rend compte d'une stratégie de gestion de l'altérité opposante. Quelles stratégies discursives sont alors mise en place par le discours coranique pour nier la parole qui le réfute ? Enfin pour

---

41 Le terme *qāla* est le verbe le plus usité dans le Coran. *Cf.* Jones (Alan), *Arabic through the Qur'ān*, Cambridge, The islamic texts society, 2005, p. 75. Selon le site www.corpus.coran.com, la racine, toutes formes confondues, a exactement 1722 occurrences.

42 Notre ambition est bien d'élaborer un relevé précis et exhaustif des marques d'hétérogénéité « montrée » circonscrite aux discours rapportés des opposants. *Cf.* Authier-Revuz (Jacqueline), « Hétérogénéité(s) énonciative(s) », *Langages*, 73 (1984), p. 98 ; Ben Taïbi (M.), *Quelques façons de lire le texte coranique*, *op. cit.*, p. 45.

43 A propos de la nature polémique du texte coranique, on se réferera aux travaux suivants : McAuliffe (Jane Dammen), « Debate with them in the better way », *in* Neuwirth (Angelika), Embaló (Birgit) et *alii*, *Myths, historical archetypes and symbolic figures in Arabic Literature*, towards a new hermeneutic approach: proceedings of the International symposium in Beirut, June 25th – June 30th, Stuttgart, Franz Steiner Verlag, 1999, p. 163–168 ; Id., « Debate and Disputation », *EQ*, I, p. 511–514 ; Prémare (Alfred-Louis de), *Aux origines du Coran, questions d'hier, approches d'aujourd'hui*, Paris, Téraèdre, (« L'Islam en débats »), 2004, p. 44–45 & 102 ; Neuwirth (A.), « Structural, linguistic and literary features » *in* McAuliffe (Jane Dammen) éd., *The Cambridge Companion to the Qur'ān*, *op. cit.*, p. 108.

le spécialiste de l'argumentation, le contre-discours se révèle être un paradoxe argumentatif. Car, comment un texte qui se veut porteur d'une vérité transcendante et donc irréfutable peut-il abriter en son sein l'écho même d'une parole qui le nie ? Donner la parole à l'adversaire, n'est-ce pas affaiblir son propre discours ? Réfuter l'adversaire, n'est ce pas également renforcer les thèses que l'on souhaite en l'occurrence combattre ? Comment le discours coranique parvient-il alors à dépasser ce paradoxe ?

Afin de répondre à cet ensemble de questions, le présent travail se divise en trois parties. Les parties I & II rassemblent respectivement cinq et quatre chapitres. Les deux premiers chapitres inscrivent notre réflexion dans l'évolution des études coraniques contemporaines (Chapitre I) et en particulier dans le cadre des plus récentes recherches consacrées à la polémique dans le Coran (Chapitre II). A la lumière d'un constat, celui de l'insuffisante prise en compte du contre-discours comme marque de la polémique coranique (Chapitre III), on définira une méthode d'analyse (Chapitre IV) qui sera suivie de l'élaboration d'un corpus (Chapitre V). Les chapitres suivants, constituant la deuxième partie de cet ouvrage (Chapitres VI–IX), seront consacrés à l'analyse des cinq grandes thématiques du contre-discours coranique : les discours contre Dieu, contre le Coran, contre le Prophète, contre les Croyants et contre l'Eschatologie. On étudira ainsi les thèmes, les formes et les évolutions de ces contre-discours. Enfin, une troisième partie propose une présentation du « corpus contre-coranique » regroupant deux cent soixante-dix versets et parmi ceux-ci une analyse systématique des discours contre l'eschatologie.

Partie I : **De la polémique dans le Coran au contre-discours coranique**

Chapitre I
Les études coraniques contemporaines : *status quaestonis*[1]

« ein hoffnungsloses Chaos[2] *».*
« The golden age of Qur'ānic studies[3]*? ».*

L'objet de ce premier chapitre est de présenter les derniers développements de la recherche contemporaine autour du Coran. Il s'agira ainsi d'introduire le thème de la polémique coranique (Chapitre II) et plus particulièrement une de ses manifestations les plus marquantes : la présence d'un contre-discours (Chapitre III). Ainsi, rappelant l'absence d'une édition critique (A.), nous reviendrons sur les évolutions des études coraniques opérées dès les années soixante-dix (B.). Puis, on exposera en quoi le renouvellement des sources et des méthodologies d'analyse entraîne un débat de nature herméneutique et une (re)-définition des problématiques et perspectives de recherche autour du Coran (C.).

A L'absence d'une édition critique

En 1908, dans un article intitulé « Zur Strophik des Qurāns[4] », Rudolf Eugen Geyer, éminent spécialiste viennois de la poésie arabe[5], soulignait déjà l'impérieuse

1 Avec l'aimable autorisation de CNRS Editions. © Original : extrait de *Le Coran. Nouvelles approches*, CNRS Editions, 2013.

2 *Neuwirth (A.), « Zur Archäologie einer Heiligen Schrift. Überlegungen zum Koran vor seiner Kompilation » in* Burgmer (Christoph), éd., *Streit um den Koran*, die Luxenberg-Debatte : Standpunkte und Hintergründe (Controverse autour du Coran. Le Débat autour de Luxenberg : points de vue et perspectives), Berlin, H. Schiler, 2005, p 130–134.

3 Reynolds (G. S.), « The Golden Age of Qur'ānic Studies? » *in* Reynolds (G. S) ed., *New Perspectives on the Qur'ān, op. cit.*, p. 1–33.

4 Geyer (Rudolf Eugen), « Zur Strophik des Qurāns », *WZKM*, 22 (1908), p. 286.

5 Rudolf Eugen Geyer (1861–1929) fut professeur de langues sémitiques à l'Université de Vienne. Il poursuivit le travail de son prédécesseur David Heinrich Müller (1846–1912) sur les structures strophiques dans le Coran (*Die Propheten in ihrer ursprünglichen Form, die Grundgesetze der ursemitischen Poesie erschlossen und nachgewiesen in Bibel, Keilinschriften, und Koran und in ihren Wirkungen erkannt in den Chören der griechischen Tragödie*, Vienne, Alfred Hölder, 1896, p. 20–60). Il est surtout l'auteur d'ouvrages majeurs sur la poésie arabe.

nécessité d'établir une édition critique du Coran. Il écrivait alors : « Toute science coranique sera contrainte d'œuvrer sur un terrain très incertain aussi longtemps qu'un des réquisits fondamentaux de son équipement lui fera défaut : une édition européenne du Coran qui corresponde vraiment aux exigences de la critique, de manière coopérative et concluante, pourvue de tout l'appareil historique, philologique et liturgique, et de celui qui est en usage en histoire des religions[6] ». Pourtant, un siècle plus tard, un constat s'impose : il n'existe toujours pas d'édition critique du Coran qui satisfasse aux exigences d'une philologie rigoureuse. A l'évidence, la situation contraste ô combien avec la recherche académique autour de la Bible. En 1898, le Nouveau Testament bénéficiait déjà d'un apparat critique avec la parution à Stuttgart, du *Novum Testamentum Graece*[7] d'Eberhard Nestlé (révisé par Barbara et Kurt Aland) de la société Biblique du Wurtemberg. Cet ouvrage de référence, sans cesse amélioré tout au long du XXème siècle, demeure encore aujourd'hui l'instrument privilégié des exégètes[8].

Loin de disposer d'un tel apparat critique, la recherche académique sur le Coran s'appuie très largement sur la fameuse édition du Caire publiée le 10 juillet 1924 (*ḏū l-ḥiǧǧa* 7, 1342)[9]. L'établissement de ce texte n'avait aucunement l'ambition d'être une entreprise critique. Conduite sous la direction de Muḥammad b. ʿAlī al Ḥusaynī al-Ḥaddād, elle visait à unifier le texte coranique en privilégiant le choix d'une lecture pour faciliter, à des fins strictement pédagogiques, l'enseignement religieux en Egypte. Comme on le sait, cette édition fut rigoureusement fidèle

6 C'est ainsi que Claude Gilliot a traduit le texte suivant : « *[daß] die gesamte Qurânwissenschaft auf einem sehr unsicheren Boden zu operieren gezwungen ist, so lange ein Haupterfordernis ihres Apparates fehlt : eine wirklich wissenschaftliche allen Anforderungen der Kritik entsprechende, mit allem historischen, philologischen, religionswissenschaftlichen und liturgischen Rüstzeug, vergleichend und diskursiv augestattete europäische Qurânausgabe. Ohne dies müssen alle Einzelforschungen im Qurân vorläufig unzusammenhängendes Stückwerk bleiben.* » *cf.* Gilliot (Claude), « Une reconstruction critique du Coran ou comment en finir avec les merveilles de la lampe d'Aladin » *in* Kropp (Manfred S.) ed., *Results of contemporary research on the Qurʾān, the question of a historio-critical text of the Qurʾān*, p. 35 (n°7). *Cf.* également la traduction anglaise de cette citation par Wells (G. A.) *in* Ibn Warraq (ed.), « The Strophic Structure of the Koran », *What the Koran really says, language, text, & commentary*, Amherst, Prometheus Books, 2002, p. 644.

7 *Novum Testamentum Graece, Novum testamentum graece cum apparatu critico ex editionibus et libris manu scriptis collecto*, Stuttgart, Privilegierte Württembergische Bibelanstalt, 1898, 660 p.

8 La dernière édition a paru en 2007. *Cf.* post Eberhard et Erwin Nestle communiter ediderunt Barbara et Kurt Aland … [*et al.*], *apparatum criticum novis curis elaboraverunt Barbara et Kurt Aland una cum Instituto Studiorum Textus Novi Testamenti Monasteriensi Westphaliae.* – 27ème éd. rev. 9ème impression corrigée, Stuttgart, Deutsche Bibelgesellschaft, 1993, 89–812 p. Par ailleurs, son équivalent existe pour l'Ancien Testament avec la *Biblia Hebraica Stuttgartensia* grâce aux travaux de Rudolf Kittel et Paul Kahle.

9 Albin (Michael W.), « Printing the Qurʾān », *EQ*, IV, 2004, p. 271.

à la « lecture » (au sens de la tradition islamique) de *Ḥafṣ* (m. en 180/796) *ʿan ʿAsim*[10] (m. 127/745) occultant ainsi toutes les autres *variae lectiones* ou *qirāʾāt*[11]. Le travail accompli fut salué par les meilleurs spécialistes occidentaux[12] et devint rapidement l'équivalent d'une édition « officielle » (« *der amtliche Koran*[13] ») largement diffusée à travers le monde musulman. Mais ce succès qui ne s'est jamais démenti n'est pas sans conséquence. En privilégiant une seule lecture, l'édition du Caire avalisait *de facto* un discours théologique maintenant l'illusion d'un Coran unique, fixé d'un seul tenant, sans rapport avec l'histoire progressive de son élaboration[14].

---

10 Jeffery (A.), « ʿĀṣim », *EI²*, I, p. 706–707.

11 Pour ces dernières, on connaît le rôle décisif d'Ibn Muǧāhid à l'origine d'une fixation – érigée en quasi dogme – des sept lectures. *Cf.* Paret (R.), « *Ḳirāʾa* », *EI²*,V, p. 126–128.

12 *Cf.* Bergsträsser (G.) qui écrit « *ragt eine alt islamische Wissenchaft lebenskräftig und leistungsfähig in unsere Tage herein er ist ein Dokument für den überraschend hohen gegenwärtigen Stand der ägyptischen Koranlesungswissenschaft* » *dans* Bergsträsser (G.), « Koranlesung in Kairo », *Der Islam*, XX1 (1932), p. 10. Cité également par Reynolds (G. S.), *Qurʾān in its historical Context*, Londres, Routledge, (« Routledgecurzon studies in the Quran »), p. 20 (n. 10). *Cf.* Arthur Jeffery qui écrit à ce propos « *their edition is nevertheless the nearest approach to a critical edition ever produced in the Orient* », *in* Jeffery (A.), « Progress in the study of the Koran Text », *MW*, 25 (1935), p. 6. Republié *in* Ibn Warraq (ed.), *The Origins of the Koran, Classic Essays on islam's Holy Book*, Edited by, Amherst, Prometheus Books, 1998, p. 137. Régis Blachère considère cette édition comme « d'une impeccable présentation et d'une précision inégalée » *cf.* Blachère (R.), *Introduction au Coran, op. cit.*, 1959¹, p. 134. Enfin Otto Pretzl écrit, lui : « *die mit ungemein grosser Sorgfalt hergestellte Ausgabe ist eine vom wissenschaftlichen Standpunkt aus erstaunliche Leistung orientalischer Korangelehrter* », *GdQ³*, *Die Geschichte des Korantexts*, von Bergsträsser und O. Pretzl, Leipzig, 1938, p. 273–274 cité par Graham (William A.), *Beyond the written word, op. cit.*, p. 211–212, n. 3.

13 Bergsträsser (G.), « Koranlesung in Kairo. Mit einem Beitrag von K. Huber », *Der Islam*, 20 (1932), p. 2–13.

14 Malgré les exigences d'une approche historico-critique, les études coraniques contemporaines font un usage presque exclusif de cette édition comme l'a souligné récemment Manfred Kropp. Ce dernier écrit : « *This had led to the, silent or explicit, de facto adoption by Qurʾān scholars of the dogma of an authentic and genuine text handed down to us, and even to the recognition of a canonical reading – within the Small Spectrum of variants acknowledged by tradition – as the basis of all Qurʾān studies* », *in* Kropp (M. S.), *Results of contemporary research, op. cit.*, p. 1. Quelques décennies auparavant, Régis Blachère avait nuancé l'intérêt d'une telle édition critique en écrivant : « si souhaitable que soit, aux yeux du philologue occidental, l'établissement d'une édition critique du Coran, il est certain que ce monument, s'il existe un jour, ne pourra jamais être utilisé par l'islamisant pour ses études particulières puisque l'ensemble de la Loi islamique se fonde sur un texte différent de celui qu'on parviendra à établir ... » *in* Blachère (R.), *Introduction au Coran, op. cit.*, p. 198.

Pourtant, si l'édition du Caire avait une finalité sans lien avec des préoccupations philologiques, l'ambition d'écrire une histoire du *muṣḥaf* fut planifiée dès les années trente. Sous l'impulsion de trois célèbres chercheurs, Gotthelf Bergsträsser, Arthur Jeffery et Otto Pretzl, il avait été décidé d'établir un apparat critique à l'appui d'un travail méthodique qui succédait à une recherche minutieuse des plus anciens manuscrits connus[15]. Les morts successives et prématurées de Gotthelf Bergsträsser et Otto Pretzl auront malheureusement mis fin au projet. De surcroît, la (prétendue) destruction des archives de Munich lors des bombardements de la seconde guerre mondiale contribua à retarder durablement une telle initiative. Il s'avéra en réalité que ces archives abritant les fameux microfilms rassemblant les photographies des manuscrits coraniques furent préservées. En effet, ils restèrent en possession d'Anton Spitaler pendant plusieurs décennies sans que jamais celui-ci ne reprenne le projet en main[16].

B La genèse du Coran en débats

C'est sur ce « terrain incertain », en l'absence d'une édition critique et contre une orientation scientifique considérée comme trop inféodée aux récits des sources arabes, que parurent dès les années soixante-dix plusieurs ouvrages consacrés à la genèse de l'islam et à son livre fondateur. Il faut citer ici les ouvrages marquants de Gunter Lüling (1972), John Wansbrough (1977), Crone et Cook (1977), Nevo (1982), et plus récemment celui de Christoph Luxenberg (2002). Sans sous-estimer les singularités de chacun de ces travaux tant par les buts assignés que par les méthodologies utilisées[17], ils témoignent tous d'un même scepticisme historique déjà inauguré dès la fin du XIXème par Goldziher, Lammens ou Caetani. Là où la tradition musulmane construisait un récit édifiant et sacré de ses origines, ces chercheurs – s'inscrivant dans une démarche qualifiée par la

---

15 Pour une description très précise de ce projet, *Cf.* Gilliot (C.), « Une reconstruction critique », *op. cit*, p. 35–44. *Cf.* également Reynolds (G. S), « Introduction », *QHC*, p. 3–6. Pour un point bibliographique, *cf.* Puin (Gerd-R.), « Observations on Early Qurān Manuscripts in Ṣan'ā' », *in* Wild (Stephen) ed., *The Qur'ān as Text*, Leyde, Brill, 1996, p. 117 [n° 1], réed. *in* Ibn Warraq (ed.), *What the Koran really says, language, text, & commentary*, Amherst, Prometheus Books, 2002, p. 743.

16 Gilliot (C.), « Origines et fixation du texte coranique », *Études*, 409/12 (2008), p. 643–644.

17 Pour un point de vue général et récent sur ces questions, *cf.* Böwering (G.), « Recent research on the construction of the *Qur'ān* », *in* Reynolds (G. S.), *The Qur'ān in its Historical Context*, *op. cit.*, p. 70–87. *Cf.* également Amir-Moezzi (M. A.), *Autour de l'histoire de la rédaction du Coran*, *op. cit.*, p. 1–16.

suite de « révisionniste[18] » – s'employèrent à écrire une tout autre histoire. Ainsi, ils proposèrent de comprendre le Coran non à l'aune des données biographiques de la vie de Muḥammad ou de la littérature exégétique mais à partir de deux orientations dominantes : l'une inspirée par la philologie et l'autre par l'analyse littéraire. Il s'ensuivit deux hypothèses iconoclastes au regard de la tradition musulmane, la première fut le fait de Gunther Lüling et la seconde de John Wansbrough. La première suppose l'existence d'un prôto-Coran ou *Ur-Koran*[19]. Ainsi, le texte fondateur de l'islam avait eu une forme primitive issue d'une hymnologie préislamique chrétienne[20]. La thèse présentée par Gunter Lüling fut poursuivie à sa manière par Christoph Luxenberg, ce dernier soulignant l'influence décisive de la liturgie syriaque[21]. L'autre hypothèse, très différente de la première, considère

18 Koren (Judith), Nevo D. (Yehuda), « Methodological Approaches to Islamic Studies », *Der Islam*, 68 (1991), p. 87–107 *in* Ibn Warraq (ed.), *The quest for the Historical Muḥammad*, Amherst, Prometheus, 2000, p. 422–426.

19 Lüling (Gunter), *Die Wiederentdeckung des Propheten Muḥammad. Eine Kritik am « christlichen » Abendland*, Erlangen, H. Lüling, 1981, p. 119.

20 *Cf.* Compte-rendu de Gilliot (C.), « Gunter Lüling, Über den Urkoran », *REMMM*, 70 (1993), p. 142–143. L'influence de la langue syriaque avait déjà été soulignée par Alphonse Mingana. Ce dernier affirmait déjà en 1927 : « In my opinion, however, Syriac is much more useful than Hebrew and Ethiopic as the former language seems to have a much more pronounced influence on the style of the Kur'ān » *in* Mingana (Alphonse), « Syriac Influence on the Style of the Koran », *Bulletin of the John Rylands Library*, 11 (1927), p. 77. Ce texte a été republié *in What the Koran really says*, language, text, & commentary, Edited with translations by Ibn Warraq, Amherst, Prometheus Books, 2002, p. 173. Disponible sur internet à l'adresse suivante : http://www.answering-islam.org/Books/Mingana/Influence /index.htm

21 S'agissant de cette thèse, Lüling écrit : « *Da die christliche Grundschrift des Qur'ān zweifelsfrei eine archaische, wahrscheinlich judenchristliche (Engel-) Christologie vertritt, die mittlerweile von allen politisch einflußreichen christlichen Konfessionen verketzert worden war, haben wir uns des weiteren vorzustellen, daß alle in Mekka inzwischen auf eine außerarabische Konfession hin orientierten arabischen christlichen Gemeinden diesen Urqur'ân mit urtümlicher Christologie bereits verlassen hatten, und daß nur noch die „Ketzer" (ḥanîfen), die Christen der älteste arabischen Kirchengründung, zu diesem Qur'ān standen.* » *in* Lüling (Günter), *Über den Urkoran*, Ansätze zur Rekonstruktion der vorislamisch-christlichen Strophenlieder im Koran, korrigierte jedoch im Haupttext (S. 1–542) Seitengleiche 2. Auflage, Erlangen, Verlagsbuchhandlung Hanelore Lüling, 1993, p. 10. *Cf.* également p. 119–173 et du même auteur dans *Die Wiederentdeckung des Propheten Muḥammad, op. cit*, p. 119.
S'agissant de Luxenberg, ce dernier écrit : « *Bedenkt man zuden, daß diese Araber zumeist christianisiert waren und zu einem großen Teil an der christlich-syrischen Liturgie teilnahmen, dann liegt nichts näher, als daß diese naturgemäß Elemente ihrer syro-aramäischen kult- und Kultursprache ins Arabische eingebracht haben.* » Cf. Luxenberg (Christoph), *Die syro-aramäische Lesart des Koran. Ein Beitrag zur Entschlüsselung der Koransprache*, Berlin, Verlag Hans Schiler, 2007[3], p. 11. (Id., pour la version anglaise, p. 11).

le Coran comme l'aboutissement d'une élaboration progressive et se constituant comme une écriture canonique plus de deux siècles après la mort de Muḥammad[22]. On sait combien cette dernière approche inspira les hypothèses audacieuses de Patricia Crone et Michael Cook[23], et corrobora selon Nevo ses propres hypothèses issues de recherches épigraphiques[24].

Issus d'initiatives individuelles, ces travaux ont suscité la perplexité, voire une vive hostilité[25]. Plus encore, les divergences, nombreuses et parfois irréconciliables qui entourent la genèse et l'histoire du Coran ont conduit nombre de spécialistes à faire état du « désarroi[26] », de la « crise[27] » ou du « chaos[28] » (*hoffnungsloses Chaos*) dans lequel se trouvaient les études coraniques contemporaines. Or, malgré cette situation, cette dernière décennie témoigne d'un véritable renouvellement des études coraniques au point de devenir un des faits majeurs de l'islamologie contemporaine[29]. Cette vigueur de la recherche s'illustre par un

22 A cet égard, l'affirmation suivante de John Wansbrough illustre parfaitement cette thèse : « (...) *stabilization of the text of scripture (masoretic exegesis) was an activity whose literary expression is also not attested before the third ninth century, and the appearance of the classical masahif littérature (varia lectiones) was even later. It is of course neither possible, nor necessary, to maintain that the material of the canon did not, in some form, exist prior to that period of intensive literary activity, but establishment of a standard text such as is implied by the 'Uthmanic recension traditions can hardly have been earlier.* » *Cf.* Wansbrough (John), *Qur'ānic studies, Sources and methods of scriptural Interpretation, Foreword, Translations, and Expanded Notes by Andrew Rippin*, New-York, Prometheus Books, 2004², p. 44.

23 Dans la préface de leur ouvrage intitulé *Hagarism*, Patricia Crone et Michael Cook écrivent : « without this influence the theory of Islamic origins set out in this book would never have occured to us. » *Cf.* Crone (Patricia) & Cook (Michael Allan), *Hagarism, The Making of the Islamic World*, Cambridge, Cambridge University Press, 1977, p. viii. Toutefois, on notera que John Wansbough fut très critique à l'endroit de ce dernier ouvrage.

24 L'épigraphiste écrit, en faisant référence à l'ouvrage *Qur'ānic Studies* : « The inscription from the Negev and elsewhere provide some support for the existence of such hypothetical sectarian communities, not coexisting but along a time continuum. » *Cf.* Nevo (Yehuda D.), Koren (Judith), *Crossroads to Islam, The Origins of the Arab Religion and the Arab State*. Amherst, New-York, Prometheus Books, 2003, p. 340.

25 Pour exemple, Burgmer (Christoph) ed., *Streit um den Koran, die Luxenberg-Debatte: Standpunkte und Hintergründe* (Controverse autour du Coran. Le Débat autour de Luxenberg : points de vue et perspectives), Berlin, H. Schiler, 2005, 152 p.

26 Donner (Fred M.), « The Qur'ān in recent scholarship, Challenges and desiderata » *in* Reynolds (G. S.), *The Qur'ān in Its Historical Context*, London, Routledge, (« Routledge Studies in the Qur'ān »), 2008, p. 29.

27 Reynolds (Gabriel Said), « The Crisis of Qur'ānic studies », *The Qur'ān and Its Biblical Subtext*, London, Routledge, (« Routledge Studies in the *Qur'ān* »), 2010, p. 3–36.

28 *V. Supra*, n. 47.

29 *Id.*, « Introduction, The golden age of Qur'ānic studies », *New Perspectives on the Qur'ān*,

accroissement significatif du nombre des publications[30], thèses[31], colloques[32] et projets d'études[33] consacrés au Coran. Suscité par un renouvellement des sources et des méthodologies d'analyse, cet essor entraîne un débat de nature herméneutique et la (re)-définition de nouvelles problématiques et perspectives de recherche.

C Le nouvel essor des études coraniques

Le nouvel essor des études coraniques se fonde d'abord sur l'élargissement notable des sources, qu'elles soient manuscrites, épigraphiques, ou, dans une moindre mesure, archéologiques.

En effet, depuis la découverte en 1973 de manuscrits du Coran retrouvés dans les faux plafonds de la grande Mosquée de *Ṣanʿāʾ*, les chercheurs disposent de matériaux inestimables. Si aucune édition complète n'a encore vu le jour, quelques études suggestives mais fragmentaires[34] montrent de manière

The Qurʾān in Its Historical Context 2, London, Routledge, (« Routledge Studies in the Qurʾān »), 2011, p. 1–21;

30 C'est sans doute la publication du livre de Christoph Luxenberg qui incarne le mieux ce renouvellement malgré les vives polémiques qu'il a entrainées. Luxenberg (Christoph), *Die syro-aramäische Lesart des Koran.* Ein Beitrag zur Entschlüsselung der Koransprache, Berlin, Verlag Hans Schiler, 2004, 351 p. En version anglaise sous le titre *The syro-aramaic Reading of the koran*, a contribution to the decoding of the language of the Koran, Berlin, H. Schiler, 2007, 349 p. On se reportera également à l'ensemble des ouvrages cités dans cette introduction et parus après l'an 2000.

31 *Cf.* par exemple Azaiez (Mehdi), « Les thèses consacrées au Coran en France depuis les années soixante-dix. Une note bibliographique », *Arabica*, LVI/1, 2009, p. 107–111.

32 Pour la seule année 2009, on dénombre pas moins de quatre colloques internationaux consacrés au Coran : « The Qurʾān in its historical context II » (19 au 21 avril 2009) à l'Université de Notre Dame ; « Evidence for the Early History of the Qurʾān » (30–31 juillet 2009) à l'Université de Stanford ; « The Qurʾān : Text, History, Culture » (12–14 novembre 2009) à l'Université de la SOAS et enfin « Les études coraniques aujourd'hui – Méthodes, Enjeux, Débats » (26–27 novembre 2009) qui s'est tenu à l'ISSMM/EHESS dont est issu cet ouvrage.

33 Parmi ces projets, on signalera le Corpus Coranicum coordonné par Angelika Neuwirth à Berlin, le projet Inârah dirigé par Karl Heinz Ohlig à Sarrebruck et les initiatives du département « Qurʾānic Studies » développées par Omar Alì-de-Unzaga à l'Institut des études ismaéliennes de Londres.

34 Hilali (Asma), *Le palimpseste de Ṣanʿāʾ et la canonisation du Coran* : nouveaux éléments, *Cahiers Gustave Glotz*, XXI, 2010, p. 443–448 ; Sadeghi, (Behnam) & Bergmann (Uwe), « The Codex of a Companion of the Prophet and the Qurʾān of the Prophet », *Arabica*, LVII/4 (2010), p. 343–436 ; et plus anciennement les travaux de Puin (G. R.), « Methods of Research on Qurʾānic

indiscutable l'ancienneté de ces sources[35]. Parallèlement à cette exploitation des manuscrits de *Ṣanʿāʾ*, il faut ajouter la redécouverte des microfilms contenant les photographies de manuscrits coraniques anciens réalisées par Bergsträsser. Selon Claude Gilliot, « quelques 9000 photos de manuscrits anciens du Coran et environ 11 000 photos de manuscrits d'ouvrages des cinq premiers siècles de l'hégire sur les disciplines coraniques avaient été rassemblées par la Commission du Coran de l'Académie bavaroise des sciences »[36]. Anciennement en possession d'Anton Spitaler et confiés à Angelika Neuwirth, ils sont aujourd'hui exploités dans le cadre du projet *Corpus coranicum* dirigé par cette dernière[37]. Enfin, il faut souligner la publication et l'exploitation récente de manuscrits préservés, cette fois, dans les grandes bibliothèques européennes à travers notamment le projet *Amari*[38]. Un des exemples les plus révélateurs de cet emploi des manuscrits est la reconstitution par François Déroche du codex nommé *Parisino-petropolitanus*[39] qui réunit des copies dispersées principalement dans deux collections publiques, celle de Paris et celle de Saint-Pétersbourg. Datant vraisemblablement du premier siècle de l'Islam, ce manuscrit (28 planches sont présentées) révèle l'état du texte initial du Coran (orthographe et particularités textuelles) et les circonstances dans lesquelles la version canonique a pris forme. Ce travail tend à démontrer la faiblesse des positions défendant l'idée d'une élaboration tardive du Coran. *A contrario*, l'auteur plaide pour une mise par écrit très rapide du corpus après la mort de Muḥammad et souligne le rôle décisif de la transmission orale.

Ce renouvellement des sources ne se limite pas aux manuscrits coraniques. L'utilisation d'ouvrages peu ou pas connus issus de la tradition musulmane s'avère aussi déterminante pour retracer l'histoire du Coran. On pense notamment

---

Manuscripts. A Few Ideas », *in Maṣāḥif Ṣanʿāʾ*, Kuwait, 1985, pp. 9–17; Id., « Observations on Early Qurʾān Manuscripts in *Ṣanʿāʾ*»ʿ, *op. cit.*, p. 107–111 ; Von Bothmer (H-C.) – Ohlig (K-H.) – Puin (G-R.), « Neue Wege der Koranforschung », *in Magazin Forschung. Universität des Saarlandes* I, 1999, pp. 33–46.

35 L'intérêt pour les anciens manuscrits du Coran remonte déjà au début du siècle avec Mingana (Alphonse) & Lewis (Agnes Smith), *Leaves from three ancient Qurâns, possibly pre-'Othmânic, with a list of their Variants*, Cambridge, Univ. Press, 1914, p. XI–XXXII. Republié *in The Origins of the Koran, Classic Essays on Islam's Holy Book*, Edited by Ibn Warraq, Amherst, Prometheus Books, 1998, p. 76–96.

36 *Cf. Supra*, n° 57. Gilliot (C.), « Origines et fixation du texte coranique », *op. cit.*, p. 643.

37 *Ibid.*, p. 643.

38 Sur le projet Amari, *Cf.* Fedeli (Alba), « Early evidences of variant readings in Qur'ânic manuscripts », *in* K. Ohlig, G. R. Puin ed., *The Hidden Origins of Islam, New Research into Its Early History*, New-York, Prometheus Books, 2009, p. 328 [n°25].

39 Déroche (François), *La transmission écrite du Coran dans les débuts de l'islam, Le codex Parisino-petropolitanus*, Leiden, Brill, (« Texts and Studies on the Qurʾān ; 5 »), 2009, 640 p.

aux travaux de M. A. Amir-Moezzi consacrés à la tradition chiite. Dans un ouvrage récent[40], l'auteur complète notre connaissance du contexte d'élaboration des sources scripturaires de l'islam à l'appui d'un examen précis de trois œuvres méconnues du chiisme ancien[41]. Il montre ainsi combien la mise par écrit du Coran ne s'est jamais départie d'un contexte polémique et d'opposition guerrière. De même, la sollicitation de sources, cette fois, externes à la tradition musulmane conduit à nuancer, voire à remettre en cause les récits de la tradition[42]. Au côté de ce travail sur les premiers manuscrits, la recherche et la prospection archéologique dans la péninsule arabique, quoique récente et excluant la région du Hedjaz et ses environs[43], offrent pour l'historien des données de premier ordre pour comprendre le contexte d'émergence de l'Islam. Les fouilles (1970) de *Qaryat al Fāw* avaient déjà révélé la pénétration de l'influence hellénique au cœur même de l'Arabie[44]. D'autres découvertes, principalement issues de fouilles au Yémen, ont révélé combien cette aire géographique a connu une succession de riches civilisations depuis la plus haute antiquité[45]. Mais c'est sans doute avec

---

40 Amir-Moezzi (Mohammad Ali), *Le Coran silencieux et le Coran parlant, Sources scripturaires de l'islam entre histoire et ferveur*, Paris, CNRS éditions, (« CNRS Religions »), 2011, 268 p. Pour une vue synthétique de l'ouvrage, lire p. 207–218.

41 L'ouvrage s'intéresse aux œuvres suivantes : le *Kitāb* de Sulaym b. Qays (IIe et IIIe s.) sur les violences qui suivirent la mort du Prophète ; le *Kitāb al-Qirā'āt* d'al-Sayyārī (début IIIe siècle) sur la falsification de la vulgate 'uthmânienne ; le *Tafsīr d'al-Ḥibarī* (milieu du IIIè siècle) sur la nécessité de l'herméneutique et la genèse de l'ésotérisme shi'ite ; les *Basā'ir al-daraǧāt* d'al-Saffār al-Qummī, et enfin la somme des traditions d'al-Kulayni (milieu du IVème siècle).

42 Prémare (Alfred Louis de), *Les fondations de l'Islam, entre écriture et histoire*, Paris, Seuil, (« L'Univers Historique »), 2002, p. 25–27. *Cf.* également à Crone (Patricia) & Cook (Michael Allan), *Hagarism* : the making of the Islamic world, Cambridge, Cambridge University Press, 1977, IX + 268 p. Cook (Michael Allan), Muḥammad, Oxford, Oxford University Press, (« Past Masters »), 1983, p. 73–76. Hoyland (Robert G.), *Seeing Islam as others saw it*, a survey and evaluation of Christian, Jewish and Zoroastrian writings on early Islam, Princeton, Darwin Press, (« Studies in late antiquity and early Islam ; 13 »), 1997, XVIII+872 p.

43 A ce propos, Robert Schick écrit : « *At present the field of archaeology has little to contribute to an understanding of the Qur'ān and the milieu in which Islam arose. Archaeological excavations are taboo in Mecca (q. v.) and Medina (q. v.) and only a few other excavations or surveys have yet taken place in the Arabian peninsula that shed much light on the topic.* » Shick (Robert), « Archeology and the Qur'ān », *EQ*, I, p. 148b.

44 Anṣārī (al-Ṭayyib 'Abd al-Raḥmān), *Qaryat al-Fau*, A portrait of pre-islamic civilisation in Saudi Arabia, Al-Riyaḏ, Ǧāmi'a al-Riyāḍ, 1982, p. 13–30. *Cf.* également Cheddadi (Abdelsselam), *Les Arabes et l'appropriation de l'histoire*, émergence et premiers développements de l'historiographie musulmane jusqu'au IIe / VIIIème siècle, Paris, Sindbad Actes Sud, (« La bibliothèque arabe/Hommes et Sociétés »), 2004, p. 30.

45 Une récente exposition au Louvre intitulée « Routes d'Arabie – Trésors archéologiques du royaume d'Arabie saoudite (16 juillet au 27 septembre 2010) » a permis d'« esquisser un

le foisonnement des découvertes épigraphiques que les résultats sont les plus spectaculaires. Des milliers d'inscriptions informent ainsi de la situation linguistique, politique, religieuse et économique qui prévalait durant plus de deux millénaires et demi. Parmi elles, nombre d'inscriptions permettent de dévoiler quelques aspects originaux des premiers temps de l'islam et particulièrement ce que, par une formule heureuse, Frédéric Imbert a nommé le « Coran des pierres »[46]. Face à ces nouvelles sources et au développement des sciences humaines, les spécialistes recourent à des méthodes d'analyse, techniques et notions théoriques parfois inédites. Ainsi, le renouveau des études coraniques implique dans le même mouvement une évolution des usages et outils méthodologiques.

Parmi les méthodes utilisées, la codicologie a une place de premier ordre. Cette discipline, comme on le sait, a pour objet le déchiffrement et l'expertise (datation, localisation, évolution) des manuscrits. Elle comprend l'étude des différents types d'écriture en usage, leur genèse, leur évolution et leur diffusion. Elle vise également l'analyse des matériaux et des techniques de fabrication, l'étude du processus de transmission des textes et des centres de copie ainsi que l'étude des fonds de manuscrits aujourd'hui conservés dans les bibliothèques[47]. En outre, l'usage de la datation par le Carbone 14 et la technique de la photographie aux rayons ultraviolets se révèlent être des plus utiles[48]. Un exemple révélateur de cette contribution de la méthode codicologique est illustré par le récent ouvrage de David S. Powers[49]. Dans ce livre, l'auteur s'interroge principalement sur la signification du terme mystérieux de « *Kalāla* » apparaissant deux fois dans le Coran, d'abord au Coran IV, 12 et de nouveau en IV, 176. Il propose de résoudre cette difficulté en se fondant sur l'examen d'un manuscrit du Coran de la Bibliothèque Nationale de France 328A écrit en écriture *ḥiǧāzī* (seconde moitié du 1er siècle de l'hégire). Une analyse paléographique et codicologique indique

---

panorama inédit des différentes cultures qui se sont succédé sur le territoire du royaume d'Arabie saoudite depuis la préhistoire jusqu'à l'orée du monde moderne. » *v. Routes d'Arabie*, archéologie et histoire du royaume d'Arabie Saoudite, sous la direction de Al-Ghabban (Ali Ibrahim) & André Salvini (Béatrice) ... [et al.] (dir.), Paris, Musée du Louvre/Somogy, 2010, 623 p.

46 Imbert (Frédéric), « Le Coran dans les graffiti des deux premiers siècles de l'hégire », *Arabica*, 47 (3–4/2000), p. 381–390.

47 Parmi les spécialistes de ces disciplines, on rappellera les travaux aujourd'hui bien connus de François Déroche et Sergio Noja Noseda†, Alain George, Efim Rezvan et Hans Caspar (Graf von) Bothmer.

48 *Cf.* Sadeghi, (B.) & Bergmann (U.), « The Codex of a Companion of the Prophet and the Qurʾān of the Prophet », *art. cit*, p. 343–436.

49 Powers (David Stephan), *Muḥammad Is Not the Father of Any of Your Men*, The Making of the Last Prophet, Philadelphia, University of Pennsylvania Press, (« Divination »), 2009, XVI + 357.

que le squelette consonantique C. IV, 12 a été révisé, de sorte que le sens du mot et du verset a subi une transformation radicale. Cette modification s'expliquerait dans une intention de clarification d'un verset initialement incomplet qui traite des règles contenues dans l'héritage (v. 11–12 de *sūrat al-nisā'*). Ce problème a été résolu par l'ajout de la législation complémentaire à la fin de la « *sūrat al-nisā'* » -ce qui est maintenant C. IV, 176, le deuxième verset où le mot *kalāla* apparaît[50]. On comprend ici combien l'analyse codicologique apporte une contribution décisive à l'histoire de ce texte coranique.

Outre ces progrès de notre connaissance de la documentation historique, les apports de l'analyse structurale permettent parallèlement de reconsidérer la singularité formelle et compositionnelle du Coran. La perspective n'est plus diachronique mais bien synchronique. Analysant le texte tel qu'il se présente dans son état final, de nombreux travaux ont appliqué ainsi les méthodes sémiotique[51], narrative[52], sémantique[53] et rhétorique[54]. A cet égard, la sourate douze intitulée Joseph fit l'objet d'études particulièrement suggestives[55]. L'introduction de ces méthodes d'analyse a entrainé l'usage de notions issues de l'analyse du discours littéraire tels que l'intertextualité[56], l'intratextualité[57], ou la

---

50 Id., « Paleography and Codicology Bibliothèque Nationale de France, Arabe 328a », *Muḥammad Is Not the Father of Any of Your Men*, *op. cit.*, p. 155–196.

51 El Yagoubi Bouderrao (Mohamed), *Sémiotique de la sourate al A'raf* (discours coranique et discours exégétique classique), Paris III, 1989, 2.vols, 609 p.

52 Gasmi (Laroussi), *Narrativité et production de sens dans le texte coranique*, le récit de Joseph, Paris, EHESS, 1977, 293 p.

53 Izutsu (Toshihiko), *God and man in the Koran*, New York, Books for Libraries, (« Islam/Studies in the humanities and social relations. – Tokyo : The Keio institute of cultural and linguistic studies ; 5 »), 1980, 1ère éd. 1964, 242 p. ; Madigan (Daniel A.), *The Qur'ān's self image* : writing and authority in Islam's scripture, Princeton, Princeton University Press, 2001, XV + 236 p.

54 Cuypers (Michel), *Le Festin*, Une lecture de la sourate al-Mâ'ida, Paris, Lethielleux, (« Rhétorique sémitique »), 2007, IV + 453 p.

55 On pourra se référer aux travaux suivants : Berque (Jacques), « Yûsuf ou la sourate sémiotique », Mélanges Greimas, tome II, 1985, p. 847 sq. ; Gasmi (Laroussi), Narrativité et production de sens dans le texte coranique : le récit de Joseph, Paris, EHESS, 1977, 293 p. ; Prémare (Alfred Louis de), Joseph et Muhammad, le chapitre 12 du Coran : étude textuelle, Aix en Provence, Publications de l'Université de Provence, 1989, 193 p. ; Cuypers (Michel), Structures rhétoriques dans le Coran. Une analyse structurelle de la sourate "Joseph" et de quelques sourates brèves, *MIDEO*, XXII, (1995), p. 107–195.

56 Dans un article de référence, Laurent Jenny définit l'intertextualité de la manière suivante : « l'intertextualité désigne non pas une addition confuse et mystérieuse d'influences, mais le travail de transformation et d'assimilation de plusieurs textes opéré par un texte centreur qui garde le leardership du sens ». *Cf.* Laurent Jenny, « La stratégie de la forme », *Poétique*, n°27, 1976.

57 La notion d'intratextualité peut se définir comme la mise en relation d'un énoncé avec un

métatextualité[58]. Pour exemple, l'analyse rhétorique initiée par Michel Cuypers illustre parfaitement une démarche qui sensibilise le lecteur aux dimensions relationnelles du texte à la fois dans ses dynamiques internes (intratextuelles) mais aussi externes (intertextuelles). S'intéressant à l'ordonnancement et au plan du discours, le chercheur a appliqué l'analyse rhétorique, méthode issue des études bibliques, à la sourate cinq *al mā'ida*[59]. C'est ainsi qu'il met en évidence deux faits majeurs. Premièrement, la sourate est un discours aux allures de testament. Ce constat s'appuie sur les nombreuses réminiscences bibliques (l'alliance avec Dieu, l'interpénétration des genres législatif et narratif, les injonctions à l'obéissance de la loi...) qui jalonnent la sourate et qui ne laissent aucun doute quant à l'arrière-fond deutéronomique de celle-ci. Deuxièmement, il existe des passages stratégiques disposés rhétoriquement au centre et caractérisés par leur message universel. Cette centralité qui contraste avec d'autres passages rhétoriquement placés en périphérie les mettent « fortement en relief et leur accorde une importance particulière. (...) Ils semblent avoir valeur de principes pour l'interprétation de l'ensemble des versets plus circonstanciés qui les entourent[60] ». L'auteur conclut sur la portée éthique et universelle de ces passages (neuf versets) qui tranchent avec le caractère limité et fréquemment polémique du reste de la sourate. Comme l'atteste la méthode, cette approche synchronique s'appuie exclusivement sur le texte de réception. Elle contraste à l'évidence avec l'approche diachronique fidèle à la méthode historico-critique. Cette différence engendre une réévaluation de la question du sens du texte impliquant ainsi un questionnement herméneutique.

Dans une préface à l'ouvrage « *The Qur'ān in Its Historical Context* », Dan Madigan avait distingué deux orientations de la critique coranique. La première, est une approche historico-critique considérant qu'il est possible de retrouver le sens initial et les intentions du ou des auteurs du Coran (« *mens auctoris* ») alors que la seconde approche défend l'idée que l'interprétation n'est possible qu'à

autre énoncé appartenant au même (con)-texte. *Cf.* On rapprochera l'intratextualité de la notion d'indices syntagmatiques *in* Todorov (Tzvetan), *Symbolisme et interprétation*, Paris, Seuil, (« Collection Poétique »), 1978, p. 28. *V.* également pour le cas spécifique de la Bible la notion de « inner-biblicality » *in* Fishbane (Michael), *Biblical Interpretation in Ancient Israel*, Oxford, Clarendon Press, 1985, p. 7.

58 McAuliffe (J. D.), « Introduction », *The Cambridge companion to the Qur'ān*, *op. cit.*, p. 2–4. *Cf.* également la thèse de doctorat d'Anne-Sylvie Boisliveau consacrée à ce sujet.

59 Michel Cuypers a consacré une dizaine d'articles à l'analyse rhétorique du Coran. Sa bibliographie est disponible sur le site de l'IDEO à l'adresse http://www.ideo-cairo.org/IMG/pdf/biblio_cuypers.pdf.

60 Cuypers (M.), *Le Festin*, *op. cit.*, p. 376.

travers les communautés des croyants (« *mens lectoris* ») qui, à chaque époque, réactualisent la lecture et la signification du Coran comme texte canonique[61]. Dès les années quatre-vingt, ces deux positions plus ou moins antagonistes avaient fait l'objet d'un débat entre les tenants d'une lecture du Coran attachée à la littérature exégétique et d'autres spécialistes convaincus de la possible reconstitution du sens initial du texte. Ce dernier point fut défendu par Watt et Bell qui en appelait dès les années 1970 à « mettre de côté les interprétations (« *views* ») des commentateurs musulmans tardifs dans la mesure où celles-ci semblaient avoir été influencées par les développements théologiques bien postérieurs à la mort du prophète, et à s'efforcer de comprendre chaque passage dans le sens qu'il avait pour ses premiers auditeurs[62] ». Dans une même perspective plus récente et à l'appui d'une tentative de contextualisation, Jacqueline Chabbi a proposé de comprendre le Coran « dans son contexte premier de réception, celui du monde tribal qui l'environne et auquel il s'adresse[63] ». D'autres études, plus récentes encore, insistent sur l'importance de lire le texte coranique à l'aune, cette fois, d'un contexte élargi, celui de l'antiquité tardive. C'est notamment les interactions entre la littérature para-biblique et le Coran qui sont de nouveau réinterrogées. Cette perspective de recherche est défendue aujourd'hui par Angelika Neuwirth dans deux ouvrages récents[64] et par Gabriel Said Reynolds dans un ouvrage au titre suggestif[65]. Bien que ces deux auteurs divergent fondamentalement sur la

---

61 A ce sujet, Daniel Madigan écrit : « ... the meaning of a text is not simply found in the mens auctoris but rather in the mens lectoris or, better, in the complex relationship between the text and its readers in their contexts ». Madigan (Dan), « Foreword », *in* Gabriel Said Reynolds éd., *QHC*, Oxon, Routledge, (« Routledge Studies in the Qur'ān »), p. xi. *Cf.* Rippin (Andrew), *Approaches to the history of the interpretation of the Qur'ān*, Oxford, Oxford University Press, 1988, p. 2–4.

62 Il s'agit de notre traduction du passage suivant : « *Setting aside the views of later Muslim commentators in so far as these appeared to have been influenced by theological developments which came about long after the death of the Prophet, and endeavouring to understand each passage in the sense it had for its first hearers* » *in* Bell (Richard) & Watt (William Montgomery), *Bell's introduction to the Qur'ān*, completely revised and enlarged by Montgomery Watt, Edinburgh, Edinburgh University Press, 1970, p. 113–114.

63 Chabbi (Jacqueline), *Le Seigneur des Tribus*, L'islam de Mahomet, Préface d'André Caquot, Paris, Noêsis, 1997, p. 22. Rééd. Paris, CNRS éditions, 2010.

64 Neuwirth (Angelika), Sinai (Nicolai), Marx (Michael) ed., *The Qur'ān in Context,* historical and Literary Investigations into the Qur'anic Milieu, Leiden, Brill, (« Texts and Studies on the Qur'ān ; 6 »), 2009, 740 p. *Cf.* également Neuwirth (Angelika), *Der Koran als Text der Spätantike.* Ein europäischer Zugang, Berlin, Verlag Der Weltreligionen, 2010, 700 p.

65 L'auteur écrit : « ... The Qur'ān should be appreciated in light of its conversation with earlier literature, in particular Biblical literature (by which I mean the Bible, apocrypha, and Jewish and Christian exegetical works) ». *Cf.* Reynolds (G. S), *The Qur'ān and Its Biblical Subtext*, *op. cit.*, p. 2.

place à accorder aux reconstructions chronologiques et à la *sīra* pour interpréter le Coran, tous deux militent pour sortir d'une lecture exclusivement attachée à la tradition exégétique musulmane.

A la lumière de ces considérations méthodologiques et herméneutiques, trois interrogations et problématiques globales – et pour certaines déjà anciennes – se posent. Premièrement, est-il possible de reconstituer l'histoire du texte et à quelles conditions ? Comment évaluer la fiabilité des sources arabes souvent contradictoires ? Comment traiter la complexité des plus anciens manuscrits du Coran dont les variations textuelles sont nombreuses, loin de la fixité de l'édition coranique du Caire ? Parallèlement, que peuvent nous apprendre les sources épigraphiques sur l'état de la langue arabe et de la langue du Coran à l'aube et aux premiers siècles de l'Islam ? Deuxièmement, à ces questions relevant principalement des sources internes à la tradition islamique, s'ajoutent d'autres interrogations sur le contexte supposé d'émergence du Coran. Plus particulièrement, en quoi le Coran constitue-t-il un texte différent par rapport à la tradition judéo-chrétienne ? S'inscrit-il dans une singularité radicale ou dans une continuité qu'il faut interroger, notamment au regard des méthodes d'analyse intertextuelle ? Au-delà des identifications d'emprunts, comment rendre compte des phénomènes de réappropriation des références bibliques et parabibliques qui se présentent dans le Coran ? Sont-ils le résultat d'une communication prophétique transmise à une communauté naissante de croyants ou le fruit d'une collection de traditions tardives émanant d'un milieu sectaire monothéiste[66] ? Ces questions n'impliquent-t-elles pas de réinscrire le Coran dans un contexte historique plus large en tant qu'œuvre de l'Antiquité tardive ? Enfin, comment l'analyse littéraire du Coran peut-elle contribuer à élucider le travail de rédaction supposé du corpus coranique ? L'hétérogénéité du texte (fragmentation et pluralité des genres de discours) ne plaiderait-t-elle pas pour une diversité de sources et de contenus ? Le recours à des méthodes des sciences linguistiques (analyse rhétorique, analyse de l'énonciation, analyse de la rythmique et de la poéticité) peut-il contribuer à une meilleure compréhension des dynamiques et des stratégies du discours coranique ?

66 A ce propos Angelika Neuwirth explicite parfaitement la situation en écrivant : « The controversy about the Qur'ān – held to be the genuine document of the Prophet's communications to his listeners or considered as a later compilation from diverse traditions emanating from a monotheistic sectarian milieu – permeates the entire field of Qur'ānic studies, forcing each individual researcher to state his or her particular vantage point from the 'holistic' or from the 'atomistic' hypotheses ». *Cf.* Neuwirth (Angelika), « Qur'ān and History – a Disputed Relationship. Some Reflections on Qur'ānic History and History in the Qur'ān », *JQS*, V/1 (2003), p. 1.

L'ensemble de ces interrogations oriente peu ou prou la recherche actuelle autour du Coran. Or, le thème de la polémique coranique, cadre général de notre étude sur le contre-discours, s'inscrit sans surprise dans cette évolution des études coraniques contemporaines. En effet, de nature transversale, ce sujet a été traité, nous le verrons, suivant les deux interrogations ou problématiques susmentionnées : la polémique est un thème clé pour comprendre le contexte d'élaboration du Coran et il est aussi un lieu privilégié d'intelligibilité des stratégies discursives mobilisées pour convaincre son public. C'est au travers de ces deux perspectives que nous exposerons, dans le chapitre suivant, un état de la recherche autour de la polémique dans le Coran. Cet autre *status quaestonis* introduira la notion de contre-discours, notion qui permet d'envisager une nouvelle voie d'analyse de cette même polémique.

Chapitre II
La polémique dans le Coran : sources, méthodes et nouvelle approche

> « *C'est avec la figure coranique du prophète dénié par les siens qu'on parvient enfin au sujet lui-même dans son espace propre*[1] ».
> Jacqueline Chabbi

Dans une contribution récente et décisive intitulée « Debate with them in the better way », Jane Dammen McAuliffe soulignait un fait singulier. Malgré l'omniprésence de la controverse et des débats dans le Coran, peu d'études en Occident se sont intéressées à un sujet aussi fondamental[2]. Si le constat est réel, il ne faut pas minorer les travaux récents et plus anciens qui ont souligné la « polémicité[3] » du discours coranique. C'est en l'occurrence les recherches de plusieurs historiens qui ont conduit au renouvellement de la question. Il faut évoquer ici, chronologiquement cités, les noms de Richard Ettinghaussen (1934), John Wansbrough (1977), Matthias Radscheit (1996), Jacqueline Chabbi (1997, 2009), David Marshall (1999), Gerald R. Hawting (1999), Alfred-Louis de Prémare (2004) et Patricia Crone (2010). Cette dernière liste serait incomplète sans la mention d'autres travaux aux orientations résolument linguistiques et rhétoriques. On citera ici les études de Jacques Waardenburg (1972, 1980), Marie-Thérèse Urvoy (2002, 2007), Kate Zebiri (2003, 2004, 2006), Rosalind Gwynne Ward (2004). Présentant ces deux orientations l'une historique (A.) et l'autre linguistique et rhétorique (B.), le présent chapitre introduira un nouveau cadre d'analyse autour de la notion clé de contre-discours (C.), thème du chapitre suivant.

---

1 Chabbi (J.), *Le Seigneur des Tribus*, *op. cit.*, p. 23.

2 L'auteur écrit : « Yet the ubiquity of debate and disputation in the Qur'ān has attracted little attention in western-language scholarship », McAuliffe (J. D.), « Debate with them in the better way », *op. cit.*, p. 163.

3 On entendra par le terme polémique « une attitude critique qui vise à une discussion vive ou agressive ». *Cf.* Rey (Alain), Rey Debove (Josette) dir., « Polémique », *in* Le Nouveau Petit Robert, *Dictionnaire alphabétique et analogique de la langue française*, Paris, Le Robert, 2006, p. 1997.

A L'approche historique

a La contrainte des sources

A l'appui de deux sources principales -mais non exclusives[4] – que sont le Coran et la vaste tradition musulmane (*ḥadīṯ*, *tafsīr*, *sīra*), l'approche historienne tente de déterminer le contexte probable de la polémique coranique. Mais loin d'être simple, cette recherche est contrainte par la nature même de sa source principale : le Coran. En effet, l'établissement d'un corpus relatif à la polémique n'est pas une tâche aisée. Le constat est d'importance et il n'est pas surprenant qu'il soit en exergue d'un ouvrage fondamental écrit par Richard Ettinghaussen[5] et intitulé « *Antiheidnische Polemik im Koran*[6] ». Soutenue en 1931 et publiée en 1934, cette dissertation souligne la difficulté méthodologique (« *methodische Schwierigkeiten* ») de repérer les séquences polémiques beaucoup moins homogènes et discernables que les séquences narratives ou juridiques[7]. La difficulté est particulièrement sensible lorsqu'il s'agit de passages textuels dont la « polémicité » demeure sous jacente ou indirecte. L'auteur s'interrogeait ainsi sur la possibilité de déterminer des critères objectifs ou bien définis (« *genau festgelegten Gesichtspunkten* ») afin d'élaborer un relevé précis des séquences polémiques[8].

---

4 Les sources écrites sont prépondérantes mais elles peuvent-être complétées par des sources épigraphiques et numismatiques. *V. infra*, p. 36–37.

5 Né en Allemagne, Richard Ettinghaussen (1907–1979) reçut son doctorat à l'Université de Francfort en 1931 en histoire islamique et histoire de l'art.

6 Ettinghaussen (Richard), *Antiheidnische Polemik im Koran*, Inaugural-Dissertation zur Erlangung der Doktorwürde der philosophischen Fakultät der Johann Wolfgang Goethe-Universität zu Frankfurt am Main / vorgelegt von Richard Ettinghausen, Gelnhausen, F. W. Kalbfleisch, 1934, 58 p. La soutenance de cette « Inaugural Dissertation » eut lieu le 13 juillet 1931 en présence de Messieurs C. H. Becker et M. PleBner.

7 En effet, il écrit : « *Die vorliegende Dissertation bemüht sich Inhalt und Wesen aller Streitreden Muḥammads und der Heiden festzustellen, soweit diese im Koran ihren Niederschlag gefunden haben. Bei der Durchführung dieser Arbeit zeigten sich gewisse methodische Schwierigkeiten. Die erste erhob sich bereits bei der Auswahl des Stoffes, die sich nicht so einfach ergab wie etwa bei der Untersuchung koranischer Stücke, die rein inhaltlich zu bestimmen sind (z. B. der erzählenden und juristischen Abschnitte).* » Ettinghaussen (Richard), *Antiheidnische*, *op. cit.*, p. 5.

8 Il écrit : « *Eine solche Auswahl hat natürlich einen subjektiven Charakter, da die Bewertung 'polemisch oder unpolemisch' nicht nach genau festgelegten Gesichtspunkten vorgenommen werden kann* ». Ettinghaussen (Richard), *Antiheidnische*, *op. cit.*, p. 6.

Sans nul doute, l'écueil tient à la nature hétérogène, fragmentée[9], répétitive et fréquemment allusive du texte coranique. L'hétérogénéité, d'abord, se signale par les multiples formes d'expression de la controverse. En se référant à la nomenclature proposée par Neal Robinson, il peut s'agir de formules telles que des serments, des proférations de malédiction, des dénonciations, des reproches, des avertissements, des railleries ou d'apostrophes en direction d'opposants[10]. A ces formes, il faut, sans doute, ajouter à la suite des travaux de Matthias Radscheit, les passages relatifs à l'appel au défi (*taḥaddī*) lancé par le Coran afin de produire une révélation similaire à la sienne[11]. Mais l'hétérogénéité s'accompagne également d'une fragmentation du texte. Cette dernière signifie ici que les passages coraniques explicitement polémiques sont distribués dans l'ensemble du texte sans que, de manière systématique, ils soient circonscrits dans une séquence continue ou homogène. On peut ainsi rejoindre la remarque de Neal Robinson qui, consacrant son analyse aux sections de la controverse (mecquoise), écrit : « les données (polémiques) sont assez diverses et ne sont jamais concentrées dans des sections uniformes (*discrete section*)[12] ». Plus encore et face à la multiplicité de ces passages souvent similaires dans l'ensemble du Coran, Alfred-Louis de Prémare n'hésite pas à envisager l'ensemble de la vulgate comme un texte principalement polémique, écrivant ainsi : « on peut se demander, parfois si la polémique n'est pas l'une des tonalités dominantes du corpus[13] ».

Cette polémique aux formes plurielles, fragmentées et fréquentes pose une difficulté de délimitation d'autant plus importante qu'elle revêt également une forme allusive s'intégrant par exemple à des séquences à caractère narratif. Pour exemple, le micro-récit extrait du Coran VI, 74–83. Ce texte met en scène Abraham confronté à l'idolâtrie de son père (*'Āzar*) et de son peuple (*qawm*). L'échange

9 Prémare (Alfred-Louis de), *Aux origines du Coran*, *op. cit.*, p. 30–32. Sous la plume de cet auteur, ces deux qualificatifs concernent l'ensemble de la vulgate coranique.

10 Robinson (Neal), *Discovering the Qur'ān*, A contemporary approach to a veiled Text, Washington, Georges University Press, 2003², p. 116–119.

11 Radscheit (Matthias), *Die Koranische Herausforderung*, die taḥaddi-Verse im Rahmen der Polemikpassagen des Korans, Berlin, Klaus Schwarz, (« Islamkundliche Untersuchungen »), 1996, 117 p. Cité par Larcher (Pierre), « Coran et théorie linguistique de l'énonciation », *Arabica*, XLVII/3–4 (2000), p. 454 ; compte rendu de l'ouvrage par Gilliot (Claude), « Le défi coranique. Les versets de *taḥaddī* dans le cadre des passages polémiques du Coran », *Arabica*, XLI/2 (1999), p. 130–131. *Cf.* Radscheit (Matthias), « Provocation », *EQ*, IV, p. 312b-313a.

12 Le texte original est : « *The material is quite diverse and is not always concentrated in discrete sections* ». Robinson (Neal), *Discovering the Qur'ān*, *op-cit.*, p. 116.

13 Prémare (A. L.), *Aux origines du Coran*, *op. cit.*, p. 44.

est sans conteste polémique et les dialogues – si l'on retranche les maigres références bibliques – peuvent tout à fait s'apparenter à ce que Muḥammad aurait pu dire ou entendre face à l'incrédulité des siens[14]. C'est du moins ce que le texte coranique suggère lui-même. Pour s'en convaincre, la lecture des versets 80–81 et leur concomitance avec d'autres parties du texte coranique sont éloquentes. Considérons les deux versets suivants présents dans l'épisode abrahamique :

وَحَآجَّهُ قَوْمُهُ قَالَ أَتُحَاجُّونِّي فِي اللّهِ وَقَدْ هَدَانِ وَلاَ أَخَافُ مَا تُشْرِكُونَ بِهِ إِلاَّ أَن يَشَاءَ رَبِّي شَيْئاً
[15]وَسِعَ رَبِّي كُلَّ شَيْءٍ عِلْماً أَفَلاَ تَتَذَكَّرُونَ

et

وَكَيْفَ أَخَافُ مَا أَشْرَكْتُمْ وَلاَ تَخَافُونَ أَنَّكُمْ أَشْرَكْتُم بِاللّهِ مَا لَمْ يُنَزِّلْ بِهِ عَلَيْكُمْ سُلْطَاناً فَأَيُّ الْفَرِيقَيْنِ
[16]أَحَقُّ بِالأَمْنِ إِن كُنتُمْ تَعْلَمُونَ.

Si l'on se réfère aux expressions surlignées, on découvre en s'appuyant sur des tables de concordances d'ʿAbd al Bāqi et de Rudi Paret[17] qu'elles sont similaires aux discours tenus, pour la première par le prophète *Šuʿaīb*[18] mais aussi, pour la seconde expression, par l'allocutaire coranique identifié traditionnellement comme Muḥammad[19]. Cette proximité des discours entre Muḥammad et les

---

14 Dans un paragraphe intitulé « Une harangue pseudo-'abrahamique' », Jacqueline Chabbi analyse une séquence similaire (C. XXIX, 16–25) et souligne : « N'étaient le nom d'Abraham qui figure en tête de ce discours et quelques bribes du récit biblique comme l'allusion (...), on croirait entendre Mahomet parler aux siens. » *Cf.* Chabbi (Jacqueline), *Le Coran décrypté*, Figures Bibliques en Arabie, Paris, Fayard, (« Bibliothèque de Culture Religieuse »), p. 280–281.

15 *« wa-ḥāǧǧahū qawmuhū qālᵃ 'a-tuḥāǧǧūnnī fī Allāhⁱ wa-qad hadānⁱ wa-lā 'aḫāfᵘ mā tušrikūnᵃ bihī 'illā 'an yašā'a rabbī šay'ᵃⁿ wasiʿa rabbī kullᵃ šay'ⁱⁿ ʿilmᵃⁿ 'a-fa-lā tataḏakkarūna ».* Ce texte est traduit par Blachère de la manière suivante : « Son peuple argumenta contre lui et [Abraham] dit : « argumenterez-vous contre moi, à l'égard d'Allah, alors qu'Il m'a dirigé ? Je ne craindrai ce que vous Lui associez qu'autant qu'Il voudra quelque chose [par cela]. Mon Seigneur embrasse toute chose en Sa science. Eh quoi ! Ne réfléchirez-vous pas ? » (Blachère)

16 *« wa-kayfᵃ 'aḫāfᵘ mā 'ašraktum wa-lā taḫāfūnᵃ 'annakum 'ašraktum bi-Allāhⁱ mā lam yunazzil bihī ʿalaykum sulṭānᵃⁿ fa- 'ayyu l-farīqaynⁱ 'aḥaqqᵘ bi-l-'amnⁱ 'in kuntum taʿlamūnᵃ ».* Ce texte est traduit par Blachère de la manière suivante : « Comment craindrais-je ce que vous [Lui] avez associé alors que vous ne craignez point d'avoir associé à Allah ce avec quoi Il ne fait pas descendre sur vous de probation (*sulṭān*) ? ». Lequel des deux groupes est plus dignes de la sécurité, si vous le savez ? ».

17 Paret (R.), *KKK*, p. 145 ; Bāqi, *« sulṭān »*, *MMAQ*, p. 436.

18 C. VII, 89.

19 C. VII, 33.

prophètes antérieurs a déjà été soulignée par les spécialistes occidentaux[20]. Elle l'a été également, quoique de manière différente et originale, par l'exégèse musulmane la plus contemporaine, celle en particulier d'Iṣlāḥī[21]. Mais, l'évidente relation infra-textuelle entre les discours des prophètes a une incidence méthodologique non négligeable. En effet, et au vu des considérations précédentes, les mises en scène plurielles de ces controverses dialoguées pourraient tout à fait constituer un corpus utile pour appréhender ce que furent la nature et les formes de la polémique coranique. S'il faut prendre en compte ce dernier corpus, une interrogation s'impose alors : jusqu'à quel point ces dialogues reflètent-ils la polémique dont Muḥammad aurait été le protagoniste[22] (bien entendu, l'hypothèse ne s'éprouve qu'à la condition que ces controverses aient bien eu lieu en Arabie selon la perspective communément présentée en

20 A ce sujet, Theodor Nöldeke écrit : « *For the most part the old prophets only serve to introduce a little variety in point of form, for they are almost in every case facsimiles of Muḥammad himself. They preach exactly like him, they have to bring the very same charges against their opponents, who on their part behave exactly as the unbelieving inhabitants of Mecca. The Koran goes so far as to make Noah contend against the worship of certain false gods, mentioned by name, who were worshiped by the arabs of Muḥammad's time* ». *Cf.* Nöldeke (Theodor), « The Qur'ān », *Sketches from Eastern History*. Trans. J. S. Black. London, Adam and Charles Black, 1892. Republié sous le titre « The Koran », *The Origins of the Koran*, Classic Essays on islam's Holy Book, Edited by Ibn Warraq, Amherst, Prometheus Books, 1998, p. 42.
Alfred-Louis souligne également : « Nous sommes ici toujours dans le même contexte de l'opposition rencontrée par tout prophète, quel qu'il soit, et la projection de Muḥammad dans ce contexte y est visible, comme aussi la réécriture de l'histoire de Moïse en fonction de cette projection. » *Cf.* Prémare (Alfred-Louis de), *Joseph et Muḥammad*, le chapitre 12 du Coran : étude textuelle, Aix en Provence, Publications de l'Université de Provence, 1989, p. 167.
Enfin, David Marshall défend également cette thèse en l'appliquant aux récits liés au châtiment divins des peuples réfractaires (*punishment narratives*). Ce dernier écrit : « *the punishment-narratives reflect the experience of Muḥammad at Mecca, with various messengers of the past paralleling Muḥammad at many points* ... » Cf. Marshall (David), *God Muḥammad and the Unbelievers*, A Qur'ānic Study, New-York, Routledge/Curzon, 1999, p. 36.

21 Iṣlāḥī, Amīn Aḥsan (1904–1997) est un universitaire pakistanais, auteur d'un commentaire coranique (en ourdou) intitulé « *Tadabbur-i Qur'ān* ». Il tente notamment d'y démontrer la cohérence du texte coranique. Pour l'analyse du passage en question, *cf.* Mir (Mustansir), *Coherence in the Qur'ān*. A study of Islâhî's Concept Nazm in Tadabbur-i Qur'ân, Indianapolis, American trust Publications, 1986, p. 111–112 (125) *Cf.* Iṣlāḥī (Amīn Aḥsan), *Tadabbur-i Qur'ān*, II, Lahore, Dār l-Išā'a l-Islāmiyya, p. 468–476.

22 *Cf.* Comme le souligne David Marshall : « the punishment-narratives reflect the experience of Muḥammad at many points » (*v.* note 124). Mais citant l'exemple du peuple de Lot, il souligne que la similitude n'est pas complète entre le récit biblique et la situation de Muḥammad à la Mekke. Le parallèle n'est possible que par une analyse intratextuelle où les parallèles entre Muḥammad et les prophètes antérieurs s'appuient sur des concordances exactes et évidentes. Ainsi il écrit : «I show how non narrative passages confirm my interpretation of the punishment-narratives.»

islam) ? C'est d'ailleurs cette question que pose explicitement Ettinghaussen dès l'introduction de son ouvrage[23].

Mais face au caractère hétérogène, fragmenté et fréquemment allusif du texte coranique, le recours aux données de la tradition musulmane serait-il susceptible de lever les difficultés rencontrées ? Si le caractère allusif du Coran est indéniable, la tradition musulmane se signale en revanche par la richesse de ses informations. Un exemple de ce contraste est particulièrement saillant lorsqu'on considère la figure d'Abū Lahab. Ce dernier est le seul adversaire contemporain individuellement nommé dans le Coran. Or, autour de ce personnage, l'indigence des données coraniques frappe face aux riches matériaux et renseignements que la tradition musulmane nous en donne. S'appuyant notamment sur les sources d'auteurs comme Ibn Hišām, Ibn Sa'd ou Wāqidī, l'historien Mongtomery Watt parvient à réunir autour de cette figure un ensemble d'informations puisées dans la tradition musulmane. Ainsi, l'historien décrit le personnage de la manière suivante :

> « son of 'Abd al-Muṭṭalib and Lubnā bint Hāǧir (of ḫuzā'a), and half-brother of Muḥammad's father. His name was 'Abd al-'Uzza and his kunya Abū 'Utba ; Abū Lahab (literally "father of the flame") was a nickname given by his father on account of his beauty. At one time, doubtless before Muḥammad's preaching had roused opposition, he was friendly with his nephew, for his sons 'Utba and 'Utayba were married (or perhaps only betrothed) to Muḥammad's daughters Ruqayya and Umm Kulṯūm respectively. During the boycott of Hāšim and al-Muṭṭalib by the other clans Abū Lahab dissociated himself from Hāšim, probably because through his wife, a daughter of Ḥarb b. Umayya, he was connected with 'Abd šams. On the death of Abū Tālib, shortly after the end of the boycott, Abū Lahab became head of the clan and at first promised to protect Muḥammad, presumably for the sake of the honour of the clan. He withdrew his protection, however, when Abū ğahl and 'Uqba b. Abī Mu'ayṭ managed to convince him that Muḥammad had spoken disrespect – fully of deceased ancestors like 'Abd al-Muṭṭalib and said they were destined for Hell. This loss of protection probably led to Muḥammad's attempt to settle in al-Ṭa'if; when it proved vain, Muḥammad, before entering Mecca again, had to obtain the ğiwār of the head of another clan. This hostile conduct was doubtless the occasion of Sūra CXI which, with a play on the name, consigns Abū Lahab and his wife to the flames of Hell. He died shortly after the battle of Badr to which he is said to have sent in his place a man who owed him money. There is a long story about his reaction to the news of this defeat. His sons 'Utba and Mu'attib became Muslims in 8/630, and 'Utba's grandson, al-Faḍl b. al-'Abbās, was known as a poet (Aġānī, xv, 2–11)[24] ».

---

23 Il écrit : « *Bei der Prüfung der polemischen Abschnitte ist auch die prinzipielle Frage zu klären, ob die in den Legenden enthaltenen Streitgespräche in eine Untersuchung über die antiheidnische Polemik Muḥammads einbezogen werden können* ». Ettinghaussen (R.), *Antiheidnische Polemik im Koran, op. cit.*, p. 6.

24 Watt (Montgomery), « Abū Lahab », *EI²* (A-B), I, p. 136–137. *Cf.* Les contributions de Rubin

Les informations sont factuelles, nombreuses et précises. Elles suggèrent combien l'entreprise est bien de combler les silences du Coran[25]. C'est sans doute ce souci du détail et la profusion des informations, dépassant d'ailleurs le seul cas d'Abū Lahab qui ont conduit nombre d'historiens à douter de la véracité des données transmises par la tradition, et en particulier celles issues de la *sirā*[26]. En l'occurrence, les historiens ont dû se défaire rapidement d'une illusion. Contre l'avis d'Ernest Renan qui considérait l'islam comme une religion née « en pleine histoire[27] » et dont les « racines sont à fleur de sol[28] », Goldziher[29] dès la fin du XIXème et d'autres comme Wellhaussen[30], Becker[31], Lammens[32] ou encore Leone

---

(Uri), « Abū Lahab and Sura CXI », *BSOAS*, XLII (1979), p. 13–28 ; « The hands of Abū Lahab and the Gazelle of the Ka'ba », *JSAI*, XXXIII (2007), p. 93–98.

25 A cet égard, Alfred Louis de Prémare écrit : « Les textes (le Coran) n'en fournissent généralement aucune indication, à une ou deux exceptions près, qui restent très allusives. Sauf à désigner les objecteurs comme factieux, réfractaires, infidèles, dénégateurs, injustes ou menteurs, les textes ne précisent pas qui sont ces « ils » dont ils parlent, ou ces « vous » auxquels ils s'adressent. » *Cf.* Prémare (A. L.), *Aux origines du Coran*, *op. cit.*, p. 107.

26 L'historien reste dubitatif lorsqu'il est confronté, par exemple, à une liste précise des noms des juifs médinois qui se sont opposés à Muḥammad. *Cf.* Guillaume (Alfred), *the life of Muḥammad* : a translation of Isḥāq's Sīrat Rasūl Allāh with an introduction and notes by a. guillaume, lahore, Oxford University Press, 1955, p. 239.

27 Renan (Ernest), « Mahomet et les origines de l'islamisme », *Etudes d'histoire religieuse*, suivi de *Nouvelles d'histoire religieuse*, Paris, Gallimard, « Tel », 1992, p. 205.

28 *Ibid.*

29 Goldziher (Ignaz), *Muhammadanische Studien*, Halle, M. Niemeyer, vol. I & II, 1889–90, XII + 280 ; X + 420 p. (Voir particulièrement pour la question ici abordée le Tome II, p. 88–130).

30 Julius Wellhaussen écrit à ce propos : « *es ist allgemein anerkannt dass die mekkanische Periode der Sīra von der Legende völlig überwuchert und die medinische stark genug davon infiziert ist* » cité par Lammens (Henri), *Le berceau de l'Islam*, l'Arabie occidentale à la veille de l'Hégire. Ier volume, Le climat, les Bédouins, Romae, Sumptibus Pontificii Instituti Biblici, (« Scripta Pontificii instituti biblici ; Institut biblique pontifical »), 1914, p. VII.

31 Carl Heinrich Becker écrit : « Dans ses peintures de détail, souvent si prolixes, la *sīra* ne constitue pas une source historique indépendante. On y retrouve exclusivement les matériaux fournis par le *ḥadīṯ*, mais disposés en forme de biographie. Les *ḥadīṯ* particuliers représentent un développement exégétique d'allusions qoraniques, ou bien des inventions postérieures à tendances dogmatico-juridiques. L'intérêt pour l'exégèse et pour le dogme est antérieur à l'intérêt pour l'histoire. Ce dernier s'éveilla alors qu'en face des sources historiques chrétiennes, attestant la personnalité miraculeuse et divine du Christ, on éprouva le besoin d'une documentation analogue pour le fondateur de l'islam. La tradition vraiment historique restant extraordinairement restreinte, on s'attaqua aux allusions du Qoran pour les exploiter. Mais surtout on se mit à recueillir les anciens *ḥadīṯ* à tendances dogmatique et juridique, dans le but de les distribuer chronologiquement. Ainsi naquit la *sīra* ». Texte traduit de l'allemand par Henri Lammens. *Cf.* Becker (C. H.), *« Prinzipielles zu Lammens' Sīrastudien »*, *Isl*, IV, 1913, p. 263.

32 Avec la rudesse qu'on lui connaît, l'auteur a pu écrire : « 'L'islam est une religion, née à la

Caetani[33] ont tous apporté un démenti cinglant à de telles affirmations. Contre la « tendance optimiste[34] », c'est le scepticisme qui reste encore aujourd'hui de rigueur face aux sources premières de l'Islam[35]. C'est sans nul doute Harald Motzki qui traitant de la possibilité d'écrire une biographie de la vie de Muḥammad a le plus judicieusement résumé la situation : « D'un côté, il n'est pas possible d'écrire une biographie historique du Prophète sans être accusé de faire un usage non critique des sources ; tandis que, d'un autre côté, lorsqu'on fait un usage critique des sources, il est simplement impossible d'écrire une telle biographie[36] ». Nous pourrions, ici, aisément extrapoler ce point à la question de la polémique. Dans

pleine lumière de l'histoire !' Tant de voix autorisées nous l'ont répété, que lorsque, remontant jusqu'aux origines de ce mouvement, nous nous heurtons partout au *truquage* (souligné par l'auteur), cette constatation ne laisse pas de nous déconcerter. A ce sentiment de déconvenue se joint une sourde indignation, quand nous nous mettons à examiner l'appareil pseudo-scientifique, toute la ferblanterie de l'isnād, des variantes, des artifices (souligné dans le texte) de rédaction, destinés à masquer cette machinerie primitive ». *Cf.* Lammens (Henri), *Fāṭima et les filles de Mahomet*, notes critiques pour l'étude de la *sīra* par Henri Lammens, ..., Romae, Sumptibus Ponificii Instituti Biblici, (« Scripta Pontificii instituti biblici – Rome : Institut biblique pontifical, 1912–.... »), 1912, p. 133.

33 Caetani (Leone), *Annali dell'Islam*, I, Milan, Ulrico Hoepli, 1905, p. 28–58 ; 121–43.

34 Motzki (Harald), *The Biography of Muḥammad*, the issue of the Sources, Leiden, Brill, (« Islamic history and civilization. Studies and Texts ; 32 »), 2000, p. xi.

35 A l'article *sīra* de l'*encyclopédie de l'Islam* signé par W. Raven, l'auteur rappelle les cinq grands postulats qui définissent cette orientation critique : « *The sīra materials as a whole are so heterogeneous that a coherent image of the Prophet cannot be obtained from it. Can any of them be used at all for a historically reliable biography of Muḥammad, or for the historiography of early Islam ? Several arguments plead against it : (1) Hardly any sīra text can be dated back to the first century of Islam. (2) The various versions of a text often show discrepancies, both in chronology and its contents. (3) The latter the sources are, the more they claim to know about the time of the Prophet. (4) Non Islamic sources are often at variance with Islamic sources [...] (5) Most sīra fragments can be classed with one of the genres mentioned above. Pieces of salvation history and elaborations on Qurā'nic texts are unfit as sources for scientific historiography – except, of course, for the historiography of the image of the Prophet in the belief and doctrine of his community* ». Raven (W.), *EI²*, IX (San-Sze), p. 662–663. Pour une approche méthodologique plus globale des études de l'Islam premier, on se référera à Nevo (Yehuda D.) & Koren (Judith), « Methodological Approaches to Islamic Studies », *Isl*, LXVIII, 1991, p. 87–107. L'approche hyper-critique est notamment représentée par des grands noms de l'islamologie contemporaine dont John Wansbrough, Patricia Crone, Michael Cook, Suliman Bashear, Yehuda D. Nevo ...

36 Le texte original est le suivant : « *On the one hand, it is not possible to write a historical biography of the Prophet without being accused of using the sources uncritically, while on the other hand, when using the sources critically, it is simply not possible to write such a biography* ». Nous reproduisons la traduction d'Alfred-Louis. *Cf. les fondations de l'islam*, entre écriture et histoire, Paris, Seuil, (« l'Univers Historique »), 2002, p. 30. Pour le texte anglais, Motzki (Harald), *The Biography of Muḥammad*, *op. cit.*, p. 38.

la perspective d'Harald Motzki, l'usage critique des sources ne manquerait pas de réduire à néant toute tentative pour saisir ce que furent les tenants et les aboutissants d'une polémique pourtant manifeste dans le Coran.

Mais loin d'emporter l'unanimité des spécialistes, l'attitude « hyper » critique a elle-même suscité une réelle perplexité. Henri Lammens avait déjà soutenu l'idée qu'on ne pouvait faire fi de toute la tradition musulmane[37]. Plus récemment, c'est Fred Donner qui proposa une réévaluation de la question dans le même sens. Pour cet auteur qui ne minimise pas les difficultés inhérentes à la nature de la documentation[38], l'argument qui consiste à réfuter toute vraisemblance à la tradition musulmane (*sīra* et *ḥadīṯ*) est à nuancer fortement. Deux raisons soutiennent cette conviction. La première tient au fait qu'il existe une différence prononcée entre le Coran et les textes postérieurs de la tradition notamment les *ḥadīṯ*. Pour exemple et s'agissant de la figure prophétique, l'auteur souligne combien : « (Muḥammad) est capable de nourrir les multitudes, guérir les malades avec sa salive, se procurer de l'eau en appuyant sur le sol avec son talon, voir derrière lui, prédire l'avenir, ou connaître les choses divines cachées, comme les noms des personnes qu'il n'a pas encore rencontrées ou l'origine d'un morceau de viande volé qu'on lui sert. Cette vision de Muḥammad … ne coïncide nullement avec l'image coranique de Muḥammad comme un homme normal, et jette encore une fois un doute sur l'affirmation de Wansbrough pour qui le Coran s'origine (originated) dans le même environnement culturel qui produisit également les innombrables histoires des miracles relatés dans les ḥadīṯ et les

---

37 Lammens écrit : « Comme nous le disions dans *L'âge de Mahomet* (p. 249), il ne peut être question de tout rejeter en bloc. Ce serait sacrifier en même temps les importantes parcelles de vérité historique qui s'y trouvent mêlées. » L'auteur ajoute dans une note de bas de page [n°3] : « Nous ne nions donc pas l'existence d'un noyau solide dans les conglomérats de la sīra. Au lieu de renverser la lourde construction élevée par la Tradition, contentons-nous de la démonter pierre par pierre, pour examiner la valeur des matériaux employés. Opération fastidieuse mais indispensable ! ». *Cf.* Lammens (Henri), *Le berceau de l'Islam*, l'Arabie occidentale à la veille de l'Hégire. Vol. I, Le climat, les Bédouins, Rome, Sumptibus Pontificii Instituti Biblici, («Scripta Pontificii instituti biblici, Institut biblique pontifical»), 1914, p. IX. Pour un point de vue similaire mais plus récent, on se référera à la contribution de Gilliot (C.), « Muḥammad, le Coran et les contraintes de l'histoire », *in* Wild (S.), *Qur'ān as text*, *op. cit.*, p. 3–26.

38 Fred M. Donner souligne que nombre de sources islamiques : « reveal internal complexities, [...] chronological disrepancies, [...] absurdities, [...] contradictions in the meaning of events, [...] information that seems clearly anachronistic, [...] evidence of embellishment or outright invention to serve the purpose of political or religious apologetic », p. 49, 60–61. Cité par Emran el Badawi, « Condemnation in the Qur'ān and the syriac gospel of Matthew », Reynolds (Gabriel Said) éd., *New Perspectives on the Qur'ān*, The Qur'ān in its Historical Context 2, New York, Routledge, (« Routledge Studies in the Qur'ān »), p. 449.

récits fondateurs[39] ». De cette différence, l'auteur en déduit que le Coran est une source privilégiée pour connaître les premiers moments de l'Islam[40]. La seconde raison qui conduit à prendre au sérieux la tradition musulmane rejoint la position mesurée d'Henri Lammens. Pour Fred Donner, certains récits de la tradition témoignent des événements vécus par la première « communauté des croyants ». Sinon, comment refuser de deviner dans ces sources les tensions qui ont vraisemblablement prévalu entre, par exemple, les *muḥajirun* et les *anṣar* à Médine[41]?

De ce qui précède, deux constats s'imposent à l'historien. Le premier concerne le Coran. L'établissement d'un corpus de la polémique pose un problème de délimitation. Le second concerne la vaste tradition musulmane. Cette dernière si prolixe et largement apologétique pose un problème d'exploitation critique. Face à ces deux redoutables difficultés, les historiens proposeront deux méthodes d'analyse comparative, l'une interne et l'autre externe. Ces comparaisons s'appuieront pour l'essentiel sur un corpus intra-coranique qu'il s'agira ici de présenter.

b Les méthodes d'analyse

Malgré la difficulté d'établir un corpus, les historiens ont privilégié cinq données ou « indices » de la polémique dans le Coran :

---

39 Voici le texte original : « *is able to feed multitudes, heal the sick with his spittle, procure water by pressing the ground with his heel, see behind himself, predict the future, or divine hidden knowledge such as the names of people whom he has not yet met or the origins of a piece of stolen meat served to him. This vision of Muḥammad... does not coincide with the Quranic image of Muḥammad as a normal man, and once again casts doubt on Wansbrough's proposition that the Qur'ān originated in the same cultural environment that produced the countless miracle-stories related in the ḥadīṯ literature and origins narratives* ». *Cf.* Donner (F. M.), *Narratives of Islamic Origins*, the Beginnings of Islamic Historical Writing, Princeton, Darwin Press, (« Studies in Late Antique and Early Islam, 14 »), 1998, p. 51–52. Sur la différence de traitement de la figure prophétique entre le Coran et la tradition islamique, on se reportera à deux contributions : Welch (A. T.), « Muḥammad's Understanding of Himself : the Koranic Data », in Hovannisian & Vryonnis S Jr (éd.), *Islam's Understanding of Itself*, Malibu, CA, Undena Publications, 1983, p. 15–52 ; Andrew Rippin « Muḥammad in the Qur' ān : reading scripture in the 21st century », in *The Biography of Muḥammad*, Leiden, Brill, 2000, p. 298–309 ; et dans une moindre mesure celui de Azaiez (Mehdi), « Muḥammad, une relation coranique », Paris, *Religions et Histoire*, n°36, p. 48–53.

40 Fred Donner affirme : « *the Qur'ān text, as we now have it, must be an artifact of the earliest historical phase of the community of believers*". Donner (Fred M.), *Narratives, op. cit.*, p. 139. Ce point est rappelé dans un ouvrage récent intitulé *Muḥammad and the Believers*, at the Origins of Islam, Cambridge (Massachusetts)/Londres, Harvard, 2010, p. 56–57.

41 Donner (F. M.), *Narratives, op. cit.*, p. 30 et 164.

- le premier indice que nous qualifierons de « référentiel » désigne ici les huit racines synonymiques ou sémantiquement voisines qui expriment les notions de controverse et de débat (*ḫlf, ǧdl, nzʿ, šǧr, drʾ, mry, hǧǧ, ḫṣm*). Ces notions ont notamment été l'objet d'une présentation précise par Jane MacAuliffe[42] et notamment de la racine trilitère *ǧdl*[43]
- le deuxième indice que nous avons appelé « qualifiant et descriptif » désigne un florilège de termes dont le dénominateur commun est l'action de s'opposer sous toutes ses formes. Une liste significative de ces derniers a été proposée par Matthias Radscheit[44]. Cette liste non exhaustive constituée de seize termes montre déjà l'étendue d'une terminologie qui décrit principalement la manière dont l'opposition au Coran et à son allocutaire est manifeste. Elle doit être complétée par d'autres termes apparentés à la racine *kfr*[45].
- le troisième indice dit « nominatif » désigne nommément les protagonistes opposants. Bien que le Coran demeure un « texte sans contexte[46] », on relève néanmoins quatre noms de communautés religieuses, trois noms de divinités arabes, trois noms d'hommes, deux groupes ethniques et neuf toponymes[47].

---

42 McAuliffe (J. D.), « Debate with them in the better way », *op. cit.*, p. 163–165.

43 *Cf.* également Ibn Manẓur, *Lisān al ʿarab*, II, p. 211 ; Kasimirski, *Dictionnaire arabe-français*, p. 265–266 ; Lane, *Lexicon*, II, p. 27–29 ; Penrice, *Dictionary*, p. 27 ; Zammit, *CQS*, p. 119.

44 Matthias Radscheit propose la liste suivante : « "oppose" (*ḥādda*, e. g. C. IX, 63 ; LVIII, 5), "make a breach" (*šāqqa, e.* g. q 4:115 ; 8:13), "transgress" (*iʿtadā, e. g.* C. III, 112 ; V, 78), "turn away" (*aʿraḍa, e. g.* C. XVIII, 57 ; LIV, 2), "revile" (*sabba*, C. VI, 108), "defame" (*lamaza, e. g.* C. IX, 58 ; 79), "contrive" (*kāda*, e. g. C. VII, 195 ; LXXVII, 39), "plot" (*makara*, e. g. C. VII, 123 ; XXXV, 10), "forge a lie [against God]" (*iftarā l-kaḍiba, e. g.* C. XXIX, 68 ; LXI, 7), "lie" (*kaḍaba,e. g.* C. II, 10 ; XXXIX, 32); "cry lies" (*kaḍḍaba, e. g.* C. XXXV, 25 ; LXXXIII, 12), "grow arrogant" (*istakbara,e. g.* C. VI, 93; XXXVII, 35), "mock" (*istahzaʾa, e. g.* C. IX, 65; II, 14), "deride" (*saḫira, e. g.* C. VI, 10; IX, 79), "laugh" (*ḍaḥika, e. g.* C. XXIII, 110 ; LXXXIII, 29), "chatter" (*ḫāḍa, e. g.* C. VI, 68; IX, 69), "play" (*laʿiba, e. g.* C. IX, 65; XLIII, 83), etc. » *Cf.* Radscheit (Matthias), « Provocation », *EQ*, IV, p. 309b.

45 Nous devons une étude majeure sur les concepts éthico-religieux dans le Coran à Toshihiko Izutsu. Ce dernier souligne combien la racine « *kufr* » ne se constitue pas seulement comme le pivot essentiel autour duquel gravitent toutes les autres racines à valeur négative (*qualities*), elle occupe une telle place dans l'ensemble du système de l'éthique coranique qu'une compréhension claire de sa structuration sémantique est la condition préalable (*requisit*) à toute estimation de la plupart des racines à valeur positive. » (notre traduction). *Cf.* Izutsu (toshihiko), *ethico religious concepts in the Qurʾān*, Montreal, Mc gill-queen university press, 2002, 1ère éd. 1959, p. 119.

46 Peters (F. E.), « The quest for the Historical Muḥammad », *IJMES*, XXIII (1991), p. 300 ; rééd. *in* Ibn Warraq (éd.), *The quest for the Historical Muḥammad*, *op. cit.*, p. 444–475.

47 Michael Cook écrit : « *some do occur in contemporary contexts four religious communities are named (Jews, Christians, Magians, and the mysterious Sabians), as are three Arabian deities (all female), three humans (of whom Muḥammad is one), two ethnic groups (Quraysh and the romans), and nine places. Of the places, four are mentioned in military connections (Badr, Mecca, Hunayn,*

Ces données présentées ici frappent non seulement par leur caractère limité mais aussi par leur emploi dans un contexte majoritairement polémique. Qu'ils soient individus, groupes ou toponymes, ils s'inscrivent plus ou moins dans cette même logique

- le quatrième indice est constitué par un ensemble de formules d'interpellations[48] ou d'apostrophes soit en direction d'opposants telles que « *wayl* »[49], « *yā ayyuhā al kafirūn...* » ou d'autres dirigées cette fois vers un allocutaire à qui on enjoint de riposter par l'impératif « *qul* »
- enfin, le cinquième indice rassemble l'ensemble des discours rapportés des adversaires du Coran. Comme nous le verrons, c'est ce dernier indice qui attirera toute notre attention.

C'est notamment en s'appuyant sur ce corpus et de ses contraintes que les historiens ont analysé la polémique coranique. En l'occurrence, ils ont appliqué une double approche comparative. La première compare les données coraniques à l'intérieur même du texte (approche interne). La seconde confronte ces mêmes données soit avec la tradition musulmane (première approche externe) soit avec la vaste littérature polémique et religieuse de l'Antiquité tardive (seconde approche externe). Ces deux approches ou méthodes, qui ne s'excluent nullement, définiront le cadre d'une tentative d'identification des adversaires du Coran. Voyons l'approche comparative interne et les deux approches externes successivement.

Dans une première partie d'un article récent intitulé : « The Religion of the Qur'ānic Pagans : God and the Lesser Deities », Patricia Crone propose une tentative de reconstruction de la pensée religieuse des opposants fondée sur la seule prise en compte des données coraniques. Elle écrit : « Je passe par les données coraniques sur leurs croyances relatives à Dieu et aux divinités secondaires en vue de commencer un examen systématique de leur identité religieuse[50]. » L'approche est donc interne, l'historienne n'envisageant une sortie

---

Yathrib), and four are connected with sanctuary... ». *Cf.* Cook (Michael), *Muḥammad*, Oxford, Oxford University Press, (« Past Masters »), 1983, p. 69–70. A la suite de Michael Cook, il faudra ajouter un nom, ce qui conduit à établir la liste suivante : Muḥammad/Aḥmad (III, 144 ; XXXIII, 40 ; XLVII, 2 ; XLVIII, 29, LXI, 6), ʿĀʾiša (XXIV, 11, 12), Zayd (XXXIII, 37) et Abū Lahab (CXI, 1).

48 Suyūṭī (Ǧalāl al-Dīn ʿAbd al-Raḥmān al) m. 1505, *Al-itqān fī ʿulūm al-Qurʾān*, II, p. 72–81 (*Cf.* n. 9).

49 Il existe dix occurrences de la formule suivante وَيْلٌ يَوْمَئِذٍ لِلْمُكَذِّبِينَ

50 Le texte original est : « I go through the Qurʾānic information on their beliefs regarding God and the lesser deities with a view to starting a systematic examination of their religious identity. »

du texte que dans un deuxième temps. Cette première étape conclut d'ores et déjà à la nature monothéiste des croyances des opposants.

Toujours dans une même perspective d'analyse interne, Matthias Radscheit dans un ouvrage intitulé : « *Die Koranische Herausforderung.* Die taḥaddī-Verse im Rahmen der Polemikpassagen des Korans[51] » étudie, lui, les versets qui mettent au défi les opposants d'apporter « une sourate de sa ressemblance[52] ». Ce « défi coranique » (*Die koranische Herausforderung*) est envisagé non du point de vue de la théologie musulmane mais uniquement selon les seuls passages polémiques du Coran qui peuvent être mis en relation avec d'autres « versets du défi ». Les conclusions de son analyse établissent que l'identité des opposants n'est pas à situer historiquement mais à considérer littérairement comme des figures « repoussoirs » (*negativfolie*) qui permettent la mise en lumière du credo coranique[53].

Enfin, David Marshall analyse, lui, l'ensemble des récits dits des châtiments divins (*The Punishment Narratives*). Ces derniers décrivent la condamnation et la punition divine qui fut réservée par Dieu aux anciens peuples réfractaires. Ces différents récits sont analysés et comparés systématiquement. L'auteur précise : « (cette approche) débute avec l'étude resserrée (...) des passages qui décrivent ces messagers, l'un après l'autre, avertissant leur contemporains incrédules de l'imminence de la punition divine de Dieu en ce monde (...)[54] ». La démarche est assurément une approche interne mais n'exclut nullement une sortie du texte.

Ainsi, dans une perspective externe, et pour ainsi dire seconde, ces derniers historiens s'emploient à contextualiser les données coraniques recueillies. Il confronte ainsi les données coraniques avec plusieurs types de sources musulmanes à la fois historique, lexicographique, littéraire voire épigraphique et numismatique.

Pour David Marshall, l'évolution des récits mettant en scène les punitions divines reflète la situation de Muḥammad en tant qu'avertisseur d'un événement apocalyptique et confronté à l'incrédulité et aux railleries des siens. Les

---

Cf. Crone (Patricia), « The Religion of the Qur'ānic Pagans : God and the Lesser Deities », *Arabica*, LVII/2–3, (2010), p. 151–200.

51 *Die Koranische Herausforderung* die taḥaddī-Verse im Rahmen der Polemikpassagen des Korans (Le défi coranique. Les versets de *taḥaddī* dans le cadre des passages polémiques du Coran), Berlin, Klaus Schwarz Verlag, (« Islamkundliche Untersuchungen ; 198 »), 1996, 117 p.

52 C. II, 23.

53 *Cf.* Le bulletin critique de l'ouvrage par Claude Gilliot dans *Arabica*, 46/2 (1998), p. 130–131.

54 L'auteur écrit : « This begins with a close study of the group of Qur'ānic narratives (...) which tell the stories of the sequence of messengers who had been sent by God before Muḥammad. Marshall (D.), *God*, p. VIII.

matériaux coraniques sont ainsi mis en regard avec la tradition musulmane et notamment ici la *sīra*. Cet usage de la littérature islamique postérieure est commune à d'autres travaux d'historiens dont ceux d'Alfred-Louis de Prémare, Jacqueline Chabbi, Gerald R. Hawting ou encore Manfred Kropp.

Pour le premier d'entre-eux, il s'agit de comparer les éléments de la polémique coranique avec les collections de *Ḥadīṯ*. S'étonnant de l'emploi d'un *qāl* (il a dit) au lieu de l'injonction classique (*qul*), l'historien émet l'hypothèse que cette anomalie révèle en réalité « une activité rédactionnelle en cours à un moment où l'on ne faisait pas encore, dans ce que l'on attribuait à 'l'envoyé de Dieu', une distinction très nette entre les « Coran et hadîth »[55].

Pour Jacqueline Chabbi, les mots du Coran ne se comprennent que dans le contexte tribal où ils ont été prononcés. Retrouver ces sens en contexte est possible grâce à l'usage critique des dictionnaires lexicographiques[56]. L'historienne privilégie ainsi « des mots tels qu'ils furent produits, reçus, perçus dans le monde des tribus auquel ils appartenaient »[57]. Pour exemple, elle souligne que le terme polémique *munafiqūn*, communément traduit par « hypocrites », ne peut s'entendre que s'il est fait mention de son sens premier, celui de « poltron, qui ne part pas en expédition et se cache dans un trou, *nafaq*[58]. »

Toujours dans une approche comparative, Gerald R. Hawting utilise les informations contenues dans l'ouvrage d'Ibn al Kalbi intitulé « le Livre des Idoles » (*Kitāb al asnām*). Il montre combien cette tradition s'écarte sensiblement des données du Coran. Ce dernier écrit : « L'image de l'idolâtrie arabe et du polythéisme offerte par la tradition a peu de rapport avec le matériel coranique attaquant les *mušrikūn* pour leur attachement à des intermédiaires entre eux et Dieu, leur espoir d'intercession par des anges et la tiédeur et l'imperfection de leur monothéisme. Le matériau traditionnel décrit en général un monde d'idoles primitives et de dieux multiples[59] (...) ». Ce décalage fait douter l'historien quant à la véracité des sources islamiques. Selon lui, ces dernières construisent une image rétroactive de l'idolâtrie des adversaires de Muḥammad, image en adéquation avec une visée apologétique.

Mais cette confrontation entre les données coraniques et la tradition musulmane est aussi envisagée à travers des sources épigraphiques ou numismatiques. Dans une étude consacrée à la sourate *al 'Iḫlāṣ* (CXII), Manfred Kropp

55 De Prémare (A-L. de), *Aux origines du Coran*, *op. cit.*, p. 129
56 Chabbi (J.), *Le seigneur des Tribus*, *op. cit*, p. 179–181.
57 *Id.*, *op. cit*, p. 180
58 *Id.*, *op. cit*, p. 647.
59 Hawting (G.), *Idolatry*, *op. cit.*, p. 148–149.

montre ainsi l'existence de variantes textuelles dont témoignent les inscriptions du Dôme du Rocher et de quelques pièces de monnaie frappées sous le règne d' ʿAbd al malik[60]. Texte fondamental pour le credo musulman, ces variantes et les singularités grammaticales et syntaxiques qui la caractérisent font supposer un travail de réécriture. En l'occurrence, l'application de la méthode et des règles de la critique textuelle invite à penser qu'il s'agirait en réalité d'une formule tripartite fortement anti-trinitaire et éminemment polémique. Le résultat de la reconstruction permet d'obtenir, selon l'auteur, un texte plus concis qui respecte les contraintes de la rhétorique et de la grammaire arabe. Manfred Kropp conclut qu'il s'agirait peut-être d'un slogan politico-religieux crié dans les rues de La Mecque contre des adversaires ou des opposants religieux, découlant d'un matériel pré-coranique. Ces éléments auraient été reçus et intégrés mais avec de profondes modifications dans le corpus coranique que nous connaissons aujourd'hui[61].

Ainsi, la première approche externe oriente la confrontation du texte coranique avec les sources qui lui sont postérieures et islamiques. Mais ce travail comparatif est tout aussi utilisé pour comparer le Coran avec des sources qui le précèdent. C'est, ici, la seconde approche « externe ». Elle est parfaitement explicitée par Patricia Crone qui écrit : « Nous avons besoin d'exposer les diverses possibilités de se référer à la littérature pré-coranique du Proche-Orient, et non pas, ou pas seulement, en se référent à la littérature exégétique postérieure. Autrement dit, nous avons besoin de cartographier (*map*) le paysage théologique du Proche-Orient à l'époque de l'apparition de l'islam et de tester les différentes manières dont le Coran pourrait être situé dans ce paysage[62] ». Ainsi, dans une deuxième partie de l'article précédemment cité : « The Religion of the Qurʾanic

60 Kropp (Manfred), "Tripartite, but Anti-Trinitarian Formulas in the Qurʾānic Corpus, Possibly Pre-Qurʾānic" *in* Reynolds (G. S) éd., *New Perspectives on the Qurʾān*, The Qurʾān in its Historical Context 2, *op. cit.*, p. 249.

61 *Cf.* Pour une lecture intertextuelle analogue et récente, l'analyse de A. Neuwirth qui décèle dans la sourate *al-ʾIḫlāṣ* un travail de réécriture qui puise dans les traditions juives et chrétiennes. *Cf.* Neuwirth (A.), *Der Koran als Text der Spätantike*, Ein europäischer Zugang, *op. cit.*, p. 202 ; *Cf.* également Cuypers (Michel), « Un lecture rhétorique et intertextuelle de la sourate al-Ikhlāṣ », *MIDEO*, 25, 26, (2004), p. 141–175.

62 Le texte original est le suivant : « (...) We need to lay out the diverse possibilities with the reference to the pre-Quranic literature of the Near East, not, or not just, with the reference to the later exegetical literature. Differently put, we need to map the theological landscape of the Near East at the time of the rise of Islam and test the various ways in which the Quran could be places on it ». *Cf.* Crone (Patricia), « Angels versus Humans as Messengers of God » *in* Townsend (Philippa), Vidas (Moulie) éd., *Revelation, Literature, and Community in Late Antiquity*, Mohr Siebeck, (« Texts and Studies in Ancient Judaism ; 146 »), 2011, p. 336.

Pagans : God and the Lesser Deities », Patricia Crone propose de lier les croyances des opposants (*mušrikūn*) aux conceptions monothéistes en cours pendant l'antiquité tardive[63]. Ce travail conclut à l'impossibilité d'affirmer clairement l'identité des opposants, ces derniers s'apparentant à des païens monothéistes ou des juifs ou encore des groupes judaïsants[64].

La même démarche est engagée par Gerald Hawting lorsqu'il propose de s'en tenir aux seules données coraniques s'agissant du terme « idole » (*awṯān* et *aṣnām*). L'historien montre que leurs usages s'inscrivent uniquement dans le cadre de récits des peuples anciens. On ne retrouve aucune référence à une situation contemporaine sauf lorsque le Coran invite les croyants à « éviter la souillure des idoles » (*riǧs min al-awṯān*)[65]. Gerald Hawting rapproche alors l'expression à celles déjà présentes dans les traditions juives et chrétiennes[66].

A partir de ces méthodes d'analyse interne et externe, deux contextes possibles de la polémique sont envisagés. La première analyse privilégie l'hypothèse d'un contexte que l'on qualifiera de « Muḥammadien ». Cette approche se fonde principalement sur les données scripturaires lues à la lumière de la tradition musulmane. Plus précisément, la polémique coranique est l'écho plus ou moins fidèle des oppositions dont fit l'objet Muḥammad tout au long de sa vie. Conséquemment, les opposants étaient des groupes tribaux païens ou monothéistes principalement juifs et chrétiens, la question de leur identité et de leurs croyances religieuses restant l'objet de nombreuses spéculations comme le laissent supposer les travaux précédemment cités de Patricia Crone et Manfred Kropp.

La seconde hypothèse, récemment remise en question par les plus récents travaux sur les manuscrits[67], propose d'inscrire la polémique dans un contexte post-Muḥammadien. Alfred-Louis de Prémare, comme nous l'avons vu, avance l'hypothèse d'une élaboration en partie simultanée du Coran et d'une partie de la tradition (en l'occurrence les *ḥadīṯ*). Antérieurement à lui, John Wansbrough suggéra que le Coran fut le fruit d'une élaboration progressive. Les éléments formels du texte coranique correspondraient alors aux étapes d'une identification d'un milieu clérical arabe du VIIIème siècle dans un contexte de polémique

63 Crone (P.), « The Religion of the Qur'ānic Pagans », *op. cit.*, p. 177–200.

64 *Id.*, « Angels versus Humans as Messengers of God », *op. cit.*, p. 336.

65 Hawting (G. R.), *The idea of Idolatry*, *op. cit.*, p. 57

66 *Id.*, *op. cit.*, p. 55–59.

67 *Cf.* L'ouvrage récent de Francois Déroche intitulé *La transmission écrite du Coran dans les débuts de l'islam*, plaide pour une mise par écrit très rapide du corpus après la mort de Muḥammad. *V.* Conclusion, p. 161–169.

interconfessionnelle[68]. L'identité des opposants du Coran est donc à rechercher dans ce contexte d'élaboration tardif qui emprunte aux *topoï* principalement de la littérature religieuse juive. L'identité des opposants n'est donc plus inscrite dans un contexte historique particulier (Arabie du VIIème siècle) mais s'apparenterait à la construction d'un adversaire fictif créé pour la cause.

Mais parallèlement à cette démarche historique qui n'ignore pas les singularités formelles du Coran, il existe une seconde approche, intéressée par le genre, les thèmes, les formes du discours polémique dans le Coran. Dans cette perspective, l'aspect argumentatif du texte tient une place prépondérante.

B L'approche linguistique et rhétorique

a La polémique : genre, formes, thèmes et structures

Dans une récente contribution intitulée « structural linguistic and literary features in the Qur'an », Angelika Neuwirth distinguait cinq genres littéraires dans le Coran : l'eschatologie (*eschatological prophecies*), les motifs signes (*signs*), les récits (*narratives of salvation history*), les polémiques (*debates*), et les références aux événements touchant la jeune communauté médinoise (*additional elements : régulations and reports about contemporary events*)[69]. Genre parmi les genres, Alfred-Louis de Prémare avait déjà suggéré combien la polémique s'imposait comme l'une des tonalités les plus marquantes du discours coranique[70]. Cette présence est d'autant plus prégnante qu'elle utilise de nombreuses formes. A cet égard, Neal Robinson en proposa une typologie précise. Ainsi, il écrit : « ils

68 Sur le contexte d'élaboration tardive du Coran, *v. supra*, chapitre I, n. 66. Sur la dimension interconfessionnelle de la polémique, John Wansbrough écrit : « the origin of these *topoi* (les disputes entre Muḥammad et les juifs médinois présents dans la sīra) was interconfessionnal polemic and that their selection was imposed upon the early Muslim community from outside. » *Cf.* Wansbrough (John), *The sectarian milieu*, content and composition of islamic salvation history, Foreword, Translations, and Expanded notes by Gerald Hawting, Amherst, Prometheus Books, 2006², p. 14.

69 Neuwirth (A.), « structural linguistic and literary features in the Qur'ān », *in* McAuliffe (Jane Dammen) éd., *The Cambridge companion to the Qur'ān*, *op. cit.*, p. 104–110. *V.* également la typologie de Arkoun (Mohammed), *Ouvertures sur l'Islam*, Paris, Jacques Grancher, (« Ouvertures »), 1992, p. 75. Ce dernier distingue les discours prophétique, législatif, narratif, sapientaux, hymnique.

70 Prémare (Alfred-Louis de), *Aux origines du Coran*, *op. cit.*, p. 44.

(les passages polémiques) s'inscrivent principalement dans le cadre de serments (oaths), de profération de malédiction (curses), de dénonciations (categorical denunciations), de reproches (reproaches), d'avertissements (warnings), de railleries (lampoons), d'approches en direction des incroyants (apostrophes addressed to unbelievers)[71].

Cette pluralité des formes reflète l'aspect proprement argumentatif du texte coranique notamment s'il faut considérer la fréquence des formules d'interpellations et d'imprécations. Plusieurs études, peu nombreuses au regard de l'importance du sujet[72], ont été proposées. Parmi celles-ci, on distingue des analyses thématiques, structurelles mais aussi en rapport avec les techniques argumentatives.

L'analyse thématique comme son nom l'indique s'intéresse au thème de l'argumentation dans le Coran. Elle consiste à répertorier les sujets polémiques inscrits dans le texte. Trois thèmes majeurs sont principalement recensés : l'argumentation autour du Dieu unique, la véracité de la mission de l'allocutaire coranique, et l'annonce eschatologique. Autour de ces grands thèmes, il s'agit de répertorier et d'analyser les arguments avancés par le Coran. Naturellement, il s'agit de convaincre les auditeurs ou lecteurs et de réfuter les croyances ou les actes de l'adversaire. Ainsi, s'agissant du thème de la résurrection, Kate Zebiri relève trois arguments coraniques : Allah, créateur une première fois, est capable de créer (ressusciter) une deuxième fois, l'observation des « signes » et du cycle de la nature confirme la possibilité d'une résurrection, l'acte de créer n'est en rien difficile pour Allah[73]. L'analyse s'appuie donc ici sur les thèmes et les contenus de l'argumentation.

Parallèlement, plusieurs spécialistes rappellent combien la singularité compositionnelle du Coran agit fondamentalement sur l'argumentation coranique. Dans une analyse sémantique consacrée à quelques concepts fondamentaux du Coran, Toshihito Izutsu écrivait ainsi : « à la lecture du Coran (...) et en tant que spécialiste de sémantique, la première et écrasante impression qui nous saisit est qu'il s'agit d'un système à multiples strates reposant sur un nombre significatif de

71 Robinson (N.), *Discovering*, p. 116–117. On doit également à Kate Zebiri une présentation des caractéristiques de la polémique. Ainsi et sans volonté d'exhaustivité, elle distingue treize formes polémiques parmi lesquelles : l'exhortation ; les reproches ; les arguments ; l'appel au défi ; la réfutation des accusations ; les formules de discrédit ; la menace et l'avertissement du châtiment divin ; les formules exécratoires ; les malédictions. *Cf.* Zebiri (Kate), *EQ*, IV, p. 116–117.

72 Zebiri (K.), « argumentation » *in* Rippin (Andrew) éd., *The Blackwell companion to the Qur'ān*, Malden, MA, Blackwell Publishing, ("Blackwell companions to religion – Oxford : Blackwell"), 2006, p. 268.

73 *Id.*, p. 277–78.

concepts de base en opposition[74] ». Autrement dit, l'argumentation coranique et à fortiori la polémique sont très marquées par les oppositions binaires : croyants/incroyants ; Ciel/Terre ; Paradis/Enfer ; Dieu/Fausses divinités (...). Cette binarité s'accompagne d'autres caractéristiques. Ainsi, Michel Cuypers met en lumière l'existence de centres rhétoriques où s'affirme un enseignement central du Coran à caractère universel[75]. Quant à Dominique et Marie-Thérèse Urvoy, ils soulignent la variabilité des rythmes du discours coranique avec l'accélération ou le ralentissement des thèmes abordés[76] mais aussi les répétitions de pans entiers de texte ... Selon Marie-Thérese et Dominique Urvoy, ces deux dernières caractéristiques participent à des stratégies argumentatives qui renforcent la force persuasive du Coran. Elles permettent notamment dans le cadre de la polémique de faire apparaître Muḥammad comme le successeur légitime des prophètes qui l'ont précédé[77]. Mais c'est surtout grâce à la contribution décisive de Rosalind Gwynne Ward que nous possédons la première étude systématique des techniques argumentatives dans le Coran qui intéresse particulièrement le thème de la polémique coranique.

b La polémique et les techniques argumentatives dans le Coran : « *Logic, Rhetoric, and Legal Reasoning in the Qur'an*, God's arguments »

Ecrit par Rosalind Gwynne Ward, professeur d'islamologie au département d'études religieuses à l'Université du Tennessee et paru en 2004, « *Logic, Rhetoric, and Legal Reasoning in the Qur'an*, God's arguments[78] » se propose d'analyser les techniques et procédés de l'argumentation coranique. Comme le précise l'auteur, il existe une multitude d'arguments dans le Coran qui s'appuient sur

74 Izutsu (Toshihiko), *God and Man in the Qur'ān*, Semantics of the Qur'ānic Weltanschuung, Petaling Jaya, Islamic Book Trust, 2008 [1964], p. 75. Cité différemment par Zebiri (Kate), « argumentation », *op. cit.*, p. 266.

75 Cuypers (Michel), « Le centre des compositions concentriques », *La composition du Coran.* Naẓm al-Qur'ān, Paris, éd. Gabalda, (« Rhétorique Sémitique ; IX »), 2012, p. 119–140. *V.* également pour le cas biblique, Meynet (Roland), « The question at the center : a specific device of rhetorical argumentation in scripture », *in* Eriksson (Anders), Olbricht (Thomas H.), Übelacker (Walter), *Rhetorical Argumentation in Biblical Texts*, Harrisburg, Trinity Press International, 2002, p. 200–214.

76 Urvoy (dominique) & Urvoy (Marie-Thérèse), *L'action psychologique dans le coran*, Paris, Cerf, (« patrimoines, islam »), 2007, p. 33–51.

77 *Id.*, p. 55.

78 Gwynne Ward (Rosalind), *logic, rhetoric, and legal reasoning in the Qur'ān*, god's arguments, New-York, routledge/curzon, 2004, XV+251 p.

des « commandements fondés sur des justifications, des conclusions produites par des règles de raisonnements élémentaires, par des procédés de comparaison, de contraste et d'autres encore[79] ». Elle dénombre ainsi plus d'une trentaine de techniques argumentatives implicites ou explicites qui jalonnent l'ensemble du texte coranique et qui font l'objet d'une analyse à travers les dix chapitres que constitue son ouvrage.

Dès l'introduction, l'islamologue propose de revenir tout d'abord sur l'œuvre de Ġazālī intitulée « *al qisṭās al mustaqīm*[80] » qui constitue le point de départ de sa réflexion. A la lecture de ce dernier traité, l'auteur infère que le célèbre imam met en lumière cinq types de syllogismes dans le Coran. A l'appui de ce constat qu'elle souhaite enrichir, elle précise sa méthodologie. Elle s'appuiera sur les concepts de la rhétorique classique et moderne. Les développements ultérieurs contenus dans l'ouvrage préciseront qu'il s'agit notamment d'analyses empruntées aux catégories de la rhétorique aristotélicienne[81] et particulièrement des syllogismes. L'introduction s'achève par l'exposition d'un état de la question au travers des études islamiques et occidentales qui ont traité plus ou moins – tous insuffisamment – du sujet.

Selon l'auteur, le fondement principal de l'argumentation coranique s'établit sur la notion d'alliance (covenant) entre Dieu et les hommes. A l'image de l'alliance conclue entre Yahvé et le peuple d'Israël, cette alliance ou « divine charter » impose à l'homme une reconnaissance face à son Dieu : « dans le vocabulaire logique et argumentatif, l'alliance peut être désignée comme une règle/argument (rule) cosmique, un fondement inébranlable d'une structure de raisonnement moral que Dieu exige des hommes ». Elle confirme les commandements divins, définit la condition humaine, et fournit les prémices d'arguments logiques[82]. A l'image des analyses faites sur le texte biblique, l'auteur propose douze caractéristiques de la notion d'Alliance dans le Coran qui constituent autant de fondements ou de bases à des démonstrations ultérieures qui nourrissent l'argumentation coranique. A partir de ces prémices argumentatifs, deux thèmes avalisent et renforcent l'argument premier et central de l'alliance. C'est d'abord le thème des signes divins : l'univers recèle de nombreux signes (*āyāt*) prouvant l'omnipotence

---

79 *Id.*, *Logic*, p. X.

80 Ġazālī (Muḥammad ibn Muḥammad Abū Ḥāmid al-) m. 505/1111, *Al Qisṭās al mustaqīm*, Abū Ḥāmid al Ġazālī ; qaddama lahu wa _dayyala-hu … Fikṭūr Šalḥat, Beyrouth, Maṭba'a al Kaṯūlikiyya, 1959, 104 p. Nouvelle réédition de la traduction de Victor Chelhot, *La balance juste ou la connaissance rationnelle chez Ghazali*, Al Ghazali ; étude, introduction et traduction du «Qistâs al mustaqîm» par Victor Chelhot, Paris, Iqra, 1998, 247 p.

81 Gwynne Ward (Rosalind), *Logic*, p. X.

82 *Id.*, *Logic*, p. 24.

de Dieu. C'est ensuite le thème des récits des peuples anciens (*sunna*) : Dieu a envoyé des prophètes aux hommes pour rappeler son alliance, gratifier ses fidèles et punir ses réfractaires (l'auteur ne traduit pas – dans le contexte de sa démonstration – le terme *sunna* par « exempla » qui semblerait ici le plus approprié et le plus fidèle à la rhétorique classique). Comme l'indique R. Gwynne Ward : « les exemples de signes divins et des récits des peuples anciens (Divine Precedent) sont si habituels dans le Coran qu'il est facile d'échapper à leur contexte et d'oublier que les merveilles du monde physique et de la succession des récits historiques sont citées à des fins argumentatives[83] ».

Cette notion de « *sunna* » est par ailleurs approfondie en soulignant son importance dans l'Arabie du VIIème siècle. Définie comme la coutume qu'il fallait respecter, elle induit l'idée de fidélité à des comportements et à des valeurs fondés sur l'exemple des anciens et préservés dans la mémoire de chaque tribu. Sous sa forme coranique, la *sunna* devient non plus une norme profane désignant la coutume ancestrale mais bien une notion n'appartenant plus qu'à Dieu et s'inscrivant dans une histoire sacrée qu'illustrait l'envoi de prophètes devenus des modèles à suivre.

Rosalynd Gwynne Ward exprime également son intérêt pour deux techniques d'analyse de l'argumentation coranique. Empruntées à la Rhétorique et à la Logique ancienne et moderne, l'auteur fait appel aux notions de « rule-based reasoning » et de « logic of commands ». Il s'agit de deux méthodes d'analyse qui révèlent « comment l'alliance est l'argument par excellence (rule) qui définit et surplombe toutes les relations de l'humanité à Dieu et qui à son tour entraine des arguments secondaires (sub-rules) qui gouvernent les actions (...) entre les êtres humains et Dieu[84] ».

Ces deux méthodes d'analyse permettent de recenser des types de procédés argumentatifs que l'on retrouve dans l'exposition des normes coraniques. L'intérêt est porté sur la construction et la forme de l'argumentation et non sur le contenu des textes normatifs. L'objectif est de mettre en lumière comment le Coran différencie et justifie la Loi d'Allāh au regard des actions d'autres divinités sans pouvoir réel. Un procédé est particulièrement étudié : « l'argument performatif » qui ne décrit pas une norme mais qui fait de lui un argument du fait même qu'il existe. Au côté de cette technique d'argumentation performative, l'auteur souligne l'importance de deux catégories d'arguments dans le champ de la rhétorique classique : la comparaison et le contraste[85]. Le premier est utilisé

83 *Id.*, *Logic*, p. 40.
84 *Id.*, *Logic*, p. 82
85 *Id.*, p. 110–151.

pour mettre en lien les ressemblances entre le sort des prophètes successifs et le refus constant des opposants. Pour le second, il a pour finalité de convaincre de la différence foncière entre croyance et incroyance. Utilisant les formes classiques de l'analyse rhétorique empruntée à deux auteurs : Ġazālī et al Ṭūfī en les appliquant à un large éventail de versets, elle démontre ainsi que dix des dix-neufs catégories de syllogismes aristotéliciens se retrouvent dans le Coran[86].

L'ensemble des travaux présenté ci-dessus qu'ils soient d'orientations historiques ou formelles démontre sans aucun doute l'intérêt d'une étude sur la polémique dans le Coran. Malgré leur diversité, ils contribuent tous à une meilleure connaissance de la genèse de l'Islam mais également à une prise en compte des stratégies discursives et argumentatives du discours coranique. Or la polémique en tant que genre littéraire en général a bénéficié depuis les années 80, notamment en France, d'études novatrices dans les domaines de la linguistique et de l'analyse du discours. Ces travaux pourraient-ils en l'occurrence contribuer (tout au moins théoriquement) à appréhender de manière nouvelle et originale la question de la polémique dans le Coran ? C'est ce que nous tenterons de démontrer ici dans un troisième temps qui concluera à la possible et nécessaire prise en compte du contre-discours comme thème d'analyse.

C Prolongements : de la polémique au contre-discours coranique

C'est avec les études contemporaines d'analyse critique et littéraire que nous pouvons affirmer que la polémique est un discours à la fois paradoxal, argumentatif à visée de disqualification, émotionnel et enfin monstratif.

Paradoxale, la polémique confronte des interlocuteurs qui malgré leurs oppositions travaillent ensemble. Ils doivent, en effet, partager un accord minimal pour déclencher un débat et le poursuivre[87]. En cela, la polémique montre un caractère proprement collaboratif qui s'oppose paradoxalement à une autre de ses caractéristiques évidentes : sa nature « agonique » ou conflictuelle. L'autre paradoxe qu'il faut souligner est l'essence à la fois conventionnelle et hérétique de la polémique. Conventionnelle, elle respecte des régularités discursives fortes qui règlent la dynamique de leur interaction. L'exemple de choisir

86 *Id.*, p. 169.
87 Jacques (François), *Dialogiques*, recherches logiques sur le dialogue, Paris, Presses Universitaires de France, (« Philosophie d'aujourd'hui »), 1979, p. 236–237.

un thème commun pour débattre en est le plus simple. Et comme l'indique Galia Yanoshevsky : « tous les chercheurs soulignent, dans le domaine de leur recherche (entre autres la philosophie, la rhétorique et le discours religieux), qu'il s'agit d'un discours hautement ritualisé, avec ses propres conventions et règles de conduite et d'échange[88] ». Des chercheurs comme Dascal et Maingueneau qui étudient chacun de leur coté un type de discours polémique particulier, repèrent des régularités discursives. Pour Dascal le discours polémique est ritualisé et codifié depuis l'antiquité[89]. Pour Maingueneau, la polémique c'est l'interdiscours, et plus spécifiquement, « un discours fondé sur l'incompréhension réciproque parfaitement régulière[90] ». Mais ces régularités discursives n'éludent pas le caractère hérétique du genre polémique pour la Rhétorique ancienne comme moderne. A cet égard, Gilles Declercq souligne combien la polémique a fait l'objet de certaines tentatives pour la réguler aux moyens de la syllogistique et de l'enthymématique aristotéliciennes[91]. Comme pour la Rhétorique ancienne, les études modernes en argumentation ou Nouvelle Rhétorique ont cherché, elles aussi, à minimiser le conflit en fournissant des outils pour la résolution de conflits[92]. Christian Plantin corrobore ce constat indiquant que « d'une façon générale, les théories de l'argumentation sont orientées vers la recherche d'un consensus, capable de clore le débat (...) Cet amour du consensus s'oppose à la passion du dissensus caractérisant l'engagement polémique[93] ».

Néanmoins et bien que les études contemporaines d'argumentation délaissent le discours polémique, Christian Plantin soutient que « les interactions polémiques font partie des interactions argumentatives développées[94]. » Il souligne en effet que « l'objet de l'argumentation se définit comme une confrontation de discours contradictoires[95]. » La polémique est en l'occurrence un des lieux privilégiés où s'affrontent des points des vues divergents. Souvenons-nous,

---

88 Yanoshevsky (Galia), « La polémique journalistique et l'(im)partialité du tiers », Recherches en communication, XX (2003), p. 51 *sqq.*

89 Dascal (Marcelo), « The Relevance of Misunderstanding », *Dialogue* – An interdisciplinary approach, Amsterdam, Johns Benjamins, 1985, p. 441–460.

90 Maingueneau (Dominique), *Sémantique de la polémique,* discours religieux et ruptures idéologiques au XVIIe siècle, Lausanne, l'âge de l'homme, 1983, p. 23.

91 Declercq (Gilles), « Rhétorique et Polémique », *La parole polémique*, Paris, Champion, 2003, p. 17–21.

92 Yanoshevsky (G.), « La polémique journalistique et l'(im)partialité du tiers », *op. cit.*, p. 56.

93 Plantin (Christian), « Des polémistes aux polémiqueurs », *La parole polémique*, Paris, Champion, 2003, p. 379.

94 *Id.*, p. 380.

95 *Id.*, p. 378.

comme nous l'avions précisé précédemment, que le discours polémique est par essence conflictuel et qu'il met aux prises des discours qui s'affrontent. La polémique peut donc revêtir un discours possiblement argumentatif. Au delà de ce syllogisme, on soulignera que pour Christian Plantin l'argumentation s'inscrit dans une conception interactionnelle. En effet, il écrit que « toute situation langagière donnée commence à devenir argumentative dès qu'un acte de langage n'est pas ratifié par l'allocutaire, ne serait-ce que de manière non verbale. Son degré d'argumentativité se renforce lorsqu'il y a apparition d'une suite non préférée, puis ratification et thématisation du dissensus, et opposition de discours[96] ». L'auteur ajoute plus loin que « Discours et Contre-discours s'articulent (...) en fonction de stratégies de reprises discursives, réinterprétations, concessions, réfutations, etc[97]. » Ces dernières stratégies de reprises se caractérisent notamment par leur caractère à visée disqualifiante « puisqu'il est ciblé pour discréditer l'adversaire, le dominer, le neutraliser voire l'anéantir, le réduire au silence[98] ». La polémique est envisagée ici comme discours de la manipulation où on tente de falsifier la parole de l'autre. C'est en l'occurrence Mainguenenau qui insiste pour affirmer que la polémique est un processus d'intercompréhension généralisée : « les adversaires se mécomprennent et interprètent leurs discours respectifs au cours de l'interaction, en les adaptant à leurs propres besoins[99]. » Mais ce discours « manipulatoire » connaît des degrés d'intensité ou des degrés de polémicité qui soulèvent la question de l'engagement émotionnel. Cette dimension est attestée par l'étymologie même du mot « polémique » puisque l'un de ses sens est lié à l'idée de pulsion[100]. Mais l'engagement émotionnel prend toute sa mesure dans le cadre de la polémique du fait même que les protagonistes mettent parfois en cause les personnes elles-mêmes tout autant que les idées qu'elles défendent. Cette mise en cause affecte forcément les personnes. A cet égard, Christian Plantin affirme que « la dimension émotionnelle des interactions polémiques peut s'étudier en fonction des paramètres proposés pour l'étude

---

96 *Id.*, p. 377.

97 *Id.*, p. 382.

98 Roellenbleck G. (éd.), *Le discours polémique*, Tübingen, Gunter Narr, 1985, p. 24–25.

99 Maingueneau (D.), « La polémique comme intercompréhension », in *Genèses du discours*, Bruxelles, P. Mardaga, 1984, p. 109–133.

100 Le terme polémique est sans doute issu d'une racine indo-européenne. Présenté sous sa forme hypothétique suivante : « *pel* », elle désignerait l'action d' « agiter ». Elle aurait donné en grec le mot πόλεμος qui signifie le « choc » ou le « tumulte de la guerre ». En latin, cette fois, la racine indo-européenne dériva sous la forme du terme « pellere » auquel se rattache *pulsus*. *V.* Rey (Alain) éd., « Polémique », *Dictionnaire historique de la Langue française*, Paris, Le Robert, 1998, Tome II, p. 2825.

de la dimension émotionnelle des interactions en général (repérage des lieux psychologiques, des termes d'émotion et constitution des énoncés d'émotion (...) Il ajoute qu' « on peut poser, à la limite, que dès qu'il y a prise en charge d'un discours il y a investissement émotionnel[101]. » Son corollaire s'exprime fréquemment à travers l'intensité plus ou moins variable d'une forme de violence verbale qui trouve son expression la plus simple et la plus révélatrice dans le champ sémantique qui entoure le terme générique « polémique » à l'exemple des mots suivants : se disputer, se quereller, controverser ...

On ne saurait achever ce parcours sur les caractères du discours polémique sans faire mention de son aspect monstratif. En effet, comme le démontre le linguiste Greive, il s'agit souvent de manipuler un tiers contre la personne attaquée[102]. Il s'agit également de renforcer non seulement l'interlocuteur immédiat mais aussi d'autres personnes éventuelles qui ne participent pas à l'interaction. Comme l'écrit Galia Yanoshevsky : « la polémique revêt souvent la forme d'un débat mené sur des lieux publics (« l'agora »), devant des spectateurs et dans lequel les participants jouent en tant qu'acteurs : à l'instar du théâtre, leur discours n'est pas uniquement destiné aux interlocuteurs immédiats, mais également aux overhearers (destinataires indirects)[103]. » Comme ces remarques le suggèrent, le tiers réel ou fictif joue un rôle déterminant dans les interactions polémiques. A ce propos, Christian Plantin fait remarquer combien le rôle du tiers est associé à la posture de celui qui doute contrastant ainsi avec celles défendues par les protagonistes de la polémique qui opposent leurs certitudes. Par ailleurs, il faut rappeler que cet aspect monstratif se situe et fonctionne souvent « à chaud » comme le rappelle Kerbrat Orecchioni[104].

De ce panorama des caractéristiques de la polémique, nous avons discerné neuf traits fondamentaux que nous souhaitons récapituler ici. Le discours polémique est collaboratif, agonique, disqualifiant, réglé, hérétique, graduel (degrés de polémicité), émotionnel, monstratif, de circonstance (« à chaud »). Nous avons délibérément omis une caractéristique fondamentale de la polémique bien que nous l'ayons entraperçue tant elle est évidente et centrale. On veut désigner ici la présence de la citation ou plus précisément du contre-discours.

---

101 Plantin (Christian), « Des polémistes aux polémiqueurs », *op. cit.*, p. 380.

102 Greive (Artur), « Comment focntionne la polémique » *in* Roellenbleck G. (éd.), *Le discours polémique*, *op. cit.*, p. 19.

103 Yanoshevsky (Galia), « De la polémique à la polémique journalistique », *Recherches en communication*, XX (2003), p. 5.

104 Orrechioni Kerbrat (Catherine) & Gelas (Nadine), *Le discours polémique*, Lyon, Presses Universitaires de Lyon, 1980, p. 19.

Car la polémique revêt une nature profondément di-logique engageant toujours deux interlocuteurs en situation d'échanges de parole. Comme le rappellent les linguistes Kerbrat Orecchioni et Gelas : « la polémique implique l'existence de deux débatteurs au moins, c'est à dire de deux énonciateurs, occupant dans un même champ spéculatif deux positions antagonistes[105] ». Ce « dialogisme » entraîne donc la présence du discours de l'adversaire. Une place majeure est donc réservée à la citation que l'on associera, dans le cadre de notre recherche à un « contre-discours ». Mais que comprendre par cette expression ? C'est Greive qui la définit clairement en usant de l'image de la joute verbale « afin d'indiquer le fait que le défenseur qui use de la polémique vise son adversaire en utilisant lui-même l'attaque verbale de celui-ci[106] ». Le contre-discours serait donc l'intégration du discours de l'adversaire et plus précisément un contre-discours rapporté. Tous les chercheurs sont unanimes pour relever, malgré la pluralité des genres polémiques, la présence insistante de ce discours rapporté tenu par l'adversaire dans une situation polémique.

A l'appui de ce constat déterminant, peut-on inférer l'existence de ce contre-discours dans le corpus coranique lui-même ? Et si tel est le cas, peut-on alors affirmer qu'il constitue en l'occurrence une forme saillante de la nature polémique de ce texte ? A ces questions, nous répondons par l'affirmative comme le souligne le linguiste Pierre Larcher qui écrit : « le discours coranique étant fréquemment polémique, *on y 'entend' la 'voix' de l'autre*, qu'il s'agisse d'un adversaire historique ou d'un adversaire construit pour les besoins de la cause[107] ».

Si le contre-discours constitue une forme explicite de la polémique coranique, l'intérêt de son analyse porterait alors à définir précisément son corpus en tant que marque d'hétérogénéité montrée[108]. Mais avant de définir celui-ci, il est nécessaire d'interroger les études antérieures qui se sont consacrées à l'étude éventuelle de ce contre-discours. Dans un troisième chapitre, nous montrerons ainsi comment ce dernier a été envisagé principalement par trois chercheurs contemporains. Cette étape sera l'occasion de présenter leurs contributions afin d'en proposer des prolongements possibles à l'appui d'une méthodologie adaptée, objet de notre quatrième chapitre.

---

105 *Id.*, p. 22.

106 Roellenbleck G. (éd.), *Le discours polémique*, *op. cit.*, p. 24–25.

107 Larcher (Pierre), « Coran et théorie linguistique de l'énonciation », *Arabica*, XLVII, 2000, p. 454. C'est nous qui soulignons.

108 *V. Introduction*, n. 42.

Tableau 1. Occurrences coraniques des indices dits « référentiels »

ǧdl	*ǧadala, yuǧādilu, ǧādil, ǧidāl*	Polémique, polémiquer
ḫlf	*iḫtalafa, yaḫtalifu, iḫtulifa, iḫtilāf, muḫtalif*	Etre en désaccord, différent(s)
nzʿ	*nāzaʿa, tanāzaʿa, yatanāzaʿu*	Se quereller, querelles
šǧr	*šaǧara*	Désaccord
drʾ	*iddāraʾa*	Disputer
mry	*mirya, māra, tamāra, yamtarī, mumtarī*	Disputer, douter
hǧǧ	*huǧǧa, hāǧǧa, tahāǧǧa*	Argumenter ou polémiquer, Arguments
ḫṣm	*ḫaṣim, ḫaṣīm, ḫāṣama, taḫāṣama, iǧḫāṣama*	S'opposer, ennemi, se quereller

Tableau 2. Occurrences coraniques des indices dits « contextuels » (des opposants)

Abū lahab	CXI, 1
al-ʿAʾrāb	IX, 90, 97, 98, 99, 101, 120 ; XXXIII, 20 ; XLVIII, 11, 16 ; XLIX, 14
Naṣārā	II, 62, 111, 113, 120, 135, 140 III, 67 ; V, 18, 51, 69, 82 ; IX, 30 ; XXII, 17
Yahūd	II, 113, 120 ; III, 67 ; V, 18, 51, 64, 82 ; IX, 30 (9) / II, 40, 47, 83, 122, 211, 246,
–	III, 49, 93, V, 12, 32, 70, 72, 78, 110, VII, 105, 134, 137, 138 ; X, 90, 93 ; XVII,
Banū isrā ʾīl	2, 4, 101, 104 ; XX, 47, 80, 94 ; XXVI, 17, 22, 59, 197 ; XXVII, 76 ; XXXII, 23 ; XL, 53 ; XLIII, 59 ; XLIV, 30 ; XLV, 16 ; XLVI, 10 ; LXI, 6, 14
Ahl al kitāb	II, 105, 109 ; III, 64, 65, 69, 70, 71, 72, 75, 98, 99, 110, 113, 199 ; IV, 123, 153, 159, 171 ; V, 15, 19, 59, 65, 68, 77 ; XIX, 16 ; XXVIII, 43 ; XXIX, 46 ; XXXIII, 26 ; LVII, 29 ; LIX, 2, 11 ; XCVIII, 1, 6
Qurayš	CVI, 1
Maǧūs	XXII, 17
Ṣābiʾūn	II 62 ; V 69 ; XXII, 17

Chapitre III
Le contre-discours coranique : une voie insuffisamment analysée

« hal fī ḏālika qasamun li-ḏī ḥiǧrinin[1] »
Ibn al Muqaffaʿ

La présence d'un discours rapporté direct dans le Coran n'a nullement échappé à nombre de spécialistes. Le phénomène est si présent qu'il fut naturellement repéré, désigné et partiellement analysé. Repéré, il le fut par beaucoup de ceux qui se sont intéressés à la polémique et que nous avons cités précédemment[2]. Désigné et en partie analysé, le contre-discours fut considéré selon deux types d'approches : l'une historique et l'autre linguistique voire rhétorique. Pour la première, le contre-discours fut désigné comme un « arrière discours » par Mohammed Arkoun et fut qualifié d' « objections » par Alfred-Louis de Prémare. Pour la seconde approche, le contre-discours a été qualifié de « discours autre non approprié à l'objectif » par Mustapha Ben Taïbi, de « voix de l'autre » par Pierre Larcher, ou encore de « *opponents direct speech acts* » par Thomas Hoffmann. Ces désignations, loin d'être anodines, soulignent à l'évidence la nature et les propriétés du contre-discours. Il s'agira ici de revenir sur le sens de ces expressions et les présupposés méthodologiques qui les sous-tendent. A l'appui des contributions de Mohammed Arkoun (A.), Pierre Larcher (B.) et Alfred-Louis de Prémare (C.), nous évaluerons et proposerons les prolongements possibles de la recherche. Nous le ferons afin d'envisager une méthodologie d'analyse (Chapitre IV) qui précèdera l'établissement d'un corpus contre-coranique précis (Chapitre V).

---

1 L'expression est traduite par Blachère de la manière suivante : « Est-il en cela un serment pour un [homme] respectueux du sacré ». *Cf.* Urvoy (Dominique), *Les penseurs libres dans l'Islam classique*, Paris, Albin Michel, (« Bibliothèque Albin Michel ; Idées »), 1996, p. 55 (*Cf.* également à la n° 72).

2 On doit à Matthias Radscheit la plus récente référence au contre-discours en tant que discours rapporté des adversaires. A ce propos, il écrit : « The opponents are not only characterized by the above-mentioned vocabulary, they are also described as uttering criticism, challenges, invectives and the like, directed against the messenger and his message. These citations appear in direct discourse, introduced by the verb "to say" *(qāla)*. *Cf.* Radscheit (M.), « Provocation », *EQ*, IV, 2004, p. 310 b.

A Mohammed Arkoun : l'approche historique et « l'arrière discours »

En 1982, les éditions Maisonneuve Larose font paraître un ouvrage intitulé « Lectures du Coran[3] ». Il rassemble sept contributions de son auteur, le professeur Mohammed Arkoun, autour d'études consacrées au Coran. Rédigés entre 1970 et 1980, tous ces essais s'inscrivent dans une réflexion herméneutique qui vise à interroger, à l'appui d'une démarche critique, les conditions d'une lecture moderne du corpus coranique. C'est dans ce contexte que l'universitaire questionne, au chapitre deux, le « problème de l'authenticité divine du Coran[4] ». Pour le moins osée[5], cette question représente selon son auteur « un des lieux stratégiques d'une réflexion novatrice sur la signification de la religion[6]. » Afin de le démontrer, il se propose d'exposer « comment la prise en considération de toutes les *dimensions historiques du problème* fait déboucher nécessairement dans une interrogation de type anthropologique sur la genèse et la fonction du langage religieux[7] ». On perçoit ici l'ambition d'une contribution scientifique et critique par delà le cas de l'islam et du Coran. Notre intention sera d'extraire, de son raisonnement, les éléments qui concernent notre propre sujet, c'est à dire le contre-discours.

Intitulée « Approche historique[8] », la première partie de son article, dont il sera exclusivement question, fait retour sur un fait indéniable : le Coran ne cesse de rappeler l'irréductible opposition des adversaires de Muḥammad « qui exigeaient des preuves propres à fonder toute prétention à parler au nom de Dieu[9] ». Afin d'illustrer ce constat, il cite sept versets coraniques[10]. C'est, sans le nommer,

---

3 Arkoun (Mohammed), *Lectures du Coran*, Paris, Maisonneuve et Larose, (« Islam d'hier et d'aujourd'hui »), 1982, 175 p.

4 *Id.*, p. 26–40.

5 A ce propos, Mohammed Arkoun écrit : « il est vain et socio-politiquement dangereux en climat islamique, de vouloir trancher le problème de l'authenticité divine du Coran », *Id.*, p. 35.

6 *Id.*, p. 26.

7 *Ibid.*

8 *Ibid.*

9 *Ibid.*

10 Mohammed Arkoun écrit : « il est utile de rassembler ces versets pour conduire ensuite l'enquête historique sur un terrain solide.

(1) ‹ Les infidèles ont dit : 'nous n'aurons foi en toi jusqu'à ce que tu fasses jaillir de terre une source... ; ou que tu t'élèves dans le ciel ; et nous ne croirons pas en ton ascension tant que tu ne feras pas descendre sur nous un Livre que nous lirons' › (XVII, 90)

(2) ‹ Les incrédules disent : 'ceci n'est qu'un mensonge inventé par lui et pour lequel l'ont aidé d'autres personnes. ... Ils ont dit aussi : ce sont des contes d'Anciens qu'il a transcrits et qui lui sont dictés matin et soir. Qu'a donc ce soi-disant Prophète à prendre delà nourriture, à aller dans

une mise en lumière évidente de ce que nous pourrions qualifier d'ensemble relevant d'un contre-discours[11]. Mais l'intérêt de l'analyse du professeur Arkoun tient à la manière originale d'envisager ces énoncés. Selon lui, ces derniers doivent être interrogés d'abord historiquement. Il écrit : « l'enquête historique ne doit plus s'attacher seulement à décrire des faits, identifier des noms, des sources, des filiations ; il importe davantage – compte tenu des acquis de l'histoire extérieure – de définir un type de connaissance, un mode de perception du temps et du réel, un réseau de communication[12] ». Plus loin, l'auteur poursuit et clarifie ses intentions : « il est possible de contribuer à cette recherche en dégageant les données implicites des versets cités ci-dessus. On remarquera, en effet, que l'investigation qui s'en tient à l'exploitation des énoncés explicites tombe vite dans l'historicisme et le philologisme, laissant échapper les éléments fondamentaux de la représentation qui génèrent ces énoncés explicites[13] ». En conséquence, et à l'appui d'une analyse des versets précédemment cités, le chercheur conclut alors à « l'existence à la Mekke d'un sujet collectif dont la pensée est commandée par les postulats suivants : la foi est liée à des preuves (...), la preuve est la constatation de *visu* de phénomènes physiques précis (...), il y a une catégorie mensonge (...) et une catégorie Vérité (...), un membre du groupe social

les marchés ? Si seulement on avait fait descendre vers lui un Ange qui fût, avec lui, un avertisseur ! ... › Les injustes ajoutent : 'vous ne faites que suivre un homme ensorcelé' › (XXV, 4–8).

(3) ‹ Ceux qui n'espèrent point Nous rencontrer ont dit : 'Si seulement on avait fait descendre vers nous les anges ; ou bien si nous voyions notre Seigneur !' ... Le Prophète a dit : 'Seigneur ! Mon peuple a pris ce Coran en aversion. Ainsi avons Nous suscité pour chaque prophète un ennemi parmi les Coupables'. ... Les incrédules disent : 'si seulement, on avait fait descendre vers lui le Coran en une seule fois ! ... Ils ne te proposent aucun exemple sans que Nous t'apportions la vérité et la meilleure interprétation' ›.

(4) ‹ De même, Nous n'avons fait descendre vers toi le Livre. Ceux à qui Nous avons donné le Livre y croient. ... Seuls les infidèles nient Nos signes ›. (XXIX, 47)

(5) ‹ Et ce que Nous t'avons révélé du Livre est la Vérité, confirmant la véracité des révélations antérieures ... ›. (XXXV, 31) (*cf.* la même idée dans IV, 50 ; II, 83)

(6) ‹ Par l'étoile quand elle s'abîme ! Votre compagnon n'est pas égaré ! Il n'est pas dans l'erreur ; il ne parle pas sous l'empire de la passion. C'est bien une Révélation qui lui est transmise ; que lui a enseignée un être d'une puissance prodigieuse, doué d'énergie et qui se tint en majesté (devant lui) ... ›. (LIII, 1–6)

(7) ‹ Nous avons accordé aux fils d'Israël le Livre, le Jugement et la Prophétie. ... Nous leur avons donné des manifestations claires du verbe (amr) ; ils ne tombèrent en désaccord, victimes d'une mutuelle arrogance, qu'après avoir reçu la science ›» (XLV, 16–17).

11 Parmi les sept versets présentés, on distinguera particulièrement les quatre premiers versets qui se signalent par l'usage d'un style direct rapporté.

12 Arkoun (M.), *Lectures du Coran*, *op. cit.*, p. 29.

13 *Id.*, p. 30.

peut forger des mensonges et entrainer des auditeurs crédules (...), les traits distinctifs d'un message vrai sont : la production de biens éminemment désirables (...) ou des événements inhabituels (...), le messager doit échapper à la condition humaine ordinaire (...) Le livre reçu dans ces conditions est le Livre révélé ; il doit être lu ; il devient alors la Source de toute connaissance vraie[14] ». C'est vers ce discours que le professeur Arkoun attire notre attention en révélant l'intérêt de ce qu'il qualifie être un « arrière discours[15] ». Sans nul doute, ses réflexions s'inspirent des concepts et méthodes de l'histoire des mentalités promus par les écoles des Annales pendant les années soixante-dix en France. L'originalité de la démarche est d'appliquer ces outils méthodologiques au corpus coranique[16]. A cet effet, il inscrit une nouvelle réflexion de nature historique sur le discours des adversaires de Muḥammad. Et fidèle aux intuitions nombreuses et fécondes de son oeuvre, l'universitaire propose d'interroger la chronologie de ces versets en s'intéressant particulièrement à l'évolution des notions de « fidèles » et « d'infidèles » dans le Coran[17]. On verra que cette orientation à peine esquissée est d'un grand intérêt pour notre présente étude.

Si Mohammed Arkoun s'inscrit uniquement dans une perspective d'analyse historique, il suggère néanmoins combien cette opposition entre fidèles et infidèles a des implications formelles et structurelles. Il écrit ainsi qu'« il y a des conséquences non encore mises en évidence sur la structure lexicologique et syntagmatique du discours coranique[18] ». A peine effleuré, ce questionnement d'ordre linguistique sera envisagé, pour une part, par un spécialiste de linguistique arabe. Il s'agit, en l'occurrence, de M. Pierre Larcher.

B Pierre Larcher : l'énonciation coranique et « la voix de l'autre »

Dans un article intitulé « Coran et théorie linguistique de l'énonciation[19] », Pierre Larcher met en lumière la dimension polyphonique de l'énonciation coranique. La polyphonie désigne comme le suggère l'étymologie grecque la pluralité de voix

14 *Id.*, p. 30–31.
15 *Id.*, p. 30–31.
16 On lira avec profit Arkoun (Mohammed), *La pensée arabe*, Paris, Presses Universitaires de France, (« Que sais-je ?, 915 »), 1991, 4ème édition, p. 15–16.
17 Arkoun (M.), *Lectures du Coran*, *op. cit.*, p. 31.
18 *Id.*, p. 35.
19 Larcher (Pierre), « Coran et théorie linguistique de l'énonciation », *Arabica*, XLVII, 2000, 441–456.

qui se font entendre dans une énonciation[20]. Pour illustrer cette notion appliquée au terrain de notre étude, nous serions enclin, à l'instar d'une image proposée par Mohammed Arkoun envisageant le discours coranique comme une immense symphonie[21], de suggérer que le Coran est un immense théâtre de voix mise en scène par un locuteur que l'on identifiera selon les éléments textuels au « Dieu coranique ». Cette mise en scène met aux prises des protagonistes multiples. En l'occurrence, le Dieu du Coran incarne une voix dominante parmi d'autres personnages, individus ou groupe humains. Ces derniers se répartissent selon un schéma binaire entre défenseurs et adversaires de la croyance. Il s'agit pour les premiers des prophètes bibliques, du prophète supposé être Muḥammad et des élus du paradis. Les seconds sont identifiés aux adversaires de la croyance tels que Iblis, Pharaon et les peuples réfractaires à l'envoi des prophètes avertisseurs. A ceux-là, il faut ajouter ceux qui incarnent les détracteurs contemporains supposés de Muḥammad (Juifs, Chrétiens, Bédouins…) auxquels ce dernier aurait été confronté[22]. Ce « théâtre coranique » a été magistralement décrit par Mustapha Ben Taïbi dans une thèse de doctorat curieusement méconnue[23]. S'interrogeant sur les modes de signification et d'énonciation dans le Coran, ce chercheur écrit en conclusion : « (…) l'insertion des dialogues dans notre corpus correspond à une 'mise en scène' (…) Par ce procédé, le narrateur donne vie au texte, fait « exister » des personnages, s'appuie sur leur parole, fait voir les catastrophes annoncées, permettant ainsi de renforcer chez les destinataires croyants, l'existence réelle des paroles citées, créant ainsi ce que nous avons appeler 'l'effet du réel'[24] ».

Toujours dans une perspective linguistique, et à l'appui d'analyses inspirées par les travaux du linguiste Oswald Ducrot, Pierre Larcher montre qu'à travers une analyse polyphonique nombre d'énoncés coraniques ne coïncident nullement avec le point de vue du locuteur du Coran. En effet, il écrit : « Allah est compris non comme locuteur, mais comme l'énonciateur, c'est à dire non pas le

20 *Id.*, « Le concept de polyphonie dans la théorie d'Oswald Ducrot », *in les sujets et leurs discours*, Enonciation et interaction, Aix en Provence, Publications de l'Université de Provence, 1998, p. 203–224.

21 Arkoun (Mohammed), *Lectures du Coran*, *op. cit.*, p. 6. En effet, il écrit : « (…) Le discours coranique est, en fait, une orchestration musicale et sémantique de concepts clefs puisés dans un lexique arabe commun qui s'est trouvé radicalement transformé pour des siècles ». On lira également Crapon de Crapona (Pierre), *Le Coran*, p. 553–555.

22 La liste des personnages n'est pas exhaustive.

23 Ben Taïbi (Mustapha), *Le Coran comme texte adressé*. Essai de lecture, Thèse de doctorat, Paris, Université 1999, 333 p. Cette thèse a depuis été publiée sous le titre *Quelques façons de lire le texte coranique*, *op. cit.*, 254 p.

24 *Id.*, *Le Coran comme texte adressé*, *op. cit.*, p. 332–333.

responsable de l'énonciation, mais le responsable des actes illocutoires accomplis dans l'énonciation[25] ». On illustrera cette caractéristique fondamentale en proposant deux exemples s'appuyant sur des données scripturaires. Le premier exemple qui va suivre se voudra général. Lorsque Iblīs (Satan) s'adresse à l'homme, l'énoncé (les paroles d'Iblīs) porté par l'énonciateur (Iblīs) n'est en aucune manière la position ou le point de vue du locuteur (celui qui met en scène ce dialogue : l'auteur du Coran). Autrement dit, si l'auteur du Coran donne la parole à Iblīs (Satan), ce n'est en aucune manière pour avaliser les propos de ce dernier. Un deuxième exemple puisé dans la séquence II, 30–39 confirmera ce constat. Au chapitre II du Coran, on peut lire (Tableau 3).

Le découpage proposé met en lumière la dimension polyphonique du Coran[26]. Les séquences encadrées sont des prises de paroles que le locuteur, auteur du Coran, met en scène. Les énoncés en gras qui encadrent les cinq séquences présentent, oserons-nous dire, des indications d'ordre scénique. Ils indiquent, sous forme de didascalie, la nature des actes qui sont accomplis par les énonciateurs et destinataires des actes illocutoires que le locuteur coranique met en scène. Par cet exemple, on assiste ainsi à un dédoublement de l'énonciation tel qu'il a été décrit par le linguiste Oswald Ducrot : « l'idée centrale est que l'on doit, dans cette description de l'énonciation qui constitue le sens de l'énoncé distinguer l'auteur des paroles (locuteur) et les agents des actes illocutionnaires (énonciateurs) et en même temps d'une façon corrélative, l'être à qui les paroles sont dites (allocutaire) et ceux qui sont les patients des actes (destinataire)[27] ». Dans le cas présent, les énonciateurs sont représentés par Dieu, le « Nous » de majesté, les anges. Les destinataires sont en l'occurrence les mêmes que les énonciateurs mais il faudra ajouter à cette liste Adam, Satan et Eve (cette dernière n'est pas nommément citée). A partir de ce dispositif énonciatif qui jalonne l'ensemble du corpus coranique, on relève deux phénomènes capitaux. Premièrement, on entend parfaitement la « voix de l'autre[28] » entendue comme celle d'un éventuel adversaire. Deuxièmement, ces voix sont en interaction, c'est à dire qu'elles échangent des points de vue susceptibles d'être divergents.

---

25 Larcher (Pierre), « Coran et théorie linguistique de l'énonciation », *Arabica*, XLVII, 2000, p. 452.

26 Le découpage de cet extrait s'inspire d'une méthodologie proposée par Gasmi Laroussi. Elle consiste à séparer, d'une part, ce qui est de l'ordre du discours entendu comme échanges de parole, et d'autre part, ce qui est de l'ordre du récit qui présente des faits survenus sans que personne ne parle. *Cf.* Laroussi (Gasmi), *Narrativité et production de sens dans le texte coranique :* le récit de Joseph, Paris, Thèse de doctorat, EHESS, 1977, 293 p.

27 Ducrot (Oswald) et *alii*, *Les mots du discours*, Paris, Minuit, 1980, p. 43–44. Cité par Larcher (Pierre), « Coran et théorie linguistique de l'énonciation », *Arabica*, XLVII, 2000, p. 451 ;

28 *V.* n. 218

Tableau 3. Le découpage de la séquence coranique II, 30–39.

1er dialogue
1. Lorsque (Dieu) dit aux anges : « *Je vais établir un vicaire sur la terre* »,
2. les anges répondirent : « *Veux-tu établir un être qui commette des désordres et répande le sang pendant que nous célébrons tes louanges et que nous te sanctifions sans cesse ?* »
3. le Seigneur répondit, « *Je sais ce que vous ne savez pas* »

Dieu apprit à Adam les noms de tous les êtres, puis, les amenant devant les anges,

2ème dialogue
4. il leur dit : « *Nommez-les-moi, si vous êtes sincères.*
5. *Loué soit ton nom, répondirent les anges ; nous ne possédons d'autre science que celle que tu nous a enseignée ; tu es le savant, le sage.* »
6. Dieu dit à Adam : « *Apprends-leur les noms de tous les êtres* », et lorsqu'il l'eut fait, le Seigneur dit : « *Ne vous ai-je pas dit que je connais le secret des cieux et de la terre, ce que vous produisez au grand jour et ce que vous cachez ?* »

Lorsque nous ordonnâmes aux anges d'adorer Adam, ils l'adorèrent tous, excepté Eblis (*sic*) **; celui-ci refusa et s'enfla d'orgueil, et il fut du nombre des ingrats.**

3ème dialogue
7. Nous dîmes à Adam : « *Habite le jardin avec ton épouse ; nourrissez-vous abondamment de ses fruits, de quelque côté du jardin qu'ils se trouvent ; seulement n'approchez pas de l'arbre que voici, de peur que vous ne deveniez coupables.* »

Satan a fait glisser leur pied et les a fait bannir du lieu où ils se trouvaient.

4ème dialogue
8. Nous leur dîmes alors : « *Descendez de ce lieu ; ennemis les uns des autres, la terre vous servira de demeure et de possession temporaire.* »

Adam apprit de son Seigneur des paroles de prière ; Dieu agréa son repentir ; il aime à revenir à l'homme qui se repent ; il est miséricordieux.

5ème dialogue
9. Nous leur dîmes : « *Sortez du paradis tous tant que vous êtes ; un livre destiné à vous diriger vous viendra de ma part ; la crainte n'atteindra jamais ceux qui le suivront, et ils ne seront point affligés.* »

C'est pourquoi la nature polyphonique du Coran peut s'appuyer également sur les théories des interactions verbales et de l'argumentation. À cet égard, le précédent exemple laisse entrevoir, quoique de manière insuffisamment flagrante, une opposition entre deux points de vue divergents portés par deux énonciateurs identifiés comme Dieu et les Anges. Le point de désaccord se cristallise sur le statut à donner à l'homme. Or la polyphonie est justement le cadre privilégié où peuvent s'exprimer des « voix » qui s'affrontent. En effet, la polyphonie favorise l'existence de morphèmes (verbes dire, interroger, demander) et types d'énoncés (discours rapporté) qui font interagir différents discours en opposition. Il s'agit, en l'occurrence, de discours argumentatifs marqués entre autres par l'interrogation, la négation polémique, le démenti, la réfutation de la cause. Pour illustrer notre propos, nous présentons l'exemple suivant dans le Coran XXIII, 81–90[29] :

Tableau 4. Le découpage de la séquence coranique XXIII, 81–90.

Mais (bal) ils parlent comme parlaient les hommes d'autrefois.

Sujet de la polémique

Ils disent : Est-ce que, quand nous serons morts et qu'il ne restera de nous que poussière et os, nous serons ranimés de nouveau ? On nous le disait déjà autrefois, ainsi qu'à nos pères ; ce sont des contes des temps anciens ?

1er morceau

Demande-leur : A qui appartiennent les cieux et la terre, et tout ce qui existe ? Dites si vous le savez.
Ils répondront : Tout cela appartient à Dieu.
Dis-leur : alors s'ils n'y réfléchiront pas ?

2ème morceau

Demande-leur : Quel est le Seigneur des sept cieux et du trône sublime ?
Ils répondront : C'est Dieu.
Dis-leur : Ne le craindrez-vous donc pas ?

3ème morceau

Demande-leur : Dans la main de qui est le pouvoir sur toutes choses ? Qui est celui qui protège et qui n'a besoin de la protection de personne ? Dites-le si vous le savez.
Ils répondront : C'est Dieu.
Dis-leur : Et pourquoi donc vous laissez-vous fasciner ?

Oui, (bal) nous leur avons envoyé la vérité ; mais ils ne sont que des menteurs.

Le passage cité montre de nouveau la dimension polyphonique du discours coranique[30]. Il met aux prises, en effet, deux discours qui s'affrontent. Par la

---

29 On retrouvera les traductions proposées dans *Le Koran*, traduit par Kazimirski (Albert de Biberstein de), Paris, Charpentier, 1865, p. 276–277. Une édition récente est disponible : *Le Coran*, trad. de l'arabe par Kasimirski ; chronologie et préf. par Mohammed Arkoun, Paris, Garnier Flammarion, (« G. F. ; 237 »), 1989, 511 p. Consultable sur internet : http://books.google.fr/books?id=3HYYAAAAYAAJ.

30 Le découpage proposé s'appuie sur une analyse rhétorique très simplifiée de l'extrait. Cette méthode consiste à mettre en lumière la disposition du texte. Elle procède à une recherche systématique de symétries (parallélisme, concentrisme, construction spéculaire). Pour

même occasion, il exemplifie précisément le caractère polémique du Coran avec la présence d'un connecteur logique tel que « *bal* » dont Pierre Larcher rappelle l'importance dans le cadre d'une recherche en pragmatique et plus particulièrement de l'argumentation[31]. Outre la présence de connecteurs logiques, on note l'existence d'un discours rapporté introduit par le verbe dire (*qāla*) autour d'une controverse récurrente : la résurrection des corps[32]. Enfin, le passage se signale par une répétition de trois membres dont chacun possède une structure ternaire. En effet, chacun se décline en interrogation (introduite par *qūl*) puis en une réponse envisagée par l'opposant (introduite par *yaqūlūna*) et enfin en une interrogation (introduite par *qūl*). Dans le cas présent, on ne peut conférer à ces phrases interrogatives qu'une valeur argumentative et rhétorique. Car, en effet, comme le rappelle Mustapha Ben Taïbi, citant Jean Claude Anscombre et Oswald Ducrot[33], « dire qu'une question est rhétorique, c'est, d'après notre définition, dire que son locuteur est présenté comme connaissant par avance la réponse, au même titre que l'allocutaire[34] ». L'exemple proposé, ici, en est une illustration évidente. En effet, la question posée délivre une information sur une conception de la divinité défendue par le locuteur. Autrement dit, le locuteur informe tous les destinataires que Dieu est « le Seigneur des sept cieux et du trône sublime ». Il s'agit, ici, sous la forme d'une interrogation, de défendre une affirmation. Cette dernière affirmation est elle-même validée par l'allocutaire opposant à qui le locuteur donne la parole. L'allocutaire opposant procède ainsi à une affirmation qui est en réalité une concession faîte au locuteur par l'énoncé « c'est Dieu ». De

le cas présent, il s'agit d'un passage disposé en trois morceaux aux structures identiques et encadrées par deux segments qui marquent les extrémités d'une unité textuelle. Ces extrémités sont désignées par des trames foncées introduites toutes deux par le connecteur bal. Pour une présentation de la méthode on se référera à l'ouvrage de Cuypers (Michel), *La composition du Coran.* Naẓm al-Qurʾān, Paris, éd. Gabalda, (« Rhétorique Sémitique ; IX »), 2012, 197 p. ; Cf. également Cuypers (Michel), *Le Festin.* Une lecture de la sourate al-Mâ'ida, Paris, Lethielleux, « Rhétorique Sémitique, 3 », 2007, p. 21–30.

31 A ce propos, Pierre Larcher écrit : « un linguiste pragmaticien prend conscience sans peine de ce caractère polémique, avec un connecteur tel que bal, dont il existe 127 occurrences dans le Coran ». Plus loin, il ajoute : « le connecteur *bal* amène naturellement à l'autre connecteur de l'arabe ayant une fonction de rectification, lakin(na) (65 occurrences pour chacun dans le Coran) ».

32 *Cf.* Zebiri (K.), « argumentation » *in* Rippin (Andrew) éd., *The Blackwell companion to the Qurʾān, op. cit.*, p. 277–279. Cette thématique sera traitée plus longuement dans notre dixième chapitre.

33 Anscombre (Jean Claude) & Ducrot (Oswald), *L'argumentation dans la langue*, Liège, Pierre Mardaga, (« Philosophie et langage »), 1988, 182 p.

34 *Id.*, p. 134.

cette concession, le Coran renforce l'effet argumentatif par une interrogation rhétorique stigmatisant l'incohérence de ses adversaires (« Et pourquoi donc vous laissez-vous fasciner ? »). Cette incohérence se voit violemment condamnée par l'énoncé : « ils ne sont que des menteurs » qui constitue une conclusion et achève ce passage éminemment polémique. On résumera cette analyse par le tableau suivant :

Tableau 5. Le découpage de la séquence coranique XXIII, 81–90 (Version synthétique)

Introduction du débat : Affirmation de l'opposant
Sujet de la polémique : la résurrection des corps Interrogation affirmation Concession (x 3) Interrogation condamnation
Conclusion du débat : Affirmation du locuteur

Mais cette forme polyphonique qui sollicite le recours à des connecteurs logiques, du discours rapporté et de questions rhétoriques et argumentatives conduit le locuteur coranique à mettre en scène au côté de la « voix » de l'adversaire celle non moins décisive de sa riposte. C'est à partir de cette dialectique que Thomas Hoffman souligne le caractère métatextuel de la riposte coranique dans un ouvrage intitulé « The Poetic Qur'ān, Studies on Qur'ānic Poeticity[35] ».

En effet, une des caractéristiques les plus frappantes du discours coranique est sans nul doute sa propension à l'autoréférence[36]. On doit à l'universitaire allemand Stefan Wild une phrase éclairante sur ce particularisme du Coran qui comme il l'affirme : « se décrit lui même par plusieurs termes génériques, se commente, s'explicite, se distingue, se met en perspective vis à vis des autres révélations, s'oppose aux interprétations qui le dénie, etc[37] ». Cette propriété du

35 Hoffmann (Thomas), *The Poetic Qur'ān, Studies on Qur'ānic Poeticity*, Wiesbaden, Harrassowitz, (« Diskurse der Arabistik ; 12 »), 2007, XV + 192 p.

36 Lire notamment Daniel A. Madigan, *The Qur'ân's self image,* writing and authority in Islam's scripture, Princeton, Princeton University Press, 2001, XV + 236 p. ; Stefan Wild, *Self referentiality in the Qur'ān*, Wiesbaden, Harrassowitz, (« Diskurse der Arabistik ; 11 »), 2006, 169 p. ; *id.*, « Self-Referentiality » *in* Oliver Leaman (éd.), *The Qur'ān* : an encyclopedia, Londres, Routledge, 2006, p. 576–579 (XXVII + 771p.) ; *Id.*, « We have sent down to thee the book with the truth ... : spatial and temporal implications of the Qur'ānic concepts of nuzul, tanzil and inzal in *The Qur'ān as Text*, Leiden, E. J. Brill, (« Islamic philosophy and Theology »), 1996, XI + 298 p.

37 Wild (Stefan), « The Self-Referentiality of the Qur'ān, Sura 37 as an Exegetical Challenge » *in* J. D. McAuliffe, Walfish Barry D. & Joseph W. Goering, *With reverence for the word*, medieval

texte est en l'occurrence rappelée et mise en relation avec le contre-discours par Thomas Hoffmann. Pour ce dernier, l'usage d'un discours rapporté direct citant les opposants du Coran (« *opponents' direct speech act* ») permet, d'une part de rendre vivant et expressif le discours et d'autre part de fournir un levier ou un prétexte efficace pour une riposte d'ordre métatextuel[38]. C'est aussi à partir de cette dialectique qu'un historien tel qu'Alfred Louis de Prémare envisage de questionner le contexte probable des débats parfois violents dont fait l'objet le Coran lui-même.

C Alfred Louis de Prémare : « la dialectique de la riposte »

Dans son dernier ouvrage paru, Alfred Louis de Prémare consacra son dernier chapitre au thème de la polémique[39]. L'historien précisa qu'il s'agissait, dans le cadre de sa recherche, de se limiter « aux textes qui ont pour objet de façon précise le Coran en tant qu'écrit, et qui font appel à d'autres écrits comme base d'une argumentation[40] ». L'intérêt de la démarche consiste notamment à rappeler combien l'auteur coranique s'est fait lui-même l'écho de ces controverses. Dans cette perspective, Alfred Louis de Prémare proposa de thématiser ces objections. Selon lui, cinq grands thèmes se dégagent : le premier affirme que « le messager n'est qu'un poète ou un devin possédé par son démon, le second déclare que le messager ne fait que transmettre des textes par les Anciens, le troisième réfute des thèmes doctrinaux tels que la résurrection individuelle, le jugement et le châtiment, le quatrième argue de la manipulation des textes de l'Ecriture, le cinquième, enfin, souligne le caractère fragmenté et non unifié du texte. A l'évidence, ces « objections » se confondent avec un « contre-discours ». Les deux termes sont ici des synonymes.

Mais comme le souligne Alfred-Louis de Prémare, cette contestation vive, plurielle et répétée fait l'objet d'une réponse ou plus précisément : « c'est l'auteur coranique qui évoque les objections et les contestations de ses adversaires et qui riposte[41] ». L'ensemble de son chapitre vise à mettre en lumière cette dialectique

scriptural exegesis in Judaism, Christianity, and Islam, New York, Oxford university press, 2003, p. 422.

38 Hoffmann (Thomas), *The Poetic Qur'ān, Studies on Qur'ānic Poeticity*, *op. cit.*, p. 167–168.

39 Prémare (Alfred Louis de), *Aux origines du Coran, questions d'hier, approches d'aujourd'hui*, Paris, Téraèdre, 2004, p. 101–133.

40 *Id.*, p. 102.

41 *Ibid.*, p. 102. Sur cette forme dialectique, Matthias Radscheit écrit : « opponents' utterances are then followed by or imbedded in statements that contain the appropriate answers, retorts,

en fonction des cinq thèmes polémiques précédemment exposés et « d'examiner la nature des objections et le langage de la riposte et de tenter de percevoir quel est, à chaque fois, le fond du débat et quel est son contexte général[42] ». Mais s'il y a pluralité des thèmes, l'historien souligne combien « la riposte ne change guère d'un texte à l'autre. Elle est fondée sur l'argument d'autorité (...) accompagné de l'argument *ad hominem* : ce sont les objecteurs eux mêmes qui sont les faussaires, les injustes et les semeurs de désordre, et Dieu les attend au jour du Jugement, pour le tourment qui leur est destiné[43] ».

Mais le travail de l'historien ne s'arrête pas à la catégorisation consciencieuse des thèmes de l'objection. Il recourt également aux sources internes et externes de la tradition musulmane. Pour ce faire, il mobilise et interroge les littératures hagiographiques et historiques (*sīra*), exégétiques (*tafsīr* dont la littérature dite des « circonstances de la révélation », *asbāb an-nuzūl*) et enfin traditionnelles (*ḥadīṯ*). Des sources externes, il se réfère aux écrits bibliques et parabibliques de la tradition juive et chrétienne (Ecrits intertestamentaires et apocryphes chrétiens) mais n'ignore pas non plus les sources de la littérature syriaque. La démarche comparative, classique en Histoire, ambitionne de contextualiser la polémique. Elle souhaite notamment cerner qui pouvaient être les opposants des polémiques coraniques. Comme on l'a déjà vu, Alfred Louis de Prémare émet une hypothèse à contre courant de la doxa islamique. En effet, il suppose, que l'établissement du corpus coranique tel que nous le connaissons aujourd'hui fut le fruit d'un processus de rédaction marqué par les conflits idéologiques, théologiques et politiques d'un islam naissant. Ce dernier devait affirmer sa singularité et sa primauté à l'endroit d'autres confessions bien implantées et concurrentes, c'est à dire le

warnings (see warner), etc. If the opponents cited belong to the past, it is usually the messengers who were sent to them at the time who reply (e.g. Noah at q 7: 59 f.; Hūd [q.v.] at q 7: 65 f.). For the polemics directed at Muḥammad, however, the answering statements either have no introduction, in which case the heavenly voice speaks directly without a mediator (e.g. q. 44: 14; 51: 52; 68: 15–6), or they are introduced by the imperative "say" *(qul)*. *Cf.* Radscheit (Matthias), « Provocation », *EQ*, IV, 2004, p. 310 b, mais aussi A. Neuwirth, « Form and structure », *EQ*, II, p. 261 b ; Radscheit (M.) « Word of God or prophetic speech ? Reflections on the quranic qul-statements » *in* Lutz Edzard, Christian Szyska, Stefan Wild, *Encounters of words and texts*, intercultural studies in honor of Stefan Wild on the occasion of his 60th birthday, March 2, 1997, presented by his pupils in Bonn / edited by Lutz Edzard and Christian Szyska, Hildesheim, G. Olms, (« Arabistische Texte und Studien. – Hildesheim : G. Olms ; 10 »), 1997, p. 40 ; John Wansbrough réédités ces dernières années, *Quranic studies*, Sources and methods of scriptural Interpretation, Foreword, Translations, and Expanded Notes by Andrew Rippin, New-York, Prometheus Books, 2004, p. 13–15.

42 Prémare (Alfred Louis de), *Aux origines du Coran*, p. 103–104.

43 *Id.*, p. 103.

judaïsme et le christianisme[44]. Il s'ensuit, toujours selon Alfred Louis de Prémare, que le Coran fait écho non seulement aux polémiques opposant Muḥammad à d'éventuels détracteurs mais également à des débats chronologiquement postérieurs à la révélation coranique.

Bien qu'elle soit exemplaire et nécessaire, la méthode initiée par Alfred-louis de Prémare reste une enquête tournée essentiellement (et trop rapidement) vers l'extérieur du texte. Autrement dit, on évalue l'information du texte coranique à l'aune d'autres textes. Il y a ce qui est dit par le Coran et ce que l'on sait par ailleurs. Ce que l'on sait sert à critiquer ce qui est dit et ce qui est dit (une fois critiqué) vient accroître notre connaissance du texte. Le texte est au total évalué du point de vue de la quantité et de la qualité de l'information qu'il contient. Mais nous pourrions objecter à l'historien qu'il néglige trop rapidement la source elle-même qu'il étudie. N'y aurait-il pas la possibilité d'opérer la même démarche comparatiste à l'intérieur même du texte ? Cette confrontation enserrée dans un même corpus serait-elle à même d'apporter un éclairage inédit ? En l'occurrence, et comme nous le verrons, les travaux et réflexions de Mohammed Arkoun et Pierre Larcher plaident implicitement pour cette investigation interne. Le premier, prémunie contre une tentation positiviste de l'histoire, souhaite interroger un type de connaissance et de représentations implicitement formulées par le contre-discours. Le second est attentif au procès de l'énonciation qui structure le texte considéré. La polyphonie est l'instrument privilégié du locuteur/narrateur coranique qui met en scène son propre discours. Et bien que l'analyse ait été inachevée pour le premier, et qu'elle négligeât l'intérêt de confronter le contre-discours et sa riposte dans une réflexion sur l'argumentation pour le second, tous deux esquissent les contours de notre méthodologie. C'est à la condition de cet intérêt premier pour les dynamiques internes qu'il est possible d'envisager, plus assurément, une confrontation du Coran avec d'autres textes. Cette dernière s'appuiera fondamentalement sur la comparaison d'une forme explicite et partagée : la présence d'un contre-discours. Afin d'expliciter cette démarche, le chapitre suivant exposera notre méthodologie.

---

44 L'auteur écrit : « (…) ne pourrait-on pas faire l'hypothèse d'une polémique plus tardive ? La manière dont le texte s'exprime, en effet, implique que le Coran est établi : il s'agit de 'ce Coran', 'le Coran' ». Prémare (Alfred-Louis de), *Aux origines du Coran, op. cit.*, p. 132.

Chapitre IV
Méthodologie et cadre conceptuel : l'approche intratextuelle

« Il faut considérer le texte dans sa totalité en tant que système de relations internes[1] ».
Mohammed Arkoun

Comparer le texte par le texte ? Mais comment et pourquoi envisager une telle démarche ? Il faut sans doute revenir sur la recherche contemporaine autour du contre-discours coranique pour justifier ce travail de comparaison interne. Car, nous l'avons vu, cette recherche contemporaine fut déterminante mais limitée. Dans une perspective historique, elle donna lieu à deux interrogations complémentaires. Là où insistait Mohammad Arkoun pour privilégier une approche des mentalités, Alfred-Louis de Prémare orientait sa recherche vers une critique textuelle et comparative qui questionnait la formation progressive du corpus coranique au cours des premiers siècles de l'Islam. La deuxième interrogation suscitée par le contre-discours fut d'ordre structurel et formel. Elle conduisit Pierre Larcher à désigner le contre-discours comme une des voix mises en scène dans le cadre d'une polyphonie coranique. Par ce biais, il laissait entrevoir les intentions argumentatives du Coran.

Si ces travaux restent magistraux et exemplaires, il n'en demeure pas moins qu'ils orientent plus la recherche qu'ils ne la réalisent pleinement. Pour Mohammed Arkoun, la notion « d'arrière discours » n'est esquissée qu'à l'aune de quelques citations coraniques. Pour Alfred-Louis de Prémare, la recherche confronte en premier lieu le Coran à des sources externes. D'autre part, elle s'oriente uniquement vers les débats autour du Coran dont ce dernier s'était fait l'écho. Enfin, Pierre Larcher appelle de ses vœux une analyse de la logique et de l'argumentation dans le Coran mais ne l'envisage principalement qu'à travers la présence de connecteurs logiques. A partir de ces objections, comment poursuivre et approfondir ces travaux ?

Une réponse logique consisterait à répondre à l'insatisfaction induite par les objections formulées précédemment. La démarche tenterait d'emprunter alors un triple cadre d'investigation. Premièrement, elle élargirait la réflexion à l'ensemble

1 Arkoun (Mohammed), « Comment lire le Coran », *Lectures du Coran*, Paris, Maisonneuve et Larose, (« Islam d'hier et d'aujourd'hui »), 1982, p. 5.

du corpus-coranique. Deuxièmement, elle focaliserait son attention sur deux types d'énoncés en interaction : le contre-discours et la riposte qu'elle entraîne. Troisièmement, elle proposerait une comparaison externe qui confronterait les contre-discours coraniques à d'autres contre-discours possiblement présents dans certains textes religieux et polémiques de l'Antiquité tardive. Pour ce faire, la méthodologie que nous emprunterons devra recueillir et catégoriser l'ensemble des énoncés du contre-discours. C'est l'analyse de contenu qui nous permettra de réaliser cette tâche (A.). A l'issue de cette première étape, il s'agira par la suite de déterminer les grands thèmes de la polémique coranique. Pour ce faire, on s'appuiera sur la notion de questions argumentatives (B.). L'analyse viendra alors interroger de manière systématique les interactions entre les contre-discours et les ripostes qu'elles génèrent. Pour ce travail, sept étapes seront à considérer (C.).

A L'analyse de contenu

L'analyse de contenu se définit « comme une technique permettant l'examen méthodique, systématique, objectif et, à l'occasion, quantitatif du contenu de certains textes en vue d'en classer et d'en interpréter les éléments constitutifs, qui ne sont pas accessibles à la lecture naïve. Le terme 'texte' désigne ici tout type de production verbale, écrite ou orale, et renvoie aux problèmes posés par le langage et les situations d'énonciation[2] ». D'un point de vue épistémologique et théorique, cette technique s'appuie sur la nécessité, pour l'esprit humain, d'établir des catégorisations mentales comme aide à la compréhension interne d'un corpus. Méthodologiquement, on distingue quatre phases dans le déroulement d'une analyse de contenu. La première, identifiée à une étape de pré-analyse, vise à définir un corpus c'est-à-dire « le recueil de documents spécifiques sur lesquels va prendre appui l'analyse et qui permettront de répondre aux interrogations de la problématique ». Ainsi André D. Robert et Annick Bouillaguet proposent de distinguer le texte total (la totalité des documents supports) et le texte pertinent (la partie des documents adaptée à la problématique et qui sera seule analysée). Appliqué à notre investigation, il s'agit de distinguer, d'une part, la sélection des versets relevant du contre-discours. A l'appui de cette étape, la deuxième phase appelée catégorisation consiste à « enregistrer tous les éléments du corpus pertinent afin de les classer par thèmes ou catégories thématiques, souvent en vue

2 Robert (André D.) & Bouillaguet (Annick), *L'analyse de contenu*, Paris, Presses Universitaires de France, (« Que sais-je ? »), 2007, p. 4.

d'établir des pourcentages et de procéder à des comparaisons significatives[3] ». Pour répondre à ces objectifs, la catégorisation doit répondre à deux préalables : la compréhension du corpus étudié et la faculté de répondre à quatre exigences qui sont la pertinence, l'exhaustivité, l'exclusivité et l'objectivité[4]. La première condition citée est déterminante. Classer et catégoriser induisent nécessairement de cerner le sens du texte. Or, tout spécialiste sait combien le Coran demeure un discours fréquemment obscur et dont l'interprétation reste éminemment délicate[5]. Dans ces conditions, comment opérer un travail de catégorisation du contre-discours qui soit fidèle au sens du texte ? La difficulté pourrait être levée en empruntant une méthode en trois étapes. La première vise à localiser et rassembler sous la forme d'un tableau l'ensemble des énoncés introduisant une parole rapportée de l'adversaire. Cette opération vise à rassembler dans un même corpus le contre-discours rapporté direct. La seconde étape vise à distinguer les énoncés dont les énonciateurs opposants à la croyance sont identifiés et ceux qui ne le sont pas. Pour les premiers d'entre eux, il n'y a pas de difficulté. L'énonciateur opposant est identifié et assume par la volonté du locuteur coranique un contre-discours. Mais l'immense majorité de ce dernier est portée par des énonciateurs indéterminés car non nommés. C'est pourquoi, il faut ambitionner, dans une troisième étape, de déterminer si l'ensemble de ces énoncés sans énonciateurs se confirme être un contre-discours comme le laisse entrevoir une lecture première. A cette fin, la nature dialogique et polyphonique du Coran s'avère être une aide précieuse. En effet, les propos des contradicteurs ne sont, à quelques exceptions près, jamais isolés d'une riposte ou d'une réaction du locuteur coranique. C'est donc à travers les interactions induites par une mise en scène de voix qui s'opposent que l'on peut déterminer s'il s'agit bien d'un propos tenu par un

3 *Id.*, p. 28.

4 *Id.*, p. 29–30.

5 A ce sujet, Alfred Louis de Prémare écrit : « (...) Le Coran est en grande partie un livre opaque. Il suffit de lire le moindre des commentaires traditionnels pour s'en aviser. Ceci est dû d'abord aux aléas de la graphie défective et incertaine dans laquelle ses textes on été mis originellement par écrit. L'opacité est due également aux difficultés présentées par une langue archaïque qui était déjà difficile d'accès aux lecteurs et aux commentateurs musulmans du IXe siècle et au-delà. Enfin, pour les textes 'engagés' dans des décisions d'ordre social et légal ou des situations de conflit et de polémique, l'opacité peut être due à la volonté des compositeurs de les abstraire, autant que possible, de tout cadre historique précisément désigné, en raison des guerres civiles, des schismes ou simplement des divergences, qui constituèrent souvent la toile de fond de leur composition » in Prémare (Alfred-Louis de), Aux origines du Coran, questions d'hier, approches d'aujourd'hui, Paris, Téraèdre, (« L'Islam en débats »), 2004, p. 136. (Souligné par nous). Nous expliciterons plus avant cette méthode dans la partie suivante consacrée à la constitution de notre corpus.

opposant ou un défenseur de la croyance coranique. Cette dernière démarche sera employée pour l'ensemble du Coran. Mais si ce premier préalable est indispensable, il serait insuffisant s'il ne répondait pas à une deuxième condition. En effet, pour élaborer une catégorisation, il faut répondre à quatre exigences qui sont la pertinence, l'exhaustivité, l'exclusivité et l'objectivité. La pertinence doit permettre au corpus d'être le reflet le plus fidèle possible des questionnements et problématiques posées en introduction. L'exhaustivité induit idéalement que tout le corpus doit se trouver enregistré dans une grille ou un tableau. L'exclusivité désigne le fait que fondamentalement, les mêmes éléments de contenu ne doivent pas pouvoir appartenir à plusieurs catégories. Celles-ci doivent être discriminantes entre elles. Enfin, l'objectivité procède d'un travail méthodologique rigoureux qui explicite et motive les choix catégoriels sans éluder les difficultés inhérentes à toute classification. Bien entendu, cette dernière exigence demeure un idéal mais jamais une finalité totalement réalisable.

Enfin, la troisième et quatrième étape ambitionnent de délimiter des unités de découpage du contenu afin de parvenir à une phase finale d'interprétation des données recueillies et catégorisés. Dans le cas de notre corpus, l'unité d'analyse sera délimitée par les versets, eux mêmes divisés entre les énoncés citant (le discours qui rapporte et le discours rapporté ensemble) et l'énoncé cité (la parole rapporté *stricto sensu*). Ces deux dernières étapes envisageront une interprétation des résultats c'est à dire : « prendre appui sur les éléments mis au jour par la catégorisation pour fonder une lecture à la fois originale et objective du corpus étudié[6] ». Cette étape finale recourra à deux investigations, l'une intratextuelle et l'autre extratextuelle. Nous les envisagerons, l'une et l'autre successivement.

B L'approche intratextuelle : le modèle dialogal et la question argumentative

L'autre orientation de la recherche tentera d'appliquer au texte coranique les récents acquis des modèles dialogaux à partir notamment de la notion de « question argumentative ». Il s'agira en particulier de décrire le fonctionnement des mécanismes qui permettent au Coran de solliciter des voix multiples autour desquelles il construit son propre discours, en s'y opposant (contre-discours) ou en s'en réclamant (discours apologétique[7]). Avant d'exposer cette méthode,

6 *Id*, p. 33.
7 Dans un tout autre domaine de l'analyse des discours argumentatifs, on pourra se référer aux travaux de Marianne Doury. *Cf.* Doury (Marianne) & Moirand (Sophie), *L'argumentation*

nous apporterons préalablement un éclairage notionnel à la fois historique et méthodologique autour de ce modèle dialogal.

Cette dernière notion apparaît vers les années soixante-dix sous l'impulsion des travaux de Hamblin et des auteurs Van Eemeren et Grootendorst[8]. Ces derniers soulignent l'insuffisance des modèles argumentatifs de la rhétorique ancienne comme moderne pour expliciter les situations argumentatives sur fond de dialogue. Comme le souligne Christian Plantin : « l'approche dialogale vise à prendre en compte l'insatisfaction liée aux modèles purement monologaux de l'argumentation (...)[9] ». Dans cette perspective, le modèle dialogal tente de répondre à cette insuffisance en développant un ensemble de concepts permettant l'étude de l'argumentation dans le dialogue et le discours. Ainsi, cette méthode pose un cadre général d'étude qui s'appuie sur un constat. Toute activité argumentative se déclenche à partir de la non ratification ou de la mise en doute d'une proposition ou d'un point de vue. Cette situation implique une réaction de l'interlocuteur qui doit argumenter afin de justifier sa position. Symétriquement, l'opposant doit justifier son opposition par des arguments qui soutiennent son propre point de vue. Cette confrontation entre discours de l'interlocuteur et contre-discours de l'opposant réalise ce que l'on nomme une question argumentative. Dans le cadre du Coran, l'affrontement du contre-discours et de sa riposte sur un même thème polémique constitue une question argumentative. On illustrera le phénomène par le schéma suivant :

Schéma 1. La question argumentative

Contre-discours vs Riposte ⟶ Question argumentative

Classiquement, et pour chaque question argumentative, trois actes fondamentaux sont repérables : proposer, s'opposer, douter. Proposer vise à rechercher

---

aujourd'hui : positions théoriques en confrontation, textes réunis par Marianne Doury et Sophie Moirand, Paris, Presses Sorbonne Nouvelle, 2005, 200 p. Doury (Marianne), *le Débat immobile.* L'argumentation dans le débat médiatique sur les parasciences, Paris, Kimé, (« Argumentation, sciences du langage »), 1997, 267 p. *Cf.* également Doury (Marianne), « Argumentation et mise en voix, les discours quotidiens sur l'immigration », *in* Bondi (Marina) & Stati Sorin (dir.), Dialogue Analysis 2000, Selected papersfrom the 10th IADA Anniversary Conference, Bologna, 2000, Niemeyer Verlag, 2003. p. 173–183.

8 Eemeren (Franz van) & Grootendorst (Rob), *La nouvelle dialectique*, Franz van Eemeren, Rob Grootendorst ; traduit par S. Bruxelles, M. Doury et V. Traverso ; traduction coordonnée par Ch. Plantin, Paris, Ed. Kimé, (« Argumentation, sciences du langage »), 1996, 251 p.

9 Plantin (Christian), *L'argumentation*, histoire, théories et perspectives, Paris, Presses Universitaires de France, (« Que sais-je ; 2087 »), 2005, p. 53.

l'assentiment de la personne que l'on souhaite convaincre. Si tel est le cas, l'interlocuteur ratifie la proposition et évite la création d'une question argumentative. Un accord est formulé. L'interlocuteur s'aligne sur la position du locuteur. Mais si tel n'est pas le cas, il s'agit alors d'une opposition. S'opposer impliquera ici la non ratification de la proposition. Un désaccord conversationnel se réalise. Si le désaccord n'est pas réparé instantanément au fil de l'interaction et s'il se thématise, il engendre alors des interactions fortement argumentatives. A l'acte de proposer ou de s'opposer, on peut ajouter l'existence d'une troisième orientation, celle de douter. En effet, certains locuteurs peuvent refuser de s'aligner. Dans ce dernier cas, les énoncés du proposant comme de l'opposant ne sont pas ratifiés. Ainsi ces rôles décrivent une situation tripolaire où les acteurs de l'interaction peuvent incarner une modalité du discours spécifique. A chacune des orientations décrites précédemment correspond une position du locuteur qui peut être un acteur mais aussi un actant. On fera la distinction entre ces deux termes. L'acteur est l'individu concret de l'interaction. L'actant lui, est celui qui incarne une position, celle du proposant, de l'opposant ou du tiers. Comme le souligne Christian Plantin : « le même rôle actantiel peut être tenu par plusieurs acteurs (on parlera alors d'alliance argumentative). Les acteurs peuvent occuper successivement chacune des positions argumentatives (ou rôles actantiels), selon tous les trajets possibles...[10]». Ainsi, la même position d'actant argumentatif peut être occupée par plusieurs acteurs, c'est-à-dire par plusieurs individus alliés. L'étude de l'argumentation s'intéresse donc, non moins qu'aux systèmes d'anti-énonciation, aux systèmes de coénonciation[11] ».

Si la question argumentative se fonde sur la présence d'acteurs et d'actants, elle doit également sa configuration à la construction d'un discours argumenté. En l'occurrence, l'argumentation est comprise comme une réponse à des questions organisées autour d'un conflit discursif. Ce conflit implique l'existence d'une proposition qui se trouve réfutée par un opposant. Cette contradiction conduit ainsi le proposant à argumenter pour défendre sa proposition. Afin de parvenir à une conclusion qui rende légitime cette proposition, le proposant construit ainsi un discours qui correspond à ses arguments. Le schéma suivant, emprunté à Christian Plantin, viendra expliciter une syntagmatique de ce discours argumentatif :

10 Plantin (C.), *L'argumentation*, *op.cit.*, p. 65.

11 *Id.*, *op.cit.*, p. 66.

Schéma 2. Syntagmatique du discours argumentatif (C. Plantin)

La question argumentative	(P) – (Arguments)	Conclusion
(Discours / Contre-discours)		(Réponse à la Question)

Dans le schéma proposé, le rôle du contre-discours est premier car il est le déclencheur de la non ratification. Ne pas ratifier une proposition peut signifier soit la réfuter, soit objecter, ou encore contre-argumenter. Réfuter signifie ici « l'acte réactif argumentatif d'opposition. Du point de vue de l'usage, 'réfuter' tend à désigner toutes les formes de rejet explicite d'une position (...) ». Objecter, ensuite, est « (...) l'expression d'une opposition argumentative du type de la réfutation, mais plus locale, moins radicale, par le biais d'un argument faible : objecter, c'est 'faire obstacle', réfuter, c'est abattre[12] ». Enfin, contre argumenter désigne toute forme de « réfutation propositionnelle, applicable dans le modèle argument-conclusion ». Citant les travaux de Pierre Yves Brandt et Denis Apothéloz[13], Christian Plantin distingue « quatre modes de contre-argumentation », selon que (1) l'argument est nié ; (2) sa pertinence est contestée ; (3) la complétude de l'argumentation est mise en doute ; (4) son orientation argumentative est inversée[14] ». A ces trois formes de réfutation, il faut ajouter la concession, qui est la modification de la position de l'adversaire en diminuant ses exigences ou en accordant à l'adversaire des points controversés. A ce propos, Christian Plantin écrit : « du point de vue stratégique, il recule en bon ordre. La concession est un moment essentiel de la négociation, entendue comme discussion sur un différend ouvert et tendant à l'établissement d'un accord. Du point de vue de l'argumentation, en tenant un discours concessif, le locuteur reconnaît une certaine validité à un discours exprimant un point de vue différent du sien, tout en maintenant ses propres conclusions[15] ».

Ces formes de la réfutation conduisent le proposant à argumenter pour défendre sa proposition sous la forme d'une riposte. En l'occurrence, cette riposte est plurielle et emprunte à des formes de discours qui correspondent « à une mise en scène textuelle de stratégies discursives, où tous les genres (...) tiennent lieu

12 Plantin (C.), « Objection », *Dictionnaire d'analyse du discours*, (dir.) Charaudeau (Patrick), Maingneneau (Dominique)... [et *alii*.], Paris, Seuil, 2002, p. 405.

13 Apothéloz (Denis), Brandt (Pierre-Yves), Miéville (Denis), *Les organisations raisonnées*, analyse de l'articulation de séquences discursives, Neuchâtel, Université de Neuchâtel Centre de recherches sémiologiques, 1992, p. 98–99.

14 *Dictionnaire,. op.cit.*, p. 141.

15 Plantin (C.), « L'argumentation », *op. cit.*, p. 71.

d'arguments[16] ». Ces formes de discours empruntent aux genres du « récits vs discours, la description, les formules liturgiques, le discours rapporté[17] ». Comme on le vérifiera par la suite, ces différentes formes du discours sont, pour chacune d'entre-elles et selon leurs spécificités, des instruments de persuasion. Il s'agit donc, comme l'affirme Mustapha Bentaïbi, de savoir comment le Coran procède pour « commander la perception des auditeurs lecteurs potentiels, et faire admettre la vérité de son message et renforcer une certaine vision du monde[18] ».

Un exemple viendra illustrer cette approche intratextuelle. L'extrait choisi se situe dans la sourate *saba* entre les versets un et six. Le choix de ce découpage répond spécifiquement à la présence d'un discours apologétique du proposant (v. 1 à 2) suivi d'une réfutation qui n'est autre qu'un contre-discours (v. 3) et d'une riposte ou contre-réfutation (v. 4 à 6). La présence d'un contre-discours occasionne ainsi la création d'une question argumentative (v. 3 à 6). La séquence s'achève là où débute une nouvelle réfutation avec la présence d'un nouveau contre-discours (v. 7). Cette séquence tripartite illustre parfaitement une activité argumentative déclenchée à partir de la non ratification ou de la mise en doute d'une proposition ou d'un point de vue introduit par le contre-discours (*lā tatīnā al sā'at*[u]). La non ratification est ici une réfutation radicale. Elle entraîne une riposte constituée de sept propositions-assertions qui sont autant d'arguments renforçant l'idée centrale du discours proposant : la connaissance infinie de Dieu (v. 1 & 2) et particulièrement de l'heure eschatologique (v. 3). L'argumentation est fondée sur une accumulation d'arguments ou assertions qui vient renforcer la figure (l'actant) divin. Ainsi Dieu est celui qui sait (*ya'lamu*) – première assertion –, qui atteste par serment – deuxième assertion –, qui inscrit – troisième assertion –, qui juge – quatrième assertion –, qui récompense – cinquième assertion –, qui châtie – sixième assertion –, qui révèle – septième assertion –. Cette position magistrale est elle-même renforcée par trois stratégies discursives : la présence d'un allocutaire enjoint de répondre à la réfutation, l'acte de louange en direction de Dieu et enfin l'évocation métatextuelle avec l'allusion au Livre divin. Ces trois actes rappellent implicitement trois thèmes fondamentaux du Coran : premièrement, le Dieu coranique a une autorité sur son allocutaire (thème prophétique), deuxièmement, Allah est digne de louange (thème de la divinité), troisièmement Allah est l'auteur du Coran (thème de la révélation).

---

16 Ben Taïbi (M.), *Le Coran comme texte adressé*, essai de lecture, Paris V, 1999, p. 117.

17 *Ibid.*

18 *Id.*, p. 318.

Tableau 6. Le découpage de la séquence XXXIV, 1–6.

Discours-Proposant	1. Louange à Dieu, à qui appartient tout ce qui est dans les cieux et sur la terre. Les louanges dans l'autre monde lui appartiennent aussi ; il est le sage, l'instruit. 2. Il sait ce qui entre dans la terre et ce qui en sort ; ce qui descend du ciel et ce qui y monte. Il est le compatissant, l'indulgent.	
QUESTION ARGUMENTATIVE :	**Réfutation Ou Contre-Discours-Opposant**	3. Les incrédules disent : « **l'Heure ne viendra pas** ». (لَا تَأْتِينَا السَّاعَةُ)
L'Eschatologie et le savoir divin	**Contre réfutation ou riposte – Proposant**	Réponds (*qul*): Certes, elle viendra, j'en jure par le Seigneur. Celui qui connaît les choses cachées, le poids d'un atome, rien de ce qu'il y a de plus petit ou de plus grand dans les cieux et sur la terre n'échappe à sa connaissance. Il n'y a rien qui ne soit inscrit dans le livre évident, 4. Afin qu'il récompense ceux qui ont cru et pratiqué les bonnes œuvres. A eux le pardon et une subsistance généreuse. 5. Ceux qui s'efforcent de rendre nuls nos enseignements recevront le châtiment d'un supplice douloureux. 6. Ceux qui ont reçu la science voient bien que le livre qui t'a été envoyé d'en haut par ton Seigneur est la vérité ; qu'il conduit dans le sentier du puissant, du glorieux.

Avant de parvenir à l'analyse d'une thématique, on procédera à une étude globale de l'ensemble des questions argumentatives présentes dans le Coran. Nous expliciterons ces étapes dans le paragraphe suivant.

C Les cinq étapes de l'analyse

Fondée sur la mise en évidence des questions argumentatives dans le Coran qui rappelons-le sont formées à la suite des interactions entre les contre-discours et les ripostes générées, l'analyse empruntera cinq étapes.

- En premier lieu, on établira un corpus précis pour chaque grande thématique du contre-discours préalablement identifié dans le cadre de l'analyse de contenu. Les versets de chaque corpus seront présentés selon l'ordre de la vulgate communément admise mais aussi selon une chronologie supposée, en l'occurrence celle établie par Noldëke et Schwally[19]. On s'intéressera également aux sourates sans contre-discours en y recherchant les indices de la polémique.

- La deuxième étape (Chapitre VI) consistera, pour chaque corpus déterminé, à révéler les thèmes et les prédicats qui se révèlent à leur lecture. On entend ici par « thème » le sujet traité du contre-discours et par « prédicat » la proposition qui porte l'information verbale ou le commentaire à propos du sujet de ce même contre-discours. Cette deuxième étape permet d'exposer les implicites du contre-discours et les croyances défendues par les opposants. Elle permet par ailleurs de s'intéresser aux thèmes de la riposte générée par les contre-discours (Chapitre VII).
- La troisième étape mettra en lumière, à l'appui de la catégorisation du corpus, les structures de l'énoncé rapporté tant au niveau de la distribution des propositions qui le composent (introduction aux discours rapportés, discours rapporté lui-même, commentaire sur ce propre énoncé rapporté) que de la nature et des valeurs argumentatives des énoncés de la réfutation. Il sera également question d'interroger la disposition des contre-discours et des ripostes au-delà des seuls versets (Chapitre VIII).
- la quatrième étape analysera les évolutions de la polémique et la construction de la figure de l'opposant. Cette démarche nous permettra d'élaborer un essai de typologie des adversaires à l'appui des seuls contre-discours (Chapitre IX).
- la cinquième et dernière étape s'intéressera a un corpus limité de cinquante-deux versets ou contre-discours eschatologiques. A l'appui d'une analyse intratextuelle, on identifiera les évolutions de la riposte coranique (Chapitre IX).

Mais pour parvenir à cette étape, on procédera en premier lieu à l'identification précise d'un corpus. C'est l'analyse de contenu qui nous permettra de réaliser cette tâche, thème du chapitre suivant.

---

19 Nöldeke (T.), *GdQ*², p. 74–234.

Chapitre V
Le corpus élargi : les contre-discours coraniques (Passé, Présent, Futur) : 1/10ème du corpus total

Avisé qu'il existe bien un contre-discours coranique impliqué par le caractère dialogique et polyphonique du Coran et informé de la nécessité méthodologique de le catégoriser suivant la démarche de l'analyse de contenu, il nous faudra donc rechercher systématiquement « la voix de l'autre » et, dans le cas qui nous occupe, celle de l'opposant. Or la présence du verbe *qāla* (*qwl*) joue, ici, un rôle décisif[1]. En effet, il est le verbe introducteur qui permet au locuteur coranique de « donner la parole » à des énonciateurs opposants. Présents plus de mille sept cent fois ce qui fait de lui le plus fréquent des verbes coraniques[2], il est autrement dit le verbe introducteur du contre-discours rapporté. Notre tâche nous conduira donc à collecter systématiquement tout discours rapporté introduit par le verbe *qāla* et tenu par les figures ou énonciateurs qui incarnent des rôles d'opposants à la croyance. A cette recherche, on ajoutera la collecte de tous les versets où se vérifie la présence de la forme impérative *qul* introduisant une riposte coranique. Ce travail sera réalisé sous la forme d'un tableau synoptique (A.) analysé quantitativement (B.) et qualitativement (C.). Les données collectées nous permettront d'envisager quelques premier résulats (D.).

A Le contre-discours et sa riposte : une localisation (tableau synoptique)

Elaboré à partir d'une feuille excel, le graphique synoptique que nous présentons ci-dessous représente l'ensemble de la vulgate coranique soit ses 6237 versets sur une douzaine de pages. Trois niveaux de lecture sont à considérer : le verset (représenté par un petit carré), la sourate (représenté par la somme des petits carrés en fonction du nombre de verset par sourate), le Coran dans son entièreté

1 Bāqi (Muḥammad Fu'ād), *al-Mu'ǧam al-mufahras li-alfāẓ al-Qur'ān*, Le Caire, Dār al ḥadiṯ, 1996, p. 663–684. Au niveau syntaxique, la langue arabe permet d'introduire des propositions indépendantes au style direct en utilisant le prédicat verbal "dire" (*qāla*), les particules (*annā*) et (*innā*), la particule (*an*). *V.* Blachère (Régis), Gaudefroy-Demombynes (Maurice), *Grammaire de l'arabe classique*, Paris, Maisonneuve et Larose, 1975, p. 213–218. Notre étude a privilégié les occurrences où l'emploi du verbe *qāla* est avéré.

2 Jones (Alan), *Arabic through the Qur'ān*, Cambridge, The islamic texts society, 2005, p. 75.

(représenté par les sept pages excel qui suivent). Lorsqu'un verset coranique se signale par la présence d'un contre-discours (un discours rapporté direct tenu par un opposant), le carré lui correspondant graphiquement est colorisé. Trois couleurs ont été utilisées : rouge (pour un contre-discours présent), verte (pour un contre-discours passé), bleu (pour un contre-discours futur). Dans le cas d'un verset introduit par la formule de la riposte « *qul* », la couleur orange a été systématiquement utilisée[3].

Tableau synoptique : Le contre discours et la riposte du Coran (quranic counter discourse and riposte)

Le contre discours

8	Contre-discours présent
61	Contre-discours passé
167	Contre-discours futur

La riposte

80	Contre-discours présent et riposte (« Qul ») dans le même verset
93	Contre-discours passé et riposte (« Qul ») dans le même verset
154	Contre-discours hypothétique
58	Riposte introduite par l'injonction (« Qul »)

al-fātiḥa

1	1	2	3	4	5	6	7

al baqara

2	1	2	3	4	5	6	7	8	9	10	11	12	13	14	15	16	17	18	19	20
	21	22	23	24	25	26	27	28	29	30	31	32	33	34	35	36	37	38	39	40
	41	42	43	44	45	46	47	48	49	50	51	52	53	54	55	56	57	58	59	60
	61	62	63	64	65	66	67	68	69	70	71	72	73	74	75	76	77	78	79	80
	81	82	83	84	85	86	87	88	89	90	91	92	93	94	95	96	97	98	99	100
	101	102	103	104	105	106	107	108	109	110	111	112	113	114	115	116	117	118	119	120
	121	122	123	124	125	126	127	128	129	130	131	132	133	134	135	136	137	138	139	140
	141	142	143	144	145	146	147	148	149	150	151	152	153	154	155	156	157	158	159	160
	161	162	163	164	165	166	167	168	169	170	171	172	173	174	175	176	177	178	179	180
	181	182	183	184	185	186	187	188	189	190	191	192	193	194	195	196	197	198	199	200
	201	202	203	204	205	206	207	208	209	210	211	212	213	214	215	216	217	218	219	220
	221	222	223	224	225	226	227	228	229	230	231	232	233	234	235	236	237	238	239	240
	241	242	243	244	245	246	247	248	249	250	251	252	253	254	255	256	257	258	259	260
	261	262	263	264	265	266	267	268	269	270	271	272	273	274	275	276	277	278	279	280
	281	282	283	284	285	286														

āl ʿImrān

3	1	2	3	4	5	6	7	8	9	10	11	12	13	14	15	16	17	18	19	20
	21	22	23	24	25	26	27	28	29	30	31	32	33	34	35	36	37	38	39	40
	41	42	43	44	45	46	47	48	49	50	51	52	53	54	55	56	57	58	59	60
	61	62	63	64	65	66	67	68	69	70	71	72	73	74	75	76	77	78	79	80
	81	82	83	84	85	86	87	88	89	90	91	92	93	94	95	96	97	98	99	100

3 On explicitera dans le paragraphe suivant les expressions contre-discours passé, présent et futur.

Tableau synoptique *(continu)*

101	102	103	104	105	106	107	108	109	110	111	112	113	114	115	116	117	118	119	120
121	122	123	124	125	126	127	128	129	130	131	132	133	134	135	136	137	138	139	140
141	142	143	144	145	146	147	148	149	150	151	152	153	154	155	156	157	158	159	160
161	162	163	164	165	166	167	168	169	170	171	172	173	174	175	176	177	178	179	180
181	182	183	184	185	186	187	188	189	190	191	192	193	194	195	196	197	198	199	200

al-nisāʾ

4

1	2	3	4	5	6	7	8	9	10	11	12	13	14	15	16	17	18	19	20
21	22	23	24	25	26	27	28	29	30	31	32	33	34	35	36	37	38	39	40
41	42	43	44	45	46	47	48	49	50	51	52	53	54	55	56	57	58	59	60
61	62	63	64	65	66	67	68	69	70	71	72	73	74	75	76	77	78	79	80
81	82	83	84	85	86	87	88	89	90	91	92	93	94	95	96	97	98	99	100
101	102	103	104	105	106	107	108	109	110	111	112	113	114	115	116	117	118	119	120
121	122	123	124	125	126	127	128	129	130	131	132	133	134	135	136	137	138	139	140
141	142	143	144	145	146	147	148	149	150	151	152	153	154	155	156	157	158	159	160
161	162	163	164	165	166	167	168	169	170	171	172	173	174	175	176				

al-māʾida

5

1	2	3	4	5	6	7	8	9	10	11	12	13	14	15	16	17	18	19	20
21	22	23	24	25	26	27	28	29	30	31	32	33	34	35	36	37	38	39	40
41	42	43	44	45	46	47	48	49	50	51	52	53	54	55	56	57	58	59	60
61	62	63	64	65	66	67	68	69	70	71	72	73	74	75	76	77	78	79	80
81	82	83	84	85	86	87	88	89	90	91	92	93	94	95	96	97	98	99	100
101	102	103	104	105	106	107	108	109	110	111	112	113	114	115	116	117	118	119	120

al-anʿām

6

1	2	3	4	5	6	7	8	9	10	11	12	13	14	15	16	17	18	19	20
21	22	23	24	25	26	27	28	29	30	31	32	33	34	35	36	37	38	39	40
41	42	43	44	45	46	47	48	49	50	51	52	53	54	55	56	57	58	59	60
61	62	63	64	65	66	67	68	69	70	71	72	73	74	75	76	77	78	79	80
81	82	83	84	85	86	87	88	89	90	91	92	93	94	95	96	97	98	99	100
101	102	103	104	105	106	107	108	109	110	111	112	113	114	115	116	117	118	119	120
121	122	123	124	125	126	127	128	129	130	131	132	133	134	135	136	137	138	139	140
141	142	143	144	145	146	147	148	149	150	151	152	153	154	155	156	157	158	159	160
161	162	163	164	165															

al-aʿrāf

7

1	2	3	4	5	6	7	8	9	10	11	12	13	14	15	16	17	18	19	20
21	22	23	24	25	26	27	28	29	30	31	32	33	34	35	36	37	38	39	40
41	42	43	44	45	46	47	48	49	50	51	52	53	54	55	56	57	58	59	60
61	62	63	64	65	66	67	68	69	70	71	72	73	74	75	76	77	78	79	80
81	82	83	84	85	86	87	88	89	90	91	92	93	94	95	96	97	98	99	100
101	102	103	104	105	106	107	108	109	110	111	112	113	114	115	116	117	118	119	120
121	122	123	124	125	126	127	128	129	130	131	132	133	134	135	136	137	138	139	140
141	142	143	144	145	146	147	148	149	150	151	152	153	154	155	156	157	158	159	160
161	162	163	164	165	166	167	168	169	170	171	172	173	174	175	176	177	178	179	180
181	182	183	184	185	186	187	188	189	190	191	192	193	194	195	196	197	198	199	200
201	202	203	204	205	206														

Tableau synoptique *(continu)*

al-anfāl

8	1	2	3	4	5	6	7	8	9	10	11	12	13	14	15	16	17	18	19	20
	21	22	23	24	25	26	27	28	29	30	31	32	33	34	35	36	37	38	39	40
	41	42	43	44	45	46	47	48	49	50	51	52	53	54	55	56	57	58	59	60
	61	62	63	64	65	66	67	68	69	70	71	72	73	74	75					

al-tawba

9	1	2	3	4	5	6	7	8	9	10	11	12	13	14	15	16	17	18	19	20
	21	22	23	24	25	26	27	28	29	30	31	32	33	34	35	36	37	38	39	40
	41	42	43	44	45	46	47	48	49	50	51	52	53	54	55	56	57	58	59	60
	61	62	63	64	65	66	67	68	69	70	71	72	73	74	75	76	77	78	79	80
	81	82	83	84	85	86	87	88	89	90	91	92	93	94	95	96	97	98	99	100
	101	102	103	104	105	106	107	108	109	110	111	112	113	114	115	116	117	118	119	120
	121	122	123	124	125	126	127	128	129											

Yūnus

10	1	2	3	4	5	6	7	8	9	10	11	12	13	14	15	16	17	18	19	20
	21	22	23	24	25	26	27	28	29	30	31	32	33	34	35	36	37	38	39	40
	41	42	43	44	45	46	47	48	49	50	51	52	53	54	55	56	57	58	59	60
	61	62	63	64	65	66	67	68	69	70	71	72	73	74	75	76	77	78	79	80
	81	82	83	84	85	86	87	88	89	90	91	92	93	94	95	96	97	98	99	100
	101	102	103	104	105	106	107	108	109											

Hūd

11	1	2	3	4	5	6	7	8	9	10	11	12	13	14	15	16	17	18	19	20
	21	22	23	24	25	26	27	28	29	30	31	32	33	34	35	36	37	38	39	40
	41	42	43	44	45	46	47	48	49	50	51	52	53	54	55	56	57	58	59	60
	61	62	63	64	65	66	67	68	69	70	71	72	73	74	75	76	77	78	79	80
	81	82	83	84	85	86	87	88	89	90	91	92	93	94	95	96	97	98	99	100
	101	102	103	104	105	106	107	108	109	110	111	112	113	114	115	116	117	118	119	120
	121	122	123																	

Yūsuf

12	1	2	3	4	5	6	7	8	9	10	11	12	13	14	15	16	17	18	19	20
	21	22	23	24	25	26	27	28	29	30	31	32	33	34	35	36	37	38	39	40
	41	42	43	44	45	46	47	48	49	50	51	52	53	54	55	56	57	58	59	60
	61	62	63	64	65	66	67	68	69	70	71	72	73	74	75	76	77	78	79	80
	81	82	83	84	85	86	87	88	89	90	91	92	93	94	95	96	97	98	99	100
	101	102	103	104	105	106	107	108	109	110	111									

al-ra'd

13	1	2	3	4	5	6	7	8	9	10	11	12	13	14	15	16	17	18	19	20
	21	22	23	24	25	26	27	28	29	30	31	32	33	34	35	36	37	38	39	40
	41	42	43																	

Ibrāhīm

14	1	2	3	4	5	6	7	8	9	10	11	12	13	14	15	16	17	18	19	20
	21	22	23	24	25	26	27	28	29	30	31	32	33	34	35	36	37	38	39	40
	41	42	43	44	45	46	47	48	49	50	51	52								

Tableau synoptique *(continu)*

al-ḥiğr

15

1	2	3	4	5	6	7	8	9	10	11	12	13	14	15	16	17	18	19	20
21	22	23	24	25	26	27	28	29	30	31	32	33	34	35	36	37	38	39	40
41	42	43	44	45	46	47	48	49	50	51	52	53	54	55	56	57	58	59	60
61	62	63	64	65	66	67	68	69	70	71	72	73	74	75	76	77	78	79	80
81	82	83	84	85	86	87	88	89	90	91	92	93	94	95	96	97	98	99	

al-naḥl

16

1	2	3	4	5	6	7	8	9	10	11	12	13	14	15	16	17	18	19	20
21	22	23	24	25	26	27	28	29	30	31	32	33	34	35	36	37	38	39	40
41	42	43	44	45	46	47	48	49	50	51	52	53	54	55	56	57	58	59	60
61	62	63	64	65	66	67	68	69	70	71	72	73	74	75	76	77	78	79	80
81	82	83	84	85	86	87	88	89	90	91	92	93	94	95	96	97	98	99	100
101	102	103	104	105	106	107	108	109	110	111	112	113	114	115	116	117	118	119	120
121	122	123	124	125	126	127	128												

al-isrā'

17

1	2	3	4	5	6	7	8	9	10	11	12	13	14	15	16	17	18	19	20
21	22	23	24	25	26	27	28	29	30	31	32	33	34	35	36	37	38	39	40
41	42	43	44	45	46	47	48	49	50	51	52	53	54	55	56	57	58	59	60
61	62	63	64	65	66	67	68	69	70	71	72	73	74	75	76	77	78	79	80
81	82	83	84	85	86	87	88	89	90	91	92	93	94	95	96	97	98	99	100
101	102	103	104	105	106	107	108	109	110	111									

al-kahf

18

1	2	3	4	5	6	7	8	9	10	11	12	13	14	15	16	17	18	19	20
21	22	23	24	25	26	27	28	29	30	31	32	33	34	35	36	37	38	39	40
41	42	43	44	45	46	47	48	49	50	51	52	53	54	55	56	57	58	59	60
61	62	63	64	65	66	67	68	69	70	71	72	73	74	75	76	77	78	79	80
81	82	83	84	85	86	87	88	89	90	91	92	93	94	95	96	97	98	99	100
101	102	103	104	105	106	107	108	109	110										

Maryam

19

1	2	3	4	5	6	7	8	9	10	11	12	13	14	15	16	17	18	19	20
21	22	23	24	25	26	27	28	29	30	31	32	33	34	35	36	37	38	39	40
41	42	43	44	45	46	47	48	49	50	51	52	53	54	55	56	57	58	59	60
61	62	63	64	65	66	67	68	69	70	71	72	73	74	75	76	77	78	79	80
81	82	83	84	85	86	87	88	89	90	91	92	93	94	95	96	97	98		

tā hā

20

1	2	3	4	5	6	7	8	9	10	11	12	13	14	15	16	17	18	19	20
21	22	23	24	25	26	27	28	29	30	31	32	33	34	35	36	37	38	39	40
41	42	43	44	45	46	47	48	49	50	51	52	53	54	55	56	57	58	59	60
61	62	63	64	65	66	67	68	69	70	71	72	73	74	75	76	77	78	79	80
81	82	83	84	85	86	87	88	89	90	91	92	93	94	95	96	97	98	99	100
101	102	103	104	105	106	107	108	109	110	111	112	113	114	115	116	117	118	119	120
121	122	123	124	125	126	127	128	129	130	131	132	133	134	135					

Tableau synoptique *(continu)*

al-anbiyā᾽

21	1	2	3	4	5	6	7	8	9	10	11	12	13	14	15	16	17	18	19	20
	21	22	23	24	25	26	27	28	29	30	31	32	33	34	35	36	37	38	39	40
	41	42	43	44	45	46	47	48	49	50	51	52	53	54	55	56	57	58	59	60
	61	62	63	64	65	66	67	68	69	70	71	72	73	74	75	76	77	78	79	80
	81	82	83	84	85	86	87	88	89	90	91	92	93	94	95	96	97	98	99	100
	101	102	103	104	105	106	107	108	109	110	111	112								

al-ḥaǧǧ

22	1	2	3	4	5	6	7	8	9	10	11	12	13	14	15	16	17	18	19	20
	21	22	23	24	25	26	27	28	29	30	31	32	33	34	35	36	37	38	39	40
	41	42	43	44	45	46	47	48	49	50	51	52	53	54	55	56	57	58	59	60
	61	62	63	64	65	66	67	68	69	70	71	72	73	74	75	76	77	78		

al-mu᾽minūn

23	1	2	3	4	5	6	7	8	9	10	11	12	13	14	15	16	17	18	19	20
	21	22	23	24	25	26	27	28	29	30	31	32	33	34	35	36	37	38	39	40
	41	42	43	44	45	46	47	48	49	50	51	52	53	54	55	56	57	58	59	60
	61	62	63	64	65	66	67	68	69	70	71	72	73	74	75	76	77	78	79	80
	81	82	83	84	85	86	87	88	89	90	91	92	93	94	95	96	97	98	99	100
	101	102	103	104	105	106	107	108	109	110	111	112	113	114	115	116	117	118		

al-nūr

24	1	2	3	4	5	6	7	8	9	10	11	12	13	14	15	16	17	18	19	20
	21	22	23	24	25	26	27	28	29	30	31	32	33	34	35	36	37	38	39	40
	41	42	43	44	45	46	47	48	49	50	51	52	53	54	55	56	57	58	59	60
	61	62	63	64																

al-furqān

25	1	2	3	4	5	6	7	8	9	10	11	12	13	14	15	16	17	18	19	20
	21	22	23	24	25	26	27	28	29	30	31	32	33	34	35	36	37	38	39	40
	41	42	43	44	45	46	47	48	49	50	51	52	53	54	55	56	57	58	59	60
	61	62	63	64	65	66	67	68	69	70	71	72	73	74	75	76	77			

al-šu῾arā᾽

26	1	2	3	4	5	6	7	8	9	10	11	12	13	14	15	16	17	18	19	20
	21	22	23	24	25	26	27	28	29	30	31	32	33	34	35	36	37	38	39	40
	41	42	43	44	45	46	47	48	49	50	51	52	53	54	55	56	57	58	59	60
	61	62	63	64	65	66	67	68	69	70	71	72	73	74	75	76	77	78	79	80
	81	82	83	84	85	86	87	88	89	90	91	92	93	94	95	96	97	98	99	100
	101	102	103	104	105	106	107	108	109	110	111	112	113	114	115	116	117	118	119	120
	121	122	123	124	125	126	127	128	129	130	131	132	133	134	135	136	137	138	139	140
	141	142	143	144	145	146	147	148	149	150	151	152	153	154	155	156	157	158	159	160
	161	162	163	164	165	166	167	168	169	170	171	172	173	174	175	176	177	178	179	180
	181	182	183	184	185	186	187	188	189	190	191	192	193	194	195	196	197	198	199	200
	201	202	203	204	205	206	207	208	209	210	211	212	213	214	215	216	217	218	219	220
	221	222	223	224	225	226	227													

Tableau synoptique *(continu)*

al-naml

27	1	2	3	4	5	6	7	8	9	10	11	12	13	14	15	16	17	18	19	20
	21	22	23	24	25	26	27	28	29	30	31	32	33	34	35	36	37	38	39	40
	41	42	43	44	45	46	47	48	49	50	51	52	53	54	55	56	57	58	59	60
	61	62	63	64	65	66	67	68	69	70	71	72	73	74	75	76	77	78	79	80
	81	82	83	84	85	86	87	88	89	90	91	92	93							

al-qaṣaṣ

28	1	2	3	4	5	6	7	8	9	10	11	12	13	14	15	16	17	18	19	20
	21	22	23	24	25	26	27	28	29	30	31	32	33	34	35	36	37	38	39	40
	41	42	43	44	45	46	47	48	49	50	51	52	53	54	55	56	57	58	59	60
	61	62	63	64	65	66	67	68	69	70	71	72	73	74	75	76	77	78	79	80
	81	82	83	84	85	86	87	88												

al-ʿankabūt

29	1	2	3	4	5	6	7	8	9	10	11	12	13	14	15	16	17	18	19	20
	21	22	23	24	25	26	27	28	29	30	31	32	33	34	35	36	37	38	39	40
	41	42	43	44	45	46	47	48	49	50	51	52	53	54	55	56	57	58	59	60
	61	62	63	64	65	66	67	68	69											

al-rūm

30	1	2	3	4	5	6	7	8	9	10	11	12	13	14	15	16	17	18	19	20
	21	22	23	24	25	26	27	28	29	30	31	32	33	34	35	36	37	38	39	40
	41	42	43	44	45	46	47	48	49	50	51	52	53	54	55	56	57	58	59	60

Luqmān

31	1	2	3	4	5	6	7	8	9	10	11	12	13	14	15	16	17	18	19	20
	21	22	23	24	25	26	27	28	29	30	31	32	33	34						

al-saǧda

32	1	2	3	4	5	6	7	8	9	10	11	12	13	14	15	16	17	18	19	20
	21	22	23	24	25	26	27	28	29	30										

al-aḥzāb

33	1	2	3	4	5	6	7	8	9	10	11	12	13	14	15	16	17	18	19	20
	21	22	23	24	25	26	27	28	29	30	31	32	33	34	35	36	37	38	39	40
	41	42	43	44	45	46	47	48	49	50	51	52	53	54	55	56	57	58	59	60
	61	62	63	64	65	66	67	68	69	70	71	72	73							

sabaʾ

34	1	2	3	4	5	6	7	8	9	10	11	12	13	14	15	16	17	18	19	20
	21	22	23	24	25	26	27	28	29	30	31	32	33	34	35	36	37	38	39	40
	41	42	43	44	45	46	47	48	49	50	51	52	53	54						

Fāṭir

35	1	2	3	4	5	6	7	8	9	10	11	12	13	14	15	16	17	18	19	20
	21	22	23	24	25	26	27	28	29	30	31	32	33	34	35	36	37	38	39	40
	41	42	43	44	45															

Tableau synoptique *(continu)*

Yāsīn

36

1	2	3	4	5	6	7	8	9	10	11	12	13	14	15	16	17	18	19	20
21	22	23	24	25	26	27	28	29	30	31	32	33	34	35	36	37	38	39	40
41	42	43	44	45	46	47	48	49	50	51	52	53	54	55	56	57	58	59	60
61	62	63	64	65	66	67	68	69	70	71	72	73	74	75	76	77	78	79	80
81	82	83																	

al-ṣāffāt

37

1	2	3	4	5	6	7	8	9	10	11	12	13	14	15	16	17	18	19	20
21	22	23	24	25	26	27	28	29	30	31	32	33	34	35	36	37	38	39	40
41	42	43	44	45	46	47	48	49	50	51	52	53	54	55	56	57	58	59	60
61	62	63	64	65	66	67	68	69	70	71	72	73	74	75	76	77	78	79	80
81	82	83	84	85	86	87	88	89	90	91	92	93	94	95	96	97	98	99	100
101	102	103	104	105	106	107	108	109	110	111	112	113	114	115	116	117	118	119	120
121	122	123	124	125	126	127	128	129	130	131	132	133	134	135	136	137	138	139	140
141	142	143	144	145	146	147	148	149	150	151	152	153	154	155	156	157	158	159	160
161	162	163	164	165	166	167	168	169	170	171	172	173	174	175	176	177	178	179	180
181	182																		

ṣad

38

1	2	3	4	5	6	7	8	9	10	11	12	13	14	15	16	17	18	19	20
21	22	23	24	25	26	27	28	29	30	31	32	33	34	35	36	37	38	39	40
41	42	43	44	45	46	47	48	49	50	51	52	53	54	55	56	57	58	59	60
61	62	63	64	65	66	67	68	69	70	71	72	73	74	75	76	77	78	79	80
81	82	83	84	85	86	87	88												

al-zumar

39

1	2	3	4	5	6	7	8	9	10	11	12	13	14	15	16	17	18	19	20
21	22	23	24	25	26	27	28	29	30	31	32	33	34	35	36	37	38	39	40
41	42	43	44	45	46	47	48	49	50	51	52	53	54	55	56	57	58	59	60
61	62	63	64	65	66	67	68	69	70	71	72	73	74	75					

al ġāfir

40

1	2	3	4	5	6	7	8	9	10	11	12	13	14	15	16	17	18	19	20
21	22	23	24	25	26	27	28	29	30	31	32	33	34	35	36	37	38	39	40
41	42	43	44	45	46	47	48	49	50	51	52	53	54	55	56	57	58	59	60
61	62	63	64	65	66	67	68	69	70	71	72	73	74	75	76	77	78	79	80
81	82	83	84	85															

fuṣṣilat

41

1	2	3	4	5	6	7	8	9	10	11	12	13	14	15	16	17	18	19	20
21	22	23	24	25	26	27	28	29	30	31	32	33	34	35	36	37	38	39	40
41	42	43	44	45	46	47	48	49	50	51	52	53	54						

al-šūrā

42

1	2	3	4	5	6	7	8	9	10	11	12	13	14	15	16	17	18	19	20
21	22	23	24	25	26	27	28	29	30	31	32	33	34	35	36	37	38	39	40
41	42	43	44	45	46	47	48	49	50	51	52	53							

Tableau synoptique *(continu)*

al-zuḫruf

43	1	2	3	4	5	6	7	8	9	10	11	12	13	14	15	16	17	18	19	20
	21	22	23	24	25	26	27	28	29	30	31	32	33	34	35	36	37	38	39	40
	41	42	43	44	45	46	47	48	49	50	51	52	53	54	55	56	57	58	59	60
	61	62	63	64	65	66	67	68	69	70	71	72	73	74	75	76	77	78	79	80
	81	82	83	84	85	86	87	88	89											

al-duḫān

44	1	2	3	4	5	6	7	8	9	10	11	12	13	14	15	16	17	18	19	20
	21	22	23	24	25	26	27	28	29	30	31	32	33	34	35	36	37	38	39	40
	41	42	43	44	45	46	47	48	49	50	51	52	53	54	55	56	57	58	59	

al-ǧāṯiya

45	1	2	3	4	5	6	7	8	9	10	11	12	13	14	15	16	17	18	19	20
	21	22	23	24	25	26	27	28	29	30	31	32	33	34	35	36	37			

al-aḥqāf

46	1	2	3	4	5	6	7	8	9	10	11	12	13	14	15	16	17	18	19	20
	21	22	23	24	25	26	27	28	29	30	31	32	33	34	35					

Muḥammad

47	1	2	3	4	5	6	7	8	9	10	11	12	13	14	15	16	17	18	19	20
	21	22	23	24	25	26	27	28	29	30	31	32	33	34	35	36	37	38		

al-fatḥ

48	1	2	3	4	5	6	7	8	9	10	11	12	13	14	15	16	17	18	19	20
	21	22	23	24	25	26	27	28												

al-ḥuǧurāt

49	1	2	3	4	5	6	7	8	9	10	11	12	13	14	15	16	17	18

qāf

50	1	2	3	4	5	6	7	8	9	10	11	12	13	14	15	16	17	18	19	20
	21	22	23	24	25	26	27	28	29	30	31	32	33	34	35	36	37	38	39	40
	41	42	43	44	45															

al-ḏāriyāt

51	1	2	3	4	5	6	7	8	9	10	11	12	13	14	15	16	17	18	19	20
	21	22	23	24	25	26	27	28	29	30	31	32	33	34	35	36	37	38	39	40
	41	42	43	44	45	46	47	48	49	50	51	52	53	54	55	56	57	58	59	60

al-ṭūr

52	1	2	3	4	5	6	7	8	9	10	11	12	13	14	15	16	17	18	19	20
	21	22	23	24	25	26	27	28	29	30	31	32	33	34	35	36	37	38	39	40
	41	42	43	44	45	46	47	48	49											

al-naǧm

53	1	2	3	4	5	6	7	8	9	10	11	12	13	14	15	16	17	18	19	20
	21	22	23	24	25	26	27	28	29	30	31	32	33	34	35	36	37	38	39	40
	41	42	43	44	45	46	47	48	49	50	51	52	53	54	55	56	57	58	59	60
	61	62	63																	

Tableau synoptique *(continu)*

al-qamar

54	1	2	3	4	5	6	7	8	9	10	11	12	13	14	15	16	17	18	19	20
	21	22	23	24	25	26	27	28	29	30	31	32	33	34	35	36	37	38	39	40
	41	42	43	44	45	46	47	48	49	50	51	52	53	54	55					

al-raḥmān

55	1	2	3	4	5	6	7	8	9	10	11	12	13	14	15	16	17	18	19	20
	21	22	23	24	25	26	27	28	29	30	31	32	33	34	35	36	37	38	39	40
	41	42	43	44	45	46	47	48	49	50	51	52	53	54	55	56	57	58	59	60
	61	62	63	64	65	66	67	68	69	70	71	72	73	74	75	76	77	78		

al-wāqiʿa

56	1	2	3	4	5	6	7	8	9	10	11	12	13	14	15	16	17	18	19	20
	21	22	23	24	25	26	27	28	29	30	31	32	33	34	35	36	37	38	39	40
	41	42	43	44	45	46	47	48	49	50	51	52	53	54	55	56	57	58	59	60
	61	62	63	64	65	66	67	68	69	70	71	72	73	74	75	76	77	78	79	80
	81	82	83	84	85	86	87	88	89	90	91	92	93	94	95	96				

al-ḥadīd

57	1	2	3	4	5	6	7	8	9	10	11	12	13	14	15	16	17	18	19	20
	21	22	23	24	25	26	27	28	29											

al-muǧādila

58	1	2	3	4	5	6	7	8	9	10	11	12	13	14	15	16	17	18	19	20
	21	22																		

al-ḥašr

59	1	2	3	4	5	6	7	8	9	10	11	12	13	14	15	16	17	18	19	20
	21	22	23	24																

al-mumtaḥana

60	1	2	3	4	5	6	7	8	9	10	11	12	13

al-ṣaff

61	1	2	3	4	5	6	7	8	9	10	11	12	13	14

al-ǧumuʿa

62	1	2	3	4	5	6	7	8	9	10	11

al-munāfiqūn

63	1	2	3	4	5	6	7	8	9	10	11

al-taġābun

64	1	2	3	4	5	6	7	8	9	10	11	12	13	14	15	16	17	18

al-ṭalāq

65	1	2	3	4	5	6	7	8	9	10	11	12

al-taḥrīm

66	1	2	3	4	5	6	7	8	9	10	11	12

Tableau synoptique *(continu)*

al-mulk

67	1	2	3	4	5	6	7	8	9	10	11	12	13	14	15	16	17	18	19	20
	21	22	23	24	25	26	27	28	29	30										

al-qalam

68	1	2	3	4	5	6	7	8	9	10	11	12	13	14	15	16	17	18	19	20
	21	22	23	24	25	26	27	28	29	30	31	32	33	34	35	36	37	38	39	40
	41	42	43	44	45	46	47	48	49	50	51	52								

al-ḥāqqa

69	1	2	3	4	5	6	7	8	9	10	11	12	13	14	15	16	17	18	19	20
	21	22	23	24	25	26	27	28	29	30	31	32	33	34	35	36	37	38	39	40
	41	42	43	44	45	46	47	48	49	50	51	52								

al-maʿāriǧ

70	1	2	3	4	5	6	7	8	9	10	11	12	13	14	15	16	17	18	19	20
	21	22	23	24	25	26	27	28	29	30	31	32	33	34	35	36	37	38	39	40
	41	42	43	44																

Nūḥ

71	1	2	3	4	5	6	7	8	9	10	11	12	13	14	15	16	17	18	19	20
	21	22	23	24	25	26	27	28												

al-ǧinn

72	1	2	3	4	5	6	7	8	9	10	11	12	13	14	15	16	17	18	19	20
	21	22	23	24	25	26	27	28												

al-muzzammil

73	1	2	3	4	5	6	7	8	9	10	11	12	13	14	15	16	17	18	19	20

al-muddaṯṯir

74	1	2	3	4	5	6	7	8	9	10	11	12	13	14	15	16	17	18	19	20
	21	22	23	24	25	26	27	28	29	30	31	32	33	34	35	36	37	38	39	40
	41	42	43	44	45	46	47	48	49	50	51	52	53	54	55	56				

al-qiyāma

75	1	2	3	4	5	6	7	8	9	10	11	12	13	14	15	16	17	18	19	20
	21	22	23	24	25	26	27	28	29	30	31	32	33	34	35	36	37	38	39	40

al-insān

76	1	2	3	4	5	6	7	8	9	10	11	12	13	14	15	16	17	18	19	20
	21	22	23	24	25	26	27	28	29	30	31									

al-Mursalāt

77	1	2	3	4	5	6	7	8	9	10	11	12	13	14	15	16	17	18	19	20
	21	22	23	24	25	26	27	28	29	30	31	32	33	34	35	36	37	38	39	40
	41	42	43	44	45	46	47	48	49	50										

al-nabaʾ

78	1	2	3	4	5	6	7	8	9	10	11	12	13	14	15	16	17	18	19	20
	21	22	23	24	25	26	27	28	29	30	31	32	33	34	35	36	37	38	39	40

Tableau synoptique *(continu)*

al-nāzi'āt

79	1	2	3	4	5	6	7	8	9	10	11	12	13	14	15	16	17	18	19	20
	21	22	23	24	25	26	27	28	29	30	31	32	33	34	35	36	37	38	39	40
	41	42	43	44	45	46														

'abasa

80	1	2	3	4	5	6	7	8	9	10	11	12	13	14	15	16	17	18	19	20
	21	22	23	24	25	26	27	28	29	30	31	32	33	34	35	36	37	38	39	40
	41	42																		

al-takwīr

81	1	2	3	4	5	6	7	8	9	10	11	12	13	14	15	16	17	18	19	20
	21	22	23	24	25	26	27	28	29											

al-infiṭār

82	1	2	3	4	5	6	7	8	9	10	11	12	13	14	15	16	17	18	19

al-muṭaffifīn

83	1	2	3	4	5	6	7	8	9	10	11	12	13	14	15	16	17	18	19	20
	21	22	23	24	25	26	27	28	29	30	31	32	33	34	35	36				

al-Inšiqāq

84	1	2	3	4	5	6	7	8	9	10	11	12	13	14	15	16	17	18	19	20
	21	22	23	24	25															

al-burūğ

85	1	2	3	4	5	6	7	8	9	10	11	12	13	14	15	16	17	18	19	20
	21	22																		

al-ṭāriq

86	1	2	3	4	5	6	7	8	9	10	11	12	13	14	15	16	17

al-a'lā

87	1	2	3	4	5	6	7	8	9	10	11	12	13	14	15	16	17	18	19

al-ġāšiya

88	1	2	3	4	5	6	7	8	9	10	11	12	13	14	15	16	17	18	19	20
	21	22	23	24	25	26														

al-fağr

89	1	2	3	4	5	6	7	8	9	10	11	12	13	14	15	16	17	18	19	20
	21	22	23	24	25	26	27	28	29	30										

al balad

90	1	2	3	4	5	6	7	8	9	10	11	12	13	14	15	16	17	18	19	20

al-šams

91	1	2	3	4	5	6	7	8	9	10	11	12	13	14	15

al-layl

92	1	2	3	4	5	6	7	8	9	10	11	12	13	14	15	16	17	18	19	20
	21																			

Tableau synoptique *(continu)*

al-ḍuḥā

93	1	2	3	4	5	6	7	8	9	10	11

al-šarḫ

94	1	2	3	4	5	6	7	8

al-tīn

95	1	2	3	4	5	6	7	8

al-ʿalaq

96	1	2	3	4	5	6	7	8	9	10	11	12	13	14	15	16	17	18	19

al-qadr

97	1	2	3	4	5

al-bayyina

98	1	2	3	4	5	6	7	8

al-zalzala

99	1	2	3	4	5	6	7	8

al-ʿādiyāt

100	1	2	3	4	5	6	7	8	9	10	11

qāriʿa

101	1	2	3	4	5	6	7	8	9	10	11

al-takāṯur

102	1	2	3	4	5	6	7	8

al-ʿaṣr

103	1	2	3

al humaza

104	1	2	3	4	5	6	7	8	9

al-fīl

105	1	2	3	4	5

Qurayš

106	1	2	3	4	5

al-māʿūn

107	1	2	3	4	5	6	7

al-kawṯar

108	1	2	3

al-kāfirūn

109	1	2	3	4	5	6

al-naṣr

110	1	2	3

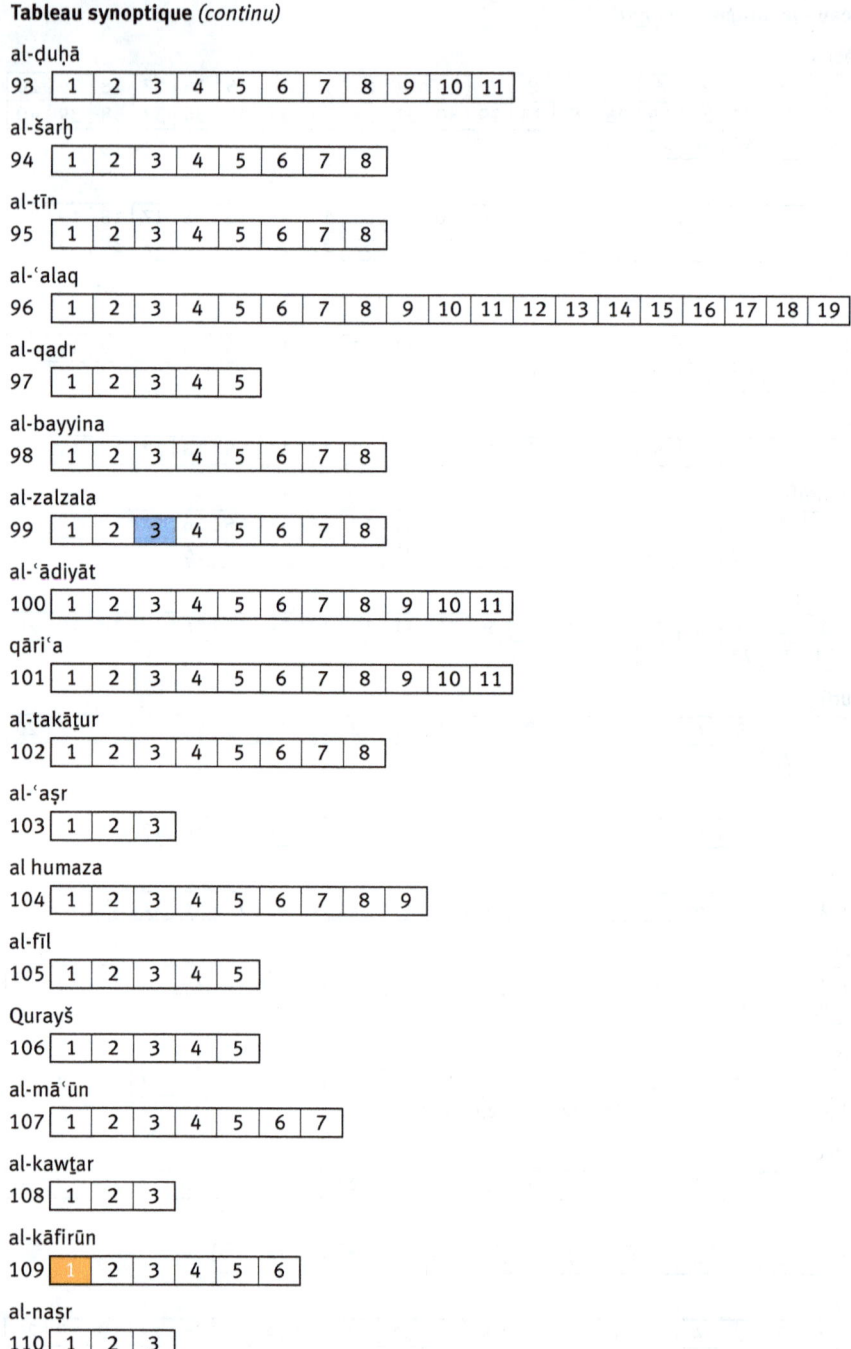

Tableau synoptique *(continu)*

nal-masad

111	1	2	3	4	5

al-ʾiḫlāṣ

112	1	2	3	4

al-falaq

113	1	2	3	4	5

al-nās

114	1	2	3	4	5	6

B Le contre-discours et sa riposte : une approche quantitative

La précédente synopse permet de localiser précisément les contre-discours et les versets de l'injonction (énoncés introduits par l'injonction « *qul* »). On propose d'exposer, ci-dessous, une traduction chiffrée et quantitative de cette localisation.

Tableau n°7. Part des contre-discours et de la riposte coranique dans le Coran.

Le contre-discours			**Le discours de la riposte**		
Passé Le contre-discours des opposants aux révélations antérieures)	**Présent** Le contre-discours des détracteurs de l'allocutaire coranique	**Futur** Le contre- discours des « damnés »	Injonction « qul »	Injonction « qul « adressée à l'allocutaire coranique	Contre-discours et riposte dans le même verset
221 Versets 38 %	270 Versets 46 %	97 Versets 16 %	350 Versets 100 %	251 Versets 71 %	48 Versets 14 %
Total 588 versets (9, 42 % du corpus coranique)			350 versets		
938 versets 15 % (Environ 1 / 6 du corpus coranique)					

Selon ce premier tableau, le contre-discours et les versets de l'injonction occupent une place non négligeable. En l'occurrence, nous pouvons déjà inférer qu'*au moins* un sixième du Coran emprunte un registre polémique explicite. Concernant le contre-discours, on note qu'il se distribue selon trois moments temporels : un temps référé (le passé), un temps vécu (le présent de la révélation), un temps projeté (le moment eschatologique). Cette classification et les dénominations que nous leur donnons s'inspirent des travaux de Jacques Berque[4]. Ainsi, le temps référé se définit comme « le retour sur les révélations antérieures[5] ». Dans la perspective de notre recherche, il s'agit de s'intéresser aux paroles d'adversaires qui s'opposent à des personnages bibliques (Moïse, Abraham, Noé, Jésus ...) ou péninsulaires (Hūd, šuʿayb ...) incarnés par les prophètes. Il peut s'agir d'individus (par exemple Pharaon), de groupes humains (les peuples réfractaires) ou d'un être surnaturel (Iblīs). Quant au temps vécu, il rassemble ce que Jacques Berque appelle « le temps de la tribulation et des épreuves pour le Prophète[6] ». Il constitue l'ensemble des énoncés que le texte laisse entrevoir comme contemporain à la prédication supposée du Coran. Il regroupe les discours des détracteurs, suppose-t-on, de Muḥammad. Enfin, le temps projeté concerne « tout ce qui dans l'eschatologie, ressortit d'une sorte de lyrisme imagé : description du paradis entre autres[7] ». Ici, on s'intéressera aux propos des damnés qui déniaient la croyance et qui sont promis aux affres de l'enfer selon le Coran.

Selon les données quantitatives, ces trois moments rassemblent cinq cent quatre vingt huit versets, chacun se répartissant selon des proportions déterminées : un tiers pour le temps référé (38 %), la moitié pour le temps vécu (46 %) et enfin un sixième pour le temps projeté (16 %), tous trois rassemblant 9,42 % du corpus coranique totale. Demeurant l'objet central de notre étude, le contre-discours présent (ou « temps vécu ») rassemble, lui, près de la moitié des contre-discours. Il est lui-même traversé par cinq grands thèmes : le discours contre Dieu (29 %), le discours contre le Prophète (27 %), le discours contre le Coran (20 %), le discours contre l'Eschatologie (19 %), le discours contre les Croyants (6 %). (*Cf.* Graphique n°1). Voyons maintenant les données quantitatives qui concernent le discours de la riposte.

Le discours de la riposte que l'on associe pour la présente étude à l'injonction « *qul* » compte trois cent cinquante occurrences[8]. Ce discours occupe ainsi deux fois moins le corpus coranique que le contre-discours. Néanmoins, cette dernière proportion ne doit pas éluder deux faits majeurs qui soulignent

---

4 Berque (Jacques), *Relire le Coran*, préface de Mohamed Bennouna, Paris, A. Michel, (« Bibliothèque Albin Michel – idées / La Chaire de l'IMA »), 1993, p. 62–68.

5 *Id.*, p. 64.

6 *Ibid.*

7 Berque (Jacques), *Relire le Coran*, *op. cit.* p. 66.

8 Ce décompte se vérifie également dans Bāqi, *MMAQ*, p. 677–681. ; Kassis, *CQ*, p. 936–943.

l'interdépendance de cette structure dialogique : Contre-discours – Riposte coranique. Premièrement, on soulignera la quasi concomitance des nombres d'injonctions qui auraient été proférées à l'endroit de l'allocutaire (251 versets) et le nombre des énoncés du contre-discours portés par les éventuels opposants de ce dernier (270) (*Cf.* Tableau n°7). Deuxièmement, la présence dans un même verset d'un contre-discours et d'une riposte (« *yaqūlūna ... fa qul* ») se vérifie pour quarante huit versets coraniques. Ces conjonctions plaident pour l'hypothèse d'une interaction particulière entre contre-discours et riposte[9].

L'approche quantitative ici présentée révèle donc qu'un dixième du Coran reçoit un contre-discours, ce chiffre s'accroissant à un sixième si la riposte est prise en compte. Qu'en est-il alors de la répartition et de l'évolution de ces données dans l'ensemble du corpus ?

Graphique 1: Les cinq thèmes du contre-discours présent (répartition en %)

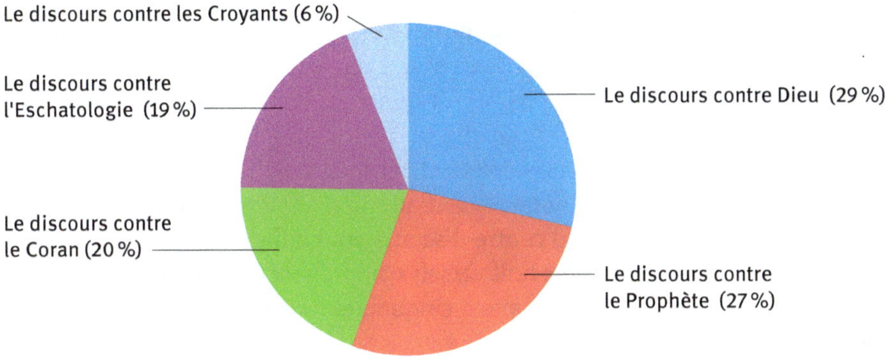

9 Radscheit (Matthias), « Word of God or prophetic speech? Reflections on the Quranic *qul*-statements », *in* Edzard (Lutz), Szyska (Christian), Wild (Stefan), *Encounters of words and texts*, intercultural studies in honor of Stefan Wild on the occasion of his 60th birthday, March 2, 1997, presented by his pupils in Bonn / edited by Lutz Edzard and Christian Szyska, Hildesheim, G. Olms, 1997, p. 33–42. Malgré l'intérêt de son article, l'auteur ne semble pas envisager la relation entre contre discours et riposte (*qala/qul*). Cf. également, Wansbrough (John), *Quranic studies*, Sources and methods of scriptural Interpretation, Foreword, Translations, and Expanded Notes by Andrew Rippin, New-York, Prometheus Books, 2004, XIX + 316 p. Index, Glossaire ; Watt (William Montgomery), *Bell's introduction to the Qur'ān completely*, revised and enlarged by W. Montgomery Watt, Edinburgh, University press, (« Islamic surveys ; 8 »), 1970, XI + 258 p. (p. 67–68 ; 75–77) ; Welch T. (Alford), « Kur'ān », *EI*², Vol. V (1986), p. 400–432.

C Evolution et répartition des contre-discours et de la riposte (approches diachronique et synchronique)

En s'appuyant sur graphique n°2 (ci-dessous), il est possible de relever trois faits remarquables : la répartition des contre-discours est décroissante, ses rythmes d'évolution sont irréguliers, ses densités sont disparates. Décroissante, les fines colonnes représentant le nombre de contre-discours (passé, présent, futur) par sourates se réduisent notablement vers la fin du corpus jusqu'à devenir inexistantes. Cette décroissance est aussi marquée par son irrégularité. La présence des Contre-Discours est en effet variable selon les sourates. Prenons l'exemple du Contre-Discours Rapporté Direct Passé (CDRDPa). Sa variabilité est évidente lorsqu'on compare les sourates six, sept et huit. Le premier n'accueille que deux contre-discours alors que le suivant en reçoit quarante et un et aucun pour la sourate huit.

De cette variabilité, on ajoutera également la présence de sections textuelles où la densité des discours rapportés des opposants est plus marquée que d'autres. Trois sections sont en l'occurrence à relever. Tout d'abord les chapitres un à douze. Ils rassemblent environ un quart du texte coranique – soit mille sept cent sept versets – mais accueille un peu moins de la moitié de tous les contre-discours confondus soit deux cent seize contre-discours. Ensuite, il faut considérer la zone comprise entre les sourates treize et vingt-neuf qui réunissent cent soixante treize versets du contre-discours pour mille sept cent deux versets. Enfin, on dénombre cent trente huit versets comprenant des contre-discours tous confondus entre les chapitres trente à cinquante-deux pour mille trois soixante quatorze versets 5 (Tab. n° 8).

Tableau n° 8 : Répartition des contre-discours passé, présent, futur dans le Coran

	Nombre de versets	Nombre de contre-discours passé, présent et futur	Rapport entre le nombre de contre- discours de la section considérée et nombre total de contre-discours dans le Coran soit 588 versets (en %)
Chapitre I–XII	1707	216	36, 7
Chapitre XIII–XXIX	1702	173	29, 4
Chapitre XXX–LII	1374	138	23, 4
Chapitre LIII–CXIV	1453	61	10, 3

Graphique 2 : Les contre-discours passé, présent et futur dans le Coran (nombre par sourates)

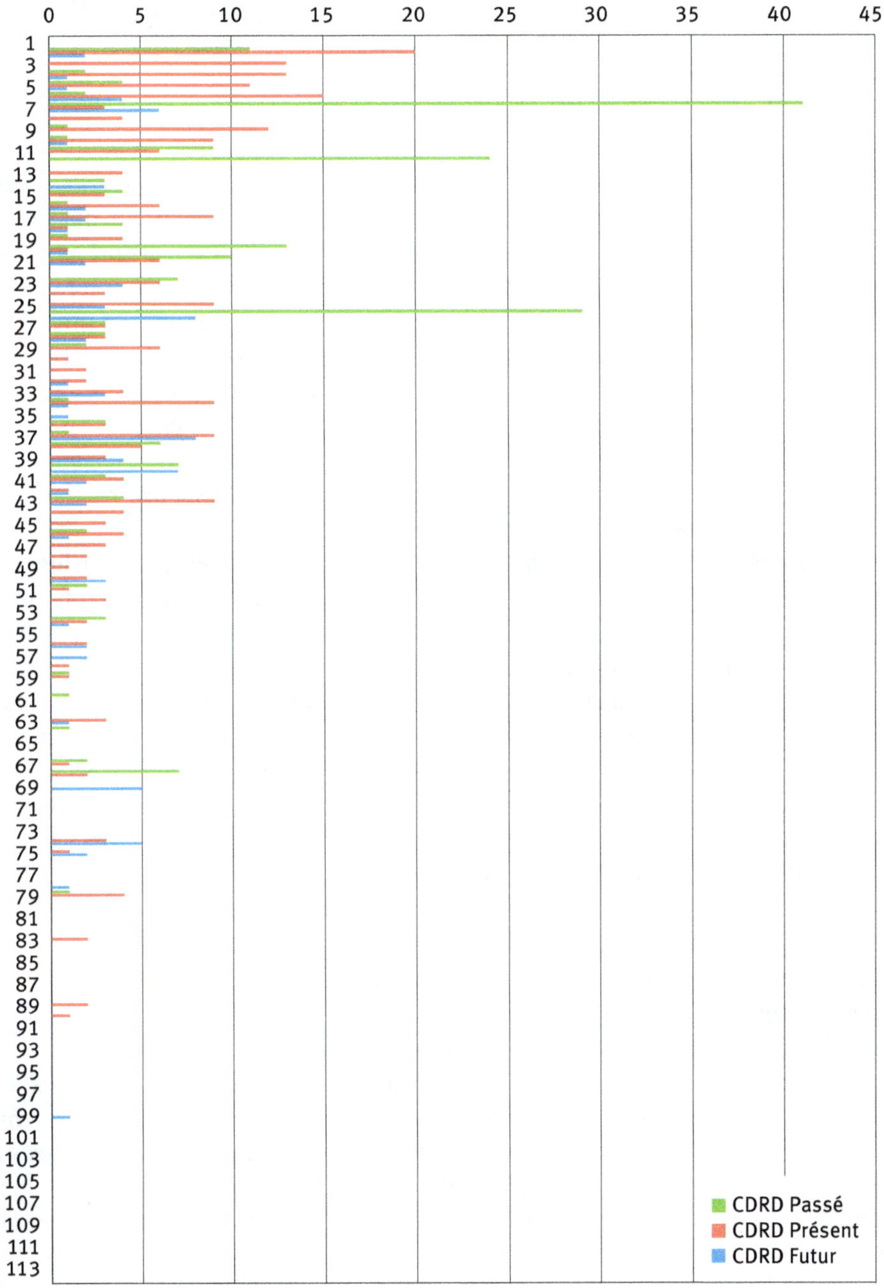

Ces chiffres mettent en lumière la réduction régulière et notable des contre-discours à mesure que l'on progresse vers la fin du corpus coranique. Mais ces données demeurent le résultat d'une lecture non diachronique du texte. Qu'en est-il alors si nous prenons en compte un essai de reconstruction chronologique du Coran ?

Celle-ci sera envisagée à l'appui des travaux classiques de Nöldeke et Schwally[10] en nous intéressant exclusivement aux contre-discours présents, objet de notre analyse en seconde partie. En se référant au graphique n°4 et dans une perspective synchronique du texte, la répartition des contre-discours présents ou « temps vécu » dans le *Muṣḥaf* répond à trois caractéristiques générales. Elle est croissante, irrégulière et se concentrant autour de quatre sections. La première zone est comprise entre la première sourate supposée révélée et la quarante et unième, la seconde entre la quarante neuvième et la soixante quinzième sourate, la troisième zone entre la soixante dix neuvième et la quatre vingt et onzième sourates, enfin les sourates quatre-vingt quinze jusqu'à cent quatorze constituent la quatrième et dernières zones correspondant aux dernières révélations supposées du Coran (Graphique n° 2).

Cette répartition sera complétée par les informations délivrées par le graphique n° 4 et 5. Reprenant fidèlement les catégorisations par périodes proposées par Nöldeke et Schwally (trois périodes mecquoises et une période médinoise), on constate que le contre-discours présent marque une évolution ascendante très nette entre la première et la deuxième période mecquoise. On passe ainsi de vingt et un à soixante dix sept contre-discours entre ces deux périodes. Les trois périodes mecquoises, quant à elle, reçoivent approximativement le même nombre de contre-discours (autour de quatre-vingt contre-discours environ). L'évolution croissante de ces indices est particulièrement significative. Ainsi, le nombre de contre-discours est multiplié par quatre entre la première période mecquoise et la dernière période médinoise. Ces différentes évolutions du contre-discours seraient-elles observables pour les énoncés relevant de la riposte coranique ? La concomitance de ces deux types d'énoncés soulignée auparavant n'invite-t-elle pas à le penser ?

Force est de constater, en se fondant sur les graphiques n° 7, 8, que la riposte coranique est marquée par trois caractéristiques similaires aux évolutions et répartitions du contre-discours : elle est en effet décroissante, irrégulièrement présente et se concentre très nettement autour de sections particulières du texte. Décroissante, la riposte (« *qul* ») est présente parmi les soixante-dix premiers chapitres mais avec des disparités notables. La densité de la riposte est surtout

---

10 Nöldeke (T.), *GdQ*^{2}, p. 74–234.

Graphique 3 : Les Contre-Discours Rapportés Directs Présents (CDRP)

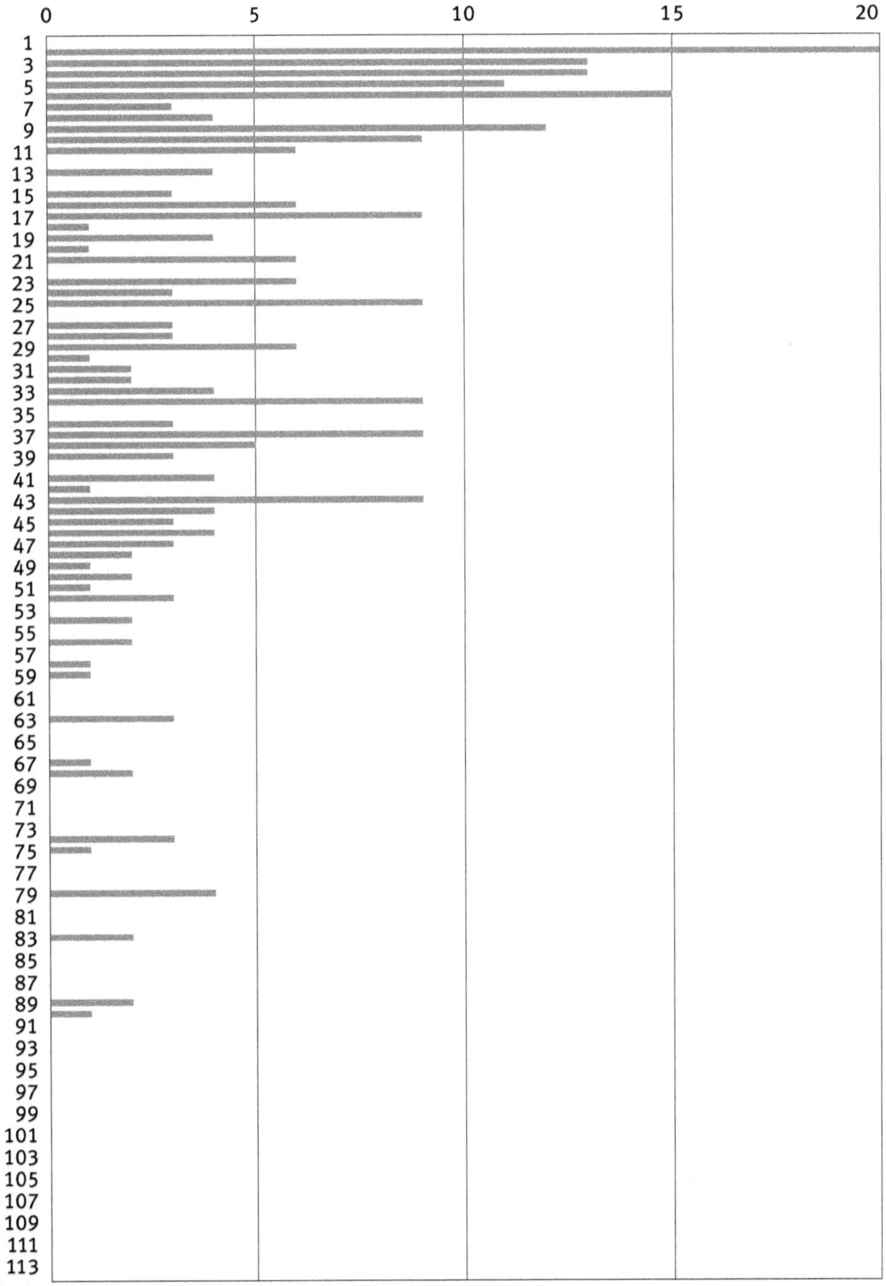

Graphique 4 : Les Contre-Discours Rapportés Directs Présents (CDRP)

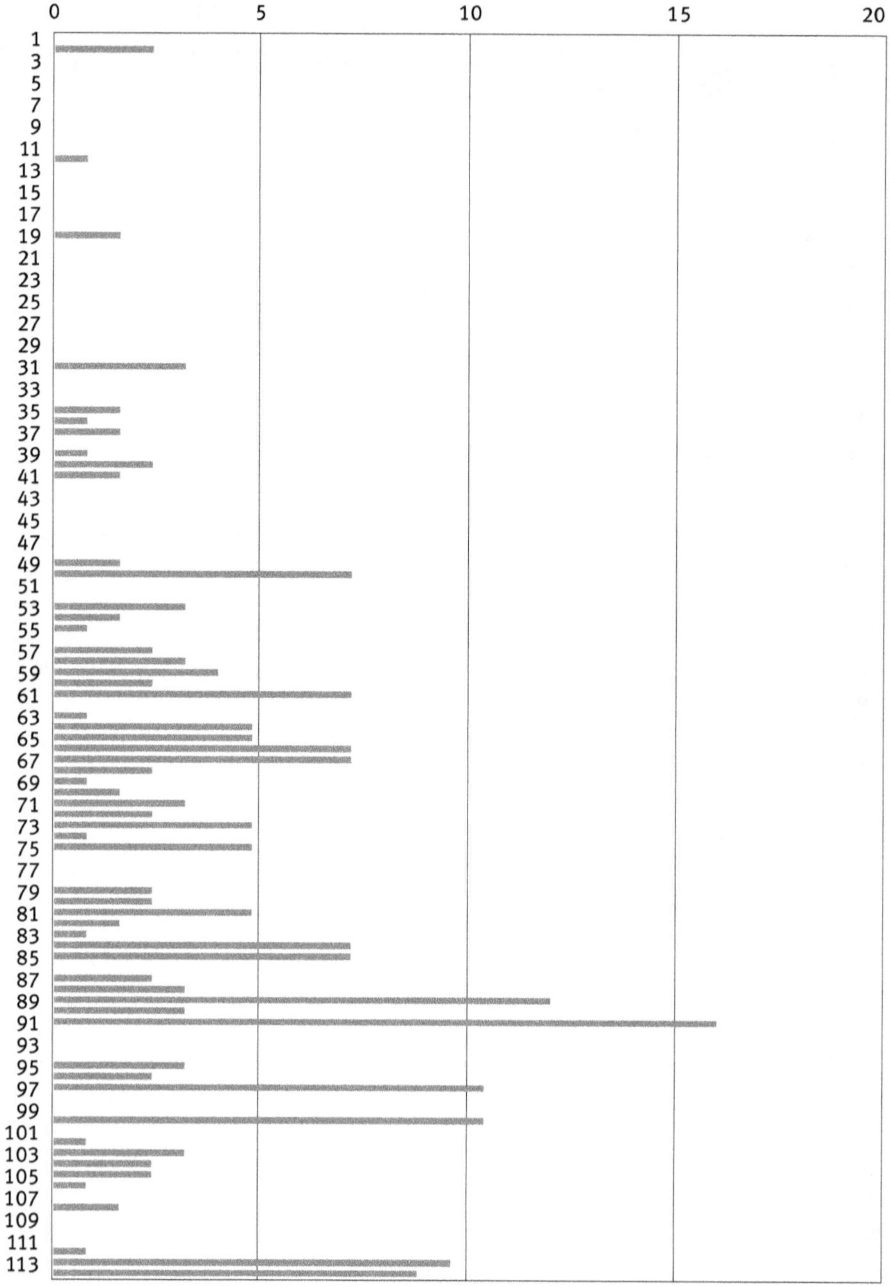

manifeste entre les sourates une et dix-sept (sept ripostes en moyenne par sourates). Elle se réduit sensiblement entre les sourates dix-huit et trente-neuf (trois ripostes par sourate en moyenne). Pour ces deux premières parties, on constate des points culminants (sourate six avec trente et un versets concernés ; sourate dix-sept avec dix-huit versets ; sourate trente quatre avec treize versets concernés et enfin sourate trente-neuf avec quatorze versets). Une troisième section entre les sourates quarante et soixante douze reçoit encore des ripostes (une riposte en moyenne par sourate). A partir de la sourate soixante douze, l'absence de riposte est systématique à l'exception de quatre sourates (CIX, CXII, CXIII, CXIV).

Dans une perspective diachronique, appuyée sur les graphiques n° 7 et 8, on constate combien la répartition de l'injonction « *qul* » est inégale. Recevant seulement six injonctions dans la première période mecquoise, ce chiffre se voit multiplier par douze lors de la seconde période mecquoise atteignant ainsi soixante trois occurrences. La troisième période mecquoise est celle qui reçoit le plus grand nombre de ripostes avec cent dix occurrences. La période médinoise est moins pourvue en injonctions que la période précédente mais domine les deux autres restantes avec soixante douze occurrences.

Graphique 5 : Les Contre-Discours Rapportés Directs Présents (CDRP) selon la chronologie de Nöldeke et Schwally

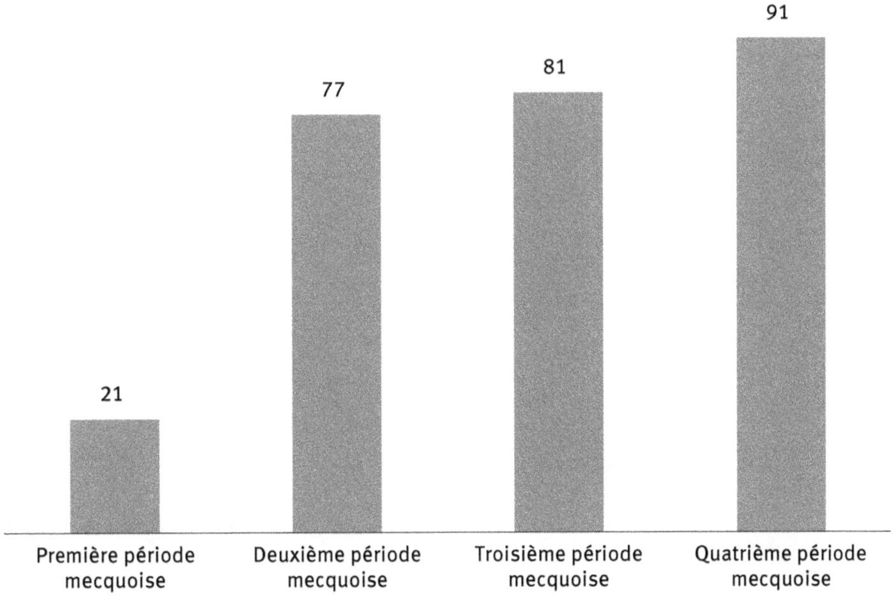

Graphique 6 : Le contre-discours et la riposte coranique (Répartition dans le *muṣḥaf*)

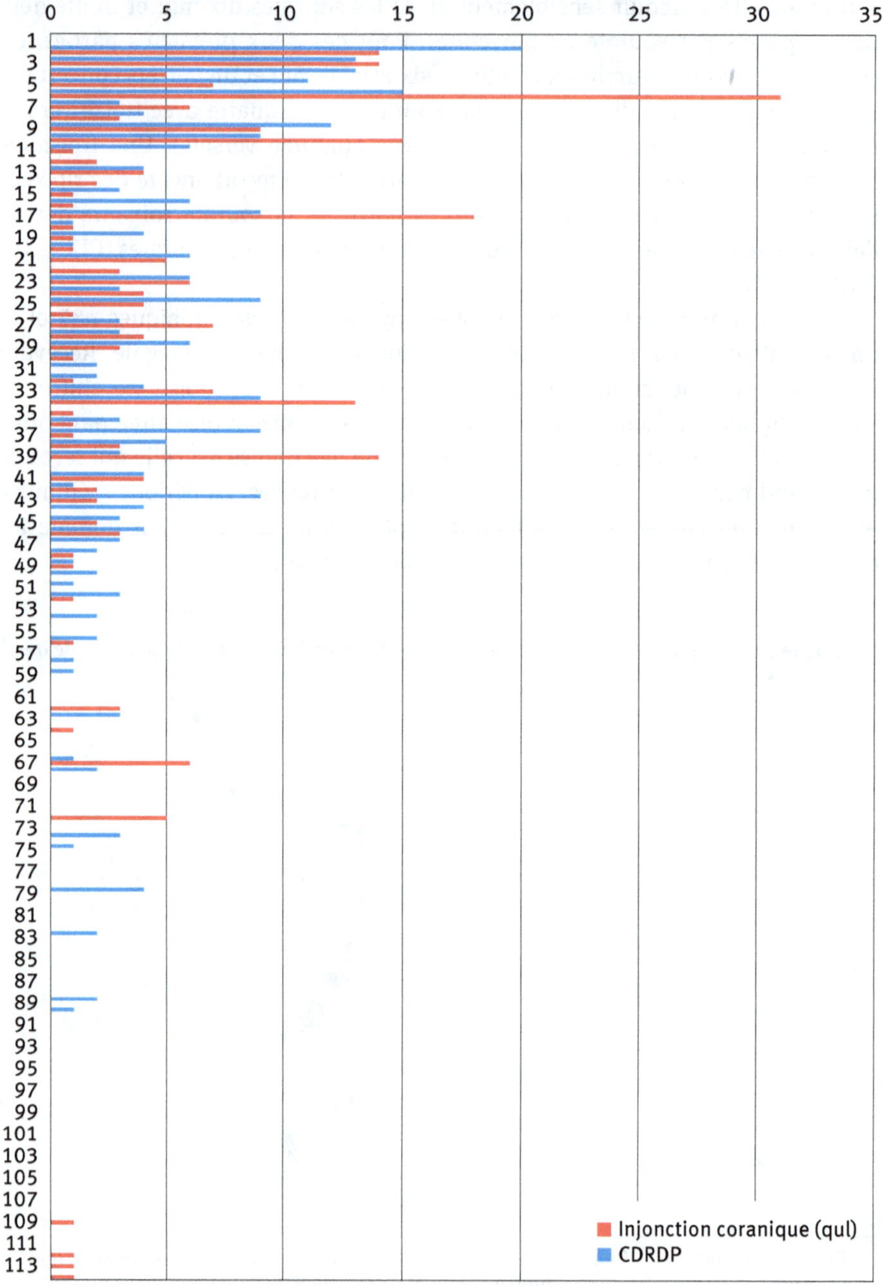

Graphique 7 : La riposte coranique (*Qul* présent) selon la chronologie de Nöldeke et Schwally

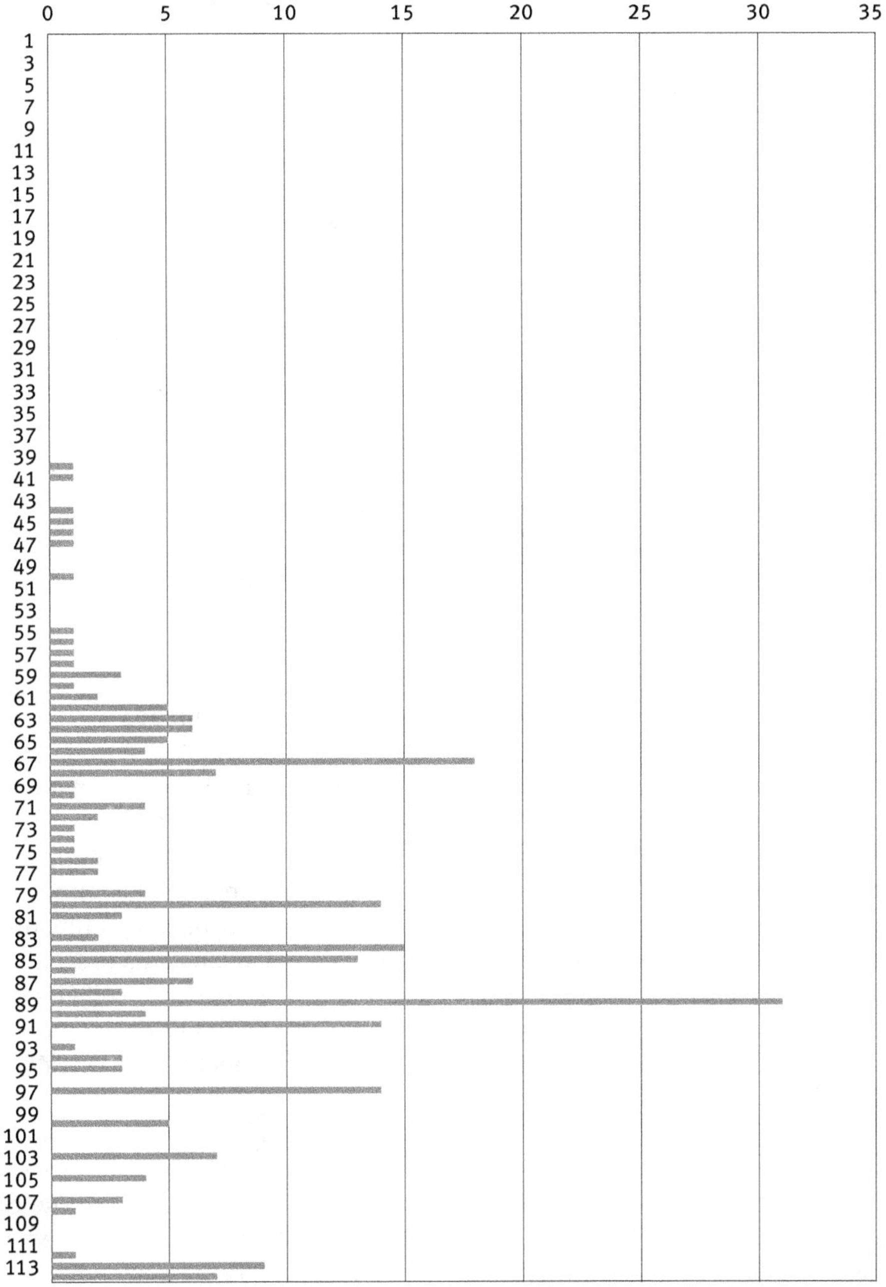

Graphique 8 : Nombre de ripostes (introduites par « *qul* ») en fonction des trois périodes mecquoises et de la période médinoise (selon la chronologie de Nöldeke et Schwally)

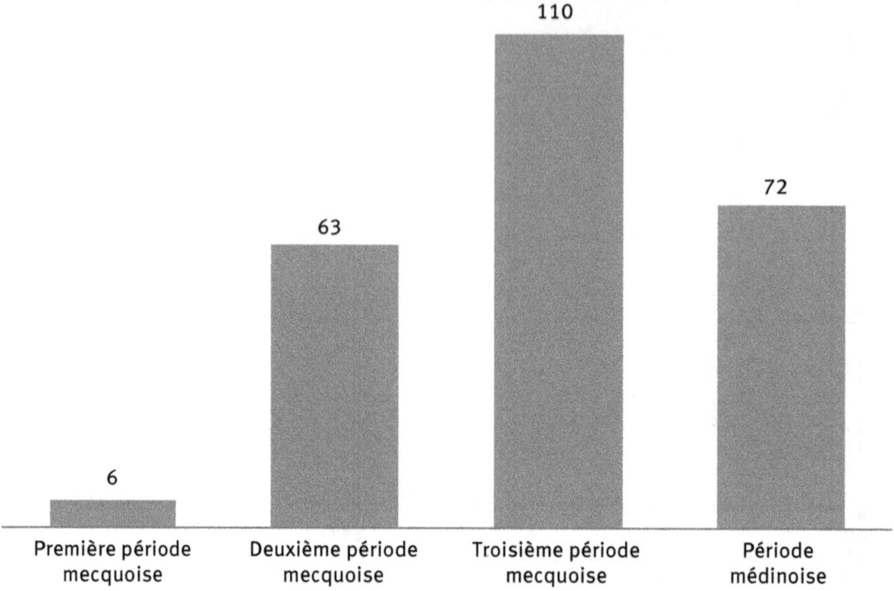

D Une première interprétation des données collectées

Issues d'une approche délibérément descriptive et séléctive, les remarques présentées précédemment autour du contre-discours et de sa riposte révèlent trois faits majeurs. Tout d'abord, il existe un Coran sans contre-discours et sans riposte ou autrement dit nombre de sourates sont dépourvues de tous versets constitués d'un contre-discours et/ou de versets de l'injonction (a.). Ensuite, les contre-discours présents embrassent l'ensemble du spectre énonciatif du Coran (b.). Enfin, si l'on en croit la chronologie, la polémique coranique connait des périodes où son intensité est plus marquée que d'autres (c.). Voyons ces trois points successivement. Ils orienteront en grande partie la suite de notre analyse proposée dans la deuxième partie de cette étude.

a. On dénombre trente-sept sourates sans contre-discours et sans versets de l'injonction « *qul* » (*cf.* tableau n°9 ci-dessous ou niveau III). A partir de ce corpus, nous posons l'hypothèse suivante : dans un ordre chronologique interne, cet ensemble de sourates est premier. En effet, l'absence de contre-discours est l'indice probable que le Coran ne faisait pas encore l'objet d'une réaction

Tableau n° 9 : Les sourates sans contre-discours

Niveau IV

Le Coran
(114 sourates dont 77 sourates abritant des contre-discours
et / ou des versets introduits par « *qul* »)

Niveau III

Les sourates sans contre-discours et sans injonctions coraniques
(Présence remarquable des racines de la « polémique » *kḏb, qtl,* kfr…)
1, 53, 55, 60, 65, 66, 70, 73, 76, 77, 80, 81, 82, 84, 85, 86, 87, 88, 91, 92, 93, 94, 95, 96, 97, 98, 100, 101, 102, 103, 104, 105, 106, 107, 108, 110, 111.
(37 sourates)

Niveau II

Les sourates primitives (?)
(Absence d'une opposition explicite au Coran)
93, 94, 95, 97, 100, 101, 102, 103, 104, 105, 106, 108
(12 sourates)

Niveau I

	I (sourates initiales ?)	II (sourates secondaires ?)
Contre l'Homme	*Les sourates eschatologiques*	*Les sourates de la gratification et de la sauvegarde*
103	95, 100, 101, 102, 104	93, 94, 105, 106, 108

d'auditeurs hostiles[11]. Si elle s'avérait exacte, cette hypothèse nous conduirait donc à ne rencontrer aucune trace d'une quelconque forme d'opposition. Or les sourates sans contre-discours mentionnent fréquemment l'hostilité d'opposants comme en témoigne par exemple l'usage fréquent des racines *kḏb*[12], *kfr*[13], *qtl*[14] (niveau II). Si l'on en croit notre hypothèse, il est alors possible que l'emploi de

11 Nous remercions vivement Mme la Professeur Jacqueline Chabbi pour nous avoir soufflée cette idée si judicieuse.

12 LIII, 11 ; LV, 13, 16, 18, 21, 23, 25, 28, 30, 32, 34, 36, 38, 40, 42, 43, 45, 47, 49, 51, 53, 55, 57, 59, 61, 63, 65, 67, 69, 71, 73, 75, 77 ; LXXIII, 11 ; LXXVII, 15, 19, 24, 28, 29, 34, 37, 40, 45, 47, 49 ; LXXXII, 9 ; LXXXIV, 22 ; LXXXV, 19 ; XCI, 11, 14 ; XCII, 9, 16 ; XCV, 7 ; XCVI, 13, 16 ; CVII, 1.

13 LX, 1, 2, 4, 5, 10, 11, 13 ; LXVI, 7, 10 ; LXX, 2, 36 ; LXXIII, 17 ; LXXVI, 4 ; LXXX, 42 ; LXXXIV, 22 ; LXXXV, 19 ; LXXXVI, 17 ; LXXVIII, 23 ; XCVIII, 1, 6.

14 LX, 8, 9, 12 ; LXXXV, 4 ; LXXII, 20.

ces termes et de leurs déclinaisons témoigne de l'une des premières (ou de la première) des formes de l'incrédulité auxquelles le Coran dû faire face[15]. Si tel est le cas, il est possible de cerner les caractéristiques de cette première opposition en relevant le contexte d'usage de ces racines parmi toutes ces occurrences. Enfin, il est possible d'isoler quelques sourates où n'existe aucun indice d'une quelconque dénégation (niveau I). Cette absence constituerait, selon notre hypothèse, un indice probant du caractère primitif de ces sourates. Considérer et analyser ces dernières sourates conduirait, peut-on ainsi le supposer, à déterminer la nature et les thèmes de la première proclamation ou rédaction coranique. Ces quelques considérations trouvent leur illustration dans le tableau ci-dessous. Dans le chapitre suivant, nous verrons comment préciser ce travail.

b. Mais au côté des sourates sans contre-discours et sans injonctions se signalent nombre de chapitres coraniques pourvus de contre-discours présents. Ces derniers, comme on l'a vu se partagent en cinq thématiques (*cf.* Graphique n°1) : les énoncés contre la divinité coranique (29 %), les énoncés contre le Prophète (27 %), les énoncés contre le Coran (20 %), les énoncés contre l'Eschatologie (19 %), et enfin les énoncés contre les Croyants (6 %). En d'autres termes, les contre-discours présents embrassent l'ensemble du spectre énonciatif du phénomène coranique. Ni l'auteur (le Dieu coranique), ni le média (le Coran), ni le message (le contenu du message coranique), ni le porteur du message (l'allocutaire coranique), ni les destinataires croyants n'échappent à la réfutation. Le Coran est ainsi le paradoxal porte voix d'une opposition pour le moins radicale et englobante.

c. De ce paradoxe, enfin, on peut espérer cerner les évolutions à partir d'une double perspective chronologique, l'une fondée sur la chronologie classique de Nöldeke (et Schwally) et l'autre précédemment exposée qui demeure beaucoup plus modeste (Tableau n°9) que l'on précisera dès le chapitre suivant. Car comme le dévoilent les graphiques 3 et 7, loin d'être uniformes, les évolutions du contre-discours ou de la riposte sont marquées. Elles rendent ainsi possible l'examen des cinq grandes thématiques de la polémique sus-mentionnées selon les périodes classiquement définies comme mecquoises et médinoises. Mais d'ores et déjà, l'accroissement significatif des contre-discours présents n'est-il pas le signe d'une radicalisation de l'opposition faite au Coran. Quelle est donc la nature de cette opposition ? Quels sont les thèmes convoqués, quelles sont les formes

15 Chabbi (J.), *Le Seigneur des Tribus*, *op. cit.*, p. 552–553. Selon l'auteur, « le *takdīb* (...) semble constituer la première forme de l'incrédulité de la tribu ». Notre tableau semble confirmer cette suggestion.

empruntées ? Quelle figure de l'opposant parvient-on à cerner ? C'est à l'ensemble de ces questions que notre deuxième partie tentera de répondre. Mais avant cela, revenons un instant sur les premiers acquis de notre étude.

De ce qui précède, un bilan provisoire révèle premièrement que le genre polémique impliqué par la présence d'un contre-discours et de versets de l'injonction constitue un sixième du corpus total. Deuxièmement, le contre-discours est partagé en trois périodes (passé, présent et futur) qu'il est possible désormais de quantifier exactement[16]. Troisièmement, le contre-discours présent – objet central de notre étude – est traversé par cinq thèmes que nous avons quantifiés et envisagés sous forme synchronique et diachonique. Ces résultats ont été précédés par une démarche en trois étapes. Elles visaient à circonscrire notre sujet et en définir les contours (chapitre I et II) puis en s'informant des travaux qui ont déjà traité de ce sujet d'en proposer les prolongements (Chapitre III & IV) pour enfin parvenir à une évaluation précise du corpus contre coranique en général et du contre-discours présent en particulier (Chapitre V). Il s'agit maintenant d'analyser ce dernier point dans les chapitres qui vont suivre.

---

16 On rappelle ces proportions : un tiers pour le temps référé soit 38 % (Contre-discours passé), la moitié pour le temps vécu soit 46 % (Contre discours présent) et enfin un sixième pour le temps projeté soit 16 % (Contre-discours futur), tous trois rassemblant 9, 42 % du corpus coranique totale.

Partie II : **Analyse du contre-discours présent et de la riposte coranique**

Chapitre VI
Le corpus restreint : le contre-discours présent et les sourates sans les contre-discours

L'objet de ce présent chapitre est de prolonger et de préciser l'identification du corpus contre coranique. Ainsi, on procédera en premier lieu à une présentation systématique qui définira, localisera et ordonnera les versets qui appartiennent aux cinq questions argumentatives. Leur identification permettra d'élaborer le corpus du contre-discours présent : le discours contre Dieu (a.), le discours contre le Prophète (b.), le discours contre le Coran (c.), le discours contre l'eschatologie (d.), le discours contre les croyants (f.). La présentation, exhaustive et systématique, sera le préalable à l'analyse thématique (chapitre VII) et formelle (chapitre VIII) des contre-discours présents et de la riposte dans le Coran. Dans ce même chapitre et dans un deuxième temps, on présentera un tableau synoptique qui révélera la présence des cinq thèmes des questions argumentatives (ou thèmes de la polémique) dans les sourates dépourvues de tous contre-discours ou injonctions (B.). Ce dernier tableau permettra d'apprécier dans les développements ultérieurs, l'évolution de la polémique dans les sourates sans contre-discours puis avec les contre-discours (Chapitre IX et X).

A Les cinq questions argumentatives : définition, localisation et répartition chronologique

a Le discours contre Dieu

Première question argumentative, le « discours contre Dieu » désigne un ensemble de versets où se situe un discours rapporté direct présent tenu par des adversaires (réels ou fictifs) et où le terme Dieu et ses corrélatifs (*Rabb*, *Ilāhi*) sont explicitement mentionnés ou dont le thème général est relatif à la divinité coranique. Il est possible de désigner ces énoncés par la formule similaire suivante : « Contre-discours Rapporté Direct Présent relatif à Dieu (CDRDPD) »[1].

---

1 Voir notre annexe. On indique entre parenthèses le numéro donné au contre-discours tel qu'il apparaît dans la partie III de cette thèse. Ainsi lorsqu'il est indiqué la référence suivante : II, 8 (1), il faut lire qu'il s'agit du verset huit de la sourate deux. Celui-ci est selon notre classification le premier contre-discours rapporté direct présent du Coran que l'on note de la manière suivante :

Cet ensemble réunit les versets suivants : II, 8 (1), 26 (5), 76 (6), 79 (7), 116 (13), 118 (14), 200 (19) ; III, 78 (25), 181 (32), 183 (33); IV, 72 (37), 77 (39), 78 (40), 157 (45), 171 (46) ; V, 17 (48), 18 (49), 64 (54), 72 (55), 73 (56) ; VI, 37 (62), 93 (64), 124 (66), 136 (67), 148 (70) ; VII, 28 (73) ; VIII, 32 (78) ; IX, 30 (80), 59 (84) ; X, 18 (94), 20 (95), 68 (100) ; XIII, 7 (108), 27 (109) ; XVI, 35 (115), 38 (116) ; XVII, 92 (125), 93 (126), 94 (127) ; XVIII, 4 (129); XIX, 88 (133) ; XX, 133 (134) ; XXI, 26 (137), 29 (138); XXIII, 85 (144), 87 (145), 89 (146) ; XXIV, 16 (148), 47 (149) ; XXV, 21 (154), 41 (156), 60 (158) ; XXVIII, 47 (162) ; XXIX, 10 (166), 50 (168), 61 (169), 63 (170) ; XXXI, 25 (173) ; XXXIII, 12 (177) ; XXXIV, 8 (182), 23 (183) ; XXXVI, 47 (189) ; XXXVII, *151 (196)*, 152 (197), 169 (200) ; XXXVIII, 5 (202) ; XXXIX, 3 (206), 38 (207) ; XLI, 50 (212), XLII, 24 (213) ; XLIII, 9 (214), 20 (215), 87 (222) ; XLV, 32 (229) ; LVIII, 8 (250) ; LXIII, 1 (252), 7 (253) ; LXXIV, 31 (260) ; LXXXIX, 15 (268), XLI, 16 (269).

Si l'on en croit l'ordonnancement chronologique proposé par Nöldeke et Schwally, aucun discours contre Dieu n'est présent lors de la première période mecquoise[2]. Tel n'est pas le cas pour les périodes suivantes qui partagent pour chacune d'entre-elles un nombre similaire de contre-discours. En effet, on dénombre vingt-quatre contre-discours parmi douze sourates pendant la deuxième période mecquoise (LXXXIX, 15, 16 ; XXXVII, *151*, 152, 169 ; XX, 133 ; XIX, 88 ; XXXVIII, 5 ; XXXVI, 47 ; XLIII, 9, 20, 87 ; XXIII, 85, 87, 89 ; XXI, 26, 29 ; XXV, 21, 41, 60 ; XVII, 91, 92, 94 ; XVIII, 4) ; vingt-neuf contre-discours pour la troisième période présent dans seize sourates (XLI, 50 ; XLV, 32 ; XVI, 35, 38 ; XXVIII, 47 ; XXXIX, 3, 38 ; XXIX, 10, 50, 61, 63 ; XXXI, 25 ; XLII, 24 ; X, 18, 20 ; XLII, 24 ; X, 18, 20, 68 ; XXXIV, 8, 23 ; VII, 28 ; VI, 37, 93, 124, VI, 136, 148 ; XIII, 7, 27) ; enfin, on dénombre vingt-neuf contre-discours dans dix sourates appartenant à la période médinoise (II, 8, 26, 76, 79, 116, 118, 200 ; VIII, 32 ; III, 78, 181, 183 ; IV, 72, 77, 78, 157, 171 ; XXXIII, 12 ; LXIII, 1, 7 ; XXIV, 16, 47 ; LVIII, 8 ; IX, 30, 59 ; V, 17, 18, 54, 72, 73). L'usage du terme « *Allāh* » domine avec cinquante huit occurrences (dont une sous la forme *ilāh*), suivi de *Rabb* avec quinze occurrences et, beaucoup plus réduite, la présence du terme *Rahman* avec quatre mentions.

Ainsi, présent parmi quarante sourates, le corpus du « discours contre Dieu » rassemble quatre vingt versets et représente 1,28 % du total du corpus coranique. Dans une perspective plus restreinte, cet ensemble rassemble 29,62 % de la

(1).

2 le verset LXXIV, 32 est médinois. Bien que la sourate LXXIV se situe effectivement dans la première période mecquoise, ce verset est considéré comme faisant partie des versets médinois. *Cf.* Selon Nöldeke Schwally, *GdQ*², p. 86–89 (surtout p. 88).

totalité des contre-discours[3]. Il s'impose ainsi comme le thème le plus fréquent et le plus important de tous les discours rapportés des opposants[4].

b Le discours contre le prophète

Deuxième question argumentative, le « discours contre le Prophète » désigne un ensemble de versets où se situe un discours rapporté direct présent tenu par des adversaires (réels ou fictifs) dont le thème général est relatif à l'allocutaire coranique. Il est possible de désigner ces énoncés par la formule similaire suivante : « Contre-discours Rapporté Direct Présent relatif au Prophète (CDRDPP)»[5].

Cet ensemble réunit les versets suivants : III, 183 (33), IV, 78 (40), 141 (42), 150 (43) ; V, 19 (50) ; VI, 8 (59), 37 (62), 91 (63), 93 (64), 105 (65), 124 (66), VII, 203 (75) ; IX, 59 (84), 61 (85) ; X, 2 (92), 15 (93), 20 (95), 38 (97) ; XI, 12 (104), 13 (105), 35 (106) ; XIII, 7 (108), 27 (109), 43 (110) ; XV, 6 (111), 7 (112) ; XVI, 101 (117), 103 (118) ; XVII, 47 (120), 90 (123), 91 (124), 92 (125), 93 (126), 94 (127) ; XX, 133 (134) ; XXI, 3 (135), 5 (136), 36 (139) ; XXIII, 70 (141) ; XXIV, 47 (149) ; XXV, 4 (150), 5 (151), 7 (152), 32 (155), 41 (156), 42 (157), 60 (158) ; XXVIII, 47 (162), 48 (163), 57 (164) ; XXIX, 50 (168) ; XXX, 58 (171) ; XXXIII, 12 (177) ; XXXIV, 8 (182), 34 (186), 43 (188) ; XXXVII, 36 (195) ; XXXVIII, 4 (201), 5 (202), 8 (205) ; XLII, 24 (213) ; XLIII, 24 (218), 31 (220) ; XLIV, 14 (223) ; XLVI, 8 (231) ; XLVII 16 (234) ; XLVIII, 15 (238) ; LII, 30 (243), 33 (244); LXIII, 1 (252), 7 (253), 8 (254) ; LXVIII, 51 (257) ; LXXIV, 25 (259).

Si l'on en croit l'ordonnancement chronologique proposé par Nöldeke et schwally, la première période mecquoise regroupe quatre versets parmi trois sourates (LXXIV, 25 ; LXVIII, 51 ; LII, 30, 33) ; la deuxième période mecquoise rassemble vingt-sept versets présents dans dix sourates (XXVII, 36 ; XLIV, 14 ; XX, 133 ; XV, 6, 7 ; XXXVIII, 4, 5, 8 ; XLIII, 24, 31 ; XXIII, 70 ; XXI, 3, 5, 36 ; XXV, 4, 5, 7, 32, 41, 42, 60 ; XVII, 47, 90, 91, 92, 93, 94) ; la troisième et dernière période mecquoise réunit trente et un versets parmi treize sourates (XVI, 101, 103 ; XXX, 58 ; XI, 12, 13, 35 ; XXVIII, 47, 48, 57 ; XXIX, 50 ; XLII, 24 ; X, 2, 15, 20, 38 ; XXXIV, 8, 34, 43 ; IX, 59, 61 ; VII, 203 ; XLVI, 8 ; VI, 8, 37, 91, 93, 105, 124 ; XIII, 7, 27, 43) ; enfin la période médinoise compte douze versets parmi huit sourates (IV, 78, 141, 150 ; XLVII, 16 ; III, 183 ; XXXIII, 12 ; LXIII, 1, 7, 8 ; XXIV, 47 ; XLVIII, 15 ; V, 19).

Présent parmi trente quatre sourates, le corpus du « discours contre le Prophète » rassemble soixante quatorze versets soit 1,18 % de la totalité du

3 Ce chiffre est établi en fonction du nombre total des contre-discours (270 versets).

4 *V.* Chapitre V, Graphique n°1, p. 85.

5 Voir notre annexe.

corpus coranique. Il représente 27,40 % de la totalité des contre-discours[6] dans une proportion presque identique aux « discours contre Dieu ». Il s'impose ainsi comme le deuxième thème le plus fréquent et le plus important de tous les discours rapportés des opposants[7].

c Le discours contre le Coran

Troisième question argumentative, le « discours contre le Coran » désigne un ensemble de versets où se situe un discours rapporté direct présent tenu par des adversaires (réels ou fictifs) et où le terme Coran est explicitement mentionné ou dont le thème est relatif au Coran. Il est possible de désigner ces énoncés par la formule similaire suivante : « Contre-discours Rapporté Direct Présent relatif au Coran (CDRDPC) »[8].

Cet ensemble réunit cinquante cinq versets répartis sur sourates dont nous donnons ici une liste exhaustive : II, 26 (5), 76 (6), 91 (10), 118 (14), 170 (18), III, 72 (22), 73 (23) ; V, 104 (57) ; VI, 7 (58), 25 (60), 93 (64), 105 (65), 156 (71), 157 (72); VII, 203 (75) ; VIII, 21 (76), 31 (77); IX, 127 (91) ; X, 15 (93), 20 (95), 38 (97) ; XI, 13 (105), 35 (106) ; XVI, 24 (114), 101 (117), 103 (118) ; XXV, 4 (150), 5 (151), 32 (155) ; XXXI, 21 (172) ; XXXIV, 31 (185) ; XXXVII, 168 (199), 169 (200) ; XXXVIII, 7 (204), 8 (205) ; XLI, 5 (209), 26 (210), 44 (211) ; XLII, 24 (213) ; XLIII, 31 (220) ; XLIV, 14 (223), 36 (226) ; XLV, 25 (228), 32 (229) ; XLVI, 7 (230), 8 (231), 11 (232) ; XLVII, 20 (235), 26 (236) ; LII, 33 (244) ; LXVIII, 15 (256) ; LXXIV, 24 (258), 25 (259), 31 (260) ; LXXXIII, 13 (266). Parmi cette liste, cinq versets contiennent la mention explicite du terme *qur'ān* : X, 15 (93) ; XXV, 32 (155) ; XXXIV, 31 (185) ; XLI, 26 (210) ; XLIII, 31 (220).

Dans une perspective chronologique et en se fondant sur le réordonnancement proposé par Nöldeke et Schwally, le Contre-discours Rapporté Direct Présent relatif au Coran est distribué de la manière suivante : la première période mecquoise regroupe six versets situés dans quatre sourates (LXXIV, 24, 25, 31 ; LXXVIII, 15 ; LXXXIII, 13 ; LII, 33) ; la deuxième période mecquoises accueille deux versets dans une sourate (XXXVII, 168, 169) ; La troisième période mecquoise reçoit le plus grand nombre de versets avec trente quatre occurrences réparties sur quinze (XLII, 24 ; XLI, 5, 26, 44 ; XXXVIII, 7, 8 ; XLIII, 31 ; XLIV, 14, 36 ; XXV, 4, 5, 32 ; XLV, 25, 32 ; XVI, 24, 101, 103 ; XI, 13, 35 ; XXXI, 21 ; X, 15, 20, 38 ;

---

6 La proportion exacte est 29, 25 %. Ce chiffre est établi en fonction du nombre total des contre-discours (270 versets)

7 *V.* Chapitre V, Graphique n°1, p. 85.

8 Voir notre appendice.

XXXIV, 31 ; VII, 203 ; XLVI, 7, 8, 11 ; VI, 7, 25, 93, 105, 156, 157) ; enfin, la période médinoise rassemble treize versets distribués parmi six sourates (II, 26, 76, 91, 118, 170 ; VIII, 21, 31 ; XLVII, 20, 26 ; III, 72, 73 ; IX, 127 ; V, 104).

Présent parmi vingt-six sourates, le corpus du « discours contre le Coran » rassemble cinquante cinq versets, soit 0,8 % de la totalité du corpus coranique. Il représente 20,37 % de la totalité des contre-discours[9] dans une proportion presque identique aux « discours contre l'eschatologie ». Il se présente ainsi comme le troisième thème le plus fréquent et le plus important de tous les discours rapportés des opposants[10].

d Le discours contre l'eschatologie

Quatrième question argumentative, on définira le « discours contre l'eschatologie » comme un ensemble de versets où s'inscrit un discours rapporté direct présent tenu par des adversaires (réels ou fictifs) et dont l'objet est l'eschatologie. On désignera ces énoncés par la formule similaire suivante : « Contre-discours Rapporté Direct Présent relatif à l'Eschatologie (CDRDPE)» ou « Contre Coran eschatologique ».

Répondant à cette définition, il est possible d'identifier le corpus suivant : II, 8 (1), 80 (8), 111 (11) ; III, 24 (21) ; VI, 29 (61) ; VII, 187 (74) ; X, 48 (98), 53 (99) ; XI, 7 (101), 8 (102) ; XIII, 5 (107) ; XVI, 38 (116) ; XVII, 49 (121), 51 (122), 98 (128) ; XIX, 66 (130) ; XXI, 38 (140) ; XXIII, 82 (142), 83 (143) ; XXVII, 67 (159), 68 (160), 71 (161) ; XXXII, 10 (174), 28 (175) ; XXXIV, 3 (180), 7 (181), 8 (182), 29 (184); XXXVI, 48 (190), 78 (191) ; XXXVII, 15 (192), 16 (193), 17 (194) ; XLI, 50 (212) ; XLIV, 34 (224), 35 (225), 36 (226) ; XLV, 24 (227), 25 (228), 32 (229) ; XLVI, 17 (233) ; L, 2 (240), 3 (241) ; LI, 12 (242) ; LVI, 47 (248), 48 (249) ; LXVII, 25 (255) ; LXXV, 6 (261) ; LXXIX, 10 (262), 11 (263), 12 (264), 42 (265).

En s'appuyant sur lecture chronologique proposée par Nöldeke et Schwally, le Contre-discours eschatologique est distribué de la manière suivante : la première période mecquoise reçoit sept versets parmi 4 sourates (LXXIX, 10, 11, 12, 42 ; LXXV, 6 ; LI, 12 ; LVI, 48) ; la deuxième période mecquoise rassemble vingt et un versets situés dans dix sourates (XXXVII, 15, 16, 17 ; XLIV, 34, 35, 36 ; L, 2, 3 ; XIX, 66 ; XXXVI, 48, 78, LXVII, 25 ; XXIII, 82, 83 ; XXI, 38 ; XVII, 49, 51, 98 ; XXVII, 67, 68, 71) ; la troisième période mecquoise réunit dix neuf versets parmi

9 La proportion exacte est de 29, 25 %. Ce chiffre est établi en fonction du nombre total des contre-discours (270 versets)

10 *V.* Chapitre V, Graphique n°1, p. 85.

onze sourates (XXXII, 10, 28 ; XLI, 50 ; XLV, 24, 25, 32 ; XVI, 38 ; XI, 7, 8 ; X, 48, 53 ; XXXIV, 3, 7, 8, 29 ; VII, 187 ; XLVI, 17 ; VI, 29 ; XIII, 5) ; enfin la période médinoise accueille quatre versets parmi deux sourates (II, 8, 80, 111 ; III, 24).

Présent parmi vingt-six sourates, le corpus du « discours contre l'eschatologie » rassemble cinquante deux versets, soit 0,83 % de la totalité du corpus coranique. Il représente 19,25 % de la totalité des contre-discours[11] dans une proportion presque identique aux « discours contre le Coran ». Il se présente ainsi comme le troisième thème le plus fréquent et le plus important de tous les discours rapportés des opposants[12].

e Le discours contre les croyants

On définira le « discours contre les croyants » comme un ensemble d'énoncés où s'inscrit un discours rapporté direct présent tenu par des adversaires (réels ou fictifs) dont le thème est relatif aux croyants. Il est possible de désigner ces énoncés par la formule similaire suivante : « Contre-discours Rapporté Direct Présent relatif aux Croyants (CDRDPCr) ».

La liste des versets répondant à cette définition sont les suivants : II, 13 (3), 142 (17) ; III, 73 (23), 75 (23) ; IV, 51 (35), 141 (42) ; VIII, 49 (79) ; IX, 107 (90) ; XIX, 73 (131) ; XXIV, 12 (147) ; XXVIII, 47 (162) ; XXIX, 10 (166), 12 (167) ; XXXIII, 18 (179) ; XXXVI, 47 (189).

Dans une perspective chronologique, aucun discours contre les croyants n'est à relever lors de la première période mecquoise. On ne relève que deux versets parmi la deuxième période mecquoise dans deux sourates distinctes (XIX, 73 ; XXXVI, 47), trois versets dans deux sourates pour la troisième période mecquoise (XXVIII, 47 ; XXIX, 10, 12) et enfin dix versets dans sept sourates pour la période médinoise (II, 13, 142 ; VIII, 49 ; III, 73, 75 ; IV, 51, 141 ; XXXIII, 18 ; XXIV, 12 ; IX, 107).

Avec un ensemble totalisant quinze versets parmi onze sourates, le discours contre les croyants constitue une catégorie très réduite ne rassemblant que 0,8 % de la totalité du corpus coranique et 5, 5 % du total des contre-discours coraniques. Il se présente ainsi comme le dernier thème polémique en importance numérique au regard de tous les discours rapportés des opposants[13].

---

11 La proportion exacte est 29, 25 %. Ce chiffre est établi en fonction du nombre total des contre-discours (270 versets)

12 *V.* Chapitre V, Graphique n°1, p. 85.

13 *id.*

Mais au côté de cet ensemble de contre-discours présents, il existe un nombre de sourates dépourvues de toutes formes de discours rapporté de l'opposant. Déjà signalé, leur nombre n'est pas négligeable puisqu'il concerne trente sept sourates. Ils correspondent par ailleurs et à quelques exceptions près aux quarante deux sourates appartenant au premier groupe des révélations dites mecquoises selon Nöldeke[14] comme le tableau ci-dessous le confirme :

Tableau n° 10 : Les sourates sans contre-discours et les premières sourates du Coran selon Nöldeke

Les sourates sans contre-discours	Les premières sourates supposées du Coran selon le classement de Nöldeke
1, **53**, **55**, 60, 65, 66, **70**, **73**, 76, **77**, **80**, **81**, **82**, **84**, **85**, **86**, **87**, 88, **91**, **92**, **93**, **94**, **95**, **96**, **97**, 98, **100**, **101**, **102**, **103**, **104**, **105**, **106**, **107**, **108**, 110, **111**	96, 74, 111, 106, 108, 104, 107, 102, 105, 92, 90, 94, 93, 97, 86, 91, 80, 68, 87, 95, 103, 85, 73, 101, 99, 82, 81, 53, 84, 100, 79, 77, 78, 88, 89, 75, 83, 69, 51, 52, 56, 70, 55, 112, 109, 113, 114, 1.
Les trente sourates sans contre-discours (et sans les injonctions : « *qul* ») et les premières sourates révélées selon le classement de Nöldeke	
1, 53, 55, 70, 73, 77, 80, 81, 82, 84, 85, 86, 87, 91, 92, 93, 94, 95, 96, 97, 100, 101, 102, 103, 104, 105, 106, 107, 108, 111 (30 sourates)	

A partir de ce corpus (indiqué en gras) et selon une hypothèse précédemment formulée, il est alors possible de s'enquérir des premières formes de la polémique dans le Coran. Car, rappelons-le, malgré l'absence de contre-discours ou d'injonctions, formes explicites de la polémique, les sourates considérées ont un caractère polémique évident. Pourquoi alors ne pas interroger cette dernière caractéristique au regard des cinq questions argumentatives mises au jour précédemment ? La démarche s'attachera alors à collecter tous les prédicats autour des notions de Dieu, de Prophète, de Coran, d'eschatologie, et enfin de croyants dans les sourates dépourvues de tous contre-discours et injonctions. A cette fin, on proposera un tableau synoptique de ces données choisies.

14 Concernant cette chronologie, *v.* notre présentation de la partie III.

B Les cinq questions argumentatives dans les sourates sans contre-discours

a Présentation du tableau

Le tableau présenté ci-dessous rassemble trente sourates sans contre-discours (et sans trace d'injonctions faites à l'allocutaire coranique). Celles-ci ont été sélectionnées parmi les trente sept sourates sans contre-discours car elles appartiennent également à la chronologie de Nöldeke. Pour chacune, on répertorie la présence (si cela est possible) des cinq thèmes polémiques ou autrement dit des cinq questions argumentatives sus mentionnées. A chaque référence d'une des cinq thématiques polémiques (Dieu, le prophète, le Coran, l'eschatologie, les croyants) on indique le mot ou l'expression dans le verset considéré. Cet ensemble constitue, selon notre hypothèse, les premières formes de la polémique coranique.

Tableau n° 11 : Les cinq questions argumentatives dans les sourates sans contre-discours

		Dieu	Le prophète	Le Coran	L'eschatologie	Les croyants
1	***al-fātiḥa***	v. 2–4	**x**	**x**	*yawmi al-din*[i] (v.3)	**x**
53	***al-nağm***	*rabbihi (v. 18) ; mā 'anzala llāhu bihā min sulṭānin (v. 23) wa-li-llāhi mā fī s-samāwāti wa-mā fī l-'arḍi (v. 31)...*	*wa-n-nağmi 'iḏā hawā 2 mā ḍalla ṣāḥibukum wa-mā ġawā... (1–18)*	*waḥyun* (v. 4), *ḏikrinā* (v. 29), *ḥadīṯi* (59).	*al-'āḫiratu* (v. 25) ; *'azifati l-'āzifatu* (v. 57)	
55	***al-raḥmān***	*fa-bi-'ayyi 'ālā'i rabbikumā tukaḏḏibāni* (v. 13, 16, 18...)	*Rabbika* (v. 27, 78)	**x**	*fa-bi-'-ayyi 'ālā'i rabbikumā tukaḏḏibāni* (v.35–78)	
70	***al-ma'āriğ***	*mina llāhi ḏī l-ma'āriği* (v. 3) *wa-narāhu qarīban* (v. 7)...	*fa-ḏarhum* (v. 42)	**x**	*wa-narāhu qarīban (7); 'innahā laẓā (14) ; ğannata na'īmin (38)*	

Tableau n° 11 *(continu)*

		Dieu	Le prophète	Le Coran	L'eschatologie	Les croyants
73	***al muz-zammil***	Toute la sourate, *Rabb* (v. 9, 20).	*yā-ʾayyuhā l-muzzammilu ...(v. 1–11)*	*qurʾāna (v. 4), qawlan (v. 5)*	*ʾinna ladaynā ʾankālan wa-ǧ-aḥīman (12) wa-ṭaʿāman ḏā ġuṣṣatin wa-ʿaḏāban ʾalīman (13) yawma (14)*	*minkum* (20)
77	***al-mur-salāt***	*V. 16 (ʾa-lam nuhliki l-ʾ-awwalīna)-18 ; 20–22 ; 25–27 ; 38 ; fa-ʾin kāna lakum kaydun fa-kīdūni (v. 39), v. 44)*	x	x	*li-yawmi l-faṣl^{i}* (v.13)	x
80	***ʿabasa***	*ʾannā ṣababnā l-māʾa ṣabban... (v. 25–32)*	*«ka» ; «anta»* (v. 2–11)	*taḏkira^{tun}* (11), *ṣuḥufin* (12)	*yawmaʾiḏin*	x
81	***al-takwīr***	*wa-mā tašāʾūna ʾillā ʾan yašāʾa llāhu rabbu l-ʿā-lamīna (v. 29)*	*ʾinnahū la-qawlu rasūlin karīmin(v. 19) wa-mā ṣāḥibukum bi-maǧnūnin (v. 22) wa-la-qad raʾāhu bi-l-ʾufuqi l-mubīni (v. 23)*	*qawlu* (19) ; *qawli* (25) ; *ḏikrun* (27)	*al-ǧaḥimu, al-ǧannatu* (11–13)	
82	***al-ʾ-infiṭār***	*Rabb (v. 6) ; wa-l-ʾ-amru yawmaʾiḏin li-llāhi (v. 19)*	x	x	*al-dīn, naʿīm, jaḥim, yawmu al-din^{i}* (9–19)	
84	***al-ʾ-inšiqāq***	*Rabb (v. 2, 5, 15) wa-llāhu ʾaʿlamu bi-mā yūʿūna (v. 23)*	x	*quriʾa ʿalayhimu l-qurʾānu* (21)	*wa-yaṣlā saʿīran (v.12) ; innahū ẓanna ʾan lan yaḥūra (14)*	

Tableau n° 11 *(continu)*

		Dieu	Le prophète	Le Coran	L'eschatologie	Les croyants
85	***al-burūǧ***	*Allāh* (v. 8, 9, 20) ; *Rabbika* (v. 12) ; *Huwa* (v. 13, 14)	**x**	*bal huwa qur'ānun maǧīdun (21) fī lawḥin maḥfūẓin (22)*	*al-nāri* (v.5)	*al-mu'minīna (7, 10)*
86	***al-ṭāriq***	*'innahū ʿalā raǧʿihī la-qādirun (v. 8) wa-'akīdu kaydan (v. 16)*	*fa-mahhili l-kāfirīna 'amhilhum ruwaydan (v. 17)*	*qawlun* (13)	*raǧʿihī* (v. 8)	**x**
87	***al-'aʿlā***	*Rabbika* (v.1), *Llāhu* (v.7)	*sabbiḥi sma rabbika l-'aʿlā (v. 1), sa-nuqri'uka fa-lā tansā (v. 5) wa-nuyassi-ruka li-l-yusrā (v. 7) fa-ḏakkir (v. 8)*	*sa-nuq'ri-uka* (6) ; *ḏikrā* (9)	*al-nāra al-kubrā* (12)	**x**
91	***al-šams***	*rasūlu Allāhi* (v. 6)	*rasūlu Allāhi (v.6)*	**x**	**x** (récit thamoudéen)	
92	***al layl***	*fa-sa-nuyassi-ruhū*… (v. 7), *Rabbihi* (v.20)	**x**		*al-'āḫiratā (v. 13)*	
93	***al-ḍuḥā***	*rabbuka* (v.3, 5) ; *rabbika* (v.8)	*Toute la sourate*		**x**	
94	***al-'inširāḥ***	*rabbika* (v.8)	*Toute la sourate*		**x**	
95	***al-tīn***	*la-qad ḫalaqnā l-'insāna (v.4)… Llāhi (v.8)*	**x**		*dīn* (v. 7)	

Tableau n° 11 *(continu)*

		Dieu	Le prophète	Le Coran	L'eschatologie	Les croyants
96	***al-ʿalaq***	*Rabbika* (v.1, 8) *Rabbuka* (v. 3)	*iqraʾ (v.1, 3), Rabbika (v. 8), ara-ayta (9, 11, 13), lā tuṭiʿhu wa-usǧud wa-iqtarib*	*ʾiqraʾ* (v. 1)	*al ruǧʿā* (v. 8)	x
97	***al-qadr***	*ʾinnā ʾanzalnāhu (v.1) ?, rabbihim (v.4)*	x	*ʾinnā ʾanzalnāhu (v.1) ?*	x	
100	***al-ʿā-diyāt***	*rabbihī* (v.6), *rabbahum* (v.11)	x	x	*yawma* (v.11)	
101	***al-qāriʿa***	x	*wa-mā ʾadrāka mā (v. 3, 10)*		*yawma* (v.4) ; *nārun hāmiya* (v.11)...	
102	***al-takāṯur***	x	x		*tarawunna al-jaḥim* (v.6) ; *yawma, naʿīm* (v. 8)	
103	***al-ʿaṣr***	x	x		x	
104	***al-humaza***	*Llāhi (v. 6)*	*wa-mā ʾadrāka mā l-ḥuṭamatu (v.5)*	x	*la-yunbaḏanna fī l-ḥuṭamati (v. 4.) & (v. 5 sqq.)*	x
105	***al fīl***	*Rabbuka (v.1)*	*ʾa-lam tara (v.1)*		x	
106	***qurayš***	*Rabba* (v.3)	x		x	
107	***al-māʿūn***	x	*ʾa-raʾayta*		*dīn* (v. 1)	
108	***al-kawṯar***	*Rabbika (v.2)*	*ʾaʿṭaynāka (v. 1) ; fa-ṣ-alli Rabbika wa-nḥar (v.2) ; inna wa šāniʾaka (v. 3)*		x	
111	***al-masad***	x	x		*nār^{an}*(v.3)	

b Premières lectures du tableau

En s'appuyant sur ce tableau, les éléments rassemblés montrent la présence des thèmes polémiques déjà existants dans les sourates accueillant des contre-discours ou des injonctions (de la riposte). Nous avions procédé précédemment à l'élaboration d'une chronologie approximative qui reconstituait, pense-t-on, les premières formes de la révélation coranique. Le présent tableau viendra préciser l'ordre des premiers groupes de sourates déjà sélectionnées. Pour ce faire, on sera attentif au nombre de thèmes polémiques présents dans chacune des trente sourates. Or, il est tout à fait plausible que plus le nombre de thèmes polémiques est important et plus la sourate est récente. A l'inverse, moins il y a d'indices polémiques et plus la sourate a de chances d'être ancienne. Le classement des sourates serait alors établi selon l'accroissement de l'hostilité que suscite le Coran ou celle provoquée par l'allocutaire coranique.

L'hypothèse se traduit alors par la constitution de six groupes de textes. Ainsi, le premier groupe est constitué d'une seule sourate : *al asr*. Si l'on excepte son troisième verset qui semble être une interpolation tant il se singularise par sa longueur et sa thématique théologique très développé[15], la sourate *al asr* ne mobilise aucun des thèmes ou motifs polémiques développés plus tard. Notre observation implique selon nous qu'il s'agit peut être de la plus ancienne sourate et ceci malgré sa nature laconique qu'il faut prendre en compte. Postérieur chronologiquement, le deuxième groupe à considérer regroupe deux sourates : *qurayš, al masad*. Ils réunissent respectivement un seul motif de la polémique, *rabb* pour le premier et *nār* pour le second. Le troisième groupe, le plus fourni des six, rassemble douze sourates (*al-fātiḥa, al-mursalāt, al-ʾinfiṭār, al-ḍuḥā, al-ʾ-inširāḥ, al-tīn, al-qadr, al-ʿādiyāt, al-qāriʿa, al fīl, al-māʿūn, al-kawṯar*) qui ont toutes en commun de réunir deux motifs de la polémique. Le quatrième groupe est lui constitué des six sourates *al-raḥmān, al-maʿāriǧ, al-ʾinšiqāq, al-šams, al layl, al-humaza*. Regroupant quatre motifs de la polémique, le cinquième groupe réunit sept sourates : *al-naǧm, ʿabasa, al-takwīr, al-burūǧ, al-ṭāriq, al-ʾaʿlā, al-ʿ-alaq*. Enfin, le dernier et sixième groupe n'accueille qu'une sourate réunissant tous les motifs de la polémique définis par les cinq questions argumentatives. Il s'agit en l'occurrence de la sourate *al muzzamil*.

Fidèle à notre hypothèse de départ, il est possible de reconstituer un ordonnancement chronologique des premières sourates du Coran en s'appuyant uniquement sur l'hypothèse d'une polémique en évolution marquée par le

15 C'est peut-être la raison pour laquelle, il existe une interpolation qui tente de réinscrire les deux premiers versets dans une perspective que l'on qualifiera de « coranique ».

nombre croissant de thèmes polémiques engagés. Ce ré-ordonnancement conduit au tableau ci-dessous.

Tableau n° 12 : Essai de ré-ordonnancement des trente premières sourates

Sourates présumées les plus récentes des trente premières sourates	Groupe 6	73
	Groupe 5	53, 80, 81, 85, 86, 87, 96
↑	Groupe 4	55, 70, 84, 91, 92, 104
	Groupe 3	1, 77, 82, 93, 94, 95, 97, 100, 101, 105, 107, 108
Sourates présumées les plus anciennes des trente premières sourates	Groupe 2	106, 111
	Groupe 1	103

A partir d'une localisation précise des cinq grands thèmes de la polémique coranique (ou Questions Argumentatives) et d'une tentative partielle de ré-ordonnancement chronologique des sourates coraniques, il est dorénavant possible d'analyser les thèmes, les formes et l'évolution de ce corpus restreint, objet des chapitres qui vont suivre.

Chapitre VII
Les themes du contre-discours et de la riposte coranique

Définis, localisés et quantifiés précisément au chapitre précédent, les contre-discours rapportés directs présents peuvent dorénavant être analysés selon les thèmes qui les traversent. Bien que chaque question argumentative constitue à elle seule une thématique en soi (Dieu, Le Prophète, Le Coran, l'eschatologie, les croyants) chacune d'entre-elles, on le verra, se subdivise en (sous) thèmes à partir desquels se déclinent nombre de prédicats[1]. Collectés et rassemblés, ces prédicats définiront un portrait des croyances et des attitudes de l'opposant telles que le Coran les met en scène. L'étude thématique sera sensible aux fréquences, rapports, et significations de ces prédicats (Chapitre VII). Cette étape introduira ainsi d'autres analyses sur les formes, les stratégies discursives mobilisées et leurs effets (Chapitre VIII) et les évolutions des contre-discours coraniques (Chapitre XI).

A Les trois thèmes du discours contre Dieu et ses vingt-six prédicats

Comme nous venons de l'évaluer dans le chapitre précédent, le nombre d'énoncés relevant d'un discours contre Dieu mobilise près d'un tiers du corpus contre-coranique. Cette proportion significative au regard du nombre total des contre-discours se subdivise en trois thématiques : la nature de Dieu, son action auprès des hommes et l'action des hommes à son endroit. Ce triptyque est traversé par deux types de croyances, l'une positive (ce à quoi les opposants adhèrent) et l'autre négative (ce que les opposants réfutent). Pour la commodité de notre propos, nous avons réparti ces contre-discours selon les trois thématiques sus-mentionnées.

a La nature du Dieu des opposants

Par nature de Dieu, il faut entendre l'ensemble des prédicats qui rendent compte d'une caractéristique de Dieu dans un contre-discours. En l'occurrence, il s'agit

1 *V. supra*, p. 70

de relever ce qui répond à la phrase : « Dieu est » ou « Dieu a » mais encore « Dieu n'est pas » ou « Dieu n'a pas ». Les réponses constituent un ensemble de onze prédicats dont six réfutent explicitement les enseignements coraniques. Le premier et le plus récurrent est l'affirmation qu'Allah a engendré un enfant (*'ittaḫaḏ*[a] *Allāh*[u] *walad*[an]). L'expression coranique se retrouve à sept reprises quasiment à l'identique dans six sourates différentes (II, 116 ; XXXVII, 152 ; XIX, 88 ; XXI, 26 ; XVIII, 4 ; X, 68 ; IX, 30). Elle est sans conteste une affirmation chrétienne de la nature de Dieu. Suivi de près en terme quantitatif, un deuxième prédicat parfois implicitement contenu dans les versets coraniques vient souligner la suprême volonté divine. En d'autres termes, Dieu est une volonté qui détermine la destinée des hommes. L'expression « *law šā'*[a] *Allāh*[u] » en est la parfaite illustration. A six reprises (II, 26 ; VI, 148 ; XVI, 35 ; XXXVI, 47 ; XLIII, 20 ; LXXIV, 31), l'opposant souligne cette caractéristique pour mieux la dissocier de la volonté du Dieu coranique. Plus surprenant est le peu de mention faite à l'affirmation que Dieu n'est pas unique. En effet, trois contre-discours affirment une croyance en plusieurs divinités (VI, 136 ; XXI, 29 ; XXXVIII, 5). Un bel exemple en est la juxtaposition des deux assertions suivantes : *hāḏā li-Allāh*[i] / *wa haḏā li-šurakā'inā* (VI, 136). Plus réduite encore en nombre est l'identification de Dieu au Messie que l'on rencontre à deux reprises dans la même sourate (V, 17, 72) à travers l'expression : « *'inn*[a] *Allāh*[a] *huw*[a] *l-masīḥ*[u] ». C'est encore une fois une allusion pour le moins explicite au dogme chrétien. Plus originale est la mention d'un contre-discours dont l'identité des opposants est clairement désignée (*wa-qālat*[i] *al-yahūd*[u] *wa-l-naṣārā*). L'assertion qui leur est prêtée (*naḥn*[u] *'abnā'*[u] *Allāh*[i] *wa 'aḥibbā'uh*[u]) définit un rapport privilégié à Dieu. C'est d'ailleurs la seule occasion où ces deux derniers termes sont cités ensemble dans le cadre d'un discours rapporté des opposants. Ne faisant également l'objet que d'une occurrence, un sixième prédicat souligne par la voix d'un opposant que l'expression « *raḥmān* », autre terme qui désigne Allah, ne fait pas l'objet d'un culte (XXV, 60). L'opposition est ici exprimée par le refus de se prosterner (*wa mā l-raḥmān*[u] *'a-nasǧud*[u] *li-mā ta'murun*[a]) malgré l'injonction faite à l'allocutaire coranique (*wa-'iḏā qīl*[a] *lahum*[u] *āsǧudū li-l-raḥmān*[i]). Enfin, la surprenante affirmation que « Dieu est pauvre » finit par définir un rapport des opposants à leur Dieu totalement étranger au Coran. On verra que cette affirmation éminemment polémique est à mettre en lien avec un enseignement du Talmud (*V.* Partie III, CDRD 31). On récapitulera ici les sept prédicats qui fournissent une caractéristique de Dieu foncièrement différente des enseignements du Coran :

- [Prédicat 1] Dieu a un enfant (II, 116 ; XXXVII, 152 ; XIX, 88 ; XXI, 26 ; XVIII, 4 ; X, 68 ; IX, 30)
- [Prédicat 2] Dieu a une volonté – qui n'est pas celle du Dieu du coranique – (II, 26 ; VI, 148 ; XVI, 35 ; XXXVI, 47 ; XLIII, 20 ; LXXIV, 31)

- [Prédicat 3] Dieu n'est pas unique (VI, 136 ; XXXVIII, 5 ; XXI, 29)
- [Prédicat 4] Dieu est identifié au Messie (V, 17, 72)
- [Prédicat 5] Dieu est « pauvre » (III, 181)
- [Prédicat 6] Dieu a des enfants préférés (V, 18)
- [Prédicat 7] Dieu n'est probablement pas le Tout Miséricorde (XXV, 60)

Mais au côté de ces assertions, il est possible également de s'arrêter sur quatre autres formulations. Elles ont en commun de souligner des points de convergences entre l'enseignement du Coran et les affirmations d'adversaires quant à la nature de Dieu. La première d'entre-elles, la plus fréquente, est la croyance en un Dieu créateur. Le verset XXIX, 61 en est la plus parfaite illustration, on y lit : « Certes, si tu demandes [aux Incrédules] (*wa-la-'in sa'altahum) :* « Qui a créé les cieux et la terre et a soumis le soleil et la lune ? » (*man ḫalaq^{a} l-samāwāt^{i} wa-l-'arḍ^{a} wa-saḫḫar^{a} l-šams^{a} wa-l-qamar^{a}*), ils répondent : « [C'est] Allah ! » Comment peuvent-ils blasphémer [en adorant un autre dieu] (*la-yaqūlunn^{a} Allāh^{u} fa-'annā yu'fakūn^{a}*) ?[2] Cette concession donnée au Coran à six reprises (XXIX, 61, 63 ; XXXI, 25 ; XXXIX, 38 ; XLIII, 9, 87) est aussi renforcée par l'affirmation que Dieu est bien le possesseur du monde. Ce deuxième prédicat est explicitement illustré par les deux versets suivants : « Dis : 'Qui a dans Sa main le royaume de toute chose ? (*qul man bi-yadihī malakūt^{u} kull^{i} šay$^{'in}$*) Qui protège et n'est protégé, si vous le savez ?' *wa-huw^{a} yuǧīr^{u} wa-lā yuǧār^{u} ʿalayh^{i} 'in kuntum taʿlamūn^{a}*. Ils répondront: « c'est Allah ». Dis [-leur]: « Comment pouvez vous être ensorcelés [au point de ne pas croire] (*sa-yaqūlūn^{a} li-Allāh^{i} qul fa-'annā tusḥarūn^{a})*? ». Mais si Dieu possède le monde, il est aussi celui qui possède également un Livre. C'est ce qui est implicitement contenu et suggéré dans le verset polémique suivant : « Et en vérité, parmi eux se trouve certes une fraction [de gens] (*wa-'inn^{a} minhum la-farīq^{an})* qui gauchissent (?) l'Ecriture, en l'articulant (*yalwūn^{a} 'alsinatahum bi-l-kitāb^{i}),* pour que vous comptiez cela [comme partie] de l'Ecriture *(li-taḥsabūhu mina l-kitāb^{i}*) ; ils disent que cela vient d'Allah alors que cela ne vient pas d'Allah. Contre Allah, ils profèrent le mensonge alors qu'ils savent[3] » (III, 78). Plus explicite, cette fois, est la mention de la main de Dieu par un opposant désigné : « Les juifs ont dit : La main d'Allah est fermée » (*wa-qālat^{i} l-yahūd^{u} yad^{u} Allāh^{i} maġlūlat^{un}*). Complétant ainsi notre première liste, il est dorénavant possible de rassembler et d'ajouter quatre autres prédicats. Ils ont pour singularité de souligner des croyances partagées entre les énoncés du Coran et les dires rapportés des opposants :

---

2 Trad. Blachère
3 *Id.*

- [Prédicat 8] Dieu est créateur (XXIX, 61, 63 ; XXXI, 25 ; XXXIX, 38 ; XLIII, 9, 87)
- [Prédicat 9] Dieu est détenteur du monde (XXIII, 87, 89)
- [Prédicat 10] Dieu a un livre (III, 78)
- [Prédicat 11] Dieu a une main (V, 64)

b L'action de Dieu selon les opposants

Une deuxième série de prédicats décrit l'action de Dieu selon les opposants. Les énoncés rendent compte de ce que Dieu fait ou ne fait pas. On recense en l'occurrence dix prédicats dont quatre s'opposent aux caractéristiques du Dieu coranique. Selon un premier contre-discours, l'opposant est possiblement capable de susciter une révélation telle que le Coran. C'est le sens explicite de l'assertion : « Je vais faire descendre [chose] semblable à ce qu'a fait descendre Allah (*sa'unzil^u miṯl^a mā 'anzal^a Allāh^u*) ! » (VI, 93). Trois autres occurrences rappellent l'hostilité à toute croyance eschatologique mettant en doute l'action de Dieu autour de l'heure eschatologique, la résurrection des corps de même que la Rétribution des actes. Ainsi, on peut lire : « Nous ne savons pas ce qu'est l'Heure (*mā nadrī mā l-sā'at^u*). Nous ne faisons que conjectures et ne sommes pas convaincus (*'in naẓunnu 'illā ẓann^an wa-mā naḥn^u bi-mustayqinīn^a*) » (XLV, 32) ou encore l'affirmation suivante : « Allah ne ressuscite pas celui qui meurt (*lā yab'aṯ^u Allāh^u man yamūt^u*) » (XVI, 38). Enfin, un dernier prédicat rapporte une assertion de l'opposant en contradiction avec le Coran selon laquelle il lui est possible d'être rétribué favorablement par Dieu bien que ce dernier exprime un doute quant aux fins dernières : « et si je suis ramené à mon Seigneur, j'aurai auprès de Lui la Très Belle Rétribution *(wa-la-'in ruǧi't^u 'ilā rabbī 'inn^a lī 'indah^u la-l-ḥusnā)* » (XLI, 50). Rappelons ici cette liste de quatre prédicats :

- [Prédicat 12] Dieu peut se révéler à d'autres hommes -que l'allocutaire coranique – (VI, 93)
- [Prédicat 13] Dieu ne ressuscite pas les morts (XVI, 38)
- [Prédicat 14] Dieu peut rétribuer favorablement les opposants (XLI, 50)
- [Prédicat 15] Dieu ne promet pas l'Heure eschatologique (XLV, 32)

Au côté de ces quatre prédicats, on en recense six autres dont le point commun est de partager un enseignement et une croyance défendue par le Coran. Par le nombre d'occurrences, le premier d'entre-eux est l'assertion selon laquelle Dieu envoie des messagers aux hommes. Dix occurrences (IV, 157 ; VI, 124 ; IX, 59 ; XVII, 94 ; XXIV, 47 ; XXV, 21 ; XXVIII, 47 ; XXXIII, 12 ; LXIII, 1, 7) sont à relever dont l'une des plus éloquentes affirme : « Nous ne croirons que lorsque tu apporteras (un signe) comme ce que nous ont apporté [auparavant] les messagers d'Allah (*miṯl*^{a} *mā ʾūtiya rusul*^{u} *Allāh*^{i}) » (VI, 124). Une Deuxième assertion affirme à six reprises (II, 118 ; VI, 37 ; X, 20 ; XIII, 27 ; XX, 133 ; XXIX, 50) que Dieu est capable d'être l'auteur de miracles ou de signes probants comme l'affirme implicitement le verset suivant : « Pourquoi ne nous apporte-t-il pas un signe de son Seigneur (*ʾāyat*^{in} *min rabbihī*) ? ». Toujours selon les prédicats implicitement contenus dans les versets du contre-discours, Dieu peut mettre à l'épreuve ou châtier les hommes comme l'attestent les trois occurrences (VIII, 32 ; LVIII, 8 ; LXXXIX, 15, 16) dont le très suggestif : « Pourquoi Allah ne nous châtie pas (*law-lā yuʿaḏḏibunā Allāh*^{u}) pour ce que nous disons ? » (LVIII, 8). Enfin, trois autres prédicats aux occurrences plus réduites soulignent que le Dieu des opposants est aussi celui qui ordonne (III, 183 ; IV, 77 ; VII, 28), gratifie (IV, 72, 78 ; XXXVI, 47) et peut se manifester ostensiblement (XX, 21 ; XVII, 92) comme l'attestent les exemples respectifs suivants : « Nous avons trouvé nos pères agir ainsi et Allah nous l'ordonne (*wa Allāh*^{u} *ʾamaranā bihā* » (VII, 28) ; « Allah m'a comblé d'un bienfait (*qad ʾanʿam*^{a} *Allāh*^{u} *ʿalayy*^{a}) puisque je n'ai pas été un témoin avec eux (à la guerre) » (IV, 72) ; « Pourquoi les anges ne sont pas descendus sur nous ou pourquoi ne voit-on pas notre Seigneur (*ʾaw narā rabbanā*) ? » (XXV, 21). Rassemblés, les six prédicats mentionnés sont les suivants :

- [Prédicat 16] Dieu a envoyé des messagers (IV, 157 ; VI, 124 ; IX, 59 ; XVII, 94 ; XXIV, 47 ; XXV, 21 ; XXVIII, 47 ; XXXIII, 12 ; LXIII, 1, 7)
- [Prédicat 17] Dieu est capable de miracle ou de signes (II, 118 ; VI, 37 ; X, 20 ; XIII, 27 ; XX, 133 ; XXIX, 50)
- [Prédicat 18] Dieu met à l'épreuve les hommes (VIII, 32 ; LXXXIX, 15, 16 ; LXXXVIII, 8)
- [Prédicat 19] Dieu ordonne (III, 183 ; IV, 77 ; VII, 28)
- [Prédicat 20] Dieu gratifie (IV, 72, 78 ; XXXVI, 47)
- [Prédicat 21] Dieu peut se manifester ostensiblement (XVII, 92 ; XXV, 21)

Après la mise en lumière de la nature et de l'action de Dieu comme thèmes du discours contre Dieu, il faut relever également un nombre relativement réduit de prédicats relatifs à l'action des hommes envers Dieu. C'est la troisième et dernière thématique à considérer.

c L'action des opposants envers Dieu

Le thème de l'action des opposants envers Dieu est constitué de cinq prédicats. Parmi ceux-ci, l'affirmation selon laquelle Allah est l'objet d'un culte est sans nul doute la plus marquante. Cinq versets sont à considérer : « Nous [les Gens du Livre et/ou les Bédouins ?] croyons en Allah et au Jour Dernier » (II, 8) ;

« Nous croyons » (II, 76) ; « Nous croyons en Allah et au messager et nous obéissons » (XXIV, 47) ; « Nous croyons en Dieu » (*ʾāmannā bi-Allāhi*). Cette croyance a d'autres implications concrètes. Ainsi, Dieu peut être révéré: « nous aurions été des serviteurs zélés (*la-kunnā ʿibādᵃ Allāhⁱ l-muḫlaṣīnᵃ)* » (XXXVII, 169). Mais il peut également être calomnié : « Invente-t-il un mensonge contre Allah (*ʾā-ftarā ʿalā Allāhⁱ kaḏibᵃⁿ)* ? Ou est-il possédé ? » (XXXIV, 8) ; il peut faire l'objet d'intercesseurs : « Ceux-ci seront nos intercesseurs auprès d'Allah (*hāʾulāʾⁱ šufaʿāʾunā ʿindᵃ Allāhⁱ)* » (X, 18) ; enfin, Dieu peut faire l'objet d'un serment comme l'atteste le verset suivant : « ils jurent en leurs plus solennels serments (*wa-ʾaqsamū bi-Allāhⁱ ǧahda ʾaymānihim*) qu'Allah ne ressuscite pas celui qui meurt (*lā yabʿaṯᵘ Allāhᵘ man yamūtᵘ*) (XVI, 38). On retrouve l'ensemble de ces prédicats dans la liste suivante :

- [Prédicat 22] Dieu est l'objet de notre croyance (II, 8, 76 ; XXIV, 47 ; XXIX, 10)
- [Prédicat 23] Dieu peut être calomnié (XXXIV, 8 ; XLIV, 24)
- [Prédicat 24] Dieu fait l'objet d'intercesseurs (X, 18 ; XVI, 38)
- [Prédicat 25] Dieu peut faire l'objet de serment (XVI, 38)
- [Prédicat 26] Dieu peut être révéré (XXXVII, 169)

B Le thème du « discours contre le prophète » et ses vingt prédicats

Dans la perspective de l'opposant, l'allocutaire coranique est bien l'objet d'une réfutation radicale. Cette opposition se vérifie comme on l'a vu dans soixante cinq contre-discours que l'on peut regrouper selon trois thématiques. Les contre-discours considérés sont d'abord des réfutations de l'homme et de la nature de sa mission (a.). Ils sont ensuite le prétexte à une réfutation des actes de ce dernier (b.). C'est enfin une mise en scène de l'action des opposants à l'encontre du prophète (c.).

a La nature du prophète

A travers les contre-discours, on recense sept prédicats qui sont autant d'assertions qui qualifient péjorativement l'allocutaire coranique. Par ordre décroissant d'occurrences, le (faux) prophète est d'abord un contrefacteur (*iftarāhu)* comme en attestent douze occurrences coraniques (X, 38 ; XI, 13, 35 ; XXI, 5 ; XXV, 4, 5 ; XXX, 58 ; XXXIV, 8, 43 ; XLII, 24 ; XLVI, 8 ; LII, 33). Il est aussi un humain (*bašar*) comme les autres (VI, 91 ; XVII, 47, 94 ; XXI, 3 ; XXXIV, 43 ; XLIII, 31 ; XLIV, 14 ; LXXIV, 25) ; il est désigné tel un possédé (*mağnūn)* dans quatre occurrences (XV,

6 ; XXIII, 70 ; LXVIII, 51 ; XVII, 47) ; il est aussi considéré comme un menteur (*kaḏḏāb*) à quatre reprises (XVI, 101 ; XXXIV, 8 ; XXXVII, 36 ; XXXVIII, 4) ; il est un homme à qui l'on enseigne (« *darast*^{a} ») selon trois occurrences (VI, 105 ; XVI, 103 ; XXV, 4) ; il est également un poète (*sāḥir*) à trois reprises (XXI, 5 ; XXXVII, 36 ; LII, 30) ; il est enfin désigné tel un sorcier (*šāʿir*) à deux reprises (X, 2 ; XXXVIII, 4). L'ensemble de ces prédicats souligne que le phénomène coranique n'est jamais dissocié de celui qui en est le porteur. Il s'agit bien à travers ces qualificatifs très péjoratifs de saisir le phénomène selon trois perspectives : le (faux) prophète est l'exclusif auteur du Coran, le (faux) prophète est possédé (et donc inspiré) par les djinns, le (faux) prophète est aidé par d'autres hommes. Parmi tous les prédicats considérés, la première explication du fait coranique par les opposants est celle la plus privilégiée compte tenu du nombre de ses occurrences : le (faux) prophète serait le seul auteur du Coran. On donnera ici la liste de la totalité des occurrences citées :

- [Prédicat 27] Le prophète, un contrefacteur (X, 38 ; XI, 13, 35 ; XXI, 5 ; XXV, 4, 5 ; XXX, 58 ; XXXIV, 8, 43 ; XLII, 24 ; XLVI, 8 ; LII, 33)
- [Prédicat 28] Le prophète, homme comme un autre, un humain (VI, 91 ; XVII, 47, 94 ; XXI, 3 ; XXXIV, 43 ; XLIII, 31 ; XLIV, 14 ; LXXIV, 25)
- [Prédicat 29] Le prophète est possédé (XV, 6 ; XXIII, 70 ; LXVIII, 51 ; XVII, 47)
- [Prédicat 30] Le prophète est un menteur (XVI, 101 ; XXXIV, 8 ; XXXVII, 36 ; XXXVIII, 4)
- [Prédicat 31] Le prophète est un poète (XXI, 5 ; XXXVII, 36 ; LII, 30)
- [Prédicat 32] Un prophète enseigné (VI, 105 ; XVI, 103 ; XXV, 4)
- [Prédicat 33] Un sorcier (X, 2 ; XXXVIII, 4)

Les prédicats précédents sont des assertions affirmatives. Autrement dit, elles précisent ce que l'allocutaire est au regard des opposants, mais corollaire à cela, l'opposition consiste également à dire ce qu'il n'est pas. Trois prédicats sont en l'occurrence à relever. Premièrement le prophète n'est ni un avertisseur ni un annonciateur : *mā ǧāʾanā min bašīr*^{in} *wa-lā naḏīrin* (V, 19). Deuxièmement, il n'est pas non plus à l'image de Moïse comme l'atteste le contre-discours suivant : *law-lā ʾūtiy*^{a} *miṯl*^{a} *mā ʾūtiy*^{a} *Mūsā* (XXVIII, 48). Troisièmement, enfin, similaire aux prédicats précédents, l'assertion consiste à refuser tout statut de prophète à l'allocutaire coranique (*rasūl*^{u} *Allāh*^{i}). Dix occurrences (IV, 150 ; XIII, 43 ; XVII, 94 ; XXV, 7, 41 ; XXVIII, 47 ; XXXIV, 34 ; LXIII, 1, 7, 8) l'attestent. Cette opposition est d'ailleurs mise en scène à travers une fausse adhésion : « *našhad*^{u} *ʾinnak*^{a} *la-rasūl*^{u} *Allāh*^{i} » (« J'atteste que tu es le messager d'Allah »). Ces trois dernières assertions constituent donc les prédicats 34, 35 et 36 :

- [Prédicat 34] Le prophète n'est ni avertisseur ni annonciateur (V, 19)
- [Prédicat 35] Le prophète n'est pas à l'image de Moïse (XXVIII, 48)

- [Prédicat 36] Il y a de faux prophètes (comme l'allocutaire coranique) et de vrais messagers (IV, 150 ; XIII, 43 ; XVII, 94 ; XXV, 7, 41 ; XXVIII, 47 ; XXXIV, 34 ; LXIII, 1, 7, 8)

Mais au côté de ces discours qui soulignent ce que le prophète est, et ce qu'il n'est pas, l'opposant ajoute parmi ses assertions ce que l'allocutaire coranique aurait dû être. Le vrai messager est en l'occurrence celui qui apporte des preuves tangibles. Quinze occurrences (III, 183 ; VI, 8, 37 ; X, 20 ; XI, 12, XIII, 7, 27 ; XV, 7 ; XVII, 90–93 ; XXI, 5 ; XXIX, 50 ; VI, 124 ; VII, 203 ; XX, 133 ; XXI, 5) le répètent. Le verset XXI, 5 l'illustre parfaitement : « ... Qu'il nous donne donc un signe identique à ce dont furent chargés les premiers [Envoyés] *(fa-l-ya'tinā bi'āyatin ka-mā 'ursila l-'awwalūna)* ! ». Cette demande est par ailleurs la plus répétée des discours contre le Prophète et consacre ce prédicat comme l'un des plus déterminants de cette série.

- [Prédicat 37] Le vrai messager apporte des preuves (III, 183 ; VI, 8, 37 ; X, 20 ; XI, 12, XIII, 7, 27 ; XV, 7 ; XVII, 90–93 ; XXI, 5 ; XXIX, 50 ; VI, 124 ; VII, 203 ; XX, 133 ; XXI, 5)

b Les actes du prophète

Mais les discours contre le prophète sont aussi le prétexte à la réfutation de son action et cela de quatre manières différentes. Premièrement, son hostilité aux divinités des opposants est critiquée (XXI, 36 ; XXV, 42 ; XXXVIII, 5). « Est-ce lui qui rejette nos divinités ? » (*'a-hāḏā llaḏī yaḏkur*^{u} *'ālihatakum*) s'interrogent-ils ? Deuxièmement, l'allocutaire coranique est considéré comme l'auteur de la mauvaise fortune des opposants : « Où que vous soyez, la mort vous atteindra, fussiez-vous dans des tours puissantes. Si un bien arrive à ces [gens], ils disent: 'cela vient de Dieu d'Allah!' Si un mal leur arrive, ils disent: 'cela vient de toi [prophète!]' (*hāḏih*^{i} *min 'indik*^{a})[4] » (IV, 78). Troisièmement, les opposants expriment leur hostilité face à la grande attention portée par le prophète à ce qu'ils peuvent dire comme semble le suggérer la formule suivante : « Il est tout oreille (*huw*^{a} *'uḏun*^{un}) » (IX, 61). Enfin, quatrième et dernier prédicat de cette série, l'action du prophète est intimement associée à l'acte de révéler le Coran (X, 15 ; XV, 6 ; XXV, 32 ; XXXVIII, 8 ; XLIII, 31).

- [Prédicat 38] Le prophète est opposé aux divinités (XXI, 36 ; XXV, 42 ; XXXVIII, 5)

---

4 trad. Blachère. *Le Coran* (al-Qor'ân), trad. de l'arabe par Régis Blachère, Paris, G.-P. Maisonneuve et Larose, 1968, 749 p.

- [Prédicat 39] Le prophète, auteur de la mauvaise fortune (IV, 78)
- [Prédicat 40] Le prophète est tout oreille (IX, 61)
- [Prédicat 41] Le prophète, porteur du Coran (X, 15 ; XV, 6 ; XXV, 32 ; XXXVIII, 8 ; XLIII, 31)

Après la mise en lumière des réfutations concernant l'homme et la nature de sa mission (a.) puis la réfutation des actions de ce dernier (b.), il est possible à travers les contre-discours de relever la mise en scène de l'action des opposants à l'encontre du prophète (c.).

c L'action des opposants à l'encontre du prophète

L'action des opposants à l'encontre du Prophète révèle deux attitudes. L'hostilité est d'abord exprimée à travers la dévalorisation de la révélation coranique. En effet, l'opposant affirme que d'autres personnes sont capables de produire un Coran semblable : « je ferai descendre [chose] à ce qu'Allah fait descendre *(sa'unzil^u miṯl^a mā 'anzal^a Allāh^u)* » (VI, 93). L'opposant est aussi celui qui feint l'obéissance, pouvant affirmer : « Nous croyons en Allah et au messager et nous obéissons *('āmannā bi-Allāh^i wa- bi-l-rasūl^i wa- 'aṭa'nā)* » ce que le texte coranique s'empresse de réfuter (XXIV, 47). Mais cette désobéissance peut revêtir une forme non feinte et parfois argumentée. C'est le cas de trois versets. Le premier est une désobéissance qui s'appuie sur la non reconnaissance du Dieu coranique : « Mais qu'est ce que le Tout Miséricorde ? Devons-nous nous prosterner sur ton ordre ? *(wa mā l-raḥmān^u 'a-nasǧud^u li-mā ta'murunā)* » (XXV, 60). Ici, l'usage de la question rhétorique ne trompe pas, il s'agit bien de refuser toute prosternation malgré l'invite coranique. Le deuxième verset est une désobéissance qui révèle la non reconnaissance des bienfaits de Dieu et de son prophète par les opposants : « Allah nous comble. Allah ainsi que Son Apôtre nous donnent de ses bienfaits ! Vers Allah tend notre désir ! » *(ḥasbunā Allāh^u sa-yu'tīnā Allāh^u min faḍlih^i wa-rasūluhū 'innā 'ilā Allāh^i rāġibūn^a)* » (IX, 59). La forme du contre-discours est particulière car elle fait dire à l'opposant ce qu'il aurait dû dire. Enfin, une dernière forme de désobéissance, cette fois argumentée, met en scène un opposant qui se refuse à suivre la voie pour ne pas connaître une issue fâcheuse : « Si nous suivons ta voie, nous serons expulsés de nos terres » *('in nattabi'^{i} l-hudā ma'ak^a nutaḫaṭṭaf min arḍinā)* » (XXVIII, 57). L'ensemble des prédicats présentés ici se regroupe dans la liste suivante :

- [Prédicat 42] D'autres personnes peuvent avoir une révélation (VI, 93)
- [Prédicat 43] La faveur du prophète n'est pas recherchée par les croyants (IX, 59)

- [Prédicat 44] Le Prophète est (faussement) obéi (XXIV, 47)
- [Prédicat 45] Un Prophète qui enjoint (à se prosterner) (XXV, 60)
- [Prédicat 46] Le Prophète pourrait être suivi (XXVIII, 57)

C Le thème du « discours contre le Coran » et ses vingt-six prédicats

Sans surprise, le Coran fait lui-même l'objet d'une réfutation. Cette opposition remet en cause le « phénomène » révélatoire (a.) dont l'opposant réfute l'origine divine (b.) et contre lequel il compte agir (c.)

a Le « phénomène » de la révélation coranique

Par la voix du contre-discours, le Coran met en lumière ce que les opposants perçoivent du phénomène coranique. Cinq prédicats sont concernés. Ils décrivent plus ou moins fidèlement une conception de la révélation très proche de ce que dit le Coran de lui-même. Le motif le plus récurrent souligne qu'il s'agit d'une révélation qui descend (XXXVIII, 8 ; XLIII, 31 ; XXV, 32 ; VI, 93 ; VI, 156 ; II, 91). L'affirmation suggère que l'opposant adhère à l'idée même qu'une révélation est toujours synonyme d'une telle forme de manifestation (*tanzil*). C'est peut être le cas dans l'interrogation suivante : « A-t-on fait descendre le Rappel sur lui parmi vous ? (*'a-'unzil*^{a} *'alayh*^{i} *al-ḏikr*^{u} *min bayninā)* » (XXXVIII, 8). Le deuxième prédicat attaché au Coran est la notion de Livre (*KTB*) entendu ici comme une révélation orale et écrite : « Le Livre est descendu sur deux parties avant nous et nous avons ignoré leur étude (*'innamā 'unzil*^{a} *l-kitāb*^{u} *'alā ṭā'ifatayn*^{i} *min qablinā wa 'in kunnā 'an dirāsatihim la-ġāfilīn*^{a}*)* » (VI, 156). La descente implique pour l'opposant que la révélation qu'il refuse soit également une proclamation. Le Coran est un discours, un appel comme le suggère le verset suivant : « Nous avons entendu », *sami'nā* (VIII, 21). C'est cette écoute hostile qui est aussi l'occasion d'en décrire certaines propriétés quant à la nature de son contenu. Ainsi le Coran est constitué d'histoires d'Anciens (LXXVIII, 15 ; LXXXIII, 13 ; XXV, 5 ; VIII, 31 ; XVI, 24) comme l'illustre le verset suivant : « Nous avons entendu, si nous voulions, nous dirions pareil à cela, ce n'est que fables d'anciens (*qad sami'nā law našā'*^{u} *la-qulnā miṯl*^{a} *hāḏā 'in hāḏā 'illā 'asāṭīr*^{u} *al-'awwalīn*^{a}) ». (VIII, 31). Enfin, son contenu est aussi évoqué par ses exemples : « Qu'a voulu [dire] Dieu par cet exemple (*māḏā 'arād*^{a} *Allāh*^{u} *bi-hāḏā maṯal*^{an} ? ». (II, 26, lire également LXXIV, 31). Récapitulons ici les cinq prédicats présentés ici :

- [Prédicat 47] Un Coran qui descend (XXXVIII, 8 ; XLIII, 31 ; XXV, 32 ; VI, 93 ; VI, 156 ; II, 91)
- [Prédicat 48] Un récit (?) d'anciens (LXXVIII, 15 ; LXXXIII, 13 ; XXV, 5 ; VIII, 31 ; XVI, 24)
- [Prédicat 49] Le Coran est un discours (entendu) (XLI, 26 ; XXXVIII, 7 ; VIII, 21)
- [Prédicat 50] Le Coran est fait d'exemples (II, 26 ; LXXIV, 31)
- [Prédicat 51] Le Coran un *KTB* (VI, 156, 157)

b Son origine

La saisie du phénomène coranique est suivie dans le même temps de sa réfutation. Celle-ci prend deux aspects : soit il s'agit de spécifier ce que le Coran est ou ce qu'il n'est pas. En l'occurrence, ce qui est visé est tout autant son porteur (on dira l'allocutaire coranique) que ses vrais auteurs ou encore le discours lui-même. Le Coran est donc un discours fabriqué : « *iftarāhu* » (VII, 203 ; X, 38 ; XI, 13, 35 ; XXV, 4 ; XLII, 24 ; LII, 33 ; XLVI, 8) porté par un contrefacteur : *ʾinnamā ʾant*^{a} *muftar*^{i} (XVI, 101) qui est le fruit d'un savoir : « *darast*^{a} » (VI, 105). Mais l'origine du Coran est autrement envisagée. Il serait le fruit d'une influence extérieure à l'allocutaire. Le Coran est alors le produit d'un être possédé : *ʾinnahū la-mağnūn*^{un} (LXXIV, 24 ; XLVI, 7 ; VI, 7) ou assisté par des hommes (instruits ?) comme le rappelle le très explicite : « Tout cela est un énorme mensonge qu'il a inventé et pour laquelle d'autres l'ont aidé (*ʾin hāḏā ʾillā ʾifk*^{un} *iftarāh*^{u} *wa- ʾaʿānah*^{u} *ʿalayh*^{i} *qawm*^{un} *ʾāḫarūn*^{a}) ». Une dernière assertion a pour particularité de se détacher de l'allocutaire et de cibler directement le Coran, on lit en effet : « c'est une ancienne affabulation *(hāḏā ʾifk*^{un} *qadīm*^{un}*)* ». (XLVI, 11)

- [Prédicat 52] Un Coran inventé (par l'allocutaire coranique) (VII, 203 ; X, 38 ; XI, 13, 35 ; XXV, 4 ; XLII, 24 ; LII, 33 ; XLVI, 8)
- [Prédicat 53] Un Coran appris (par un ou des hommes) (LXXIV, 25 ; XVI, 103 ; XXV,5 ; XLIV, 14)
- [Prédicat 54] Le Coran est une magie (LXXIV, 24 ; XLVI, 7 ; VI, 7)
- [Prédicat 55] Le Coran est porté par un menteur (XVI, 101)
- [Prédicat 56] Le Coran est le fruit d'un savoir (VI, 105)
- [Prédicat 57] Le Coran est un mensonge (XLVI, 11)

Ces six derniers prédicats définissent le Coran selon ce qu'il est. Symétriquement, le discours rapporté direct contre le Coran présente six énoncés qui le définissent selon ce qu'il n'est pas. Ainsi, le Coran n'est pas explicite : « Pourquoi ses versets n'ont-ils pas été exposés clairement ? Quoi ? est-ce un Coran étranger et arabe (à la fois) (*law-lā fuṣṣilat ʾāyātuhu ʾa-aʿ ğamīyy*^{un} *wa- ʿarabīyy*^{un}*)* ? » (XLI, 44) ; le

Coran n'est pas l'objet de croyance : « Nous ne croyons pas à ce Coran et ni à ce qui lui est antérieur (*lan nu'umin^a^ bi-hāḏā l-qur'ān^i^ wa-lā bi-llaḏī bayn^a^ yadayh^i^* » (XXXIV, 31 ; III, 72) ; le Coran n'est pas un rappel comme le souligne indirectement le verset suivant : « C'est sur lui qu'on aurait fait descendre le Rappel ? (*'a'unzil^a^ ʿalayh^i^ l-ḏikr^u^ min bayninā)* » (XXXVII, 168) ; il n'est pas une voie de guidance : « Il nous suffit de suivre la voie sur laquelle nous avons trouvé nos pères (*ḥasbunā mā wağadnā ʿalayh^i^ ābā'anā)* » (II, 170 ; V, 104 ; XXXI, 21) ; il n'est pas un miracle : « Pourquoi ne descend pas sur lui un signe venant de son Seigneur ? (*law-lā 'unzil^a^ ʿalayh^i^ 'āyat^un^ min rabbihi)* » (X, 20) ; il n'est pas une véritable révélation : « Si le Livre était descendu sur nous, nous aurions alors été mieux guidés qu'eux (*law 'annā 'unzil^a^ ʿalaynā l-kitāb^u^ la-kunnā 'ahdā minhum)* » (VI, 157).

- [Prédicat 58] Le Coran n'est pas une voie de guidance (II, 170 ; V, 104 ; XXXI, 21)
- [Prédicat 59] Le Coran adressé à une multitude (VI, 156, 157)
- [Prédicat 60] Le Coran, un objet de (non) croyance (XXXIV, 31) (III, 72)
- [Prédicat 61] Le Coran n'est pas un rappel (XXXVII, 168) (XXXVIII, 8)
- [Prédicat 62] Un Coran non explicite (XLI, 44)
- [Prédicat 63] Le Coran n'est pas un miracle venu de Dieu (X, 20)

c L'action des opposants à l'encontre du Coran

L'hostilité contre le Coran ne consiste pas uniquement à le disqualifier en dénonçant son mensonge. L'opposition est active. Elle n'hésite pas à prendre forme autour de quatre attitudes que l'on peut classer selon leur degré d'hostilité : la dissimulation, le défi, le dénigrement, la réfutation et le rejet univoque.

En effet, la première attitude est celle qui consiste à agir par dissimulation et fausse concession. Deux exemples en sont donnés aux versets III, 72 et XLVII, 26. Pour le premier, on lit : « Croyez à ce qui a été révélé à ceux qui croient au début du jour et rejetez-le à la fin du jour ! Peut-être reviendront-ils ? » (*'āminū bi-llaḏī 'unzil^a^ ʿalā llaḏīna 'āmanū wağha al-nahār^i^ wa-ākfurū 'āḫirahū laʿallāhum yarğiʿūn^a^)*. Pour le second exemple, il s'agit cette fois de la fausse concession, on lit en effet : « Nous vous obéirons en partie *(sa-nuṭī ʿukum fī baʿḍ^i^ l-'amr^i^)* » mais le texte modalise le discours rapporté en ajoutant : « Allah sait ce qu'ils tiennent secret » (III, 72).

La deuxième attitude conduit l'opposant à demander la modification ou la substitution du Coran : « Apporte nous un autre Coran que celui-ci ou change-le ! (*'ti bi-qur'ān^in^ ġayr^i^ hāḏā ['aw] baddilhu)* » (X, 15).

Mais cette demande peut revêtir une forme plus hostile qui veut contraindre l'allocutaire à fournir des preuves. Il s'agit alors d'un défi qui lui est lancé : « Faites revenir nos pères, si vous êtes véridiques » (*'tū bi-'ābā'inā 'in kuntum ṣādiqīn^a^)*. Au défi s'ajoutent le dénigrement et la dévalorisation : « J'ai reçu révélation / je ferai descendre semblable [chose] à ce qu'Allah fait descendre » *'ūḥiy^a 'ilayy^a / sa'unzil^u miṯl^a mā 'anzal^a Allāh^u* (VI, 93 ; *v.* également XXXIV, 31).

De ces précédents exemples, la réfutation si elle est vive n'exprime pas un refus définitif. Elle s'inscrit plutôt dans une polémique qui invite – certes par le dénigrement et l'hostilité – l'allocutaire à répondre. Les contre-discours suivant ont la particularité de s'offrir comme le paroxysme de la réfutation. Elles sont explicitement l'expression d'un refus parfois motivé. En effet, l'opposition prend la forme d'un jeu du regard – signe de complicité entre les opposants – qui accompagne le contre-discours : « Quelqu'un vous voit-il ? » *(hal yarākum min 'aḥad^in)* (IX, 127). Le corps de l'opposant est également sollicité comme symbole de la réfutation : « Nos coeurs sont dans des enveloppes de ce vers quoi vous nous appelez. En nos oreilles, une surdité. Entre vous et nous est un voile. Agis, car nous allons agir ! » *qulūbunā fī 'akinnat^in mimmā tad'ūnā 'ilayh^i wa-fī 'āḏāninā waqr^un wa-min bayninā wa- baynik^a ḥiǧāb^un fā'mal 'innanā 'āmilūn^a* (XLI, 5). Deux autres contre-discours illustrent l'hostilité en action de l'opposant : « Et ne croyez que ceux qui suivent votre religion *(wa-lā tu'minū 'illā li-man tabi'^a dīnakum)* » (III, 73) et enfin une dernière occurrence qui justifie le refus de la révélation coranique : « Il nous suffit de suivre la voie sur laquelle nous avons trouvé nos pères » *(« ḥasbunā mā waǧadnā 'alayh^i ābā'anā »)* (V, 104). Cet ensemble regroupe ainsi la liste des prédicats suivants :

- [Prédicat 64] Imiter le Coran est possible (VI, 93 ; XXXIV, 31)
- [Prédicat 65] Le Coran appelle à obéir (normes) (XLVII, 26)
- [Prédicat 66] Un autre Coran est souhaitable (X, 15)
- [Prédicat 67] Le Coran objet de réfutation (jeux du regard) (IX, 127)
- [Prédicat 68] Un Coran auquel on peut dissimuler l'adhésion (III, 72)
- [Prédicat 69] Une révélation reçue (VI, 93 ; XXXIV, 31)
- [Prédicat 70] Le Coran descendu sur le messager (V, 104)
- [Prédicat 71] Réfractaire à cet appel (un prêche ?) (XLI, 5)
- [Prédicat 72] Un Coran impuissant (à relever le défi de la résurrection des anciens) (XLV, 25)

D Les trois thèmes de l'eschatologie et ses dix-huit prédicats

Thématique fondamentale et quatrième question argumentative, le contre-discours eschatologique rassemble cinquante-deux versets[5]. Autour de cette

5 II, 8, 80, 111 ; III, 24 ; VI, 29 ; VII, 187 ; X, 48, 53 ; XI, 7, 8 ; XIII, 5 ; XVI, 38 ; XVII, 49, 51, 98 ; XIX,

thématique générale, on distingue aisément trois sujets distincts : la résurrection des corps (a.), l'heure eschatologique (b.) et la rétribution des actes (c.).

a La résurrection des corps et ses prédicats

Première des thématiques eschatologiques, la résurrection des corps regroupe trente trois versets[6]. Ils se répartissent en seize prédicats qui sont autant d'indices qui permettent de saisir comment les opposants comprennent et agissent face à l'idée d'une résurrection des corps.

Pour l'adversaire qui s'exprime à travers le contre-discours, il s'agit d'abord d'une croyance qui prend la forme d'une promesse : « Certes, nous avons reçu promesse de cela *(la-qad wuʿidnā hāḏā)* » (XXVII, 68 ; XLVI, 17). Cette promesse n'est autre qu'une « vieille histoire » (au sens péjoratif de fable) : « *ʾin hāḏā ʾillā ʾasāṭīr*[u] *l-ʾawwalīn*[a] (ce ne sont que des histoires d'anciens) » (XXVII, 68). Cette croyance consiste à accréditer d'autres prédicats (beaucoup plus nombreux) qui forment une séquence de trois motifs successifs. Les corps morts sont condamnés à la poussière et aux os pourris : « Quand nous mourrons et serons poussières et ossements (*ʾaʾiḏā mitnā wa kunnā turāb*[an] *wa- ʿiẓām*[an]) » (LXXIX, 10 ; LVI, 47 ; XXXVII, 16 ; XXXVI, 78 ; XXIII, 82 ; XVII, 49, 98). Ces derniers sortis de leurs tombes : « *ʾa-ʾinnā la-muḫraǧūn*[a] *(*serons-nous sortis [de nos tombes] ? » (XXVII, 67) sont relevés d'une vie première pour une nouvelle création : « *ḫalq*[an] *ǧadīd*[an] » (XVII, 49, 98 ; XXXII, 10 ; XXXIV, 7 ; XIII, 5 ; XXXVI, 78). Cette nouvelle création concerne non seulement les opposants mais également leurs ascendants : « *ʾa-wa ʾābāʾunā l-ʾawwalūn*[a] » (XXIII, 83 ; XXVII, 68 ; XXXVII, 17 ; XLIV, 17 ; XLVI, 17 ; LVI, 48).

Des éléments qui précèdent, il faut déduire la pleine compréhension par l'opposant des implications d'une telle croyance. L'hostilité qu'elle suscite prend en l'occurrence des formes expressives variées comme on le verra au chapitre IX consacré à l'eschatologie.

---

66 ; XXI, 38 ; XXIII, 82, 83 ; XXVII, 67, 68, 71 ; XXXII, 10, 28 ; XXXIV, 3, 7, 8, 29 ; XXXVI, 48, 78 ; XXXVII, 15, 16, 17 ; XLI, 50 ; XLIV, 34, 35, 36 ; XLV, 24, 25, 32 ; XLVI, 17 ; L, 2, 3 ; LI, 12 ; LVI, 47, 48 ; LXVII, 25 ; LXXV, 6 ; LXXIX, 10, 11, 12, 42.

6 VI, 29 ; XI, 7 ; XIII, 5 ; XVI, 38 ; XVII 49, 51, 98 ; XIX, 66 ; XXIII, 82, 83 ; XXVII, 67, 68 ; XXXII, 10 ; XXXIV, 7, 8 ; XXXVI, 78 ; XXXVII 15, 16, 17 ; XLIV, 34, 35, 36 ; XLV, 24, 25 ; XLVI, 17 ; L, 2, 3 ; LVI, 47, 48 ; LXXIX, 10, 11, 12

- [Prédicat 73] La résurrection est le relèvement des corps auparavant poussières ou ossements (pourris), ce qui est impossible (LXXIX, 10 ; LVI, 47 ; XXXVII, 16 ; XXXVI, 78 ; XXIII, 82 ; XVII, 49, 98)
- [Prédicat 74] La résurrection concerne les ancêtres et les générations précédentes, ce qui est impossible (XXIII, 83 ; XXVII, 68 ; XXXVII, 17 ; XLIV, 17 ; XLVI, 17 ; LVI, 48)
- [Prédicat 75] La résurrection n'est pas une nouvelle création (XVII, 49, 98 ; XXXII, 10 ; XXXIV, 7 ; XIII, 5 ; XXXVI, 78).
- [Prédicat 76] La résurrection est une (fausse) Promesse (XXVII, 68 ; XLVI, 17).
- [Prédicat 77] La résurrection est fondée sur de vieilles sornettes/Histoires (XXVII, 68)
- [Prédicat 78] La résurrection est la sortie des tombes, ce qui est impossible (XXVII, 67)

Moins nombreuse quant à ses occurrences, l'heure eschatologique regroupe quinze versets[7]. A travers les contre-discours qui par effet de reprises reprennent les dénominations coraniques pour mieux les réfuter, ce « moment » est posé comme le « Jour » qualifié de « Jour de la Résurrection » (LXXV, 6), de « Jour de la Rétribution » (LI, 12), et de « Jour de la victoire » (XXXII, 28). La thématique centrale se confond à un leitmotiv qui se résume à une simple interrogation : « A quand l'heure ? », autrement dit, quand se déroulera la résurrection des corps et la rétribution annoncées ? L'interrogation la plus usitée et de manière quasi identique est la suivante : « A quand cette promesse si vous êtes véridiques (*matā hāḏā l-waʿd^u ʾin kuntum ṣādiqīn^a*) ? » (X, 48 ; XXI, 38 ; XXVII, 71 ; XXXIV, 29 ; XXXVI, 48 ; LXVII, 25). On notera également deux énoncés qui délaissant la forme interrogative réfutent de manière catégorique l'éventuel événement du moment eschatologique. Ainsi, peut-on lire : « Nous ne savons pas ce qu'est l'Heure. Nous ne faisons que conjectures et ne sommes pas convaincus (*mā nadrī mā l-sāʿat^u ʾin naẓunn^u ʾillā ẓann^an wa-mā naḥn^u bi-mustayqinīn^a*) », ou encore l'expression lapidaire suivante : « L'Heure ne viendra pas (*lā taʾtīnā l-sāʿat^u*) ».
- [Prédicat] 79. L'Heure est un Jour, qui n'est pas attendu (LXXV, 6 ; LI, 12)
- [Prédicat] 80. L'Heure est une (fausse) Promesse (X, 48 ; XXI, 38 ; XXVII, 71 ; XXXIV, 29 ; XXXVI, 48 ; LXVII, 25)
- [Prédicat] 81. L'Heure est Véridique, ce qui est faux (X, 48 ; XXI, 38 ; XXVII, 71 ; XXXIV, 29 ; XXXVI, 48 ; LXVII, 25)
- [Prédicat] 82. L'heure est une Victoire, ce qui est faux (XXXII, 28)

7 VII, 187 (74) ; X, 48 (98) ; XVII, 51 (122) ; XXI, 38 ; XXVII, 71 ; XXXII, 28 ; XXXIV, 3, 29 ; XXXVI, 48 ; XLI, 50 ; XLV, 32 ; LI, 12 ; LXVII, 25 ; LXXV, 6 ; LXXIX, 42.

Troisième sous-thématique, la rétribution eschatologique ne regroupe que cinq versets[8]. Le débat est d'abord centré sur la durée du châtiment attendu par les damnés : « Le Feu ne nous touchera qu'un nombre de jours limité (*lan tamassanā al-nārᵘ ʾillā ʾayyāmᵃⁿ maʿdūdatᵃⁿ*) » (II, 80, III, 24). D'autre part, il est question de l'identité des personnes qui entreront aux paradis : « N'entreront au Paradis que ceux qui sont juifs ou Chrétiens (*lan yadḫulᵃ al-ǧannatᵃ ʾillā man kānᵃ hūdᵃⁿ ʾaw naṣārā*) » (II, 111). La rétribution est aussi l'expression d'une hostilité à l'endroit de l'allocutaire coranique à la fois défié et insulté. Défié, l'opposant demande à ce que soit hâtée la venue de l'Heure : « Qu'est-ce donc qui le retient ? (*mā yaḥbisuhū)* » (XI, 8). Insulté, l'allocutaire coranique est traité de possédé : « Invente-t-il un mensonge contre Allah? Ou est-il possédé ? *ʾā-ftarā ʿalā Allāhⁱ kaḏibᵃⁿ ʾam bihī ǧinnatᵘⁿ* » (XXXIV, 8). Les éléments précédents regroupent donc les quatre prédicats suivants :

- [Prédicat 82] La Rétribution (les châtiments) est limitée dans le temps (II, 80, III, 24)
- [Prédicat 83] La Rétribution des Juifs et des Chrétiens sera le Paradis (II, 111)
- [Prédicat 84] La Rétribution est un mensonge porté par un [homme] possédé (XI, 8)
- [Prédicat 85] La Rétribution devrait advenir si l'allocutaire dit vrai (XI, 8)

E Les thèmes du discours contre les croyants

Les thématiques du contre-discours à l'encontre des croyants mobilisent quinze versets[9]. Cet ensemble se construit autour de types de prédicats : ce que les croyants sont (a.) et comment les opposants comptent agir à leur égard (b.).

a Ce que les croyants sont (au regard des opposants)

Pour l'opposant, les croyants sont sans qu'on s'en étonne affublés des traits les plus négatifs, traits par ailleurs que le Coran réemploie lui-même et mot pour mot pour décrire ses adversaires. Les croyants sont ainsi décrits par les opposants comme des « insensés », on lit en effet : « Croirons-nous comme croient les insensés ? (*ʾa-nuʾminᵘ ka-mā ʾāmanᵃ al-sufahāʾᵘ)* » (II, 13). Mais les croyants

8 II, 80, 111 ; III, 24 ; X, 53 ; XI, 8.

9 II, 13, 142 ; III, 73, 75 ; IV, 51, 141 ; VIII, 49 ; IX, 107 ; XIX, 73 ; XXIV, 12 ; XXVIII, 47 ; XXIX, 10, 12 ; XXXIII, 18 ; XXXVI, 47.

sont aussi des gens trompés : « ces gens ont été trompés par leur religion (*ġarr^{a} hā'ulā'^{i} dīnuhum)* » (VIII, 49). Ils sont aussi des mal dirigés : « Ceux-ci sont mieux guidés (sur cette voie) que ceux qui ont cru (*hā'ulā'^{i} 'ahdā min^{a} allaḏīn^{a} 'āmanū sabīl^{an})* » (IV, 51 ; v. aussi II, 142). Cette dernière affirmation s'appuie donc sur une comparaison. Le procédé est également utilisé pour décrire et fustiger la situation des croyants qui demeure en l'occurrence bien moins favorable que celle des opposants. L'idée est illustrée par une réfutation questionnante qui n'est autre qu'une question rhétorique : « Lequel des deux groupes a la situation la plus confortable et la meilleure compagnie (*'ayy^{u} l-farīqayn^{i} ḫayr^{un} maqām^{an} wa 'aḥsan^{u} nadīyy^{an}*) ? » (XIX, 73). Ce qui est invoqué ici est le fait que la preuve de leur supériorité est validée par l'aisance sociale (ici, implicite) des opposants, preuve que leur Dieu est plus favorable et plus efficace. Ce sentiment de prééminence de l'opposant à l'égard des croyants semble également justifier le contre-discours suivant : « Nulle voie de contrainte sur nous, envers les Gentils (*lays^{a} 'alaynā fī al-'ummīyyīn^{a} sabīl^{un}*) » (III, 73). Au regard des opposants, les croyants ont donc trois caractéristiques :

- [Prédicats 87] les croyants sont moins favorisés que les opposants (XIX, 73 ; IV, 51 ; II, 142 ; III, 73)
- [Prédicats 88] Les croyants sont des insensés (II, 13)
- [Prédicats 89] Les croyants sont trompés (VIII, 49)

b L'action des opposants

Face aux croyants, l'opposant n'est pas passif. Il agit en l'occurrence de deux manières : soit il exhorte le croyant à le rejoindre, soit il feint le ralliement à sa croyance. Ainsi, à la rencontre des croyants, l'opposant sollicite d'eux écoute et conversion : « Suivez notre voie, et laissez nous porter le poids de vos fautes (*ittabi'ū sabīlanā wa l-naḥmil ḫaṭāyākum*) » (XXIX, 10). Du même acabit, on relève le contre-discours suivant : « Ne dépensez pas pour ceux qui sont auprès du messager d'Allah, afin qu'ils se dispersent (*lā tunfiqū 'alā man 'ind^{a} rasūl^{i} Allāh^{i} ḥattā yanfaḍḍū !*) » (LXIII, 7).

Mais l'opposant n'est pas seulement celui qui va au devant des croyants, il est aussi celui qui participe à la construction d'un lieu de prière et qui feint d'en faire un objet de rassemblement (*wa-allaḏīn^{a} attaḫaḏū masǧid^{an} ḍirār^{an} wa-kufr^{an}*). C'est le thème du contre-discours suivant : « Nous ne voulons que le bien (*in 'aradnā 'illā l-ḥusnā*) » (IX, 107). Une autre attitude feinte est également condamnée pour ceux qui montrent peu d'ardeur au combat (XXXIII, 18) ou qui encore plus subtilement font montre d'opportunisme (IV, 141 ; XXIX, 10). Il s'ensuit la constitution de deux prédicats qui définissent l'action des opposants à l'encontre des croyants.

- [Prédicat 90] Les croyants sont invités à abandonner leur croyance (XXIX, 10 ; LXIII, 7)
- [Prédicat 91] Les croyants sont faussement soutenus (IX, 107 ; XXXIII, 18 ; XXIX, 10)

Ainsi s'achève la présentation des thèmes des contre-discours. Fondée sur l'élaboration précise d'un corpus défini comme le « contre-discours rapporté direct présent », l'analyse précédente s'est donc proposée de relever les thèmes et les prédicats induits par chacune des cinq questions argumentatives. Dans une perspective qui s'est voulue la plus objective et la plus descriptive possible, on discerne quatorze (sous) thématiques et quatre vingt onze prédicats issus de l'ensemble de ces contre-discours. Cette collection d'énoncés constitue une « cartographie »[10] d'une évidente richesse pour considérer les croyances et l'action des opposants. Mais avant d'en prendre la pleine mesure dans les chapitres qui vont suivre, il faut nous arrêter sur les thèmes de la riposte, réponses quasi symétriques aux thématiques des contre-discours.

F Les thèmes de la riposte coranique

La riposte coranique est omniprésente. Enserrés dans le même verset, les thèmes de cette riposte répondent symétriquement aux thématiques convoquées par ce même contre-discours. Aux discours contre Dieu, la riposte déploiera donc des thèmes qui renforceront la figure divine (a.) ; aux discours contre le Prophète, les thématiques qui se succéderont s'emploieront naturellement à soutenir l'autorité de l'allocutaire coranique (b.) ; aux discours contre le Coran, les thématiques de la riposte légitimeront la révélation et son origine divine (c.) ; aux discours eschatologiques, la riposte défendra la véracité des fins dernières (d.) ; aux discours contre les croyants, la réponse coranique stigmatisera la « mécréance » de ses adversaires (e.). Mais quels sont ces thèmes précisément, que nous disent-ils des arguments avancés par le Coran pour réfuter la parole qui le nie ?

Pour y répondre, nous recueillerons donc l'ensemble des ripostes pour chacune des cinq questions argumentatives à l'image de ce qui fut réalisé précédemment pour les contre-discours.

---

10 L'expression est empruntée à Patricia Crone, *The Religion of the Qur'ānic pagans*, *op. cit.* p. 360. On reviendra sur ces éléments dans le chapitre IX.

a La réfutation des discours contre Dieu

Lorsqu'il faut considérer les ripostes entraînées par les discours contre Dieu, un fait s'impose : elles consistent presque exclusivement à décliner les thèmes de l'auto-célébration ou de la louange, mais aussi de l'auto-désignation ou de l'affirmation de ses qualités intrinsèques, et enfin de son action toute puissante et irrévocable contre les opposants. Ce triptyque est massivement présent[11]. Il constitue par ailleurs, comme on va le voir un des ressorts principaux de la riposte coranique pour l'ensemble des questions argumentatives. Pour exemple et s'il ne faut considérer que la première série des contre-discours relevant des thèmes autour de la nature de Dieu et de ses sept premiers prédicats qui la compose, il est possible d'énumérer précisément les thèmes de la riposte. Excluant les versets dépourvus de toute réfutation – au nombre réduit de cinq occurrences –, la riposte se partage entre les thèmes de la louange (II, 116 ; X, 68 ; XXI, 26), de la grandeur de Dieu (II, 116 ; V, 17 ; X, 68 ; XXI, 26), de son action contre les opposants (III, 181, V, 18, 72 ; IX, 30). Voyons ces thèmes précisément. La Louange d'abord constitue un élément d'auto-affirmation dont la valeur argumentative est évidente. On la retrouve dans l'expression suivante : « *subḥānahū* » (II, 116 ; X, 68 ; XXI, 26). De la grandeur de Dieu, il est possible de citer les trois versets précédents et d'autres qui décrivent les qualités d'un Dieu possesseur de ciel et de la terre : « *Allah*^{ū} *mā fī al-samāwāt*^{i} *wa-mā fī al-'arḍ*^{i} » (II, 116 ; X, 68 ; XXI, 26) mais aussi créateur : « *yaḫluq*^{u} *mā yašā'*^{u} « (V, 17), riche « *huw*^{a} *l-ġaniyy*^{u} » (X, 68), et unique (IV, 171). Corollaire à son omnipotence, le Dieu coranique agit, juge et condamne. Le plus illustratif de ses actes est sans doute incarné par le thème répété du châtiment divin : « *wa-naqūl*^{u} *ḏūqū ʿaḏāb*^{a} *al-ḥarīq*^{i} » (III, 181, v. également V, 18, 72 ; IX, 30).

b La réfutation des discours contre le Prophète

S'il faut considérer ici les soixante quatorze discours contre le prophète, trente d'entre-eux ne disposent pas de riposte immédiatement inscrite dans le même verset. Mais du corpus restant, il est possible d'entrevoir des thèmes pluriels et réguliers qui convergent tous pour légitimer le statut de Prophète assigné à l'allocutaire coranique. On distingue ainsi sept thématiques. Le thème le plus récurrent consiste à rappeler l'opposition et la dénégation des opposants tout en la condamnant : « *wa-'aṭaʿnā ṯumm*^{a} *yatawallā farīq*^{un} *minhum min baʿd*^{i} *ḏālika*

11 On ne compte par ailleurs que dix-sept versets qui sont dénués de toutes ripostes dans le même verset.

wa-mā ʾulāʾikᵃ bi-l-muʾminīnᵃ » (XXIV, 47 ; *v.* également IV, 141 ; VI, 37, 91 ; IX, 61 ; XI, 35 ; XVI, 101 ; XXI, 36 ; XXIII, 70 ; XXIV, 47 ; XXV, 4, 42, 60 ; XXVIII, 57 ; XXXVIII, 8 ; XLVII, 7 ; LII, 33 ; LXIII, 1). Cette opposition est en quelque sorte neutralisée par le rappel de l'omnipotence de Dieu (IV, 141 ; V, 19 ; VI, 37 ; X, 20, XI, 12 ; XIII, 43 ; XXIX, 50 ; XLII, 24 ; XLVI, 8 ; LXIII, 7, 8). Deux versets en appellent au défi : « *fa-ʾtū bi-sūratⁱⁿ miṯlihī wa-dʿū manⁱ staṭaʿtum min dūnⁱ Allāhⁱ ʾin kuntum ṣādiqīnᵃ* » (X, 38 ; v. également : XI, 13). Elle conduit le Coran à confirmer explicitement la dignité de Prophète octroyée à l'allocutaire coranique : « *fa-qad ǧāʾakum bašīrᵘⁿ wa-naḏīrᵘⁿ* » (V, 19 ; v. également : IX, 61 ; XI, 12 ; XIII, 7, 27, 43 ; XXV, 32 ; XLII, 23 ; LXIII, 1, 8 ; IV, 77). La riposte est aussi une auto-légitimation : *ʾinnamā l-ʾāyātᵘ ʿindᵃ Allāhⁱ wa-ʾinnamā ʾana naḏīrᵘⁿ mubīnᵘⁿ* (XXIX, 50). Un thème récurrent impose et promet aux réfractaires un redoutable châtiment post-mortem : *yaʿlamūna ḥīnᵃ yarawnᵃ l-ʿaḏābᵃ man ʾaḍallᵘ sabīlᵃⁿ* (XXV, 42 ; v. également : VI, 93, 124 ; IX, 61 ; X, 15 ; XXXVIII, 8 ;). Enfin, la mention explicite des prophètes antérieurs (*ǧāʾakum rusulᵘⁿ min qablī*) réinscrit l'apostolat de l'allocutaire coranique dans la perspective d'une lignée de prophètes (III, 183 ; VI, 91).

c La réfutation des discours contre le Coran

Parmi les cinquante-cinq versets du discours contre le Coran, vingt versets mettent en présence un contre-discours et sa riposte. Lorsqu'elles sont effectives, ces ripostes peuvent répondre à sept thématiques différentes. La première thématique, la plus importante en terme numérique, est la condamnation des personnes hostiles au Coran. Cette hostilité est assez bien illustrée par cette courte expression : « *wa-hum lā yasmaʿūnᵃ* » (VIII, 21 ; *v.* également IX, 127 ; XVI, 101 ; XXV, 4 ; XXXVIII, 8 ; XLV, 32 ; XLVI, 8 ; LII, 33). La deuxième thématique est l'omnipotence de Dieu qui revient fréquemment dans le discours de la riposte : « *yuḍillᵘ bihī kaṯīrᵃⁿ wa-yahdī bihī kaṯīrᵃⁿ wa-mā yuḍillᵘ bihī ʾillā l-fāsiqīnᵃ* » (II, 26 ; v. également III, 73 ; VI, 157 ; IX, 127 ; XXV, 32 ; XLII, 24 ; LXXIV, 31 ; XLVI, 8). Se concentrant sur le thème du Coran, la troisième thématique est la légitimation du discours coranique comme discours vrai : *qad bayyannā l-ʾāyātⁱ li-qawmⁱⁿ yūqinūnᵃ* (II, 118 ; VI, 105, 157 ; VII, 203 ; XLI, 44 ; XLII, 24 ; XVI, 103). La quatrième thématique rappelle la récurrente promesse du châtiment de Dieu : « *wa-law tarā ʾiḏⁱ ẓ-ẓālimūnᵃ fī ġamarātⁱ l-mawtⁱ* » (VI, 93 ; *v.* également VI, 157 ; XXXI, 21 ; XXXVIII, 8 ; XXXIV, 31). La cinquième thématique revient par allusion aux prophètes antérieures : « *fa-li-ma taqtulūnᵃ ʾanbiyāʾᵃ Allāhⁱ min qablᵘ ʾin kuntum muʾminīnᵃ* » (II, 91) ; légitimé d'un allocutaire passif : « *hāḏā baṣāʾiru min rabbikum wa-hudan wa-raḥmatun li-qawmin yuʾminūna* (VII, 203 ; *v.* également XI, 35 ; X, 15 ; X, 20 ; XLVI, 8). Toujours orientée vers le passé, la sixième thématique a pour sujet les ancêtres égarés auxquels les opposants font référence pour préserver leurs croyances : « *'a-wa-law kāna 'ābā'uhum lā ya'qilūna šay'an wa-lā yahtadūna* » (II, 170 ; v. également V, 104 ; XLVII, 20). Enfin, septième thématique, on peut signaler que les deux versets dit du « défi » peuvent également être considérés comme un contre-discours contre le Coran : « *fa-'tū bi-sūratin miṯlihī wa-d'ū mani staṭa'tum min dūni Allāhi 'in kuntum ṣādiqīna* » (X, 38 ; v. également : XI, 13).

d La réfutation des discours contre l'eschatologie

Dans le cadre de l'eschatologie, les ripostes rencontrées à la suite des contre-discours rencontrent les mêmes thèmes représentés dans les questions argumentatives précédentes : on retrouve le thème de l'opposition et de sa condamnation : « *wa-mā hum bi-mu'minīna* » (II, 8 ; v. également II, 80 ; III, 24 ; XIII, 5 ; XXXII, 10 ; XLV, 24 ; XVI, 38) ; le thème du châtiment post-mortem : « *'a-lā yawma ya'tīhim laysa maṣrūfan 'anhum wa-ḥāqa bihim mā kānū bihī yastahzi'ūna* » (XI, 8 ; v. également XIII, 5 ; XXXIV, 8 ; XLI, 50) ; le thème de l'omnipotence de Dieu et de son savoir : « *'a-ttaḫaḏtum 'inda Allāhi 'ahdan fa-lan yuḫlifa Allāhu 'ahdahū 'am taqūlūna 'alā Allāhi mā lā ta'lamūna* (II, 80 ; VII, 187 ; X, 53) ; un Dieu créateur : « *allaḏī faṭarakum 'awwala marratin* » (XVII, 51) ; l'eschatologie est une promesse réaffirmée : « *wa'dan 'alayhi ḥaqqan wa-lākinna 'akṯara n-nāsi lā ya'lamūna* » (XVI, 38) ; enfin, le thème du défi n'est pas ignoré : « *hātū burhānakum 'in kuntum ṣādiqīna* » (II, 111).

e La réfutation des discours contre les Croyants

Plus rares, les occurrences autour des discours contre les croyants sont marquées par deux thématiques de la riposte. La première souligne l'opposition et la dénégation des adversaires. L'attitude d'hostilité est signifiée à six reprises : « *'innahum humu l-sufahā'u wa-lākin lā ya'lamūna* » (II, 13, XXXVI, 47, III, 75, XXXIII, 18, IX, 107, LXIII, 7). La riposte est aussi le moyen de rappeler l'omnipotence de Dieu et de son savoir : « *li-Allāhi l-mašriqu wa-l-maġribu yahdī man yašā'u 'ilā ṣirāṭin mustaqīmin* » (XXIX, 10 ; II, 142 ; VIII, 49, III, 73, IV, 141, LXIII, 7).

Ainsi, le présent chapitre a rendu compte des thèmes et prédicats qui traversent l'ensemble des contre-discours et des ripostes qu'ils entraînent. Collectés et rassemblés, ils définissent un portrait des croyances et des attitudes de l'opposant telles que le Coran les met en scène. C'est à l'appui de ces éléments qu'ils nous sera possible d'identifier des groupes d'opposants (Chapitre IX). Mais c'est aussi à travers cet ensemble qu'on devine aisément la pluralité des formes qui participent au sens de ces énoncés. Il faut donc en venir maintenant aux formes et aux structures de ces contre-discours. Dans le chapitre suivant, on portera particulièrement attention aux formes qui soutiennent leur caractère argumentatif.

Chapitre VIII
Les formes du contre-discours et de la riposte coranique

Interroger la nature des contre-discours et de leur riposte, c'est aussi s'informer des formes et des structures qui les composent. Car loin d'être anodines, celles-ci conditionnent d'une part les stratégies discursives du Coran pour convaincre et d'autre part, nous le verrons dans le prochain chapitre, celles-ci contribuent à construire une figure de l'opposant. Ce chapitre présentera ainsi la composition et la disposition interne des contre-discours à l'échelle d'un verset (A.). Puis à l'échelle d'une séquence plus large, nous montrerons comment la disposition rhétorique des questions argumentatives et la mobilisation de genres littéraires pluriels orientent significativement l'argumentation dans le Coran (B.)

A A l'échelle du verset : les trois parties du Contre-discours Présent

Les contre-discours rassemblent trois types d'énoncé. Le premier est la partie introductive plus ou moins développée qui précède le verbe introducteur : il s'agit du « Contre-Discours Citant Introductif » (CDCI). Le deuxième énoncé est le discours rapporté proprement dit ou le « Contre-Discours Rapporté Direct Présent » (CDRDP). Enfin, le troisième énoncé est celui qui succède au contre-discours rapporté, le commentant pour le réfuter. On le désignera par l'expression « Contre-Discours Citant de la Riposte » (CDCR). Cette structure tripartite connaît elle-même des déclinaisons variables, chacune d'entre-elles possédant selon les versets considérés des formes simple, intermédiaire ou complexe. Voyons ces trois types d'énoncés et leurs déclinaisons formelles. Dans cette perspective, on procédera à une présentation d'exemples puisés largement dans les discours contre-Dieu. Ces derniers, les plus nombreux, constituent en l'occurrence des exemples fidèles des formes rencontrées dans l'ensemble des contre-discours présents comme en témoignent les contre-discours présentés dans la troisième partie.

a Le Contre-Discours Citant Introductif (CDCI)

Le Contre-Discours Citant Introductif est par définition la partie « introductive » plus ou moins développée qui précède le verbe introducteur. Ces énoncés introductifs se partagent en trois catégories : les formes simples, les formes intermédiaires (ou semi-complexes) et les formes complexes. Les formes simples se caractérisent par la présence unique du verbe introducteur accompagné de pronoms personnels affixes. Dans le cadre des seuls discours contre Dieu, on en dénombre dix-huit versets[1]. Pour exemple le verset II, 116 a pour introduire le Contre-discours Rapporté Direct Présent la seule présence du verbe introductif « *qalu* ». Leurs formes identiques sont remarquables par l'absence de désignations claires de l'opposant avec toutefois deux exceptions[2]. Ici, le verbe *qala* introduit systématiquement les contre-discours. La deuxième forme dite « intermédiaire » est la plus nombreuse quantitativement[3]. Elle se construit autour de propositions qui dépassent la simple mention du verbe introductif *qala*. On peut y trouver à la fois la présence de noms (*nās*[4]), de pronoms relatifs (*al-ladīnna*[5]) ou de désignations péjoratives (*al kafirun*[6]) qui pour ces dernières qualifient l'adversaire responsable du discours rapporté. Enfin, la troisième forme dite « complexe » regroupe dix-sept versets[7]. Ces derniers se singularisent par la longueur des propositions introductives qui tendent à mettre en scène un contexte succinct introduisant ainsi le cadre du propos rapporté. Ce type d'énoncés introductifs est bien illustré par l'exemple suivant : « Et quand vous aurez achevé vos rites (*fa-'idā qaḍaytum manāsikakum*), alors invoquez Allah comme vous invoquez vos pères (*'ābā'akum*), et plus ardemment encore. Mais il est des gens qui disent seulement[8]... ». Les propositions introductives peuvent être également doubles lorsque deux contre-discours rapportés directs présents se logent dans le même verset[9].

---

1 II, 116 ; V, 64 ; VI, 37 ; IX, 30 ; X, 20, 68 ; XIX, 88 ; XX, 133 ; XXI, 26 ; XXIII, 85, 87, 89 ; XXIV, 47 ; XXIX, 50, 61, 63 ; XXXI, 25 ; LXIII, 7.
2 V, 64 (les Juifs) ; IX, 30 (les Juifs).
3 II, 8, 76, 118 ; III, 181 ; IV, 72 ; V, 17, 72, 73 ; VI, 148 ; VII, 28 ; VIII, 32 ; IX, 59 ; X,18 ; XIII, 7, 27 ; XVI, 35 ; XVII, 92, 94 ; XVIII, 4 ; XXI, 29 ; XXV, 21, 41, 60 ; XXVIII, 47 ; XXXI, 25 ; XXXIII, 12 ; XXXIX, 38 ; XLI, 50 ; XLIIII, 9, 20, 87 ; XLV, 32.
4 Pour exemple, la partie introductive du verset II, 8 « وَمِنَ النَّاسِ مَن »
5 Pour exemple, la partie introductive du verset III, 181 « لَّقَدْ سَمِعَ اللَّهُ قَوْلَ الَّذِينَ »
6 Pour exemple, la partie introductive du verset V, 17 « لَّقَدْ كَفَرَ الَّذِينَ »
7 II, 26, 79, 200 ; III, 78 ; IV, 77, 78, 171 ; VI, 93, 136 ; X, 18 ; XVI, 38 ; XXIX, 10 ; XXXIV, 23 ; LVIII, 8 ; LXXIV, 31 ; LXXXIX, 15, 16.
8 « فَإِذَا قَضَيْتُم مَّنَاسِكَكُمْ فَاذْكُرُوا اللَّهَ كَذِكْرِكُمْ آبَاءَكُمْ أَوْ أَشَدَّ ذِكْرًا فَمِنَ النَّاسِ مَن يَقُولُ »
9 Pour exemple, les deux parties introductives présentes dans le verset VI, 93 « وَمَنْ أَظْلَمُ مِمَّنِ افْتَرَىٰ عَلَى اللَّهِ كَذِبًا » (première proposition introductive) et « وَلَمْ يُوحَ إِلَيْهِ شَيْءٌ وَمَن » (deuxième proposition introductive).

b Les formes du CDRDP (Contre-Discours Rapporté Direct Présent)

Les parties introductives dont il était question précédemment sont suivies des énoncés rapportés ou Contre-Discours Rapportés Directs Présents (CDRDP). Considérés sous l'angle de l'argumentation, ils répondent à quatre formes distinctes : la réfutation assertion, la concession, la réfutation hypothétique et la réfutation questionnante.

La réfutation-assertion ou réfutation propositionnelle affirme une position, une croyance tout en rejetant celle défendue par le Coran. Par exemple, la formule lapidaire : « Allah s'est donné un enfant (*ittaḫaḏa Allāh*^{u} *walad*^{an}) ». Le contre-discours est ici une affirmation assertion qui défend une position théologique rejetée par le Coran. L'assertion est la forme la plus fréquente avec quarante sept occurrences[10]. Elle prend la forme d'une assertion positive ou négative. Par ailleurs, cette réfutation assertion s'impose numériquement face aux réfutations relevant de la concession[11] ou d'énoncés hypothétiques[12]. Dans le cas des discours contre Dieu, ces dernières représentent respectivement onze et six occurrences. Par concession, il faut entendre tout énoncé qui affirme la modification de la position de l'opposant et son ralliement aux thèses défendues par le Coran. Le premier contre-discours coranique en est un exemple très révélateur. On lit le contre-discours suivant : « Nous croyons en Allah et au Dernier Jour » (II, 8). Il s'agit ici d'une concession de l'opposant que le Coran vient remettre en cause sans ambage : « mais en réalité, ils ne croient pas ».

La réfutation hypothétique ou conditionnelle, elle, désigne tout énoncé qui tente par le raisonnement logique de contre-argumenter certaines assertions coraniques. Pour exemple, le verset VI, 148 : « ... Si Dieu l'avait voulu, nous n'aurions pas été associateurs, non plus que nos pères, et n'aurions rien rendu illicite... ». La proposition « si Dieu l'avait voulu » (*law šā'a Allāh*^{u}) indique qu'il s'agit d'une hypothèse qui réfute implicitement l'assertion coranique que Dieu n'a pas d'associés. L'énoncé est ainsi fondé sur une relation d'implication entre la première proposition « si Allah avait voulu » et la deuxième proposition « nous ne lui aurions pas donné des associés, nos ancêtres non plus et nous n'aurions rien

---

10 II, 116, 200 ; III, 78, 181, 183 ; IV, 72, 78, 157, 171 ; V, 17, 18, 64, 72, 73 ; VI, 93, 124, 136, 148, VII, 28 ; VIII, 32 ; IX, 30, 59 ; X, 18, 68, XVI, 35, 38 ; XVII, 92, 93 ; XVIII, 4 ; XIX, 88 ; XXI, 26, 29 ; XXIV, 16 ; XXV, 21 ; XXXIII, 12 ; XXXVII, 52, 169 ; XXXIX, 3, 38 ; XLI, 50 ; XLII, 24 ; XLIII, 20 ; XLV, 32 ; LXIII, 1, 7 ; LXXXIX, 15, 16.

11 II, 8, 76 ; XIII, 85 ; XXIII, 87, XXIV, 47 ; XXIX, 10, 61, 63 ; XXXI, 25 ; XLIII, 9, 87.

12 VI, 148 ; VIII, 32 ; XVI, 35 ; XXV, 21 ; XXXVI, 47 ; XLIII, 20.

déclaré interdit ». Sous forme hypothétique, les contre-discours sont en réalité des affirmations implicites à contre courant des thèses coraniques.

Enfin la réfutation questionnante est comme son nom l'indique un énoncé interrogatif qui s'apparente à une objection[13] que l'on peut définir « comme l'expression d'une opposition argumentative du type de la réfutation, mais plus locale, moins radicale, par le biais d'un argument faible : objecter, c'est faire obstacle[14] ». On lit en II, 26 un bel exemple de ce qui relève à l'évidence d'une réfutation questionnante. En effet, le contre-discours « *māḏā ʾarāda Allāh*[u] *bi-hāḏā maṯal*[an] », s'il est une réfutation, invite du fait de sa forme interrogative à une réponse qui préserve un semblant de communication avec l'adversaire. Tel n'est pas le cas avec la réfutation assertion.

Présentée ici dans le cadre du corpus des discours contre Dieu, cette typologie peut tout à fait être extrapolée à l'ensemble des contre-discours présents dans le Coran.

c Les formes du CDCR (Contre-Discours Citant de la Riposte)

Située immédiatement après le contre-discours rapporté direct présent, la riposte ou CDCR (Contre-Discours Citant de la Riposte coranique) est un énoncé où le locuteur intervient ou modalise le discours de l'adversaire afin de le réfuter. Si la riposte est systématique, il est fréquent qu'elle ne se situe pas dans le verset où le contre-discours se loge[15]. Mais dans le cas contraire, et toujours dans une perspective qui s'attache à la dimension argumentative de ces énoncés, cette riposte peut prendre cinq formes distinctes : l'assertion, l'interrogation rhétorique, l'injonction, la louange ou encore la métatexte.

L'assertion. Elle est une proposition vraie (dans la perspective coranique) dont la première fonction est de contredire et neutraliser le contre-discours. Sorte de « contre contre-discours », elle porte une vision du monde défendue par le locuteur coranique qui tend principalement à magnifier la figure divine. On peut affirmer en l'occurrence que toute présence d'une riposte, et quelle que soit

---

13 II, 26, 118 ; IV, 77 ; X, 20 ; XIII, 27 ; XX, 133 ; XXV, 41, 60 ; XXVIII, 47 ; LVIII, 8 ; LXXIV, 31.

14 Plantin (C.), *L'argumentation*, *op. cit.*, p. 71.

15 Toujours dans le cadre des discours contre Dieu, les énoncés de la riposte sont présents dans les versets suivants : LXXXIX, 15, 16 ; XXXVI, 47 ; XXXVII, 169 ; XIX, 88 ; XXXVIII, 5 ; XLIII, 9 ; XXV, 41 ; XVII, 91, 92, 94 ; XVIII, 4 ; XLV, 32 ; XXVIII, 47 ; II, 76 ; VIII, 32 ; IV, 72 ; XXIV, 16 ; IX, 59. Dans cette liste ordonnée selon la reconstruction chronologique et Nöldeke et Schwally, on constate la prédominance de la riposte au sein même d'un verset dans les sourates de la fin de la période mecquoise et de la période médinoise.

sa forme expressive (affirmation, interrogation, injonction), constitue en soi une assertion[16].

La question rhétorique. Elle est une figure bien connue des livres bibliques qui consiste à poser une (fausse) question sachant pertinemment qu'elle ne requiert pas de réponse. En cela, elle est une assertion déguisée. Pour exemple, lorsque la riposte coranique pose la question suivante : « Aviserez-vous Allah de ce qu'Il ne sait pas, dans les cieux et [sur] la terre[17] ? (*a-tunabbiʾūnᵃ Allāhᵃ bi-mā lā yaʿlamu fī l-samāwātⁱ wa-lā fī l-ʾarḍⁱ*» (X, 18). On conçoit aisément que la question rhétorique n'appelle aucune réponse et qu'elle exprime en réalité l'idée d'un Dieu au savoir absolu.

L'injonction. Elle est la forme la plus significative et la plus marquante des ripostes coraniques. Il s'agit de l'emploi du verbe dire à l'impératif (*qul*). Dans le cadre de l'énonciation coranique, elle établit une distinction entre un locuteur auteur (l'auteur de l'injonction), un allocutaire (le patient de l'injonction) qui n'est autre que le destinataire premier, et un destinataire second (l'auditeur ou lecteur lui-même patient de la relation locuteur/allocutaire). Toujours dans le cadre du discours contre Dieu, on dénombre seize occurrences[18] où le locuteur coranique enjoint l'allocutaire à répondre aux réfutations de ces adversaires. La riposte introduite par cette injonction mobilise par ailleurs deux formes, celle de l'interrogation[19] ou celle de la louange[20].

La louange. Il s'agit de formules liturgiques de glorification ou de la mention de Noms divins. Si l'usage du discours rapporté vise à renforcer l'identité omnipotente de Dieu, les formules liturgiques, en tant que formes particulières du discours coranique, répondent à l'évidence à ce même objectif avec néanmoins une particularité déterminante : la performativité. On entend par ce terme, dans le cas présent, le fait que l'acte de louer « ne peut être analysé en termes d'information (...) » mais bien plutôt en tant qu'acte constituant une action qui « n'est pas simplement un commentaire verbal d'une action qui lui serait

16 Tous les contre-discours sont concernés sauf II, 72 ; IV, 72 ; VIII, 72 ; IX, 59 ; XVII, 92–94 ; XVIII, 4 ; XIX, 88 ; XX, 133 ; XXIV, 16 ; XXV, 41 ; XXII, 12 ; XXXVI, 47 ; XXXVII, 169 ; XXXVIII, 5 ; XLIII, 9 ; LXXXIX, 15–16. Ces derniers contre-discours ne possèdent pas de ripostes.

17 Trad. Blachère (v. Partie III, au verset correspondant)

18 La riposte avec comme injonction « dis » (*qul*) concernent les versets suivants : XXIII, 85 ; XVII, 93 ; XXXIX, 38 ; XXIX, 63 ; XXXI, 25 ; X, 18, 20 ; VII, 28 ; VI, 37, 148 ; XIII, 27 ; III, 183 ; IV, 77, 78 ; V, 17, 18. (par ordre chronologique d'apparition)

19 XXIII, 85, 87, 89 ; X, 18 ; VII, 28 ; III, 183 ; IV, 78 ; V, 17, 18.

20 XXXI, 25

extérieure, il est en et par lui même une action[21] ». Ainsi, la louange joue un rôle stratégique dans l'argumentation coranique car elle « rend la vérité discursive et la discursivité véridique[22] ».

Le métatexte. Il s'agit d'un discours sur le discours. Appelé aussi métadiscours[23], il est « destiné à construire son image (celle du Dieu coranique), à la fois en tant qu'auteur narrateur du message révélé, et en tant que source et créateur de l'univers[24] ». Le locuteur a ainsi toute liberté d' « intervenir, franchir les frontières, décontextualiser le débat et réorienter le combat[25] ». Pour exemple, on citera la mention du Coran sous une forme métatextuelle dans l'extrait suivant : « ce qui a été descendu vers toi de la part de ton Seigneur (*mā 'unzila 'ilayk^{a} min rabbik^{a}*)». (V, 64)

Les analyses précédentes offrent ainsi une typologie des formes des contre-discours et de leur riposte dans l'enceinte même d'un verset. Mais qu'en est-il lorsque l'analyse se porte à l'échelle d'une séquence textuelle de plusieurs versets ?

B Au-delà du verset : les formes du contre-discours et de la riposte

Pour des questions méthodologiques évidentes, l'analyse du contre-discours s'est inscrite uniquement à l'échelle d'une délimitation commode et stable : celle du verset. Il n'en demeure pas moins qu'il est difficile d'ignorer les solidarités de sens et de structure qui existent entre le contre-discours et des séquences plus larges, qu'elles soient un ensemble de quelques versets ou une sourate complète. Deux exemples viendront illustrer la nécessité d'élargir notre regard, puisés dans les sourates *al Furqān et al-wāqiʿa*. Nous le ferons à l'appui de l'analyse rhétorique. L'approche – simplifiée – mettra en lumière la disposition des contre-discours et de la riposte dans leur environnement textuel immédiat.

Mais, rappelons néanmoins la méthode. Recherchant « l'art de la composition du discours », l'analyse rhétorique est fondée sur le repérage des symétries (parallélismes synonymiques, antithétiques ou complémentaires), de chiasmes

21 Dubuisson (Daniel), « Ontogenèse divine et structures énonciatives », *Revue de l'Histoire des Religions*, Paris, P. U.F, 1994, p. 229.
22 Starobinski (Jean), *La relation critique*, Paris, Gallimard, (« le Chemin »), 1970, p. 91.
23 Ben Taïbi (Mustapha), *Le Coran comme texte adressé essai de lecture*, Paris V, 1999, p. 42.
24 *Id.*, p. 62.
25 Gasmi (Laroussi), *Narrativité et production de sens dans le texte coranique :* le récit de Joseph, Paris, EHESS, 1977, p. 156.

(parallélisme inversé : AB/B'A') et de concentrismes (deux versants symétriques partagés par un centre : AB/x/B'A'). Cette dernière structure met en lumière le rôle prépondérant de « centres » où gravitent des versants symétriques et auxquels Michel Cuypers, initiateur de cette démarche d'analyse pour le Coran, attache un intérêt particulier. L'analyse rhétorique conduit ainsi à rechercher ces correspondances à tous les niveaux du texte : membres, segment, partie... Elles aboutissent à une réécriture (traduite) du texte coranique et ordonnent ce dernier selon les diverses symétries repérées. Appliquée, cette méthode (dont le deuxième volet d'analyse intertextuel ne sera pas ici examiné) révélera les stratégies du discours coraniques pour parer au paradoxe argumentatif que représentent les contre-discours : la présence d'une parole opposante dans son propre discours.

a La sourate *al Furqān* (XXV, 1–10)

On lit au début de la sourate *al Furqān* une séquence de dix versets relevant explicitement du genre de la polémique et dont Blachère rappelait les deux thèmes centraux, en l'occurrence la défense de l'« Unicité de Dieu et l'Apostolat de Mahomet[26] ». Sensible à la structure de cette séquence, il est possible d'en dégager la disposition formelle selon la méthode de l'analyse rhétorique. La démarche révèle ici la position stratégique des contre-discours et de la riposte qu'elle génère.

En s'appuyant sur cette méthode et appliquée de manière simplifiée, l'analyse révèle ainsi une séquence en trois morceaux composée pour le premier et le troisième de six assertions chacune. En l'occurrence, ces assertions incarnent trois actes argumentatifs fondamentaux : célébrer Dieu par une louange (v. 1, 2/10), affirmer la grandeur de Dieu et la véracité de la mission de l'allocutaire coranique par des assertions théologiques (v. 3/9), mettre en scène la voix de l'opposant par l'emploi d'un contre-discours (4–5/7–8). Symétriquement disposé tel un miroir (tout en étant inversé : ABC/x /C'B'A'), l'ensemble se distingue par la place stratégique des contre-discours qui enserrent le morceau central de la séquence : une injonction introduite par *qul*. Cette centralité confère sans aucun doute à l'énoncé de la riposte une place toute particulière. Dans la perspective de l'analyse rhétorique, le centre oriente le sens global de la séquence tout en permettant, dans le cas présent, de neutraliser les contre-discours « enfermés » entre les assertions théologiques du Coran et la riposte coranique. Un deuxième exemple viendra illustrer comment une autre disposition des contre-discours et de la riposte est possible.

---

26 Blachère (Régis), *Le Coran*, *op. cit.*, p. 386.

b La sourate *al-wāqiʿa* (LVI, 41–55)

Située au chapitre LVI, cette deuxième séquence que nous proposons d'analyser est marquée par son genre à dominante descriptive. Elle a pour thème le châtiment divin qui attend les opposants à la révélation coranique. Dans le cadre de la terminologie de l'analyse rhétorique, la séquence est en tout point une structure spéculaire, c'est-à-dire que les unités qui la composent sont disposées selon une symétrie centrale, sans qu'il y ait une unité au centre (ABC / C'B'A'). La disposition contraste ainsi avec l'exemple précédent. On est en présence de deux morceaux symétriques et parallèles dont le point de contact confronte directement un contre-discours et la riposte qu'il entraîne. L'effet obtenu, non sans implication dans le cadre d'une stratégie de persuasion, conduit à accroître fortement les relations entre les deux morceaux symétriques.

Tableau n° 13 : Disposition rhétorique simplifiée de deux passages coraniques

Forme concentrique (Cas n°1 : *al furqān*, v. 1–10)	**Forme spéculaire (Cas n°2 : *al-wāqiʿa*, v. 41–55)**
A Introduction (v. 1–2)	A. Assertions
B Assertions	B. Assertions
C Réfutations	
	C. Contre-discours
X RIPOSTE (« Dis »)	
	C'. Riposte
C' Réfutations	
B' Assertions	B'. Assertions
A' Conclusion (v. 10)	C'. Assertions

Les deux exemples présentés ici montrent que la disposition des contre-discours et de la riposte n'est sans doute pas fortuite. Elle répond en l'occurrence à deux stratégies qui sont autant de moyens pour le Coran de répondre au paradoxe argumentatif que constitue la présence d'un contre-discours. La première stratégie, la plus éclatante, est le phénomène d'isolement qui accompagne les discours de l'opposant. On le voit parfaitement dans les deux cas. L'isolement du contre-discours est en l'occurrence spatial : l'énoncé n'est jamais au centre ni à l'extrême périphérie de la séquence. Mais l'isolement est également quantitatif : l'énoncé est seul face au grand nombre d'assertions coraniques qui l'encerclent. A cette première stratégie d'isolement s'ajoute celle de la focalisation. Cette deuxième stratégie consiste à disposer la séquence de telle manière que tous ces éléments convergent vers un point focal. L'exemple des dix premiers versets de la sourate *al Furqān* montre à l'évidence que cette centralité est au bénéfice d'un discours apologétique : « Dis : 'Celui qui connaît le secret dans le ciel et la terre, l'a fait descendre. Il est absoluteur, miséricordieux' ». Cette riposte portée au centre de la séquence conduit inévitablement à neutraliser un contre-discours minoritaire, décentré et encerclé.

Mais loin d'être les uniques ressorts d'une stratégie de réfutation des contre-discours, il est possible également de cerner d'autres stratégies formelles. Quelles sont ces stratégies et comment participent-elles à la construction d'une figure de l'opposant ?

Tableau 14 : Disposition rhétorique des versets 1 à 10 de la sourate *al Furqān*

---

1. Préambule (Louange)[27]

تَبَارَكَ الَّذِي نَزَّلَ الْفُرْقَانَ عَلَىٰ عَبْدِهِ لِيَكُونَ لِلْعَالَمِينَ نَذِيرًا

Béni soit Celui qui fit descendre la Salvation sur son serviteur, afin qu'il soit, pour le monde, un Avertisseur. (1ère assertion)

الَّذِي لَهُ مُلْكُ السَّمَاوَاتِ وَالْأَرْضِ وَلَمْ يَتَّخِذْ وَلَدًا وَلَمْ يَكُن لَّهُ شَرِيكٌ فِي الْمُلْكِ وَخَلَقَ كُلَّ شَيْءٍ فَقَدَّرَهُ تَقْدِيرًا

[Béni soit] Celui qui a le royaume des Cieux et de la Terre, [qui] n'a pas pris d'enfant, n'a point d'associé en ce Royaume, a créé toute chose et en a fixé le destin. (2ème assertion)

---

2. Thèse (Assertion théologique)

وَاتَّخَذُوا مِن دُونِهِ آلِهَةً لَّا يَخْلُقُونَ شَيْئًا وَهُمْ يُخْلَقُونَ وَلَا يَمْلِكُونَ لِأَنفُسِهِمْ ضَرًّا وَلَا نَفْعًا وَلَا يَمْلِكُونَ مَوْتًا وَلَا حَيَاةً وَلَا نُشُورًا

[Les impies] ont pris, en dehors de Lui, des divinités qui ne sauraient rien créer mais ont été créées [par eux]. [qui] ne possèdent pour elles-mêmes ni dommage ni utilité, [qui] ne possèdent ni [la] la Mort ni [la] Vie ni [la] Résurrection. (3ème assertion)

---

3. Contre-Thèse (Contre-discours)

وَقَالَ الَّذِينَ كَفَرُوا إِنْ هَٰذَا إِلَّا إِفْكٌ افْتَرَاهُ وَأَعَانَهُ عَلَيْهِ قَوْمٌ آخَرُونَ

Ceux qui sont infidèles disent : « Ceci n'est que forgerie inventée par cet homme, pour laquelle l'ont aidé d'autres personnes. » (4ème assertion)

فَقَدْ جَاءُوا ظُلْمًا وَزُورًا

Ils ont commis [en parlant ainsi] injustice et fraude. (5ème assertion)

وَقَالُوا أَسَاطِيرُ الْأَوَّلِينَ اكْتَتَبَهَا فَهِيَ تُمْلَىٰ عَلَيْهِ بُكْرَةً وَأَصِيلًا

Ils ont dit [aussi] : « [Ce sont] histoires de nos aïeux qu'il s'est écrites et qui lui sont dictées matin et soir ! » (6ème assertion)

---

27 Trad. de Blachère.

Tableau 14 *(continu)*

4. Contre-riposte (Injonction)

قُلْ أَنزَلَهُ الَّذِي يَعْلَمُ السِّرَّ فِي السَّمَاوَاتِ وَالْأَرْضِ إِنَّهُ كَانَ غَفُورًا رَّحِيمًا

Dis : « Celui qui connaît le secret dans le ciel et la terre, l'a fait descendre. Il est absoluteur, miséricordieux. »

5. Contre-Thèse (Contre-discours)

وَقَالُوا مَالِ هَٰذَا الرَّسُولِ يَأْكُلُ الطَّعَامَ وَيَمْشِي فِي الْأَسْوَاقِ

Ils disent [encore] : « Qu'a donc ce soi-disant Apôtre à prendre de la nourriture, à aller dans les marchés ? (7ème assertion)

لَوْلَا أُنزِلَ إِلَيْهِ مَلَكٌ فَيَكُونَ مَعَهُ نَذِيرًا

Ah ! si l'on avait fait descendre vers lui, parmi vous, un Ange qui fût avec lui un avertisseur ! (8ème assertion)

أَوْ يُلْقَىٰ إِلَيْهِ كَنزٌ أَوْ تَكُونُ لَهُ جَنَّةٌ يَأْكُلُ مِنْهَا وَقَالَ الظَّالِمُونَ

Si un trésor lui avait été lancé ou si [même] il possédait un jardin dont il mangerait [le produit] ! » (9ème assertion)

إِن تَتَّبِعُونَ إِلَّا رَجُلًا مَّسْحُورًا

Et les Injustes d'ajouter : « Vous ne suivez qu'un homme ensorcelé. » (10ème assertion)

6. Thèse (Assertion théologique)

انظُرْ كَيْفَ ضَرَبُوا لَكَ الْأَمْثَالَ فَضَلُّوا فَلَا يَسْتَطِيعُونَ سَبِيلًا

Considère comment ils te proposent des exemples en sorte qu'ils s'égarent et ne peuvent trouver le chemin (11ème assertion)

7. Epilogue (Louange)

تَبَارَكَ الَّذِي إِن شَاءَ جَعَلَ لَكَ خَيْرًا مِّن ذَٰلِكَ جَنَّاتٍ تَجْرِي مِن تَحْتِهَا الْأَنْهَارُ وَيَجْعَل لَّكَ قُصُورًا

Béni soit Celui qui, S'il veut, te donnera mieux que cela : des jardins au bas desquels couleront des ruisseaux et [où] Il placera pour toi des palais. (12ème assertion)

Tableau 15. Disposition rhétorique des versets 41 à 55 de la sourate *al-wāqiʿa*

1. Introduction
Les Compagnons de la Gauche (que sont les Compagnons de la Gauche !)

وَأَصحابُ الشِّمالِ ما أَصحابُ الشِّمالِ

2. Thèse (Assertion-description)

في سَمومٍ وَحَميمٍ وَظِلٍّ مِن يَحمومٍ لا بارِدٍ وَلا كَريمٍ

seront dans un souffle torride et une [eau] bouillante,
sous une ombre de [fumée] ardente,
ni fraîche, ni bienfaisante.

3. Thèse (Assertion-description-condamnation)

إِنَّهُم كانوا قَبلَ ذٰلِكَ مُترَفينَ وَكانوا يُصِرّونَ عَلَى الحِنثِ العَظيمِ

Ils étaient, avant cela, plongés dans le luxe ;
ils persistaient dans le Grand Péché ;

4. Réfutation (Contre-discours)

وَكانوا يَقولونَ أَئِذا مِتنا وَكُنّا تُرابًا وَعِظامًا أَإِنّا لَمَبعوثونَ
أَوَآباؤُنَا الأَوَّلونَ

ils disaient :
« Quand nous serons morts et que nous serons poussière et ossements, certes serons-nous ressuscités ? Est-ce que nos premiers ancêtres... ? »

Réponds :
« En vérité les Premiers et les Derniers
seront certes réunis au point fixé d'un jour connu ! »

قُل إِنَّ الأَوَّلينَ وَالآخِرينَ
لَمَجموعونَ إِلىٰ ميقاتِ يَومٍ مَعلومٍ

5. Riposte

6. Thèse (Assertion-condamnation)

ثُمَّ إِنَّكُم أَيُّهَا الضّالّونَ المُكَذِّبونَ

Oui, en vérité , ô Egarés ! [ô] Négateurs !

7. Thèse (Assertion-condamnation)

لَآكِلونَ مِن شَجَرٍ مِن زَقّومٍ
فَمالِئونَ مِنهَا البُطونَ
فَشارِبونَ عَلَيهِ مِنَ الحَميمِ

vous mangerez aux arbres Zaqqûm
vous vous en emplirez le ventre ;
vous boirez par-dessus, de l'[eau] bouillante

Chapitre IX
Les strategies d'elaboration, une typologie des figures de l'opposant et l'evolution des contre-discours eschatologiques

« Pour ceux qui entrent dans les mêmes fleuves,
autres et toujours autres sont les eaux qui s'écoulent ».
Héraclite[1]

Par essence, le discours rapporté est toujours séparé, distant d'une parole première qu'il vise à reproduire. Mais dire la parole d'autrui est toujours dire à nouveau sans jamais parvenir à renouveler fidèlement la parole initiale. Car quand bien même la parole serait reproduite à l'identique, trois faits qui sont autant de distances irrémédiables viendront la singulariser. La première distance est temporelle. Redire est toujours se situer en aval de la parole originelle. Ainsi, entre la première parole et celle qui la reproduit s'est écoulé un laps de temps plus ou moins long. De ce fait, le discours rapporté s'inscrit irrémédiablement dans un temps décalé et second. A cette première distance d'ordre temporel, s'ajoute la présence déterminante d'un médiateur, source de la parole reproduite. La deuxième distance est alors d'ordre énonciative. Car dire à nouveau la parole de l'autre implique systématiquement une altérité qui prend en charge la parole initiale. Celui qui reproduit la parole n'est jamais celui qui initialement l'a proférée (à l'exception de l'auto-citation). Mais cette deuxième distance est également accompagnée d'une modification du média. Le support de la parole reproduite abandonne la dimension auditive qui l'a vu naître pour demeurer dorénavant dans la sphère d'une visibilité graphique, celle de l'écriture. Cette troisième et dernière distance consacre définitivement la singularité du discours rapporté car la transcription écrite ne reproduit ni l'instant, ni la tonalité, ni la gestuelle qui pouvaient accompagner la parole initiale.

De ces trois distances, il est raisonnable d'affirmer que le discours rapporté – et à fortiori coranique – est une construction car il s'impose comme un événement toujours nouveau et irréductible à ce qui l'a précédé. Au centre de cette irréductibilité, il y a le Coran qui s'offre à la fois comme médiateur et comme média. C'est lui qui rend possible, et malgré l'écueil des trois distances, l'existence d'un discours rapporté. Il s'ensuit alors une interrogation centrale quant

1 Fragment 12, Arius Didyme dans Eusèbe de Césarée, *Préparation évangélique*, XV, 20, 2.

au contre-discours coranique. Si celui-ci est une « mise en voix » de la parole de l'adversaire, comment cette énonciation « rapportée » construit-elle l'identité de l'opposant ? Quels sont les lieux de cette élaboration, quelles sont les stratégies mises en œuvre et les effets induits sur l'auditeur ou le lecteur ? Peut-on dès lors en s'appuyant sur les seules données du Coran définir une typologie de l'adversaire ? C'est à cet ensemble de questions que le présent chapitre tentera de répondre.

A Figures de l'opposant : lieux, formes et stratégies d'une élaboration

Comprendre les mécanismes d'élaboration de la figure de l'opposant, c'est revenir aux trois parties qui structurent les contre-discours. A sa manière, chacune participe à cette élaboration riche et complexe. Le tryptique structurel dont il est question ici est construit, rappelons-le, sur la base d'un Contre-Discours Citant Introductif (CDCI) suivi d'un Contre-Discours Rapporté Direct Présent (CDRDP) et s'achève sur un Contre-Discours Citant de la Riposte (CDCR). Par leurs formes et leurs contenus, ces trois énoncés mobilisent des stratégies dont les effets conjugués façonnent l'identité des opposants. Le premier énoncé fait de ces derniers des anonymes, le second les met en scène et le troisième les qualifie selon la seule volonté du locuteur. Voyons ces trois points successivement.

a Les Contre-Discours Citant Introductifs et les stratégies d'une construction de l'opposant

Un fait patent et largement partagé par l'ensemble des CDCI est l'absence de désignations explicites des opposants. Les effets stratégiques produits expliquent sans doute les raisons d'une telle absence. On en dénombre au moins trois que nous avons qualifiés de stratégies d'indistinction, d'intemporalité et de contraste. Du terme d'indistinction, il faut entendre que l'identité est délibérément « noyée » dans un anonymat. Ne pas nommer joue ici un rôle de dévalorisation de l'adversaire. Il élargit dans le même temps l'audience des potentielles personnes concernées, conséquence de ce même anonymat. Ce dernier crée de surcroît une connivence entre le locuteur et les auditeurs croyants qui se solidarisent sur le compte d'un adversaire implicitement convoqué et reconnu. Dévalorisation, élargissement, connivence sont ici des effets qui sont renforcés par une deuxième stratégie : l'intemporalité de l'événement polémique. Ne pas désigner l'adversaire entraîne en effet la possible actualisation de la controverse à chaque lecture (ou écoute) du Coran. Sortie d'un cadre historique précis que renforce l'absence marquante de noms propres à quelques exceptions près, la figure de l'opposant est comme déplacée et réorientée par le texte lui-même. C'est ici une troisième stratégie mise en place : l'effet de contraste. Il s'agit ici de réorienter la possible identité de l'adversaire vers les parties modalisées du texte. Autrement dit, ne pas nommer l'adversaire, c'est lui affecter une identité construite par les qualificatifs que lui donne le Coran. Dans le cadre de la polémique, il se conçoit alors que cette identité s'élabore autour de vocables variés et très péjoratifs mais aussi d'éléments de mise en scène (souvent très succincts) en défaveur de l'opposant[2].

Les exemples sont nombreux. Qu'il nous suffise d'en proposer quelques-uns puisés parmi les cinq questions argumentatives. Il existe, en l'état, des CDCI (Contre-Discours Citant Introductif) que nous qualifierons de neutres et qui n'introduisent un contre-discours que par le verbe *qala*. Les occurrences sont particulièrement significatives dans les discours contre l'eschatologie. Parmi ces derniers, la modalisation (l'intervention du locuteur sur son propre énoncé) s'opère soit dans les versets qui suivent les contre-discours soit dans les CDCR (Contre-Discours Citant de la Riposte). Pour ce dernier cas, un bel exemple est à lire en XXXII, 10 : وَقالوا أَإِذا ضَلَلنا فِي الأَرضِ أَإِنّا لَفي خَلقٍ جَديدٍ بَل هُم بِلِقاءِ رَبِّهِم كافِرونَ. L'expression « *bal hum bi-liqā*$^{'i}$ *rabbihim kāfirūn*^{a} » *(en gras)* est un commentaire (une modalisation du locuteur) qui vient réfuter le contre-discours. La réfutation a pour objet de souligner l'incroyance des opposants. L'identité qui n'est pas donnée est donc ici « rejetée » vers la partie modalisée du verset. Ne pas nommer permet au Coran de construire alors une figure de l'opposant dont l'identité n'est autre que ce qu'il en dit dans ses commentaires qu'il inclut dans la partie du CDCR (contre-discours citant de la riposte). L'opposant est dans le cas présent affublé de l'accusation de *kufr* qui fonde le seul élément constitutif de son identité.

Mais si la modalisation prend place dans la partie qui succède le contre-discours, le Coran fait également un usage fréquent d'énoncés introductifs qui ne sont jamais innocents. Ils sont, en effet, marqués par des éléments succincts de mise en scène qui viennent orienter stratégiquement le sens du contre-discours. Parmi les discours contre les croyants, on lit en XIX, 73, le contre-discours introductif suivant : « وَإِذا تُتلى عَلَيهِم آياتُنا بَيِّناتٍ قالَ الَّذينَ كَفَروا لِلَّذينَ آمَنوا أَيُّ الفَريقَينِ خَيرٌ مَقامًا وَأَحسَنُ نَدِيًّا ». Signalé en gras, l'intérêt de cet énoncé introductif (*wa-'iḏā tutlā ʿalayhim 'āyātunā bayyināt*^{in} *qāla allaḏīn*^{a} *kafarū li-llaḏīn*^{a} *'āmanū*) outre de qualifier l'opposant est de mettre en scène la révélation coranique. C'est cette dernière qui implique la réaction hostile de ses adversaires. On retrouve ce motif à maintes reprises dans l'ensemble des contre-discours citants introductifs (*v.* X, 15 ; XXX, 58 ; XXXIV, 43 ; XLV, 25 ; XLVII, 16). D'autres CDCI permettent par

2 *V. Supra*, note 154.

ailleurs de mettre en scène d'autres actions et comportements de l'adversaire : il peut venir écouter l'allocutaire coranique (IV, 25), construire un lieu de culte (IX, 107), rencontrer les croyants (II, 76), rester en arrière du combat (XLVIII, 15). Par ces exemples, on comprend ainsi que les CDCI participent pleinement à l'identité de l'opposant en mettant en scène ses agissements.

b Le Contre-Discours Rapporté Direct Présent et les stratégies d'une construction de l'opposant

Le contre-discours a la propriété de mettre en scène -oserons-nous dire mettre « en voix »-, la parole de l'adversaire. Cette mise en scène implique *de facto* une mise à distance des propos rapportés par le locuteur coranique. Ce dernier se détache ainsi de la parole déviante qu'il rapporte. Il s'agit donc d'un effet de distanciation stratégique. Cette mise à distance s'inscrit pleinement dans une théâtralisation de l'événement. On ne peut que souligner l'effet de réel qu'entraîne l'usage d'un discours rapporté. Reproduction d'un événement de parole, le discours tend ainsi à se poser comme vrai du fait même qu'il ne craint pas de donner la parole à des opposants. Ce dernier paradoxe est à souligner. Plus les paroles rapportées de l'adversaire sont violentes, radicales et sans concessions, plus elles acquièrent de véracité en tant qu'énoncés réellement proférés. Les exemples coraniques ne manquent pas. Les discours contre le Prophète sont parsemés de ce type d'énoncés tels que « Allons-nous abandonner nos divinités pour un poète possédé (*ʾaʾinnā la-tārikū ʾālihatinā li-šāʿir*^{in} *mağnūn*^{in}) » (XXVII, 36) ; « C'est un sorcier, un menteur (*hāḏā sāḥir*^{un} *kaḏḏāb*^{un}) » (XXXVIII, 4) ; « Il est possédé (*bih*^{i} *ğinnat*^{un}) » (XXIII, 70) ... La présence de tels propos si virulent dans le corpus ne s'explique essentiellement que par l'effet de réel qu'il contribue à donner aux discours rapportés. Enfin, ces discours sont dans une grande proportion des propos stéréotypés et répétitifs. Cela est particulièrement sensible lorsqu'on considère les contre-discours eschatologiques. Pour exemple, les expressions répétées suivantes : « *matā hāḏā l-waʿd*^{u} *ʾin kuntum ṣādiqīn*^{a} [3]» (à sept reprises) mais également : « *ʾaʾiḏā kunnā ʿiẓām*^{an} *wa-rufāt*^{an} *ʾaʾinnā la-mabʿūṯūn*^{a} *ḫalq*^{an} *ğadīd*^{an}» et ses formes approchantes (à onze reprises). La répétition joue ici un rôle stratégique qui pour citer Gasmi Laroussi : « n'est pas une donnée superflue dans notre discours. Qu'on veuille bien souligner ce fait (...) Elle signale l'élément principal dans le contenu transmis, et coïncide avec ce que l'énonciateur,

---

3 *V. infra*, Table II, c.

consciemment ou inconsciemment, veut préserver de toute perte et de toute perdition pour ne pas compromettre l'intelligibilité de son message[4] ».

c Le Contre-discours Citant de la Riposte et les stratégies d'une construction de l'opposant

Troisième énoncé succédant au discours rapporté, le CDCR joue un rôle déterminant dans la construction de l'identité de l'opposant. Comme on l'a vu précédemment, et dans le cadre d'une stratégie dite de « contraste », l'identité qui n'est pas donnée dans l'énoncé introductif est « rejetée » vers la partie modalisée du CDCR. Lieu privilégié d'une construction de l'opposant, les énoncés du CDCR qualifient, décrivent, jugent et condamnent l'adversaire. En reprenant très précisément le corpus du discours-contre Dieu, l'opposant est qualifié de pervers (2, 26), de semeur de désordre (5, 64), d'homme injuste (V, 72 ; VI, 93 ; XXI, 29), de mécréant (V, 73), de menteur (XXVII, 152 ; XXXIX, 3 ; LXIII, 1), d'ingrat (XXXIX, 3). L'opposant est aussi décrit dans ses actions. Il commet le mensonge (III, 79 ; VI, 148), le crime (VI, 124) et la turpitude (VII, 28) ; il est sans savoir (VI, 37 ; VII, 28 ; X, 18, 68 ; XVI, 38 ; XLIII, 20), il a un mauvais jugement (VI, 136) ; il se détourne (XXIX, 61 ; XLIII, 87), il est enflé d'orgueil (XXV, 21). L'opposant est enfin jugé et condamné. C'est ainsi qu'il est voué aux gémonies (II, 79 ; V, 64 ; IX, 30) et promis à un châtiment douloureux (II, 200 ; III, 181 ; V, 72, 73 ; VI, 93, 124 ; XXXIV, 8 ; XLI, 50 ; LVIII, 8).

A partir de ces « lieux » d'une élaboration stratégique, il est donc possible de conclure qu'il existe trois formes d'identité de l'opposant dans le Coran : une identité de désignation (le Coran désigne nommément un groupe), une identité d'attitudes (Le Coran décrit leurs attitudes, leurs actions), et enfin une identité de croyances (le Coran se fait l'écho des croyances de l'adversaire). Ne serait-il pas alors envisageable, à partir de cette construction « identitaire » de procéder à une typologie de l'opposant selon les seules données du Coran ?

B La figure de l'opposant : une typologie

Selon Grémy et Le Moan, « élaborer une typologie consiste à distinguer, au sein d'un ensemble d'unités (individus, groupes d'individus, faits sociaux, etc.), des

4 *Ibid.*, *Narrativité et production de sens dans le texte coranique :* le récit de Joseph, Paris, EHESS, 1977, p. 139.

groupes que l'on puisse considérer comme homogènes d'un certain point de vue (…) elle se fonde généralement sur une certaine ressemblance définie à partir d'un sous-ensemble de caractéristiques servant à décrire les unités étudiées[5] ». Peut-on, dès lors, et à lumière de cette définition tenter une typologie des opposants à partir des seules données du contre-discours dans le Coran ? Certes, la tâche est rendue malaisée tant l'identité des opposants demeurent largement tue. Mais ne pourrions nous pas solliciter les données glanées tout au long des deux derniers chapitres (et en se référant aux tables en appendice) pour tenter ce travail d'identification ? On s'emploiera alors et préalablement à exposer l'ensemble des critères mobilisés pour parvenir à cette fin.

a Les indices de désignation

Le premier critère est d'abord constitué par des indices explicites. Ils désignent nommément les opposants. On a déjà présenté un tableau qui les énumère[6]. Rappelons-ici les noms suivants *al-ʿAʾrāb, Naṣārā, Yahūd, Qurayš, Maǧūs, Ṣābiʾūn*, noms qui figurent par ailleurs dans un même verset XXII, 17 (à l'exception du terme *Qurayš*)[7]. De ce premier critère, on peut d'ores et déjà affirmer que quatre d'entre eux introduisent explicitement un Contre-Discours Rapporté Direct Présent. Il s'agit des termes *al Naṣārā* (IX, 30 ; V, 18), *al Yahūd* (V, 18)[8], *al-ʿAʾrāb* (XLVIII, 11 ; XLIX, 14), *al insān* « Homme » (LXXXIX, 15).

b Les indices d'attitudes

Le deuxième critère qu'il est possible de solliciter s'appuie sur les indices (hors les noms des opposants) qui introduisent les contre-discours (CDCI) ou les commentent (CDCR) et qui révèlent parfois, on l'a vu, quelques indications contextuelles. Ces deux types d'énoncés présentent un florilège d'attitudes.

5 Grémy (Jean Pierre), Le Moan (Marie-Joëlle), *Analyse de la démarche de construction de typologies dans les sciences sociales*, Paris, Université Paris-Sorbonne, Institut des Sciences Humaines Appliquées, 1977, p. 15.

6 *V. supra*, p. 47.

7 إِنَّ ٱلَّذِينَ ءَامَنُوا وَٱلَّذِينَ هَادُوا وَٱلصَّٰبِـِٔينَ وَٱلنَّصَٰرَىٰ وَٱلْمَجُوسَ وَٱلَّذِينَ أَشْرَكُوٓا إِنَّ ٱللَّهَ يَفْصِلُ بَيْنَهُمْ يَوْمَ ٱلْقِيَٰمَةِ إِنَّ ٱللَّهَ عَلَىٰ كُلِّ شَىْءٍ شَهِيدٌ

8 *V.* les CDRD correspondants (Partie III).

Voyons ces indices pour chacune des questions argumentatives et tentons d'y déceler des groupes identifiables[9].

Dans le cadre des discours contre Dieu, les expressions désignant l'adversaire et leurs actions sont nombreuses : « ceux qui composent un livre » (II, 79) ; « roulent leurs langues en lisant le Livre » (III, 78) ; « celui qui tardera à aller au combat » (IV, 72) ; « le combat leur fut prescrit » (IV, 77) ; « ceux des gens du Livre qui exagèrent en leur religion » (IV, 171) ; « Et quand ils te voient, ils ne te prennent qu'en raillerie » (XXV, 41) ; « ceux qui prennent des protecteurs en dehors de lui » (XXXIX, 3) ; « ceux... qui reviennent aux choses interdites » (LVIII, 8).

Dans le cadre des discours contre le Prophète, les expressions désignant l'adversaire et leurs actions sont les suivantes : « quand ils entendent le Coran » (LXVIII, 51) ; « ils s'étonnent qu'un adversaire soit parmi eux » (XXXVIII, 4) ; « les injustes tiennent des conversations secrètes » (XXI, 3) ; « Quand les mécréants te voient, ils ne te prennent qu'en dérision » (XXI, 36 ; XXV, 40) ; « Quand ils t'écoutent et qu'ils chuchotent entre eux » ; « Est-il étonnant pour les gens, que Nous ayons révélé à un homme d'entre eux » (X, 2) ; « celui qui fabrique un mensonge contre Allah » (VI, 93) ; « Et il en est parmi eux qui t'écoutent » (XLVII, 16) ; « Ils restent dans l'expectative à votre égard ; si une victoire vous vient de la part d'Allah » (IV, 41) ; « Ceux qui restèrent en arrière diront, quand vous vous dirigez vers le butin pour vous en emparer » (XLVIII, 15) ; « Et il en est parmi eux ceux qui font du tort au Prophète et disent » (IX, 61).

Dans le cadre des discours contre le Coran, les expressions désignant l'adversaire et leurs actions sont les suivantes : « Et quand on leur récite Nos versets évidents, leur argument est de dire » (XLV, 25) ; « Quand Nos versets lui sont récités » (LXVIII, 15 ; LXXXIII, 13 ; X, 15 ; XLIV, 15) ; « Puis ils s'en détournèrent » (XLIV, 14) ; « Et ceux qui ont mécru dirent à ceux qui ont cru » (XLVI, 11) ; « Et quand une Sourate est révélée, ils se regardent les uns les autres » (IX, 127).

Dans le cadre des discours contre l'eschatologie, les expressions sont moins nombreuses : « ils t'interrogent » (LXXIX, 42 ; VII, 187) ; « Il cite pour Nous un exemple » (XXXVI, 78) ; « Et ils jurent par Allah en prononçant leurs serments les plus solennels » (XVI, 38).

Enfin, dans le cadre des discours contre les croyants, les expressions les plus significatives sont les suivantes : « Et lorsque Nos versets évidents leur sont récités les mécréants disent à ceux qui croient » (XIX, 73) ; « N'as-tu pas vu ceux-là, à qui une partie du Livre a été donnée, avoir foi à la magie (*ǧibt*) et au *ṭāġūt*, et dire en faveur de ceux qui ne croient pas » (IV, 51) ; « Ceux qui ont édifié une

---

9 Les références indiquées ici ne reprennent pas toutes les expressions usitées dans le Coran (souvent répétitives) mais celles qui sont les plus représentatives.

mosquée pour en faire [un mobile] de rivalité, d'impiété et de division entre les croyants, qui la préparent pour celui qui auparavant avait combattu Allah et son Envoyé et jurent en disant ... » (IX, 107).

A la lecture de ces éléments, il est bien difficile d'établir une typologie évidente de l'identité de l'opposant. Elle est pour le moins quasi impossible. Néanmoins, les éléments précédents suggèrent la mise en évidence de deux groupes distincts qui seraient constitués d'une part de communautés religieuses concurrentes juives et chrétiennes (si l'on en croit le premier critère) identifiées ici par l'expression « les gens du livre » (IV, 71) et d'autre part, d'opposants à l'intérieur même d'une communauté religieuse naissante qui montre, selon les indices du CDCI beaucoup d'hésitations à livrer combat (VIII, 41 ; XLVIII, 15).

c Les indices de croyances

Se pourrait-il alors que les contre-discours rapportés directs présents (CDRDP), considérés dans leur totalité, puissent affiner cette typologie rudimentaire ? C'est ici qu'il est possible de prendre en compte les thèmes et prédicats mis en lumière au chapitre VII et notamment les quatre-vingt onze prédicats déduits des énoncés explicites et implicites des contre-discours. Il faut à cet égard porter attention tout particulièrement vers l'ensemble des prédicats qui rendent compte d'une caractéristique de Dieu dans un contre-discours. En l'occurrence, il s'agit des contre-discours qui répondent à la phrase : « Dieu est » ou « Dieu a » mais encore « Dieu n'est pas » ou « Dieu n'a pas ». Les réponses collectées (voir chapitre VII) constituent un ensemble de onze prédicats dont six d'entre eux réfutent explicitement les enseignements coraniques.

Le premier et le plus récurrent est l'affirmation qu'Allah a engendré un enfant (II, 116 ; XXXVII, 152 ; XIX, 88 ; XXI, 26 ; XVIII, 4 ; X, 68 ; IX, 30). Suivi de près en terme quantitatif, un deuxième prédicat parfois implicitement contenu dans les versets coraniques vient souligner la suprême volonté divine. En d'autres termes, Dieu est une volonté qui détermine la destinée des hommes (II, 26 ; VI, 148 ; XVI, 35 ; XXXVI, 47 ; XLIII, 20 ; LXXIV, 31), l'opposant souligne cette caractéristique pour mieux la dissocier de la volonté du Dieu coranique. Le troisième prédicat est l'affirmation que Dieu n'est pas unique. En effet, trois contre-discours affirment une croyance en plusieurs divinités (VI, 136 ; XXI, 29 ; XXXVIII, 5). Le quatrième prédicat identifie Dieu au Messie (V, 17, 72) à travers l'expression : « *ʾinna Allāh*^{a} *huw*^{a} *l-masīḥ*^{u} ». La cinquième assertion est la mention d'un contre-discours dont l'identité des opposants est clairement désignée (*wa-qālat*^{i} *al-yahūd*^{u} *wa-l-naṣārā*). L'assertion qui leur est prêtée (*naḥn*^{u} *ʾabnāʾ*^{u} *Allāh*^{i} *wa ʾaḥibbāʾuh*^{u}) définit un rapport privilégié à Dieu. C'est d'ailleurs la seule occasion où ces deux derniers termes sont cités ensemble dans le cadre d'un discours rapporté des opposants. Ne faisant également l'objet que d'une occurrence, un sixième prédicat souligne que l'expression « *raḥmān* », autre terme qui désigne Allah, ne fait pas l'objet d'un culte (XXV, 60). L'opposition est ici exprimée par le refus de se prosterner *(wa mā l-raḥmānᵘ ʾa-nasǧudᵘ li-mā taʾmurunᵃ)* malgré l'injonction faîte à l'allocutaire coranique (*wa-ʾiḏā qīlᵃ lahumᵘ āsǧudū li-l-raḥmānⁱ*). Enfin, la septième affirmation que « Dieu est pauvre » finit par définir un rapport des opposants à leur Dieu totalement étranger au Coran.

A partir de ces éléments de croyance, il est tout à fait possible de distinguer trois groupes d'individus : ceux qui professent une croyance polythéiste, les « païens » (prédicat 3) ; ceux qui professent que Dieu a un enfant, les « chrétiens » (prédicat 1, 4, 6) ; ceux qui se désignent comme les préférés de Dieu, parmi lesquels les « juifs » (prédicat 6). Or, si nous rassemblons l'ensemble des données issues des points a., b., c., il est possible de définir en terme de catégorie six groupes d'opposants différents : les juifs, les chrétiens, les païens, les (faux ou hypocrites) croyants, les bédouins, les « hommes ».

Les résultats obtenus ici ont été possibles par la mise en commun de ce que nous avons appelé une identité de désignation (le Coran désigne nommément un groupe), une identité d'attitudes (le Coran décrit leurs attitudes, leurs actions), et enfin une identité de croyances (le Coran se fait l'écho des croyances de l'adversaire). Mais ces trois « lieux » stratégiques qui construisent la figure de l'opposant n'ont été analysés que dans une perspective synchronique. Que peut nous apprendre dès lors la perspective diachronique ? Ainsi, à l'appui de la reconstitution de la chronologie proposée au chapitre VI et complétée par celle de Nöldeke, on tentera d'apprécier les évolutions d'un corpus contre coranique significatif : l'eschatologie. On interrogera l'évolution des thèmes, des formes et des stratégies mises en place. On le fera dans la perspective de répondre à une question finale : qui sont les opposants eschatologiques ?

Précédemment analysés en fonction des thèmes, des formes et des stratégies discursives qu'ils induisent, les discours rapportés directs présents n'ont jusqu'à présent bénéficié d'aucune analyse interrogeant leurs évolutions dans le corpus. On envisagera dès lors cette démarche en présentant brièvement la question argumentative choisie pour cette étude : le contre-discours eschatologique (A.). Puis, on présentera une analyse intratextuelle sensible aux évolutions du contre-discours et de la riposte qu'elle génère (B.) Cette étude s'achèvera par la mise en comparaison du Coran avec quatre textes bibliques et parabibliques dont un écrit apocryphe chrétien et un traité talmudique (C.).

C L'évolution des contre-discours : le cas de l'eschatologie

L'eschatologie[10] est une thématique centrale du discours coranique[11]. Croyance première, s'il faut en croire les ré-ordonnancements chronologiques, l'eschatologie s'impose dès les débuts des révélations mecquoises simultanément, suppose-t-on, à l'affirmation de l'unicité divine[12]. Omniprésente, la doctrine des fins dernières est réaffirmée dans l'ensemble du corpus coranique[13]. Littérairement marquante, l'eschatologie se donne à lire notamment à travers les descriptions très suggestives des affres de l'enfer promis aux opposants.

Mais cette prééminence se vérifie notamment à l'aune des objections multiples qu'elle suscite et dont le Coran se fait lui-même l'écho. Comme l'ont déjà souligné Jane Idleman Smith et Yvonne Yazbeck Haddad : « Disbelief, rejection, and ridicule – thus the Qur'an portrays the response of the meccan community to the

---

10 Ce terme récent (1864) est issu du grec eskhatos (Εσχατος) « qui se trouve à l'extrémité, dernier (…) ». Il désigne la croyance en la fin du monde impliquant les idées d'une résurrection des corps, d'un jugement final des hommes par Dieu et l'existence d'un paradis et d'un enfer. Carrez (Maurice), « Eschatologie », *Dictionnaire des Religions*, T. II, A–K, p. 626 (626–629). *Dictionnaire grec-français du Nouveau Testament*, [adapté de Barclay M. Newman] ; préparé par Jean-Claude Ingelaere, Pierre Maraval, Pierre Prigent, Villiers-le-Bel, Alliance Biblique Universelle, 1988, p. 60 (2 + 269 p.). Léon-Dufour (Xavier), *Dictionnaire du Nouveau Testament*, Seuil, 1975, p. 237. Pour l'étymologie, on se reportera également à *Le Robert*, Dictionnaire historique de la langue française, sous la dir. Alain Rey, T. II, A-E, p. 1292.

11 Les ouvrages soulignant l'importance de l'eschatologie dans le Coran sont très nombreux. Qu'il nous suffise de citer : Andrae (Tor), *Der Ursprung des Islams und das Christentum*, Einleitung, Uppsala, Almqvist & Wiksell, (« Skrifter utgivna av kyrkohistoriska föreningen 1 ; 23 & 25 »), 1923–1925, p. 213 (213–247). Ibid, sous le titre *Les origines de l'Islam et le Christianisme*, Traduit de l'allemand par Jules Roche, Paris, Adrien-Maisonneuve, (« Initiation à l'Islam, 8 »), 1955, p. 67 (67–100). Gardet (Louis), *Dieu et la destinée de l'homme, les grands problèmes de la théologie musulmane*, essai de théologie comparée, Paris, J. Vrin, («Études musulmanes ; 9»), 1967, p. 233. Masson (Denise), *Monothéisme coranique et monothéisme biblique*, Paris, Desclée de Brouwer, 2ème édition, 1976, p. 683 (681–764). O'Shaughnessy (Thomas J.) *Eschatological themes in the Qur'an*, Manille, Loyola school of theology, 1986 (n. c.). Pautz (Otto), *Muhammeds Lehre von der Offenbarung, quellenmässig untersucht von Otto Pautz*, Leipzig, J. C. Hinrichs'sche Buchhandlung, 1898, p. 201–220 (V + 304 p). Rahman (Fazlur), *Major themes of the Qur'ān*, Chicago, The University of Chicago Press, Bibliotheca Islamica, 2009², p. 106.

12 Blachère (Régis), Le Coran, *op. cit.*, p. 32 ; Caspar (Robert), « Eschatologie musulmane », *Dictionnaire des Religions*, T. II, A–K, p. 629 ; El Saleh (Soubhi), *La vie future selon le Coran*, Paris, J. Vrin, (« Études musulmanes ; 13 »), 1986², p. 9 ; Neuwirth (Angelika), « Stuctural, linguistic and literary features » *in* J. D. McAuliffe (ed.), *The Cambridge companion to the Qur'an*, *op. cit.*, p. 110 ; Robinson (Neal), *Discovering the Qur'an*, *op. cit.*, p. 103–104 ; Smith Idleman (Jane), « Eschatology », *EQ*, II, p. 44.

13 L'ensemble des travaux cités précédemment souligne cette omniprésence.

message delivered by the Prophet Muḥammad concerning the day of resurrection and the universal judgment[14] ». Comme nous l'avons déjà vu, ce refus d'accréditer une vie après la mort est très clairement mise en scène – oserons-nous dire mise en voix – par le Coran lui-même sous la forme d'un ensemble de « contre-discours eschatologiques ». Cinquante deux versets répondent à cette caractéristique[15]. Autour de cette thématique générale, on distingue aisément trois sujets distincts : la résurrection des corps (trente trois versets), l'heure eschatologique (quinze versets) et la rétribution des actes (quatre versets). En se référant à cet ensemble de versets, il s'agira ici de cerner l'évolution de ce corpus. On le fera en deux temps interrogeant l'eschatologie dans les sourates sans contre-discours puis dans les sourates où se manifestent des contre-discours eschatologiques.

D L'analyse intratextuelle des contre-discours eschatologiques

a L'eschatologie sans contre-discours

Parmi les trente sourates sans contre-discours, on constate quelques faits remarquables. Les motifs eschatologiques qui s'inscrivent dans ces sourates se répartissent, comme l'indique le tableau ci-dessous, selon cinq groupes de textes[16]. Cet ordonnancement qui s'appuie sur une classification thématique – et non chronologique – montre que l'eschatologie n'est ni omniprésente, ni monolithique, ni invariable. En effet, il existe un Coran sans eschatologie. Il comprend cinq sourates (XCI, XCVII, CIII, CV, CVI). Parmi elles, la sourate *al šams* fait mention néanmoins d'un châtiment divin (XCI, 14). Mais ce dernier est rejeté dans

---

14 Idleman Smith (Jane) & Yazbeck Haddad (Yvonne), *The Islamic Understanding of death and resurrection*, *op. cit.*, p. 1

15 V. *infra* chapitre VI.

16 Nos résultats seront à comparer avec l'approche d'El Saleh (Soubhi), *La vie future selon le Coran*, *op-cit.*, p. 9–10. Ce dernier s'appuie sur la chronologie de Nöldeke pour analyser les évolutions des motifs eschatologiques des sourates supposées initiales. Celui-ci écrit « (…) les 47 sourates de la première période mekkoise peuvent être groupées en cinq séries. Dans la première (n°1 à 7) on ne trouve aucune allusion au Paradis ni à l'Enfer mais plutôt un appel à la purification, à la charité et à la persévérance. Dans la deuxième (n° 8 à 13) on relève dans chaque sourate des indications sur le jugement dernier, sauf dans la sourate al Qâri'a (n° 12) où pour la première fois est esquissée l'idée de la récompense et du châtiment. Une troisième série (n°s 14–20) comporte et la notion de jugement, et la mention continuelle des noms génériques du Paradis et de l'Enfer, ou des traits forts sommaires sur les délices et les tourments (…) ».

un passé et associé à un peuple réfractaire : les Ṯamud. Mais si l'eschatologie n'est pas omniprésente, elle n'est pas monolithique non plus. Force est de constater qu'il existe plusieurs formes d'eschatologie. Cette dernière peut être signifiée et incarnée soit par le Feu (*nār*), soit par la Récompense (*naʿīm*), soit par la mention d'un jardin (*ğanna*). On constate ainsi qu'il existe neuf sourates (I, LXXIII, XCVI, C, CI, CII, CIV, CVII, CXI) où s'il est fait mention du « feu » eschatologique, cela n'implique aucunement l'existence d'un paradis. A ce non monolithisme de l'eschatologie s'ajoute sa non invariance. Il existe, en effet, parmi cinq sourates (LXXX, LXXXII, LXXXIV, XCII, XCV, CIII), une eschatologie de la récompense sans paradis explicitement désigné. Le terme *ğanna* en est totalement absent. Autre signe de cette diversité est la présence d'une eschatologie de la « consolation » en direction de l'allocutaire coranique et non de destinataires gratifiés. On compte quatre sourates (LXX, XCIII, XCIV, LXXXVII, CVIII) qui répondent à cette caractéristique. Enfin, on retrouve dans cette classification thématique trois sourates (LXXXI, LV, LIII) qui mettent en présence simultanée le paradis et l'enfer, schéma qu'on retrouvera presque systématiquement dans le reste de la vulgate.

Tableau 16 : L'eschatologie coranique sans contre-discours

	Groupes thematiques	Sourates initiales (?)	Sourates plus tardives (?)
1	Un coran sans eschatologie	CIII, CVI, CV	XCI, XCVII (tardive ?)
2	un « Feu « eschatologique sans paradis	C (*yawm*) CXI (*Abū Lahab*) CI (*yawm*) CII (*ğaḥīm*) CIV (*ḥuṭama*)	I XCVI (nāṣiya) CVII (*dīn*) LXXIII (*yawm, ğaḥīma*)
3	Une récompense sans jardins	XCV (*'ajrun, dīn*) voir parallèle avec CIII LXXXII (*dīn* vs *naʿīm*) XCII (*nār* vs *ḥusnā* ; *yusrā*) LXXX Pr (*yawm, 'anšarah*) LXXXIV Pr (*yaslā saʿīrā*)	
4	Une eschatologie de la consolation	LXX (*'aḏāb, yawm, dīn*) XCIII (*'āḫira*) XCIV (*yusrā*) LXXXVII (*yusrā-nār*)	CVIII (*Kawṯar*) ?
5	Une eschatologie II	LXXXI (*ğaḥīm-ğanna*) LV (*nār* vs *ğanna*) LIII Pr (*ğanna, 'āḫira*)	

Mais à partir de notre reconstitution chronologique partielle élaborée au chapitre VI, il est possible de cerner les évolutions de ce que nous supposons être la prime eschatologie dans le Coran. Il s'avère alors que le discours sur les fins dernières évolue selon un schéma déclinable en trois phases. La première est marquée par l'absence de toute allusion eschatologique. Les primes sourates (CIII, CVI) ne font aucune allusion à l'eschatologie. Est-ce à dire que cette thématique était totalement absente des premières sourates du Coran ? La réponse ne peut être qu'hypothétique (comme l'ensemble des remarques qui vont suivre) tant le nombre de sourates ici concernées est réduit et du fait qu'une sourate (CXI, *al masad*), fait mention explicite d'un châtiment futur (*nār*) lancé contre un adversaire désigné : Abū Lahab (Groupe 1, 2). La deuxième phase est caractérisée par l'emploi des termes *yawm* et *din*. Les descriptions apocalyptiques y sont fréquentes (Sourate LXXVII, LXXXII, CI). Mais ce qui frappe est l'absence de toute mention de paradis et la présence d'une eschatologie de la consolation en direction de l'allocutaire[17] (Groupe 3). Il faut attendre une troisième phase pour voir se complexifier le discours eschatologique avec l'usage d'un vocabulaire enrichi (ahira, Hutama, *ğanna*) et la stabilisation de motifs récurrents et structurellement antithétiques : « *nār* »/ « *ğanna* » (Groupe 4, 5, 6). Les trois phases mentionnées ici donnent à l'approche thématique de la prime eschatologie un caractère évolutif indéniable. Mais pourrait-on discerner dans le même temps d'autres évolutions concernant cette fois les sourates où se vérifie la présence d'un contre-discours ?

b Le contre-coran eschatologique

Parmi les cinquante-deux versets répartis dans vingt-sept sourates du contre-discours eschatologique, il est possible de cerner la dimension argumentative de la réfutation en s'intéressant aux formes et valeurs argumentatives de chaque contre-discours. En les disposant de telle manière qu'ils se répartissent selon la chronologie de Nöldeke, on parvient alors à déterminer le tableau présenté ci-dessous. A sa lecture, on détermine trois phases d'évolution de la réfutation. La première est marquée par la présence systématique d'une réfutation questionnante dont le thème principal est la résurrection des corps. La forme interrogative a pour effet d'atténuer la réfutation en faisant d'elle une objection qui entraîne le discours à préciser son objet. Pour exemple, la réfutation questionnante porte sur le moment de la survenue de la résurrection : « Il interroge : 'A quand, le Jour de la Résurrection ?' » (LXXV,6) mais la réfutation questionnante porte également sur l'auteur de l'événement : « Qui va redonner la vie à des ossements une fois réduits en poussière ? » (XXXVI, 78). Mais à cette première

17 *Cf.* Sourates XCIII, XCIV, CVIII.

phase succède une seconde phase qui regroupe un ensemble où domine une « réfutation propositionnelle ou qualifiante ».

Il ne s'agit plus de préciser mais de critiquer l'objet réfuté. La réfutation vise par exemple l'énonciateur : « Est-il fou ? » (XXXIV, 8) La réfutation n'est autre qu'un argument *ad hominem* mais elle cible également l'objet réfuté qui se trouve qualifié et identifié à de la magie : « Ceci n'est que magie évidente » (XXXVII, 15). Enfin la troisième phase rassemble ce qui s'apparente à une réfutation contre argumentative. Il ne s'agit pas seulement de critiquer l'objet réfuté mais de lui opposer un argument pour l'affaiblir. Pour exemple, les versets suivants : « Il n'y a pour nous que la vie d'ici-bas : nous mourons et nous vivons et seul le temps nous fait périr » (XLV, 25) et l'énoncé suivant « Le Feu ne nous touchera que pour quelques jours comptés! » (II, 80 et III, 24). La chronologie de Nöldeke permet ainsi d'envisager une logique évolutive à la fois formelle et thématique de la réfutation. Dans le cadre de cette évolution formelle, la réfutation questionnante laisse la place à la réfutation contre-argumentative dont la dimension polémique est bien plus marquée. Au point de vue thématique et dans la perspective de cette chronologie, la question de la résurrection disparaît totalement pour laisser la place exclusivement à la question de la Rétribution pendant la période médinoise.

Tableau 17 : Le contre-discours eschatologique selon les chronologies islamique et orientaliste

	Classement islamique		Classement des orientalistes			
	Ordre de la vulgate	Ordre chronologique de la tradition	Ordre chronologique de Nöldeke[1]	Thèmes	Ordre chronologique de Muir[2]	Ordre chronologique de Blachère[3]
1	II, 80	LXXV, 6	LXXIX, 10 (31)	La Résurrection	LXXV, 6 (36)	LXXIX, 10
2	II, 111	L, 2	LXXIX, 11 (31)	La Résurrection	LVI, 47	LXXIX, 11
3	III, 24	L, 3	LXXIX, 12 (31)	La Résurrection	LVI, 48	LXXIX, 12
4	VI, 29	VII, 187	LXXIX, 42 (31)	L'Heure	LXVII, 25	LXXIX, 42
5	VII, 187	XXXVI, 48	LXXV, 6 (36)	L'Heure	XXXII, 10	LVI, 47
6	X, 48	XXXVI, 78	LI, 12 (39)	L'Heure	XXXII, 28	LVI, 48
7	X, 53	XIX, 66	LVI, 47 (41)	La Résurrection	LXXIX, 10	LXXV, 6
8	XI, 7	LVI, 47	LVI, 48 (41)	La Résurrection	LXXIX, 11	LI, 12
9	XI, 8	LVI, 48	XXXVII, 15 (50)	La Résurrection	LXXIX, 12	XXXVII, 15
10	XIII, 5	XXVII, 67	XXXVII, 16 (50)	La Résurrection	LXXIX, 42	XXXVII, 16
11	XVI, 38	XXVII, 68	XXXVII, 17 (50)	La Résurrection	XLI, 50	XXXVII, 17
12	XVII, 49	XXVII, 71	XLIV, 34 (53)	La Résurrection	L, 2	XLIV, 34
13	XVII, 51	XVII, 49	XLIV, 35 (53)	La Résurrection	L, 3	XLIV, 35
14	XVII, 98	XVII, 51	XLIV, 36 (53)	La Résurrection	XLV, 24	XLIV, 36
15	XIX, 66	XVII, 98	L, 2 (54)	La Résurrection	XLV, 25	L, 2
16	XXI, 38	X, 48	L, 3 (54)	La Résurrection	XLV, 32	L, 3

Tableau 17 *(continu)*

	Classement islamique		Classement des orientalistes			
	Ordre de la vulgate	**Ordre chronologique de la tradition**	**Ordre chronologique de Nöldeke[1]**	**Thèmes**	**Ordre chronologique de Muir[2]**	**Ordre chronologique de Blachère[3]**
17	XXIII, 82	X, 53	XIX, 66 (58)	La Résurrection	XLIV, 34	XIX, 66
18	XXIII, 83	XI, 7	XXXVI, 48 (60)	L'Heure	XLIV, 35	XXXVI, 48
19	XXVII, 67	XI, 8	XXXVI, 78(60)	La Résurrection	XLIV, 36	XXXVI, 78
20	XXVII, 68	VI, 29	LXVII, 25 (63)	L'Heure	XXXVII, 15	LXXVII, 25
21	XXVII, 71	XXXVII, 15	XXIII, 82 (64)	La Résurrection	XXXVII, 16	XXIII, 82
22	XXXII, 10	XXXVII, 16	XXIII, 83 (64)	La Résurrection	XXXVII, 17	XXIII, 83
23	XXXII, 28	XXXVII, 17	XXI, 38 (65)	L'Heure	LI, 12	XXI, 38
24	XXXIV, 3	XXXIV, 3	XVII, 49 (67)	La Résurrection	XLVI, 17	XXVII, 67
25	XXXIV, 7	XXXIV, 7	XVII, 51 (67)	La Résurrection / L'Heure	XXXVI, 48	XXVII, 68
26	XXXIV, 8	XXXIV, 8	XVII, 98 (67)	La Résurrection	XXXVI, 78	XXVII, 71
27	XXXIV, 29	XXXIV, 29	XXVII, 67 (68)	La Résurrection	XIX, 66	XXXII, 10
28	XXXVI, 48	XLI, 50	XXVII, 68 (68)	La Résurrection	XXVII, 67	XXXII, 28
29	XXXVI, 78	XLIV, 34	XXVII, 71 (68)	L'Heure	XXVII, 68	XLI, 50
30	XXXVII, 15	XLIV, 35	XXXII, 10 (70)	Résurrection	XXVII, 71	XLV, 24
31	XXXVII, 16	XLIV, 36	XXXII, 28 (70)	L'Heure	XI, 7	XLV, 25
32	XXXVII, 17	XLV, 24	XLI, 50 (71)	L'Heure	XI, 8	XLV, 32
33	XLI, 50	XLV, 25	XLV, 24 (72)	La Résurrection	X, 48	XVII, 49
34	XLIV, 34	XLV, 32	XLV, 25 (72)	La Résurrection	X, 53	XVII, 51
35	XLIV, 35	XLVI, 17	XLV, 32 (72)	L'Heure	VI, 29	XVII, 98
36	XLIV, 36	LI, 12	XVI, 38 (73)	La Résurrection	XXIII, 82	XVI, 38
37	XLV, 24	XVI, 38	XI, 7 (75)	Les Châtiments	XXIII, 83	XI, 7
38	XLV, 25	XXI, 38	XI, 8 (75)	L'Heure	XXI, 38	XI, 8
39	XLV, 32	XXIII, 82	X, 48 (84)	Châtiments / L'heure	XVII, 49	X, 48
40	XLVI, 17	XXIII, 83	X, 53 (84)	Les Châtiments	XVII, 51	X, 53
41	L, 2	XXXII, 10	XXXIV, 3 (85)	L'Heure	XVII, 98	XXXIV, 3
42	L, 3	XXXII, 28	XXXIV, 7 (85)	La Résurrection	XVI, 38	XXXIV, 7
43	LI, 12	LXVII, 25	XXXIV, 8 (85)	La Résurrection	XIII, 5	XXXIV, 8
44	LVI, 47	LXXIX, 10	XXXIV, 29 (85)	L'Heure	VII, 187	XXXIV, 29
45	LVI, 48	LXXIX, 11	VII, 187 (87)	L'Heure	XVII, 49	VII, 187
46	LXVII, 25	LXXIX, 12	XLVI, 17 (88)	La Résurrection	XVII, 51	XLVI, 17
47	LXXV, 6	LXXIX, 42	VI, 29 (89)	La Résurrection	XVII, 98	XIII, 5
48	LXXIX, 10	II, 80	XIII, 5 (90)	La Résurrection	XVI, 38	II, 80
49	LXXIX, 11	II, 111	II, 80 (91)	Les châtiments	II, 80	II, 111
50	LXXIX, 12	III, 24	II, 111 (91)	Les châtiments	II, 111	VI, 29
51	LXXIX, 42	XIII, 5	III, 24 (97)	Les châtiments	III, 24	III, 24

c Evolution des ripostes aux contre-discours eschatologiques

i Les données textuelles

Mais loin d'être isolés, les contre-discours entraînent eux-mêmes une riposte dont le sujet principal est la résurrection des corps. Quels sont dès lors les thèmes de cette riposte ? De quelles évolutions témoignent-elles ? On présentera, ci-dessous, les données et choix textuels à l'appui desquels se fondera notre analyse.

Parmi les cinq cent quatre-vingt huit versets du contre-discours identifiés dans l'ensemble du corpus coranique, et parmi les deux cent soixante-dix versets du contre-discours rapporté présent, trente-trois versets se réfèrent explicitement au thème de la résurrection des corps[18]. Ces occurrences constituent un ensemble homogène d'énoncés réparti sur dix-huit chapitres. Parmi celles-ci, nous avons sélectionné huit contre-discours eschatologiques. Ce choix se justifie pour une raison simple : chacun d'entre eux se trouve à proximité textuelle d'une riposte coranique introduite par l'injonction « *qul* ». Cette proximité créé une situation où contre-discours et riposte s'opposent, entraînant la naissance d'une question argumentative autour du thème de la résurrection des corps. Nous présentons, ici, chacun de ces huit textes en les resituant dans leur environnement textuel immédiat. L'ordre de présentation respecte scrupuleusement la reconstitution chronologique de la révélation selon les travaux de Theodor Nöldeke[19].

Le premier texte est une séquence[20] située au chapitre LVI et délimitée entre les versets 41 et 74. De nature descriptive, elle rend compte des terribles châtiments auxquels les damnés seront voués. Elle s'achève par une formule de louange venant clore une série de questions rhétoriques qui constituent sous forme implicite une condamnation adressée à des adversaires peu enclins à reconnaître Dieu comme auteur de la création. La tradition islamique comme la critique occidentale considère cet ensemble comme mecquois. La sourate se divise en sept parties (I : 1–11 ; II : 12–26 ; III : 27–40 ; IV : 41–56 ; V : 57–74 ; VI : 75–87 ; VII : 88–96). La séquence qui nous occupe, succédant à une première

18 Les versets considérés sont les suivants : VI, 29 ; XIII, 5 ; XVI, 38 ; XVII, 49–51, 98 ; XIX, 66 ; XXIII, 35, 37, 82–83 ; XXVII, 67–68 ; XXXII, 10 ; XXXIV, 7–8 ; XXXVI, 78 ; XXXVII, 16–17, 52 ; XLIV, 35–36 ; XLV, 24–25 ; XLVI, 17 ; L, 2–3 ; LI, 12 ; LVI, 47–48 ; LXXIX, 10–11.

19 Pour cette reconstruction chronologique et hypothétique, on se réferera à notre présentation de la partie III.

20 On entend par séquence une composante du texte composée de propositions qui se décomposent en macro-propositions et micro propositions. On identifie sept types de séquentialités : narrative, descriptive, injonctive-instructionnelle, argumentative, explicative-expositive, dialogale conversationnelle, poétique-autotélique. Lire Ben Taïbi (Mustapha), *Le Coran comme texte adressé, essai de lecture*, *op. cit.*, p. 38–39.

partie consacrée à une description eschatologique des délices du paradis offert aux élus, est qualifiée par Jacques Berque de « raisonnement naturaliste[21] » et plus loin de « superbe morceau d'argumentation naturaliste[22] ». Par delà ce jugement de valeur, le traducteur reconnaît donc à ce passage une intention argumentative.

La deuxième séquence, ample et complexe, se situe au chapitre XXXVII entre les versets 11 et 74. Débutant approximativement avec un contre-discours (v. 15), elle se termine par un énoncé telle une conclusion qui condamne l'errance coupable des opposants et de leurs ancêtres (versets 69–74). La sourate est unanimement considérée comme mecquoise tant par la tradition musulmane que par la critique occidentale. Le chapitre se divise en sept parties (I : 1–10 ; II : 11–74 ; III : 75–148 ; IV : 149–173 ; V : 174–182). Dans ce découpage, on décèle un exorde, puis une polémique autour de l'eschatologie, puis un rappel du rôle exemplaire des prophètes, puis une nouvelle polémique et enfin une conclusion qui s'achève par une glorification de Dieu. S'agissant de la deuxième partie, elle se signale par la proximité des thèmes et motifs de l'argumentation qu'elle partage avec le premier texte.

La troisième séquence s'inscrit dans la partie finale de la sourate XXXVI entre les versets 77 et 83. Elle appartient à une séquence beaucoup plus ample à forte connotation polémique qui débute au verset 45. L'ensemble du chapitre est considéré comme mecquois et se divise en sept parties (I : 1–12 ; II : 13–27 ; III : 28–32 ; IV : 33–44 ; V : 45–65 ; VI : 66–76 ; VII : 77–83). Globalement, cette sourate propose un contenu qui « s'équilibre entre récit légendaire de thème évangélique, une plaidoirie pour la foi fondée sur les signes de la nature ; l'eschatologie ». Bien entendu, c'est à l'intérieur de cette dernière thématique que le passage considéré prend sa place. De ce point de vue, on le verra, l'amplification quant aux procédés narratifs et de l'argumentation est patente. De nouveaux motifs apparaissent comme la mention des fils d'Adam, de Satan (verset 60) ou de l'arbre vert (verset 80).

La quatrième séquence se situe dans la partie finale de la sourate XXVII entre les versets 59 et 93. Elle débute (verset 59) et se termine (verset 93) par un énoncé de louange et succède à un long développement consacré aux prophètes de la Bible et d'Arabie. Le passage se singularise par l'alternance fréquente entre discours et contre-discours notamment eschatologique (versets 67–93). Considéré comme mecquoise par la tradition musulmane et la critique occidentale, la sourate se divise en sept parties (I : 1–6 ; II : 7–14, III : 15–44, IV : 45–53 ; V : 54–58 ; VI : 59–78 ; VII : 79–93). Ces deux dernières parties aux tonalités polémiques se distinguent

---

21 *Le Coran*, essai de traduction de l'arabe annoté et suivi d'une étude exégétique par Jacques Berque. Édition revue et corrigée, Paris, Albin Michel, (« Spiritualités vivantes ; 194), 2002, p. 588.
22 *Ibid.*, p. 590.

pour la première par son argumentation naturaliste qui glorifie la puissance de Dieu. La seconde est marquée par l'adresse personnelle faite par le locuteur à un allocutaire désigné par la deuxième personne du singulier (XXVII, 70–74).

La cinquième séquence appartient à la sourate XXXII. Elle comprend douze versets (versets 10–22) que la tradition musulmane désigne comme médinois bien que l'ensemble de la sourate soit considéré comme mecquois. Le chapitre se divise en quatre parties (I : 1–3 ; II : 4–9 ; III : 10–22 ; IV : 23–30). Assez bref, il emprunte un registre largement polémique où la partie qui nous intéresse occupe la centralité du texte. On note l'émergence de nouveaux thèmes et motifs argumentatifs et en premier lieu la mention de l'ange de la mort (verset 11) ainsi que l'évocation des hommes se prosternant (verset 15).

La sixième séquence s'inscrit entre les versets 24 et 37 de la sourate XLV. Là où la critique occidentale distingue deux segments, nous optons pour une division en cinq parties (I, 1–6 ; II, 7–15 ; III, 16–23 ; IV, 24–35 ; V, 36–37). La séquence choisie débute par un énoncé du contre-discours et fait apparaître un nouveau motif dans l'argumentation : la notion d' « Ecrit » des actes enregistrés.

La septième séquence se situe au chapitre XVII. Elle s'inscrit entre les versets 45 et 60. Il s'agit dans un long chapitre annonciateur des développements ultérieurs que l'on retrouve dans la sourate *al baqara*. Ce passage succède à un long exposé de commandements (19–37) et une première polémique suscitée par le polythéisme (39–44). D'un point de vue général, cette sourate frappe par son allure fréquemment aphoristique. Une autre séquence est à signaler. En effet, les versets 98 à 100 recèlent un contre-discours immédiatement suivi d'une riposte brève marquée par un énoncé au conditionnel (verset 100).

Située au chapitre XXIII, la huitième séquence est comprise entre les versets 68 et 118. Globalement, cette sourate se divise en deux grandes parties : la première relate le rôle des prophètes et la seconde fait écho aux polémiques dont fait l'objet le Coran. La séquence qui nous importe s'inscrit dans cette dernière partie.

ii L'évolution hypothétique de la riposte selon la chronologie de Nöldeke

A partir des huit séquences sélectionnées, notre tâche consistera, avec le recours à la reconstruction hypothétique de l'ordre chronologique selon Nöldeke, à rendre compte d'évolutions concernant des items lexicaux et des formes de discours présents dans chaque riposte. On parvient ainsi à cerner trois types de textes[23] où dominent pour le premier le genre descriptif, pour le deuxième

---

23 Il s'agit de trois ensembles de textes : groupe 1 (XXVII, 69–77 ; XXXVI, 77–83 ; LVI, 41–74) groupe 2 (XXXII, 10–22 ; XXXVII, 11–74) groupe 3 (XVII, 45–60 & 98–100 ; XXIII, 68–118 ; XLV, 24–37).

l'importance des formes dialoguées et enfin pour le troisième, la prééminence du genre métatextuel où l'intervention du locuteur est croissante. A ces trois groupes de textes correspondent respectivement des items lexicaux déterminés qui sont d'abord non bibliques, puis bibliques et enfin bibliques mais s'inscrivant dans un contexte polémique beaucoup plus marqué. Bien entendu, ce découpage tripartite n'exclut pas que ces genres et items s'entremêlent et se présentent sur deux, voire trois groupes que nous avons identifiés. On propose ici de considérer ces trois groupes successivement.

L'arbre du Zaqqūm. Un des items lexicaux qui intervient dans la riposte coranique se focalise autour d'un arbre pestilentiel qui se trouverait en Enfer : *al-zaqqūm*[24]. Les réprouvés se verront condamnés à en manger et à « s'en remplir le ventre[25] ». La forme descriptive des textes est prépondérante. Elle se caractérise notamment par la représentation des tourments de l'enfer face aux délices promises du paradis. L'opposition est à de multiples reprises répétée. Elles en acquièrent d'autant plus de force. Mais au delà de cette forme répétitive, la description a une visée argumentative évidente comme le souligne Mustapha Ben Taïbi : « le discours descriptif joue sur l'intention de dire quelque chose de vrai, et en même temps, il fonctionne comme une stratégie pour persuader tout lecteur ou auditeur de ce caractère véridique. D'où la menace de l'enfer comme châtiment et la promesse de la vie paradisiaque comme récompense[26] ».

Aucun motif biblique, à l'exception notable de la formule « *yawm al-dīn*[27] » n'est encore présent dans cette séquence de la riposte coranique. Plus encore, un autre indice suggère ici la prééminence d'un cadre purement arabe. La référence aux chameaux pourrait en attester[28]. L'arbre de Zaqqūm réapparaît dans une séquence similaire à la précédente mais avec l'abandon d'une riposte marquée par une argumentation naturaliste (LVI, 57–74). Ici, le locuteur coranique insiste beaucoup plus sur les affres qui attendent les damnés, les faisant parler et se maudire de leurs incroyances (XXXVII, 50–59). En cela, on assiste ici à un phénomène d'amplification d'un texte à l'autre. Cette dernière consiste à préciser

24 Il existe trois occurrences de ce terme dans le Coran (XXXVII, 62 ; XLIV, 43 ; LVI, 52). Muḥammad Fu' 'ād Bāqī (m. 19 ??), *MMAQ*, p. 406. *Cf.* Al Saïd Muhammad Badawi & Muhammad Abdel Haleem, *Arabic-English dictionnary of Qur'anic usage*, Leiden, Brill, («Handbook of Oriental studies. Section one, the Near and Middle East", 85) 2008, p. 398–399. Abūl-Faḍl Ǧamāl al-Dīn Ibn Manẓūr (m. 1311), *LA*, Tome VI, p. 60–61.

25 LVI, 53.

26 M. Ben Taïbi, *Quelques façons de lire le texte coranique, op cit.*, p. 140.

27 LVI, 56.

28 LVI, 55, 73.

la menace, la mettre en scène et en voix dans le but de donner plus de véracité à ce qui est dit. Dans le cadre de la riposte, on ne reverra plus ce thème réapparaître. Il sera remplacé par d'autres items lexicaux, cette fois bibliques.

Le lexique biblique et parabiblique. Parmi les références bibliques nombreuses et répétées jalonnant le Coran, la riposte coranique des textes considérés mentionne trois items lexicaux : la trompe du jugement dernier (*as-ṣūr*), l'écrit (*kitāb*) et l'ange de la mort (*malak al mawt*)[29]. Ils apparaissent tous trois dans le cadre de descriptions eschatologiques. Ces termes viennent « en quelque sorte, tempérer l'aspect subjectif du discours et lui fournir un lieu de fixation externe qui le branche sur des repères objectifs fixés dans le temps et enracinés dans l'espace[30] ». De plus, les textes considérés rapportent tant les propos d'adversaires réprouvés que de protagonistes gratifiés lors du jour du jugement (*yawm al-dīn*). Comme le souligne Gasmi Laroussi, « introduire des dialogues, c'est s'appuyer sur des paroles en tant que référence réaliste, ou plutôt, d'une manière moins nuancée, chercher à donner un semblant de réalisme aux personnages et à leur dialogue, ce qui dote la parole de l'énonciateur d'une vraisemblance qui fait accroître sa crédibilité[31] ». Cette stratégie de représentation du réel permet de mettre en scène et de confronter différents points de vue. Usant de l'assertion[32], de la rectification assertion[33], de la concession[34], de l'anticipation[35], de l'énoncé interronégatif[36], le locuteur construit des interactions verbales qui rendent possible un espace de confrontation d'idées et où le locuteur coranique est aussi

29 Ces items bibliques appartiennent en particulier à la littérature biblique dite pseudépigraphique. Lire *La Bible : Ecrits intertestamentaires* / éd. publ. sous la dir. d'André Dupont-Sommer et Marc Philonenko ; avec la collaboration de Daniel A. Bertrand...[et al.], Paris, Gallimard, (« Bibliothèque de la Pléiade ; 337 »), 1988, CXLIX, 1905 p. Bibliogr. S'agissant de l'item « Trompette », lire p. 1729, 1782, 1790 ; « livre », lire p. 568, 610 ; « l'ange de la mort », lire p. 1449. Pour ce dernier terme, on consultera également le *Dictionnaire encyclopédique du judaïsme*, sous la direction de. de Geoffrey Wigoder,... ; adapté en français sous la direction de Sylvie Anne Goldberg ; avec la collaboration de Véronique Gillet, Arnaud Sérandour et Gabriel Raphaël Veyret, Paris, Cerf, R. Laffont, (« Bouquins »), 1996, p. 68–69.

30 G. Laroussi., *Narrativité et production de sens*, *op. cit.*, p. 126.

31 Id., « Enonciation et stratégies discursives dans le Coran (Sourate XX Ta ha) » in *Analyse et Théories* 2/3 (1982), p. 152.

32 Par exemple LVI, 49–50.

33 Par exemple XXXII, 10.

34 Par exemple XXIII, 84 ; 87 ; 89. Ce sont les énonciateurs opposants qui concèdent la véracité des propos au locuteur coranique.

35 Par exemple, XVII, 98.

36 Par exemple, XVII, 99.

un acteur incontournable qui n'hésite pas à « intervenir, franchir les frontières, décontextualiser le débat et réorienter le combat[37] ».

L'amplification de la voix du locuteur coranique. Force est de constater, à la lecture des séquences restantes n'incluant ni les mentions de l'arbre d'*al-zaqqūm*, ni l'usage de termes bibliques, que le genre descriptif est quasiment délaissé par le locuteur coranique. Ainsi, on assiste à la prééminence d'un genre discursif et polémique. Le locuteur s'implique d'une autre manière. Il accroît sa présence par la multiplication des injonctions[38], l'adresse à un allocutaire[39], l'emploi du métatexte[40] mais aussi par l'évocation à proximité textuelle soit de la religion juive[41] soit de querelles théologiques sur la négation d'une filiation de Dieu[42].

Compte tenu de ces éléments, les développements de la riposte coranique ne répondraient-ils pas à une certaine logique ? D'abord et essentiellement descriptif, le Coran aurait proclamé un message de croyance sans biblisme marqué. La référence à l'arbre d'*al-zaqqūm* en attesterait. Puis, à la suite de l'hostilité croissante face aux messages délivrés par le Coran, il est possible que les items bibliques aient été sollicités comme point d'appui et arguments de persuasion. Enfin, face à une hostilité toujours croissante, le locuteur coranique, tout en préservant son biblisme, semblerait accroître significativement son intervention pour soutenir son allocutaire et renforcer sa croyance. Ainsi, on constate que pour un même thème dialectique, la riposte coranique se modifie. Le travail coranique de persuasion s'amplifie et s'adapte à des circonstances et un contexte qu'il demeure néanmoins impossible de cerner judicieusement. En l'occurrence, on peut supposer que le Coran s'adresse tant aux opposants qu'aux convertis qu'il s'agit de conforter dans leurs nouvelles croyances. Le procès de l'énonciation et notamment l'intervention du locuteur mais aussi sa mise en scène polyphonique en sont les indices précieux. Le locuteur concourt ainsi à l'orientation même du sens qu'il veut donner à son message par l'usage de genres discursifs pluriels (description, discours rapporté, louange, métatexte). Ces derniers, chacun à leur manière, orientent l'argumentation et convergent vers un référent Dieu qui « est à la fois le coordinateur de ces discours divers, et le point de fuite, l'index d'incomplétude, de ces discours partiels[43] ».

---

37 G. Laroussi, *Narrativité et production de sens*, *op. cit.*, p. 156.
38 XXVII, 69, 71 ; XVII, 50, 51, 53, 56, 93, 95, 96, 100, 107 ; XXIII, 84, 86, 88, 97.
39 XXVII, 70 ; XVII, 45 ; XXIII, 95.
40 XVII, 45, 105.
41 XVII, 55, 101–104.
42 XXIII, 91.
43 Paul Ricoeur, *Du texte à l'action. Essais d'herméneutique*, II, Paris, Seuil, 1986, p. 128–129.

Mais cette forme dialectique « *yaqūlūna… fa qul* » est-elle susceptible de rencontrer des équivalents dans d'autres corpus religieux contemporains ou serait-elle une originalité coranique sans précédent ? L'identification possible avec d'autres textes pourrait-il par la même enrichir notre compréhension des spécificités du texte coranique ? Pourrait-elle poser à nouveau frais la question de l'identité des opposants mais aussi remettre en cause les précédentes considérations sur l'évolution hypothétique et chronologique des contre-discours ? Cet ensemble de questions est notamment suscité par la présence avérée de formes et de thèmes concomitants entre des contre-discours coraniques et ceux rencontrés dans plusieurs textes de la littérature religieuse de l'Antiquité tardive. Ce constat sera notamment mis en lumière dans notre troisième partie. Cette dernière présente de manière systématique les contre-discours eschatologiques informant, lorsque cela est possible, des concordances entre le Coran et plusieurs textes bibliques et parabibliques.

Partie III : **Le Contre-Discours Rapporté Direct Présent (CDRDP)**

Numérotation, localisation & classements, textes, translittérations, traductions, concordance, commentaires et analyses

A Présentation

Le présent travail, troisième partie de cette étude, rassemble l'ensemble des Contre-Discours Rapportés Directs Présents (CDRDP) dans le Coran. L'exposé s'est voulu exhaustif, systématique et analytique. Exhaustif, il présente la totalité du « corpus contre-coranique » dans le Coran, soit deux cent soixante-dix versets. Systématique, il propose une grille d'analyse pour chaque contre-discours composé de sept rubriques (Numérotation, Localisation & Classements, Textes, Translittération, Traductions, Concordance, Analyse). Analytique, les pages suivantes interrogent les thèmes, les formes, les relations internes (intra-coraniques) et externes (extra-coraniques et notamment avec la littérature biblique et parabiblique) relatifs aux contre-discours directs eschatologiques.

Ces sept rubriques sont renseignées de la manière suivante :

1. **Numérotation** : il s'agit du chiffre affecté à chaque contre-discours dans l'ordre d'apparition de l'édition du Caire[1]. Le premier contre-discours coranique est situé au verset huit de la sourate *al baqara*. C'est pourquoi il est désigné de la manière suivante : **CDRDP 1** ou **Contre-discours R**apporté **D**irect **P**résent numéro **1.** Le dernier contre-discours (désigné par : **CDRDP 270**) est situé au verset six de la sourate *al balad.*
2. **Localisation & Classements** : Il s'agit d'indiquer le verset et le chapitre où se situe chaque contre-discours (présent). Il est précisé ici la position du contre-discours dans l'ordre supposé de la révélation coranique selon trois réordonnancements chronologiques, celui de la tradition[2], celui de Noldëke et Schwally[3] et celui de Blachère[47] sans minorer l'intérêt d'autres tentatives

1 Cette édition publiée le 10 juillet 1924 (*Dhū l-Ḥijja* 7, 1342) est rigoureusement fidèle à la « lecture » (au sens de la tradition islamique) de *Ḥafṣ* (m. en 180/796) *'an 'Asim* (m. 127/745). *Cf.* Chapitre I, p. 11–12.

2 Les sourates sont ordonnées de la manière suivante : 96, 68, 73, 74, 1, 111, 81, 87, 92, 93, 89, 94, 103, 100, 108, 102, 107, 109, 105, 113, 114, 112, 53, 80, 97, 91, 85, 95, 106, 101, 75, 104, 77, 50, 90, 86, 54, 38, 7, 72, 36, 25, 35, 19, 20, 56, 26, 27, 28, 17, 10, 11, 12, 15, 6, 37, 31, 34, 39, 40, 41, 42, 43, 44, 45, 46, 51, 88, 18, 16, 71, 14, 21, 23, 32, 52, 67, 69, 70, 78, 79, 82, 84, 30, 29, 83 (période mecquoise) ; 2, 8, 3, 33, 60, 4, 99, 57, 47, 13, 55, 76, 65, 98, 59, 24, 22, 63, 58, 49, 66, 64, 61, 62, 48, 5, 9, 110 (période médinoise). *Cf.* Robinson (N.), *Discovering, op.cit.*, p. 72–73.

3 Leur essai de chronologie permet de répartir les sourates de la manière suivante : 96, 74, 111, 106, 108, 104, 107, 102, 105, 92, 90, 94, 93, 97, 86, 91, 80, 68, 87, 95, 103, 85, 73, 101, 99, 82, 81, 53, 84, 100, 79, 77, 78, 88, 89, 75, 83, 69, 51, 52, 56, 70, 55, 112, 109, 113, 114, 1 (Première période

de reconstructions comme celle de : Gustav Weil, Hubert Grimme, Sir William Muir, Hartwig Hirschfeld, et Richard Bell[5].

3. **Texte** : Il comprend le texte arabe tel qu'il est présenté dans l'édition du Caire. Le contre-discours rapporté direct cité est systématiquement mis en gras.
4. **Translittération** *:* elle indique la translittération du contre-discours rapporté direct (cité). Elle respecte le système de translittération d'Arabica. Par ailleurs, nous avons fait le choix délibéré d'indiquer systématiquement les voyelles brèves finales (exposant), les hamza initiales et assimilé les articles (sauf lors des mentions du terme *Allāh*).
5. **Traduction** : la traduction présentée est celle de Régis Blachère. Toutefois et à de nombreuses reprises, on a procédé à des modifications.
6. **Concordance** : mise en relation entre versets qui ont des similitudes quant aux mots, expressions ou thèmes développés. Les relations entre les versets relevant exclusivement des contre-discours sont signifiées par le signe suivant : [CDRD]. Si les relations entre versets sont considérées au-delà des contre-discours, et donc dans l'ensemble du corpus coranique, on notera [Coran].

---

mecquoise) ; 54, 37, 71, 76, 44, 50, 20, 26, 15, 19, 38, 36, 43, 72, 67, 23, 21, 25, 17, 27, 18 (Deuxième période mecquoise) ; 32, 41, 45, 16, 30, 11, 14, 12, 40, 28, 39, 29, 31, 42, 10, 34, 35, 7, 46, 6, 13 (Troisième période mecquoise) ; 2, 98, 64, 62, 8, 47, 3, 61, 57, 4, 65, 59, 33, 63, 24, 58, 22, 48, 66, 60, 110, 49, 9, 5 (Période médinoise). Cette chronologie propose également de situer certains passages de la manière suivante : Additions mecquoises à des sourates mecquoises (5 sourates) 52.21, 29–49 ; 68.17–52 ; 78.37–41 ; 79.27–46 ; 96. 9–19. Insertions mecquoises dans les sourates médinoises (2 sourates) 2.163–171, 200–202, 204–207 ; 22.1–24, 43–55, 59–64, 66–74. Additions médinoises dans les sourates mecquoises (8 sourates) 6.91–94, 7.157 et s., 14.35–39, 16.41 et s., 110–125 ; 29.1–11, 45 ?, 69 ?, 31.11–18, 25–28 ; 73.20 ; 74.31. Additions dans les sourates mecquoises avec des dates incertaines (7 sourates) 51.24–60 ; 53.23, 26–32 ; 55.8–9, 33 (à l'exception des 5 derniers termes), 56.75–96 ; 75.16–19 ; 84.25 ; 103.3. *Cf. GdQ²*, I, p. 58–164 ; Robinson (N.), *Discovering the Qur'an, op. cit.*, p. 77–78.

4 Blachère (Régis), *Le Coran*, Traduction selon un essai de reclassement des sourates par Régis Blachère, Paris, G. P. Maisonneuve, (« Islam d'hier et d'aujourd'hui ; IV–V »), 1949–1950, vol. I, XIII+536 p. ; vol. II, 1250 p. [PREMIERE PERIODE MECQUOISE 96, 74, 106, 93, 94, 103, 91, 107 (Première période) ; 86, 95, 99, 101, 100, 92, 82, 87, 80, 81, 84, 79, 88, 52, 56, 69, 77, 78, 75, 55, 97, 53, 102 (Deuxième période) ; 70, 73, 76, 83, 111, 108, 104, 90, 105, 89, 85 (Troisième période) ; 112, 109, 1, 113, 114 (Quatrième période)]. [DEUXIEME PERIODE MECQUOISE 51, 54, 68, 37, 71, 44, 50, 20, 26, 15, 19, 38, 36, 43, 72, 67, 23, 21, 25, 27, 18 (Première période) 32, 41, 45, 17, 16, 30, 11, 14, 12, 40, 28, 39, 29, 31, 42, 10, 34, 35, 7, 46, 6, 13 (Seconde période)] ; 2, 98, 64, 62, 8, 47, 3, 61, 57, 4, 65, 59, 33, 63, 24, 58, 22, 48, 66, 60, 110, 49, 9, 5 (Période médinoise).

5 Chabbi (J.), *Le Seigneur des Tribus*, *op.cit*, n°58 p. 479 ; p. 459–465.

7. **Commentaires et analyses** (des seuls contre-discours eschatologiques) : Ils privilégient l'implicite du discours, les relations entre CDRD dont les thèmes sont similaires à l'intérieur du texte (approche intratextuelle) et à l'extérieur du texte (approche intertextuelle). Cette rubrique rassemble et prolonge notamment (mais non exclusivement) les observations et les analyses présentées dans les chapitres VI–IX.

B Le corpus contre-coranique présent

CDRDP n° 1 (II, 8) / سورة البقرة / Tradition (87) ; Noldëke (91) ; Blachère (93)

وَمِنَ النَّاسِ مَن يَقُولُ آمَنَّا **بِاللَّهِ وَبِالْيَوْمِ الْآخِرِ** وَمَا هُم بِمُؤْمِنِينَ

'āmannā bi-Allāh^i wa bi -l yawm^i l-'āḫir^i
« Nous croyons en Allah et au Jour Dernier ».

L'Eschatologie [CDRD] : II, 8, 80, 111 ; III, 24 ; VI, 29 ; VII, 187 ; X, 48, 53 ; XI, 7, 8 ; XIII, 5 ; XVI, 38 ; XVII, 49, 51, 98 ; XIX, 66 ; XXI, 38 ; XXIII, 82, 83 ; XXVII, 67, 68, 71 ; XXXII, 10, 28 ; XXXIV, 3, 7, 8, 29 ; XXXVI, 48, 78 ; XXXVII, 15, 16, 17 ; XLI, 50 ; XLIV, 34, 35, 36 ; XLV, 24, 25, 32 ; XLVI, 17 ; L, 2, 3 ; LI, 12 ; LVI, 47, 48 ; LXVII, 25 ; LXXV, 6 ; LXXIX, 10, 11, 12, 42 / ***'āmana*** [CDRD] : II, 8, 13, 14, 76, 91 ; III, 72, 119 ; IV, 81, 150 ; V, 41, 61 ; VIII, 21 ; XXIV, 47 ; XXIX, 2, 10 ; XLIX, 14 ; LXIII, 1 / ***'āmana*** [Coran] : II, 136 ; III, 7, 16, 52, 53, 84, 193 ; V, 59, 83, 121, 126, XX, 70, 73 / ***bi-Allāh^i wa bi -l yawm^i l-'āḫir^i*** [Coran] : II, 62, 126, 177, 228, 232, 264 ; III, 114 ; IV, 38, 39, 59, 136, 162 ; V, 69 ; IX, 18, 19, 29, 44, 45, 99 / ***Allāh*** [CDRD] : II, 8, 26, 76, 79, 116, 118 ; III, 72, 78, 181, 183 ; IV, 72, 78, 157 ; V, 17, 18, 64, 72, 73 ; VI, 93, 124, 136, 148 ; VII, 28 ; VIII, 32 ; IX, 30, 59 ; X, 18, 68 ; XVI, 35, 38 ; XVII, 91, 92, 94 ; XVIII, 4 ; XXI, 29 ; XXIII, 85, 87, 89 ; XXIV, 47 ; XXV, 8, 41 ; XXIX, 10, 61, 63 ; XXXI, 25 ; XXXIII, 12 ; XXXIV, 8 ; XXXVI, 47 ; XXXVII, *151*, 152, 169 ; XXXIX, 3, 38; XLII, 24 ; XLIII, 87 ; XLV, 32 ; LVIII, 8 ; LXIII, 1, 7 ; LXXIV, 31

Premier contre-discours dans l'ordre du *muṣḥaf*. Dans l'ordre chronologique des discours contre l'eschatologie, il est placé à la quarante neuvième position (sur cinquante deux). Sa structure est semi-complexe avec un Contre-discours Citant Introductif (« Parmi les hommes, il en est qui disent ») suivi d'un Contre-discours Rapporté Direct Présent (« Nous [les Gens du Livre et/ou les Bédouins ?] croyons en Allah et au Jour Dernier ») et d'un Contre-discours Citant de la Riposte (« alors qu'ils n'(y) croient pas »). Elle est une réfutation concessive où l'opposant affirme sa croyance à deux credos coraniques : la croyance en Allah et à l'annonce eschatologique. Mais cette concession est modalisée (ou commentée) par le locuteur coranique afin d'être réfutée. L'intérêt de cette mise en scène tient au fait que l'opposant réemploie une formulation coranique (***bi-Allāh^i wa***

***bi al-yawm*[i] *l-ʾāḫir*[i]), indice probable qu'il comprend la nature du message qu'il s'agit pour lui de réfuter. L'expression serait à situer en aval parmi les vingt-deux autres occurrences coraniques (II, 62, 126, 177, 228, 232, 264 ; III, 114 ; IV, 38, 39, 59, 136, 162, V, 69, IX, 18, 19 ; IX, 29, 44, 45, 99 ; XXIV, 2 ; LVIII, 22 ; LXV, 2). Dans ces multiples usages antérieurs, l'expression associe nommément les « Gens du Livre » (ex. II, 62) à l'exception de quelques versets qui concernent les bédouins.

CDRDP n° 2 (II, 11) / سورة البقرة / Tradition (87) ; Noldëke (91) ; Blachère (93)

وَإِذَا قِيلَ لَهُمْ لَا تُفْسِدُوا فِي الْأَرْضِ قَالُوا **إِنَّمَا نَحْنُ مُصْلِحُونَ**

ʾinnamā naḥnu muṣliḥūn[a]

« Certes, nous sommes ceux qui y mettons de l'ordre ».

naḥnu [CDRD] : II, 11, 14 ; III, 181, V, 18, VI, 29 ; XV, 15 ; XVI, 35 ; XXIII, 83 ; XXVII, 68 ; XXXIV, 35 ; XLIV, 35 ; LIV, 44 / ***muṣliḥūn*** [Coran] : II, 11, 220, VII, 170 ; XI, 117 ; XXVIII, 19 / ***lā tufsidū fī l-ʾarḍ*[i]** [Coran] : VII, 56 ; VII, 85.

CDRDP n° 3 (II, 13) / سورة البقرة / Tradition (87) ; Noldëke (91) ; Blachère (93)

وَإِذَا قِيلَ لَهُمْ آمِنُوا كَمَا آمَنَ النَّاسُ قَالُوا **أَنُؤْمِنُ كَمَا آمَنَ السُّفَهَاءُ** أَلَا إِنَّهُمْ هُمُ السُّفَهَاءُ وَلَٰكِن لَّا يَعْلَمُونَ

ʾa-nuʾmin[u] *ka-mā ʾāman*[a] *l-sufahāʾ*[u]

« Croirons-nous comme croient les insensés ? »

ʾāmana [CDRD] : II, 8, 13, 14, 76, 91 ; III, 72, 119 ; IV, 81, 150 ; V, 41, 61 ; VIII, 21 ; XXIV, 47 ; XXIX, 2, 10 ; XLIX, 14 ; LXIII, 1 / ***ʾāmana*** [Coran] : II, 136 ; III, 7, 16, 52, 53, 84, 193 ; V, 59, 83, 121, 126, XX, 70, 73 / **(*sīn fāʾ hāʾ*)** [Coran] : II, 13, 130, 142, 282, IV, 5 ; VII, 155 ; LXXII, 4.

CDRDP n° 4 (II, 14) / سورة البقرة / Tradition (87) ; Noldëke (91) ; Blachère (93)

وَإِذَا لَقُوا الَّذِينَ آمَنُوا قَالُوا **آمَنَّا** وَإِذَا خَلَوْا إِلَىٰ شَيَاطِينِهِمْ قَالُوا **إِنَّا مَعَكُمْ إِنَّمَا نَحْنُ مُسْتَهْزِئُونَ**

ʾāmannā / *ʾinnā maʿakum ʾinnamā naḥnu mustahziʾūn*[a]

« Nous croyons » / « Nous sommes avec vous. Nous ne faisions que nous moquer ».

ʾāmana [CDRD] : II, 8, 13, 14, 76, 91 ; III, 72, 119 ; IV, 81, 150 ; V, 41, 61 ; VIII, 21 ; XXIV, 47 ; XXIX, 2, 10 ; XLIX, 14 ; LXIII, 1 / ***ʾāmana*** [Coran] : II, 136 ; III, 7, 16, 52, 53, 84, 193 ; V, 59, 83, 121, 126, XX, 70, 73 / ***naḥn*[u]** [CDRD] : II, 11, 14 ; III, 181, V, 18, VI, 29 ; XV, 15 ; XVI, 35 ; XXIII, 83 ; XXVII, 68 ; XXXIV, 35 ; XLIV, 35 ; LIV, 44.

CDRDP n° 5 (II, 26) / سورة البقرة / Tradition (87) ; Noldëke (91) ; Blachère (93)

إِنَّ اللَّهَ لَا يَسْتَحْيِي أَن يَضْرِبَ مَثَلًا مَّا بَعُوضَةً فَمَا فَوْقَهَا فَأَمَّا الَّذِينَ آمَنُوا فَيَعْلَمُونَ أَنَّهُ الْحَقُّ مِن رَّبِّهِمْ وَأَمَّا الَّذِينَ كَفَرُوا فَيَقُولُونَ **مَاذَا أَرَادَ اللَّهُ بِهَٰذَا مَثَلًا** يُضِلُّ بِهِ كَثِيرًا وَيَهْدِي بِهِ كَثِيرًا وَمَا يُضِلُّ بِهِ إِلَّا الْفَاسِقِينَ

māḏā ʾarāda Allāh^{u} bi-hāḏā maṯal^{an}
« Qu'a voulu [dire] Dieu par cet exemple ? »

Contre le Coran [CDRD] : II, 26, 76, 91, 118, 170, III, 72, 73 ; V, 104 ; VI, 7, 25, 93, 105, 156, 157 ; VII, 203 ; VIII, 21, 31 ; IX, 127 ; X, 15, 20, 38 ; XI, 13, 35 ; XVI, 24, 101, 103 ; XXV, 4, 5, 32 ; XXXI, 21 ; XXXIV, 31 ; XXXVII, 168, 169 ; XXXVIII, 7, 8 ; XLI, 5, 26, 44 ; XLII, 24 ; XLIII, 31 ; XLIV, 14, 36 ; XLV, 25, 32 ; XLVI, 7, 8, 11 ; XLVII, 20, 26 ; LII, 33 ; LXVIII, 15 ; LXXIV, 24, 25, 31 ; LXXXIII, 13 / ***maṯalā*** [Coran] : II, 26 ; VII, 177 ; XI, 24 ; XIV, 24 ; XVI, 75, 76, 112, XVIII, 32 ; XXIV, 34 ; XXX, 28 ; XXXVI, 13, 78 ; XXXXIX, 29 ; XLIII, 17, 56, 57, 59 ; LXVI, 11 ; LXXIV, 31 / ***maṯalā*** [CDRD] : II, 26 ; LXXIV, 31 / ***qurʾān*** [CDRDP] : X, 15 ; XXV, 32 ; XXXIV, 31 ; XLI, 26 ; XLIII, 31. ***Allāh*** [CDRD] : II, 8, 26, 76, 79, 116, 118 ; III, 72, 78, 181, 183 ; IV, 72, 78, 157 ; V, 17, 18, 64, 72, 73 ; VI, 93, 124, 136, 148 ; VII, 28 ; VIII, 32 ; IX, 30, 59 ; X, 18, 68 ; XVI, 35, 38 ; XVII, 92, 94 ; XVIII, 4 ; XXI, 29 ; XXIII, 85, 87, 89 ; XXIV, 47 ; XXV, 8, 41 ; XXIX, 10, 61, 63 ; XXXI, 25 ; XXXIII, 12 ; XXXIV, 8 ; XXXVI, 47 ; XXXVII, *151*, 152, 169 ; XXXIX, 3, 38; XLII, 24 ; XLIII, 87 ; XLV, 32 ; LVIII, 8 ; LXIII, 1, 7 ; LXXIV, 31

Nouveau Testament [CDRD] Mt XIII, 10 ; [CDRI] Lc VIII, 9 ; Mc 4, 10. (Il ne s'agit pas d'un contre-discours à part entière, les disciples étant les auteurs du discours rapporté)

CDRDP n° 6 (II, 76) / سورة البقرة / Tradition (87) ; Noldëke (91) ; Blachère (93)

وَإِذَا لَقُوا الَّذِينَ آمَنُوا قَالُوا **آمَنَّا** وَإِذَا خَلَا بَعْضُهُمْ إِلَىٰ بَعْضٍ قَالُوا **أَتُحَدِّثُونَهُم بِمَا فَتَحَ اللَّهُ عَلَيْكُمْ لِيُحَاجُّوكُم بِهِ عِندَ رَبِّكُمْ** أَفَلَا تَعْقِلُونَ

ʾāmannā / ʾa-tuḥaddiṯūnahum bi-mā fataḥa Allāh^{u} ʿalaykum li-yuḥāǧǧūkum bihī ʿinda rabbikum
« Nous croyons » / « allez-vous discuter (*ʾa-tuḥaddiṯūnahum*) de ce que Dieu vous a révélé (*fataḥa Allāhu ʿalaykum*) alors qu'ils argumenteront (*li-yuḥāǧǧūkum*) de cela contre vous, auprès de votre Seigneur ».

ʾāmana [CDRD] : II, 8, 13, 14, 76, 91 ; III, 72, 119 ; IV, 81, 150 ; V, 41, 61 ; VIII, 21 ; XXIV, 47 ; XXIX, 2, 10 ; XLIX, 14 ; LXIII, 1 / ***ʾāmana*** [Coran] : II, 136 ; III, 7, 16, 52, 53, 84, 193 ; V, 59, 83, 121, 126, XX, 70, 73 / ***yuḥāǧǧūkum*** [Coran] : III, 73 / **Contre le Coran** [CDRD] : II, 26, 76, 91, 118, 170, III, 72, 73 ; V, 104 ; VI, 7, 25, 93, 105, 156, 157 ; VII, 203 ; VIII, 21, 31 ; IX, 127 ; X, 15, 20, 38 ; XI, 13, 35 ; XVI, 24, 101, 103 ; XXV, 4, 5, 32 ; XXXI, 21 ; XXXIV, 31 ; XXXVII, 168, 169 ; XXXVIII, 7, 8 ; XLI, 5, 26, 44 ; XLII, 24 ;

XLIII, 31 ; XLIV, 14, 36 ; XLV, 25, 32 ; XLVI, 7, 8, 11 ; XLVII, 20, 26 ; LII, 33 ; LXVIII, 15 ; LXXIV, 24, 25, 31 ; LXXXIII, 13 / ***Allāh*** [CDRD] : II, 8, 26, 76, 79, 116, 118 ; III, 72, 78, 181, 183 ; IV, 72, 78, 157 ; V, 17, 18, 64, 72, 73 ; VI, 93, 124, 136, 148 ; VII, 28 ; VIII, 32 ; IX, 30, 59 ; X, 18, 68 ; XVI, 35, 38 ; XVII, 92, 94 ; XVIII, 4 ; XXI, 29 ; XXIII, 85, 87, 89 ; XXIV, 47 ; XXV, 8, 41 ; XXIX, 10, 61, 63 ; XXXI, 25 ; XXXIII, 12 ; XXXIV, 8 ; XXXVI, 47 ; XXXVII, *151*, 152, 169 ; XXXIX, 3, 38; XLII, 24 ; XLIII, 87 ; XLV, 32 ; LVIII, 8 ; LXIII, 1, 7 ; LXXIV, 31 / ***rabb*** [CDRD] : II, 76, 200 ; IV, 77 ; VI, 37 ; X, 20 ; XIII, 7, 27 ; XX, 133 ; XXV, 21 ; XXVIII, 47 ; XXIX, 50 ; XXXIV, 23 ; XLI, 50 ; LXXXIX, 15, 16.

CDRDP n° 7 (II, 79) / سورة البقرة / Tradition (87) ; Noldëke (91) ; Blachère (93)

فَوَيْلٌ لِّلَّذِينَ يَكْتُبُونَ الْكِتَابَ بِأَيْدِيهِمْ ثُمَّ يَقُولُونَ **هَٰذَا مِنْ عِندِ اللَّهِ** لِيَشْتَرُوا بِهِ ثَمَنًا قَلِيلًا فَوَيْلٌ لَّهُم مِّمَّا كَتَبَتْ أَيْدِيهِمْ وَوَيْلٌ لَّهُم مِّمَّا يَكْسِبُونَ

hāḏā min ʿindi Allāh^{i}
« Cela vient d'Allah ».

Allāh [CDRD] : II, 8, 26, 76, 79, 116, 118 ; III, 72, 78, 181, 183 ; IV, 72, 78, 157 ; V, 17, 18, 64, 72, 73 ; VI, 93, 124, 136, 148 ; VII, 28 ; VIII, 32 ; IX, 30, 59 ; X, 18, 68 ; XVI, 35, 38 ; XVII, 92, 94 ; XVIII, 4 ; XXI, 29 ; XXIII, 85, 87, 89 ; XXIV, 47 ; XXV, 8, 41 ; XXIX, 10, 61, 63 ; XXXI, 25 ; XXXIII, 12 ; XXXIV, 8 ; XXXVI, 47 ; XXXVII, *151*, 152, 169 ; XXXIX, 3, 38; XLII, 24 ; XLIII, 87 ; XLV, 32 ; LVIII, 8 ; LXIII, 1, 7 ; LXXIV, 31 / ***ʿind***^{i} ***Allāh***^{i} [CDRD] : II, 79 ; III, 78 ; IV, 78.

CDRDE n° 8 (II, 80) / سورة البقرة / Tradition (87) ; Noldëke (91) ; Blachère (93)

وَقَالُوا **لَن تَمَسَّنَا النَّارُ إِلَّا أَيَّامًا مَّعْدُودَةً** قُلْ أَتَّخَذْتُمْ عِندَ اللَّهِ عَهْدًا فَلَن يُخْلِفَ اللَّهُ عَهْدَهُ أَمْ تَقُولُونَ عَلَى اللَّهِ مَا لَا تَعْلَمُونَ

lan tamassanā al-nār^{u} *ʾillā ʾayyām*^{an} *maʿdūdat*^{an}
« Le Feu ne nous touchera qu'un nombre de jours limité ».

L'Eschatologie [CDRD] : II, 8, 80, 111 ; III, 24 ; VI, 29 ; VII, 187 ; X, 48, 53 ; XI, 7, 8 ; XIII, 5 ; XVI, 38 ; XVII, 49, 51, 98 ; XIX, 66 ; XXI, 38 ; XXIII, 82, 83 ; XXVII, 67, 68, 71 ; XXXII, 10, 28 ; XXXIV, 3, 7, 8, 29 ; XXXVI, 48, 78 ; XXXVII, 15, 16, 17 ; XLI, 50 ; XLIV, 34, 35, 36 ; XLV, 24, 25, 32 ; XLVI, 17 ; L, 2, 3 ; LI, 12 ; LVI, 47, 48 ; LXVII, 25 ; LXXV, 6 ; LXXIX, 10, 11, 12, 42 / **La Rétribution** [CDRD] II, 80, 111 ; III, 24 ; X, 53 ; XI, 8 / ***al-nār*** [CDRD] II, 80, 111 ; III, 24 ; X, 53 ; XI, 8.

Talmud [Concordance thématique] : Rosh Hachanah, 17A, Edioth 2, 10.

Huitième contre-discours dans l'ordre du *muṣḥaf*. Dans l'ordre chronologique des discours contre l'eschatologie, il est placé à la cinquantième position (sur cinquante-deux). Sa structure est semi-complexe avec un Contre-discours Citant

Introductif (« Et ils ont dit ») suivi d'un Contre-discours Rapporté Direct Présent (« Le Feu ne nous touchera que pour quelques jours comptés ! ») et d'un Contre-discours Citant de la Riposte introduit par une injonction (« Dis : 'auriez vous fait pacte avec Allah ? Allah ne manquera point à Son pacte. Ou bien dites-vous contre Allah ce que vous ne savez point ?' »). Ce contre-discours est une réfutation contre-argumentative. La raison du refus est donc motivée. Elle est fondée sur un argument de croyance : le Feu (les tourments de l'enfer) sera limité dans le temps. L'argument est employé dans deux traités talmudiques. Le verset est à mettre en parallèle avec le verset III, 24.

CDRDE n° 9 (II, 88) / سورة البقرة / Tradition (87) ; Noldëke (91) ; Blachère (93)

وَقَالُوا **قُلُوبُنَا غُلْفٌ** بَل لَّعَنَهُمُ اللَّهُ بِكُفْرِهِمْ فَقَلِيلًا مَّا يُؤْمِنُونَ

qulūbunā ġulf^{un}
« Nos coeurs sont incirconcis ».

qulūbunā ġulf^{un} [CDRD] : II, 88 ; IV, 155 ; XLI, 5.

Ancien et Nouveau Testament [Concordance thématique] : Ac 7, 51 ; Rom 2, 8–29 ; Jer 6, 10 ; 9, 26 ; Col 2, 11.

Cf. QBS, p. 147 *sqq.*

CDRDP n° 10 (II, 91) / سورة البقرة / Tradition (87) ; Noldëke (91) ; Blachère (93)

وَإِذَا قِيلَ لَهُمْ آمِنُوا بِمَا أَنزَلَ اللَّهُ قَالُوا **نُؤْمِنُ بِمَا أُنزِلَ عَلَيْنَا** وَيَكْفُرُونَ بِمَا وَرَاءَهُ وَهُوَ الْحَقُّ مُصَدِّقًا
لِّمَا مَعَهُمْ قُلْ فَلِمَ تَقْتُلُونَ أَنبِيَاءَ اللَّهِ مِن قَبْلُ إِن كُنتُم مُّؤْمِنِينَ

nu'min^{u} bi-mā 'unzil^{a} 'alaynā
« Nous croyons sur ce qui a été descendu sur nous ».

Contre le Coran [CDRD] : II, 26, 76, 91, 118, 170, III, 72, 73 ; V, 104 ; VI, 7, 25, 93, 105, 156, 157 ; VII, 203 ; VIII, 21, 31 ; IX, 127 ; X, 15, 20, 38 ; XI, 13, 35 ; XVI, 24, 101, 103 ; XXV, 4, 5, 32 ; XXXI, 21 ; XXXIV, 31 ; XXXVII, 168, 169 ; XXXVIII, 7, 8 ; XLI, 5, 26, 44 ; XLII, 24 ; XLIII, 31 ; XLIV, 14, 36 ; XLV, 25, 32 ; XLVI, 7, 8, 11 ; XLVII, 20, 26 ; LII, 33 ; LXVIII, 15 ; LXXIV, 24, 25, 31 ; LXXXIII, 13 / ***'āmana*** [CDRD] : II, 8, 13, 14, 76, 91 ; III, 72, 119 ; IV, 81, 150 ; V, 41, 61 ; VIII, 21 ; XXIV, 47 ; XXIX, 2, 10 ; XLIX, 14 ; LXIII, 1 / ***'āmana*** [Coran] : II, 136 ; III, 7, 16, 52, 53, 84, 193 ; V, 59, 83, 121, 126, XX, 70, 73 / ***'unzila 'alaynā*** [CDRD] : II, 91 ; VI, 157 ; XXV, 21 ; ***'unzila 'alaynā*** [Coran] : III, 84 / ***qur'ān*** [CDRDP] : X, 15 ; XXV, 32 ; XXXIV, 31 ; XLI, 26 ; XLIII, 31.

CDRDE n°11 (II, 111) / سورة البقرة / Tradition (87) ; Noldëke (91) ; Blachère (93)

وَقَالُوا لَن يَدْخُلَ الْجَنَّةَ إِلَّا مَن كَانَ هُودًا أَوْ نَصَارَىٰ تِلْكَ أَمَانِيُّهُمْ قُلْ هَاتُوا بُرْهَانَكُمْ إِن كُنتُمْ صَادِقِينَ

lan yadḫula l-ğannata ʾillā man kāna hūdan ʾaw naṣārā
« N'entreront au Paradis que ceux qui sont juifs ou Chrétiens ».

L'Eschatologie [CDRD] : II, 8, 80, 111 ; III, 24 ; VI, 29 ; VII, 187 ; X, 48, 53 ; XI, 7, 8 ; XIII, 5 ; XVI, 38 ; XVII, 49, 51, 98 ; XIX, 66 ; XXI, 38 ; XXIII, 82, 83 ; XXVII, 67, 68, 71 ; XXXII, 10, 28 ; XXXIV, 3, 7, 8, 29 ; XXXVI, 48, 78 ; XXXVII, 15, 16, 17 ; XLI, 50 ; XLIV, 34, 35, 36 ; XLV, 24, 25, 32 ; XLVI, 17 ; L, 2, 3 ; LI, 12 ; LVI, 47, 48 ; LXVII, 25 ; LXXV, 6 ; LXXIX, 10, 11, 12, 42. **La Rétribution** [CDRD] II, 80, 111 ; III, 24 ; X, 53 ; XI, 8 / ***ğanna*** [CDRD] : II, 111 ; XVII, 91 ; XXV, 8.

Sur le terme *burhān*, *cf.* Nöldeke, *Neue Beiträge*, p. 58 sqq. ; Jeffery, *FVQ*, p. 77 sqq., Speyer, *BEQ*, p. 203, Paret, *KKK*, p. 25–26.

Onzième contre-discours dans l'ordre du *muṣḥaf*. Dans l'ordre chronologique des discours contre l'eschatologie, il est placé à la cinquante et unième position (qui en compte cinquante deux). Sa structure est semi-complexe avec un Contre-discours Citant Introductif (« Et ils ont dit ») suivi d'un Contre-discours Rapporté Direct Présent (« Nul n'entrera au Paradis que Juifs ou Chrétiens ») et d'un Contre-discours Citant de la Riposte introduit par une injonction (« Voilà leurs chimères. – Dis : « Donnez votre preuve, si vous êtes véridiques »). Ce contre-discours est une réfutation contre-argumentative : le paradis n'est destiné qu'aux juifs et aux chrétiens. La singularité de ce discours rapporté est de réunir les juifs et les chrétiens dans une même expression. La riposte est double. Elle procède en deux temps : elle qualifie (ou modalise) le propos rapporté et y répond par une injonction et ce faisant, fait participer l'allocutaire à la riposte. On notera ici une forme de défi lancé aux opposants.

CDRDE n° 12 (II, 113) / سورة البقرة / Tradition (87) ; Noldëke (91) ; Blachère (93)

وَقَالَتِ الْيَهُودُ لَيْسَتِ النَّصَارَىٰ عَلَىٰ شَيْءٍ وَقَالَتِ النَّصَارَىٰ لَيْسَتِ الْيَهُودُ عَلَىٰ شَيْءٍ وَهُمْ يَتْلُونَ الْكِتَابَ كَذَٰلِكَ قَالَ الَّذِينَ لَا يَعْلَمُونَ مِثْلَ قَوْلِهِمْ فَاللَّهُ يَحْكُمُ بَيْنَهُمْ يَوْمَ الْقِيَامَةِ فِيمَا كَانُوا فِيهِ يَخْتَلِفُونَ

laysat^{i} *al-naṣārā ʿalā šayʾ*^{in} / *laysat*^{i} *al-yahūd*^{u} *ʿalā šayʾ*^{in}
« Les chrétiens ne tiennent sur rien / Les juifs ne tiennent sur rien ».

hūdan ʾaw naṣārā [Coran] : II, 113, 135, 140. (XVII, 91 ; XXV, 8)

Concordance thématique [Nouveau Testament] : Actes 17, 5 ; Rom 11, 14

CDRDP n° 13 (II, 116) / سورة البقرة / Tradition (87) ; Noldëke (91) ; Blachère (93)

وَقَالُوا **اتَّخَذَ اللَّهُ وَلَدًا** سُبْحَانَهُ بَل لَّهُ مَا فِي السَّمَاوَاتِ وَالْأَرْضِ كُلٌّ لَّهُ قَانِتُونَ

*ittaḫaḏa Allāh*ᵘ *walad*ᵃⁿ
« Allah s'est donné un enfant ».

Allāhᵘ [CDRD] : II, 8, 26, 76, 79, 116, 118 ; III, 72, 78, 181, 183 ; IV, 72, 78, 157 ; V, 17, 18, 64, 72, 73 ; VI, 93, 124, 136, 148 ; VII, 28 ; VIII, 32 ; IX, 30, 59 ; X, 18, 68 ; XVI, 35, 38 ; XVII, 92, 94 ; XVIII, 4 ; XXI, 29 ; XXIII, 85, 87, 89 ; XXIV, 47 ; XXV, 8, 41 ; XXIX, 10, 61, 63 ; XXXI, 25 ; XXXIII, 12 ; XXXIV, 8 ; XXXVI, 47 ; XXXVII, *151*, 152, 169 ; XXXIX, 3, 38; XLII, 24 ; XLIII, 87 ; XLV, 32 ; LVIII, 8 ; LXIII, 1, 7 ; LXXIV, 31 / ***waladᵃⁿ*** [CDRD] : II, 116 ; IX, 30 ; X, 68 ; XVIII, 4 ; XIX, 88 ; XXI, 26 ; XXXVII, 152.

Cf. R. Paret, *KKK*, p. 26–27.

CDRDP n° 14 (II, 118) / سورة البقرة / Tradition (87) ; Noldëke (91) ; Blachère (93)

وَقَالَ الَّذِينَ لَا يَعْلَمُونَ **لَوْلَا يُكَلِّمُنَا اللَّهُ أَوْ تَأْتِينَا آيَةٌ** كَذَٰلِكَ قَالَ الَّذِينَ مِن قَبْلِهِم مِّثْلَ قَوْلِهِمْ
تَشَابَهَتْ قُلُوبُهُمْ قَدْ بَيَّنَّا الْآيَاتِ لِقَوْمٍ يُوقِنُونَ

*law-lā yukallimunā Allāh*ᵘ *ʾaw tảtīnā ʾāyat*ᵘⁿ
« Pourquoi Allah ne nous parle-t-Il pas ou ne donne-t-Il pas un signe ? »

Allāhᵘ [CDRD] : II, 8, 26, 76, 79, 116, 118 ; III, 72, 78, 181, 183 ; IV, 72, 78, 157 ; V, 17, 18, 64, 72, 73 ; VI, 93, 124, 136, 148 ; VII, 28 ; VIII, 32 ; IX, 30, 59 ; X, 18, 68 ; XVI, 35, 38 ; XVII, 92, 94 ; XVIII, 4 ; XXI, 29 ; XXIII, 85, 87, 89 ; XXIV, 47 ; XXV, 8, 41 ; XXIX, 10, 61, 63 ; XXXI, 25 ; XXXIII, 12 ; XXXIV, 8 ; XXXVI, 47 ; XXXVII, *151*, 152, 169 ; XXXIX, 3, 38; XLII, 24 ; XLIII, 87 ; XLV, 32 ; LVIII, 8 ; LXIII, 1, 7 ; LXXIV, 31 / ***rabb*** [CDRD] : II, 76, 200 ; IV, 77 ; VI, 37 ; X, 20 ; XIII, 7, 27 ; XX, 133 ; XXV, 21 ; XXVIII, 47 ; XXIX, 50 ; XXXIV, 23 ; XLI, 50 ; LXXXIX, 15, 16 / ***ʾIlāh [CDRD] :*** II, 42 ; XXXVIII, 5 ; XXXIX, 3 / ***raḥmān*** [CDRD] : XIX, 88 ; XXI, 26 ; XXV, 60 ; XLIII, 20 / **Autres** [CDRD] : XLIII, 9 ; XXIV, 16 ; IV, 171.

CDRDP n° 15 (II, 135) / سورة البقرة / Tradition (87) ; Noldëke (91) ; Blachère (93)

وَقَالُوا **كُونُوا هُودًا أَوْ نَصَارَىٰ تَهْتَدُوا** قُلْ بَلْ مِلَّةَ إِبْرَاهِيمَ حَنِيفًاوَمَا كَانَ مِنَ الْمُشْرِكِينَ

*kūnū hūd*ᵃⁿ *ʾaw naṣārā tahtadū*
« Soyez Juifs ou Chrétiens, vous serez bien guidés ».

hūdᵃⁿ ʾaw naṣārā [CDRD] : II, 111, 135, 140.

Sur le terme *Ḥanīf* : Horovitz, *KU*, p. 56–59 ; Speyer, *BEQ*, p. 128 ; Jeffery, *FVQ*, p. 112–115 ; Moubarac, *Abraham dans le Coran*, p. 151–161 ; Watt, « *Ḥanīf* », *EI*², III, p. 165–166 ; Bell R., *Introduction*, p. 12 ; R. Paret, *KKK*, p. 33 ; Rubin (Uri), *EQ*, II, p. 402–403.

CDRDP n° 16 (II, 140) / سورة البقرة / Tradition (87) ; Noldëke (91) ; Blachère (93)

أَمْ تَقُولُونَ إِنَّ إِبْرَاهِيمَ وَإِسْمَاعِيلَ وَإِسْحَاقَ وَيَعْقُوبَ وَالْأَسْبَاطَ كَانُوا هُودًا أَوْ نَصَارَىٰ قُلْ أَأَنتُمْ أَعْلَمُ أَمِ اللَّهُ وَمَنْ أَظْلَمُ مِمَّن كَتَمَ شَهَادَةً عِندَهُ مِنَ اللَّهِ وَمَا اللَّهُ بِغَافِلٍ عَمَّا تَعْمَلُونَ

ʾinna ʾIbrāhīm[a] *wa- ʾIsmāʿīl*[a] *wa- ʾIsḥāq*[a] *wa- Yaʿqūb*[a] *wa-l-ʾasbāṭ*[a] *kānū hūd*[an] *ʾaw naṣārā*

« Certes Abraham, Ismael, Isaac, Jacob et les tribus étaient des juifs ou des chrétiens ».

hūdan ʾaw naṣārā [CDRD] : II, 111, 135, 140.

CDRDP n° 17 (II, 142) / سورة البقرة / Tradition (87) ; Noldëke (91) ; Blachère (93)

سَيَقُولُ السُّفَهَاءُ مِنَ النَّاسِ مَا وَلَّاهُمْ عَن قِبْلَتِهِمُ الَّتِي كَانُوا عَلَيْهَا قُل لِّلَّهِ الْمَشْرِقُ وَالْمَغْرِبُ يَهْدِي مَن يَشَاءُ إِلَىٰ صِرَاطٍ مُّسْتَقِيمٍ

mā wa llāhum ʿan qiblatihim[u] *llatī kānū ʿalayhā*

« Qu'est ce donc qui les a détournés de la Qibla vers laquelle ils s'orientaient ? »

CDRDP n° 18 (II, 170) / سورة البقرة / Tradition (87) ; Noldëke (91) ; Blachère (93)

وَإِذَا قِيلَ لَهُمُ اتَّبِعُوا مَا أَنزَلَ اللَّهُ قَالُوا بَلْ نَتَّبِعُ مَا أَلْفَيْنَا عَلَيْهِ آبَاءَنَا أَوَلَوْ كَانَ آبَاؤُهُمْ لَا يَعْقِلُونَ شَيْئًا وَلَا يَهْتَدُونَ

bal nattabiʿ[u] *mā ʾalfaynā ʿalayh*[i] *ʾābāʾanā*

« Non ! Nous suivrons la coutume de nos ancêtres ».

Contre le Coran [CDRD] : II, 26, 76, 91, 118, 170, III, 72, 73 ; V, 104 ; VI, 7, 25, 93, 105, 156, 157 ; VII, 203 ; VIII, 21, 31 ; IX, 127 ; X, 15, 20, 38 ; XI, 13, 35 ; XVI, 24, 101, 103 ; XXV, 4, 5, 32 ; XXXI, 21 ; XXXIV, 31 ; XXXVII, 168, 169 ; XXXVIII, 7, 8 ; XLI, 5, 26, 44 ; XLII, 24 ; XLIII, 31 ; XLIV, 14, 36 ; XLV, 25, 32 ; XLVI, 7, 8, 11 ; XLVII, 20, 26 ; LII, 33 ; LXVIII, 15 ; LXXIV, 24, 25, 31 ; LXXXIII, 13 / ***ʾābāʾanā*** [CDRD] II, 170 ; V, 104 ; VI, 148 ; VII, 28 ; XVI, 35 ; XXIII, 83 ; XXVII, 67, 68 ; XXXI, 21 ; XXXIV, 43 ; XXXVII, 17 ; XLIII, 22, 23 ; XLIV, 36 ; XLV, 25 ; LVI, 48.

Homélies Pseudo-clémentine [CDRD] Hom IV ; 8, 2 ; 7, 3 ; XI ; 13,1 (« D'autres disent encore : 'Nous allons commettre une impiété, si nous abandonnons les cultes que nous ont légués nos ancêtres ; c'est comme un dépôt qu'il faut préserver' »)

CDRDP n° 19 (II, 200) / سورة البقرة / Tradition (87) ; Noldëke (91) ; Blachère (93)

فَإِذَا قَضَيْتُم مَّنَاسِكَكُمْ فَاذْكُرُوا اللَّهَ كَذِكْرِكُمْ آبَاءَكُمْ أَوْ أَشَدَّ ذِكْرًا فَمِنَ النَّاسِ مَن يَقُولُ **رَبَّنَا آتِنَا فِي الدُّنْيَا** وَمَا لَهُ فِي الْآخِرَةِ مِنْ خَلَاقٍ

rabbanā ʾātinā fī -l-dunyā
« Notre Seigneur, donne nous [le meilleur] en cette vie ».

rabb [CDRD] : II, 76, 200 ; IV, 77 ; VI, 37 ; X, 20 ; XIII, 7, 27 ; XX, 133 ; XXV, 21 ; XXVIII, 47 ; XXIX, 50 ; XXXIV, 23 ; XLI, 50 ; LII, 30 ; LXXXIX, 15, 16.

CDRDP n° 20 (II, 275) / سورة البقرة / Tradition (87) ; Noldëke (91) ; Blachère (93)

الَّذِينَ يَأْكُلُونَ الرِّبَا لَا يَقُومُونَ إِلَّا كَمَا يَقُومُ الَّذِي يَتَخَبَّطُهُ الشَّيْطَانُ مِنَ الْمَسِّ ذَٰلِكَ بِأَنَّهُمْ قَالُوا **إِنَّمَا الْبَيْعُ مِثْلُ الرِّبَا** وَأَحَلَّ اللَّهُ الْبَيْعَ وَحَرَّمَ الرِّبَا فَمَن جَاءَهُ مَوْعِظَةٌ مِّن رَّبِّهِ فَانتَهَىٰ فَلَهُ مَا سَلَفَ وَأَمْرُهُ إِلَى اللَّهِوَمَنْ عَادَ فَأُولَٰئِكَ أَصْحَابُ النَّارِهُمْ فِيهَا خَالِدُونَ

ʾinnamā al-bay‘^{u} miṯl^{u} al-ribā
« Le commerce est comme l’usure ».

[CDRD normatif] II, 275 ; VI, 138 ; XVI, 116 ; XXXIII, 4 (hors de la séléction des cinq questions argumentatives).

Sur *ẖalāq* : Jeffery, *FVQ*, p. 124–125.

CDRDE n° 21 (III, 24) / سورة آل عمران / Tradition (89) ; Noldëke (97) ; Blachère (99)

ذَٰلِكَ بِأَنَّهُمْ قَالُوا **لَن تَمَسَّنَا النَّارُ إِلَّا أَيَّامًا مَّعْدُودَاتٍ** وَغَرَّهُمْ فِي دِينِهِم مَّا كَانُوا يَفْتَرُونَ

lan tamassanā al-nār^{u} ʾillā ʾayyām^{an} ma‘dūdāt^{in}
« Le Feu ne nous touchera qu’un nombre de jours limités ».

L’Eschatologie [CDRD] : II, 8, 80, 111 ; III, 24 ; VI, 29 ; VII, 187 ; X, 48, 53 ; XI, 7, 8 ; XIII, 5 ; XVI, 38 ; XVII, 49, 51, 98 ; XIX, 66 ; XXI, 38 ; XXIII, 82, 83 ; XXVII, 67, 68, 71 ; XXXII, 10, 28 ; XXXIV, 3, 7, 8, 29 ; XXXVI, 48, 78 ; XXXVII, 15, 16, 17 ; XLI, 50 ; XLIV, 34, 35, 36 ; XLV, 24, 25, 32 ; XLVI, 17 ; L, 2, 3 ; LI, 12 ; LVI, 47, 48 ; LXVII, 25 ; LXXV, 6 ; LXXIX, 10, 11, 12, 42 / **La Rétribution** [CDRD] II, 80, 111 ; III, 24 ; X, 53 ; XI, 8.

Talmud [Concordance thématique] : *Rosh Hashana* 17, A ; Edioth 2, 10.

Vingt et unième contre-discours dans l’ordre du *muṣḥaf*. Dans l’ordre chronologique des discours contre l’eschatologie, il est placé à la cinquante deuxième position (sur cinquante deux). Sa structure est semi-complexe avec un Contre-discours Citant Introductif (« C’est parce qu’ils disent ») suivi d’un Contre-discours Rapporté Direct Présent (« Le Feu ne nous touchera qu’un nombre de jours limités ») et d’un Contre-discours Citant de la Riposte (« Ils ont été abusés, dans leur religion, par ce qu’ils forgeaient »). Ce contre-discours est une réfutation contre-argumentative. La raison du refus est donc motivée. Elle est fondée sur un argument de croyance : le Feu (les tourments de l'enfer) sera limité dans le temps. L'argument est employé dans deux traités talmudiques. Le verset est à mettre en parallèle direct avec le verset II, 80. On notera néanmoins la différence entre la nature des ripostes. Pour II, 80, la riposte met en scène un allocutaire qui doit prendre en charge la réplique vers des adversaires (« Dis : 'auriez vous fait pacte avec Allah ? Allah ne manquera point à Son pacte. Ou bien dites-vous contre Allah ce que vous ne savez point ?' »). Ici, c'est le seul locuteur coranique qui se pose comme l'auteur de la réplique.

CDRDP n° 22 (III, 72) / سورة آل عمران / Tradition (89) ; Noldëke (97) ; Blachère (99)

وَقَالَت طَّائِفَةٌ مِّنْ أَهْلِ الْكِتَابِ **آمِنُوا بِالَّذِي أُنزِلَ عَلَى الَّذِينَ آمَنُوا وَجْهَ النَّهَارِ وَاكْفُرُوا آخِرَهُ لَعَلَّهُمْ يَرْجِعُونَ**

ʾāminū bi-llaḏī ʾunzilᵃ ʿalā llaḏīnᵃ ʾāmanū wağha al-nahārⁱ wa-kfurū ʾāḫirahū la ʿallāhum yarğiʿūnᵃ

« Croyez à ce qui a été révélé à ceux qui croient au début du jour et rejetez-le à la fin du jour ! Peut-être reviendront-ils ? »

Contre le Coran [CDRD] : II, 26, 76, 91, 118, 170, III, 72, 73 ; V, 104 ; VI, 7, 25, 93, 105, 156, 157 ; VII, 203 ; VIII, 21, 31 ; IX, 127 ; X, 15, 20, 38 ; XI, 13, 35 ; XVI, 24, 101, 103 ; XXV, 4, 5, 32 ; XXXI, 21 ; XXXIV, 31 ; XXXVII, 168, 169 ; XXXVIII, 7, 8 ; XLI, 5, 26, 44 ; XLII, 24 ; XLIII, 31 ; XLIV, 14, 36 ; XLV, 25, 32 ; XLVI, 7, 8, 11 ; XLVII, 20, 26 ; LII, 33 ; LXVIII, 15 ; LXXIV, 24, 25, 31 ; LXXXIII, 13 / **La fausse adhésion** [CDRD] II, 8, 13, 14, 76, 91 ; III, 72, 119 ; IV, 81, 150 ; V, 41, 61 ; VIII, 21 ; XXIV, 47 ; XXIX, 2, 10 ; XLIX, 14 ; LXIII, 1 / ***ʾallaḏīnᵃ ʾāmanū*** [CDRD] : III, 72 IV, 51.

CDRDP n° 23 (III, 73) / سورة آل عمران / Tradition (89) ; Noldëke (97) ; Blachère (99)

وَلَا تُؤْمِنُوا إِلَّا لِمَن تَبِعَ دِينَكُمْ قُلْ إِنَّ الْهُدَىٰ هُدَى اللَّهِ أَن يُؤْتَىٰ أَحَدٌ مِّثْلَ مَا أُوتِيتُمْ أَوْ يُحَاجُّوكُمْ عِندَ رَبِّكُمْ قُلْ إِنَّ الْفَضْلَ بِيَدِ اللَّهِ يُؤْتِيهِ مَن يَشَاءُ وَاللَّهُ وَاسِعٌ عَلِيمٌ

wa-lā tuʾminū ʾillā li-man tabiʿᵃ dīnakum

« Et ne croyez que ceux qui suivent votre religion ».

dīn [CDRD] : III, 73 ; VIII, 49, LI, 12

CDRDP n° 24 (III, 75) / سورة آل عمران / Tradition (89) ; Noldëke (97) ; Blachère (99)

وَمِنْ أَهْلِ الْكِتَابِ مَنْ إِن تَأْمَنْهُ بِقِنطَارٍ يُؤَدِّهِ إِلَيْكَ وَمِنْهُم مَّنْ إِن تَأْمَنْهُ بِدِينَارٍ لَّا يُؤَدِّهِ إِلَيْكَ إِلَّا مَا دُمْتَ عَلَيْهِ قَائِمًا ذَٰلِكَ بِأَنَّهُمْ قَالُوا **لَيْسَ عَلَيْنَا فِي الْأُمِّيِّينَ سَبِيلٌ** وَيَقُولُونَ عَلَى اللَّهِ الْكَذِبَ وَهُمْ يَعْلَمُونَ

lays[a] ʿalaynā fī al-ʾummīyyīn[a] sabīl[un]
« Nulle voie de contrainte sur nous, envers les Gentils ».

sabīl [CDRD] III, 75 ; IV, 51, XXIX, 12 / ***ʾummī*** [CDRD] III, 75 ; XLIII, 2.

CDRDP n° 25 (III, 78) / سورة آل عمران / Tradition (89) ; Noldëke (97) ; Blachère (99)

وَإِنَّ مِنْهُمْ لَفَرِيقًا يَلْوُونَ أَلْسِنَتَهُم بِالْكِتَابِ لِتَحْسَبُوهُ مِنَ الْكِتَابِ وَمَا هُوَ مِنَ الْكِتَابِ وَيَقُولُونَ **هُوَ مِنْ عِندِ اللَّهِ** وَمَا هُوَ مِنْ عِندِ اللَّهِ وَيَقُولُونَ عَلَى اللَّهِ الْكَذِبَ وَهُمْ يَعْلَمُونَ

huwa min ʿindi Allāh[i]
« Cela vient d'Allah ».

ʿindi Allāhi [CDRD] : II, 79 ; III, 78 ; IV, 78 (II, 79 ; III, 79)

CDRDP n° 26 (III, 119) / سورة آل عمران / Tradition (89) ; Noldëke (97) ; Blachère (99)

هَا أَنتُمْ أُولَاءِ تُحِبُّونَهُمْ وَلَا يُحِبُّونَكُمْ وَتُؤْمِنُونَ بِالْكِتَابِ كُلِّهِ وَإِذَا لَقُوكُمْ قَالُوا **آمَنَّا** وَإِذَا خَلَوْا عَضُّوا عَلَيْكُمُ الْأَنَامِلَ مِنَ الْغَيْظِ قُلْ مُوتُوا بِغَيْظِكُمْ إِنَّ اللَّهَ عَلِيمٌ بِذَاتِ الصُّدُورِ

ʾāmannā
« Nous croyons ».

ʾāmannā [CDRD] : II, 8, 13, 14, 76, 91 ; III, 72, 119 ; IV, 81, 150 ; V, 41, 61 ; VIII, 21 ; XXIV, 47 ; XXIX, 2, 10 ; XLIX, 14 ; LXIII, 1 /***ʾāmannā*** [Coran] : II, 136 ; III, 7, 16, 52, 53, 84, 193 ; V, 59, 83, 121, 126, XX, 70, 73.

CDRDP n° 27 (III, 154) / سورة آل عمران / Tradition (89) ; Noldëke (97) ; Blachère (99)

ثُمَّ أَنزَلَ عَلَيْكُم مِّن بَعْدِ الْغَمِّ أَمَنَةً نُّعَاسًا يَغْشَىٰ طَائِفَةً مِّنكُموَطَائِفَةٌ قَدْ أَهَمَّتْهُمْ أَنفُسُهُمْ يَظُنُّونَ بِاللَّهِ غَيْرَ الْحَقِّ ظَنَّ الْجَاهِلِيَّةِ يَقُولُونَ **هَل لَّنَا مِنَ الْأَمْرِ مِن شَيْءٍ** قُلْ إِنَّ الْأَمْرَ كُلَّهُ لِلَّهِ يُخْفُونَ فِي أَنفُسِهِم مَّا لَا يُبْدُونَ لَكَيَقُولُونَ **لَوْ كَانَ لَنَا مِنَ الْأَمْرِ شَيْءٌ مَّا قُتِلْنَا هَاهُنَا** قُل لَّوْ كُنتُمْ فِي بُيُوتِكُمْ لَبَرَزَ الَّذِينَ كُتِبَ عَلَيْهِمُ الْقَتْلُ إِلَىٰ مَضَاجِعِهِمْوَلِيَبْتَلِيَ اللَّهُ مَا فِي صُدُورِكُمْ وَلِيُمَحِّصَ مَا فِي قُلُوبِكُمْ وَاللَّهُ عَلِيمٌ بِذَاتِ الصُّدُورِ

hal lanā min^{a} al-ʾamr^{i} min šayʾ^{in} / law kān^{a} lanā mina l-ʾamri šayʾ^{un} mā qutilnā hāhunā
« Est-ce que nous [Les croyants] avons une part dans cette affaire (*al-ʾamri*) ? » / « Si nous [les croyants] avions eu un choix quelconque dans cette affaire, nous [les croyants] n'aurions pas été tués ici ».

Le combat [CDRD] : III, 154, 156, 167, 168 ; IV, 72, 73, 77 ; V, 52 ; IX, 42, 49, 50, 81, 86 ; XLVIII, 11, 15 ; LIX, 11.

CDRDP n° 28 (III, 156) / سورة آل عمران / Tradition (89) ; Noldëke (97) ; Blachère (99)

يَا أَيُّهَا الَّذِينَ آمَنُوا لَا تَكُونُوا كَالَّذِينَ كَفَرُوا وَقَالُوا لِإِخْوَانِهِمْ إِذَا ضَرَبُوا فِي الْأَرْضِ أَوْ كَانُوا غُزًّى **لَّوْ**
كَانُوا عِندَنَا مَا مَاتُوا وَمَا قُتِلُوا لِيَجْعَلَ اللَّهُ ذَٰلِكَ حَسْرَةً فِي قُلُوبِهِمْ وَاللَّهُ يُحْيِي وَيُمِيتُ وَاللَّهُ بِمَا
تَعْمَلُونَ بَصِيرٌ

« law kānū ʿindanā mā mātū wa-mā qutilū »
« S'il était resté parmi nous, ils ne seraient pas morts et n'auraient pas été tués ».

Le combat [CDRD] : III, 154, 156, 167, 168 ; IV, 72, 73, 77 ; V, 52 ; IX, 42, 49, 50, 81, 86 ; XLVIII, 11, 15 ; LIX, 11.

CDRDP n° 29 (III, 165) / سورة آل عمران / Tradition (89) ; Noldëke (97) ; Blachère (99)

أَوَلَمَّا أَصَابَتْكُم مُّصِيبَةٌ قَدْ أَصَبْتُم مِّثْلَيْهَا قُلْتُمْ **أَنَّىٰ هَٰذَا** قُلْ هُوَ مِنْ عِندِ أَنفُسِكُمْ إِنَّ اللَّهَ عَلَىٰ كُلِّ
شَيْءٍ قَدِيرٌ

ʾannā hāḏā
« Comment cela ? »

Le combat [CDRD] : III, 154, 156, 167, 168 ; IV, 72, 73, 77 ; V, 52 ; IX, 42, 49, 50, 81, 86 ; XLVIII, 11, 15 ; LIX, 11.

CDRDP n° 30 (III, 167) / سورة آل عمران / Tradition (89) ; Noldëke (97) ; Blachère (99)

وَلِيَعْلَمَ الَّذِينَ نَافَقُوا وَقِيلَ لَهُمْ تَعَالَوْا قَاتِلُوا فِي سَبِيلِ اللَّهِ أَوِ ادْفَعُواقَالُوا **لَوْ نَعْلَمُ قِتَالًا لَّاتَّبَعْنَاكُمْ**
هُمْ لِلْكُفْرِ يَوْمَئِذٍ أَقْرَبُ مِنْهُمْ لِلْإِيمَانِ يَقُولُونَ بِأَفْوَاهِهِم مَّا لَيْسَ فِي قُلُوبِهِمْ وَاللَّهُ أَعْلَمُ بِمَا يَكْتُمُونَ

law naʿlam^{u} qitāl^{an} lā-ttabaʿnākum
« Si nous savions comment combattre, nous vous aurions suivi ».

Le combat [CDRD] : III, 154, 156, 167, 168 ; IV, 72, 73, 77 ; V, 52 ; IX, 42, 49, 50, 81, 86 ; XLVIII, 11, 15 ; LIX, 11.

CDRDP n° 31 (III, 168) / سورة آل عمران / Tradition (89) ; Noldëke (97) ; Blachère (99)

الَّذِينَ قَالُوا **لِإِخْوَانِهِمْ وَقَعَدُوا لَوْ أَطَاعُونَا مَا قُتِلُوا** قُلْ فَادْرَءُوا عَنْ أَنفُسِكُمُ الْمَوْتَ إِن كُنتُمْ صَادِقِينَ

li-ʾiḫwānihim wa qaʿadū law ʾaṭāʿūnā mā qutilū
« S'il nous avaient obéi, ils n'auraient pas été tués ».

Le combat [CDRD] : III, 154, 156, 167, 168 ; IV, 72, 73, 77 ; V, 52 ; IX, 42, 49, 50, 81, 86 ; XLVIII, 11, 15 ; LIX, 11.

CDRDP n° 32 (III, 181) / سورة آل عمران / Tradition (89) ; Noldëke (97) ; Blachère (99)

لَّقَدْ سَمِعَ اللَّهُ قَوْلَ الَّذِينَ قَالُوا **إِنَّ اللَّهَ فَقِيرٌ وَنَحْنُ أَغْنِيَاءُ** سَنَكْتُبُ مَا قَالُوا وَقَتْلَهُمُ الْأَنبِيَاءَ بِغَيْرِ حَقٍّ وَنَقُولُ ذُوقُوا عَذَابَ الْحَرِيقِ

ʾinna Allāh^a faqīr^un wa-naḥn^u ʾaġniyāʾ^u
« Certes, Dieu est pauvre et nous sommes riches ».

Allāh [CDRD] : II, 8, 26, 76, 79, 116, 118 ; III, 72, 78, 181, 183 ; IV, 72, 78, 157 ; V, 17, 18, 64, 72, 73 ; VI, 93, 124, 136, 148 ; VII, 28 ; VIII, 32 ; IX, 30, 59 ; X, 18, 68 ; XVI, 35, 38 ; XVII, 92, 94 ; XVIII, 4 ; XXI, 29 ; XXIII, 85, 87, 89 ; XXIV, 47 ; XXV, 8, 41 ; XXIX, 10, 61, 63 ; XXXI, 25 ; XXXIII, 12 ; XXXIV, 8 ; XXXVI, 47 ; XXXVII, *151*, 152, 169 ; XXXIX, 3, 38; XLII, 24 ; XLIII, 87 ; XLV, 32 ; LVIII, 8 ; LXIII, 1, 7 ; LXXIV, 31 / ***rabb*** [CDRD] : II, 76, 200 ; IV, 77 ; VI, 37 ; X, 20 ; XIII, 7, 27 ; XX, 133 ; XXV, 21 ; XXVIII, 47 ; XXIX, 50 ; XXXIV, 23 ; XLI, 50 ; LXXXIX, 15, 16 / ***ʾIlāh*** [CDRD] : II, 42 ; XXXVIII, 5 ; XXXIX, 3 / ***raḥmān*** [CDRD] : XIX, 88 ; XXI, 26 ; XXV, 60 ; XLIII, 20 / **Autres** [CDRD] : XLIII, 9 ; XXIV, 16 ; IV, 171.

Talmud [concordance thématique] : Baba Métzia 60b.

La proposition « Dieu est pauvre » se trouve explicitée dans le Talmud en Baba Métzia 60b. Le texte indique que Dieu s'est appauvri en faisant le don de la Thora au peuple juif, rendant ce dernier riche des enseignements qu'il contient.

CDRDP n° 33 (III, 183) / سورة آل عمران / Tradition (89) ; Noldëke (97) ; Blachère (99)

الَّذِينَ قَالُوا **إِنَّ اللَّهَ عَهِدَ إِلَيْنَا أَلَّا نُؤْمِنَ لِرَسُولٍ حَتَّىٰ يَأْتِيَنَا بِقُرْبَانٍ تَأْكُلُهُ النَّارُ** قُلْ قَدْ جَاءَكُمْ رُسُلٌ مِّن قَبْلِي بِالْبَيِّنَاتِ وَبِالَّذِي قُلْتُمْ فَلِمَ قَتَلْتُمُوهُمْ إِن كُنتُمْ صَادِقِينَ

ʾinna Allāh^a ʿahidàilaynāʾ ʾallā nuʾmin^a li-rasūl^in ḥattā yàtiyanā bi-qurbā^nin tàkuluh^u al-nāru
« Allah nous a obligés à ne croire à aucun messager à moins qu'il nous fasse un sacrifice consumé par le feu ».

Contre le Prophète [CDRD] : III, 183, IV, 78, 141, 150 ; V, 19 ; VI, 8, 37, 91, 93, 105, 124, VII, 203 ; IX, 59, 61 ; X, 2, 15, 20, 38 ; XI, 12, 13, 35 ; XIII, 7, 27, 43 ; XV, 6, 7 ; XVI, 101, 103 ; XVII, 47, 90, 91, 92, 93, 94 ; XX, 133 ; XXI, 3, 5, 36 ; XXIII, 70 ; XXIV, 47 ; XXV, 4, 5, 7, 32, 41, 42, 60 ; XXVIII, 47, 48, 57 ; XXIX, 50 ; XXX, 58 ; XXXIII, 12 ; XXXIV, 8, 34, 43 ; XXXVII, 36 ; XXXVIII, 4, 5, 8 ; XLII, 24 ; XLIII, 24, 31 ; XLIV, 14 ; XLVI, 8 ; XLVII, 6, 16 ; XLVIII, 15 ; LII, 30, 33 ; LXIII, 1, 7, 8 ; LXVIII, 51 ; LXXIV, 25 / **Demande de signes** [CDRD] III, 183 ; VI, 8, 37, 124 ; XI, 12 ; XIII, 7, 27 ; XV, 7 ; XVII, 90, 91, 92, 93 ; XX, 133 ; XXI, 5 ; XXV, 7, 8 ; XXIX, 50 / ***rasūl*** [CDRD] III, 183 ; IV, 157; IX, 59 ; XVII, 94 ; XXIV, 47 ; XXV, 7, 41 ; XXXIII, 47, 12 ; LXIII, 1, 7 / ***AAllāh*** [CDRD] : II, 8, 26, 76, 79, 116, 118 ; III, 72, 78, 181, 183 ; IV, 72, 78, 157 ; V, 17, 18, 64, 72, 73 ; VI, 93, 124, 136, 148 ; VII, 28 ; VIII, 32 ; IX, 30, 59 ; X, 18, 68 ; XVI, 35, 38 ; XVII, 92, 94 ; XVIII, 4 ; XXI, 29 ; XXIII, 85, 87, 89 ; XXIV, 47 ; XXV, 8, 41 ; XXIX, 10, 61, 63 ; XXXI, 25 ; XXXIII, 12 ; XXXIV, 8 ; XXXVI, 47 ; XXXVII, *151*, 152, 169 ; XXXIX, 3, 38; XLII, 24 ; XLIII, 87 ; XLV, 32 ; LVIII, 8 ; LXIII, 1, 7 ; LXXIV, 31 / ***rabb*** [CDRD] : II, 76, 200 ; IV, 77 ; VI, 37 ; X, 20 ; XIII, 7, 27 ; XX, 133 ; XXV, 21 ; XXVIII, 47 ; XXIX, 50 ; XXXIV, 23 ; XLI, 50 ; LXXXIX, 15, 16 / ***'Ilāh*** [CDRD] : II, 42 ; XXXVIII, 5 ; XXXIX, 3 / ***raḥmān*** [CDRD] : XIX, 88 ; XXI, 26 ; XXV, 60 ; XLIII, 20 / **Autres** [CDRD] : XLIII, 9 ; XXIV, 16 ; IV, 171.

CDRDP n° 34 (IV, 46) / سورة النساء / Tradition (92) ; Noldëke (100) ; Blachère (102)

مِّنَ الَّذِينَ هَادُوا يُحَرِّفُونَ الْكَلِمَ عَن مَّوَاضِعِهِ وَيَقُولُونَ **سَمِعْنَا وَعَصَيْنَا وَاسْمَعْ غَيْرَ مُسْمَعٍ وَرَاعِنَا** لَيًّا بِأَلْسِنَتِهِمْ وَطَعْنًا فِي الدِّينِ وَلَوْ أَنَّهُمْ قَالُوا سَمِعْنَا وَأَطَعْنَا وَاسْمَعْ وَانظُرْنَا لَكَانَ خَيْرًا لَّهُمْ وَأَقْوَمَ وَلَٰكِن لَّعَنَهُمُ اللَّهُ بِكُفْرِهِمْ فَلَا يُؤْمِنُونَ إِلَّا قَلِيلًا

sami'nā (wa-) 'aṣaynā (wa-) sma' ġayr^{a} musma'in (wa-) rā'inā

« Nous avons entendu et nous désobéisons » / « entends sans qu'il te soit donné d'entendre » / « considère-nous ».

sami'nā [CDRD] IV, 46 ; VIII, 21, 31 ; XXXVIII, 7.

Ancien Testament [Concordance thématique] : Dt 19, 5–29.

Speyer, *BEQ*, p. 301–303. Paret, *KKK*, p. 95.

CDRDP n° 35 (IV, 51) / سورة النساء / Tradition (92) ; Noldëke (100) ; Blachère (102)

أَلَمْ تَرَ إِلَى ٱلَّذِينَ أُوتُوا نَصِيبًا مِّنَ ٱلْكِتَٰبِ يُؤْمِنُونَ بِٱلْجِبْتِ وَٱلطَّٰغُوتِ وَيَقُولُونَ لِلَّذِينَ كَفَرُوا **هَٰٓؤُلَآءِ أَهْدَىٰ مِنَ ٱلَّذِينَ ءَامَنُوا سَبِيلًا**

hā'ulā'^{i} 'ahdā min^{a} llaḏīn^{a} 'āmanū sabīl^{an}

« Ceux-ci sont mieux guidés (sur cette voie) que ceux qui ont cru ».

'allaḏīna 'āmanū [CDRD] : III, 72 IV, 51.

CDRDP n° 36 (IV, 62) / سورة النساء / Tradition (92) ; Noldëke (100) ; Blachère (102)

فَكَيْفَ إِذَا أَصَابَتْهُم مُّصِيبَةٌ بِمَا قَدَّمَتْ أَيْدِيهِمْ ثُمَّ جَاءُوكَ يَحْلِفُونَ بِاللَّهِ **إِنْ أَرَدْنَا إِلَّا إِحْسَانًا وَتَوْفِيقًا**

ʾin ʾaradnā ʾillā ʾiḥsān^{an} wa-tawfīq^{an}

« Nous ne voulons que le meilleur et la concorde ».

CDRDP n° 37 (IV, 72) / سورة النساء / Tradition (92) ; Noldëke (100) ; Blachère (102)

وَإِنَّ مِنكُمْ لَمَن لَّيُبَطِّئَنَّ فَإِنْ أَصَابَتْكُم مُّصِيبَةٌ قَالَ **قَدْ أَنْعَمَ اللَّهُ عَلَيَّ إِذْ لَمْ أَكُن مَّعَهُمْ شَهِيدًا**

qad ʾanʿam^{a} Allāh^{u} ʿalayy^{a} ʾiḏ lam ʾakun maʿahum šahīd^{an}

« Allah m'a comblé d'un bienfait puisque je n'ai pas été un témoin avec eux (à la guerre) ».

Allāh [CDRD] : II, 8, 26, 76, 79, 116, 118 ; III, 72, 78, 181, 183 ; IV, 72, 78, 157 ; V, 17, 18, 64, 72, 73 ; VI, 93, 124, 136, 148 ; VII, 28 ; VIII, 32 ; IX, 30, 59 ; X, 18, 68 ; XVI, 35, 38 ; XVII, 92, 94 ; XVIII, 4 ; XXI, 29 ; XXIII, 85, 87, 89 ; XXIV, 47 ; XXV, 8, 41 ; XXIX, 10, 61, 63 ; XXXI, 25 ; XXXIII, 12 ; XXXIV, 8 ; XXXVI, 47 ; XXXVII, *151*, 152, 169 ; XXXIX, 3, 38; XLII, 24 ; XLIII, 87 ; XLV, 32 ; LVIII, 8 ; LXIII, 1, 7 ; LXXIV, 31 / ***rabb*** [CDRD] : II, 76, 200 ; IV, 77 ; VI, 37 ; X, 20 ; XIII, 7, 27 ; XX, 133 ; XXV, 21 ; XXVIII, 47 ; XXIX, 50 ; XXXIV, 23 ; XLI, 50 ; LXXXIX, 15, 16 / ***ʾIlāh*** [CDRD] : II, 42 ; XXXVIII, 5 ; XXXIX, 3 / ***raḥmān*** [CDRD] : XIX, 88 ; XXI, 26 ; XXV, 60 ; XLIII, 20 / **Autres** [CDRD] : XLIII, 9 ; XXIV, 16 ; IV, 171 / **Le combat** [CDRD] : III, 154, 156, 167, 168 ; IV, 72, 73, 77 ; V, 52 ; IX, 42, 49, 50, 81, 86 ; XLVIII, 11, 15 ; LIX, 11.

CDRDP n° 38 (IV, 73) / سورة النساء / Tradition (92) ; Noldëke (100) ; Blachère (102)

وَلَئِنْ أَصَابَكُمْ فَضْلٌ مِّنَ اللَّهِ لَيَقُولَنَّ كَأَن لَّمْ تَكُن بَيْنَكُمْ وَبَيْنَهُ **مَوَدَّةٌ يَا لَيْتَنِي كُنتُ مَعَهُمْ فَأَفُوزَ فَوْزًا عَظِيمًا**

mawaddat^{un} yā laytanī kunt^{u} maʿahum fa-ʾafūza fawz^{an} ʿaẓīm^{an}

« Hélas, si j'avais été parmi eux, j'aurais acquis un gain énorme ».

CDRDP n° 39 (IV, 77) / سورة النساء / Tradition (92) ; Noldëke (100) ; Blachère (102)

أَلَمْ تَرَ إِلَى الَّذِينَ قِيلَ لَهُمْ كُفُّوا أَيْدِيَكُمْ وَأَقِيمُوا الصَّلَاةَ وَآتُوا الزَّكَاةَ فَلَمَّا كُتِبَ عَلَيْهِمُ الْقِتَالُ إِذَا فَرِيقٌ مِّنْهُمْ يَخْشَوْنَ النَّاسَ كَخَشْيَةِ اللَّهِ أَوْ أَشَدَّ خَشْيَةً وَقَالُوا **رَبَّنَا لِمَ كَتَبْتَ عَلَيْنَا الْقِتَالَ لَوْلَا أَخَّرْتَنَا إِلَىٰ أَجَلٍ قَرِيبٍ** قُلْ مَتَاعُ الدُّنْيَا قَلِيلٌ وَالْآخِرَةُ خَيْرٌ لِّمَنِ اتَّقَىٰ وَلَا تُظْلَمُونَ فَتِيلًا

rabbanā li-ma katabt^{a} ʿalaynā al-qitāl^{a} law-lā ʾaḫḫartanā ʾilā ʾağal^{in} qarīb^{in}

« Seigneur! Pourquoi nous as-tu ordonné de combattre ? Pourquoi ne nous reportes-Tu (cette échéance) à un terme prochain ? »

rabb [CDRD] : II, 76, 200 ; IV, 77 ; VI, 37 ; X, 20 ; XIII, 7, 27 ; XX, 133 ; XXV, 21 ; XXVIII, 47 ; XXIX, 50 ; XXXIV, 23 ; XLI, 50 ; LXXXIX, 15, 16 / **Le combat** [CDRD] : III, 154, 156, 167, 168 ; IV, 72, 73, 77 ; V, 52 ; IX, 42, 49, 50, 81, 86 ; XLVIII, 11, 15 ; LIX, 11.

CDRDP n° 40 (IV, 78) / سورة النساء / Tradition (92) ; Noldëke (100) ; Blachère (102)

أَيْنَمَا تَكُونُوا يُدْرِككُّمُ الْمَوْتُ وَلَوْ كُنتُمْ فِي بُرُوجٍ مُّشَيَّدَةٍ وَإِن تُصِبْهُمْ حَسَنَةٌ يَقُولُوا **هَٰذِهِ مِنْ عِندِ اللَّهِ** وَإِن تُصِبْهُمْ سَيِّئَةٌ يَقُولُوا **هَٰذِهِ مِنْ عِندِكَ** قُلْ كُلٌّ مِّنْ عِندِ اللَّهِ فَمَالِ هَٰؤُلَاءِ الْقَوْمِ لَا يَكَادُونَ يَفْقَهُونَ حَدِيثًا

hadihi min ʿindi Allāhi / hādihi min ʿindika

« Ceci vient d'Allah » / « Ceci vient de toi ».

Contre le Prophète [CDRD] : III, 183, IV, 78, 141, 150 ; V, 19 ; VI, 8, 37, 91, 93, 105, 124, VII, 203 ; IX, 59, 61 ; X, 2, 15, 20, 38 ; XI, 12, 13, 35 ; XIII, 7, 27, 43 ; XV, 6, 7 ; XVI, 101, 103 ; XVII, 47, 90, 91, 92, 93, 94 ; XX, 133 ; XXI, 3, 5, 36 ; XXIII, 70 ; XXIV, 47 ; XXV, 4, 5, 7, 32, 41, 42, 60 ; XXVIII, 47, 48, 57 ; XXIX, 50 ; XXX, 58 ; XXXIII, 12 ; XXXIV, 8, 34, 43 ; XXXVII, 36 ; XXXVIII, 4, 5, 8 ; XLII, 24 ; XLIII, 24, 31 ; XLIV, 14 ; XLVI, 8 ; XLVII, 6, 16 ; XLVIII, 15 ; LII, 30, 33 ; LXIII, 1, 7, 8 ; LXVIII, 51 ; LXXIV, 25 / **Demande de signes** [CDRD] III, 183 ; VI, 8, 37, 124 ; XI, 12 ; XIII, 7, 27 ; XV, 7 ; XVII, 90, 91, 92, 93 ; XX, 133 ; XXI, 5 ; XXV, 7, 8 ; XXIX, 50 / ***rasūl*** [CDRD] III, 183 ; IV, 157; IX, 59 ; XVII, 94 ; XXIV, 47 ; XXV, 7, 41 ; XXXIII, 47, 12 ; LXIII, 1, 7 / ***Allāh*** [CDRD] : II, 8, 26, 76, 79, 116, 118 ; III, 72, 78, 181, 183 ; IV, 72, 78, 157 ; V, 17, 18, 64, 72, 73 ; VI, 93, 124, 136, 148 ; VII, 28 ; VIII, 32 ; IX, 30, 59 ; X, 18, 68 ; XVI, 35, 38 ; XVII, 92, 94 ; XVIII, 4 ; XXI, 29 ; XXIII, 85, 87, 89 ; XXIV, 47 ; XXV, 8, 41 ; XXIX, 10, 61, 63 ; XXXI, 25 ; XXXIII, 12 ; XXXIV, 8 ; XXXVI, 47 ; XXXVII, *151*, 152, 169 ; XXXIX, 3, 38; XLII, 24 ; XLIII, 87 ; XLV, 32 ; LVIII, 8 ; LXIII, 1, 7 ; LXXIV, 31 / ***rabb*** [CDRD] : II, 76, 200 ; IV, 77 ; VI, 37 ; X, 20 ; XIII, 7, 27 ; XX, 133 ; XXV, 21 ; XXVIII, 47 ; XXIX, 50 ; XXXIV, 23 ; XLI, 50 ; LXXXIX, 15, 16 / ***'Ilāh*** [CDRD] : II, 42 ; XXXVIII, 5 ; XXXIX, 3 / ***raḥmān*** [CDRD] : XIX, 88 ; XXI, 26 ; XXV, 60 ; XLIII, 20 / **Autres** [CDRD] : XLIII, 9 ; XXIV, 16 ; IV, 171.

CDRDP n° 41 (IV, 81) / سورة النساء / Tradition (92) ; Noldëke (100) ; Blachère (102)

وَيَقُولُونَ **طَاعَةٌ** فَإِذَا بَرَزُوا مِنْ عِندِكَ بَيَّتَ طَائِفَةٌ مِّنْهُمْ غَيْرَ الَّذِي تَقُولُوَاللَّهُ يَكْتُبُ مَا يُبَيِّتُونَفَأَعْرِضْ عَنْهُمْ وَتَوَكَّلْ عَلَى اللَّهِ وَكَفَىٰ بِاللَّهِ وَكِيلً

ṭāʿatun

« Obéissance ».

Thème de la croyance feinte. A rapprocher des versets suivants II, 8, 13, 14, 76, 91 ; III, 72, 119 ; IV, 81, 150 ; V, 41, 61 ; VIII, 21 ; XXIV, 47 ; XXIX, 2, 10 ; XLIX, 14 ; LXIII, 1. Paret, p. 99.

CDRDP n° 42 (IV, 141) / سورة النساء / Tradition (92) ; Noldëke (100) ; Blachère (102)

الَّذِينَ يَتَرَبَّصُونَ بِكُمْ فَإِن كَانَ لَكُمْ فَتْحٌ مِّنَ اللَّهِ قَالُوا أَلَمْ نَكُن مَّعَكُمْ وَإِن كَانَ لِلْكَافِرِينَ نَصِيبٌ **قَالُوا أَلَمْ نَسْتَحْوِذْ عَلَيْكُمْ وَنَمْنَعْكُم مِّنَ الْمُؤْمِنِينَ** فَاللَّهُ يَحْكُمُ بَيْنَكُمْ يَوْمَ الْقِيَامَةِ وَلَن يَجْعَلَ اللَّهُ لِلْكَافِرِينَ عَلَى الْمُؤْمِنِينَ سَبِيلًا

ʾa-lam nakun maʿakum / ʾa-lam nastaḥwiḏ ʿalaykum wa namnaʿkum mina al-muʾminīna

« N'étions-nous pas avec vous ? » / « Est-ce que nous n'avons pas mis la main sur vous pour vous soustraire aux croyants ? »

Contre le Prophète [CDRD] : III, 183, IV, 78, 141, 150 ; V, 19 ; VI, 8, 37, 91, 93, 105, 124, VII, 203 ; IX, 59, 61 ; X, 2, 15, 20, 38 ; XI, 12, 13, 35 ; XIII, 7, 27, 43 ; XV, 6, 7 ; XVI, 101, 103 ; XVII, 47, 90, 91, 92, 93, 94 ; XX, 133 ; XXI, 3, 5, 36 ; XXIII, 70 ; XXIV, 47 ; XXV, 4, 5, 7, 32, 41, 42, 60 ; XXVIII, 47, 48, 57 ; XXIX, 50 ; XXX, 58 ; XXXIII, 12 ; XXXIV, 8, 34, 43 ; XXXVII, 36 ; XXXVIII, 4, 5, 8 ; XLII, 24 ; XLIII, 24, 31 ; XLIV, 14 ; XLVI, 8 ; XLVII, 6, 16 ; XLVIII, 15 ; LII, 30, 33 ; LXIII, 1, 7, 8 ; LXVIII, 51 ; LXXIV, 25

CDRDP n° 43 (IV, 150) / سورة النساء / Tradition (92) ; Noldëke (100) ; Blachère (102)

إِنَّ الَّذِينَ يَكْفُرُونَ بِاللَّهِ وَرُسُلِهِ وَيُرِيدُونَ أَن يُفَرِّقُوا بَيْنَ اللَّهِ وَرُسُلِهِ وَيَقُولُونَ **نُؤْمِنُ بِبَعْضٍ وَنَكْفُرُ بِبَعْضٍ** وَيُرِيدُونَ أَن يَتَّخِذُوا بَيْنَ ذَٰلِكَ سَبِيلًا

nuʾminᵘ bi-baʿḍⁱⁿ wa nakfurᵘ bi-baʿḍⁱⁿ

« Nous croyons en certains (messagers) et rejetons certains (messagers) ».

Contre le Prophète [CDRD] : III, 183, IV, 78, 141, 150 ; V, 19 ; VI, 8, 37, 91, 93, 105, 124, VII, 203 ; IX, 59, 61 ; X, 2, 15, 20, 38 ; XI, 12, 13, 35 ; XIII, 7, 27, 43 ; XV, 6, 7 ; XVI, 101, 103 ; XVII, 47, 90, 91, 92, 93, 94 ; XX, 133 ; XXI, 3, 5, 36 ; XXIII, 70 ; XXIV, 47 ; XXV, 4, 5, 7, 32, 41, 42, 60 ; XXVIII, 47, 48, 57 ; XXIX, 50 ; XXX, 58 ; XXXIII, 12 ; XXXIV, 8, 34, 43 ; XXXVII, 36 ; XXXVIII, 4, 5, 8 ; XLII, 24 ; XLIII, 24, 31 ; XLIV, 14 ; XLVI, 8 ; XLVII, 6, 16 ; XLVIII, 15 ; LII, 30, 33 ; LXIII, 1, 7, 8 ; LXVIII, 51 ; LXXIV, 25

CDRDP n° 44 (IV, 155) / سورة النساء / Tradition (92) ; Noldëke (100) ; Blachère (102)

فَبِمَا نَقْضِهِم مِّيثَاقَهُمْ وَكُفْرِهِم بِآيَاتِ اللَّهِ وَقَتْلِهِمُ الْأَنبِيَاءَ بِغَيْرِ حَقٍّ وَقَوْلِهِمْ **قُلُوبُنَا غُلْفٌ** بَلْ طَبَعَ اللَّهُ عَلَيْهَا بِكُفْرِهِمْ فَلَا يُؤْمِنُونَ إِلَّا قَلِيلًا

qulūbunā ġulfᵘⁿ

« Nos cœurs sont incirconcis ».

qulūbunā ġulfun [CDRD] : II, 88 ; IV, 155 ; XLI, 5.

Ancien et Nouveau Testament [Concordance thématique] : Ac 7:51 ; Rom 2:28–29 ; Jer 6:10 ; 9:26 ; Col 2:11.

Cf. Gabriel Said Reynolds, *QBS*, p. 147–155.

CDRDP n° 45 (IV, 157) / سورة النساء / Tradition (92) ; Noldëke (100) ; Blachère (102)

وَقَوْلِهِمْ **إِنَّا قَتَلْنَا الْمَسِيحَ عِيسَى ابْنَ مَرْيَمَ رَسُولَ اللَّهِ** وَمَا قَتَلُوهُ وَمَا صَلَبُوهُ وَلَٰكِن شُبِّهَ لَهُمْ وَإِنَّ الَّذِينَ اخْتَلَفُوا فِيهِ لَفِي شَكٍّ مِّنْهُ مَا لَهُم بِهِ مِنْ عِلْمٍ إِلَّا اتِّبَاعَ الظَّنِّ وَمَا قَتَلُوهُ يَقِينًا

ʾinnā qatalnā l-masīḥ^{a} ʿĪsā bn^{a} Maryam^{a} rasūl^{a} Allāh^{i}
« Nous avons tué le Messie Jésus fils de Marie, l'envoyé de Dieu ».

Allāh^{u} [CDRD] : II, 8, 26, 76, 79, 116, 118 ; III, 72, 78, 181, 183 ; IV, 72, 78, 157 ; V, 17, 18, 64, 72, 73 ; VI, 93, 124, 136, 148 ; VII, 28 ; VIII, 32 ; IX, 30, 59 ; X, 18, 68 ; XVI, 35, 38 ; XVII, 92, 94 ; XVIII, 4 ; XXI, 29 ; XXIII, 85, 87, 89 ; XXIV, 47 ; XXV, 8, 41 ; XXIX, 10, 61, 63 ; XXXI, 25 ; XXXIII, 12 ; XXXIV, 8 ; XXXVI, 47 ; XXXVII, *151*, 152, 169 ; XXXIX, 3, 38; XLII, 24 ; XLIII, 87 ; XLV, 32 ; LVIII, 8 ; LXIII, 1, 7 ; LXXIV, 31 / ***rabb*** [CDRD] : II, 76, 200 ; IV, 77 ; VI, 37 ; X, 20 ; XIII, 7, 27 ; XX, 133 ; XXV, 21 ; XXVIII, 47 ; XXIX, 50 ; XXXIV, 23 ; XLI, 50 ; LXXXIX, 15, 16 / ***ʾIlāh [CDRD] :*** II, 42 ; XXXVIII, 5 ; XXXIX, 3 / ***raḥmān*** [CDRD] : XIX, 88 ; XXI, 26 ; XXV, 60 ; XLIII, 20 / **Autres** [CDRD] : XLIII, 9 ; XXIV, 16 ; IV, 171.

CDRDP n° 46 (IV, 171) / سورة النساء / Tradition (92) ; Noldëke (100) ; Blachère (102)

يَا أَهْلَ الْكِتَابِ لَا تَغْلُوا فِي دِينِكُمْ وَلَا تَقُولُوا عَلَى اللَّهِ إِلَّا الْحَقَّ إِنَّمَا الْمَسِيحُ عِيسَى ابْنُ مَرْيَمَ رَسُولُ اللَّهِ وَكَلِمَتُهُ أَلْقَاهَا إِلَىٰ مَرْيَمَ وَرُوحٌ مِّنْهُفَآمِنُوا بِاللَّهِ وَرُسُلِهِوَلَا تَقُولُوا **ثَلَاثَةٌ** انتَهُوا خَيْرًا لَّكُمْ إِنَّمَا اللَّهُ إِلَٰهٌ وَاحِدٌسُبْحَانَهُ أَن يَكُونَ لَهُ وَلَدٌ لَّهُ مَا فِي السَّمَاوَاتِ وَمَا فِي الْأَرْضِ وَكَفَىٰ بِاللَّهِ وَكِيلًا

ṯalāṯat^{un}
« Trois ».

Allāh^{u} [CDRD] : II, 8, 26, 76, 79, 116, 118 ; III, 72, 78, 181, 183 ; IV, 72, 78, 157 ; V, 17, 18, 64, 72, 73 ; VI, 93, 124, 136, 148 ; VII, 28 ; VIII, 32 ; IX, 30, 59 ; X, 18, 68 ; XVI, 35, 38 ; XVII, 92, 94 ; XVIII, 4 ; XXI, 29 ; XXIII, 85, 87, 89 ; XXIV, 47 ; XXV, 8, 41 ; XXIX, 10, 61, 63 ; XXXI, 25 ; XXXIII, 12 ; XXXIV, 8 ; XXXVI, 47 ; XXXVII, *151*, 152, 169 ; XXXIX, 3, 38; XLII, 24 ; XLIII, 87 ; XLV, 32 ; LVIII, 8 ; LXIII, 1, 7 ; LXXIV, 31 / ***rabb^{un}*** [CDRD] : II, 76, 200 ; IV, 77 ; VI, 37 ; X, 20 ; XIII, 7, 27 ; XX, 133 ; XXV, 21 ; XXVIII, 47 ; XXIX, 50 ; XXXIV, 23 ; XLI, 50 ; LXXXIX, 15, 16 / ***ʾIlāh [CDRD] :*** II, 42 ; XXXVIII, 5 ; XXXIX, 3 / ***raḥmān*** [CDRD] : XIX, 88 ; XXI, 26 ; XXV, 60 ; XLIII, 20 / **Autres** [CDRD] : XLIII, 9 ; XXIV, 16 ; IV, 171 / ***ṯalāṯat^{un}*** [CDRD] IV, 171 ; V, 73.

CDRDP n° 47 (V, 14) / سورة المائدة / Tradition (112) ; Noldëke (114) ; Blachère (114/116)

وَمِنَ الَّذِينَ قَالُوا **إِنَّا نَصَارَىٰ** أَخَذْنَا مِيثَاقَهُمْ فَنَسُوا حَظًّا مِّمَّا ذُكِّرُوا بِهِ فَأَغْرَيْنَا بَيْنَهُمُ الْعَدَاوَةَ وَالْبَغْضَاءَ
إِلَىٰ يَوْمِ الْقِيَامَةِ وَسَوْفَ يُنَبِّئُهُمُ اللَّهُ بِمَا كَانُوا يَصْنَعُونَ

ʾinnā naṣārā
« Nous sommes chrétiens ».

naṣārā [CDRD] : II, 111, 113, 135, 140 ; V, 14 / ***naḥnu*** [CDRD] : II, 11, 14 ; III, 181, V, 18, VI, 29 ; XV, 15 ; XVI, 35 ; XXIII, 83 ; XXVII, 68 ; XXXIV, 35 ; XLIV, 35 ; LIV, 44.

Cf. Rudi Paret, *KKK*, p. 118

CDRDP n° 48 (V, 17) / سورة المائدة / Tradition (112) ; Noldëke (114) ; Blachère (114/116)

لَّقَدْ كَفَرَ الَّذِينَ قَالُوا **إِنَّ اللَّهَ هُوَ الْمَسِيحُ ابْنُ مَرْيَمَ** قُلْ فَمَن يَمْلِكُ مِنَ اللَّهِ شَيْئًا إِنْ أَرَادَ أَن يُهْلِكَ
الْمَسِيحَ ابْنَ مَرْيَمَ وَأُمَّهُ وَمَن فِي الْأَرْضِ جَمِيعًا وَلِلَّهِ مُلْكُ السَّماواتِ وَالأَرضِ وما بَينَهُما يَخلُقُ ما
يَشاءُ وَاللَّهُ عَلى كُلِّ شَيءٍ قَديرٌ

ʾinna Allāh^{a} huw^{a} l-masīḥ^{u} bn^{u} Maryam^{a}
« Allah est le Messie fils de Marie ».

Allāh [CDRD] : II, 8, 26, 76, 79, 116, 118 ; III, 72, 78, 181, 183 ; IV, 72, 78, 157 ; V, 17, 18, 64, 72, 73 ; VI, 93, 124, 136, 148 ; VII, 28 ; VIII, 32 ; IX, 30, 59 ; X, 18, 68 ; XVI, 35, 38 ; XVII, 92, 94 ; XVIII, 4 ; XXI, 29 ; XXIII, 85, 87, 89 ; XXIV, 47 ; XXV, 8, 41 ; XXIX, 10, 61, 63 ; XXXI, 25 ; XXXIII, 12 ; XXXIV, 8 ; XXXVI, 47 ; XXXVII, *151*, 152, 169 ; XXXIX, 3, 38; XLII, 24 ; XLIII, 87 ; XLV, 32 ; LVIII, 8 ; LXIII, 1, 7 ; LXXIV, 31 / ***al-masīḥ^{u}*** [CDRD] : V, 17, 72 ; IX, 30 / (***walad^{an}***) [CDRD] : II, 116 ; IX, 30 ; X, 68 ; XVIII, 4 ; XIX, 88 ; XXI, 26 ; XXXVII, 152

CDRDP n° 49 (V, 18) / سورة المائدة / Tradition (112) ; Noldëke (114) ; Blachère (114/116)

وَقَالَتِ الْيَهُودُ وَالنَّصَارَىٰ **نَحْنُ أَبْنَاءُ اللَّهِ وَأَحِبَّاؤُهُ** قُلْ فَلِمَ يُعَذِّبُكُم بِذُنُوبِكُمبَلْ أَنتُم بَشَرٌ مِّمَّنْ خَلَقَ
يَغْفِرُ لِمَن يَشَاءُ وَيُعَذِّبُ مَن يَشَاءُ وَلِلَّهِ مُلْكُ السَّمَاوَاتِ وَالْأَرْضِ وَمَا بَيْنَهُمَاوَإِلَيْهِ الْمَصِيرُ

naḥn^{u} ʾabnāʾ^{u} Allāh^{i} wa ʾaḥibbāʾuh^{u}
« Nous sommes les fils d'Allah et ses préférés ».

Allāh [CDRD] : II, 8, 26, 76, 79, 116, 118 ; III, 72, 78, 181, 183 ; IV, 72, 78, 157 ; V, 17, 18, 64, 72, 73 ; VI, 93, 124, 136, 148 ; VII, 28 ; VIII, 32 ; IX, 30, 59 ; X, 18, 68 ; XVI, 35, 38 ; XVII, 92, 94 ; XVIII, 4 ; XXI, 29 ; XXIII, 85, 87, 89 ; XXIV, 47 ; XXV, 8, 41 ; XXIX, 10, 61, 63 ; XXXI, 25 ; XXXIII, 12 ; XXXIV, 8 ; XXXVI, 47 ; XXXVII, *151*, 152, 169 ; XXXIX, 3, 38; XLII, 24 ; XLIII, 87 ; XLV, 32 ; LVIII, 8 ; LXIII, 1, 7 ; LXXIV, 31 / ***al-masīḥ^{u}*** [CDRD] : V, 17, 72 ; IX, 30 / (***walad^{an}***) [CDRD] : II, 116 ; IX, 30 ; X, 68 ; XVIII, 4 ; XIX, 88 ; XXI, 26 ; XXXVII, 152

[Concordance Biblique] Dt 14, 1 (« – בנים אתם ליהוה אלהיכם – ») ; Jean, I, 3, 2 (« Mes biens aimés, nous sommes dès à présent enfants de Dieu ... » – Ἀγαπητοί νῦν τέκνα ἐσμέν –) ; Luc 20, 36 ; Romains, 8, 14, 16.

CDRDP n° 50 (V, 19) / سورة المائدة / Tradition (112) ; Noldëke (114) ; Blachère (114/116)

يَا أَهْلَ الْكِتَابِ قَدْ جَاءَكُمْ رَسُولُنَا يُبَيِّنُ لَكُمْ عَلَىٰ فَتْرَةٍ مِّنَ الرُّسُلِ أَن تَقُولُوا **مَا جَاءَنَا مِن بَشِيرٍ وَلَا**
نَذِيرٍفَقَدْ جَاءَكُم بَشِيرٌ وَنَذِيرٌ وَاللَّهُ عَلَىٰ كُلِّ شَيْءٍ قَدِيرٌ

mā ǧā'anā min bašīr^{in} wa-lā naḏīr^{in}

« Il ne nous est venu ni avertisseur ni annonciateur ».

Contre le Prophète [CDRD] : III, 183, IV, 78, 141, 150 ; V, 19 ; VI, 8, 37, 91, 93, 105, 124, VII, 203 ; IX, 59, 61 ; X, 2, 15, 20, 38 ; XI, 12, 13, 35 ; XIII, 7, 27, 43 ; XV, 6, 7 ; XVI, 101, 103 ; XVII, 47, 90, 91, 92, 93, 94 ; XX, 133 ; XXI, 3, 5, 36 ; XXIII, 70 ; XXIV, 47 ; XXV, 4, 5, 7, 32, 41, 42, 60 ; XXVIII, 47, 48, 57 ; XXIX, 50 ; XXX, 58 ; XXXIII, 12 ; XXXIV, 8, 34, 43 ; XXXVII, 36 ; XXXVIII, 4, 5, 8 ; XLII, 24 ; XLIII, 24, 31 ; XLIV, 14 ; XLVI, 8 ; XLVII, 6, 16 ; XLVIII, 15 ; LII, 30, 33 ; LXIII, 1, 7, 8 ; LXVIII, 51 ; LXXIV, 25.

CDRDP n° 51 (V, 41) / سورة المائدة / Tradition (112) ; Noldëke (114) ; Blachère (114/116)

يَا أَيُّهَا الرَّسُولُ لَا يَحْزُنكَ الَّذِينَ يُسَارِعُونَ فِي الْكُفْرِ مِنَ الَّذِينَ قَالُوا **آمَنَّا** بِأَفْوَاهِهِمْ وَلَمْ تُؤْمِن قُلُوبُهُمْ
وَمِنَ الَّذِينَ هَادُوا سَمَّاعُونَ لِلْكَذِبِ سَمَّاعُونَ لِقَوْمٍ آخَرِينَ لَمْ يَأْتُوكَ يُحَرِّفُونَ الْكَلِمَ مِن بَعْدِ مَوَاضِعِهِ
يَقُولُونَ **إِنْ أُوتِيتُمْ هَٰذَا فَخُذُوهُ وَإِن لَّمْ تُؤْتَوْهُ فَاحْذَرُوا** وَمَن يُرِدِ اللَّهُ فِتْنَتَهُ فَلَن تَمْلِكَ لَهُ مِنَ اللَّهِ
شَيْئًا أُولَٰئِكَ الَّذِينَ لَمْ يُرِدِ اللَّهُ أَن يُطَهِّرَ قُلُوبَهُمْ لَهُمْ فِي الدُّنْيَا خِزْيٌوَلَهُمْ فِي الْآخِرَةِ عَذَابٌ عَظِيمٌ

'āmannā / 'in 'ūtītum hāḏā fa-ḫuḏūh^{u} wa- 'in lam tu'tawh^{u} fā-ḥḏarū

« Nous croyons » / « Si ceci vous a été donné, prenez-le ! S'il ne vous a pas donné, prenez garde ! »

'āmannā [CDRD] : II, 8, 13, 14, 76, 91 ; III, 72, 119 ; IV, 81, 150 ; V, 41, 61 ; VIII, 21 ; XXIV, 47 ; XXIX, 2, 10 ; XLIX, 14 ; LXIII, 1 / ***'āmannā*** [Coran] : II, 136 ; III, 7, 16, 52, 53, 84, 193 ; V, 59, 83, 121, 126, XX, 70, 73.)

CDRDP n° 52 (V, 52) / سورة المائدة / Tradition (112) ; Noldëke (114) ; Blachère (114/116)

فَتَرَى الَّذِينَ فِي قُلُوبِهِم مَّرَضٌ يُسَارِعُونَ فِيهِمْ يَقُولُونَ **نَخْشَىٰ أَن تُصِيبَنَا دَائِرَةٌ** فَعَسَى اللَّهُ أَن يَأْتِيَ
بِالْفَتْحِ أَوْ أَمْرٍ مِّنْ عِندِهِ فَيُصْبِحُوا عَلَىٰ مَا أَسَرُّوا فِي أَنفُسِهِمْ نَادِمِينَ

naḫšā 'an tuṣīban^{a} dā'irat^{un}

« Nous redoutons qu'un malheur ne nous frappe ».

Le combat [CDRD] : III, 154, 156, 167, 168 ; IV, 72, 73, 77 ; V, 52 ; IX, 42, 49, 50, 81, 86 ; XLVIII, 11, 15 ; LIX, 11.

CDRDP n° 53 (V, 61) / سورة المائدة / Tradition (112) ; Noldëke (114) ; Blachère (114/116)

وَإِذَا جَاءُوكُمْ قَالُوا **آمَنَّا** وَقَد دَّخَلُوا بِالْكُفْرِ وَهُمْ قَدْ خَرَجُوا بِهِ وَاللَّهُ أَعْلَمُ بِمَا كَانُوا يَكْتُمُونَ

ʾāmannā

« Nous croyons ».

ʾāmannā [CDRD] : II, 8, 13, 14, 76, 91 ; III, 72, 119 ; IV, 81, 150 ; V, 41, 61 ; VIII, 21 ; XXIV, 47 ; XXIX, 2, 10 ; XLIX, 14 ; LXIII, 1 / ***ʾāmannā*** [Coran] : II, 136 ; III, 7, 16, 52, 53, 84, 193 ; V, 59, 83, 121, 126, XX, 70, 73.) /

CDRDP n° 54 (V, 64) / سورة المائدة / Tradition (112) ; Noldëke (114) ; Blachère (114/116)

وَقَالَتِ الْيَهُودُ **يَدُ اللَّهِ مَغْلُولَةٌ** غُلَّتْ أَيْدِيهِمْ وَلُعِنُوا بِمَا قَالُوا ۘ بَلْ يَدَاهُ مَبْسُوطَتَانِ يُنفِقُ كَيْفَ يَشَاءُ وَلَيَزِيدَنَّ كَثِيرًا مِّنْهُم مَّا أُنزِلَ إِلَيْكَ مِن رَّبِّكَ طُغْيَانًا وَكُفْرًا وَأَلْقَيْنَا بَيْنَهُمُ الْعَدَاوَةَ وَالْبَغْضَاءَ إِلَىٰ يَوْمِ الْقِيَامَةِ كُلَّمَا أَوْقَدُوا نَارًا لِّلْحَرْبِ أَطْفَأَهَا اللَّهُ وَيَسْعَوْنَ فِي الْأَرْضِ فَسَادًا وَاللَّهُ لَا يُحِبُّ الْمُفْسِدِينَ

yad^{u} Allāh^{i} maġlūlat^{un}

« La main de Dieu est scellée ».

Allāh^{u} [CDRD] : II, 8, 26, 76, 79, 116, 118 ; III, 72, 78, 181, 183 ; IV, 72, 78, 157 ; V, 17, 18, 64, 72, 73 ; VI, 93, 124, 136, 148 ; VII, 28 ; VIII, 32 ; IX, 30, 59 ; X, 18, 68 ; XVI, 35, 38 ; XVII, 92, 94 ; XVIII, 4 ; XXI, 29 ; XXIII, 85, 87, 89 ; XXIV, 47 ; XXV, 8, 41 ; XXIX, 10, 61, 63 ; XXXI, 25 ; XXXIII, 12 ; XXXIV, 8 ; XXXVI, 47 ; XXXVII, *151*, 152, 169 ; XXXIX, 3, 38; XLII, 24 ; XLIII, 87 ; XLV, 32 ; LVIII, 8 ; LXIII, 1, 7 ; LXXIV, 31 / ***rabb*** [CDRD] : II, 76, 200 ; IV, 77 ; VI, 37 ; X, 20 ; XIII, 7, 27 ; XX, 133 ; XXV, 21 ; XXVIII, 47 ; XXIX, 50 ; XXXIV, 23 ; XLI, 50 ; LXXXIX, 15, 16 / ***ʾIlāh [CDRD] :*** II, 42 ; XXXVIII, 5 ; XXXIX, 3 / ***raḥmān*** [CDRD] : XIX, 88 ; XXI, 26 ; XXV, 60 ; XLIII, 20 / **Autres** [CDRD] : XLIII, 9 ; XXIV, 16 ; IV, 171.

Cf. Paret, *KKK*, p. 125 ; Tor Andrae, p. 98 ; Rudolph, *Die Abhängigkeit*, 1922, p. 13 ; Hirschfeld, *New Research*, p. 134.

CDRDP n° 55 (V, 72) / سورة المائدة / Tradition (113) ; Noldëke (113) ; Blachère (115/113)

لَقَدْ كَفَرَ الَّذِينَ قَالُوا **إِنَّ اللَّهَ هُوَ الْمَسِيحُ ابْنُ مَرْيَمَوَ** قَالَ الْمَسِيحُ يَا بَنِي إِسْرَائِيلَ اعْبُدُوا اللَّهَ رَبِّي وَرَبَّكُمْإِنَّهُ مَن يُشْرِكْ بِاللَّهِ فَقَدْ حَرَّمَ اللَّهُ عَلَيْهِ الْجَنَّةَ وَمَأْوَاهُ النَّارُوَمَا لِلظَّالِمِينَ مِنْ أَنصَارٍ

ʾinna Allāh^{a} huw^{a} l-masīḥ^{u} bn^{u} Maryam^{a}

« Assurémment, Allah est le Christ, le fils de Marie ».

Allāh^{u} [CDRD] : II, 8, 26, 76, 79, 116, 118 ; III, 72, 78, 181, 183 ; IV, 72, 78, 157 ; V, 17, 18, 64, 72, 73 ; VI, 93, 124, 136, 148 ; VII, 28 ; VIII, 32 ; IX, 30, 59 ; X, 18, 68 ; XVI, 35, 38 ; XVII, 92, 94 ; XVIII, 4 ; XXI, 29 ; XXIII, 85, 87, 89 ; XXIV, 47 ; XXV, 8, 41 ; XXIX, 10, 61, 63 ; XXXI, 25 ; XXXIII, 12 ; XXXIV, 8 ; XXXVI, 47 ; XXXVII, *151*, 152, 169 ; XXXIX,

3, 38; XLII, 24 ; XLIII, 87 ; XLV, 32 ; LVIII, 8 ; LXIII, 1, 7 ; LXXIV, 31 / ***rabb*** [CDRD] : II, 76, 200 ; IV, 77 ; VI, 37 ; X, 20 ; XIII, 7, 27 ; XX, 133 ; XXV, 21 ; XXVIII, 47 ; XXIX, 50 ; XXXIV, 23 ; XLI, 50 ; LXXXIX, 15, 16 / ***'Ilāh*** [CDRD] : II, 42 ; XXXVIII, 5 ; XXXIX, 3 / ***raḥmān*** [CDRD] : XIX, 88 ; XXI, 26 ; XXV, 60 ; XLIII, 20 / **Autres** [CDRD] : XLIII, 9 ; XXIV, 16 ; IV, 171.

CDRDP n° 56 (V, 73) / سورة المائدة / Tradition (113) ; Noldëke (113) ; Blachère (115/113)

لَّقَدْ كَفَرَ الَّذِينَ قَالُوا **إِنَّ اللَّهَ ثَالِثُ ثَلَاثَةٍ** وَمَا مِنْ إِلَٰهٍ إِلَّا إِلَٰهٌ وَاحِدٌ وَإِن لَّمْ يَنتَهُوا عَمَّا يَقُولُونَ لَيَمَسَّنَّ الَّذِينَ كَفَرُوا مِنْهُمْ عَذَابٌ أَلِيمٌ

'inn^a Allāh^a ṯāliṯ^u ṯalāṯat^in
« Allah est le troisième des trois ».

Allāh^u [CDRD] : II, 8, 26, 76, 79, 116, 118 ; III, 72, 78, 181, 183 ; IV, 72, 78, 157 ; V, 17, 18, 64, 72, 73 ; VI, 93, 124, 136, 148 ; VII, 28 ; VIII, 32 ; IX, 30, 59 ; X, 18, 68 ; XVI, 35, 38 ; XVII, 92, 94 ; XVIII, 4 ; XXI, 29 ; XXIII, 85, 87, 89 ; XXIV, 47 ; XXV, 8, 41 ; XXIX, 10, 61, 63 ; XXXI, 25 ; XXXIII, 12 ; XXXIV, 8 ; XXXVI, 47 ; XXXVII, *151*, 152, 169 ; XXXIX, 3, 38; XLII, 24 ; XLIII, 87 ; XLV, 32 ; LVIII, 8 ; LXIII, 1, 7 ; LXXIV, 31 / ***rabb*** [CDRD] : II, 76, 200 ; IV, 77 ; VI, 37 ; X, 20 ; XIII, 7, 27 ; XX, 133 ; XXV, 21 ; XXVIII, 47 ; XXIX, 50 ; XXXIV, 23 ; XLI, 50 ; LXXXIX, 15, 16 / ***'Ilāh* [CDRD] :** II, 42 ; XXXVIII, 5 ; XXXIX, 3 / ***raḥmān*** [CDRD] : XIX, 88 ; XXI, 26 ; XXV, 60 ; XLIII, 20 / **Autres** [CDRD] : XLIII, 9 ; XXIV, 16 ; IV, 171.

CDRDP n° 57 (V, 104) / سورة المائدة / Tradition (112) ; Noldëke (114) ; Blachère (114/116)

وَإِذَا قِيلَ لَهُمْ تَعَالَوْا إِلَىٰ مَا أَنزَلَ اللَّهُ وَإِلَى الرَّسُولِ قَالُوا **حَسْبُنَا مَا وَجَدْنَا عَلَيْهِ** آبَاءَنَا أَوَلَوْ كَانَ آبَاؤُهُمْ لَا يَعْلَمُونَ شَيْئًا وَلَا يَهْتَدُونَ

ḥasbunā mā wağadnā 'alayh^i ābā'anā
« Il nous suffit de suivre la voie sur laquelle nous avons trouvé nos pères ».

Contre le Coran [CDRD] : II, 26, 76, 91, 118, 170, III, 72, 73 ; V, 104 ; VI, 7, 25, 93, 105, 156, 157 ; VII, 203 ; VIII, 21, 31 ; IX, 127 ; X, 15, 20, 38 ; XI, 13, 35 ; XVI, 24, 101, 103 ; XXV, 4, 5, 32 ; XXXI, 21 ; XXXIV, 31 ; XXXVII, 168, 169 ; XXXVIII, 7, 8 ; XLI, 5, 26, 44 ; XLII, 24 ; XLIII, 31 ; XLIV, 14, 36 ; XLV, 25, 32 ; XLVI, 7, 8, 11 ; XLVII, 20, 26 ; LII, 33 ; LXVIII, 15 ; LXXIV, 24, 25, 31 ; LXXXIII, 13 / ***'ābā'anā*** [CDRD] : II, 170 ; V, 104 ; VII, 28 ; XXXI, 21 ; XLIII, 22, 23.

Homélie Pseudo-clémentine [CDRD] Hom IV ; 8, 2 ; 7, 3 ; XI ; 13,1 (« D'autres disent encore : 'Nous allons commettre une impiété, si nous abandonnons les cultes que nous ont légués nos ancêtres ; c'est comme un dépôt qu'il faut préserver' »)

CDRDP n° 58 (VI, 7) / سورة الأنعام / Tradition (55) ; Noldëke (89) ; Blachère (91)

وَلَوْ نَزَّلْنَا عَلَيْكَ كِتَابًا فِي قِرْطَاسٍ فَلَمَسُوهُ بِأَيْدِيهِمْ لَقَالَ الَّذِينَ كَفَرُوا **إِنْ هَٰذَا إِلَّا سِحْرٌ مُّبِينٌ**

'in hāḏā 'illā siḥr^un mubīn^un
« Ceci n'est que magie évidente ».

Contre le Coran [CDRD] : II, 26, 76, 91, 118, 170, III, 72, 73 ; V, 104 ; VI, 7, 25, 93, 105, 156, 157 ; VII, 203 ; VIII, 21, 31 ; IX, 127 ; X, 15, 20, 38 ; XI, 13, 35 ; XVI, 24, 101, 103 ; XXV, 4, 5, 32 ; XXXI, 21 ; XXXIV, 31 ; XXXVII, 168, 169 ; XXXVIII, 7, 8 ; XLI, 5, 26, 44 ; XLII, 24 ; XLIII, 31 ; XLIV, 14, 36 ; XLV, 25, 32 ; XLVI, 7, 8, 11 ; XLVII, 20, 26 ; LII, 33 ; LXVIII, 15 ; LXXIV, 24, 25, 31 ; LXXXIII, 13 /***siḥr^un*** [CDRD] VI, 7 ; XI, 7 ; XXVIII, 48 ; XXXIV, 43 ; XXXVII, 15 ; XLIII, 30 ; XLVI, 7 ; LIV, 2 ; LXXIV, 24.

Sur le terme *qirṭās*, Paret, *KKK*, p. 135.

CDRDP n° 59 (VI, 8) / سورة الأنعام / Tradition (55) ; Noldëke (89) ; Blachère (91)

وَلَوْ أَنزَلْنَا مَلَكًا لَّقُضِيَ الْأَمْرُ ثُمَّ لَا يُنظَرُونَ وَقَالُوا **لَوْلَا أُنزِلَ عَلَيْهِ مَلَكٌ**

law-lā 'unzil^a 'alayh^i malak^un
« Pourquoi n'a-t-on pas fait descendre sur lui un Ange ? »

Contre le Prophète [CDRD] : III, 183, IV, 78, 141, 150 ; V, 19 ; VI, 8, 37, 91, 93, 105, 124, VII, 203 ; IX, 59, 61 ; X, 2, 15, 20, 38 ; XI, 12, 13, 35 ; XIII, 7, 27, 43 ; XV, 6, 7 ; XVI, 101, 103 ; XVII, 47, 90, 91, 92, 93, 94 ; XX, 133 ; XXI, 3, 5, 36 ; XXIII, 70 ; XXIV, 47 ; XXV, 4, 5, 7, 32, 41, 42, 60 ; XXVIII, 47, 48, 57 ; XXIX, 50 ; XXX, 58 ; XXXIII, 12 ; XXXIV, 8, 34, 43 ; XXXVII, 36 ; XXXVIII, 4, 5, 8 ; XLII, 24 ; XLIII, 24, 31 ; XLIV, 14 ; XLVI, 8 ; XLVII, 6, 16 ; XLVIII, 15 ; LII, 30, 33 ; LXIII, 1, 7, 8 ; LXVIII, 51 ; LXXIV, 25.
'unzil^a 'alayh^i [CDRD] : VI, 8 ; X, 20 ; XXV, 32 ; XXIX, 50.

Réfutation questionnante contre-argumentative.

CDRDP n° 60 (VI, 25) / سورة الأنعام / Tradition (55) ; Noldëke (89) ; Blachère (91)

وَمِنْهُم مَّن يَسْتَمِعُ إِلَيْكَوَجَعَلْنَا عَلَىٰ قُلُوبِهِمْ أَكِنَّةً أَن يَفْقَهُوهُ وَفِي آذَانِهِمْ وَقْرًا وَإِن يَرَوْا كُلَّ آيَةٍ لَّا يُؤْمِنُوا
بِهَا حَتَّىٰ إِذَا جَاءُوكَ يُجَادِلُونَكَ يَقُولُ الَّذِينَ كَفَرُوا **إِنْ هَٰذَا إِلَّا أَسَاطِيرُ الْأَوَّلِينَ**

'in hāḏā 'illā 'asāṭīr^u l-'awwalīn^a
« ce ne sont que des histoires d'anciens ».

Contre le Coran [CDRD] : II, 26, 76, 91, 118, 170, III, 72, 73 ; V, 104 ; VI, 7, 25, 93, 105, 156, 157 ; VII, 203 ; VIII, 21, 31 ; IX, 127 ; X, 15, 20, 38 ; XI, 13, 35 ; XVI, 24, 101, 103 ;

XXV, 4, 5, 32 ; XXXI, 21 ; XXXIV, 31 ; XXXVII, 168, 169 ; XXXVIII, 7, 8 ; XLI, 5, 26, 44 ; XLII, 24 ; XLIII, 31 ; XLIV, 14, 36 ; XLV, 25, 32 ; XLVI, 7, 8, 11 ; XLVII, 20, 26 ; LII, 33 ; LXVIII, 15 ; LXXIV, 24, 25, 31 ; LXXXIII, 13 / ***ʾasāṭīr*[u] *l-ʾawwalīn*[a]** [CDRD] VI, 25 ; VIII, 31 ; XVI, 24 ; XXIII, 83 ; XXV, 5 ; XXVII, 68 ; XLVI, 17 ; LXVIII, 15 ; LXXXIII, 13

Sur *ʾasāṭīr* : Paret, *KKK*, p. 137–138 ; Jeffery, *FVQ*, p. 56 sqq ; Horovitz, *KU*, p. 69 *sqq*.

CDRDE n° 61 (VI, 29) / سورة الأنعام / Tradition (55) ; Noldëke (89) ; Blachère (91)

وَقَالُوا إِنْ هِيَ إِلَّا حَيَاتُنَا الدُّنْيَا وَمَا نَحْنُ بِمَبْعُوثِينَ

in hiy[a] *ʾillā ḥayātunā l-dunyā wa mā naḥn*[u] *bi-mabʿūṯīn*[a]
« il n'y a de vie que la vie dans ce monde et nous ne serons pas ressuscités ».

La résurrection [CDRD] : VI, 29 ; XI, 7 ; XIII, 5 ; XVI, 38 ; XVII 49, 51, 98 ; XIX, 66 ; XXIII, 82, 83 ; XXVII, 67, 68 ; XXXII, 10 ; XXXIV, 7, 8 ; XXXVI, 78 ; XXXVII 15, 16, 17 ; XLIV, 34, 35, 36 ; XLV, 24, 25 ; XLVI, 17 ; L, 2, 3 ; LVI, 47, 48 ; LXXIX, 10, 11, 12 / **L'Eschatologie** [CDRD] : II, 8, 80, 111 ; III, 24 ; VI, 29 ; VII, 187 ; X, 48, 53 ; XI, 7, 8 ; XIII, 5 ; XVI, 38 ; XVII, 49, 51, 98 ; XIX, 66 ; XXI, 38 ; XXIII, 82, 83 ; XXVII, 67, 68, 71 ; XXXII, 10, 28 ; XXXIV, 3, 7, 8, 29 ; XXXVI, 48, 78 ; XXXVII, 15, 16, 17 ; XLI, 50 ; XLIV, 34, 35, 36 ; XLV, 24, 25, 32 ; XLVI, 17 ; L, 2, 3 ; LI, 12 ; LVI, 47, 48 ; LXVII, 25 ; LXXV, 6 ; LXXIX, 10, 11, 12, 42.

Talmud [CDRD] : Sanhédrin 90 b et seq.

Soixante et unième contre-discours dans l'ordre du *muṣḥaf*. Dans l'ordre chronologique des discours contre l'eschatologie, il est placé à la quarante septième position (sur cinquante deux). Sa structure est simple avec un Contre-discours Citant Introductif (« ils disent ») suivi d'un Contre-discours Rapporté Direct Présent (« il n'y a de vie que la vie dans ce monde et nous ne serons pas ressuscités »). Ce contre-discours est presque un calque de celui de XLIV, 35. Il est une réfutation argumentative qui s'apparente à des contre-discours présents dans le traité talmudique du Sanhédrin et un passage de l'Apocalypse de Pierre. La différence tient au fait que l'opposant coranique formule son opposition par une assertion et non une question comme dans le Talmud. La riposte qui se formule dans le verset est une mise en scène des damnés (avec l'usage de discours rapporté direct) qui regrettent leur incroyance passée. Il faut noter que cette riposte repose sur une argumentation de la menace, celle des châtiments futurs. Dans le cas de XLIV, 35, il s'agit d'une argumentation de la menace mais en référence à des peuples anéantis dans le passé.

CDRDP n° 62 (VI, 37) / سورة الأنعام / Tradition (55) ; Noldëke (89) ; Blachère (91)

وَقَالُوا **لَوْلَا نُزِّلَ عَلَيْهِ آيَةٌ مِّن رَّبِّهِ** قُلْ إِنَّ اللَّهَ قَادِرٌ عَلَىٰ أَن يُنَزِّلَ آيَةً وَلَٰكِنَّ أَكْثَرَهُمْ لَا يَعْلَمُونَ

law-lā nuzzil^a ʿalayh^i ʾāyat^un min rabbih^i'

« Pourquoi n'a-t'on pas fait descendre sur lui un signe de son Seigneur ? »

Contre le Prophète [CDRD] : III, 183, IV, 78, 141, 150 ; V, 19 ; VI, 8, 37, 91, 93, 105, 124, VII, 203 ; IX, 59, 61 ; X, 2, 15, 20, 38 ; XI, 12, 13, 35 ; XIII, 7, 27, 43 ; XV, 6, 7 ; XVI, 101, 103 ; XVII, 47, 90, 91, 92, 93, 94 ; XX, 133 ; XXI, 3, 5, 36 ; XXIII, 70 ; XXIV, 47 ; XXV, 4, 5, 7, 32, 41, 42, 60 ; XXVIII, 47, 48, 57 ; XXIX, 50 ; XXX, 58 ; XXXIII, 12 ; XXXIV, 8, 34, 43 ; XXXVII, 36 ; XXXVIII, 4, 5, 8 ; XLII, 24 ; XLIII, 24, 31 ; XLIV, 14 ; XLVI, 8 ; XLVII, 6, 16 ; XLVIII, 15 ; LII, 30, 33 ; LXIII, 1, 7, 8 ; LXVIII, 51 ; LXXIV, 25 / ***rabb*** [CDRD] : II, 76, 200 ; IV, 77 ; VI, 37 ; X, 20 ; XIII, 7, 27 ; XX, 133 ; XXV, 21 ; XXVIII, 47 ; XXIX, 50 ; XXXIV, 23 ; XLI, 50 ; LII, 30 ; LXXXIX, 15, 16 / ***ʾunzil^a ʿalayh^i*** [CDRD] : VI, 8 ; X, 20 ; XXV, 32 ; XXIX, 50.

CDRDP n° 63 (VI, 91) / سورة الأنعام / Tradition (55) ; Noldëke (89) ; Blachère (91)

وَمَا قَدَرُوا اللَّهَ حَقَّ قَدْرِهِ إِذْ قَالُوا **مَا أَنزَلَ اللَّهُ عَلَىٰ بَشَرٍ مِّن شَيْءٍ** قُلْ مَنْ أَنزَلَ الْكِتَابَ الَّذِي جَاءَ بِهِ مُوسَىٰ نُورًا وَهُدًى لِّلنَّاسِ تَجْعَلُونَهُ قَرَاطِيسَ تُبْدُونَهَا وَتُخْفُونَ كَثِيرًا وَعُلِّمْتُم مَّا لَمْ تَعْلَمُوا أَنتُمْ وَلَا آبَاؤُكُمْ قُلِ اللَّهُ ثُمَّ ذَرْهُمْ فِي خَوْضِهِمْ يَلْعَبُونَ

mā ʾanzal^a Allāh^u ʿalā bašar^in min šayʾ^in

« Allah n'a rien fait descendre sur cet homme ».

Contre le Prophète [CDRD] : III, 183, IV, 78, 141, 150 ; V, 19 ; VI, 8, 37, 91, 93, 105, 124, VII, 203 ; IX, 59, 61 ; X, 2, 15, 20, 38 ; XI, 12, 13, 35 ; XIII, 7, 27, 43 ; XV, 6, 7 ; XVI, 101, 103 ; XVII, 47, 90, 91, 92, 93, 94 ; XX, 133 ; XXI, 3, 5, 36 ; XXIII, 70 ; XXIV, 47 ; XXV, 4, 5, 7, 32, 41, 42, 60 ; XXVIII, 47, 48, 57 ; XXIX, 50 ; XXX, 58 ; XXXIII, 12 ; XXXIV, 8, 34, 43 ; XXXVII, 36 ; XXXVIII, 4, 5, 8 ; XLII, 24 ; XLIII, 24, 31 ; XLIV, 14 ; XLVI, 8 ; XLVII, 6, 16 ; XLVIII, 15 ; LII, 30, 33 ; LXIII, 1, 7, 8 ; LXVIII, 51 ; LXXIV, 25 / ***bašar*** [CDRD] : XVI, 103 ; XVII, 94 ; XXI, 3 ; LXXIV, 25.

CDRDP n° 64 (VI, 93) / سورة الأنعام / Tradition (55) ; Noldëke (89) ; Blachère (91)

وَمَنْ أَظْلَمُ مِمَّنِ افْتَرَىٰ عَلَى اللَّهِ كَذِبًا أَوْ قَالَ **أُوحِيَ إِلَيَّ** وَلَمْ يُوحَ إِلَيْهِ شَيْءٌ وَمَن قَالَ **سَأُنزِلُ مِثْلَ مَا أَنزَلَ اللَّهُ** وَلَوْ تَرَىٰ إِذِ الظَّالِمُونَ فِي غَمَرَاتِ الْمَوْتِ وَالْمَلَائِكَةُ بَاسِطُو أَيْدِيهِمْ أَخْرِجُوا أَنفُسَكُمُ الْيَوْمَ تُجْزَوْنَ عَذَابَ الْهُونِ بِمَا كُنتُمْ تَقُولُونَ عَلَى اللَّهِ غَيْرَ الْحَقِّ وَكُنتُمْ عَنْ آيَاتِهِ تَسْتَكْبِرُونَ

ʾūḥiy^a ʾilayy^a / sa-ʾunzil^u miṯl^a mā ʾanzal^a Allāh^u

« J'ai reçu révélation / je ferai descendre semblable [chose] à ce qu'Allah fait descendre ».

Contre le Coran [CDRD] : II, 26, 76, 91, 118, 170, III, 72, 73 ; V, 104 ; VI, 7, 25, 93, 105, 156, 157 ; VII, 203 ; VIII, 21, 31 ; IX, 127 ; X, 15, 20, 38 ; XI, 13, 35 ; XVI, 24, 101, 103 ; XXV, 4, 5, 32 ; XXXI, 21 ; XXXIV, 31 ; XXXVII, 168, 169 ; XXXVIII, 7, 8 ; XLI, 5, 26, 44 ; XLII, 24 ; XLIII, 31 ; XLIV, 14, 36 ; XLV, 25, 32 ; XLVI, 7, 8, 11 ; XLVII, 20, 26 ; LII, 33 ; LXVIII, 15 ; LXXIV, 24, 25, 31 ; LXXXIII, 13.

CDRDP n° 65 (VI, 105) / سورة الأنعام / Tradition (55) ; Noldëke (89) ; Blachère (91)

وَكَذَٰلِكَ نُصَرِّفُ الْآيَاتِ وَلِيَقُولُوا **دَرَسْتَ** وَلِنُبَيِّنَهُ لِقَوْمٍ يَعْلَمُونَ

Darast[a]
« Tu as étudié ».

Contre le Coran [CDRD] : II, 26, 76, 91, 118, 170, III, 72, 73 ; V, 104 ; VI, 7, 25, 93, 105, 156, 157 ; VII, 203 ; VIII, 21, 31 ; IX, 127 ; X, 15, 20, 38 ; XI, 13, 35 ; XVI, 24, 101, 103 ; XXV, 4, 5, 32 ; XXXI, 21 ; XXXIV, 31 ; XXXVII, 168, 169 ; XXXVIII, 7, 8 ; XLI, 5, 26, 44 ; XLII, 24 ; XLIII, 31 ; XLIV, 14, 36 ; XLV, 25, 32 ; XLVI, 7, 8, 11 ; XLVII, 20, 26 ; LII, 33 ; LXVIII, 15 ; LXXIV, 24, 25, 31 ; LXXXIII, 13.

CDRDP n° 66 (VI, 124) / سورة الأنعام/ Tradition (55) ; Noldëke (89) ; Blachère (91)

وَإِذَا جَاءَتْهُمْ آيَةٌ قَالُوا **لَن نُّؤْمِنَ حَتَّىٰ نُؤْتَىٰ مِثْلَ مَا أُوتِيَ رُسُلُ اللَّهِ** اللَّهُ أَعْلَمُ حَيْثُ يَجْعَلُ رِسَالَتَهُ
سَيُصِيبُ الَّذِينَ أَجْرَمُوا صَغَارٌ عِندَ اللَّهِ وَعَذَابٌ شَدِيدٌ بِمَا كَانُوا يَمْكُرُونَ

lan nu'min[a] ḥattā nu'tā miṯl[a] mā 'ūtiy[a] rusul[u] Allāh[i]
« Nous ne croirons que lorsque tu apporteras (un signe) comme ce que nous ont apporté [auparavant] les messagers d'Allah ».

Contre le Prophète [CDRD] : III, 183, IV, 78, 141, 150 ; V, 19 ; VI, 8, 37, 91, 93, 105, 124, VII, 203 ; IX, 59, 61 ; X, 2, 15, 20, 38 ; XI, 12, 13, 35 ; XIII, 7, 27, 43 ; XV, 6, 7 ; XVI, 101, 103 ; XVII, 47, 90, 91, 92, 93, 94 ; XX, 133 ; XXI, 3, 5, 36 ; XXIII, 70 ; XXIV, 47 ; XXV, 4, 5, 7, 32, 41, 42, 60 ; XXVIII, 47, 48, 57 ; XXIX, 50 ; XXX, 58 ; XXXIII, 12 ; XXXIV, 8, 34, 43 ; XXXVII, 36 ; XXXVIII, 4, 5, 8 ; XLII, 24 ; XLIII, 24, 31 ; XLIV, 14 ; XLVI, 8 ; XLVII, 6, 16 ; XLVIII, 15 ; LII, 30, 33 ; LXIII, 1, 7, 8 ; LXVIII, 51 ; LXXIV, 25.

CDRDP n° 67 (VI, 136) / سورة الأنعام / Tradition (55) ; Noldëke (89) ; Blachère (91)

وَجَعَلُوا لِلَّهِ مِمَّا ذَرَأَ مِنَ الْحَرْثِ وَالْأَنْعَامِ نَصِيبًا فَقَالُوا **هَٰذَا لِلَّهِ** بِزَعْمِهِمْ **وَهَٰذَا لِشُرَكَائِنَا** فَمَا كَانَ
لِشُرَكَائِهِمْ فَلَا يَصِلُ إِلَى اللَّهِ وَمَا كَانَ لِلَّهِ فَهُوَ يَصِلُ إِلَىٰ شُرَكَائِهِمْ سَاءَ مَا يَحْكُمُونَ

hāḏā li-Allāh[i] / wa haḏā li-šurakā'inā
« Ceci est pour Allah / Ceci est pour ceux que nous lui associons ».

Allāh [CDRD] : II, 8, 26, 76, 79, 116, 118 ; III, 72, 78, 181, 183 ; IV, 72, 78, 157 ; V, 17, 18, 64, 72, 73 ; VI, 93, 124, 136, 148 ; VII, 28 ; VIII, 32 ; IX, 30, 59 ; X, 18, 68 ; XVI, 35, 38 ; XVII, 92, 94 ; XVIII, 4 ; XXI, 29 ; XXIII, 85, 87, 89 ; XXIV, 47 ; XXV, 8, 41 ; XXIX, 10, 61, 63 ; XXXI, 25 ; XXXIII, 12 ; XXXIV, 8 ; XXXVI, 47 ; XXXVII, *151*, 152, 169 ; XXXIX, 3, 38; XLII, 24 ; XLIII, 87 ; XLV, 32; LVIII, 8 ; LXIII, 1, 7 ; LXXIV, 31 / ***rabb*** [CDRD] : II, 76, 200 ; IV, 77 ; VI, 37 ; X, 20 ; XIII, 7, 27 ; XX, 133 ; XXV, 21 ; XXVIII, 47 ; XXIX, 50 ; XXXIV, 23 ; XLI, 50 ; LXXXIX, 15, 16 / ***'Ilāh*** [CDRD] : II, 42 ; XXXVIII, 5 ; XXXIX, 3 / ***raḥmān*** [CDRD] : XIX, 88 ; XXI, 26 ; XXV, 60 ; XLIII, 20 / **Autres** [CDRD] : XLIII, 9 ; XXIV, 16 ; IV, 171.

CDRDP n° 68 (VI, 138) / سورة الأنعام / Tradition (55) ; Noldëke (89) ; Blachère (91)

وَقَالُوا **هَٰذِهِ أَنْعَامٌ وَحَرْثٌ حِجْرٌ لَا يَطْعَمُهَا إِلَّا مَن نَّشَاءُ** بِزَعْمِهِمْ وَأَنْعَامٌ حُرِّمَتْ ظُهُورُهَا وَأَنْعَامٌ لَّا
يَذْكُرُونَ اسْمَ اللَّهِ عَلَيْهَا افْتِرَاءً عَلَيْهِ سَيَجْزِيهِم بِمَا كَانُوا يَفْتَرُونَ

hādihⁱ 'anʿām^un wa-ḥarṯ^un ḥiğrun lā yaṭʿamuhā illā man našā'u
« Voilà des bestiaux et des champs frappés d'interdiction : n'en mangeront que ceux que nous voudrons ».

[CDRD normatif] II, 275 ; VI, 138 ; XVI, 116 ; XXXIII, 4

CDRDP n° 69 (VI, 139) / سورة الأنعام / Tradition (55) ; Noldëke (89) ; Blachère (91)

وَقَالُوا **مَا فِي بُطُونِ هَٰذِهِ الْأَنْعَامِ خَالِصَةٌ لِّذُكُورِنَا وَمُحَرَّمٌ عَلَىٰ أَزْوَاجِنَا** وَإِن يَكُن مَّيْتَةً فَهُمْ فِيهِ
شُرَكَاءُ سَيَجْزِيهِمْ وَصْفَهُمْ إِنَّهُ حَكِيمٌ عَلِيمٌ

mā fī buṭūnⁱ hadihⁱ l-'anʿāmⁱ ḫāliṣat^un li-ḏukūrinā wa-muḥarram^un ʿalā 'azwāğinā
« Ce qui est dans le ventre de ces troupeaux est pour nos mâles et illicite pour nos épouses. Si c'est une (bête) morte, ils se la partagent ».

CDRDP n° 70 (VI, 148) / سورة الأنعام / Tradition (55) ; Noldëke (89) ; Blachère (91)

سَيَقُولُ الَّذِينَ أَشْرَكُوا لَوْ **شَاءَ اللَّهُ مَا أَشْرَكْنَا وَلَا آبَاؤُنَا وَلَا حَرَّمْنَا مِن شَيْءٍ** كَذَٰلِكَ كَذَّبَ الَّذِينَ
مِن قَبْلِهِمْ حَتَّىٰ ذَاقُوا بَأْسَنَا قُلْ هَلْ عِندَكُم مِّنْ عِلْمٍ فَتُخْرِجُوهُ لَنَا إِن تَتَّبِعُونَ إِلَّا الظَّنَّ وَإِنْ أَنتُمْ إِلَّا
تَخْرُصُونَ

law šā'a Allāhᵘ mā 'ašraknā wa lā 'ābā'unā wa lā ḥarramnā min šay'ⁱⁿ
« Si Dieu l'avait voulu, nous n'aurions pas été associateurs, non plus que nos pères, et n'aurions rien rendu illicite ».

Allāh [CDRD] : II, 8, 26, 76, 79, 116, 118 ; III, 72, 78, 181, 183 ; IV, 72, 78, 157 ; V, 17, 18, 64, 72, 73 ; VI, 93, 124, 136, 148 ; VII, 28 ; VIII, 32; IX, 30, 59 ; X, 18, 68 ; XVI, 35, 38 ; XVII, 92, 94 ; XVIII, 4 ;; XXIII, 85, 87, 89 ; XXIV, 47 ; XXV, 41 ; XXIX, 10, 61,

63 ; XXXI, 25 ; XXXIII, 12 ; XXXIV, 8 ; XXXVI, 47 ; XXXVII, *151*, 152, 169 ; XXXIX, 3, 38; XLII, 24 ; XLIII, 87 ; LVIII, 8 ; LXIII, 1, 7 ; LXXIV, 31 / ***rabb*** [CDRD] : II, 76, 200 ; IV, 77 ; VI, 37 ; X, 20 ; XIII, 7, 27 ; XX, 133 ; XXV, 21 ; XXVIII, 47 ; XXIX, 50 ; XXXIV, 23 ; XLI, 50 ; LXXXIX, 15, 16 / ***ʾIlāh*** [CDRD] : II, 42 ; XXI, 29 ; XXXVIII, 5 ; XXXIX, 3 / ***raḥmān*** [CDRD] : XIX, 88 ; XXI, 26 ; XXV, 60 ; XLIII, 20 / **Autres** [CDRD] : XLIII, 9 ; XXIV, 16 ; IV, 171 ; XLV, 32.

CDRDP n° 71 (VI, 156) / سورة الأنعام / Tradition (55) ; Noldëke (89) ; Blachère (91)

أَن تَقُولُوا **إِنَّمَا أُنزِلَ الْكِتَابُ عَلَىٰ طَائِفَتَيْنِ مِن قَبْلِنَا وَإِن كُنَّا عَن دِرَاسَتِهِمْ لَغَافِلِينَ**

ʾinnamā ʾunzil[a] l-kitāb[u] ʿalā ṭāʾifatayn[i] min qablinā wa ʾin kunnā ʿan dirāsatihim la-ġāfilīn[a]

« Le Livre est descendu sur deux parties avant nous et nous avons ignoré leur étude ».

Contre le Coran [CDRD] : II, 26, 76, 91, 118, 170, III, 72, 73 ; V, 104 ; VI, 7, 25, 93, 105, 156, 157 ; VII, 203 ; VIII, 21, 31 ; IX, 127 ; X, 15, 20, 38 ; XI, 13, 35 ; XVI, 24, 101, 103 ; XXV, 4, 5, 32 ; XXXI, 21 ; XXXIV, 31 ; XXXVII, 168, 169 ; XXXVIII, 7, 8 ; XLI, 5, 26, 44 ; XLII, 24 ; XLIII, 31 ; XLIV, 14, 36 ; XLV, 25, 32 ; XLVI, 7, 8, 11 ; XLVII, 20, 26 ; LII, 33 ; LXVIII, 15 ; LXXIV, 24, 25, 31 ; LXXXIII, 13

CDRDP n° 72 (VI, 157) / سورة الأنعام / Tradition (55) ; Noldëke (89) ; Blachère (91)

أَوْ تَقُولُوا **لَوْ أَنَّا أُنزِلَ عَلَيْنَا الْكِتَابُ لَكُنَّا أَهْدَىٰ مِنْهُمْ** فَقَدْ جَاءَكُم بَيِّنَةٌ مِّن رَّبِّكُمْ وَهُدًى وَرَحْمَةٌ فَمَنْ أَظْلَمُ مِمَّن كَذَّبَ بِآيَاتِ اللَّهِ وَصَدَفَ عَنْهَا سَنَجْزِي الَّذِينَ يَصْدِفُونَ عَنْ آيَاتِنَا سُوءَ الْعَذَابِ بِمَا كَانُوا يَصْدِفُونَ

law ʾannā ʾunzil[a] ʿalaynā l-kitāb[u] la-kunnā ʾahdā minhum

« Si le Livre était descendu sur nous, nous aurions alors été mieux guidés qu'eux ».

Contre le Coran [CDRD] : II, 26, 76, 91, 118, 170, III, 72, 73 ; V, 104 ; VI, 7, 25, 93, 105, 156, 157 ; VII, 203 ; VIII, 21, 31 ; IX, 127 ; X, 15, 20, 38 ; XI, 13, 35 ; XVI, 24, 101, 103 ; XXV, 4, 5, 32 ; XXXI, 21 ; XXXIV, 31 ; XXXVII, 168, 169 ; XXXVIII, 7, 8 ; XLI, 5, 26, 44 ; XLII, 24 ; XLIII, 31 ; XLIV, 14, 36 ; XLV, 25, 32 ; XLVI, 7, 8, 11 ; XLVII, 20, 26 ; LII, 33 ; LXVIII, 15 ; LXXIV, 24, 25, 31 ; LXXXIII, 13.

CDRDP n° 73 (VII, 28) / سورة الأعراف / Tradition (55) ; Noldëke (89) ; Blachère (91)

وَإِذَا فَعَلُوا فَاحِشَةً قَالُوا **وَجَدْنَا عَلَيْهَا آبَاءَنَا وَاللَّهُ أَمَرَنَا بِهَا** قُلْ إِنَّ اللَّهَ لَا يَأْمُرُ بِالْفَحْشَاءِ أَتَقُولُونَ عَلَى اللَّهِ مَا لَا تَعْلَمُونَ

wağadnā ʿalayhā ʾābāʾanā wa Allāh[u] ʾamaranā bihā

« Nous avons trouvé nos pères agir ainsi et Allah nous l'ordonne ».

Allāh [CDRD] : II, 8, 26, 76, 79, 116, 118 ; III, 72, 78, 181, 183 ; IV, 72, 78, 157 ; V, 17, 18, 64, 72, 73 ; VI, 93, 124, 136, 148 ; VII, 28 ; VIII, 32 ; IX, 30, 59 ; X, 18, 68 ; XVI, 35, 38 ; XVII, 92, 94 ; XVIII, 4 ;; XXIII, 85, 87, 89 ; XXIV, 47 ; XXV, 41 ; XXIX, 10, 61, 63 ; XXXI, 25 ; XXXIII, 12 ; XXXIV, 8 ; XXXVI, 47 ; XXXVII, *151*, 152, 169 ; XXXIX, 3, 38; XLII, 24 ; XLIII, 87 ; LVIII, 8 ; LXIII, 1, 7 ; LXXIV, 31 / ***rabb*** [CDRD] : II, 76, 200 ; IV, 77 ; VI, 37 ; X, 20 ; XIII, 7, 27 ; XX, 133 ; XXV, 21 ; XXVIII, 47 ; XXIX, 50 ; XXXIV, 23 ; XLI, 50 ; LXXXIX, 15, 16 / ***ʾIlāh*** [CDRD] : II, 42 ; XXI, 29 ; XXXVIII, 5 ; XXXIX, 3 / ***raḥmān*** [CDRD] : XIX, 88 ; XXI, 26 ; XXV, 60 ; XLIII, 20 / **Autres** [CDRD] : XLIII, 9 ; XXIV, 16 ; IV, 171 ; XLV, 32.

CDRDE n° 74 (VII, 187) / سورة الأعراف / Tradition (39) ; Noldëke (87) ; Blachère (89)

يَسْـَٔلُونَكَ عَنِ السَّاعَةِ **أَيَّانَ مُرْسَاهَا** قُلْ إِنَّمَا عِلْمُهَا عِندَ رَبِّي لَا يُجَلِّيهَا لِوَقْتِهَا إِلَّا هُوَ ثَقُلَتْ فِي السَّمَاوَاتِ وَالْأَرْضِ لَا تَأْتِيكُمْ إِلَّا بَغْتَةً يَسْـَٔلُونَكَ كَأَنَّكَ حَفِيٌّ عَنْهَا قُلْ إِنَّمَا عِلْمُهَا عِندَ اللَّهِ وَلَٰكِنَّ أَكْثَرَ النَّاسِ لَا يَعْلَمُونَ

ʾayyānᵃ mursāhā
« A quand sa survenue ? »

L'Heure eschatologique [CDRD] : VII, 187 ; X, 48 ; XVII, 51 ; XXI, 38 ; XXVII, 71 ; XXXII, 28 ; XXXIV, 3, 29 ; XXXVI, 48 ; XLI, 50 ; XLV, 32 ; LI, 12 ; LXVII, 25 ; LXXV, 6 ; LXXIX, 42 / **L'Eschatologie** [CDRD] : II, 8, 80, 111 ; III, 24 ; VI, 29 ; VII, 187 ; X, 48, 53 ; XI, 7, 8 ; XIII, 5 ; XVI, 38 ; XVII, 49, 51, 98 ; XIX, 66 ; XXI, 38 ; XXIII, 82, 83 ; XXVII, 67, 68, 71 ; XXXII, 10, 28 ; XXXIV, 3, 7, 8, 29 ; XXXVI, 48, 78 ; XXXVII, 15, 16, 17 ; XLI, 50 ; XLIV, 34, 35, 36 ; XLV, 24, 25, 32 ; XLVI, 17 ; L, 2, 3 ; LI, 12 ; LVI, 47, 48 ; LXVII, 25 ; LXXV, 6 ; LXXIX, 10, 11, 12, 42.

Ancien Testament [CDRD] Is 5, 19 ; **Nouveau Testament** [CDRD] 2 P 3, 4.

Soixante quatorzième contre-discours dans l'ordre du *muṣḥaf*. Dans l'ordre chronologique des discours contre l'eschatologie, il est placé à la quarante cinquième position (sur cinquante deux). Sa structure est semi complexe avec un Contre-discours Citant Introductif (« ils t'interrogent ») suivi d'un Contre-discours Rapporté Direct Présent (« Quand arrivera-t-elle? ») et d'une riposte (« Dis: « Seul mon Seigneur en a connaissance. Lui seul la manifestera en son temps. Lourde elle sera dans les cieux et (sur) la terre et elle ne viendra à vous que soudainement. » Ils t'interrogent comme si tu en étais averti. Dis : « Seul Allah en a connaissance. » Mais beaucoup de gens ne savent pas. ») Ce contre-discours est une réfutation questionnante à mettre en relation, du fait de leur proximité formelle, avec VII, 187 ; X, 48 ; XXI, 38 ; XXVII, 71 ; XXXII, 28 ; XXXIV, 29 ; XXXVI, 48; LXVII, 25 ; LXXV, 6 ; LXXIX, 42. Dans le cadre d'une approche extratextuelle, cette réfutation questionnante s'apparente à un contre-discours présent dans la deuxième épitre de Pierre : « Où est la promesse de son avènement ? ». La riposte qui se formule ici met en scène un allocutaire chargé de répliquer. Le thème de la riposte est quasi constant s'agissant de l'heure : sa connaissance n'appartient qu'à Dieu.

CDRDP n° 75 (VII, 203) / سورة الأعراف / Tradition (39) ; Noldëke (87) ; Blachère (89)

وَإِذَا لَمْ تَأْتِهِم بِآيَةٍ قَالُوا **لَوْلَا اجْتَبَيْتَهَا** قُلْ إِنَّمَا أَتَّبِعُ مَا يُوحَىٰ إِلَيَّ مِن رَّبِّي هَٰذَا بَصَائِرُ مِن رَّبِّكُمْ وَهُدًى وَرَحْمَةٌ لِّقَوْمٍ يُؤْمِنُونَ

Law-lā ǧtabaytahā

« Pourquoi ne l'inventes-tu pas ? »

Contre le Coran [CDRD] : II, 26, 76, 91, 118, 170, III, 72, 73 ; V, 104 ; VI, 7, 25, 93, 105, 156, 157 ; VII, 203 ; VIII, 21, 31 ; IX, 127 ; X, 15, 20, 38 ; XI, 13, 35 ; XVI, 24, 101, 103 ; XXV, 4, 5, 32 ; XXXI, 21 ; XXXIV, 31 ; XXXVII, 168, 169 ; XXXVIII, 7, 8 ; XLI, 5, 26, 44 ; XLII, 24 ; XLIII, 31 ; XLIV, 14, 36 ; XLV, 25, 32 ; XLVI, 7, 8, 11 ; XLVII, 20, 26 ; LII, 33 ; LXVIII, 15 ; LXXIV, 24, 25, 31 ; LXXXIII, 13.

CDRDP n° 76 (VIII, 21) / سورة الأنفال / Tradition (88) ; Noldëke (97) ; Blachère (95)

وَلَا تَكُونُوا كَالَّذِينَ قَالُوا **سَمِعْنَا** وَهُمْ لَا يَسْمَعُونَ

samiʿnā

« Nous avons entendu ».

Contre le Coran [CDRD] : II, 26, 76, 91, 118, 170, III, 72, 73 ; V, 104 ; VI, 7, 25, 93, 105, 156, 157 ; VII, 203 ; VIII, 21, 31 ; IX, 127 ; X, 15, 20, 38 ; XI, 13, 35 ; XVI, 24, 101, 103 ; XXV, 4, 5, 32 ; XXXI, 21 ; XXXIV, 31 ; XXXVII, 168, 169 ; XXXVIII, 7, 8 ; XLI, 5, 26, 44 ; XLII, 24 ; XLIII, 31 ; XLIV, 14, 36 ; XLV, 25, 32 ; XLVI, 7, 8, 11 ; XLVII, 20, 26 ; LII, 33 ; LXVIII, 15 ; LXXIV, 24, 25, 31 ; LXXXIII, 13 / ***samiʿnā*** [CDRD] IV, 46 ; VIII, 21, 31 ; XXXVIII, 7

CDRDP n° 77 (VIII, 31) / سورة الأنفال / Tradition (88) ; Noldëke (97) ; Blachère (95)

وَإِذَا تُتْلَىٰ عَلَيْهِمْ آيَاتُنَا قَالُوا **قَدْ سَمِعْنَا لَوْ نَشَاءُ لَقُلْنَا مِثْلَ هَٰذَا ۙ إِنْ هَٰذَا إِلَّا أَسَاطِيرُ الْأَوَّلِينَ**

qad samiʿnā law našāʾᵘ la-qulnā miṯlᵃ hāḏā ʾin hāḏā ʾillā ʾasāṭīrᵘ al-ʾawwalīnᵃ

« Nous avons entendu, si nous voulions, nous dirions pareille à cela, ce n'est que fables d'anciens ».

Contre le Coran [CDRD] : II, 26, 76, 91, 118, 170, III, 72, 73 ; V, 104 ; VI, 7, 25, 93, 105, 156, 157 ; VII, 203 ; VIII, 21, 31 ; IX, 127 ; X, 15, 20, 38 ; XI, 13, 35 ; XVI, 24, 101, 103 ; XXV, 4, 5, 32 ; XXXI, 21 ; XXXIV, 31 ; XXXVII, 168, 169 ; XXXVIII, 7, 8 ; XLI, 5, 26, 44 ; XLII, 24 ; XLIII, 31 ; XLIV, 14, 36 ; XLV, 25, 32 ; XLVI, 7, 8, 11 ; XLVII, 20, 26 ; LII, 33 ;

LXVIII, 15 ; LXXIV, 24, 25, 31 ; LXXXIII, 13 / ***’asāṭīr***^{u} ***al-’awwalīn***^{a} [CDRD] : VI, 25 ; VIII, 31 ; XVI, 24 ; XXXIII, 83 ; XXV, 5 ; XXVII, 68 ; XLVI, 17 ; LXVIII, 15 ; LXXXIII, 13

CDRDP n° 78 (VIII, 32) / سورة الأنفال / Tradition (88) ; Noldëke (97) ; Blachère (95)

وَإِذْ قَالُوا اللَّهُمَّ إِن كَانَ هَٰذَا هُوَ الْحَقَّ مِنْ عِندِكَ فَأَمْطِرْ عَلَيْنَا حِجَارَةً مِّنَ السَّمَاءِ أَوِ ائْتِنَا بِعَذَابٍ أَلِيمٍ

Allāhumma ’in kān^{a} *hāḏā huwa l-ḥaqqa min ‘indik*^{a} *fa-’amṭir ‘alaynā ḥiǧāratan mina l-samā’*^{i} *’awi ’tinā bi-‘aḏāb*^{in} *’alīm*^{in}

« O Allah ! Si cela est vérité venue de Toi, fais pleuvoir des pierres du ciel ou frappe-nous d’un châtiment douloureux ».

Allāh [CDRD] : II, 8, 26, 76, 79, 116, 118 ; III, 72, 78, 181, 183 ; IV, 72, 78, 157 ; V, 17, 18, 64, 72, 73 ; VI, 93, 124, 136, 148 ; VII, 28 ; VIII, 32 ; IX, 30, 59 ; X, 18, 68 ; XVI, 35, 38 ; XVII, 92, 94 ; XVIII, 4 ;; XXIII, 85, 87, 89 ; XXIV, 47 ; XXV, 41 ; XXIX, 10, 61, 63 ; XXXI, 25 ; XXXIII, 12 ; XXXIV, 8 ; XXXVI, 47 ; XXXVII, *151*, 152, 169 ; XXXIX, 3, 38; XLII, 24 ; XLIII, 87 ; LVIII, 8 ; LXIII, 1, 7 ; LXXIV, 31.

CDRDP n° 79 (VIII, 49) / سورة الأنفال / Tradition (88) ; Noldëke (97) ; Blachère (95)

إِذْ يَقُولُ الْمُنَافِقُونَ وَالَّذِينَ فِي قُلُوبِهِم مَّرَضٌ **غَرَّ هَٰؤُلَاءِ دِينُهُمْ** وَمَن يَتَوَكَّلْ عَلَى اللَّهِ فَإِنَّ اللَّهَ عَزِيزٌ حَكِيمٌ

ġarr^{a} *hā’ulā’*^{i} *dīnuhum*

« ces gens ont été trompés par leur religion ».

CDRDP n° 80 (IX, 30) / سورة التوبة / Tradition (113) ; Noldëke (113) ; Blachère (115/113)

وَقَالَتِ الْيَهُودُ **عُزَيْرٌ ابْنُ اللَّهِ** وَقَالَتِ النَّصَارَى **الْمَسِيحُ ابْنُ اللَّهِ** ذَٰلِكَ قَوْلُهُم بِأَفْوَاهِهِمْ يُضَاهِئُونَ قَوْلَ الَّذِينَ كَفَرُوا مِن قَبْلُ قَاتَلَهُمُ اللَّهُ أَنَّىٰ يُؤْفَكُونَ

‘Uzayr^{un}*-i bn*^{u} *Allāh*^{i} */ al-masīḥ*^{u} *bn*^{u} *Allāh*^{i}

« ‘uzayr est le fils d’Allah / Le Messie est le fils d’Allah ».

Allāh [CDRD] : II, 8, 26, 76, 79, 116, 118 ; III, 72, 78, 181, 183 ; IV, 72, 78, 157 ; V, 17, 18, 64, 72, 73 ; VI, 93, 124, 136, 148 ; VII, 28 ; VIII, 32 ; IX, 30, 59 ; X, 18, 68 ; XVI, 35, 38 ; XVII, 92, 94 ; XVIII, 4 ; XXI, 29 ; XXIII, 85, 87, 89 ; XXIV, 47 ; XXV, 8, 41 ; XXIX, 10, 61, 63 ; XXXI, 25 ; XXXIII, 12 ; XXXIV, 8 ; XXXVI, 47 ; XXXVII, *151*, 152, 169 ; XXXIX, 3, 38; XLII, 24 ; XLIII, 87 ; XLV, 32 ; LVIII, 8 ; LXIII, 1, 7 ; LXXIV, 31 / ***al-masīḥ***^{u} [CDRD] : V, 17, 72 ; IX, 30 / (***walad***^{an}) [CDRD] : II, 116 ; IX, 30 ; X, 68 ; XVIII, 4 ; XIX, 88 ; XXI, 26 ; XXXVII, 152

CDRDP n° 81 (IX, 42) / سورة التوبة / Tradition (113) ; Noldëke (113) ; Blachère (115/113)

لَوْ كَانَ عَرَضًا قَرِيبًا وَسَفَرًا قَاصِدًا لَّاتَّبَعُوكَ وَلَٰكِن بَعُدَتْ عَلَيْهِمُ الشُّقَّةُ وَسَيَحْلِفُونَ بِاللَّهِ **لَوِاسْتَطَعْنَا لَخَرَجْنَا مَعَكُمْ** يُهْلِكُونَ أَنفُسَهُمْ وَاللَّهُ يَعْلَمُ إِنَّهُمْ لَكَاذِبُونَ

lawi staṭaʿnā la-ḫarağnā maʿakum
« Si nous avions pu, nous serions sortis avec vous ».

Le combat [CDRD] : III, 154, 156, 167, 168 ; IV, 72, 73, 77 ; V, 52 ; IX, 42, 49, 50, 81, 86 ; XLVIII, 11, 15 ; LIX, 11.

CDRDP n° 82 (IX, 49) / سورة التوبة / Tradition (113) ; Noldëke (113) ; Blachère (115/113)

وَمِنْهُم مَّن يَقُولُ **ائْذَن لِّي وَلَا تَفْتِنِّي أَلَا فِي الْفِتْنَةِ سَقَطُوا** وَإِنَّ جَهَنَّمَ لَمُحِيطَةٌ بِالْكَافِرِينَ

ʾḏan lī wa lā taftinnī ʾa-lā fī l-fitnati saqaṭū
« Donne moi la permission (de rester) et ne me mets pas en tentation (de désobéir) ».

Le combat [CDRD] : III, 154, 156, 167, 168 ; IV, 72, 73, 77 ; V, 52 ; IX, 42, 49, 50, 81, 86 ; XLVIII, 11, 15 ; LIX, 11.

CDRDP n° 83 (IX, 50) / سورة التوبة / Tradition (113) ; Noldëke (113) ; Blachère (115/113)

إِن تُصِبْكَ حَسَنَةٌ تَسُؤْهُمْ وَإِن تُصِبْكَ مُصِيبَةٌ يَقُولُوا **قَدْ أَخَذْنَا أَمْرَنَا مِن قَبْلُ** وَيَتَوَلَّوا وَّهُمْ فَرِحُونَ

qad ʾaḫaḏnā ʾamranā min qabl^{u}
« Nous avions pris nos précautions auparavant ».

Le combat [CDRD] : III, 154, 156, 167, 168 ; IV, 72, 73, 77 ; V, 52 ; IX, 42, 49, 50, 81, 86 ; XLVIII, 11, 15 ; LIX, 11.

CDRDP n° 84 (IX, 59) / سورة التوبة / Tradition (113) ; Noldëke (113) ; Blachère (115/113)

وَلَوْ أَنَّهُمْ رَضُوا مَا آتَاهُمُ اللَّهُ وَرَسُولُهُ وَقَالُوا **حَسْبُنَا اللَّهُ سَيُؤْتِينَا اللَّهُ مِن فَضْلِهِ وَرَسُولُهُ إِنَّا إِلَى اللَّهِ رَاغِبُونَ**

ḥasbunā Allāhu sa-yuʾtīnā Allāh^{u} *min faḍlihi wa-rasūluhū ʾinnā ʾilā Allāh*^{i} *rāġibūn*^{a}
« Allah nous comble. Allah ainsi que Son Apôtre nous donnent de ses bienfaits ! Vers Allah tend notre désir ! »

CDRDP n° 85 (IX, 61) / سورة التوبة / Tradition (113) ; Noldëke (113) ; Blachère (115/113)

وَمِنْهُمُ الَّذِينَ يُؤْذُونَ النَّبِيَّ وَيَقُولُونَ **هُوَ أُذُنٌ** قُلْ أُذُنُ خَيْرٍ لَّكُمْ يُؤْمِنُ بِاللَّهِ وَيُؤْمِنُ لِلْمُؤْمِنِينَ وَرَحْمَةٌ لِّلَّذِينَ آمَنُوا مِنكُمْ وَالَّذِينَ يُؤْذُونَ رَسُولَ اللَّهِ لَهُمْ عَذَابٌ أَلِيمٌ

huwa ʾuḏun[un]
« Il est tout oreille ».

Contre le Prophète [CDRD] : III, 183, IV, 78, 141, 150 ; V, 19 ; VI, 8, 37, 91, 93, 105, 124, VII, 203 ; IX, 59, 61 ; X, 2, 15, 20, 38 ; XI, 12, 13, 35 ; XIII, 7, 27, 43 ; XV, 6, 7 ; XVI, 101, 103 ; XVII, 47, 90, 91, 92, 93, 94 ; XX, 133 ; XXI, 3, 5, 36 ; XXIII, 70 ; XXIV, 47 ; XXV, 4, 5, 7, 32, 41, 42, 60 ; XXVIII, 47, 48, 57 ; XXIX, 50 ; XXX, 58 ; XXXIII, 12 ; XXXIV, 8, 34, 43 ; XXXVII, 36 ; XXXVIII, 4, 5, 8 ; XLII, 24 ; XLIII, 24, 31 ; XLIV, 14 ; XLVI, 8 ; XLVII, 6, 16 ; XLVIII, 15 ; LII, 30, 33 ; LXIII, 1, 7, 8 ; LXVIII, 51 ; LXXIV, 25.

CDRDP n° 86 (IX, 65) / سورة التوبة / Tradition (113) ; Noldëke (113) ; Blachère (115/113)

وَلَئِن سَأَلْتَهُمْ لَيَقُولُنَّ **إِنَّمَا كُنَّا نَخُوضُ وَنَلْعَبُ** قُلْ أَبِاللَّهِ وَآيَاتِهِ وَرَسُولِهِ كُنتُمْ تَسْتَهْزِئُونَ

ʾinnamā kunnā naḫūḍ[u] *wa-nalʿab*[u]
« Nous chicanions et jouions ».

CDRDP n° 87 (IX, 75) / سورة التوبة / Tradition (113) ; Noldëke (113) ; Blachère (115/113)

وَمِنْهُم مَّنْ عَاهَدَ اللَّهَ لَئِنْ آتَانَا مِن فَضْلِهِ لَنَصَّدَّقَنَّ وَلَنَكُونَنَّ مِنَ الصَّالِحِينَ

wa-minhum man ʿāhada llāha la-ʾin ʾātānā min faḍlihī la-naṣṣaddaqanna wa-la-nakūnanna mina ṣ-ṣāliḥīn[a]
« S'Il nous donne de Son bienfaît, nous payerons, certes, l'aumône, et serons du nombre des gens de bien ».

CDRDP n° 88 (IX, 81) / سورة التوبة / Tradition (113) ; Noldëke (113) ; Blachère (115/113)

فَرِحَ الْمُخَلَّفُونَ بِمَقْعَدِهِمْ خِلَافَ رَسُولِ اللَّهِ وَكَرِهُوا أَن يُجَاهِدُوا بِأَمْوَالِهِمْ وَأَنفُسِهِمْ فِي سَبِيلِ اللَّهِ وَقَالُوا **لَا تَنفِرُوا فِي الْحَرِّ** قُلْ نَارُ جَهَنَّمَ أَشَدُّ حَرًّا لَّوْ كَانُوا يَفْقَهُونَ

lā tanfirū fī l-ḥarr[i]
« N'y allez pas dans cette chaleur ».

Le combat [CDRD] : III, 154, 156, 167, 168 ; IV, 72, 73, 77 ; V, 52 ; IX, 42, 49, 50, 81, 86 ; XLVIII, 11, 15 ; LIX, 11.

CDRDP n° 89 (IX, 86) / سورة التوبة / Tradition (113) ; Noldëke (113) ; Blachère (115/113)

وَإِذَا أُنزِلَتْ سُورَةٌ أَنْ آمِنُوا بِاللَّهِ وَجَاهِدُوا مَعَ رَسُولِهِ اسْتَأْذَنَكَ أُولُو الطَّوْلِ مِنْهُمْ وَقَالُوا **ذَرْنَا نَكُن**
مَّعَ الْقَاعِدِينَ

ḏarnā nakun maʿa l-qāʿidīna
« Laisse-nous avec ceux qui restent ».

Le combat [CDRD] : III, 154, 156, 167, 168 ; IV, 72, 73, 77 ; V, 52 ; IX, 42, 49, 50, 81, 86 ; XLVIII, 11, 15 ; LIX, 11.

CDRDP n° 90 (IX, 107) / سورة التوبة / Tradition (113) ; Noldëke (113) ; Blachère (115/113)

وَالَّذِينَ اتَّخَذُوا مَسْجِدًا ضِرَارًا وَكُفْرًا وَتَفْرِيقًا بَيْنَ الْمُؤْمِنِينَ وَإِرْصَادًا لِّمَنْ حَارَبَ اللَّهَ وَرَسُولَهُ مِن قَبْلُ
وَلَيَحْلِفُنَّ **إِنْ أَرَدْنَا إِلَّا الْحُسْنَىٰ** وَاللَّهُ يَشْهَدُ إِنَّهُمْ لَكَاذِبُونَ

ʾin ʾaradnā ʾillā l-ḥusnā
« Nous ne voulons que le bien ».

CDRDP n° 91 (IX, 127) / سورة التوبة / Tradition (113) ; Noldëke (113) ; Blachère (113)

وَإِذَا مَا أُنزِلَتْ سُورَةٌ نَّظَرَ بَعْضُهُمْ إِلَىٰ بَعْضٍ **هَلْ يَرَاكُم مِّنْ أَحَدٍ** ثُمَّ انصَرَفُوا صَرَفَ اللَّهُ قُلُوبَهُم
بِأَنَّهُمْ قَوْمٌ لَّا يَفْقَهُونَ

hal yarākum min ʾaḥad^{in}
« Quelqu'un vous voit-il ? »

Contre le Coran [CDRD] : II, 26, 76, 91, 118, 170, III, 72, 73 ; V, 104 ; VI, 7, 25, 93, 105, 156, 157 ; VII, 203 ; VIII, 21, 31 ; IX, 127 ; X, 15, 20, 38 ; XI, 13, 35 ; XVI, 24, 101, 103 ; XXV, 4, 5, 32 ; XXXI, 21 ; XXXIV, 31 ; XXXVII, 168, 169 ; XXXVIII, 7, 8 ; XLI, 5, 26, 44 ; XLII, 24 ; XLIII, 31 ; XLIV, 14, 36 ; XLV, 25, 32 ; XLVI, 7, 8, 11 ; XLVII, 20, 26 ; LII, 33 ; LXVIII, 15 ; LXXIV, 24, 25, 31 ; LXXXIII, 13.

CDRDP n° 92 (X, 2) / سورة يونس / Tradition (51) ; Noldëke (84) ; Blachère (86)

أَكَانَ لِلنَّاسِ عَجَبًا أَنْ أَوْحَيْنَا إِلَىٰ رَجُلٍ مِّنْهُمْ أَنْ أَنذِرِ النَّاسَ وَبَشِّرِ الَّذِينَ آمَنُوا أَنَّ لَهُمْ قَدَمَ صِدْقٍ
عِندَ رَبِّهِمْ قَالَ الْكَافِرُونَ **إِنَّ هَٰذَا لَسَاحِرٌ مُّبِينٌ**

ʾinna hāḏā la-sāḥir^{un} *mubīn*^{un}
« Celui-ci est un magicien évident ».

Contre le Prophète [CDRD] : III, 183, IV, 78, 141, 150 ; V, 19 ; VI, 8, 37, 91, 93, 105, 124, VII, 203 ; IX, 59, 61 ; X, 2, 15, 20, 38 ; XI, 12, 13, 35 ; XIII, 7, 27, 43 ; XV, 6, 7 ; XVI, 101, 103 ; XVII, 47, 90, 91, 92, 93, 94 ; XX, 133 ; XXI, 3, 5, 36 ; XXIII, 70 ; XXIV, 47 ; XXV, 4, 5, 7, 32, 41, 42, 60 ; XXVIII, 47, 48, 57 ; XXIX, 50 ; XXX, 58 ; XXXIII, 12 ;

XXXIV, 8, 34, 43 ; XXXVII, 36 ; XXXVIII, 4, 5, 8 ; XLII, 24 ; XLIII, 24, 31 ; XLIV, 14 ; XLVI, 8 ; XLVII, 6, 16 ; XLVIII, 15 ; LII, 30, 33 ; LXIII, 1, 7, 8 ; LXVIII, 51 ; LXXIV, 25.

CDRDP nº 93 (X, 15) / سورة يونس / Tradition (51) ; Noldëke (84) ; Blachère (86)

وَإِذَا تُتْلَىٰ عَلَيْهِمْ آيَاتُنَا بَيِّنَاتٍ قَالَ الَّذِينَ لَا يَرْجُونَ لِقَاءَنَا **ائْتِ بِقُرْآنٍ غَيْرِ هَٰذَا أَوْ بَدِّلْهُ** قُلْ مَا يَكُونُ لِي أَنْ أُبَدِّلَهُ مِن تِلْقَاءِ نَفْسِيِۖ إِنْ أَتَّبِعُ إِلَّا مَا يُوحَىٰ إِلَيَّ إِنِّي أَخَافُ إِنْ عَصَيْتُ رَبِّي عَذَابَ يَوْمٍ عَظِيمٍ

ʾti bi-qurʾān^{in} *ġayr*^{i} *hāḏā [ʾaw] baddilh*^{u}

« Apporte nous un autre Coran que celui ci ou change-le ! »

Contre le Coran [CDRD] : II, 26, 76, 91, 118, 170, III, 72, 73 ; V, 104 ; VI, 7, 25, 93, 105, 156, 157 ; VII, 203 ; VIII, 21, 31 ; IX, 127 ; X, 15, 20, 38 ; XI, 13, 35 ; XVI, 24, 101, 103 ; XXV, 4, 5, 32 ; XXXI, 21 ; XXXIV, 31 ; XXXVII, 168, 169 ; XXXVIII, 7, 8 ; XLI, 5, 26, 44 ; XLII, 24 ; XLIII, 31 ; XLIV, 14, 36 ; XLV, 25, 32 ; XLVI, 7, 8, 11 ; XLVII, 20, 26 ; LII, 33 ; LXVIII, 15 ; LXXIV, 24, 25, 31 ; LXXXIII, 13 / ***qurʾān*** [CDRDP] : X, 15 ; XXV, 32 ; XXXIV, 31 ; XLI, 26 ; XLIII, 31 / **Contre le Prophète** [CDRD] : III, 183, IV, 78, 141, 150 ; V, 19 ; VI, 8, 37, 91, 93, 105, 124, VII, 203 ; IX, 59, 61 ; X, 2, 15, 20, 38 ; XI, 12, 13, 35 ; XIII, 7, 27, 43 ; XV, 6, 7 ; XVI, 101, 103 ; XVII, 47, 90, 91, 92, 93, 94 ; XX, 133 ; XXI, 3, 5, 36 ; XXIII, 70 ; XXIV, 47 ; XXV, 4, 5, 7, 32, 41, 42, 60 ; XXVIII, 47, 48, 57 ; XXIX, 50 ; XXX, 58 ; XXXIII, 12 ; XXXIV, 8, 34, 43 ; XXXVII, 36 ; XXXVIII, 4, 5, 8 ; XLII, 24 ; XLIII, 24, 31 ; XLIV, 14 ; XLVI, 8 ; XLVII, 6, 16 ; XLVIII, 15 ; LII, 30, 33 ; LXIII, 1, 7, 8 ; LXVIII, 51 ; LXXIV, 25

CDRDP nº 94 (X, 18) / سورة يونس / Tradition (51) ; Noldëke (84) ; Blachère (86)

وَيَعْبُدُونَ مِن دُونِ اللَّهِ مَا لَا يَضُرُّهُمْ وَلَا يَنفَعُهُمْ وَيَقُولُونَ **هَٰؤُلَاءِ شُفَعَاؤُنَا عِندَ اللَّهِ** قُلْ أَتُنَبِّئُونَ اللَّهَ بِمَا لَا يَعْلَمُ فِي السَّمَاوَاتِ وَلَا فِي الْأَرْضِ سُبْحَانَهُ وَتَعَالَىٰ عَمَّا يُشْرِكُونَ

hāʾulāʾ^{i} *šufaʿāʾunā ʿind*^{a} *Allāh*^{i}

« Ceux-ci seront nos intercesseurs auprès d'Allah ».

Contre le Prophète [CDRD] : III, 183, IV, 78, 141, 150 ; V, 19 ; VI, 8, 37, 91, 93, 105, 124, VII, 203 ; IX, 59, 61 ; X, 2, 15, 20, 38 ; XI, 12, 13, 35 ; XIII, 7, 27, 43 ; XV, 6, 7 ; XVI, 101, 103 ; XVII, 47, 90, 91, 92, 93, 94 ; XX, 133 ; XXI, 3, 5, 36 ; XXIII, 70 ; XXIV, 47 ; XXV, 4, 5, 7, 32, 41, 42, 60 ; XXVIII, 47, 48, 57 ; XXIX, 50 ; XXX, 58 ; XXXIII, 12 ; XXXIV, 8, 34, 43 ; XXXVII, 36 ; XXXVIII, 4, 5, 8 ; XLII, 24 ; XLIII, 24, 31 ; XLIV, 14 ; XLVI, 8 ; XLVII, 6, 16 ; XLVIII, 15 ; LII, 30, 33 ; LXIII, 1, 7, 8 ; LXVIII, 51 ; LXXIV, 25 / **Demande de signes** [CDRD] III, 183 ; VI, 8, 37, 124 ; XI, 12 ; XIII, 7, 27 ; XV, 7 ; XVII, 90, 91, 92, 93 ; XX, 133 ; XXI, 5 ; XXV, 7, 8 ; XXIX, 50 / ***rasūl*** [CDRD] III, 183 ; IV, 157; IX, 59 ; XVII, 94 ; XXIV, 47 ; XXV, 7, 41 ; XXXIII, 47, 12 ; LXIII, 1, 7 / ***Allāh*** [CDRD] : II, 8, 26, 76, 79, 116, 118 ; III, 72, 78, 181, 183 ; IV, 72, 78, 157 ; V, 17, 18, 64, 72, 73 ; VI, 93, 124, 136, 148 ; VII, 28 ; VIII, 32 ; IX, 30, 59 ; X, 18, 68 ; XVI, 35, 38 ;

XVII, 92, 94 ; XVIII, 4 ; XXI, 29 ; XXIII, 85, 87, 89 ; XXIV, 47 ; XXV, 8, 41 ; XXIX, 10, 61, 63 ; XXXI, 25 ; XXXIII, 12 ; XXXIV, 8 ; XXXVI, 47 ; XXXVII, *151*, 152, 169 ; XXXIX, 3, 38; XLII, 24 ; XLIII, 87 ; XLV, 32 ; LVIII, 8 ; LXIII, 1, 7 ; LXXIV, 31 / ***rabb*** [CDRD] : II, 76, 200 ; IV, 77 ; VI, 37 ; X, 20 ; XIII, 7, 27 ; XX, 133 ; XXV, 21 ; XXVIII, 47 ; XXIX, 50 ; XXXIV, 23 ; XLI, 50 ; LXXXIX, 15, 16 / ***ʾIlāh*** [CDRD] : II, 42 ; XXXVIII, 5 ; XXXIX, 3 / ***raḥmān*** [CDRD] : XIX, 88 ; XXI, 26 ; XXV, 60 ; XLIII, 20 / **Autres** [CDRD] : XLIII, 9 ; XXIV, 16 ; IV, 171.

CDRDP nº 95 (X, 20) / سورة يونس / Tradition (51) ; Noldëke (84) ; Blachère (86)

وَيَقُولُونَ **لَوْلَا أُنزِلَ عَلَيْهِ آيَةٌ مِّن رَّبِّهِ** فَقُلْ إِنَّمَا الْغَيْبُ لِلَّهِ فَانتَظِرُوا إِنِّي مَعَكُم مِّنَ الْمُنتَظِرِينَ

law-lā ʾunzil^{a} *ʿalayh*^{i} *ʾāyat*^{un} *min rabbih*^{i}

« Pourquoi ne descend pas sur lui un signe venant de son Seigneur ? »

Allāh [CDRD] : II, 8, 26, 76, 79, 116, 118 ; III, 72, 78, 181, 183 ; IV, 72, 78, 157 ; V, 17, 18, 64, 72, 73 ; VI, 93, 124, 136, 148 ; VII, 28 ; VIII, 32 ; IX, 30, 59 ; X, 18, 68 ; XVI, 35, 38 ; XVII, 92, 94 ; XVIII, 4 ;; XXIII, 85, 87, 89 ; XXIV, 47 ; XXV, 41 ; XXIX, 10, 61, 63 ; XXXI, 25 ; XXXIII, 12 ; XXXIV, 8 ; XXXVI, 47 ; XXXVII, *151*, 152, 169 ; XXXIX, 3, 38; XLII, 24 ; XLIII, 87 ; LVIII, 8 ; LXIII, 1, 7 ; LXXIV, 31 / ***rabb*** [CDRD] : II, 76, 200 ; IV, 77 ; VI, 37 ; X, 20 ; XIII, 7, 27 ; XX, 133 ; XXV, 21 ; XXVIII, 47 ; XXIX, 50 ; XXXIV, 23 ; XLI, 50 ; LXXXIX, 15, 16 / ***ʾIlāh*** [CDRD] : II, 42 ; XXI, 29 ; XXXVIII, 5 ; XXXIX, 3 / ***raḥmān*** [CDRD] : XIX, 88 ; XXI, 26 ; XXV, 60 ; XLIII, 20 / **Autres** [CDRD] : XLIII, 9 ; XXIV, 16 ; IV, 171 ; XLV, 32 / ***ʾunzila ʿalayhi*** [CDRD] : VI, 8 ; X, 20 ; XXV, 32 ; XXIX, 50.

CDRDP nº 96 (X, 22) / سورة يونس / Tradition (51) ; Noldëke (84) ; Blachère (86)

هُوَ الَّذِي يُسَيِّرُكُمْ فِي الْبَرِّ وَالْبَحْرِ حَتَّىٰ إِذَا كُنتُمْ فِي الْفُلْكِ وَجَرَيْنَ بِهِم بِرِيحٍ طَيِّبَةٍ وَفَرِحُوا بِهَا جَاءَتْهَا رِيحٌ عَاصِفٌ وَجَاءَهُمُ الْمَوْجُ مِن كُلِّ مَكَانٍ وَظَنُّوا أَنَّهُمْ أُحِيطَ بِهِمْ دَعَوُا اللَّهَ مُخْلِصِينَ لَهُ **الدِّينَ لَئِنْ أَنجَيْتَنَا مِنْ هَٰذِهِ لَنَكُونَنَّ مِنَ الشَّاكِرِينَ**

la-ʾin ʾanǧaytanā min hāḏih^{i} *la-nakūnanna mina l-šākirīn*^{a}

« Certes, si Tu nous [figure intemporelle et général de l'opposant] sauves de ceci, nous serons parmi les reconnaissants ! »

CDRDP nº 97 (X, 38) / سورة يونس / Tradition (51) ; Noldëke (84) ; Blachère (86)

أَمْ يَقُولُونَ **افْتَرَاهُ** قُلْ فَأْتُوا بِسُورَةٍ مِّثْلِهِ وَادْعُوا مَنِ اسْتَطَعْتُم مِّن دُونِ اللَّهِ إِن كُنتُمْ صَادِقِينَ

Iftarāh^{u}

« Il l'a inventé ».

Contre le Coran [CDRD] : II, 26, 76, 91, 118, 170, III, 72, 73 ; V, 104 ; VI, 7, 25, 93, 105, 156, 157 ; VII, 203 ; VIII, 21, 31 ; IX, 127 ; X, 15, 20, 38 ; XI, 13, 35 ; XVI, 24, 101, 103 ; XXV, 4, 5, 32 ; XXXI, 21 ; XXXIV, 31 ; XXXVII, 168, 169 ; XXXVIII, 7, 8 ; XLI, 5, 26, 44 ; XLII, 24 ; XLIII, 31 ; XLIV, 14, 36 ; XLV, 25, 32 ; XLVI, 7, 8, 11 ; XLVII, 20, 26 ; LII, 33 ; LXVIII, 15 ; LXXIV, 24, 25, 31 ; LXXXIII, 13 / ***Aftarāh**[u]* [CDRD] X, 38 ; XI, 13, 35 ; XXI, 5 ; XXV, 4 ; XLII, 24 ; XLVI, 8 / **Contre le Prophète** [CDRD] : III, 183, IV, 78, 141, 150 ; V, 19 ; VI, 8, 37, 91, 93, 105, 124, VII, 203 ; IX, 59, 61 ; X, 2, 15, 20, 38 ; XI, 12, 13, 35 ; XIII, 7, 27, 43 ; XV, 6, 7 ; XVI, 101, 103 ; XVII, 47, 90, 91, 92, 93, 94 ; XX, 133 ; XXI, 3, 5, 36 ; XXIII, 70 ; XXIV, 47 ; XXV, 4, 5, 7, 32, 41, 42, 60 ; XXVIII, 47, 48, 57 ; XXIX, 50 ; XXX, 58 ; XXXIII, 12 ; XXXIV, 8, 34, 43 ; XXXVII, 36 ; XXXVIII, 4, 5, 8 ; XLII, 24 ; XLIII, 24, 31 ; XLIV, 14 ; XLVI, 8 ; XLVII, 6, 16 ; XLVIII, 15 ; LII, 30, 33 ; LXIII, 1, 7, 8 ; LXVIII, 51 ; LXXIV, 25.

CDRDE n° 98 (X, 48) / سورة يونس / Tradition (51) ; Noldëke (84) ; Blachère (86)

وَيَقُولُونَ مَتَىٰ هَٰذَا الْوَعْدُ إِن كُنتُمْ صَادِقِينَ

matā hāḏā l-wa'd[u] 'in kuntum ṣādiqīn[a]
« A quand cette promesse, si vous êtes véridiques ? »

L'Heure eschatologique [CDRD] : VII, 187 ; X, 48 ; XVII, 51 ; XXI, 38 ; XXVII, 71 ; XXXII, 28 ; XXXIV, 3, 29 ; XXXVI, 48 ; XLI, 50 ; XLV, 32 ; LI, 12 ; LXVII, 25 ; LXXV, 6 ; LXXIX, 42 / **La résurrection** [CDRD] : VI, 29 ; XI, 7 ; XIII, 5 ; XVI, 38 ; XVII 49, 51, 98 ; XIX, 66 ; XXIII, 82, 83 ; XXVII, 67, 68 ; XXXII, 10 ; XXXIV, 7, 8 ; XXXVI, 78 ; XXXVII 15, 16, 17 ; XLIV, 34, 35, 36 ; XLV, 24, 25 ; XLVI, 17 ; L, 2, 3 ; LVI, 47, 48 ; LXXIX, 10, 11, 12 / **L'Eschatologie** [CDRD] : II, 8, 80, 111 ; III, 24 ; VI, 29 ; VII, 187 ; X, 48, 53 ; XI, 7, 8 ; XIII, 5 ; XVI, 38 ; XVII, 49, 51, 98 ; XIX, 66 ; XXI, 38 ; XXIII, 82, 83 ; XXVII, 67, 68, 71 ; XXXII, 10, 28 ; XXXIV, 3, 7, 8, 29 ; XXXVI, 48, 78 ; XXXVII, 15, 16, 17 ; XLI, 50 ; XLIV, 34, 35, 36 ; XLV, 24, 25, 32 ; XLVI, 17 ; L, 2, 3 ; LI, 12 ; LVI, 47, 48 ; LXVII, 25 ; LXXV, 6 ; LXXIX, 10, 11, 12, 42.

Talmud [CDRD] : Sanhédrin 90 b et seq

Quatre vingt dix huitième contre-discours dans l'ordre du *muṣḥaf*. Dans l'ordre chronologique des discours contre l'eschatologie, il est placé à la trente neuvième position (sur cinquante deux). Sa structure est simple avec un Contre-discours Citant Introductif (« Et ils disent ») suivi d'un Contre-discours Rapporté Direct Présent (« A quand cette promesse, si vous êtes véridiques ? »). Ce contre-discours est une réfutation questionnante à mettre en relation, du fait de leur proximité formelle, avec VII, 187 ; XXI, 38 ; XXVII, 71 ; XXXII, 28 ; XXXIV, 29 ; XXXVI, 48 ; LXVII, 25 ; LXXV, 6 ; LXXIX, 42. Dans le cadre d'une approche extratextuelle, cette réfutation questionnante s'apparente à un contre-discours présent dans l'apocalypse de Pierre : « Où est la promesse de son avènement ? » (*v.* Chapitre X). La riposte qui se formule dans le verset suivant met en scène un allocutaire chargé de répliquer. Le thème de la riposte est quasi constant s'agissant de l'heure : sa connaissance n'appartient qu'à Dieu. Ici est soulignée la dimension collective de l'événement annoncé avec l'expression d'ʾ*umma*.

CDRDE n° 99 (X, 53) / سورة يونس / Tradition (51) ; Noldëke (84) ; Blachère (86)

وَيَسْتَنبِئُونَكَ **أَحَقٌّ هُوَ** قُلْ إِي وَرَبِّي إِنَّهُ لَحَقٌّ وَمَا أَنتُم بِمُعْجِزِينَ

ʾa-ḥaqq^un huw^a

« Est-ce vrai ? »

L'Heure eschatologique [CDRD] : VII, 187 ; X, 48 ; XVII, 51 ; XXI, 38 ; XXVII, 71 ; XXXII, 28 ; XXXIV, 3, 29 ; XXXVI, 48 ; XLI, 50 ; XLV, 32 ; LI, 12 ; LXVII, 25 ; LXXV, 6 ; LXXIX, 42 / **La résurrection** [CDRD] : VI, 29 ; XI, 7 ; XIII, 5 ; XVI, 38 ; XVII 49, 51, 98 ; XIX, 66 ; XXIII, 82, 83 ; XXVII, 67, 68 ; XXXII, 10 ; XXXIV, 7, 8 ; XXXVI, 78 ; XXXVII 15, 16, 17 ; XLIV, 34, 35, 36 ; XLV, 24, 25 ; XLVI, 17 ; L, 2, 3 ; LVI, 47, 48 ; LXXIX, 10, 11, 12 / **L'Eschatologie** [CDRD] : II, 8, 80, 111 ; III, 24 ; VI, 29 ; VII, 187 ; X, 48, 53 ; XI, 7, 8 ; XIII, 5 ; XVI, 38 ; XVII, 49, 51, 98 ; XIX, 66 ; XXI, 38 ; XXIII, 82, 83 ; XXVII, 67, 68, 71 ; XXXII, 10, 28 ; XXXIV, 3, 7, 8, 29 ; XXXVI, 48, 78 ; XXXVII, 15, 16, 17 ; XLI, 50 ; XLIV, 34, 35, 36 ; XLV, 24, 25, 32 ; XLVI, 17 ; L, 2, 3 ; LI, 12 ; LVI, 47, 48 ; LXVII, 25 ; LXXV, 6 ; LXXIX, 10, 11, 12, 42.

Quatre-vingt dix neuvième contre-discours dans l'ordre du *muṣḥaf*. Dans l'ordre chronologique des discours contre l'eschatologie, il est placé à la quarantième place (qui en compte cinquante deux). Sa structure est semi-complexe avec la présence d'un Contre-Discours Rapporté Introductif (CDRI). Ce dernier constitue un élément de contextualisation qui met en scène un opposant interrogateur. Le Contre-Discours Rapporté Direct Présent (CDRDP) est en l'occurrence une objection, forme faible de la réfutation. Est-ce l'indice qu'il s'agit d'un groupe possiblement identifiable à la jeune communauté des croyants ? La riposte consiste en une injonction similaire à XXXIV, 3.

CDRDE n° 100 (X, 68) / سورة يونس / Tradition (51) ; Noldëke (84) ; Blachère (86)

قَالُوا **اتَّخَذَ اللَّهُ وَلَدًا** سُبْحَانَهُ هُوَ الْغَنِيُّ لَهُ مَا فِي السَّمَاوَاتِ وَمَا فِي الْأَرْضِ إِنْ عِندَكُم مِّن سُلْطَانٍ بِهَٰذَا أَتَقُولُونَ عَلَى اللَّهِ مَا لَا تَعْلَمُونَ

ittaḫaḏ^a Allāh^u walad^an

« Allah s'est donné un enfant ».

Allāh [CDRD] : II, 8, 26, 76, 79, 116, 118 ; III, 72, 78, 181, 183 ; IV, 72, 78, 157 ; V, 17, 18, 64, 72, 73 ; VI, 93, 124, 136, 148 ; VII, 28 ; VIII, 32 ; IX, 30, 59 ; X, 18, 68 ; XVI, 35, 38 ; XVII, 92, 94 ; XVIII, 4 ; XXI, 29 ; XXIII, 85, 87, 89 ; XXIV, 47 ; XXV, 8, 41 ; XXIX, 10,

61, 63 ; XXXI, 25 ; XXXIII, 12 ; XXXIV, 8 ; XXXVI, 47 ; XXXVII, *151*, 152, 169 ; XXXIX, 3, 38; XLII, 24 ; XLIII, 87 ; XLV, 32 ; LVIII, 8 ; LXIII, 1, 7 ; LXXIV, 31 / ***walad**^{an}* [CDRD] II, 116 ; X, 68 ; XVIII, 4 ; XIX, 77 ; XIX, 88 ; XXI, 26 ; XXXVII, 152.

CDRDE n° 101 (XI, 7) / سورة هود / Tradition (33) ; Noldëke (75) ; Blachère (77)

وَهُوَ الَّذِي خَلَقَ السَّمَاوَاتِ وَالْأَرْضَ فِي سِتَّةِ أَيَّامٍ وَكَانَ عَرْشُهُ عَلَى الْمَاءِ لِيَبْلُوَكُمْ أَيُّكُمْ أَحْسَنُ عَمَلًا وَلَئِن قُلْتَ إِنَّكُم مَّبْعُوثُونَ مِن بَعْدِ الْمَوْتِ لَيَقُولَنَّ الَّذِينَ كَفَرُوا **إِنْ هَٰذَا إِلَّا سِحْرٌ مُّبِينٌ**

ʾin hāḏā ʾillā siḥr^{un} mubīn^{un}
« cela n'est que magie évidente ».

Eschatologie [CDRD] : II, 8, 80, 111 ; III, 24 ; VI, 29 ; VII, 187 ; X, 48, 53 ; XI, 7, 8 ; XIII, 5 ; XVI, 38 ; XVII, 49, 51, 98 ; XIX, 66 ; XXI, 38 ; XXIII, 82, 83 ; XXVII, 67, 68, 71 ; XXXII, 10, 28 ; XXXIV, 3, 7, 8, 29 ; XXXVI, 48, 78 ; XXXVII, 15, 16, 17 ; XLI, 50 ; XLIV, 34, 35, 36 ; XLV, 24, 25, 32 ; XLVI, 17 ; L, 2, 3 ; LI, 12 ; LVI, 47, 48 ; LXVII, 25 ; LXXV, 6 ; LXXIX, 10, 11, 12, 42 / **La résurrection** [CDRD] : VI, 29 ; XI, 7 ; XIII, 5 ; XVI, 38 ; XVII 49, 51, 98 ; XIX, 66 ; XXIII, 82, 83 ; XXVII, 67, 68 ; XXXII, 10 ; XXXIV, 7, 8 ; XXXVI, 78 ; XXXVII 15, 16, 17 ; XLIV, 34, 35, 36 ; XLV, 24, 25 ; XLVI, 17 ; L, 2, 3 ; LVI, 47, 48 ; LXXIX, 10, 11, 12 / ***siḥr**^{un}* [CDRD] VI, 7 ; XI, 7 ; XXVIII, 48 ; XXXIV, 43 ; XXXVII, 15 ; XLIII, 30 ; XLVI, 7 ; LIV, 2 ; LXXIV, 24.

Cent unième contre-discours dans l'ordre du *muṣḥaf*. Dans l'ordre chronologique des discours contre l'eschatologie, il est placé à la trente septième place (sur cinquante deux). Sa structure est complexe avec la présence d'un Contre-Discours Rapporté Introductif (CDRI) (dont une injonction hypothétique : « et si tu dis »), un Contre-Discours Rapporté Direct Présent (CDRDP) et un Contre-Discours Citant de la Riposte (CDCR). Le CDRI est le seul exemple où une louange décrit la majesté de la création et de Dieu. L'affirmation est généralement située dans la riposte. Le CDRDP est une forme de réfutation catégorique. L'accusation de magie est aussi exprimée dans un contre-discours en XXXVII, 15.

CDRDE n° 102 (XI, 8) / سورة هود / Tradition (33) ; Noldëke (75) ; Blachère (77)

وَلَئِنْ أَخَّرْنَا عَنْهُمُ الْعَذَابَ إِلَىٰ أُمَّةٍ مَّعْدُودَةٍ لَّيَقُولُنَّ **مَا يَحْبِسُهُ** أَلَا يَوْمَ يَأْتِيهِمْ لَيْسَ مَصْرُوفًا عَنْهُمْ وَحَاقَ بِهِم مَّا كَانُوا بِهِ يَسْتَهْزِئُونَ

mā yaḥbisuh^{u}
« Qu'est-ce donc qui le retient ? »

L'Heure eschatologique [CDRD] : VII, 187 ; X, 48 ; XVII, 51 ; XXI, 38 ; XXVII, 71 ; XXXII, 28 ; XXXIV, 3, 29 ; XXXVI, 48 ; XLI, 50 ; XLV, 32 ; LI, 12 ; LXVII, 25 ; LXXV, 6 ; LXXIX, 42 / **La résurrection** [CDRD] : VI, 29 ; XI, 7 ; XIII, 5 ; XVI, 38 ; XVII 49,

51, 98 ; XIX, 66 ; XXIII, 82, 83 ; XXVII, 67, 68 ; XXXII, 10 ; XXXIV, 7, 8 ; XXXVI, 78 ; XXXVII 15, 16, 17 ; XLIV, 34, 35, 36 ; XLV, 24, 25 ; XLVI, 17 ; L, 2, 3 ; LVI, 47, 48 ; LXXIX, 10, 11, 12 / **L'Eschatologie** [CDRD] : II, 8, 80, 111 ; III, 24 ; VI, 29 ; VII, 187 ; X, 48, 53 ; XI, 7, 8 ; XIII, 5 ; XVI, 38 ; XVII, 49, 51, 98 ; XIX, 66 ; XXI, 38 ; XXIII, 82, 83 ; XXVII, 67, 68, 71 ; XXXII, 10, 28 ; XXXIV, 3, 7, 8, 29 ; XXXVI, 48, 78 ; XXXVII, 15, 16, 17 ; XLI, 50 ; XLIV, 34, 35, 36 ; XLV, 24, 25, 32 ; XLVI, 17 ; L, 2, 3 ; LI, 12 ; LVI, 47, 48 ; LXVII, 25 ; LXXV, 6 ; LXXIX, 10, 11, 12, 42.

Ancien testament [CDRD] : Is 5, 19

Cent deuxième contre-discours dans l'ordre du *muṣḥaf*. Dans l'ordre chronologique des discours contre l'eschatologie, il est placé à la trente huitième place (sur cinquante deux). Sa structure est semi-complexe avec la présence d'un Contre-Discours Rapporté Introductif (CDRI), un Contre-Discours Rapporté Direct Présent (CDRDP) et un Contre-Discours Citant de la Riposte (CDCR). Le CDRD est une réfutation interrogative et ironique similaire à XLV, 25 qui n'est autre qu'un défi lancé au Coran. Dans une perspective intertextuelle, l'expression est à rapprocher de Is 5, 19 (à ceux qui disent : «Qu'il fasse vite, qu'il hâte son œuvre...») הָאֹמְרִים יְמַהֵר יָחִישָׁה מַעֲשֵׂהוּ

CDRDE n° 103 (XI, 10) / سورة هود / Tradition (33) ; Noldëke (75) ; Blachère (77)

وَلَئِنْ أَذَقْنَاهُ نَعْمَاءَ بَعْدَ ضَرَّاءَ مَسَّتْهُ لَيَقُولَنَّ **ذَهَبَ السَّيِّئَاتُ** عَنِّي إِنَّهُ لَفَرِحٌ فَخُورٌ

ḏahab^a l-sayyi'ātu

« Les malheurs se sont éloignés de moi ».

CDRDP n° 104 (XI, 12) / سورة هود / Tradition (33) ; Noldëke (75) ; Blachère (77)

فَلَعَلَّكَ تَارِكٌ بَعْضَ مَا يُوحَىٰ إِلَيْكَ وَضَائِقٌ بِهِ صَدْرُكَ أَن يَقُولُوا **لَوْلَا أُنزِلَ عَلَيْهِ كَنزٌ أَوْ جَاءَ مَعَهُ مَلَكٌ** إِنَّمَا أَنتَ نَذِيرٌ وَاللَّهُ عَلَىٰ كُلِّ شَيْءٍ وَكِيلٌ

Law-lā 'unzil^a 'alayh^i kanz^un ['aw] ǧā'^a ma'ah^u malak^un

« Pourquoi un trésor n'est pas descendu sur lui ? » Ou bien : « Pourquoi n'est-il pas venu un Ange en sa compagnie ? »

Contre le Prophète [CDRD] : III, 183, IV, 78, 141, 150 ; V, 19 ; VI, 8, 37, 91, 93, 105, 124, VII, 203 ; IX, 59, 61 ; X, 2, 15, 20, 38 ; XI, 12, 13, 35 ; XIII, 7, 27, 43 ; XV, 6, 7 ; XVI, 101, 103 ; XVII, 47, 90, 91, 92, 93, 94 ; XX, 133 ; XXI, 3, 5, 36 ; XXIII, 70 ; XXIV, 47 ; XXV, 4, 5, 7, 32, 41, 42, 60 ; XXVIII, 47, 48, 57 ; XXIX, 50 ; XXX, 58 ; XXXIII, 12 ; XXXIV, 8, 34, 43 ; XXXVII, 36 ; XXXVIII, 4, 5, 8 ; XLII, 24 ; XLIII, 24, 31 ; XLIV, 14 ; XLVI, 8 ; XLVII, 6, 16 ; XLVIII, 15 ; LII, 30, 33 ; LXIII, 1, 7, 8 ; LXVIII, 51 ; LXXIV, 25.
'unzil^a 'alayh^i [CDRD] : VI, 8 ; X, 20 ; XXV, 32 ; XXIX, 50.

CDRDP n° 105 (XI, 13) / سورة هود / Tradition (33) ; Noldëke (75) ; Blachère (77)

أَمْ يَقُولُونَ **افْتَرَاهُ** قُلْ فَأْتُوا بِعَشْرِ سُوَرٍ مِّثْلِهِ مُفْتَرَيَاتٍ وَادْعُوا مَنِ اسْتَطَعْتُم مِّن دُونِ اللَّهِ إِن كُنتُمْ صَادِقِينَ

iftarāh^{u}

« Il l'a inventé ».

Contre le Prophète [CDRD] : III, 183, IV, 78, 141, 150 ; V, 19 ; VI, 8, 37, 91, 93, 105, 124, VII, 203 ; IX, 59, 61 ; X, 2, 15, 20, 38 ; XI, 12, 13, 35 ; XIII, 7, 27, 43 ; XV, 6, 7 ; XVI, 101, 103 ; XVII, 47, 90, 91, 92, 93, 94 ; XX, 133 ; XXI, 3, 5, 36 ; XXIII, 70 ; XXIV, 47 ; XXV, 4, 5, 7, 32, 41, 42, 60 ; XXVIII, 47, 48, 57 ; XXIX, 50 ; XXX, 58 ; XXXIII, 12 ; XXXIV, 8, 34, 43 ; XXXVII, 36 ; XXXVIII, 4, 5, 8 ; XLII, 24 ; XLIII, 24, 31 ; XLIV, 14 ; XLVI, 8 ; XLVII, 6, 16 ; XLVIII, 15 ; LII, 30, 33 ; LXIII, 1, 7, 8 ; LXVIII, 51 ; LXXIV, 25 / ***Iftarāh^{u}*** [CDRD] X,38 XI, 13, 35 ; XXI, 5 ; XXV, 4 ; XLII, 24 ; XLVI, 8.

CDRDP n° 106 (XI, 35) / سورة هود / Tradition (33) ; Noldëke (75) ; Blachère (77)

أَمْ يَقُولُونَ **افْتَرَاهُ** قُلْ إِنِ افْتَرَيْتُهُ فَعَلَيَّ إِجْرَامِي وَأَنَا بَرِيءٌ مِّمَّا تُجْرِمُونَ

iftarāh^{u}

« Il l'a inventé ».

Contre le Prophète [CDRD] : III, 183, IV, 78, 141, 150 ; V, 19 ; VI, 8, 37, 91, 93, 105, 124, VII, 203 ; IX, 59, 61 ; X, 2, 15, 20, 38 ; XI, 12, 13, 35 ; XIII, 7, 27, 43 ; XV, 6, 7 ; XVI, 101, 103 ; XVII, 47, 90, 91, 92, 93, 94 ; XX, 133 ; XXI, 3, 5, 36 ; XXIII, 70 ; XXIV, 47 ; XXV, 4, 5, 7, 32, 41, 42, 60 ; XXVIII, 47, 48, 57 ; XXIX, 50 ; XXX, 58 ; XXXIII, 12 ; XXXIV, 8, 34, 43 ; XXXVII, 36 ; XXXVIII, 4, 5, 8 ; XLII, 24 ; XLIII, 24, 31 ; XLIV, 14 ; XLVI, 8 ; XLVII, 6, 16 ; XLVIII, 15 ; LII, 30, 33 ; LXIII, 1, 7, 8 ; LXVIII, 51 ; LXXIV, 25 / ***Aftarāh^{u}*** [CDRD] X,38 XI, 13, 35 ; XXI, 5 ; XXV, 4 ; XLII, 24 ; XLVI, 8.

CDRDE n° 107 (XIII, 5) / سورة الرعد / Tradition (97) ; Noldëke (90) ; Blachère (92)

وَإِن تَعْجَبْ فَعَجَبٌ قَوْلُهُمْ **أَإِذَا كُنَّا تُرَابًا أَإِنَّا لَفِي خَلْقٍ جَدِيدٍ** أُولَٰئِكَ الَّذِينَ كَفَرُوا بِرَبِّهِمْ وَأُولَٰئِكَ الْأَغْلَالُ فِي أَعْنَاقِهِمْ وَأُولَٰئِكَ أَصْحَابُ النَّارِ هُمْ فِيهَا خَالِدُونَ

ʾaiḏā kunnā turāb^{an} ʾainnā la-fī ḫalq^{in} ǧadīd^{in}

« Lorsque nous serons poussières, comment pourrions-nous (être) en une création nouvelle ? »

Eschatologie [CDRD] : II, 8, 80, 111 ; III, 24 ; VI, 29 ; VII, 187 ; X, 48, 53 ; XI, 7, 8 ; XIII, 5 ; XVI, 38 ; XVII, 49, 51, 98 ; XIX, 66 ; XXI, 38 ; XXIII, 82, 83 ; XXVII, 67, 68, 71 ; XXXII, 10, 28 ; XXXIV, 3, 7, 8, 29 ; XXXVI, 48, 78 ; XXXVII, 15, 16, 17 ; XLI, 50 ; XLIV, 34, 35, 36 ; XLV, 24, 25, 32 ; XLVI, 17 ; L, 2, 3 ; LI, 12 ; LVI, 47, 48 ; LXVII, 25 ; LXXV, 6 ; LXXIX, 10, 11, 12, 42 / **La résurrection** [CDRD] : VI, 29 ; XI, 7 ; XIII, 5 ; XVI, 38 ; XVII

49, 51, 98 ; XIX, 66 ; XXIII, 82, 83 ; XXVII, 67, 68 ; XXXII, 10 ; XXXIV, 7, 8 ; XXXVI, 78 ; XXXVII 15, 16, 17 ; XLIV, 34, 35, 36 ; XLV, 24, 25 ; XLVI, 17 ; L, 2, 3 ; LVI, 47, 48 ; LXXIX, 10, 11, 12.

Talmud [CDRD] : Sanhédrin 90 b et seq ; **Ecrits Apocryphes Chrétiens** [concordance thématique] : Ap Pierre 4, 6–13

Cent septième contre-discours dans l'ordre du *muṣḥaf.* Dans l'ordre chronologique des discours contre l'eschatologie, il est placé à la quarante huitième position (sur cinquante deux). Sa structure est semi complexe contenant un Contre-discours Citant introductif («Si tu dois t'étonner, étonnante [est pour toi] la parole [des Incrédules] ») suivi d'un contre-discours (« Lorsque nous serons poussière, comment pourrions-nous (être) en une création nouvelle ») et d'une riposte («Ceux-là seront les Hôtes du Feu où ils seront ceux immortels. ») Ce contre-discours est une réfutation questionnante qui du point de vue argumentatif peut être considéré comme une objection. La raison de l'objection est motivée. Elle est fondée sur un argument rationnel qui pose le postulat implicite d'une impossibilité de faire renaître ce qui est mort. Ce verset est à rapprocher de versets XIII, 5 ; XVII, 49, 98 ; XXIII, 82–83 ; XXVII, 67 ; XXXII, 10 ; XXXVI, 78 ; XXXVII, 15–17 ; XLIV, 34–35 ; L, 2–3 ; LVI, 47, 48 ; LXXIX, 10. L'objection est employée dans un traité du Talmud, le Sanhédrin : « Un hérétique disait au rabbi Gamaliel : « Vous prétendez que les morts revivront, mais ils sont réduits en poussière ; la poussière peut-elle prendre vie ? » La riposte a la particularité d'être une condamnation univoque et sans concession. La tonalité polémique est ici exacerbée et dénote une évolution significative de la riposte.

CDRDP n° 108 (XIII, 7) / سورة الرعد / Tradition (97) ; Noldëke (90) ; Blachère (92)

وَيَقُولُ الَّذِينَ كَفَرُوا **لَوْلَا أُنزِلَ عَلَيْهِ آيَةٌ مِّن رَّبِّهِ** إِنَّمَا أَنتَ مُنذِرٌ وَلِكُلِّ قَوْمٍ هَادٍ

law-lā ʾunzil^a ʿalayh^i ʾāyat^un min rabbih^i

« Pourquoi ne descend pas sur lui un signe venant de son Seigneur ? »

Contre le Prophète [CDRD] : III, 183, IV, 78, 141, 150 ; V, 19 ; VI, 8, 37, 91, 93, 105, 124, VII, 203 ; IX, 59, 61 ; X, 2, 15, 20, 38 ; XI, 12, 13, 35 ; XIII, 7, 27, 43 ; XV, 6, 7 ; XVI, 101, 103 ; XVII, 47, 90, 91, 92, 93, 94 ; XX, 133 ; XXI, 3, 5, 36 ; XXIII, 70 ; XXIV, 47 ; XXV, 4, 5, 7, 32, 41, 42, 60 ; XXVIII, 47, 48, 57 ; XXIX, 50 ; XXX, 58 ; XXXIII, 12 ; XXXIV, 8, 34, 43 ; XXXVII, 36 ; XXXVIII, 4, 5, 8 ; XLII, 24 ; XLIII, 24, 31 ; XLIV, 14 ; XLVI, 8 ; XLVII, 6, 16 ; XLVIII, 15 ; LII, 30, 33 ; LXIII, 1, 7, 8 ; LXVIII, 51 ; LXXIV, 25 / ***rabb*** [CDRD] : II, 76, 200 ; IV, 77 ; VI, 37 ; X, 20 ; XIII, 7, 27 ; XX, 133 ; XXV, 21 ; XXVIII, 47 ; XXIX, 50 ; XXXIV, 23 ; XLI, 50 ; LII, 30 ; LXXXIX, 15, 16

CDRDP n° 109 (XIII, 27) / سورة الرعد / Tradition (97) ; Noldëke (90) ; Blachère (92)

وَيَقُولُ الَّذِينَ كَفَرُوا **لَوْلَا أُنزِلَ عَلَيْهِ آيَةٌ مِّن رَّبِّهِ** قُلْ إِنَّ اللَّهَ يُضِلُّ مَن يَشَاءُ وَيَهْدِي إِلَيْهِ مَنْ أَنَابَ

law-lā ʾunzil^{a} *ʿalayh*^{i} *ʾāyat*^{un} *min rabbih*^{i}

« Pourquoi ne descend pas sur lui un signe venant de son Seigneur ? »

Contre le Prophète [CDRD] : III, 183, IV, 78, 141, 150 ; V, 19 ; VI, 8, 37, 91, 93, 105, 124, VII, 203 ; IX, 59, 61 ; X, 2, 15, 20, 38 ; XI, 12, 13, 35 ; XIII, 7, 27, 43 ; XV, 6, 7 ; XVI, 101, 103 ; XVII, 47, 90, 91, 92, 93, 94 ; XX, 133 ; XXI, 3, 5, 36 ; XXIII, 70 ; XXIV, 47 ; XXV, 4, 5, 7, 32, 41, 42, 60 ; XXVIII, 47, 48, 57 ; XXIX, 50 ; XXX, 58 ; XXXIII, 12 ; XXXIV, 8, 34, 43 ; XXXVII, 36 ; XXXVIII, 4, 5, 8 ; XLII, 24 ; XLIII, 24, 31 ; XLIV, 14 ; XLVI, 8 ; XLVII, 6, 16 ; XLVIII, 15 ; LII, 30, 33 ; LXIII, 1, 7, 8 ; LXVIII, 51 ; LXXIV, 25.

CDRDP n° 110 (XIII, 43) / سورة الرعد / Tradition (97) ; Noldëke (90) ; Blachère (92)

وَيَقُولُ الَّذِينَ كَفَرُوا **لَسْتَ مُرْسَلًا** قُلْ كَفَىٰ بِاللَّهِ شَهِيدًا بَيْنِي وَبَيْنَكُمْ وَمَنْ عِندَهُ عِلْمُ الْكِتَابِ

last^{a} *mursal*^{an}

« N'es-tu pas un Envoyé ? »

Contre le Prophète [CDRD] : III, 183, IV, 78, 141, 150 ; V, 19 ; VI, 8, 37, 91, 93, 105, 124, VII, 203 ; IX, 59, 61 ; X, 2, 15, 20, 38 ; XI, 12, 13, 35 ; XIII, 7, 27, 43 ; XV, 6, 7 ; XVI, 101, 103 ; XVII, 47, 90, 91, 92, 93, 94 ; XX, 133 ; XXI, 3, 5, 36 ; XXIII, 70 ; XXIV, 47 ; XXV, 4, 5, 7, 32, 41, 42, 60 ; XXVIII, 47, 48, 57 ; XXIX, 50 ; XXX, 58 ; XXXIII, 12 ; XXXIV, 8, 34, 43 ; XXXVII, 36 ; XXXVIII, 4, 5, 8 ; XLII, 24 ; XLIII, 24, 31 ; XLIV, 14 ; XLVI, 8 ; XLVII, 6, 16 ; XLVIII, 15 ; LII, 30, 33 ; LXIII, 1, 7, 8 ; LXVIII, 51 ; LXXIV, 25.

CDRDP n° 111 (XV, 6) / سورة الحجر / Tradition (54) ; Noldëke (57) ; Blachère (59)

وَقَالُوا يَا **أَيُّهَا الَّذِي نُزِّلَ عَلَيْهِ الذِّكْرُ إِنَّكَ لَمَجْنُونٌ**

yā ʾayyuhā llaḏī nuzzil^{a} *ʿalayh*^{i} *l-ḏikr*^{u} *ʾinnak*^{a} *la-mağnūn*^{un}

« O toi ! sur qui on a fait descendre le Rappel, tu es certes un possédé ! »

Contre le Prophète [CDRD] : III, 183, IV, 78, 141, 150 ; V, 19 ; VI, 8, 37, 91, 93, 105, 124, VII, 203 ; IX, 59, 61 ; X, 2, 15, 20, 38 ; XI, 12, 13, 35 ; XIII, 7, 27, 43 ; XV, 6, 7 ; XVI, 101, 103 ; XVII, 47, 90, 91, 92, 93, 94 ; XX, 133 ; XXI, 3, 5, 36 ; XXIII, 70 ; XXIV, 47 ; XXV, 4, 5, 7, 32, 41, 42, 60 ; XXVIII, 47, 48, 57 ; XXIX, 50 ; XXX, 58 ; XXXIII, 12 ; XXXIV, 8, 34, 43 ; XXXVII, 36 ; XXXVIII, 4, 5, 8 ; XLII, 24 ; XLIII, 24, 31 ; XLIV, 14 ; XLVI, 8 ; XLVII, 6, 16 ; XLVIII, 15 ; LII, 30, 33 ; LXIII, 1, 7, 8 ; LXVIII, 51 ; LXXIV, 25 / ***mağnūn*** [CDRD] : XV, 6 ; XXXVII, 36 ; XLIV, 14 ; LXVIII, 51

CDRDP n° 112 (XV, 7) / سورة الحجر / Tradition (54) ; Noldëke (57) ; Blachère (59)

لَّوْ مَا تَأْتِينَا بِالْمَلَائِكَةِ إِن كُنتَ مِنَ الصَّادِقِينَ

law mā tàtīnā bi-l-malā'ikat[i] 'in kunt[a] mina l-ṣādiqīn[a]

« Pourquoi ne fais tu pas venir des anges, si tu es parmi les véridiques ? »

Contre le Prophète [CDRD] : III, 183, IV, 78, 141, 150 ; V, 19 ; VI, 8, 37, 91, 93, 105, 124, VII, 203 ; IX, 59, 61 ; X, 2, 15, 20, 38 ; XI, 12, 13, 35 ; XIII, 7, 27, 43 ; XV, 6, 7 ; XVI, 101, 103 ; XVII, 47, 90, 91, 92, 93, 94 ; XX, 133 ; XXI, 3, 5, 36 ; XXIII, 70 ; XXIV, 47 ; XXV, 4, 5, 7, 32, 41, 42, 60 ; XXVIII, 47, 48, 57 ; XXIX, 50 ; XXX, 58 ; XXXIII, 12 ; XXXIV, 8, 34, 43 ; XXXVII, 36 ; XXXVIII, 4, 5, 8 ; XLII, 24 ; XLIII, 24, 31 ; XLIV, 14 ; XLVI, 8 ; XLVII, 6, 16 ; XLVIII, 15 ; LII, 30, 33 ; LXIII, 1, 7, 8 ; LXVIII, 51 ; LXXIV, 25 / ***ṣādiqīn*** [CDRD] X, 48 ; XV, 7 ; XLIV, 36 ; XLV, 25 ; LXVII, 25.

CDRDP n° 113 (XV, 15) / سورة الحجر / Tradition (54) ; Noldëke (57) ; Blachère (59)

لَقَالُوا إِنَّمَا سُكِّرَتْ أَبْصَارُنَا بَلْ نَحْنُ قَوْمٌ مَّسْحُورُونَ

'innamā sukkirat 'abṣārunā bal naḥn[u] qawm[un] masḥūrūn[a]

« Nos yeux ont été trompés ou plutôt nous sommes des gens ensorcelés ».

naḥn[u] [CDRD] : II, 11, 14 ; III, 181, V, 18, VI, 29 ; XV, 15 ; XVI, 35 ; XXIII, 83 ; XXVII, 68 ; XXXIV, 35 ; XLIV, 35 ; LIV, 44.

CDRDP n° 114 (XVI, 24) / سورة النحل / Tradition (70) ; Noldëke (73) ; Blachère (75)

وَإِذَا قِيلَ لَهُم مَّاذَا أَنزَلَ رَبُّكُمْ قَالُوا أَسَاطِيرُ الْأَوَّلِينَ

'asāṭīr[u] l-'awwalīn[a]

« [Ce sont] des histoires d'anciens ».

Contre le Coran [CDRD] : II, 26, 76, 91, 118, 170, III, 72, 73 ; V, 104 ; VI, 7, 25, 93, 105, 156, 157 ; VII, 203 ; VIII, 21, 31 ; IX, 127 ; X, 15, 20, 38 ; XI, 13, 35 ; XVI, 24, 101, 103 ; XXV, 4, 5, 32 ; XXXI, 21 ; XXXIV, 31 ; XXXVII, 168, 169 ; XXXVIII, 7, 8 ; XLI, 5, 26, 44 ; XLII, 24 ; XLIII, 31 ; XLIV, 14, 36 ; XLV, 25, 32 ; XLVI, 7, 8, 11 ; XLVII, 20, 26 ; LII, 33 ; LXVIII, 15 ; LXXIV, 24, 25, 31 ; LXXXIII, 13 / ***'asāṭīr[u] al-'awwalīn[a]*** [CDRD] : VI, 25 ; VIII, 31 ; XVI, 24 ; XXXIII, 83 ; XXV, 5 ; XXVII, 68 ; XLVI, 17 ; LXVIII, 15 ; LXXXIII, 13

CDRDP n° 115 (XVI, 35) / سورة النحل / Tradition (70) ; Noldëke (73) ; Blachère (75)

وَقَالَ الَّذِينَ أَشْرَكُوا **لَوْ شَاءَ اللَّهُ مَا عَبَدْنَا مِن دُونِهِ مِن شَيْءٍ** نَّحْنُ وَلَا آبَاؤُنَا وَلَا حَرَّمْنَا مِن دُونِهِ مِن شَيْءٍ كَذَٰلِكَ فَعَلَ الَّذِينَ مِن قَبْلِهِمْ فَهَلْ عَلَى الرُّسُلِ إِلَّا الْبَلَاغُ الْمُبِ

law šāʾa Allāhu mā ʿabadnā min dūnihi min šayʾin naḥnu wa-lā ʾābāʾunā wa-lā ḥarramnā min dūnihī min šayʾin

« Si Allah l'avait voulu, nous n'aurions pas adoré quoi que ce soit en dehors de Lui, ni nous ni nos pères ; et nous n'aurions rien interdit qu'Il n'ait interdit Lui-même ».

naḥnu [CDRD] : II, 11, 14 ; III, 181, V, 18, VI, 29 ; XV, 15 ; XVI, 35 ; XXIII, 83 ; XXVII, 68 ; XXXIV, 35 ; XLIV, 35 ; LIV, 44.

CDRDE n° 116 (XVI, 38) / سورة النحل / Tradition (70) ; Noldëke (73) ; Blachère (75)

وَأَقْسَمُوا بِاللَّهِ جَهْدَ أَيْمَانِهِمْ **لَا يَبْعَثُ اللَّهُ مَن يَمُوتُ** بَلَىٰ وَعْدًا عَلَيْهِ حَقًّا وَلَٰكِنَّ أَكْثَرَ النَّاسِ لَا يَعْلَمُونَ

lā yabʿaṯu Allāhu man yamūtu

« Allah ne ressuscite pas celui qui meurt ».

Eschatologie [CDRD] : II, 8, 80, 111 ; III, 24 ; VI, 29 ; VII, 187 ; X, 48, 53 ; XI, 7, 8 ; XIII, 5 ; XVI, 38 ; XVII, 49, 51, 98 ; XIX, 66 ; XXI, 38 ; XXIII, 82, 83 ; XXVII, 67, 68, 71 ; XXXII, 10, 28 ; XXXIV, 3, 7, 8, 29 ; XXXVI, 48, 78 ; XXXVII, 15, 16, 17 ; XLI, 50 ; XLIV, 34, 35, 36 ; XLV, 24, 25, 32 ; XLVI, 17 ; L, 2, 3 ; LI, 12 ; LVI, 47, 48 ; LXVII, 25 ; LXXV, 6 ; LXXIX, 10, 11, 12, 42 / **La résurrection** [CDRD] : VI, 29 ; XI, 7 ; XIII, 5 ; XVI, 38 ; XVII 49, 51, 98 ; XIX, 66 ; XXIII, 82, 83 ; XXVII, 67, 68 ; XXXII, 10 ; XXXIV, 7, 8 ; XXXVI, 78 ; XXXVII 15, 16, 17 ; XLIV, 34, 35, 36 ; XLV, 24, 25 ; XLVI, 17 ; L, 2, 3 ; LVI, 47, 48 ; LXXIX, 10, 11, 12.

Talmud [CDRD] : Sanhédrin 90 b et seq

Cent seizième contre-discours dans l'ordre du *muṣḥaf*. Dans l'ordre chronologique des discours contre l'eschatologie, il est placé à la trente sixième place (sur cinquante deux). Sa structure est semi-complexe avec la présence d'un Contre-Discours Rapporté Introductif (CDRI), un Contre-Discours Rapporté Direct (CDRD) et un Contre-discours Citant de la Riposte (CDCR). Le CDRI informe d'un contexte minimal (le serment fait par les opposants), le CDRD est une assertion négative et radicale qui souligne le refus de croire en la résurrection. L'énoncé implique implicitement que croire en Allah doit conduire, selon le Coran, à croire en la résurrection (V. II, 8). On notera la dimension métatextuelle de la riposte avec l'expression, « c'est une promesse véritable » qui peut s'attacher soit à l'idée de la résurrection ou soit au fait qu'elle soit annoncée par le processus de la révélation.

CDRDP n° 117 (XVI, 101) / سورة النحل / Tradition (70) ; Noldëke (73) ; Blachère (75)

وَإِذَا بَدَّلْنَا آيَةً مَّكَانَ آيَةٍ ۙ وَاللَّهُ أَعْلَمُ بِمَا يُنَزِّلُ قَالُوا **إِنَّمَا أَنتَ مُفْتَرٍ** بَلْ أَكْثَرُهُمْ لَا يَعْلَمُونَ

ʾinnamā ʾant^{a} *muftar*^{in}

« Tu n'es qu'un faussaire ».

Contre le Prophète [CDRD] : III, 183, IV, 78, 141, 150 ; V, 19 ; VI, 8, 37, 91, 93, 105, 124, VII, 203 ; IX, 59, 61 ; X, 2, 15, 20, 38 ; XI, 12, 13, 35 ; XIII, 7, 27, 43 ; XV, 6, 7 ; XVI, 101, 103 ; XVII, 47, 90, 91, 92, 93, 94 ; XX, 133 ; XXI, 3, 5, 36 ; XXIII, 70 ; XXIV, 47 ; XXV, 4, 5, 7, 32, 41, 42, 60 ; XXVIII, 47, 48, 57 ; XXIX, 50 ; XXX, 58 ; XXXIII, 12 ; XXXIV, 8, 34, 43 ; XXXVII, 36 ; XXXVIII, 4, 5, 8 ; XLII, 24 ; XLIII, 24, 31 ; XLIV, 14 ; XLVI, 8 ; XLVII, 6, 16 ; XLVIII, 15 ; LII, 30, 33 ; LXIII, 1, 7, 8 ; LXVIII, 51 ; LXXIV, 25.

CDRDP n° 118 (XVI, 103) / سورة النحل / Tradition (70) ; Noldëke (73) ; Blachère (75)

وَلَقَدْ نَعْلَمُ أَنَّهُمْ يَقُولُونَ **إِنَّمَا يُعَلِّمُهُ بَشَرٌ** لِّسَانُ الَّذِي يُلْحِدُونَ إِلَيْهِ أَعْجَمِيٌّ وَهَٰذَا لِسَانٌ عَرَبِيٌّ مُّبِينٌ

ʾinnamā yuʿallimuh^{u} *bašar*^{un}

« Ce n'est qu'un homme qui l'instruit ».

Contre le Prophète [CDRD] : III, 183, IV, 78, 141, 150 ; V, 19 ; VI, 8, 37, 91, 93, 105, 124, VII, 203 ; IX, 59, 61 ; X, 2, 15, 20, 38 ; XI, 12, 13, 35 ; XIII, 7, 27, 43 ; XV, 6, 7 ; XVI, 101, 103 ; XVII, 47, 90, 91, 92, 93, 94 ; XX, 133 ; XXI, 3, 5, 36 ; XXIII, 70 ; XXIV, 47 ; XXV, 4, 5, 7, 32, 41, 42, 60 ; XXVIII, 47, 48, 57 ; XXIX, 50 ; XXX, 58 ; XXXIII, 12 ; XXXIV, 8, 34, 43 ; XXXVII, 36 ; XXXVIII, 4, 5, 8 ; XLII, 24 ; XLIII, 24, 31 ; XLIV, 14 ; XLVI, 8 ; XLVII, 6, 16 ; XLVIII, 15 ; LII, 30, 33 ; LXIII, 1, 7, 8 ; LXVIII, 51 ; LXXIV, 25 / ***bašar*** [CDRD] : XVI, 103 ; XVII, 94 ; XXI, 3 ; LXXIV, 25. – [Prédicat 32] Un prophète enseigné (VI, 105 ; XVI, 103 ; XXV, 4)

CDRDP n° 119 (XVI, 116) / سورة النحل / Tradition (70) ; Noldëke (73) ; Blachère (75)

وَلَا تَقُولُوا لِمَا تَصِفُ أَلْسِنَتُكُمُ الْكَذِبَ **هَٰذَا حَلَالٌ وَهَٰذَا حَرَامٌ** لِّتَفْتَرُوا عَلَى اللَّهِ الْكَذِبَ إِنَّ الَّذِينَ يَفْتَرُونَ عَلَى اللَّهِ الْكَذِبَ لَا يُفْلِحُونَ

hāḏā ḥalāl^{un} *wa-haḏā ḥarām*^{un}

« Cela est permis et cela est interdit ».

[CDRD normatif] II, 275 ; VI, 138 ; XVI, 116 ; XXXIII, 4

CDRDP n° 120 (XVII, 47) / سورة الإسراء / Tradition (50) ; Noldëke (67) ; Blachère (72)

نَّحْنُ أَعْلَمُ بِمَا يَسْتَمِعُونَ بِهِ إِذْ يَسْتَمِعُونَ إِلَيْكَ وَإِذْ هُمْ نَجْوَىٰ إِذْ يَقُولُ الظَّالِمُونَ إِن تَتَّبِعُونَ إِلَّا رَجُلًا مَّسْحُورًا

ʾin tattabiʿūn^a ʾillā rağul^an masḥūr^an

« Vous ne suivez qu'un homme possédé ».

Contre le Prophète [CDRD] : III, 183, IV, 78, 141, 150 ; V, 19 ; VI, 8, 37, 91, 93, 105, 124, VII, 203 ; IX, 59, 61 ; X, 2, 15, 20, 38 ; XI, 12, 13, 35 ; XIII, 7, 27, 43 ; XV, 6, 7 ; XVI, 101, 103 ; XVII, 47, 90, 91, 92, 93, 94 ; XX, 133 ; XXI, 3, 5, 36 ; XXIII, 70 ; XXIV, 47 ; XXV, 4, 5, 7, 32, 41, 42, 60 ; XXVIII, 47, 48, 57 ; XXIX, 50 ; XXX, 58 ; XXXIII, 12 ; XXXIV, 8, 34, 43 ; XXXVII, 36 ; XXXVIII, 4, 5, 8 ; XLII, 24 ; XLIII, 24, 31 ; XLIV, 14 ; XLVI, 8 ; XLVII, 6, 16 ; XLVIII, 15 ; LII, 30, 33 ; LXIII, 1, 7, 8 ; LXVIII, 51 ; LXXIV, 25.

CDRDE n° 121 (XVII, 49) / سورة الإسراء / Tradition (50) ; Noldëke (67) ; Blachère (17)

وَقَالُوا أَإِذَا كُنَّا عِظَامًا وَرُفَاتًا أَإِنَّا لَمَبْعُوثُونَ خَلْقًا جَدِيدًا

ʾáiḏā kunnā ʿiẓām^an wa-rufāt^an ʾáinnā la-mabʿūṯūn^a ḫalq^an ğadīd^an

« Lorsque nous serons os et poussières, comment serions-nous ressuscités en une nouvelle création ? »

Eschatologie [CDRD] : II, 8, 80, 111 ; III, 24 ; VI, 29 ; VII, 187 ; X, 48, 53 ; XI, 7, 8 ; XIII, 5 ; XVI, 38 ; XVII, 49, 51, 98 ; XIX, 66 ; XXI, 38 ; XXIII, 82, 83 ; XXVII, 67, 68, 71 ; XXXII, 10, 28 ; XXXIV, 3, 7, 8, 29 ; XXXVI, 48, 78 ; XXXVII, 15, 16, 17 ; XLI, 50 ; XLIV, 34, 35, 36 ; XLV, 24, 25, 32 ; XLVI, 17 ; L, 2, 3 ; LI, 12 ; LVI, 47, 48 ; LXVII, 25 ; LXXV, 6 ; LXXIX, 10, 11, 12, 42 / **La résurrection** [CDRD] : VI, 29 ; XI, 7 ; XIII, 5 ; XVI, 38 ; XVII 49, 51, 98 ; XIX, 66 ; XXIII, 82, 83 ; XXVII, 67, 68 ; XXXII, 10 ; XXXIV, 7, 8 ; XXXVI, 78 ; XXXVII 15, 16, 17 ; XLIV, 34, 35, 36 ; XLV, 24, 25 ; XLVI, 17 ; L, 2, 3 ; LVI, 47, 48 ; LXXIX, 10, 11, 12.

Talmud [CDRD] : Sanhédrin 90 b et seq ; **Ecrits Apocryphes Chrétiens** [CDRD] : Ap Pierre 4, 6–13

Cent vingt et unième contre-discours dans l'ordre du *muṣḥaf.* Dans l'ordre chronologique des discours contre l'eschatologie, il est placé à la vingt quatrième position (sur cinquante deux). Sa structure est simple avec Contre-discours Citant introductif («ils disent ») suivi d'un contre-discours (« Lorsque nous serons os et poussières, comment serions-nous ressuscités en une nouvelle création ? ») Ce contre-discours est une réfutation questionnante qui du point de vue argumentatif peut être considéré comme une objection. La raison de l'objection est motivée. Elle est fondée sur un argument rationnel qui pose le postulat implicite d'une impossibilité de faire renaître ce qui est mort. Ce verset est à rapprocher de versets XIII, 5 ; XVII, 49, 98 ; XXIII, 82–83 ; XXVII, 67 ; XXXII, 10 ; XXXVI,

78 ; XXXVII, 15–17 ; XLIV, 34–35 ; L, 2–3 ; LVI, 47, 48 ; LXXIX, 10. L'objection est employée dans un traité du Talmud, le Sanhédrin : « Un hérétique disait au rabbi Gamaliel : « Vous prétendez que les morts revivront, mais ils sont réduits en poussière ; la poussière peut-elle prendre vie ? ». A noter une riposte qui est une mise en scène dialoguée entre les opposants et l'allocutaire invité à riposter aux objections.

CDRDE n° 122 (XVII, 51) / سورة الإسراء / Tradition (50) ; Noldëke (67) ; Blachère (17)

أَوْ خَلْقًا مِّمَّا يَكْبُرُ فِي صُدُورِكُمْ فَسَيَقُولُونَ **مَن يُعِيدُنَا** قُلِ الَّذِي فَطَرَكُمْ أَوَّلَ مَرَّةٍ فَسَيُنْغِضُونَ إِلَيْكَ رُءُوسَهُمْ وَيَقُولُونَ **مَتَىٰ هُوَ** قُلْ عَسَىٰ أَن يَكُونَ قَرِيبًا

man yuʿīdunā / matā huw[a]

« Qui nous fera revenir ? / quand cela ? »

L'Eschatologie [CDRD] : II, 8, 80, 111 ; III, 24 ; VI, 29 ; VII, 187 ; X, 48, 53 ; XI, 7, 8 ; XIII, 5 ; XVI, 38 ; XVII, 49, 51, 98 ; XIX, 66 ; XXI, 38 ; XXIII, 82, 83 ; XXVII, 67, 68, 71 ; XXXII, 10, 28 ; XXXIV, 3, 7, 8, 29 ; XXXVI, 48, 78 ; XXXVII, 15, 16, 17 ; XLI, 50 ; XLIV, 34, 35, 36 ; XLV, 24, 25, 32 ; XLVI, 17 ; L, 2, 3 ; LI, 12 ; LVI, 47, 48 ; LXVII, 25 ; LXXV, 6 ; LXXIX, 10, 11, 12, 42. **L'Heure eschatologique** [CDRD] : VII, 187 ; X, 48 ; XVII, 51 ; XXI, 38 ; XXVII, 71 ; XXXII, 28 ; XXXIV, 3, 29 ; XXXVI, 48 ; XLI, 50 ; XLV, 32 ; LI, 12 ; LXVII, 25 ; LXXV, 6 ; LXXIX, 42 / **La résurrection** [CDRD] : VI, 29 ; XI, 7 ; XIII, 5 ; XVI, 38 ; XVII 49, 51, 98 ; XIX, 66 ; XXIII, 82, 83 ; XXVII, 67, 68 ; XXXII, 10 ; XXXIV, 7, 8 ; XXXVI, 78 ; XXXVII 15, 16, 17 ; XLIV, 34, 35, 36 ; XLV, 24, 25 ; XLVI, 17 ; L, 2, 3 ; LVI, 47, 48 ; LXXIX, 10, 11, 12.

Ancien Testament [CDRD] Is 5, 19

Cent vingt deuxième contre-discours dans l'ordre du *muṣḥaf*. Dans l'ordre chronologique des discours contre l'eschatologie, il est placé à la vingt cinquième position (sur cinquante deux). Sa structure est complexe avec deux Contre-Discours qui interrogent à la fois l'idendité de l'auteur eschatologique et à quel moment cet évenement se produira. L'effet produit est celui du levier. Les questions entraînent inévitablement une réponse pour asseoir la doctrine coranique.

CDRDP n° 123 (XVII, 90) / سورة الإسراء / Tradition (50) ; Noldëke (67) ; Blachère (72)

وَقَالُوا لَن **نُّؤْمِنَ لَكَ حَتَّىٰ تَفْجُرَ لَنَا مِنَ الْأَرْضِ يَنبُوعًا**

lan nuʾmin[a] lak[a] ḥattā tafǧur[a] lanā min[a] l-ʾarḍ[i] yanbūʿ[an]

« Nous ne croirons pas en toi avant que tu nous fasses jaillir de terre une source ».

Contre le Prophète [CDRD] : III, 183, IV, 78, 141, 150 ; V, 19 ; VI, 8, 37, 91, 93, 105, 124, VII, 203 ; IX, 59, 61 ; X, 2, 15, 20, 38 ; XI, 12, 13, 35 ; XIII, 7, 27, 43 ; XV, 6, 7 ;

XVI, 101, 103 ; XVII, 47, 90, 91, 92, 93, 94 ; XX, 133 ; XXI, 3, 5, 36 ; XXIII, 70 ; XXIV, 47 ; XXV, 4, 5, 7, 32, 41, 42, 60 ; XXVIII, 47, 48, 57 ; XXIX, 50 ; XXX, 58 ; XXXIII, 12 ; XXXIV, 8, 34, 43 ; XXXVII, 36 ; XXXVIII, 4, 5, 8 ; XLII, 24 ; XLIII, 24, 31 ; XLIV, 14 ; XLVI, 8 ; XLVII, 6, 16 ; XLVIII, 15 ; LII, 30, 33 ; LXIII, 1, 7, 8 ; LXVIII, 51 ; LXXIV, 25.

CDRDP n° 124 (XVII, 91) / سورة الإسراء / Tradition (50) ; Noldëke (67) ; Blachère (72)

أَوْ تَكُونَ لَكَ جَنَّةٌ مِّن نَّخِيلٍ وَعِنَبٍ فَتُفَجِّرَ الْأَنْهَارَ خِلَالَهَا تَفْجِيرًا

ʾaw takūn^{a} *lak*^{a} *ǧannat*^{un} *min naḫīl*^{in} *wa ʿinab*^{in} *fa-tufaǧǧir*^{a} *l-ʾanhār*^{a} *ḫilālahā tafǧīr*^{an}
« ou que tu aies un jardin de palmiers et de vignes entre lequels tu feras jaillir des canaux en abondance ».

Contre le Prophète [CDRD] : III, 183, IV, 78, 141, 150 ; V, 19 ; VI, 8, 37, 91, 93, 105, 124, VII, 203 ; IX, 59, 61 ; X, 2, 15, 20, 38 ; XI, 12, 13, 35 ; XIII, 7, 27, 43 ; XV, 6, 7 ; XVI, 101, 103 ; XVII, 47, 90, 91, 92, 93, 94 ; XX, 133 ; XXI, 3, 5, 36 ; XXIII, 70 ; XXIV, 47 ; XXV, 4, 5, 7, 32, 41, 42, 60 ; XXVIII, 47, 48, 57 ; XXIX, 50 ; XXX, 58 ; XXXIII, 12 ; XXXIV, 8, 34, 43 ; XXXVII, 36 ; XXXVIII, 4, 5, 8 ; XLII, 24 ; XLIII, 24, 31 ; XLIV, 14 ; XLVI, 8 ; XLVII, 6, 16 ; XLVIII, 15 ; LII, 30, 33 ; LXIII, 1, 7, 8 ; LXVIII, 51 ; LXXIV, 25.

CDRDP n° 125 (XVII, 92) / سورة الإسراء / Tradition (50) ; Noldëke (67) ; Blachère (72)

أَوْ تُسْقِطَ السَّمَاءَ كَمَا زَعَمْتَ عَلَيْنَا كِسَفًا أَوْ تَأْتِيَ بِاللَّهِ وَالْمَلَائِكَةِ قَبِيلًا

ʾaw tusqiṭ^{a} *l-samāʾ*^{a} *ka-mā zaʿamt*^{a} *ʿalaynā kisaf*^{an} *ʾaw tȧtiy*^{a} *bi-Allāh*^{i} *wa-l-malāʾikat*^{i} *qabīl*^{an}
« ou jusqu'à ce que tu fasses tomber le ciel par pans sur nous, ou bien que tu fasses venir Allah et les Anges devant nous ».

Contre le Prophète [CDRD] : III, 183, IV, 78, 141, 150 ; V, 19 ; VI, 8, 37, 91, 93, 105, 124, VII, 203 ; IX, 59, 61 ; X, 2, 15, 20, 38 ; XI, 12, 13, 35 ; XIII, 7, 27, 43 ; XV, 6, 7 ; XVI, 101, 103 ; XVII, 47, 90, 91, 92, 93, 94 ; XX, 133 ; XXI, 3, 5, 36 ; XXIII, 70 ; XXIV, 47 ; XXV, 4, 5, 7, 32, 41, 42, 60 ; XXVIII, 47, 48, 57 ; XXIX, 50 ; XXX, 58 ; XXXIII, 12 ; XXXIV, 8, 34, 43 ; XXXVII, 36 ; XXXVIII, 4, 5, 8 ; XLII, 24 ; XLIII, 24, 31 ; XLIV, 14 ; XLVI, 8 ; XLVII, 6, 16 ; XLVIII, 15 ; LII, 30, 33 ; LXIII, 1, 7, 8 ; LXVIII, 51 ; LXXIV, 25.

CDRDP n° 126 (XVII, 93) / سورة الإسراء / Tradition (50) ; Noldëke (67) ; Blachère (72)

أَوْ يَكُونَ لَكَ بَيْتٌ مِّن زُخْرُفٍ أَوْ تَرْقَىٰ فِي السَّمَاءِ وَلَن نُّؤْمِنَ لِرُقِيِّكَ حَتَّىٰ تُنَزِّلَ عَلَيْنَا كِتَابًا نَّقْرَؤُهُ قُلْ سُبْحَانَ رَبِّي هَلْ كُنتُ إِلَّا بَشَرًا رَّسُولًا

ʾaw yakūn^{a} *lak*^{a} *bayt*^{un} *min zuḫruf*^{in} *ʾaw tarqā fī l-samāʾ*^{i} *wa-lan nuʾmin*^{a} *li-ruqiyyik*^{a} *ḥattā tunazzil*^{a} *ʿalaynā kitāb*^{an} *naqrȧuhū*

« ou que tu aies une maison [garnie] d'ornements ; ou que tu sois monté au ciel et nous ne croirons pas à ton ascension au ciel jusqu'à ce que tu nous fasses descendre sur nous un Livre que nous puissions lire ».

Contre le Prophète [CDRD] : III, 183, IV, 78, 141, 150 ; V, 19 ; VI, 8, 37, 91, 93, 105, 124, VII, 203 ; IX, 59, 61 ; X, 2, 15, 20, 38 ; XI, 12, 13, 35 ; XIII, 7, 27, 43 ; XV, 6, 7 ; XVI, 101, 103 ; XVII, 47, 90, 91, 92, 93, 94 ; XX, 133 ; XXI, 3, 5, 36 ; XXIII, 70 ; XXIV, 47 ; XXV, 4, 5, 7, 32, 41, 42, 60 ; XXVIII, 47, 48, 57 ; XXIX, 50 ; XXX, 58 ; XXXIII, 12 ; XXXIV, 8, 34, 43 ; XXXVII, 36 ; XXXVIII, 4, 5, 8 ; XLII, 24 ; XLIII, 24, 31 ; XLIV, 14 ; XLVI, 8 ; XLVII, 6, 16 ; XLVIII, 15 ; LII, 30, 33 ; LXIII, 1, 7, 8 ; LXVIII, 51 ; LXXIV, 25.

CDRDP n° 127 (XVII, 94) / سورة الإسراء / Tradition (50) ; Noldëke (67) ; Blachère (72)

وَمَا مَنَعَ النَّاسَ أَن يُؤْمِنُوا إِذْ جَاءَهُمُ الْهُدَىٰ إِلَّا أَن قَالُوا **أَبَعَثَ اللَّهُ بَشَرًا رَّسُولًا**

ʾabaʿaṯa Allāhu bašaran rasūlan

« Allah a-t-Il envoyé un homme pour Messager ? »

Contre le Prophète [CDRD] : III, 183, IV, 78, 141, 150 ; V, 19 ; VI, 8, 37, 91, 93, 105, 124, VII, 203 ; IX, 59, 61 ; X, 2, 15, 20, 38 ; XI, 12, 13, 35 ; XIII, 7, 27, 43 ; XV, 6, 7 ; XVI, 101, 103 ; XVII, 47, 90, 91, 92, 93, 94 ; XX, 133 ; XXI, 3, 5, 36 ; XXIII, 70 ; XXIV, 47 ; XXV, 4, 5, 7, 32, 41, 42, 60 ; XXVIII, 47, 48, 57 ; XXIX, 50 ; XXX, 58 ; XXXIII, 12 ; XXXIV, 8, 34, 43 ; XXXVII, 36 ; XXXVIII, 4, 5, 8 ; XLII, 24 ; XLIII, 24, 31 ; XLIV, 14 ; XLVI, 8 ; XLVII, 6, 16 ; XLVIII, 15 ; LII, 30, 33 ; LXIII, 1, 7, 8 ; LXVIII, 51 ; LXXIV, 25 / ***rasūl*** [CDRD] III, 183 ; IV, 157; IX, 59 ; XVII, 94 ; XXIV, 47 ; XXV, 7, 41 ; XXXIII, 47, 12 ; LXIII, 1, 7 / ***bašar*** [CDRD] : XVI, 103 ; XVII, 94 ; XXI, 3 ; LXXIV, 25 / ***Allāh*** [CDRD] : II, 8, 26, 76, 79, 116, 118 ; III, 72, 78, 181, 183 ; IV, 72, 78, 157 ; V, 17, 18, 64, 72, 73 ; VI, 93, 124, 136, 148 ; VII, 28 ; VIII, 32 ; IX, 30, 59 ; X, 18, 68 ; XVI, 35, 38 ; XVII, 92, 94 ; XVIII, 4 ; XXI, 29 ; XXIII, 85, 87, 89 ; XXIV, 47 ; XXV, 8, 41 ; XXIX, 10, 61, 63 ; XXXI, 25 ; XXXIII, 12 ; XXXIV, 8 ; XXXVI, 47 ; XXXVII, *151*, 152, 169 ; XXXIX, 3, 38; XLII, 24 ; XLIII, 87 ; XLV, 32 ; LVIII, 8 ; LXIII, 1, 7 ; LXXIV, 31 / ***rabb*** [CDRD] : II, 76, 200 ; IV, 77 ; VI, 37 ; X, 20 ; XIII, 7, 27 ; XX, 133 ; XXV, 21 ; XXVIII, 47 ; XXIX, 50 ; XXXIV, 23 ; XLI, 50 ; LXXXIX, 15, 16 / ***ʾIlāh*** [CDRD] : II, 42 ; XXXVIII, 5 ; XXXIX, 3 / ***raḥmān*** [CDRD] : XIX, 88 ; XXI, 26 ; XXV, 60 ; XLIII, 20 / **Autres** [CDRD] : XLIII, 9 ; XXIV, 16 ; IV, 171.

CDRDE n° 128 (XVII, 98) / سورة الإسراء / Tradition (50) ; Noldëke (67) ; Blachère (17)

ذَٰلِكَ جَزَاؤُهُم بِأَنَّهُمْ كَفَرُوا بِآيَاتِنَا وَقَالُوا **أَإِذَا كُنَّا عِظَامًا وَرُفَاتًا أَإِنَّا لَمَبْعُوثُونَ خَلْقًا جَدِيدًا**

ʾaiḏā kunnā ʿiẓāman wa-rufātan ʾainnā la-mabʿūṯūna ḫalqan ǧadīdan

« Lorsque nous serons ossements et poussières, serions nous ressuscités en une création nouvelle ? »

L'Heure eschatologique [CDRD] : VII, 187 ; X, 48 ; XVII, 51 ; XXI, 38 ; XXVII, 71 ; XXXII, 28 ; XXXIV, 3, 29 ; XXXVI, 48 ; XLI, 50 ; XLV, 32 ; LI, 12 ; LXVII, 25 ; LXXV, 6 ; LXXIX, 42 / **La résurrection** [CDRD] : VI, 29 ; XI, 7 ; XIII, 5 ; XVI, 38 ; XVII 49, 51, 98 ; XIX, 66 ; XXIII, 82, 83 ; XXVII, 67, 68 ; XXXII, 10 ; XXXIV, 7, 8 ; XXXVI, 78 ; XXXVII 15, 16, 17 ; XLIV, 34, 35, 36 ; XLV, 24, 25 ; XLVI, 17 ; L, 2, 3 ; LVI, 47, 48 ; LXXIX, 10, 11, 12 / **L'Eschatologie** [CDRD] : II, 8, 80, 111 ; III, 24 ; VI, 29 ; VII, 187 ; X, 48, 53 ; XI, 7, 8 ; XIII, 5 ; XVI, 38 ; XVII, 49, 51, 98 ; XIX, 66 ; XXI, 38 ; XXIII, 82, 83 ; XXVII, 67, 68, 71 ; XXXII, 10, 28 ; XXXIV, 3, 7, 8, 29 ; XXXVI, 48, 78 ; XXXVII, 15, 16, 17 ; XLI, 50 ; XLIV, 34, 35, 36 ; XLV, 24, 25, 32 ; XLVI, 17 ; L, 2, 3 ; LI, 12 ; LVI, 47, 48 ; LXVII, 25 ; LXXV, 6 ; LXXIX, 10, 11, 12, 42.

Talmud [CDRD] : Sanhédrin 90 b et seq ; **Ecrits Apocryphes Chrétiens** [CDRD] : Ap Pierre 4, 6–13

Cent vingt huitième contre-discours dans l'ordre du *muṣḥaf*. Dans l'ordre chronologique des discours contre l'eschatologie, il est placé à la vingt quatrième position (sur cinquante deux). Sa structure est simple avec Contre-discours Citant introductif («ils disent») suivi d'un contre-discours (« Lorsque nous serons os et poussières, comment serions-nous ressuscités en une nouvelle création ? ») Ce contre-discours est une réfutation questionnante qui du point de vue argumentatif peut être considéré comme une objection. La raison de l'objection est motivée. Elle est fondée sur un argument rationnel qui pose le postulat implicite d'une impossibilité de faire renaître ce qui est mort. Ce verset est à rapprocher de versets XIII, 5 ; XVII, 49, 98 ; XXIII, 82–83 ; XXVII, 67 ; XXXII, 10 ; XXXVI, 78 ; XXXVII, 15–17 ; XLIV, 34–35 ; L, 2–3 ; LVI, 47, 48 ; LXXIX, 10. L'objection est employée dans un traité du Talmud, le Sanhédrin : « Un hérétique disait au rabbi Gamaliel : «Vous prétendez que les morts revivront, mais ils sont réduits en poussière ; la poussière peut-elle prendre vie ? » A noter une riposte qui est une mise en scène dialoguée entre les opposants et l'allocutaire invité à riposter aux objections.

CDRDE n° 129 (XVIII, 4) / سورة الكهف / Tradition (69) ; Noldëke (69) ; Blachère (70)

وَيُنذِرَ الَّذِينَ قَالُوا **اتَّخَذَ اللَّهُ وَلَدًا**

'Ittaḫaḏ^{a} Allāh^{u} walad^{an}
« Allah s'est donné un enfant ».

Allāh [CDRD] : II, 8, 26, 76, 79, 116, 118 ; III, 72, 78, 181, 183 ; IV, 72, 78, 157 ; V, 17, 18, 64, 72, 73 ; VI, 93, 124, 136, 148 ; VII, 28 ; VIII, 32 ; IX, 30, 59 ; X, 18, 68 ; XVI, 35, 38 ; XVII, 92, 94 ; XVIII, 4 ; XXI, 29 ; XXIII, 85, 87, 89 ; XXIV, 47 ; XXV, 8, 41 ; XXIX, 10, 61, 63 ; XXXI, 25 ; XXXIII, 12 ; XXXIV, 8 ; XXXVI, 47 ; XXXVII, *151*, 152, 169 ; XXXIX,

3, 38; XLII, 24 ; XLIII, 87 ; XLV, 32 ; LVIII, 8 ; LXIII, 1, 7 ; LXXIV, 31 / ***walad**^an^* [CDRD] II, 116 ; X, 68 ; XVIII, 4 ; XIX, 77, 88 ; XXI, 26 ; XXXVII, 152.

CDRDE n° 130 (XIX, 66) / سورة مريم / Tradition (44) ; Noldëke (58) ; Blachère (60)

وَيَقُولُ الْإِنسَانُ أَإِذَا مَا مِتُّ لَسَوْفَ أُخْرَجُ حَيًّا

*ʾa-ʾiḏā mā mitt^u^ la-sawf^a^ ʾuḫrağ^u^ ḥayy^an^*

« Une fois mort, me sortira-t-on vivant ? »

La résurrection [CDRD] : VI, 29 ; XI, 7 ; XIII, 5 ; XVI, 38 ; XVII 49, 51, 98 ; XIX, 66 ; XXIII, 82, 83 ; XXVII, 67, 68 ; XXXII, 10 ; XXXIV, 7, 8 ; XXXVI, 78 ; XXXVII 15, 16, 17 ; XLIV, 34, 35, 36 ; XLV, 24, 25 ; XLVI, 17 ; L, 2, 3 ; LVI, 47, 48 ; LXXIX, 10, 11, 12 / **L'Eschatologie** [CDRD] : II, 8, 80, 111 ; III, 24 ; VI, 29 ; VII, 187 ; X, 48, 53 ; XI, 7, 8 ; XIII, 5 ; XVI, 38 ; XVII, 49, 51, 98 ; XIX, 66 ; XXI, 38 ; XXIII, 82, 83 ; XXVII, 67, 68, 71 ; XXXII, 10, 28 ; XXXIV, 3, 7, 8, 29 ; XXXVI, 48, 78 ; XXXVII, 15, 16, 17 ; XLI, 50 ; XLIV, 34, 35, 36 ; XLV, 24, 25, 32 ; XLVI, 17 ; L, 2, 3 ; LI, 12 ; LVI, 47, 48 ; LXVII, 25 ; LXXV, 6 ; LXXIX, 10, 11, 12, 42.

Talmud [CDRD] : Sanhédrin 90 b et seq

Cent trentième contre-discours dans l'ordre du *muṣḥaf*. Dans l'ordre chronologique des discours contre l'eschatologie, il est placé à la dix septième position (sur cinquante deux). Sa structure est simple avec Contre-discours Citant introductif («ils disent») suivi d'un contre-discours (« Une fois mort, me sortira-t-on vivant ? ») Ce contre-discours est une réfutation questionnante qui du point de vue argumentatif peut être considéré comme une objection. La raison de l'objection est motivée. Elle est fondée sur un argument rationnel qui pose le postulat implicite d'une impossibilité de faire renaître ce qui est mort. Ce verset est à rapprocher de versets XIII, 5 ; XVII, 49, 98 ; XXIII, 82–83 ; XXVII, 67 ; XXXII, 10 ; XXXVI, 78 ; XXXVII, 15–17 ; XLIV, 34–35 ; L, 2–3 ; LVI, 47, 48 ; LXXIX, 10. L'objection est employée dans un traité du Talmud, le Sanhédrin : « Un hérétique disait au rabbi Gamaliel : «Vous prétendez que les morts revivront, mais ils sont réduits en poussière ; la poussière peut-elle prendre vie ? » La seule mention de l'identité de l'opposant est ici indiquée : c'est l'Homme. Faut-il y voir une volonté délibérée de sortir le texte de tout contexte particulier ?

CDRDE n° 131 (XIX, 73) / سورة مريم / Tradition (44) ; Noldëke (58) ; Blachère (60)

وَإِذَا تُتْلَىٰ عَلَيْهِمْ آيَاتُنَا بَيِّنَاتٍ قَالَ الَّذِينَ كَفَرُوا لِلَّذِينَ آمَنُوا **أَيُّ الْفَرِيقَيْنِ خَيْرٌ مَّقَامًا وَأَحْسَنُ نَدِيًّا**

*ʾayy^u^ l-farīqayn^i^ ḫayr^un^ maqām^an^ wa ʾaḥsan^u^ nadīyy^an^*

« Lequel des deux groupes a le meilleur séjour et la meilleure assemblée ? »

Contre le Coran [CDRD] : II, 26, 76, 91, 118, 170, III, 72, 73 ; V, 104 ; VI, 7, 25, 93, 105, 156, 157 ; VII, 203 ; VIII, 21, 31 ; IX, 127 ; X, 15, 20, 38 ; XI, 13, 35 ; XVI, 24, 101, 103 ; XXV, 4, 5, 32 ; XXXI, 21 ; XXXIV, 31 ; XXXVII, 168, 169 ; XXXVIII, 7, 8 ; XLI, 5, 26, 44 ; XLII, 24 ; XLIII, 31 ; XLIV, 14, 36 ; XLV, 25, 32 ; XLVI, 7, 8, 11 ; XLVII, 20, 26 ; LII, 33 ; LXVIII, 15 ; LXXIV, 24, 25, 31 ; LXXXIII, 13.

CDRDE n° 132 (XIX, 77) / سورة مريم / Tradition (44) ; Noldëke (58) ; Blachère (60)

أَفَرَأَيْتَ الَّذِي كَفَرَ بِآيَاتِنَا وَقَالَ **لَأُوتَيَنَّ مَالًا وَوَلَدًا**

la-ʾūtayanna^{a} *māl*^{an} *wa walad*^{an}

« je recevrai certes biens et enfants ».

māl^{an} [CDRD] : XC, 6

CDRDE n° 133 (XIX, 88) / سورة مريم / Tradition (44) ; Noldëke (58) ; Blachère (60)

وَقَالُوا**اتَّخَذَ الرَّحْمَٰنُ وَلَدًا**

Ittaḫaḏ^{a} *l-raḥmān*^{u} *walad*^{an}

« Le Miséricordieux s'est donné un enfant ».

Allāh [CDRD] : II, 8, 26, 76, 79, 116, 118 ; III, 72, 78, 181, 183 ; IV, 72, 78, 157 ; V, 17, 18, 64, 72, 73 ; VI, 93, 124, 136, 148 ; VII, 28 ; VIII, 32 ; IX, 30, 59 ; X, 18, 68 ; XVI, 35, 38 ; XVII, 92, 94 ; XVIII, 4 ; XXI, 29 ; XXIII, 85, 87, 89 ; XXIV, 47 ; XXV, 8, 41 ; XXIX, 10, 61, 63 ; XXXI, 25 ; XXXIII, 12 ; XXXIV, 8 ; XXXVI, 47 ; XXXVII, *151*, 152, 169 ; XXXIX, 3, 38; XLII, 24 ; XLIII, 87 ; XLV, 32 ; LVIII, 8 ; LXIII, 1, 7 ; LXXIV, 31 / ***raḥmān*** [CDRD] : XIX, 88 ; XXI, 26 ; XXV, 60 ; XLIII, 20 / **Autres** [CDRD] : XLIII, 9 ; XXIV, 16 ; IV, 171 / ***walad***^{an} [CDRD] II, 116 ; X,68 ; XVIII, 4 ; (XIX, 77) ; XIX, 88 ; XXI, 26 ; XXXVII, 152.

CDRDP n° 134 (XX, 133) / سورة طه / Tradition (45) ; Noldëke (55) ; Blachère (57)

وَقَالُوا **لَوْلَا يَأْتِينَا بِآيَةٍ مِّن رَّبِّهِ** أَوَلَمْ تَأْتِهِم بَيِّنَةُ مَا فِي الصُّحُفِ الْأُولَىٰ

law-lā yảtīnā bi-ʾāyat^{in} *min rabbih*^{i}

« Pourquoi ne nous apporte-t-il pas un signe de son Seigneur ? »

Contre le Prophète [CDRD] : III, 183, IV, 78, 141, 150 ; V, 19 ; VI, 8, 37, 91, 93, 105, 124, VII, 203 ; IX, 59, 61 ; X, 2, 15, 20, 38 ; XI, 12, 13, 35 ; XIII, 7, 27, 43 ; XV, 6, 7 ; XVI, 101, 103 ; XVII, 47, 90, 91, 92, 93, 94 ; XX, 133 ; XXI, 3, 5, 36 ; XXIII, 70 ; XXIV, 47 ; XXV, 4, 5, 7, 32, 41, 42, 60 ; XXVIII, 47, 48, 57 ; XXIX, 50 ; XXX, 58 ; XXXIII, 12 ; XXXIV, 8, 34, 43 ; XXXVII, 36 ; XXXVIII, 4, 5, 8 ; XLII, 24 ; XLIII, 24, 31 ; XLIV, 14 ; XLVI, 8 ; XLVII, 6, 16 ; XLVIII, 15 ; LII, 30, 33 ; LXIII, 1, 7, 8 ; LXVIII, 51 ; LXXIV, 25 / ***rabb*** [CDRD] : II, 76, 200 ; IV, 77 ; VI, 37 ; X, 20 ; XIII, 7, 27 ; XX, 133 ; XXV, 21 ; XXVIII, 47 ; XXIX, 50 ; XXXIV, 23 ; XLI, 50 ; LII, 30 ; LXXXIX, 15, 16.

CDRDP n° 135 (XXI, 3) / سورة الأنبياء / Tradition (73) ; Noldëke (65) ; Blachère (67)

فَتَأْتُونَ السِّحْرَ وَأَنتُمْ تُبْصِرُونَ أ لَاهِيَةً قُلُوبُهُمْ وَأَسَرُّوا النَّجْوَى الَّذِينَ ظَلَمُوا **هَلْ هَٰذَا إِلَّا بَشَرٌ مِّثْلُكُمْ**

hal hāḏā ʾillā bašar^{un} miṯlukum

« N'est-il pas un homme comme vous ? »

Contre le Prophète [CDRD] : III, 183, IV, 78, 141, 150 ; V, 19 ; VI, 8, 37, 91, 93, 105, 124, VII, 203 ; IX, 59, 61 ; X, 2, 15, 20, 38 ; XI, 12, 13, 35 ; XIII, 7, 27, 43 ; XV, 6, 7 ; XVI, 101, 103 ; XVII, 47, 90, 91, 92, 93, 94 ; XX, 133 ; XXI, 3, 5, 36 ; XXIII, 70 ; XXIV, 47 ; XXV, 4, 5, 7, 32, 41, 42, 60 ; XXVIII, 47, 48, 57 ; XXIX, 50 ; XXX, 58 ; XXXIII, 12 ; XXXIV, 8, 34, 43 ; XXXVII, 36 ; XXXVIII, 4, 5, 8 ; XLII, 24 ; XLIII, 24, 31 ; XLIV, 14 ; XLVI, 8 ; XLVII, 6, 16 ; XLVIII, 15 ; LII, 30, 33 ; LXIII, 1, 7, 8 ; LXVIII, 51 ; LXXIV, 25 / ***bašar*** [CDRD] : XVI, 103 ; XVII, 94 ; XXI, 3 ; LXXIV, 25.

CDRDP n° 136 (XXI, 5) / سورة الأنبياء / Tradition (73) ; Noldëke (65) ; Blachère (67)

بَلْ قَالُوا **أَضْغَاثُ أَحْلَامٍ بَلِ افْتَرَاهُ بَلْ هُوَ شَاعِرٌ فَلْيَأْتِنَا بِآيَةٍ كَمَا أُرْسِلَ الْأَوَّلُونَ**

ʾaḍġāṯ^{u} ʾaḥlām^{in} bal^{i} ftarāh^{u} bal huw^{a} šāʿir^{un} fa-l-yatinā biʾāyat^{in} ka-mā ʾursil^{a} l-ʾawwalūn^{a}

« Amas de rêves ! Il l'a inventé. C'est un poète ! Qu'il nous donne donc un signe identique à ce dont furent chargés les premiers [Envoyés] ! »

Contre le Prophète [CDRD] : III, 183, IV, 78, 141, 150 ; V, 19 ; VI, 8, 37, 91, 93, 105, 124, VII, 203 ; IX, 59, 61 ; X, 2, 15, 20, 38 ; XI, 12, 13, 35 ; XIII, 7, 27, 43 ; XV, 6, 7 ; XVI, 101, 103 ; XVII, 47, 90, 91, 92, 93, 94 ; XX, 133 ; XXI, 3, 5, 36 ; XXIII, 70 ; XXIV, 47 ; XXV, 4, 5, 7, 32, 41, 42, 60 ; XXVIII, 47, 48, 57 ; XXIX, 50 ; XXX, 58 ; XXXIII, 12 ; XXXIV, 8, 34, 43 ; XXXVII, 36 ; XXXVIII, 4, 5, 8 ; XLII, 24 ; XLIII, 24, 31 ; XLIV, 14 ; XLVI, 8 ; XLVII, 6, 16 ; XLVIII, 15 ; LII, 30, 33 ; LXIII, 1, 7, 8 ; LXVIII, 51 ; LXXIV, 25/ ***aftarāh^{u}*** [CDRD] X,38 XI, 13, 35 ; XXI, 5 ; XXV, 4 ; XLII, 24 ; XLVI, 8.

CDRDP n° 137 (XXI, 26) / سورة الأنبياء / Tradition (73) ; Noldëke (65) ; Blachère (67)

وَقَالُوا **اتَّخَذَ الرَّحْمَٰنُ وَلَدًا** سُبْحَانَهُ بَلْ عِبَادٌ مُّكْرَمُونَ

ʾittaḫaḏ^{a} l-raḥmān^{u} walad^{an}

« Le Miséricordieux s'est donné un enfant ».

Allāh [CDRD] : II, 8, 26, 76, 79, 116, 118 ; III, 72, 78, 181, 183 ; IV, 72, 78, 157 ; V, 17, 18, 64, 72, 73 ; VI, 93, 124, 136, 148 ; VII, 28 ; VIII, 32 ; IX, 30, 59 ; X, 18, 68 ; XVI, 35, 38 ; XVII, 92, 94 ; XVIII, 4 ; XXI, 29 ; XXIII, 85, 87, 89 ; XXIV, 47 ; XXV, 8, 41 ; XXIX, 10, 61, 63 ; XXXI, 25 ; XXXIII, 12 ; XXXIV, 8 ; XXXVI, 47 ; XXXVII, *151*, 152, 169 ; XXXIX, 3, 38; XLII, 24 ; XLIII, 87 ; XLV, 32 ; LVIII, 8 ; LXIII, 1, 7 ; LXXIV, 31 / ***rabb*** [CDRD] : II, 76, 200 ; IV, 77 ; VI, 37 ; X, 20 ; XIII, 7, 27 ; XX, 133 ; XXV, 21 ; XXVIII, 47 ; XXIX,

50 ; XXXIV, 23 ; XLI, 50 ; LXXXIX, 15, 16 / ***ʾIlāh*** [CDRD] : II, 42 ; XXXVIII, 5 ; XXXIX, 3 / ***raḥmān*** [CDRD] : XIX, 88 ; XXI, 26 ; XXV, 60 ; XLIII, 20 / **Autres** [CDRD] : XLIII, 9 ; XXIV, 16 ; IV, 171 / ***waladan*** [CDRD] II, 116 ; X,68 ; XVIII, 4 ; XIX, 77 ; XIX, 88 ; XXI, 26 ; XXXVII, 152.

CDRDP n° 138 (XXI, 29) / سورة الأنبياء / Tradition (74) ; Noldëke (64) ; Blachère (66)

وَمَن يَقُلْ مِنْهُمْ **إِنِّي إِلَٰهٌ مِّن دُونِهِ** فَذَٰلِكَ نَجْزِيهِ جَهَنَّمَ كَذَٰلِكَ نَجْزِي الظَّالِمِينَ

ʾinnī ʾilāhun min dūnihi
« Je suis un Dieu au côté de lui ».

Allāhu [CDRD] : II, 8, 26, 76, 79, 116, 118 ; III, 72, 78, 181, 183 ; IV, 72, 78, 157 ; V, 17, 18, 64, 72, 73 ; VI, 93, 124, 136, 148 ; VII, 28 ; VIII, 32 ; IX, 30, 59 ; X, 18, 68 ; XVI, 35, 38 ; XVII, 92, 94 ; XVIII, 4 ; XXIII, 85, 87, 89 ; XXIV, 47 ; XXV, 8, 41 ; XXIX, 10, 61, 63 ; XXXI, 25 ; XXXIII, 12 ; XXXIV, 8 ; XXXVI, 47 ; XXXVII, *151*, 152, 169 ; XXXIX, 3, 38; XLII, 24 ; XLIII, 87 ; XLV, 32 ; LVIII, 8 ; LXIII, 1, 7 ; LXXIV, 31 / ***rabb*** [CDRD] : II, 76, 200 ; IV, 77 ; VI, 37 ; X, 20 ; XIII, 7, 27 ; XX, 133 ; XXV, 21 ; XXVIII, 47 ; XXIX, 50 ; XXXIV, 23 ; XLI, 50 ; LXXXIX, 15, 16 / ***ʾIlāh*** [CDRD] : II, 42 ; XXI, 29 ; XXXVIII, 5 ; XXXIX, 3 / ***raḥmān*** [CDRD] : XIX, 88 ; XXI, 26 ; XXV, 60 ; XLIII, 20 / **Autres** [CDRD] : XLIII, 9 ; XXIV, 16 ; IV, 171.

CDRDP n° 139 (XXI, 36) / سورة الأنبياء / Tradition (74) ; Noldëke (64) ; Blachère (66)

وَإِذَا رَآكَ الَّذِينَ كَفَرُوا إِن يَتَّخِذُونَكَ إِلَّا هُزُوًا **أَهَٰذَا الَّذِي يَذْكُرُ آلِهَتَكُمْ** وَهُم بِذِكْرِ الرَّحْمَٰنِ هُمْ كَافِرُونَ

ʾa-hāḏā llaḏī yaḏkuru ʾālihatakum
« Est-ce lui qui rejette nos divinités ? »

Allāh [CDRD] : II, 8, 26, 76, 79, 116, 118 ; III, 72, 78, 181, 183 ; IV, 72, 78, 157 ; V, 17, 18, 64, 72, 73 ; VI, 93, 124, 136, 148 ; VII, 28 ; VIII, 32 ; IX, 30, 59 ; X, 18, 68 ; XVI, 35, 38 ; XVII, 92, 94 ; XVIII, 4 ; XXI, 29 ; XXIII, 85, 87, 89 ; XXIV, 47 ; XXV, 8, 41 ; XXIX, 10, 61, 63 ; XXXI, 25 ; XXXIII, 12 ; XXXIV, 8 ; XXXVI, 47 ; XXXVII, *151*, 152, 169 ; XXXIX, 3, 38; XLII, 24 ; XLIII, 87 ; XLV, 32 ; LVIII, 8 ; LXIII, 1, 7 ; LXXIV, 31 / ***rabb*** [CDRD] : II, 76, 200 ; IV, 77 ; VI, 37 ; X, 20 ; XIII, 7, 27 ; XX, 133 ; XXV, 21 ; XXVIII, 47 ; XXIX, 50 ; XXXIV, 23 ; XLI, 50 ; LXXXIX, 15, 16 / ***ʾIlāh*** [CDRD] : II, 42 ; XXXVIII, 5 ; XXXIX, 3 / ***raḥmān*** [CDRD] : XIX, 88 ; XXI, 26 ; XXV, 60 ; XLIII, 20 / **Autres** [CDRD] : XLIII, 9 ; XXIV, 16 ; IV, 171.

CDRDE n° 140 (XXI, 38) / سورة الأنبياء / Tradition (73) ; Noldëke (65) ; Blachère (67)

وَيَقُولُونَ مَتَىٰ هَٰذَا الْوَعْدُ إِن كُنتُمْ صَادِقِينَ

matā hāḏā l-waʿd[u] ʾin kuntum ṣādiqīn[a]
« A quand cette promesse, si vous êtes véridiques ? »

L'Heure eschatologique [CDRD] : VII, 187 ; X, 48 ; XVII, 51 ; XXI, 38 ; XXVII, 71 ; XXXII, 28 ; XXXIV, 3, 29 ; XXXVI, 48 ; XLI, 50 ; XLV, 32 ; LI, 12 ; LXVII, 25 ; LXXV, 6 ; LXXIX, 42 / **L'Eschatologie** [CDRD] : II, 8, 80, 111 ; III, 24 ; VI, 29 ; VII, 187 ; X, 48, 53 ; XI, 7, 8 ; XIII, 5 ; XVI, 38 ; XVII, 49, 51, 98 ; XIX, 66 ; XXI, 38 ; XXIII, 82, 83 ; XXVII, 67, 68, 71 ; XXXII, 10, 28 ; XXXIV, 3, 7, 8, 29 ; XXXVI, 48, 78 ; XXXVII, 15, 16, 17 ; XLI, 50 ; XLIV, 34, 35, 36 ; XLV, 24, 25, 32 ; XLVI, 17 ; L, 2, 3 ; LI, 12 ; LVI, 47, 48 ; LXVII, 25 ; LXXV, 6 ; LXXIX, 10, 11, 12, 42.

Ancien Testament [CDRD] Is 5, 19 ; **Nouveau Testament** [CDRD] 2 P 3, 4.

Cent quarante et unième contre-discours dans l'ordre du *muṣḥaf*. Dans l'ordre chronologique des discours contre l'eschatologie, il est placé à la vingt troisième position (sur cinquante deux). Sa structure est simple avec un Contre-discours Citant Introductif (« Et ils disent ») suivi d'un Contre-discours Rapporté Direct Présent (« A quand cette promesse, si vous êtes véridiques »). Ce contre-discours est une réfutation questionnante à mettre en relation, du fait de leur proximité formelle, avec VII, 187 ; XXVII, 71 ; XXXII, 28 ; XXXIV, 29 ; XXXVI, 48; LXVII, 25 ; LXXV, 6 ; LXXIX, 42. Dans le cadre d'une approche extratextuelle, cette réfutation questionnante s'apparente à un contre-discours présent dans la deuxième épitre de Pierre : « Où est la promesse de son avènement ? » La riposte qui se formule dans le verset suivant décrit les tourments qui attendent les réfractaires. On signalera l'absence d'un allocutaire qui est chargé de répliquer à contrario des versets qui succède VII, 87. Le locuteur coranique prend donc en charge la riposte.

CDRDP n° 141 (XXIII, 70) / سورة المؤمنون / Tradition (74) ; Noldëke (64) ; Blachère (66)

أَمْ يَقُولُونَ بِهِ جِنَّةٌ بَلْ جَاءَهُم بِالْحَقِّ وَأَكْثَرُهُمْ لِلْحَقِّ كَارِهُونَ

bih[i] ǧinnat[un]
« Est-il possédé ? »

Contre le Prophète [CDRD] : III, 183, IV, 78, 141, 150 ; V, 19 ; VI, 8, 37, 91, 93, 105, 124, VII, 203 ; IX, 59, 61 ; X, 2, 15, 20, 38 ; XI, 12, 13, 35 ; XIII, 7, 27, 43 ; XV, 6, 7 ; XVI, 101, 103 ; XVII, 47, 90, 91, 92, 93, 94 ; XX, 133 ; XXI, 3, 5, 36 ; XXIII, 70 ; XXIV, 47 ; XXV, 4, 5, 7, 32, 41, 42, 60 ; XXVIII, 47, 48, 57 ; XXIX, 50 ; XXX, 58 ; XXXIII, 12 ;

XXXIV, 8, 34, 43 ; XXXVII, 36 ; XXXVIII, 4, 5, 8 ; XLII, 24 ; XLIII, 24, 31 ; XLIV, 14 ; XLVI, 8 ; XLVII, 6, 16 ; XLVIII, 15 ; LII, 30, 33 ; LXIII, 1, 7, 8 ; LXVIII, 51 ; LXXIV, 25.

CDRDE n° 142 (XXIII, 82) / سورة المؤمنون / Tradition (74) ; Noldëke (64) ; Blachère (66)

قَالُوا أَإِذَا مِتْنَا وَكُنَّا تُرَابًا وَعِظَامًا أَإِنَّا لَمَبْعُوثُونَ

ʾáiḏā mitnā wa-kunnā turāb[an] *wa ʿiẓām*[an] *ʾa-ʾinnā la-mabʿūṯūn*[a]

« Lorsque nous serons morts et que nous serons poussière et os, comment serions-nous ressuscités ? »

La résurrection [CDRD] : VI, 29 ; XI, 7 ; XIII, 5 ; XVI, 38 ; XVII 49, 51, 98 ; XIX, 66 ; XXIII, 82, 83 ; XXVII, 67, 68 ; XXXII, 10 ; XXXIV, 7, 8 ; XXXVI, 78 ; XXXVII 15, 16, 17 ; XLIV, 34, 35, 36 ; XLV, 24, 25 ; XLVI, 17 ; L, 2, 3 ; LVI, 47, 48 ; LXXIX, 10, 11, 12 / **L'Eschatologie** [CDRD] : II, 8, 80, 111 ; III, 24 ; VI, 29 ; VII, 187 ; X, 48, 53 ; XI, 7, 8 ; XIII, 5 ; XVI, 38 ; XVII, 49, 51, 98 ; XIX, 66 ; XXI, 38 ; XXIII, 82, 83 ; XXVII, 67, 68, 71 ; XXXII, 10, 28 ; XXXIV, 3, 7, 8, 29 ; XXXVI, 48, 78 ; XXXVII, 15, 16, 17 ; XLI, 50 ; XLIV, 34, 35, 36 ; XLV, 24, 25, 32 ; XLVI, 17 ; L, 2, 3 ; LI, 12 ; LVI, 47, 48 ; LXVII, 25 ; LXXV, 6 ; LXXIX, 10, 11, 12, 42.

Talmud [CDRD] : Sanhédrin 90 b et seq

Cent quarante deuxième contre-discours dans l'ordre du *muṣḥaf*. Dans l'ordre chronologique des discours contre l'eschatologie, il est placé à la vingt et unième position (sur cinquante deux). Sa structure est simple avec Contre-discours Citant introductif («ils disent ») suivi d'un contre-discours (« Lorsque nous serons morts et que nous serons poussière et os, comment serions-nous ressuscités ? ») Ce contre-discours est une réfutation questionnante qui du point de vue argumentatif peut être considérée comme une objection. La raison de l'objection est motivée. Elle est fondée sur un argument rationnel qui pose le postulat implicite d'une impossibilité de faire renaître ce qui est mort. Ce verset est à rapprocher des versets XIII, 5 ; XVII, 49, 98 ; XXIII, 82–83 ; XXVII, 67 ; XXXII, 10 ; XXXVI, 78 ; XXXVII, 15–17 ; XLIV, 34–35 ; L, 2–3 ; LVI, 47, 48 ; LXXIX, 10. L'objection est employée dans un traité du Talmud, le Sanhédrin : « Un hérétique disait au rabbi Gamaliel : «Vous prétendez que les morts revivront, mais ils sont réduits en poussière ; la poussière peut-elle prendre vie ? » Ce contre-discours est à mettre en lien avec le verset qui lui succède d'autant plus qu'il s'apparente à un autre contre-discours présent dans le Nouveau Testament. On y lit : « Ils [les faux docteurs] dirent : 'Où est la promesse de son avènement ? Depuis que les Pères sont morts, tout demeure comme au début de la création' ». [καὶ λέγοντες (legontes), Ποῦ ἐστιν ἡ ἐπαγγελία (epangelia) τῆς παρουσίας (parousias) αὐτοῦ; ἀφ' ἧς γὰρ οἱ πατέρες (pateres) ἐκοιμήθησαν, πάντα οὕτως διαμένει ἀπ' ἀρχῆς κτίσεως (archēs ktiseōs)] 2 P 3, 4.

CDRDE n° 143 (XXIII, 83) / سورة المؤمنون / Tradition (74) ; Noldëke (64) ; Blachère (66)

لَقَدْ وُعِدْنَا نَحْنُ وَآبَاؤُنَا هَٰذَا مِن قَبْلُ إِنْ هَٰذَا إِلَّا أَسَاطِيرُ الْأَوَّلِينَ

la-qad wuʿidnā naḥnᵘ wa-ʾābāʾunā hāḏā min qablᵘ ʾin hāḏā ʾillā ʾasāṭīrᵘ l-ʾawwalīnᵃ
« On nous a (déjà) promis cela, ainsi qu'à nos ancêtres auparavant ; ce ne sont que des histoires d'anciens ».

L'Heure eschatologique [CDRD] : VII, 187 ; X, 48 ; XVII, 51 ; XXI, 38 ; XXVII, 71 ; XXXII, 28 ; XXXIV, 3, 29 ; XXXVI, 48 ; XLI, 50 ; XLV, 32 ; LI, 12 ; LXVII, 25 ; LXXV, 6 ; LXXIX, 42 / **La résurrection** [CDRD] : VI, 29 ; XI, 7 ; XIII, 5 ; XVI, 38 ; XVII 49, 51, 98 ; XIX, 66 ; XXIII, 82, 83 ; XXVII, 67, 68 ; XXXII, 10 ; XXXIV, 7, 8 ; XXXVI, 78 ; XXXVII 15, 16, 17 ; XLIV, 34, 35, 36 ; XLV, 24, 25 ; XLVI, 17 ; L, 2, 3 ; LVI, 47, 48 ; LXXIX, 10, 11, 12 / **L'Eschatologie** [CDRD] : II, 8, 80, 111 ; III, 24 ; VI, 29 ; VII, 187 ; X, 48, 53 ; XI, 7, 8 ; XIII, 5 ; XVI, 38 ; XVII, 49, 51, 98 ; XIX, 66 ; XXI, 38 ; XXIII, 82, 83 ; XXVII, 67, 68, 71 ; XXXII, 10, 28 ; XXXIV, 3, 7, 8, 29 ; XXXVI, 48, 78 ; XXXVII, 15, 16, 17 ; XLI, 50 ; XLIV, 34, 35, 36 ; XLV, 24, 25, 32 ; XLVI, 17 ; L, 2, 3 ; LI, 12 ; LVI, 47, 48 ; LXVII, 25 ; LXXV, 6 ; LXXIX, 10, 11, 12, 42.

Talmud [CDRD] : Sanhédrin 90 b et seq

Voir commentaire précédent

CDRDP n° 144 (XXIII, 85) / سورة المؤمنون / Tradition (74) ; Noldëke (64) ; Blachère (66)

سَيَقُولُونَ **لِلَّهِ** قُلْ أَفَلَا تَذَكَّرُونَ

li-Allāhⁱ
« A Allah ».

Allāhᵘ [CDRD] : II, 8, 26, 76, 79, 116, 118 ; III, 72, 78, 181, 183 ; IV, 72, 78, 157 ; V, 17, 18, 64, 72, 73 ; VI, 93, 124, 136, 148 ; VII, 28 ; VIII, 32 ; IX, 30, 59 ; X, 18, 68 ; XVI, 35, 38 ; XVII, 92, 94 ; XVIII, 4 ; XXI, 29 ; XXIII, 85, 87, 89 ; XXIV, 47 ; XXV, 8, 41 ; XXIX, 10, 61, 63 ; XXXI, 25 ; XXXIII, 12 ; XXXIV, 8 ; XXXVI, 47 ; XXXVII, *151*, 152, 169 ; XXXIX, 3, 38; XLII, 24 ; XLIII, 87 ; XLV, 32 ; LVIII, 8 ; LXIII, 1, 7 ; LXXIV, 31 / ***rabb*** [CDRD] : II, 76, 200 ; IV, 77 ; VI, 37 ; X, 20 ; XIII, 7, 27 ; XX, 133 ; XXV, 21 ; XXVIII, 47 ; XXIX, 50 ; XXXIV, 23 ; XLI, 50 ; LXXXIX, 15, 16 / ***ʾIlāh [CDRD] :*** II, 42 ; XXXVIII, 5 ; XXXIX, 3 / ***raḥmān*** [CDRD] : XIX, 88 ; XXI, 26 ; XXV, 60 ; XLIII, 20 / **Autres** [CDRD] : XLIII, 9 ; XXIV, 16 ; IV, 171.

CDRDP n° 145 (XXIII, 87) / سورة المؤمنون / Tradition (74) ; Noldëke (64) ; Blachère (66)

سَيَقُولُونَ لِلَّهِ قُلْ أَفَلَا تَتَّقُونَ

li-Allāh[i]
« A Allah ».

Allāh**[u]* [CDRD] : II, 8, 26, 76, 79, 116, 118 ; III, 72, 78, 181, 183 ; IV, 72, 78, 157 ; V, 17, 18, 64, 72, 73 ; VI, 93, 124, 136, 148 ; VII, 28 ; VIII, 32 ; IX, 30, 59 ; X, 18, 68 ; XVI, 35, 38 ; XVII, 92, 94 ; XVIII, 4 ; XXI, 29 ; XXIII, 85, 87, 89 ; XXIV, 47 ; XXV, 8, 41 ; XXIX, 10, 61, 63 ; XXXI, 25 ; XXXIII, 12 ; XXXIV, 8 ; XXXVI, 47 ; XXXVII, *151*, 152, 169 ; XXXIX, 3, 38; XLII, 24 ; XLIII, 87 ; XLV, 32 ; LVIII, 8 ; LXIII, 1, 7 ; LXXIV, 31 / ***rabb [CDRD] : II, 76, 200 ; IV, 77 ; VI, 37 ; X, 20 ; XIII, 7, 27 ; XX, 133 ; XXV, 21 ; XXVIII, 47 ; XXIX, 50 ; XXXIV, 23 ; XLI, 50 ; LXXXIX, 15, 16 / ***'Ilāh [CDRD] :*** II, 42 ; XXXVIII, 5 ; XXXIX, 3 / ***raḥmān*** [CDRD] : XIX, 88 ; XXI, 26 ; XXV, 60 ; XLIII, 20 / **Autres** [CDRD] : XLIII, 9 ; XXIV, 16 ; IV, 171.

CDRDP n° 146 (XXIII, 89) / سورة المؤمنون / Tradition (74) ; Noldëke (64) ; Blachère (66)

سَيَقُولُونَ لِلَّهِ قُلْ فَأَنَّىٰ تُسْحَرُونَ

li-Allāh[i]
« A Allah ».

Allāh**[u]* [CDRD] : II, 8, 26, 76, 79, 116, 118 ; III, 72, 78, 181, 183 ; IV, 72, 78, 157 ; V, 17, 18, 64, 72, 73 ; VI, 93, 124, 136, 148 ; VII, 28 ; VIII, 32 ; IX, 30, 59 ; X, 18, 68 ; XVI, 35, 38 ; XVII, 92, 94 ; XVIII, 4 ; XXI, 29 ; XXIII, 85, 87, 89 ; XXIV, 47 ; XXV, 8, 41 ; XXIX, 10, 61, 63 ; XXXI, 25 ; XXXIII, 12 ; XXXIV, 8 ; XXXVI, 47 ; XXXVII, *151*, 152, 169 ; XXXIX, 3, 38; XLII, 24 ; XLIII, 87 ; XLV, 32 ; LVIII, 8 ; LXIII, 1, 7 ; LXXIV, 31 / ***rabb [CDRD] : II, 76, 200 ; IV, 77 ; VI, 37 ; X, 20 ; XIII, 7, 27 ; XX, 133 ; XXV, 21 ; XXVIII, 47 ; XXIX, 50 ; XXXIV, 23 ; XLI, 50 ; LXXXIX, 15, 16 / ***'Ilāh [CDRD] :*** II, 42 ; XXXVIII, 5 ; XXXIX, 3 / ***raḥmān*** [CDRD] : XIX, 88 ; XXI, 26 ; XXV, 60 ; XLIII, 20 / **Autres** [CDRD] : XLIII, 9 ; XXIV, 16 ; IV, 171.

CDRDP n° 147 (XXIV, 12) / سورة النور / Tradition (74) ; Noldëke (64) ; Blachère (66)

لَّوْلَا إِذْ سَمِعْتُمُوهُ ظَنَّ الْمُؤْمِنُونَ وَالْمُؤْمِنَاتُ بِأَنفُسِهِمْ خَيْرًا وَقَالُوا **هَٰذَا إِفْكٌ مُّبِينٌ**

hāḏā 'ifk[un] *mubīn*[un]
« C'est une calomnie évidente ».

'ifk [CDRD] : XXIV, 12 ; XXV, 4 ; XXXIV, 43 ; XXXVII, 151 ; XLVI, 11.

CDRDP n° 148 (XXIV, 12) / سورة النور / Tradition (74) ; Noldëke (64) ; Blachère (66)

وَلَوْلَا إِذْ سَمِعْتُمُوهُ قُلْتُم مَّا يَكُونُ لَنَا **أَن نَّتَكَلَّمَ بِهَٰذَا سُبْحَانَكَ هَٰذَا بُهْتَانٌ عَظِيمٌ**

ʾan natakallamᵃ bi-hāḏā subḥānakᵃ hāḏā buhtānᵘⁿ ʿaẓīmᵘⁿ

« Nous ne devons pas en parler. Gloire à Dieu. C'est une énorme calomnie ».

buhtān [Coran] : IV, 20, 112, 156 ; XXXIII, 58 ; LX, 12

CDRDP n° 149 (XXIV, 47) / سورة النور / Tradition (102) ; Noldëke (106) ; Blachère (107)

وَيَقُولُونَ **آمَنَّا بِاللَّهِ وَبِالرَّسُولِ وَأَطَعْنَا** ثُمَّ يَتَوَلَّىٰ فَرِيقٌ مِّنْهُم مِّن بَعْدِ ذَٰلِكَ وَمَا أُولَٰئِكَ بِالْمُؤْمِنِينَ

ʾāmannā bi-Allāhⁱ wa- bi-l-rasūlⁱ wa- ʾaṭaʿnā

« Nous croyons en Allah et au messager et nous obéissons ».

Contre le Prophète [CDRD] : III, 183, IV, 78, 141, 150 ; V, 19 ; VI, 8, 37, 91, 93, 105, 124, VII, 203 ; IX, 59, 61 ; X, 2, 15, 20, 38 ; XI, 12, 13, 35 ; XIII, 7, 27, 43 ; XV, 6, 7 ; XVI, 101, 103 ; XVII, 47, 90, 91, 92, 93, 94 ; XX, 133 ; XXI, 3, 5, 36 ; XXIII, 70 ; XXIV, 47 ; XXV, 4, 5, 7, 32, 41, 42, 60 ; XXVIII, 47, 48, 57 ; XXIX, 50 ; XXX, 58 ; XXXIII, 12 ; XXXIV, 8, 34, 43 ; XXXVII, 36 ; XXXVIII, 4, 5, 8 ; XLII, 24 ; XLIII, 24, 31 ; XLIV, 14 ; XLVI, 8 ; XLVII, 6, 16 ; XLVIII, 15 ; LII, 30, 33 ; LXIII, 1, 7, 8 ; LXVIII, 51 ; LXXIV, 25 / ***Allāh*** [CDRD] : II, 8, 26, 76, 79, 116, 118 ; III, 72, 78, 181, 183 ; IV, 72, 78, 157 ; V, 17, 18, 64, 72, 73 ; VI, 93, 124, 136, 148 ; VII, 28 ; VIII, 32 ; IX, 30, 59 ; X, 18, 68 ; XVI, 35, 38 ; XVII, 92, 94 ; XVIII, 4 ; XXI, 29 ; XXIII, 85, 87, 89 ; XXIV, 47 ; XXV, 8, 41 ; XXIX, 10, 61, 63 ; XXXI, 25 ; XXXIII, 12 ; XXXIV, 8 ; XXXVI, 47 ; XXXVII, *151*, 152, 169 ; XXXIX, 3, 38; XLII, 24 ; XLIII, 87 ; XLV, 32 ; LVIII, 8 ; LXIII, 1, 7 ; LXXIV, 31 / ***rabb*** [CDRD] : II, 76, 200 ; IV, 77 ; VI, 37 ; X, 20 ; XIII, 7, 27 ; XX, 133 ; XXV, 21 ; XXVIII, 47 ; XXIX, 50 ; XXXIV, 23 ; XLI, 50 ; LXXXIX, 15, 16 / ***ʾIlāh*** [CDRD] : II, 42 ; XXXVIII, 5 ; XXXIX, 3 / ***raḥmān*** [CDRD] : XIX, 88 ; XXI, 26 ; XXV, 60 ; XLIII, 20 / **Autres** [CDRD] : XLIII, 9 ; XXIV, 16 ; IV, 171.

CDRDP n° 150 (XXV, 4) / سورة الفرقان / Tradition (42) ; Noldëke (66) ; Blachère (68)

وَقَالَ الَّذِينَ كَفَرُوا **إِنْ هَٰذَا إِلَّا إِفْكٌ افْتَرَاهُ وَأَعَانَهُ عَلَيْهِ قَوْمٌ آخَرُونَ** فَقَدْ جَاءُوا ظُلْمًا وَزُورًا

ʾin hāḏā ʾillā ʾifkᵘⁿ iftarāhᵘ wa- ʾaʿānahᵘ ʿalayhⁱ qawmᵘⁿ ʾāḫarūnᵃ

« Tout cela est un énorme mensonge qu'il a inventé et pour laquelle d'autres l'ont aidé ».

Contre le Prophète [CDRD] : III, 183, IV, 78, 141, 150 ; V, 19 ; VI, 8, 37, 91, 93, 105, 124, VII, 203 ; IX, 59, 61 ; X, 2, 15, 20, 38 ; XI, 12, 13, 35 ; XIII, 7, 27, 43 ; XV, 6, 7 ; XVI, 101, 103 ; XVII, 47, 90, 91, 92, 93, 94 ; XX, 133 ; XXI, 3, 5, 36 ; XXIII, 70 ; XXIV, 47 ; XXV, 4, 5, 7, 32, 41, 42, 60 ; XXVIII, 47, 48, 57 ; XXIX, 50 ; XXX, 58 ; XXXIII, 12 ; XXXIV, 8, 34, 43 ; XXXVII, 36 ; XXXVIII, 4, 5, 8 ; XLII, 24 ; XLIII, 24, 31 ; XLIV,

14 ; XLVI, 8 ; XLVII, 6, 16 ; XLVIII, 15 ; LII, 30, 33 ; LXIII, 1, 7, 8 ; LXVIII, 51 ; LXXIV, 25 / ***aftarāhᵘ*** [CDRD] X,38 XI, 13, 35 ; XXI, 5 ; XXV, 4 ; XLII, 24 ; XLVI, 8

CDRDP n° 151 (XXV, 5) / سورة الفرقان / Tradition (42) ; Noldëke (66) ; Blachère (68)

وَقَالُوا أَسَاطِيرُ الْأَوَّلِينَ اكْتَتَبَهَا فَهِيَ تُمْلَىٰ عَلَيْهِ بُكْرَةً وَأَصِيلًا

ʾasāṭīrᵘ l-ʾawwalīnᵃ ʾiktatabahā fa-hiyᵃ tumlā ʿalayhⁱ bukratᵃⁿ wa- ʾaṣīlᵃⁿ

« Ce sont des histoires des Anciens qu'il se fait écrire ! On les lui dicte matin et soir ».

Contre le Prophète [CDRD] : III, 183, IV, 78, 141, 150 ; V, 19 ; VI, 8, 37, 91, 93, 105, 124, VII, 203 ; IX, 59, 61 ; X, 2, 15, 20, 38 ; XI, 12, 13, 35 ; XIII, 7, 27, 43 ; XV, 6, 7 ; XVI, 101, 103 ; XVII, 47, 90, 91, 92, 93, 94 ; XX, 133 ; XXI, 3, 5, 36 ; XXIII, 70 ; XXIV, 47 ; XXV, 4, 5, 7, 32, 41, 42, 60 ; XXVIII, 47, 48, 57 ; XXIX, 50 ; XXX, 58 ; XXXIII, 12 ; XXXIV, 8, 34, 43 ; XXXVII, 36 ; XXXVIII, 4, 5, 8 ; XLII, 24 ; XLIII, 24, 31 ; XLIV, 14 ; XLVI, 8 ; XLVII, 6, 16 ; XLVIII, 15 ; LII, 30, 33 ; LXIII, 1, 7, 8 ; LXVIII, 51 ; LXXIV, 25 / ***ʾasāṭīrᵘ al-ʾawwalīnᵃ*** [CDRD] : VI, 25 ; VIII, 31 ; XVI, 24 ; XXXIII, 83 ; XXV, 5 ; XXVII, 68 ; XLVI, 17 ; LXVIII, 15 ; LXXXIII, 13

CDRDP n° 152 (XXV, 7) / سورة الفرقان / Tradition (42) ; Noldëke (66) ; Blachère (68)

وَقَالُوا مَالِ هَٰذَا الرَّسُولِ يَأْكُلُ الطَّعَامَ وَيَمْشِي فِي الْأَسْوَاقِ لَوْلَا أُنزِلَ إِلَيْهِ مَلَكٌ فَيَكُونَ مَعَهُ نَذِيرًا

mā li-hāḏā l-rasūlⁱ yakulᵘ -ṭaʿāmᵃ wa yamšī fi l-ʾaswāqⁱ law-lā ʾunzilᵃ ʾilayhⁱ malakᵘⁿ fa-yakūnᵃ maʿahᵘ naḏyrᵃⁿ

« Qu'est ce que ce messager qui mange de la nourriture et qui marche dans les marchés, pourquoi (donc) n'a-t-on fait descendre sur lui un ange qui eût été un avertisseur avec lui ? »

Contre le Prophète [CDRD] : III, 183, IV, 78, 141, 150 ; V, 19 ; VI, 8, 37, 91, 93, 105, 124, VII, 203 ; IX, 59, 61 ; X, 2, 15, 20, 38 ; XI, 12, 13, 35 ; XIII, 7, 27, 43 ; XV, 6, 7 ; XVI, 101, 103 ; XVII, 47, 90, 91, 92, 93, 94 ; XX, 133 ; XXI, 3, 5, 36 ; XXIII, 70 ; XXIV, 47 ; XXV, 4, 5, 7, 32, 41, 42, 60 ; XXVIII, 47, 48, 57 ; XXIX, 50 ; XXX, 58 ; XXXIII, 12 ; XXXIV, 8, 34, 43 ; XXXVII, 36 ; XXXVIII, 4, 5, 8 ; XLII, 24 ; XLIII, 24, 31 ; XLIV, 14 ; XLVI, 8 ; XLVII, 6, 16 ; XLVIII, 15 ; LII, 30, 33 ; LXIII, 1, 7, 8 ; LXVIII, 51 ; LXXIV, 25 / ***rasūlᵘⁿ*** [CDRD] III, 183 ; IV, 157; IX, 59 ; XVII, 94 ; XXIV, 47 ; XXV, 7, 41 ; XXXIII, 47, 12 ; LXIII, 1, 7 / ***bašarᵘⁿ*** [CDRD] : XVI, 103 ; XVII, 94 ; XXI, 3 ; LXXIV, 25

CDRDP n° 153 (XXV, 8) / سورة الفرقان / Tradition (42) ; Noldëke (66) ; Blachère (68)

أَوْ يُلْقَىٰ إِلَيْهِ كَنزٌ أَوْ تَكُونُ لَهُ جَنَّةٌ يَأْكُلُ مِنْهَا وَقَالَ الظَّالِمُونَ إِن تَتَّبِعُونَ إِلَّا رَجُلًا مَّسْحُورًا

ʾaw yulqā ʾilayh^i kanz^un ʾaw takūn^u lah^u ǧannat^un yaʾkul^u minhā / ʾin tattabiʿūn^a ʾillā raǧul^an masḥūr^an

« Que ne lui a-t-on pas lancé un Trésor ou bien n'a-t-il un jardin à lui où il pourrait manger ? / Vous ne suivez qu'un possédé ».

Contre le Prophète [CDRD] : III, 183, IV, 78, 141, 150 ; V, 19 ; VI, 8, 37, 91, 93, 105, 124, VII, 203 ; IX, 59, 61 ; X, 2, 15, 20, 38 ; XI, 12, 13, 35 ; XIII, 7, 27, 43 ; XV, 6, 7 ; XVI, 101, 103 ; XVII, 47, 90, 91, 92, 93, 94 ; XX, 133 ; XXI, 3, 5, 36 ; XXIII, 70 ; XXIV, 47 ; XXV, 4, 5, 7, 32, 41, 42, 60 ; XXVIII, 47, 48, 57 ; XXIX, 50 ; XXX, 58 ; XXXIII, 12 ; XXXIV, 8, 34, 43 ; XXXVII, 36 ; XXXVIII, 4, 5, 8 ; XLII, 24 ; XLIII, 24, 31 ; XLIV, 14 ; XLVI, 8 ; XLVII, 6, 16 ; XLVIII, 15 ; LII, 30, 33 ; LXIII, 1, 7, 8 ; LXVIII, 51 ; LXXIV, 25 / ***rasūl^un*** [CDRD] III, 183 ; IV, 157; IX, 59 ; XVII, 94 ; XXIV, 47 ; XXV, 7, 41 ; XXXIII, 47, 12 ; LXIII, 1, 7 / ***bašar^un*** [CDRD] : XVI, 103 ; XVII, 94 ; XXI, 3 ; LXXIV, 25

CDRDP n° 154 (XXV, 21) / سورة الفرقان / Tradition (42) ; Noldëke (66) ; Blachère (68)

وَقَالَ الَّذِينَ لَا يَرْجُونَ لِقَاءَنَا لَوْلَا أُنزِلَ عَلَيْنَا الْمَلَائِكَةُ أَوْ نَرَىٰ رَبَّنَا لَقَدِ اسْتَكْبَرُوا فِي أَنفُسِهِمْ وَعَتَوْا عُتُوًّا كَبِيرًا

law-lā ʾunzil^a ʿalaynā l-malāʾikat^u ʾaw narā rabbanā

« Pourquoi les anges ne sont pas descendus sur nous ou pourquoi ne voit-on pas notre Seigneur ? »

Contre le Prophète [CDRD] : III, 183, IV, 78, 141, 150 ; V, 19 ; VI, 8, 37, 91, 93, 105, 124, VII, 203 ; IX, 59, 61 ; X, 2, 15, 20, 38 ; XI, 12, 13, 35 ; XIII, 7, 27, 43 ; XV, 6, 7 ; XVI, 101, 103 ; XVII, 47, 90, 91, 92, 93, 94 ; XX, 133 ; XXI, 3, 5, 36 ; XXIII, 70 ; XXIV, 47 ; XXV, 4, 5, 7, 32, 41, 42, 60 ; XXVIII, 47, 48, 57 ; XXIX, 50 ; XXX, 58 ; XXXIII, 12 ; XXXIV, 8, 34, 43 ; XXXVII, 36 ; XXXVIII, 4, 5, 8 ; XLII, 24 ; XLIII, 24, 31 ; XLIV, 14 ; XLVI, 8 ; XLVII, 6, 16 ; XLVIII, 15 ; LII, 30, 33 ; LXIII, 1, 7, 8 ; LXVIII, 51 ; LXXIV, 25.

CDRDP n° 155 (XXV, 32) / سورة الفرقان / Tradition (42) ; Noldëke (66) ; Blachère (68)

وَقَالَ الَّذِينَ كَفَرُوا لَوْلَا نُزِّلَ عَلَيْهِ الْقُرْآنُ جُمْلَةً وَاحِدَةً كَذَٰلِكَ لِنُثَبِّتَ بِهِ فُؤَادَكَ وَرَتَّلْنَاهُ تَرْتِيلًا

law-lā nuzzil^a ʿalayh^i al-qurʾān^u ǧumlat^an wāḥidat^an

« Pourquoi n'a-t-on pas fait descendre sur lui le Coran en une seule fois ? »

Contre le Prophète [CDRD] : III, 183, IV, 78, 141, 150 ; V, 19 ; VI, 8, 37, 91, 93, 105, 124, VII, 203 ; IX, 59, 61 ; X, 2, 15, 20, 38 ; XI, 12, 13, 35 ; XIII, 7, 27, 43 ; XV, 6, 7 ; XVI, 101, 103 ; XVII, 47, 90, 91, 92, 93, 94 ; XX, 133 ; XXI, 3, 5, 36 ; XXIII, 70 ; XXIV, 47 ; XXV, 4, 5, 7, 32, 41, 42, 60 ; XXVIII, 47, 48, 57 ; XXIX, 50 ; XXX, 58 ; XXXIII,

12 ; XXXIV, 8, 34, 43 ; XXXVII, 36 ; XXXVIII, 4, 5, 8 ; XLII, 24 ; XLIII, 24, 31 ; XLIV, 14 ; XLVI, 8 ; XLVII, 6, 16 ; XLVIII, 15 ; LII, 30, 33 ; LXIII, 1, 7, 8 ; LXVIII, 51 ; LXXIV, 25 / ***'unzil**ᵃ* ***'alayh**ⁱ* [CDRD] : VI, 8 ; X, 20 ; XXV, 32 ; XXIX, 50.

CDRDP n° 156 (XXV, 41) / سورة الفرقان / Tradition (42) ; Noldëke (66) ; Blachère (68)

وَإِذَا رَأَوْكَ إِن يَتَّخِذُونَكَ إِلَّا هُزُوًا **أَهَٰذَا الَّذِي بَعَثَ اللَّهُ رَسُولًا**

'a-hāḏā llaḏī ba'aṯ[a] Allāh[u] rasūl[an]

« Est-ce celui-là qu'Allah a envoyé comme messager ? »

Contre le Prophète [CDRD] : III, 183, IV, 78, 141, 150 ; V, 19 ; VI, 8, 37, 91, 93, 105, 124, VII, 203 ; IX, 59, 61 ; X, 2, 15, 20, 38 ; XI, 12, 13, 35 ; XIII, 7, 27, 43 ; XV, 6, 7 ; XVI, 101, 103 ; XVII, 47, 90, 91, 92, 93, 94 ; XX, 133 ; XXI, 3, 5, 36 ; XXIII, 70 ; XXIV, 47 ; XXV, 4, 5, 7, 32, 41, 42, 60 ; XXVIII, 47, 48, 57 ; XXIX, 50 ; XXX, 58 ; XXXIII, 12 ; XXXIV, 8, 34, 43 ; XXXVII, 36 ; XXXVIII, 4, 5, 8 ; XLII, 24 ; XLIII, 24, 31 ; XLIV, 14 ; XLVI, 8 ; XLVII, 6, 16 ; XLVIII, 15 ; LII, 30, 33 ; LXIII, 1, 7, 8 ; LXVIII, 51 ; LXXIV, 25 / ***rasūl*** [CDRD] III, 183 ; IV, 157; IX, 59 ; XVII, 94 ; XXIV, 47 ; XXV, 7, 41 ; XXXIII, 47, 12 ; LXIII, 1, 7 / ***bašar*** [CDRD] : XVI, 103 ; XVII, 94 ; XXI, 3 ; LXXIV, 25

CDRDP n° 157 (XXV, 42) / سورة الفرقان / Tradition (42) ; Noldëke (66) ; Blachère (68)

إِن كَادَ لَيُضِلُّنَا عَنْ آلِهَتِنَا لَوْلَا أَن صَبَرْنَا عَلَيْهَا وَسَوْفَ يَعْلَمُونَ حِينَ يَرَوْنَ الْعَذَابَ مَنْ أَضَلُّ سَبِيلًا

'in kād[a] la-yuḍillunā 'an 'ālihatinā law-lā 'an ṣabarnā 'alayhā

« Il aurait failli nous égarer loin de nos divinités, si nous n'avions pas été constants dans leur culte ».

Contre le Prophète [CDRD] : III, 183, IV, 78, 141, 150 ; V, 19 ; VI, 8, 37, 91, 93, 105, 124, VII, 203 ; IX, 59, 61 ; X, 2, 15, 20, 38 ; XI, 12, 13, 35 ; XIII, 7, 27, 43 ; XV, 6, 7 ; XVI, 101, 103 ; XVII, 47, 90, 91, 92, 93, 94 ; XX, 133 ; XXI, 3, 5, 36 ; XXIII, 70 ; XXIV, 47 ; XXV, 4, 5, 7, 32, 41, 42, 60 ; XXVIII, 47, 48, 57 ; XXIX, 50 ; XXX, 58 ; XXXIII, 12 ; XXXIV, 8, 34, 43 ; XXXVII, 36 ; XXXVIII, 4, 5, 8 ; XLII, 24 ; XLIII, 24, 31 ; XLIV, 14 ; XLVI, 8 ; XLVII, 6, 16 ; XLVIII, 15 ; LII, 30, 33 ; LXIII, 1, 7, 8 ; LXVIII, 51 ; LXXIV, 25.

CDRDP n° 158 (XXV, 60) / سورة الفرقان / Tradition (42) ; Noldëke (66) ; Blachère (68)

وَإِذَا قِيلَ لَهُمُ اسْجُدُوا لِلرَّحْمَٰنِ قَالُوا **وَمَا الرَّحْمَٰنُ أَنَسْجُدُ لِمَا تَأْمُرُنَا** وَزَادَهُمْ نُفُورًا

wa mā l-raḥmān[u] 'a-nasǧud[u] li-mā tảmurun[a]

« Mais qu'est que le Tout Miséricorde ? Devons-nous nous prosterner sur ton ordre ? »

Contre le Prophète [CDRD] : III, 183, IV, 78, 141, 150 ; V, 19 ; VI, 8, 37, 91, 93, 105, 124, VII, 203 ; IX, 59, 61 ; X, 2, 15, 20, 38 ; XI, 12, 13, 35 ; XIII, 7, 27, 43 ; XV, 6, 7 ; XVI, 101, 103 ; XVII, 47, 90, 91, 92, 93, 94 ; XX, 133 ; XXI, 3, 5, 36 ; XXIII, 70 ; XXIV,

47 ; XXV, 4, 5, 7, 32, 41, 42, 60 ; XXVIII, 47, 48, 57 ; XXIX, 50 ; XXX, 58 ; XXXIII, 12 ; XXXIV, 8, 34, 43 ; XXXVII, 36 ; XXXVIII, 4, 5, 8 ; XLII, 24 ; XLIII, 24, 31 ; XLIV, 14 ; XLVI, 8 ; XLVII, 6, 16 ; XLVIII, 15 ; LII, 30, 33 ; LXIII, 1, 7, 8 ; LXVIII, 51 ; LXXIV, 25.

CDRDE n° 159 (XXVII, 67) / سورة النمل / Tradition (48) ; Noldëke (68) ; Blachère (69)

وَقَالَ الَّذِينَ كَفَرُوا أَإِذَا كُنَّا تُرَابًا وَآبَاؤُنَا أَئِنَّا لَمُخْرَجُونَ

*ʾaʾidā kunnā turāb^an^ wa- ʾābāʾunā ʾa-ʾinnā la-muḫraǧūn^a^*

« Quand nous serons poussières, comme nos pères, serons-nous sortis (de nos tombes) ? »

L'Heure eschatologique [CDRD] : VII, 187 ; X, 48 ; XVII, 51 ; XXI, 38 ; XXVII, 71 ; XXXII, 28 ; XXXIV, 3, 29 ; XXXVI, 48 ; XLI, 50 ; XLV, 32 ; LI, 12 ; LXVII, 25 ; LXXV, 6 ; LXXIX, 42 / **La résurrection** [CDRD] : VI, 29 ; XI, 7 ; XIII, 5 ; XVI, 38 ; XVII 49, 51, 98 ; XIX, 66 ; XXIII, 82, 83 ; XXVII, 67, 68 ; XXXII, 10 ; XXXIV, 7, 8 ; XXXVI, 78 ; XXXVII 15, 16, 17 ; XLIV, 34, 35, 36 ; XLV, 24, 25 ; XLVI, 17 ; L, 2, 3 ; LVI, 47, 48 ; LXXIX, 10, 11, 12 / **L'Eschatologie** [CDRD] : II, 8, 80, 111 ; III, 24 ; VI, 29 ; VII, 187 ; X, 48, 53 ; XI, 7, 8 ; XIII, 5 ; XVI, 38 ; XVII, 49, 51, 98 ; XIX, 66 ; XXI, 38 ; XXIII, 82, 83 ; XXVII, 67, 68, 71 ; XXXII, 10, 28 ; XXXIV, 3, 7, 8, 29 ; XXXVI, 48, 78 ; XXXVII, 15, 16, 17 ; XLI, 50 ; XLIV, 34, 35, 36 ; XLV, 24, 25, 32 ; XLVI, 17 ; L, 2, 3 ; LI, 12 ; LVI, 47, 48 ; LXVII, 25 ; LXXV, 6 ; LXXIX, 10, 11, 12, 42.

Talmud [CDRD] : Sanhédrin 90 b et seq

Cent cinquante neuvième contre-discours dans l'ordre du *muṣḥaf*. Dans l'ordre chronologique des discours contre l'eschatologie, il est placé à la vingt septième position (sur cinquante deux). Sa structure est simple avec un Contre-discours Citant introductif (« Ceux qui ne croient pas disent ») suivi d'un contre-discours (« Quand nous serons poussières, comme nos pères, serons-nous sortis (de nos tombes) ? ») Ce contre-discours est une réfutation questionnante qui du point de vue argumentatif peut être considérée comme une objection. La raison de l'objection est motivée. Elle est fondée sur un argument rationnel qui pose le postulat implicite d'une impossibilité de faire renaître ce qui est mort. Ce verset est à rapprocher de versets XIII, 5 ; XVII, 49, 98 ; XXIII, 82–83 ; XXVII, 67 ; XXXII, 10 ; XXXVI, 78 ; XXXVII, 15–17 ; XLIV, 34–35 ; L, 2–3 ; LVI, 47, 48 ; LXXIX, 10. L'objection est employée dans un traité du Talmud, le Sanhédrin : « Un hérétique disait au rabbi Gamaliel : « Vous prétendez que les morts revivront, mais ils sont réduits en poussière ; la poussière peut-elle prendre vie ? » Ce contre-discours est à mettre en lien avec le verset qui lui succède d'autant plus qu'il s'apparente à un autre contre-discours présent dans le Nouveau Testament. On y lit : « (Ils [les faux docteurs] dirent : 'Où est la promesse de son avènement ?' Depuis que les Pères sont morts, tout demeure comme au début de la création »). [καὶ λέγοντες (legontes),

Ποῦ ἐστιν ἡ ἐπαγγελία (epangelia) τῆς παρουσίας (parousias) αὐτοῦ; ἀφ' ἧς γὰρ οἱ πατέρες (pateres) ἐκοιμήθησαν, πάντα οὕτως διαμένει ἀπ' ἀρχῆς κτίσεως (archēs ktiseōs)] 2 P 3, 4.

CDRDE n° 160 (XXVII, 68) / سورة النمل / Tradition (48) ; Noldëke (68) ; Blachère (69)

لَقَدْ وُعِدْنَا هَٰذَا نَحْنُ وَآبَاؤُنَا مِن قَبْلُ إِنْ هَٰذَا إِلَّا أَسَاطِيرُ الْأَوَّلِينَ

la-qad wuʿidnā hāḏā naḥn[u] wa- ʾābāʾunā min qabl[u] ʾin hāḏā ʾillā ʾasāṭīr[u] l-ʾawwalīn[a]
« Certes, nous avons reçu promesse de cela, nous et nos pères, auparavant ! Ce ne sont que des histoires d'anciens! »

L'Heure eschatologique [CDRD] : VII, 187 ; X, 48 ; XVII, 51 ; XXI, 38 ; XXVII, 71 ; XXXII, 28 ; XXXIV, 3, 29 ; XXXVI, 48 ; XLI, 50 ; XLV, 32 ; LI, 12 ; LXVII, 25 ; LXXV, 6 ; LXXIX, 42 / **La résurrection** [CDRD] : VI, 29 ; XI, 7 ; XIII, 5 ; XVI, 38 ; XVII 49, 51, 98 ; XIX, 66 ; XXIII, 82, 83 ; XXVII, 67, 68 ; XXXII, 10 ; XXXIV, 7, 8 ; XXXVI, 78 ; XXXVII 15, 16, 17 ; XLIV, 34, 35, 36 ; XLV, 24, 25 ; XLVI, 17 ; L, 2, 3 ; LVI, 47, 48 ; LXXIX, 10, 11, 12 / **L'Eschatologie** [CDRD] : II, 8, 80, 111 ; III, 24 ; VI, 29 ; VII, 187 ; X, 48, 53 ; XI, 7, 8 ; XIII, 5 ; XVI, 38 ; XVII, 49, 51, 98 ; XIX, 66 ; XXI, 38 ; XXIII, 82, 83 ; XXVII, 67, 68, 71 ; XXXII, 10, 28 ; XXXIV, 3, 7, 8, 29 ; XXXVI, 48, 78 ; XXXVII, 15, 16, 17 ; XLI, 50 ; XLIV, 34, 35, 36 ; XLV, 24, 25, 32 ; XLVI, 17 ; L, 2, 3 ; LI, 12 ; LVI, 47, 48 ; LXVII, 25 ; LXXV, 6 ; LXXIX, 10, 11, 12, 42.

Talmud [CDRD] : Sanhédrin 90 b et seq

Voir commentaire précédent.

CDRDE n° 161 (XXVII, 71) / سورة النمل / Tradition (48) ; Noldëke (68) ; Blachère (69)

وَيَقُولُونَ مَتَىٰ هَٰذَا الْوَعْدُ إِن كُنتُمْ صَادِقِينَ

matā hāḏā al-waʿd[u] ʾin kuntum ṣādiqīn[a]
« A quand cette promesse, si vous êtes véridiques ? »

L'Heure eschatologique [CDRD] : VII, 187 ; X, 48 ; XVII, 51 ; XXI, 38 ; XXVII, 71 ; XXXII, 28 ; XXXIV, 3, 29 ; XXXVI, 48 ; XLI, 50 ; XLV, 32 ; LI, 12 ; LXVII, 25 ; LXXV, 6 ; LXXIX, 42 / **L'Eschatologie** [CDRD] : II, 8, 80, 111 ; III, 24 ; VI, 29 ; VII, 187 ; X, 48, 53 ; XI, 7, 8 ; XIII, 5 ; XVI, 38 ; XVII, 49, 51, 98 ; XIX, 66 ; XXI, 38 ; XXIII, 82, 83 ; XXVII, 67, 68, 71 ; XXXII, 10, 28 ; XXXIV, 3, 7, 8, 29 ; XXXVI, 48, 78 ; XXXVII, 15, 16, 17 ; XLI, 50 ; XLIV, 34, 35, 36 ; XLV, 24, 25, 32 ; XLVI, 17 ; L, 2, 3 ; LI, 12 ; LVI, 47, 48 ; LXVII, 25 ; LXXV, 6 ; LXXIX, 10, 11, 12, 42.

Ancien Testament [CDRD] Is 5, 19 ; **Nouveau Testament** [CDRD] 2 P 3, 4.

Cent soixante et unième contre-discours dans l'ordre du *muṣḥaf*. Dans l'ordre chronologique des discours contre l'eschatologie, il est placé à la vingt neuvième position (sur cinquante deux). Sa structure est simple avec un Contre-discours Citant Introductif (« Et ils disent ») suivi d'un Contre-discours Rapporté Direct Présent (« A quand cette promesse, si vous êtes véridiques ? ») Ce contre-discours est une réfutation questionnante à mettre en relation, du fait de leur proximité formelle, avec VII, 187 ; X, 48 ; XXI, 38 ; XXXII, 28 ; XXXIV, 29 ; XXXVI, 48; LXVII, 25 ; LXXV, 6 ; LXXIX, 42. Dans le cadre d'une approche extratextuelle, cette réfutation questionnante s'apparente à un contre-discours présent dans le deuxième épitre de Pierre : « Où est la promesse de son avènement ? » La riposte qui se formule est une injonction qui exprime un motif récurrent : l'imminence de l'évenement eschatologique.

CDRDP n° 162 (XXVIII, 47) / سورة القصص / Tradition (49) ; Noldëke (79) ; Blachère (81)

وَلَوْلَا أَن تُصِيبَهُم مُّصِيبَةٌ بِمَا قَدَّمَتْ أَيْدِيهِمْ فَيَقُولُوا **رَبَّنَا لَوْلَا أَرْسَلْتَ إِلَيْنَا رَسُولًا فَنَتَّبِعَ آيَاتِكَ وَنَكُونَ مِنَ الْمُؤْمِنِينَ**

rabbanā law-lā ʾarsalt^{a} *ʾilaynā rasūl*^{an} *fa-nattabiʿ*^{a} *ʾāyātik*^{a} *wa-nakūn*^{a} *mina l-muʾminīn*^{a}

« Seigneur, pourquoi n'as-tu pas envoyé un messager tel que nous suivrerions tes signes et nous aurions été des croyants ? »

Contre le Prophète [CDRD] : III, 183, IV, 78, 141, 150 ; V, 19 ; VI, 8, 37, 91, 93, 105, 124, VII, 203 ; IX, 59, 61 ; X, 2, 15, 20, 38 ; XI, 12, 13, 35 ; XIII, 7, 27, 43 ; XV, 6, 7 ; XVI, 101, 103 ; XVII, 47, 90, 91, 92, 93, 94 ; XX, 133 ; XXI, 3, 5, 36 ; XXIII, 70 ; XXIV, 47 ; XXV, 4, 5, 7, 32, 41, 42, 60 ; XXVIII, 47, 48, 57 ; XXIX, 50 ; XXX, 58 ; XXXIII, 12 ; XXXIV, 8, 34, 43 ; XXXVII, 36 ; XXXVIII, 4, 5, 8 ; XLII, 24 ; XLIII, 24, 31 ; XLIV, 14 ; XLVI, 8 ; XLVII, 6, 16 ; XLVIII, 15 ; LII, 30, 33 ; LXIII, 1, 7, 8 ; LXVIII, 51 ; LXXIV, 25.

CDRDP n° 163 (XXVIII, 48) / سورة القصص / Tradition (49) ; Noldëke (79) ; Blachère (81)

فَلَمَّا جَاءَهُمُ الْحَقُّ مِنْ عِندِنَا قَالُوا **لَوْلَا أُوتِيَ مِثْلَ مَا أُوتِيَ مُوسَىٰ** أَوَلَمْ يَكْفُرُوا بِمَا أُوتِيَ مُوسَىٰ مِن قَبْلُ قَالُوا **سِحْرَانِ تَظَاهَرَا** وَقَالُوا **إِنَّا بِكُلٍّ كَافِرُونَ**

law-lā ʾūtiy^{a} *mitl*^{a} *mā ʾūtiy*^{a} *mūsā / siḥrān*^{i} *taẓāharā / ʾinnā bi-kull*^{in} *kāfirūn*^{a}

« Pourquoi n'a-t-il pas reçu comme ce qu'a reçu Moïse ? » / « deux magies solidaires » / « Nous les rejetons ».

Contre le Prophète [CDRD] : III, 183, IV, 78, 141, 150 ; V, 19 ; VI, 8, 37, 91, 93, 105, 124, VII, 203 ; IX, 59, 61 ; X, 2, 15, 20, 38 ; XI, 12, 13, 35 ; XIII, 7, 27, 43 ; XV, 6, 7 ; XVI, 101, 103 ; XVII, 47, 90, 91, 92, 93, 94 ; XX, 133 ; XXI, 3, 5, 36 ; XXIII, 70 ; XXIV, 47 ; XXV, 4, 5, 7, 32, 41, 42, 60 ; XXVIII, 47, 48, 57 ; XXIX, 50 ; XXX, 58 ; XXXIII,

12 ; XXXIV, 8, 34, 43 ; XXXVII, 36 ; XXXVIII, 4, 5, 8 ; XLII, 24 ; XLIII, 24, 31 ; XLIV, 14 ; XLVI, 8 ; XLVII, 6, 16 ; XLVIII, 15 ; LII, 30, 33 ; LXIII, 1, 7, 8 ; LXVIII, 51 ; LXXIV, 25 / ***siḥrun*** [CDRD] VI, 7 ; XI, 7 ; XXVIII, 48 ; XXXIV, 43 ; XXXVII, 15 ; XLIII, 30 ; XLVI, 7 ; LIV, 2 ; LXXIV, 24

CDRDP n° 164 (XXVIII, 57) / سورة القصص / Tradition (49) ; Noldëke (79) ; Blachère (81)

وَقَالُوا **إِن نَّتَّبِعِ الْهُدَىٰ مَعَكَ نُتَخَطَّفْ مِنْ أَرْضِنَا** أَوَلَمْ نُمَكِّن لَّهُمْ حَرَمًا آمِنًا يُجْبَىٰ إِلَيْهِ ثَمَرَاتُ كُلِّ شَيْءٍ رِّزْقًا مِّن لَّدُنَّا وَلَٰكِنَّ أَكْثَرَهُمْ لَا يَعْلَمُونَ

ʾin nattabiʿi l-hudā maʿaka nutaḫaṭṭaf min arḍinā

« Si nous suivons ta voie, nous serons expulsés de nos terres ».

Contre le Prophète [CDRD] : III, 183, IV, 78, 141, 150 ; V, 19 ; VI, 8, 37, 91, 93, 105, 124, VII, 203 ; IX, 59, 61 ; X, 2, 15, 20, 38 ; XI, 12, 13, 35 ; XIII, 7, 27, 43 ; XV, 6, 7 ; XVI, 101, 103 ; XVII, 47, 90, 91, 92, 93, 94 ; XX, 133 ; XXI, 3, 5, 36 ; XXIII, 70 ; XXIV, 47 ; XXV, 4, 5, 7, 32, 41, 42, 60 ; XXVIII, 47, 48, 57 ; XXIX, 50 ; XXX, 58 ; XXXIII, 12 ; XXXIV, 8, 34, 43 ; XXXVII, 36 ; XXXVIII, 4, 5, 8 ; XLII, 24 ; XLIII, 24, 31 ; XLIV, 14 ; XLVI, 8 ; XLVII, 6, 16 ; XLVIII, 15 ; LII, 30, 33 ; LXIII, 1, 7, 8 ; LXVIII, 51 ; LXXIV, 25.

CDRDP n° 165 (XXIX, 2) / سورة العنكبوت / Tradition (85) ; Noldëke (81) ; Blachère (83)

أَحَسِبَ النَّاسُ أَن يُتْرَكُوا أَن يَقُولُوا **آمَنَّا** وَهُمْ لَا يُفْتَنُونَ

ʾāmannā

« Nous croyons ».

ʾāmannā [CDRD] : II, 8, 13, 14, 76, 91 ; III, 72, 119 ; IV, 81, 150 ; V, 41, 61 ; VIII, 21 ; XXIV, 47 ; XXIX, 2, 10 ; XLIX, 14 ; LXIII, 1 / ***ʾāmannā*** [Coran] : II, 136 ; III, 7, 16, 52, 53, 84, 193 ; V, 59, 83, 121, 126, XX, 70, 73.

CDRDP n° 166 (XXIX, 10) / سورة العنكبوت / Tradition (85) ; Noldëke (81) ; Blachère (83)

وَمِنَ النَّاسِ مَن يَقُولُ **آمَنَّا بِاللَّهِ** فَإِذَا أُوذِيَ فِي اللَّهِ جَعَلَ فِتْنَةَ النَّاسِ كَعَذَابِ اللَّهِ وَلَئِن جَاءَ نَصْرٌ مِّن رَّبِّكَ لَيَقُولُنَّ **إِنَّا كُنَّا مَعَكُمْ** أَوَلَيْسَ اللَّهُ بِأَعْلَمَ بِمَا فِي صُدُورِ الْعَالَمِينَ

ʾāmannā bi-Allāhi

« Nous croyons en Dieu ».

CDRDP n° 167 (XXIX, 12) / سورة العنكبوت / Tradition (85) ; Noldëke (81) ; Blachère (83)

إِنَّهُمْ لَكَاذِبُونَ وَقَالَ الَّذِينَ كَفَرُوا لِلَّذِينَ آمَنُوا **اتَّبِعُوا سَبِيلَنَا وَلْنَحْمِلْ خَطَايَاكُمْ** وَمَا هُم بِحَامِلِينَ مِنْ خَطَايَاهُم مِّن شَيْءٍ

ittabiʿū sabīlanā wa l-naḥmil ḫaṭāyākum
« Suivez notre voie, et laissez nous porter le poids de vos fautes ».

CDRDP n° 168 (XXIX, 50) / سورة العنكبوت / Tradition (85) ; Noldëke (81) ; Blachère (83)

قُلْ إِنَّمَا الْآيَاتُ عِندَ اللَّهِ وَإِنَّمَا أَنَا نَذِيرٌ مُّبِينٌ وَقَالُوا **لَوْلَا أُنزِلَ عَلَيْهِ آيَاتٌ مِّن رَّبِّهِ**

law-lā ʾunzilᵃ ʿalayhⁱ ʾāyātᵘⁿ min rabbihⁱ
« Pourquoi n'a-t-on pas fait descendre sur lui des signes de son Seigneur ? »

Contre le Prophète [CDRD] : III, 183, IV, 78, 141, 150 ; V, 19 ; VI, 8, 37, 91, 93, 105, 124, VII, 203 ; IX, 59, 61 ; X, 2, 15, 20, 38 ; XI, 12, 13, 35 ; XIII, 7, 27, 43 ; XV, 6, 7 ; XVI, 101, 103 ; XVII, 47, 90, 91, 92, 93, 94 ; XX, 133 ; XXI, 3, 5, 36 ; XXIII, 70 ; XXIV, 47 ; XXV, 4, 5, 7, 32, 41, 42, 60 ; XXVIII, 47, 48, 57 ; XXIX, 50 ; XXX, 58 ; XXXIII, 12 ; XXXIV, 8, 34, 43 ; XXXVII, 36 ; XXXVIII, 4, 5, 8 ; XLII, 24 ; XLIII, 24, 31 ; XLIV, 14 ; XLVI, 8 ; XLVII, 6, 16 ; XLVIII, 15 ; LII, 30, 33 ; LXIII, 1, 7, 8 ; LXVIII, 51 ; LXXIV, 25 / ***rabb*** [CDRD] : II, 76, 200 ; IV, 77 ; VI, 37 ; X, 20 ; XIII, 7, 27 ; XX, 133 ; XXV, 21 ; XXVIII, 47 ; XXIX, 50 ; XXXIV, 23 ; XLI, 50 ; LII, 30 ; LXXXIX, 15, 16 / ***ʾunzilᵃ ʿalayhi*** [CDRD] : VI, 8 ; X, 20 ; XXV, 32 ; XXIX, 50.

CDRDP n° 169 (XXIX, 61) / سورة العنكبوت / Tradition (85) ; Noldëke (81) ; Blachère (83)

فَأَنَّىٰ يُؤْفَكُونَ وَلَئِن سَأَلْتَهُم مَّنْ خَلَقَ السَّمَاوَاتِ وَالْأَرْضَ وَسَخَّرَ الشَّمْسَ وَالْقَمَرَ لَيَقُولُنَّ **اللَّهُ**

Allāhᵘ
« Allah ».

Allāhᵘ [CDRD] : II, 8, 26, 76, 79, 116, 118 ; III, 72, 78, 181, 183 ; IV, 72, 78, 157 ; V, 17, 18, 64, 72, 73 ; VI, 93, 124, 136, 148 ; VII, 28 ; VIII, 32 ; IX, 30, 59 ; X, 18, 68 ; XVI, 35, 38 ; XVII, 92, 94 ; XVIII, 4 ; XXI, 29 ; XXIII, 85, 87, 89 ; XXIV, 47 ; XXV, 8, 41 ; XXIX, 10, 61, 63 ; XXXI, 25 ; XXXIII, 12 ; XXXIV, 8 ; XXXVI, 47 ; XXXVII, *151*, 152, 169 ; XXXIX, 3, 38; XLII, 24 ; XLIII, 87 ; XLV, 32 ; LVIII, 8 ; LXIII, 1, 7 ; LXXIV, 31 / ***rabb*** [CDRD] : II, 76, 200 ; IV, 77 ; VI, 37 ; X, 20 ; XIII, 7, 27 ; XX, 133 ; XXV, 21 ; XXVIII, 47 ; XXIX, 50 ; XXXIV, 23 ; XLI, 50 ; LXXXIX, 15, 16 / ***ʾIlāh [CDRD] :*** II, 42 ; XXXVIII, 5 ; XXXIX, 3 / ***raḥmān*** [CDRD] : XIX, 88 ; XXI, 26 ; XXV, 60 ; XLIII, 20 / **Autres** [CDRD] : XLIII, 9 ; XXIV, 16 ; IV, 171.

CDRDP n° 170 (XXIX, 63) / سورة العنكبوت / Tradition (85) ; Noldëke (81) ; Blachère (83)

وَلَئِن سَأَلْتَهُم مَّن نَّزَّلَ مِنَ السَّمَاءِ مَاءً فَأَحْيَا بِهِ الْأَرْضَ مِن بَعْدِ مَوْتِهَا لَيَقُولُنَّ **اللَّهُ** قُلِ الْحَمْدُ لِلَّهِ بَلْ أَكْثَرُهُمْ لَا يَعْقِلُونَ

Allāh[u]
« Allah ».

Allāh[u] [CDRD] : II, 8, 26, 76, 79, 116, 118 ; III, 72, 78, 181, 183 ; IV, 72, 78, 157 ; V, 17, 18, 64, 72, 73 ; VI, 93, 124, 136, 148 ; VII, 28 ; VIII, 32 ; IX, 30, 59 ; X, 18, 68 ; XVI, 35, 38 ; XVII, 92, 94 ; XVIII, 4 ; XXI, 29 ; XXIII, 85, 87, 89 ; XXIV, 47 ; XXV, 8, 41 ; XXIX, 10, 61, 63 ; XXXI, 25 ; XXXIII, 12 ; XXXIV, 8 ; XXXVI, 47 ; XXXVII, *151*, 152, 169 ; XXXIX, 3, 38; XLII, 24 ; XLIII, 87 ; XLV, 32 ; LVIII, 8 ; LXIII, 1, 7 ; LXXIV, 31 / ***rabb*** [CDRD] : II, 76, 200 ; IV, 77 ; VI, 37 ; X, 20 ; XIII, 7, 27 ; XX, 133 ; XXV, 21 ; XXVIII, 47 ; XXIX, 50 ; XXXIV, 23 ; XLI, 50 ; LXXXIX, 15, 16 / ***ʾIlāh [CDRD] :*** II, 42 ; XXXVIII, 5 ; XXXIX, 3 / ***raḥmān*** [CDRD] : XIX, 88 ; XXI, 26 ; XXV, 60 ; XLIII, 20 / **Autres** [CDRD] : XLIII, 9 ; XXIV, 16 ; IV, 171.

CDRDP n° 171 (XXX, 58) / سورة الروم / Tradition (84) ; Noldëke (74) ; Blachère (76)

وَلَقَدْ ضَرَبْنَا لِلنَّاسِ فِي هَٰذَا الْقُرْآنِ مِن كُلِّ مَثَلٍ وَلَئِن جِئْتَهُم بِآيَةٍ لَّيَقُولَنَّ الَّذِينَ كَفَرُوا **إِنْ أَنتُمْ إِلَّا مُبْطِلُونَ**

ʾin ʾantum ʾillā mubṭilūn[a]
« certes, vous n'êtes que des imposteurs ».

Contre le Prophète [CDRD] : III, 183, IV, 78, 141, 150 ; V, 19 ; VI, 8, 37, 91, 93, 105, 124, VII, 203 ; IX, 59, 61 ; X, 2, 15, 20, 38 ; XI, 12, 13, 35 ; XIII, 7, 27, 43 ; XV, 6, 7 ; XVI, 101, 103 ; XVII, 47, 90, 91, 92, 93, 94 ; XX, 133 ; XXI, 3, 5, 36 ; XXIII, 70 ; XXIV, 47 ; XXV, 4, 5, 7, 32, 41, 42, 60 ; XXVIII, 47, 48, 57 ; XXIX, 50 ; XXX, 58 ; XXXIII, 12 ; XXXIV, 8, 34, 43 ; XXXVII, 36 ; XXXVIII, 4, 5, 8 ; XLII, 24 ; XLIII, 24, 31 ; XLIV, 14 ; XLVI, 8 ; XLVII, 6, 16 ; XLVIII, 15 ; LII, 30, 33 ; LXIII, 1, 7, 8 ; LXVIII, 51 ; LXXIV, 25.

CDRDP n° 172 (XXXI, 21) / سورة لقمان / Tradition (57) ; Noldëke (82) ; Blachère (84)

وَإِذَا قِيلَ لَهُمُ اتَّبِعُوا مَا أَنزَلَ اللَّهُ قَالُوا **بَلْ نَتَّبِعُ مَا وَجَدْنَا عَلَيْهِ آبَاءَنَا** أَوَلَوْ كَانَ الشَّيْطَانُ يَدْعُوهُمْ إِلَىٰ عَذَابِ السَّعِيرِ

bal nattabiʿ[u] mā wağadnā ʿalayh[i] ʾābāʾanā
« Non ! nous suivrons la coutume que nous avons trouvée chez nos pères ! »

Contre le Coran [CDRD] : II, 26, 76, 91, 118, 170, III, 72, 73 ; V, 104 ; VI, 7, 25, 93, 105, 156, 157 ; VII, 203 ; VIII, 21, 31 ; IX, 127 ; X, 15, 20, 38 ; XI, 13, 35 ; XVI, 24, 101, 103 ; XXV, 4, 5, 32 ; XXXI, 21 ; XXXIV, 31 ; XXXVII, 168, 169 ; XXXVIII, 7, 8 ; XLI, 5, 26, 44 ;

XLII, 24 ; XLIII, 31 ; XLIV, 14, 36 ; XLV, 25, 32 ; XLVI, 7, 8, 11 ; XLVII, 20, 26 ; LII, 33 ; LXVIII, 15 ; LXXIV, 24, 25, 31 ; LXXXIII, 13

CDRDP n° 173 (XXXI, 25) / سورة لقمان / Tradition (57) ; Noldëke (82) ; Blachère (84)

وَلَئِن سَأَلْتَهُم مَّنْ خَلَقَ السَّمَاوَاتِ وَالْأَرْضَ لَيَقُولُنَّ **اللَّهُ** قُلِ الْحَمْدُ لِلَّهِ بَلْ أَكْثَرُهُمْ لَا يَعْلَمُونَ

Allāh[u]
« Allah ».

Allāh[u] [CDRD] : II, 8, 26, 76, 79, 116, 118 ; III, 72, 78, 181, 183 ; IV, 72, 78, 157 ; V, 17, 18, 64, 72, 73 ; VI, 93, 124, 136, 148 ; VII, 28 ; VIII, 32 ; IX, 30, 59 ; X, 18, 68 ; XVI, 35, 38 ; XVII, 92, 94 ; XVIII, 4 ; XXI, 29 ; XXIII, 85, 87, 89 ; XXIV, 47 ; XXV, 8, 41 ; XXIX, 10, 61, 63 ; XXXI, 25 ; XXXIII, 12 ; XXXIV, 8 ; XXXVI, 47 ; XXXVII, *151*, 152, 169 ; XXXIX, 3, 38; XLII, 24 ; XLIII, 87 ; XLV, 32 ; LVIII, 8 ; LXIII, 1, 7 ; LXXIV, 31 / ***rabb*** [CDRD] : II, 76, 200 ; IV, 77 ; VI, 37 ; X, 20 ; XIII, 7, 27 ; XX, 133 ; XXV, 21 ; XXVIII, 47 ; XXIX, 50 ; XXXIV, 23 ; XLI, 50 ; LXXXIX, 15, 16 / ***'Ilāh [CDRD] :*** II, 42 ; XXXVIII, 5 ; XXXIX, 3 / ***raḥmān*** [CDRD] : XIX, 88 ; XXI, 26 ; XXV, 60 ; XLIII, 20 / Autres [CDRD] : XLIII, 9 ; XXIV, 16 ; IV, 171.

CDRDE n° 174 (XXXII, 10) / سورة السجدة / Tradition (75) ; Noldëke (75) ; Blachère (71)

وَقَالُوا **أَإِذَا ضَلَلْنَا فِي الْأَرْضِ أَإِنَّا لَفِي خَلْقٍ جَدِيدٍ** بَلْ هُم بِلِقَاءِ رَبِّهِمْ كَافِرُونَ

'aiḏā ḍalalnā fī l-'arḍ[i] *'ainnā la-fī ḫalq*[in] *ǧadīd*[in]
« Quand nous serons égarés dans la terre, serons-nous dans une création nouvelle ? »

L'Heure eschatologique [CDRD] : VII, 187 ; X, 48 ; XVII, 51 ; XXI, 38 ; XXVII, 71 ; XXXII, 28 ; XXXIV, 3, 29 ; XXXVI, 48 ; XLI, 50 ; XLV, 32 ; LI, 12 ; LXVII, 25 ; LXXV, 6 ; LXXIX, 42 / **La résurrection** [CDRD] : VI, 29 ; XI, 7 ; XIII, 5 ; XVI, 38 ; XVII 49, 51, 98 ; XIX, 66 ; XXIII, 82, 83 ; XXVII, 67, 68 ; XXXII, 10 ; XXXIV, 7, 8 ; XXXVI, 78 ; XXXVII 15, 16, 17 ; XLIV, 34, 35, 36 ; XLV, 24, 25 ; XLVI, 17 ; L, 2, 3 ; LVI, 47, 48 ; LXXIX, 10, 11, 12 / **L'Eschatologie** [CDRD] : II, 8, 80, 111 ; III, 24 ; VI, 29 ; VII, 187 ; X, 48, 53 ; XI, 7, 8 ; XIII, 5 ; XVI, 38 ; XVII, 49, 51, 98 ; XIX, 66 ; XXI, 38 ; XXIII, 82, 83 ; XXVII, 67, 68, 71 ; XXXII, 10, 28 ; XXXIV, 3, 7, 8, 29 ; XXXVI, 48, 78 ; XXXVII, 15, 16, 17 ; XLI, 50 ; XLIV, 34, 35, 36 ; XLV, 24, 25, 32 ; XLVI, 17 ; L, 2, 3 ; LI, 12 ; LVI, 47, 48 ; LXVII, 25 ; LXXV, 6 ; LXXIX, 10, 11, 12, 42.

Talmud [CDRD] : Sanhédrin 90 b et seq

Cent soixante quatorzième contre-discours dans l'ordre du *muṣḥaf*. Dans l'ordre chronologique des discours contre l'eschatologie, il est placé en trentième position (sur cinquante deux). Sa structure est semi complexe avec un Contre-discours Citant introductif réduit (« Et ils disent ») suivi d'un contre-discours (« Quand nous serons égarés dans la terre, serons-nous dans une création nouvelle ? ») Ce contre-discours est une réfutation questionnante qui du point de vue argumentatif peut être considérée comme une objection. La raison de l'objection est motivée. Elle est fondée sur un argument rationnel qui pose le postulat implicite d'une impossibilité de faire renaître ce qui est mort. Ce verset est à rapprocher de versets XIII, 5 ; XVII, 49, 98 ; XXIII, 82–83 ; XXVII, 67 ; XXXII, 10 ; XXXVI, 78 ; XXXVII, 15–17 ; XLIV, 34–35 ; L, 2–3 ; LVI, 47, 48 ; LXXIX, 10. L'objection est employée dans un traité du Talmud, le Sanhédrin : « Un hérétique disait au rabbi Gamaliel : « Vous prétendez que les morts revivront, mais ils sont réduits en poussière ; la poussière peut-elle prendre vie ? »

CDRDE n° 175 (XXXII, 28) / سورة السجدة / Tradition (75) ; Noldëke (75) ; Blachère (71)

وَيَقُولُونَ مَتَىٰ هَٰذَا الْفَتْحُ إِن كُنتُمْ صَادِقِينَ

matā hāḏā l-fatḥ^u 'in kuntum ṣādiqīn^a
« A quand cette Victoire, si vous êtes véridiques ».

L'Heure eschatologique [CDRD] : VII, 187 ; X, 48 ; XVII, 51 ; XXI, 38 ; XXVII, 71 ; XXXII, 28 ; XXXIV, 3, 29 ; XXXVI, 48 ; XLI, 50 ; XLV, 32 ; LI, 12 ; LXVII, 25 ; LXXV, 6 ; LXXIX, 42 / **La résurrection** [CDRD] : VI, 29 ; XI, 7 ; XIII, 5 ; XVI, 38 ; XVII 49, 51, 98 ; XIX, 66 ; XXIII, 82, 83 ; XXVII, 67, 68 ; XXXII, 10 ; XXXIV, 7, 8 ; XXXVI, 78 ; XXXVII 15, 16, 17 ; XLIV, 34, 35, 36 ; XLV, 24, 25 ; XLVI, 17 ; L, 2, 3 ; LVI, 47, 48 ; LXXIX, 10, 11, 12 / **L'Eschatologie** [CDRD] : II, 8, 80, 111 ; III, 24 ; VI, 29 ; VII, 187 ; X, 48, 53 ; XI, 7, 8 ; XIII, 5 ; XVI, 38 ; XVII, 49, 51, 98 ; XIX, 66 ; XXI, 38 ; XXIII, 82, 83 ; XXVII, 67, 68, 71 ; XXXII, 10, 28 ; XXXIV, 3, 7, 8, 29 ; XXXVI, 48, 78 ; XXXVII, 15, 16, 17 ; XLI, 50 ; XLIV, 34, 35, 36 ; XLV, 24, 25, 32 ; XLVI, 17 ; L, 2, 3 ; LI, 12 ; LVI, 47, 48 ; LXVII, 25 ; LXXV, 6 ; LXXIX, 10, 11, 12, 42.

Ancien Testament [CDRD] Is 5, 19 ; **Nouveau Testament** [CDRD] 2 P 3, 4.

Cent soixante et unième contre-discours dans l'ordre du *muṣḥaf*. Dans l'ordre chronologique des discours contre l'eschatologie, il est placé à la trente et unième position (sur cinquante deux). Sa structure est simple avec un Contre-discours Citant Introductif (« Et ils disent ») suivi d'un Contre-discours Rapporté Direct Présent (« A quand cette Victoire, si vous êtes véridiques »). Ce contre-discours est une réfutation questionnante à mettre en relation, du fait de leur proximité formelle, avec VII, 187 ; X, 48 ; XXI, 38 ; XXXIV, 29 ; XXXVI, 48; LXVII, 25 ; LXXV, 6 ; LXXIX, 42. Dans le cadre d'une approche extratextuelle, cette réfutation questionnante s'apparente à un contre-discours présent dans le deuxième épitre de Pierre : « Où est la promesse de son avènement ? » La riposte qui se formule dans le verset qui le suit est une injonction en forme de condamnation définitive : aucun délai ne sera accordé aux opposants.

CDRDP n° 176 (XXXIII, 4) / سورة الأحزاب / Tradition (90) ; Noldëke (103) ; Blachère (105)

مَّا جَعَلَ اللَّهُ لِرَجُلٍ مِّن قَلْبَيْنِ فِي جَوْفِهِ وَمَا جَعَلَ أَزْوَاجَكُمُ اللَّائِي **تُظَاهِرُونَ مِنْهُنَّ أُمَّهَاتِكُمْ** وَمَا جَعَلَ أَدْعِيَاءَكُمْ أَبْنَاءَكُمْ ذَٰلِكُمْ قَوْلُكُم بِأَفْوَاهِكُمْوَاللَّهُ يَقُولُ الْحَقَّ وَهُوَ يَهْدِي السَّبِيلَ

tuẓāhirūn^a minhunn^a ʾummahātikum
« Sois comme le dos de ma mère ».

[CDRD normatif] II, 275 ; VI, 138 ; XVI, 116 ; XXXIII, 4

CDRDP n° 177 (XXXIII, 12) / سورة الأحزاب / Tradition (90) ; Noldëke (103) ; Blachère (105)

وَإِذْ يَقُولُ الْمُنَافِقُونَ وَالَّذِينَ فِي قُلُوبِهِم مَّرَضٌ **مَّا وَعَدَنَا اللَّهُ وَرَسُولُهُ إِلَّا غُرُورًا**

mā waʿadanā Allāh^u wa rasūluh^u ʾillā ġurūr^an
« Allah et son messager ne nous promettent que désillusion ».

Contre le Prophète [CDRD] : III, 183, IV, 78, 141, 150 ; V, 19 ; VI, 8, 37, 91, 93, 105, 124, VII, 203 ; IX, 59, 61 ; X, 2, 15, 20, 38 ; XI, 12, 13, 35 ; XIII, 7, 27, 43 ; XV, 6, 7 ; XVI, 101, 103 ; XVII, 47, 90, 91, 92, 93, 94 ; XX, 133 ; XXI, 3, 5, 36 ; XXIII, 70 ; XXIV, 47 ; XXV, 4, 5, 7, 32, 41, 42, 60 ; XXVIII, 47, 48, 57 ; XXIX, 50 ; XXX, 58 ; XXXIII, 12 ; XXXIV, 8, 34, 43 ; XXXVII, 36 ; XXXVIII, 4, 5, 8 ; XLII, 24 ; XLIII, 24, 31 ; XLIV, 14 ; XLVI, 8 ; XLVII, 6, 16 ; XLVIII, 15 ; LII, 30, 33 ; LXIII, 1, 7, 8 ; LXVIII, 51 ; LXXIV, 25 / ***rasūl*** [CDRD] III, 183 ; IV, 157; IX, 59 ; XVII, 94 ; XXIV, 47 ; XXV, 7, 41 ; XXXIII, 47, 12 ; LXIII, 1, 7 / ***bašar*** [CDRD] : XVI, 103 ; XVII, 94 ; XXI, 3 ; LXXIV, 25 / ***Allāh^u wa rasūluhū*** [CDRD] IX, 59, XXXIII, 12.

CDRDP n° 178 (XXXIII, 13) / سورة الأحزاب / Tradition (90) ; Noldëke (103) ; Blachère (105)

وَإِذْ قَالَت طَّائِفَةٌ مِّنْهُمْ **يَا أَهْلَ يَثْرِبَ لَا مُقَامَ لَكُمْ فَارْجِعُوا** وَيَسْتَأْذِنُ فَرِيقٌ مِّنْهُمُ النَّبِيَّ يَقُولُونَ **إِنَّ بُيُوتَنَا عَوْرَةٌ** وَمَا هِيَ بِعَوْرَةٍإِن يُرِيدُونَ إِلَّا فِرَارًا

yā- ʾahl^a yaṯrib^a lā muqām^a lakum fa-rǵiʿū / ʾinn^a buyūtanā ʿawrat^un
« O gens de Yaṯrib (Médine) ne restez point, retournez-vous-en / Rentrez dans vos demeures ».

CDRDP n° 179 (XXXIII, 18) / سورة الأحزاب / Tradition (90) ; Noldëke (103) ; Blachère (105)

قَدْ يَعْلَمُ اللَّهُ الْمُعَوِّقِينَ مِنكُمْ وَالْقَائِلِينَ لِإِخْوَانِهِمْ **هَلُمَّ إِلَيْنَا** وَلَا يَأْتُونَ الْبَأْسَ إِلَّا قَلِيلًا

halumm^{a} ʾilaynā
« Venez à nous ».

Le combat [CDRD] : III, 154, 156, 167, 168 ; IV, 72, 73, 77 ; V, 52 ; IX, 42, 49, 50, 81, 86 ; XLVIII, 11, 15 ; LIX, 11.

CDRDE n° 180 (XXXIV, 3) / سورة سبإ / Tradition (58) ; Noldëke (85) ; Blachère (87)

وَقَالَ الَّذِينَ كَفَرُوا **لَا تَأْتِينَا السَّاعَةُ** قُلْ بَلَىٰ وَرَبِّي لَتَأْتِيَنَّكُمْ عَالِمِ الْغَيْبِ لَا يَعْزُبُ عَنْهُ مِثْقَالُ ذَرَّةٍ فِي السَّمَاوَاتِ وَلَا فِي الْأَرْضِ وَلَا أَصْغَرُ مِن ذَٰلِكَ وَلَا أَكْبَرُ إِلَّا فِي كِتَابٍ مُّبِينٍ

lā taʾtīnā l-sāʿat^{u}
« L'Heure ne viendra pas ».

L'Heure eschatologique [CDRD] : VII, 187 ; X, 48 ; XVII, 51 ; XXI, 38 ; XXVII, 71 ; XXXII, 28 ; XXXIV, 3, 29 ; XXXVI, 48 ; XLI, 50 ; XLV, 32 ; LI, 12 ; LXVII, 25 ; LXXV, 6 ; LXXIX, 42 / **La résurrection** [CDRD] : VI, 29 ; XI, 7 ; XIII, 5 ; XVI, 38 ; XVII 49, 51, 98 ; XIX, 66 ; XXIII, 82, 83 ; XXVII, 67, 68 ; XXXII, 10 ; XXXIV, 7, 8 ; XXXVI, 78 ; XXXVII 15, 16, 17 ; XLIV, 34, 35, 36 ; XLV, 24, 25 ; XLVI, 17 ; L, 2, 3 ; LVI, 47, 48 ; LXXIX, 10, 11, 12 / **L'Eschatologie** [CDRD] : II, 8, 80, 111 ; III, 24 ; VI, 29 ; VII, 187 ; X, 48, 53 ; XI, 7, 8 ; XIII, 5 ; XVI, 38 ; XVII, 49, 51, 98 ; XIX, 66 ; XXI, 38 ; XXIII, 82, 83 ; XXVII, 67, 68, 71 ; XXXII, 10, 28 ; XXXIV, 3, 7, 8, 29 ; XXXVI, 48, 78 ; XXXVII, 15, 16, 17 ; XLI, 50 ; XLIV, 34, 35, 36 ; XLV, 24, 25, 32 ; XLVI, 17 ; L, 2, 3 ; LI, 12 ; LVI, 47, 48 ; LXVII, 25 ; LXXV, 6 ; LXXIX, 10, 11, 12, 42.

Cent quatre vingtième contre-discours dans l'ordre du *muṣḥaf*. Dans l'ordre chronologique des discours contre l'eschatologie, il est placé à la quarante et unième position (sur cinquante deux). Sa structure est semi-complexe avec la présence d'un Contre-Discours Rapporté Introductif (CDRI) modalisé (l'opposant est qualifié) suivi d'un Contre-Discours Rapporté Direct (CDRD) (une réfutation catégorique) et d'un Contre-Discours Citant de la Riposte (CDCR). La riposte introduit une injonction qui prend la forme d'une suite de louange et d'une allusion méta-textuelle (« *kitāb mubīn* »).

CDRDE n° 181 (XXXIV, 7) / سورة سبإ / Tradition (58) ; Noldëke (85) ; Blachère (87)

وَقَالَ الَّذِينَ كَفَرُوا **هَلْ نَدُلُّكُمْ عَلَىٰ رَجُلٍ يُنَبِّئُكُمْ إِذَا مُزِّقْتُمْ كُلَّ مُمَزَّقٍ إِنَّكُمْ لَفِي خَلْقٍ جَدِيدٍ**

hal nadullukum ʿalā rağul[in] *yunabbiʾukum ʾiḏā muzziqtum kull*[a] *mumazzaq*[in] *ʾinnakum la-fī ḫalq*[in] *ğadīd*[in]

« Vous désignerons-nous un homme qui vous annonce que, quand vous serez dépecés en mille pièces, vous serez en une nouvelle création ? »

L'Heure eschatologique [CDRD] : VII, 187 ; X, 48 ; XVII, 51 ; XXI, 38 ; XXVII, 71 ; XXXII, 28 ; XXXIV, 3, 29 ; XXXVI, 48 ; XLI, 50 ; XLV, 32 ; LI, 12 ; LXVII, 25 ; LXXV, 6 ; LXXIX, 42 / **La résurrection** [CDRD] : VI, 29 ; XI, 7 ; XIII, 5 ; XVI, 38 ; XVII 49, 51, 98 ; XIX, 66 ; XXIII, 82, 83 ; XXVII, 67, 68 ; XXXII, 10 ; XXXIV, 7, 8 ; XXXVI, 78 ; XXXVII 15, 16, 17 ; XLIV, 34, 35, 36 ; XLV, 24, 25 ; XLVI, 17 ; L, 2, 3 ; LVI, 47, 48 ; LXXIX, 10, 11, 12 / **L'Eschatologie** [CDRD] : II, 8, 80, 111 ; III, 24 ; VI, 29 ; VII, 187 ; X, 48, 53 ; XI, 7, 8 ; XIII, 5 ; XVI, 38 ; XVII, 49, 51, 98 ; XIX, 66 ; XXI, 38 ; XXIII, 82, 83 ; XXVII, 67, 68, 71 ; XXXII, 10, 28 ; XXXIV, 3, 7, 8, 29 ; XXXVI, 48, 78 ; XXXVII, 15, 16, 17 ; XLI, 50 ; XLIV, 34, 35, 36 ; XLV, 24, 25, 32 ; XLVI, 17 ; L, 2, 3 ; LI, 12 ; LVI, 47, 48 ; LXVII, 25 ; LXXV, 6 ; LXXIX, 10, 11, 12, 42.

Cent quatre vingt et unième contre-discours. Dans l'ordre chronologique des discours contre l'eschatologie, il est placé à la quarante deuxième position (sur cinquante deux). Ce contre-discours semi-complexe (contre-discours introductif et contre-discours rapporté) illustre une attitude d'hostilité sous forme de moquerie qui vise l'allocutaire coranique. L'argument est donc *ad personam*, il vise à la fois à discréditer le porteur du message mais aussi par voie de conséquence le message lui-même. Aucun autre contre-discours eschatologique n'emprunte cette forme d'argumentation.

CDRDE n° 182 (XXXIV, 8) / سورة سبإ / Tradition (58) ; Noldëke (85) ; Blachère (87)

أَفْتَرَىٰ عَلَى اللَّهِ كَذِبًا أَم بِهِ جِنَّةٌ بَلِ الَّذِينَ لَا يُؤْمِنُونَ بِالْآخِرَةِ فِي الْعَذَابِ وَالضَّلَالِ الْبَعِيدِ

ʾa-ftarā ʿalā Allāh[i] *kaḏib*[an] *ʾam bih*[i] *ğinnat*[un]

« Invente-t-il un mensonge contre Allah? Ou est-il possédé ? »

Contre le Prophète [CDRD] : III, 183, IV, 78, 141, 150 ; V, 19 ; VI, 8, 37, 91, 93, 105, 124, VII, 203 ; IX, 59, 61 ; X, 2, 15, 20, 38 ; XI, 12, 13, 35 ; XIII, 7, 27, 43 ; XV, 6, 7 ; XVI, 101, 103 ; XVII, 47, 90, 91, 92, 93, 94 ; XX, 133 ; XXI, 3, 5, 36 ; XXIII, 70 ; XXIV, 47 ; XXV, 4, 5, 7, 32, 41, 42, 60 ; XXVIII, 47, 48, 57 ; XXIX, 50 ; XXX, 58 ; XXXIII, 12 ; XXXIV, 8, 34, 43 ; XXXVII, 36 ; XXXVIII, 4, 5, 8 ; XLII, 24 ; XLIII, 24, 31 ; XLIV, 14 ; XLVI, 8 ; XLVII, 6, 16 ; XLVIII, 15 ; LII, 30, 33 ; LXIII, 1, 7, 8 ; LXVIII, 51 ; LXXIV, 25 / ***Allāh*** [CDRD] : II, 8, 26, 76, 79, 116, 118 ; III, 72, 78, 181, 183 ; IV, 72, 78, 157 ; V, 17, 18, 64, 72, 73 ; VI, 93, 124, 136, 148 ; VII, 28 ; VIII, 32 ; IX, 30, 59 ; X, 18, 68 ; XVI,

35, 38 ; XVII, 92, 94 ; XVIII, 4 ;; XXIII, 85, 87, 89 ; XXIV, 47 ; XXV, 41 ; XXIX, 10, 61, 63 ; XXXI, 25 ; XXXIII, 12 ; XXXIV, 8 ; XXXVI, 47 ; XXXVII, *151*, 152, 169 ; XXXIX, 3, 38; XLII, 24 ; XLIII, 87 ; LVIII, 8 ; LXIII, 1, 7 ; LXXIV, 31 / **Autres** [CDRD] : XLIII, 9 ; XXIV, 16 ; IV, 171 ; XLV, 32.

Lire commentaire précédent.

CDRDE n° 183 (XXXIV, 23) / سورة سبإ / Tradition (58) ; Noldëke (85) ; Blachère (87)

وَلَا تَنفَعُ الشَّفَاعَةُ عِندَهُ إِلَّا لِمَنْ أَذِنَ لَهُ حَتَّىٰ إِذَا فُزِّعَ عَن قُلُوبِهِمْ قَالُوا **مَاذَا قَالَ رَبُّكُمْ** قَالُوا الْحَقَّوَهُوَ الْعَلِيُّ الْكَبِيرُ

māḏā qāl[a] rabbukum
« Qu'a dit votre Seigneur ? »

Allāh [CDRD] : II, 8, 26, 76, 79, 116, 118 ; III, 72, 78, 181, 183 ; IV, 72, 78, 157 ; V, 17, 18, 64, 72, 73 ; VI, 93, 124, 136, 148 ; VII, 28 ; VIII, 32 ; IX, 30, 59 ; X, 18, 68 ; XVI, 35, 38 ; XVII, 92, 94 ; XVIII, 4 ;; XXIII, 85, 87, 89 ; XXIV, 47 ; XXV, 41 ; XXIX, 10, 61, 63 ; XXXI, 25 ; XXXIII, 12 ; XXXIV, 8 ; XXXVI, 47 ; XXXVII, *151*, 152, 169 ; XXXIX, 3, 38; XLII, 24 ; XLIII, 87 ; LVIII, 8 ; LXIII, 1, 7 ; LXXIV, 31 / ***rabb*** [CDRD] : II, 76, 200 ; IV, 77 ; VI, 37 ; X, 20 ; XIII, 7, 27 ; XX, 133 ; XXV, 21 ; XXVIII, 47 ; XXIX, 50 ; XXXIV, 23 ; XLI, 50 ; LXXXIX, 15, 16 / ***'Ilāh*** [CDRD] : II, 42 ; XXI, 29 ; XXXVIII, 5 ; XXXIX, 3 / ***raḥmān*** [CDRD] : XIX, 88 ; XXI, 26 ; XXV, 60 ; XLIII, 20 / **Autres** [CDRD] : XLIII, 9 ; XXIV, 16 ; IV, 171 ; XLV, 32.

CDRDE n° 184 (XXXIV, 29) / سورة سبإ / Tradition (58) ; Noldëke (85) ; Blachère (87)

وَيَقُولُونَ **مَتَىٰ هَٰذَا الْوَعْدُ إِن كُنتُمْ صَادِقِينَ**

matā hāḏā l-wa'd[u] 'in kuntum ṣādiqīn[a]
« A quand cette promesse, si vous êtes véridiques ? »

L'Heure eschatologique [CDRD] : VII, 187 ; X, 48 ; XVII, 51 ; XXI, 38 ; XXVII, 71 ; XXXII, 28 ; XXXIV, 3, 29 ; XXXVI, 48 ; XLI, 50 ; XLV, 32 ; LI, 12 ; LXVII, 25 ; LXXV, 6 ; LXXIX, 42 / **La résurrection** [CDRD] : VI, 29 ; XI, 7 ; XIII, 5 ; XVI, 38 ; XVII 49, 51, 98 ; XIX, 66 ; XXIII, 82, 83 ; XXVII, 67, 68 ; XXXII, 10 ; XXXIV, 7, 8 ; XXXVI, 78 ; XXXVII 15, 16, 17 ; XLIV, 34, 35, 36 ; XLV, 24, 25 ; XLVI, 17 ; L, 2, 3 ; LVI, 47, 48 ; LXXIX, 10, 11, 12 / **L'Eschatologie** [CDRD] : II, 8, 80, 111 ; III, 24 ; VI, 29 ; VII, 187 ; X, 48, 53 ; XI, 7, 8 ; XIII, 5 ; XVI, 38 ; XVII, 49, 51, 98 ; XIX, 66 ; XXI, 38 ; XXIII, 82, 83 ; XXVII, 67, 68, 71 ; XXXII, 10, 28 ; XXXIV, 3, 7, 8, 29 ; XXXVI, 48, 78 ; XXXVII, 15, 16, 17 ; XLI, 50 ; XLIV, 34, 35, 36 ; XLV, 24, 25, 32 ; XLVI, 17 ; L, 2, 3 ; LI, 12 ; LVI, 47, 48 ; LXVII, 25 ; LXXV, 6 ; LXXIX, 10, 11, 12, 42.

Ancien Testament [CDRD] Is 5, 19 ; **Nouveau Testament** [CDRD] 2 P 3, 4.

Cent quatre vingt quatrième contre-discours dans l'ordre du *muṣḥaf*. Dans l'ordre chronologique des discours contre l'eschatologie, il est placé à la quarante quatrième position (sur cinquante deux). Sa structure est simple avec un Contre-discours Citant Introductif (« Et ils disent ») suivi d'un Contre-discours Rapporté Direct Présent (« A quand cette Victoire, si vous êtes véridiques »). Ce contre-discours est une réfutation questionnante à mettre en relation, du fait de leur proximité formelle, avec VII, 187 ; X, 48 ; XXI, 38 ; XXXII, 28 ; XXXVI, 48; LXVII, 25 ; LXXV, 6 ; LXXIX, 42. Dans le cadre d'une approche extratextuelle, cette réfutation questionnante s'apparente à un contre-discours présent dans la deuxième épitre de Pierre : « Où est la promesse de son avènement ? » La riposte qui se formule dans le verset qui le suit est une injonction insistant sur l'irrévocable avénement de l'heure eschatologique.

CDRDP n° 185 (XXXIV, 31) / سورة سبإ / Tradition (58) ; Noldëke (85) ; Blachère (87)

وَقَالَ الَّذِينَ كَفَرُوا **لَن نُّؤْمِنَ بِهَٰذَا الْقُرْآنِ وَلَا بِالَّذِي بَيْنَ يَدَيْهِ** وَلَوْ تَرَىٰ إِذِ الظَّالِمُونَ مَوْقُوفُونَ عِندَ رَبِّهِمْ يَرْجِعُ بَعْضُهُمْ إِلَىٰ بَعْضٍ الْقَوْلَ يَقُولُ الَّذِينَ اسْتُضْعِفُوا لِلَّذِينَ اسْتَكْبَرُوا لَوْلَا أَنتُمْ لَكُنَّا مُؤْمِنِينَ

lan nu'umin[a] *bi-hāḏā l-qur'ān*[i] *wa-lā bi-llaḏ*[ī] *bayn*[a] *yadayh*[i]

« Nous ne croyons pas à ce Coran et ni à ce qui lui est antérieur ».

Contre le Coran [CDRD] : II, 26, 76, 91, 118, 170, III, 72, 73 ; V, 104 ; VI, 7, 25, 93, 105, 156, 157 ; VII, 203 ; VIII, 21, 31 ; IX, 127 ; X, 15, 20, 38 ; XI, 13, 35 ; XVI, 24, 101, 103 ; XXV, 4, 5, 32 ; XXXI, 21 ; XXXIV, 31 ; XXXVII, 168, 169 ; XXXVIII, 7, 8 ; XLI, 5, 26, 44 ; XLII, 24 ; XLIII, 31 ; XLIV, 14, 36 ; XLV, 25, 32 ; XLVI, 7, 8, 11 ; XLVII, 20, 26 ; LII, 33 ; LXVIII, 15 ; LXXIV, 24, 25, 31 ; LXXXIII, 13 / ***qur'ān***[un] [CDRDP] : X, 15 ; XXV, 32 ; XXXIV, 31 ; XLI, 26 ; XLIII, 31.

CDRDP n° 186 (XXXIV, 34) / سورة سبإ / Tradition (58) ; Noldëke (85) ; Blachère (87)

وَمَا أَرْسَلْنَا فِي قَرْيَةٍ مِّن نَّذِيرٍ إِلَّا قَالَ مُتْرَفُوهَا **إِنَّا بِمَا أُرْسِلْتُم بِهِ كَافِرُونَ**

'innā bi-mā 'ursiltum bih[i] *kāfirūn*[a]

« Nous ne croyons pas au message pour lequel vous avez été envoyé ».

Contre le Prophète [CDRD] : III, 183, IV, 78, 141, 150 ; V, 19 ; VI, 8, 37, 91, 93, 105, 124, VII, 203 ; IX, 59, 61 ; X, 2, 15, 20, 38 ; XI, 12, 13, 35 ; XIII, 7, 27, 43 ; XV, 6, 7 ; XVI, 101, 103 ; XVII, 47, 90, 91, 92, 93, 94 ; XX, 133 ; XXI, 3, 5, 36 ; XXIII, 70 ; XXIV, 47 ; XXV, 4, 5, 7, 32, 41, 42, 60 ; XXVIII, 47, 48, 57 ; XXIX, 50 ; XXX, 58 ; XXXIII, 12 ; XXXIV, 8, 34, 43 ; XXXVII, 36 ; XXXVIII, 4, 5, 8 ; XLII, 24 ; XLIII, 24, 31 ; XLIV, 14 ; XLVI, 8 ; XLVII, 6, 16 ; XLVIII, 15 ; LII, 30, 33 ; LXIII, 1, 7, 8 ; LXVIII, 51 ; LXXIV, 25.

CDRDP n° 187 (XXXIV, 35) / سورة سبإ / Tradition (58) ; Noldëke (85) ; Blachère (87)

وَقَالُوا نَحْنُ أَكْثَرُ أَمْوَالًا وَأَوْلَادًا وَمَا نَحْنُ بِمُعَذَّبِينَ

naḥn[u] *'akṯar*[u] *'amwāl*[an] *wa 'awlād*[an] *wa-mā naḥn*[u] *bi-mu'aḏḏabīn*[a]

« Nous sommes abondamment pourvus de biens et d'enfants. Nous ne serons point punis (en enfer) ».

'aḏḏib [CDRD] XXXIV, 35 ; LVIII, 8 / ***naḥn***[u] [CDRD] : II, 11, 14 ; III, 181, V, 18, VI, 29 ; XV, 15 ; XVI, 35 ; XXIII, 83 ; XXVII, 68 ; XXXIV, 35 ; XLIV, 35 ; LIV, 44.

CDRDP n° 188 (XXXIV, 43) / سورة سبإ / Tradition (58) ; Noldëke (85) ; Blachère (87)

وَإِذَا تُتْلَىٰ عَلَيْهِمْ آيَاتُنَا بَيِّنَاتٍ قَالُوا مَا هَٰذَا إِلَّا رَجُلٌ يُرِيدُ أَن يَصُدَّكُمْ عَمَّا كَانَ يَعْبُدُ آبَاؤُكُمْ وَقَالُوا مَا هَٰذَا إِلَّا إِفْكٌ مُّفْتَرًى وَقَالَ الَّذِينَ كَفَرُوا لِلْحَقِّ لَمَّا جَاءَهُمْ إِنْ هَٰذَا إِلَّا سِحْرٌ مُّبِينٌ

mā hāḏā 'illā rağul[un] *yurīd*[u] *'an yaṣuddakum 'ammā kān*[a] *ya'bud*[u] *'ābā'ukum / mā hāḏā 'illā 'ifk*[un] *muftar*[an] */ 'in hāḏā 'illā siḥr*[un] *mubīn*[un]

« celui-ci est seulement un homme qui veut nous écarter de ce qu'adoraient nos ancêtres » / « ceci n'est que mensonge inventé » / « Ceci n'est que sorcellerie évidente ! »

Contre le Prophète [CDRD] : III, 183, IV, 78, 141, 150 ; V, 19 ; VI, 8, 37, 91, 93, 105, 124, VII, 203 ; IX, 59, 61 ; X, 2, 15, 20, 38 ; XI, 12, 13, 35 ; XIII, 7, 27, 43 ; XV, 6, 7 ; XVI, 101, 103 ; XVII, 47, 90, 91, 92, 93, 94 ; XX, 133 ; XXI, 3, 5, 36 ; XXIII, 70 ; XXIV, 47 ; XXV, 4, 5, 7, 32, 41, 42, 60 ; XXVIII, 47, 48, 57 ; XXIX, 50 ; XXX, 58 ; XXXIII, 12 ; XXXIV, 8, 34, 43 ; XXXVII, 36 ; XXXVIII, 4, 5, 8 ; XLII, 24 ; XLIII, 24, 31 ; XLIV, 14 ; XLVI, 8 ; XLVII, 6, 16 ; XLVIII, 15 ; LII, 30, 33 ; LXIII, 1, 7, 8 ; LXVIII, 51 ; LXXIV, 25.

CDRDP n° 189 (XXXVI, 47) / سورة سبإ / Tradition (58) ; Noldëke (85) ; Blachère (87)

وَإِذَا قِيلَ لَهُمْ أَنفِقُوا مِمَّا رَزَقَكُمُ اللَّهُ قَالَ الَّذِينَ كَفَرُوا لِلَّذِينَ آمَنُوا أَنُطْعِمُ مَن لَّوْ يَشَاءُ اللَّهُ أَطْعَمَهُ إِنْ أَنتُمْ إِلَّا فِي ضَلَالٍ مُّبِينٍ

'a-nuṭ'im[u] *man law yaš ā'*[u] *Allāh*[u] *'aṭ'amah*[u] *'in 'antum 'illā fī ḍalāl*[in] *mubīn*[in]

« Nourrirons-nous celui que, s'Il voulait, Allah nourrirait ? Vous êtes dans un égarement évident ! »

Allāh[u] [CDRD] : II, 8, 26, 76, 79, 116, 118 ; III, 72, 78, 181, 183 ; IV, 72, 78, 157 ; V, 17, 18, 64, 72, 73 ; VI, 93, 124, 136, 148 ; VII, 28 ; VIII, 32 ; IX, 30, 59 ; X, 18, 68 ; XVI, 35, 38 ; XVII, 92, 94 ; XVIII, 4 ; XXI, 29 ; XXIII, 85, 87, 89 ; XXIV, 47 ; XXV, 8, 41 ; XXIX, 10, 61, 63 ; XXXI, 25 ; XXXIII, 12 ; XXXIV, 8 ; XXXVI, 47 ; XXXVII, *151*, 152, 169 ; XXXIX, 3, 38; XLII, 24 ; XLIII, 87 ; XLV, 32 ; LVIII, 8 ; LXIII, 1, 7 ; LXXIV, 31 / ***rabb*** [CDRD] : II, 76, 200 ; IV, 77 ; VI, 37 ; X, 20 ; XIII, 7, 27 ; XX, 133 ; XXV, 21 ; XXVIII, 47 ; XXIX, 50 ; XXXIV, 23 ; XLI, 50 ; LXXXIX, 15, 16 / ***'Ilāh [CDRD] :*** II, 42 ; XXXVIII, 5 ; XXXIX,

3 / ***raḥmān*** [CDRD] : XIX, 88 ; XXI, 26 ; XXV, 60 ; XLIII, 20 / **Autres** [CDRD] : XLIII, 9 ; XXIV, 16 ; IV, 171.

CDRDE n° 190 (XXXVI, 48) / سورة يس / Tradition (41) ; Noldëke (60) ; Blachère (62)

وَيَقُولُونَ مَتَىٰ هَٰذَا الْوَعْدُ إِن كُنتُمْ صَادِقِينَ

matā hāḏā al-wa'd^u 'in kuntum ṣādiqīn^a
« A quand cette promesse, si vous êtes véridiques ? »

L'Heure eschatologique [CDRD] : VII, 187 ; X, 48 ; XVII, 51 ; XXI, 38 ; XXVII, 71 ; XXXII, 28 ; XXXIV, 3, 29 ; XXXVI, 48 ; XLI, 50 ; XLV, 32 ; LI, 12 ; LXVII, 25 ; LXXV, 6 ; LXXIX, 42 / **L'Eschatologie** [CDRD] : II, 8, 80, 111 ; III, 24 ; VI, 29 ; VII, 187 ; X, 48, 53 ; XI, 7, 8 ; XIII, 5 ; XVI, 38 ; XVII, 49, 51, 98 ; XIX, 66 ; XXI, 38 ; XXIII, 82, 83 ; XXVII, 67, 68, 71 ; XXXII, 10, 28 ; XXXIV, 3, 7, 8, 29 ; XXXVI, 48, 78 ; XXXVII, 15, 16, 17 ; XLI, 50 ; XLIV, 34, 35, 36 ; XLV, 24, 25, 32 ; XLVI, 17 ; L, 2, 3 ; LI, 12 ; LVI, 47, 48 ; LXVII, 25 ; LXXV, 6 ; LXXIX, 10, 11, 12, 42.

Ancien Testament [CDRD] Is 5, 19 ; **Nouveau Testament** [CDRD] 2 P 3, 4.

Cent quatre vingt dixième contre-discours dans l'ordre du *muṣḥaf*. Dans l'ordre chronologique des discours contre l'eschatologie, il est placé à la dix-huitième position (sur cinquante deux). Sa structure est simple avec un Contre-discours Citant Introductif (« Et ils disent ») suivi d'un Contre-discours Rapporté Direct Présent (« A quand cette Victoire, si vous êtes véridiques ? »). Ce contre-discours est une réfutation questionnante à mettre en relation, du fait de leur proximité formelle, avec VII, 187 ; X, 48 ; XXI, 38 ; XXXII, 28 ; XXXIV, 29 ; LXVII, 25 ; LXXV, 6 ; LXXIX, 42. Dans le cadre d'une approche extratextuelle, cette réfutation questionnante s'apparente à un contre-discours présent dans le deuxième épitre de Pierre : « Où est la promesse de son avènement ? » La riposte qui se formule dans le verset qui le suit est une description (et non les ripostes fréquentes introduites par une injonction) sur l'événement de l'heure associé à un Cri eschatologique (« *ṣayḥat* »).

CDRDE n° 191 (XXXVI, 78) / سورة يس / Tradition (41) ; Noldëke (60) ; Blachère (62)

وَضَرَبَ لَنَا مَثَلًا وَنَسِيَ خَلْقَهُۥ قَالَ مَن يُحْيِي الْعِظَامَ وَهِيَ رَمِيمٌ

man yuḥyī l-'iẓām^a wa- hiy^a ramīm^un
« Qui revivifiera les os alors qu'ils sont poussières ? »

L'Heure eschatologique [CDRD] : VII, 187 ; X, 48 ; XVII, 51 ; XXI, 38 ; XXVII, 71 ; XXXII, 28 ; XXXIV, 3, 29 ; XXXVI, 48 ; XLI, 50 ; XLV, 32 ; LI, 12 ; LXVII, 25 ; LXXV, 6 ; LXXIX, 42 / **La résurrection** [CDRD] : VI, 29 ; XI, 7 ; XIII, 5 ; XVI, 38 ; XVII 49,

51, 98 ; XIX, 66 ; XXIII, 82, 83 ; XXVII, 67, 68 ; XXXII, 10 ; XXXIV, 7, 8 ; XXXVI, 78 ; XXXVII 15, 16, 17 ; XLIV, 34, 35, 36 ; XLV, 24, 25 ; XLVI, 17 ; L, 2, 3 ; LVI, 47, 48 ; LXXIX, 10, 11, 12 / **L'Eschatologie** [CDRD] : II, 8, 80, 111 ; III, 24 ; VI, 29 ; VII, 187 ; X, 48, 53 ; XI, 7, 8 ; XIII, 5 ; XVI, 38 ; XVII, 49, 51, 98 ; XIX, 66 ; XXI, 38 ; XXIII, 82, 83 ; XXVII, 67, 68, 71 ; XXXII, 10, 28 ; XXXIV, 3, 7, 8, 29 ; XXXVI, 48, 78 ; XXXVII, 15, 16, 17 ; XLI, 50 ; XLIV, 34, 35, 36 ; XLV, 24, 25, 32 ; XLVI, 17 ; L, 2, 3 ; LI, 12 ; LVI, 47, 48 ; LXVII, 25 ; LXXV, 6 ; LXXIX, 10, 11, 12, 42.

CDRDE n° 192 (XXXVII, 15) / سورة الصافات / Tradition (56) ; Noldëke (50) ; Blachère (52)

وَقَالُوا إِنْ هَٰذَا إِلَّا سِحْرٌ مُّبِينٌ

ʾin hāḏā ʾillā siḥr^un mubīn^un
« Ceci n'est que magie évidente ».

L'Heure eschatologique [CDRD] : VII, 187 ; X, 48 ; XVII, 51 ; XXI, 38 ; XXVII, 71 ; XXXII, 28 ; XXXIV, 3, 29 ; XXXVI, 48 ; XLI, 50 ; XLV, 32 ; LI, 12 ; LXVII, 25 ; LXXV, 6 ; LXXIX, 42 / **La résurrection** [CDRD] : VI, 29 ; XI, 7 ; XIII, 5 ; XVI, 38 ; XVII 49, 51, 98 ; XIX, 66 ; XXIII, 82, 83 ; XXVII, 67, 68 ; XXXII, 10 ; XXXIV, 7, 8 ; XXXVI, 78 ; XXXVII 15, 16, 17 ; XLIV, 34, 35, 36 ; XLV, 24, 25 ; XLVI, 17 ; L, 2, 3 ; LVI, 47, 48 ; LXXIX, 10, 11, 12 / **L'Eschatologie** [CDRD] : II, 8, 80, 111 ; III, 24 ; VI, 29 ; VII, 187 ; X, 48, 53 ; XI, 7, 8 ; XIII, 5 ; XVI, 38 ; XVII, 49, 51, 98 ; XIX, 66 ; XXI, 38 ; XXIII, 82, 83 ; XXVII, 67, 68, 71 ; XXXII, 10, 28 ; XXXIV, 3, 7, 8, 29 ; XXXVI, 48, 78 ; XXXVII, 15, 16, 17 ; XLI, 50 ; XLIV, 34, 35, 36 ; XLV, 24, 25, 32 ; XLVI, 17 ; L, 2, 3 ; LI, 12 ; LVI, 47, 48 ; LXVII, 25 ; LXXV, 6 ; LXXIX, 10, 11, 12, 42.

CDRDE n° 193 (XXXVII, 16) / سورة الصافات / Tradition (56) ; Noldëke (50) ; Blachère (52)

أَإِذَا مِتْنَا وَكُنَّا تُرَابًا وَعِظَامًا أَإِنَّا لَمَبْعُوثُونَ

ʾáiḏā mitnā wa-kunnā turāb^an wa-ʿiẓām^an ʾa-ʾinnā la-mabʿūṯūn^a
« Quoi ! Lorsque nous serons morts et que nous deviendrons poussière et ossements, serons-nous ressuscités ? »

L'Heure eschatologique [CDRD] : VII, 187 ; X, 48 ; XVII, 51 ; XXI, 38 ; XXVII, 71 ; XXXII, 28 ; XXXIV, 3, 29 ; XXXVI, 48 ; XLI, 50 ; XLV, 32 ; LI, 12 ; LXVII, 25 ; LXXV, 6 ; LXXIX, 42 / **La résurrection** [CDRD] : VI, 29 ; XI, 7 ; XIII, 5 ; XVI, 38 ; XVII 49, 51, 98 ; XIX, 66 ; XXIII, 82, 83 ; XXVII, 67, 68 ; XXXII, 10 ; XXXIV, 7, 8 ; XXXVI, 78 ; XXXVII 15, 16, 17 ; XLIV, 34, 35, 36 ; XLV, 24, 25 ; XLVI, 17 ; L, 2, 3 ; LVI, 47, 48 ; LXXIX, 10, 11, 12 / **L'Eschatologie** [CDRD] : II, 8, 80, 111 ; III, 24 ; VI, 29 ; VII, 187 ; X, 48, 53 ; XI, 7, 8 ; XIII, 5 ; XVI, 38 ; XVII, 49, 51, 98 ; XIX, 66 ; XXI, 38 ; XXIII, 82,

83 ; XXVII, 67, 68, 71 ; XXXII, 10, 28 ; XXXIV, 3, 7, 8, 29 ; XXXVI, 48, 78 ; XXXVII, 15, 16, 17 ; XLI, 50 ; XLIV, 34, 35, 36 ; XLV, 24, 25, 32 ; XLVI, 17 ; L, 2, 3 ; LI, 12 ; LVI, 47, 48 ; LXVII, 25 ; LXXV, 6 ; LXXIX, 10, 11, 12, 42.

Talmud [CDRD] : Sanhédrin 90 b et seq ; **Ecrits Apocryphes Chrétiens** [Concordance thématique] : Ap Pierre 4, 6–13

CDRDE n° 194 (XXXVII, 17) / سورة الصافات / Tradition (56) ; Noldëke (50) ; Blachère (52)

أَوَآبَاؤُنَا الأَوَّلُونَ

ʾa-wa ʾābāʾunā l-ʾawwalūn[a]
« ainsi que nos Pères les Anciens ? »

L'Heure eschatologique [CDRD] : VII, 187 ; X, 48 ; XVII, 51 ; XXI, 38 ; XXVII, 71 ; XXXII, 28 ; XXXIV, 3, 29 ; XXXVI, 48 ; XLI, 50 ; XLV, 32 ; LI, 12 ; LXVII, 25 ; LXXV, 6 ; LXXIX, 42 / **La résurrection** [CDRD] : VI, 29 ; XI, 7 ; XIII, 5 ; XVI, 38 ; XVII 49, 51, 98 ; XIX, 66 ; XXIII, 82, 83 ; XXVII, 67, 68 ; XXXII, 10 ; XXXIV, 7, 8 ; XXXVI, 78 ; XXXVII 15, 16, 17 ; XLIV, 34, 35, 36 ; XLV, 24, 25 ; XLVI, 17 ; L, 2, 3 ; LVI, 47, 48 ; LXXIX, 10, 11, 12 / **L'Eschatologie** [CDRD] : II, 8, 80, 111 ; III, 24 ; VI, 29 ; VII, 187 ; X, 48, 53 ; XI, 7, 8 ; XIII, 5 ; XVI, 38 ; XVII, 49, 51, 98 ; XIX, 66 ; XXI, 38 ; XXIII, 82, 83 ; XXVII, 67, 68, 71 ; XXXII, 10, 28 ; XXXIV, 3, 7, 8, 29 ; XXXVI, 48, 78 ; XXXVII, 15, 16, 17 ; XLI, 50 ; XLIV, 34, 35, 36 ; XLV, 24, 25, 32 ; XLVI, 17 ; L, 2, 3 ; LI, 12 ; LVI, 47, 48 ; LXVII, 25 ; LXXV, 6 ; LXXIX, 10, 11, 12, 42.

CDRDP n° 195 (XXXVII, 36) / سورة الصافات / Tradition (56) ; Noldëke (50) ; Blachère (52)

وَيَقُولُونَ أَئِنَّا لَتَارِكُو آلِهَتِنَا لِشَاعِرٍ مَّجْنُونٍ

ʾaʾinnā la-tārikū ʾālihatinā li-šāʿir[in] *mağnūn*[in]
« Allons nous abandonner nos Dieux pour un poête possédé ? »

Contre le Prophète [CDRD] : III, 183, IV, 78, 141, 150 ; V, 19 ; VI, 8, 37, 91, 93, 105, 124, VII, 203 ; IX, 59, 61 ; X, 2, 15, 20, 38 ; XI, 12, 13, 35 ; XIII, 7, 27, 43 ; XV, 6, 7 ; XVI, 101, 103 ; XVII, 47, 90, 91, 92, 93, 94 ; XX, 133 ; XXI, 3, 5, 36 ; XXIII, 70 ; XXIV, 47 ; XXV, 4, 5, 7, 32, 41, 42, 60 ; XXVIII, 47, 48, 57 ; XXIX, 50 ; XXX, 58 ; XXXIII, 12 ; XXXIV, 8, 34, 43 ; XXXVII, 36 ; XXXVIII, 4, 5, 8 ; XLII, 24 ; XLIII, 24, 31 ; XLIV, 14 ; XLVI, 8 ; XLVII, 6, 16 ; XLVIII, 15 ; LII, 30, 33 ; LXIII, 1, 7, 8 ; LXVIII, 51 ; LXXIV, 25 / ***mağnūn***[un] [CDRD] XV, 6 ; XXXVII, 36 ; XLIV, 14 ; LXVIII, 51 / ***šāʿir*** [CDRD] XXI, 5 ; XXXVII, 36 ; LII, 30

CDRDP n° 196 (XXXVII, 151) / سورة الصافات / Tradition (56) ; Noldëke (50) ; Blachère (52)

أَلَا إِنَّهُم مِّنْ إِفْكِهِمْ لَيَقُولُونَ

ʾalā ʾinnahum min ʾifkihim la-yaqūlūn^{a}

CDRDP n° 197 (XXXVII, 152) / سورة الصافات / Tradition (56) ; Noldëke (50) ; Blachère (52)

وَلَدَ اللَّهُ وَإِنَّهُمْ لَكَاذِبُونَ

walad^{a} *Allāh*^{u}
« Allah a enfanté ».

Allāh [CDRD] : II, 8, 26, 76, 79, 116, 118 ; III, 72, 78, 181, 183 ; IV, 72, 78, 157 ; V, 17, 18, 64, 72, 73 ; VI, 93, 124, 136, 148 ; VII, 28 ; VIII, 32 ; IX, 30, 59 ; X, 18, 68 ; XVI, 35, 38 ; XVII, 92, 94 ; XVIII, 4 ; XXI, 29 ; XXIII, 85, 87, 89 ; XXIV, 47 ; XXV, 8, 41 ; XXIX, 10, 61, 63 ; XXXI, 25 ; XXXIII, 12 ; XXXIV, 8 ; XXXVI, 47 ; XXXVII, *151*, 152, 169 ; XXXIX, 3, 38; XLII, 24 ; XLIII, 87 ; XLV, 32 ; LVIII, 8 ; LXIII, 1, 7 ; LXXIV, 31 / ***walad***^{an} [CDRD] II, 116 ; X,68 ; XVIII, 4 ; XIX, 77 ; XIX, 88 ; XXI, 26 ; XXXVII, 152

CDRDP n° 198 (XXXVII, 167) / سورة الصافات / Tradition (56) ; Noldëke (50) ; Blachère (52)

وَإِن كَانُوا لَيَقُولُونَ

wa ʾin kānū la-yaqūlūn^{a}
« Et même s'ils disaient ».

CDRDP n° 199 (XXXVII, 168) / سورة الصافات / Tradition (56) ; Noldëke (50) ; Blachère (52)

لَوْ أَنَّ عِندَنَا ذِكْرًا مِّنَ الْأَوَّلِينَ

law ʾann^{a} *ʿindanā ḏikr*^{an} *min*^{a} *l-ʾawwalīn*^{a}
« Si nous avions eu un rappel des anciens ».

Contre le Coran [CDRD] : II, 26, 76, 91, 118, 170, III, 72, 73 ; V, 104 ; VI, 7, 25, 93, 105, 156, 157 ; VII, 203 ; VIII, 21, 31 ; IX, 127 ; X, 15, 20, 38 ; XI, 13, 35 ; XVI, 24, 101, 103 ; XXV, 4, 5, 32 ; XXXI, 21 ; XXXIV, 31 ; XXXVII, 168, 169 ; XXXVIII, 7, 8 ; XLI, 5, 26, 44 ; XLII, 24 ; XLIII, 31 ; XLIV, 14 ; XLV, 25, 32 ; XLVI, 7, 8, 11 ; XLVII, 20, 26 ; LII, 33 ; LXVIII, 15 ; LXXIV, 24, 25, 31 ; LXXXIII, 13

CDRDP n° 200 (XXXVII, 169) / سورة الصافات / Tradition (56) ; Noldëke (50) ; Blachère (52)

لَكُنَّا عِبَادَ اللَّهِ الْمُخْلَصِينَ

la-kunnā ʿibādᵃ Allāhⁱ l-muḫlaṣīnᵃ
« nous aurions été des serviteurs zélés ».

Contre le Coran [CDRD] : II, 26, 76, 91, 118, 170, III, 72, 73 ; V, 104 ; VI, 7, 25, 93, 105, 156, 157 ; VII, 203 ; VIII, 21, 31 ; IX, 127 ; X, 15, 20, 38 ; XI, 13, 35 ; XVI, 24, 101, 103 ; XXV, 4, 5, 32 ; XXXI, 21 ; XXXIV, 31 ; XXXVII, 168, 169 ; XXXVIII, 7, 8 ; XLI, 5, 26, 44 ; XLII, 24 ; XLIII, 31 ; XLIV, 14, 36 ; XLV, 25, 32 ; XLVI, 7, 8, 11 ; XLVII, 20, 26 ; LII, 33 ; LXVIII, 15 ; LXXIV, 24, 25, 31 ; LXXXIII, 13.

CDRDP n° 201 (XXXVIII, 4) / سورة ص / Tradition (38) ; Noldëke (59) ; Blachère (59)

وَعَجِبُوا أَن جَاءَهُم مُّنذِرٌ مِّنْهُمْ وَقَالَ الْكَافِرُونَ **هَٰذَا سَاحِرٌ كَذَّابٌ**

hāḏā sāḥirᵘⁿ kaḏḏābᵘⁿ
« C'est un sorcier, un menteur ».

Contre le Prophète [CDRD] : III, 183, IV, 78, 141, 150 ; V, 19 ; VI, 8, 37, 91, 93, 105, 124, VII, 203 ; IX, 59, 61 ; X, 2, 15, 20, 38 ; XI, 12, 13, 35 ; XIII, 7, 27, 43 ; XV, 6, 7 ; XVI, 101, 103 ; XVII, 47, 90, 91, 92, 93, 94 ; XX, 133 ; XXI, 3, 5, 36 ; XXIII, 70 ; XXIV, 47 ; XXV, 4, 5, 7, 32, 41, 42, 60 ; XXVIII, 47, 48, 57 ; XXIX, 50 ; XXX, 58 ; XXXIII, 12 ; XXXIV, 8, 34, 43 ; XXXVII, 36 ; XXXVIII, 4, 5, 8 ; XLII, 24 ; XLIII, 24, 31 ; XLIV, 14 ; XLVI, 8 ; XLVII, 6, 16 ; XLVIII, 15 ; LII, 30, 33 ; LXIII, 1, 7, 8 ; LXVIII, 51 ; LXXIV, 25.

CDRDP n° 202 (XXXVIII, 5) / سورة ص / Tradition (38) ; Noldëke (59) ; Blachère (59)

أَجَعَلَ الْآلِهَةَ إِلَٰهًا وَاحِدًا إِنَّ هَٰذَا لَشَيْءٌ عُجَابٌ

ʾağaʿalᵃ l-ʾālihatᵃ ʾilāhᵃⁿ wāḥidᵃⁿ ʾinnᵃ hāḏā la-šayʾᵘⁿ ʿuğābᵘⁿ
« A-t-il rendu des divinités en une divinité unique ? Cela est chose étonnante ? »

Contre le Prophète [CDRD] : III, 183, IV, 78, 141, 150 ; V, 19 ; VI, 8, 37, 91, 93, 105, 124, VII, 203 ; IX, 59, 61 ; X, 2, 15, 20, 38 ; XI, 12, 13, 35 ; XIII, 7, 27, 43 ; XV, 6, 7 ; XVI, 101, 103 ; XVII, 47, 90, 91, 92, 93, 94 ; XX, 133 ; XXI, 3, 5, 36 ; XXIII, 70 ; XXIV, 47 ; XXV, 4, 5, 7, 32, 41, 42, 60 ; XXVIII, 47, 48, 57 ; XXIX, 50 ; XXX, 58 ; XXXIII, 12 ; XXXIV, 8, 34, 43 ; XXXVII, 36 ; XXXVIII, 4, 5, 8 ; XLII, 24 ; XLIII, 24, 31 ; XLIV, 14 ; XLVI, 8 ; XLVII, 6, 16 ; XLVIII, 15 ; LII, 30, 33 ; LXIII, 1, 7, 8 ; LXVIII, 51 ; LXXIV, 25 / ***ʾIlāh*** [CDRD] : II, 42 ; XXI, 29 ; XXXVIII, 5 ; XXXIX, 3 / **Des divinités** [CDRD] : VI, 136 ; XXI, 29 ; XXXVIII, 5.

CDRDP n° 203 (XXXVIII, 6) / سورة ص / Tradition (38) ; Noldëke (59) ; Blachère (59)

وَانطَلَقَ الْمَلَأُ مِنْهُمْ أَنِ امْشُوا وَاصْبِرُوا عَلَىٰ آلِهَتِكُمْ إِنَّ هَٰذَا لَشَيْءٌ يُرَادُ

ʾani mšū wa-ṣbirū ʿalā ʾālihatikum ʾinna hāḏā la-šayʾun yurādu

« allez-vous en, et restez constants à vos dieux : c'est là vraiment une chose souhaitable ».

Allāh [CDRD] : II, 8, 26, 76, 79, 116, 118 ; III, 72, 78, 181, 183 ; IV, 72, 78, 157 ; V, 17, 18, 64, 72, 73 ; VI, 93, 124, 136, 148 ; VII, 28 ; VIII, 32 ; IX, 30, 59 ; X, 18, 68 ; XVI, 35, 38 ; XVII, 92, 94 ; XVIII, 4 ;; XXIII, 85, 87, 89 ; XXIV, 47 ; XXV, 41 ; XXIX, 10, 61, 63 ; XXXI, 25 ; XXXIII, 12 ; XXXIV, 8 ; XXXVI, 47 ; XXXVII, *151*, 152, 169 ; XXXIX, 3, 38; XLII, 24 ; XLIII, 87 ; LVIII, 8 ; LXIII, 1, 7 ; LXXIV, 31 / ***rabb*** [CDRD] : II, 76, 200 ; IV, 77 ; VI, 37 ; X, 20 ; XIII, 7, 27 ; XX, 133 ; XXV, 21 ; XXVIII, 47 ; XXIX, 50 ; XXXIV, 23 ; XLI, 50 ; LXXXIX, 15, 16 / ***ʾIlāh*** [CDRD] : II, 42 ; XXI, 29 ; XXXVIII, 5 ; XXXIX, 3 / ***raḥmān*** [CDRD] : XIX, 88 ; XXI, 26 ; XXV, 60 ; XLIII, 20 / **Autres** [CDRD] : XLIII, 9 ; XXIV, 16 ; IV, 171 ; XLV, 32.

CDRDP n° 204 (XXXVIII, 7) / سورة ص / Tradition (38) ; Noldëke (59) ; Blachère (59)

مَا سَمِعْنَا بِهَٰذَا فِي الْمِلَّةِ الْآخِرَةِ إِنْ هَٰذَا إِلَّا اخْتِلَاقٌ

mā samiʿnā bi-haḏā fī l-millati l-ʾāḫirati ʾin hāḏā ʾillā ḫtilāqun

« Nous n'avons pas entendu cela dans la dernière Communauté. Ce n'est qu'une invention ! »

CDRDP n° 205 (XXXVIII, 8) / سورة ص / Tradition (38) ; Noldëke (59) ; Blachère (59)

أَأُنزِلَ عَلَيْهِ الذِّكْرُ مِن بَيْنِنَا بَلْ هُمْ فِي شَكٍّ مِّن ذِكْرِي بَل لَّمَّا يَذُوقُوا عَذَابِ

ʾa-ʾunzila ʿalayhi al-ḏikru min bayninā

« A-t-on fait descendre le Rappel sur lui parmi vous ? »

Contre le Prophète [CDRD] : III, 183, IV, 78, 141, 150 ; V, 19 ; VI, 8, 37, 91, 93, 105, 124, VII, 203 ; IX, 59, 61 ; X, 2, 15, 20, 38 ; XI, 12, 13, 35 ; XIII, 7, 27, 43 ; XV, 6, 7 ; XVI, 101, 103 ; XVII, 47, 90, 91, 92, 93, 94 ; XX, 133 ; XXI, 3, 5, 36 ; XXIII, 70 ; XXIV, 47 ; XXV, 4, 5, 7, 32, 41, 42, 60 ; XXVIII, 47, 48, 57 ; XXIX, 50 ; XXX, 58 ; XXXIII, 12 ; XXXIV, 8, 34, 43 ; XXXVII, 36 ; XXXVIII, 4, 5, 8 ; XLII, 24 ; XLIII, 24, 31 ; XLIV, 14 ; XLVI, 8 ; XLVII, 6, 16 ; XLVIII, 15 ; LII, 30, 33 ; LXIII, 1, 7, 8 ; LXVIII, 51 ; LXXIV, 25.

CDRDP n° 206 (XXXIX, 3) / سورة الزمر / Tradition (59) ; Noldëke (80) ; Blachère (82)

أَلَا لِلَّهِ الدِّينُ الْخَالِصُ وَالَّذِينَ اتَّخَذُوا مِن دُونِهِ أَوْلِيَاءَ مَا **نَعْبُدُهُمْ إِلَّا لِيُقَرِّبُونَا إِلَى اللَّهِ زُلْفَىٰ** إِنَّ اللَّهَ يَحْكُمُ بَيْنَهُمْ فِي مَا هُمْ فِيهِ يَخْتَلِفُونَ إِنَّ اللَّهَ لَا يَهْدِي مَنْ هُوَ كَاذِبٌ كَفَّارٌ

mā naʿbuduhum ʾillā li-yuqarribūnā ʾilā Allāhi zulfā

« Nous les adorons uniquement parce qu'elles nous rapprochent tout près d'Allah ».

Allāhu [CDRD] : II, 8, 26, 76, 79, 116, 118 ; III, 72, 78, 181, 183 ; IV, 72, 78, 157 ; V, 17, 18, 64, 72, 73 ; VI, 93, 124, 136, 148 ; VII, 28 ; VIII, 32 ; IX, 30, 59 ; X, 18, 68 ; XVI, 35, 38 ; XVII, 92, 94 ; XVIII, 4 ; XXI, 29 ; XXIII, 85, 87, 89 ; XXIV, 47 ; XXV, 8, 41 ; XXIX, 10, 61, 63 ; XXXI, 25 ; XXXIII, 12 ; XXXIV, 8 ; XXXVI, 47 ; XXXVII, *151*, 152, 169 ; XXXIX, 3, 38; XLII, 24 ; XLIII, 87 ; XLV, 32 ; LVIII, 8 ; LXIII, 1, 7 ; LXXIV, 31 / ***rabb*** [CDRD] : II, 76, 200 ; IV, 77 ; VI, 37 ; X, 20 ; XIII, 7, 27 ; XX, 133 ; XXV, 21 ; XXVIII, 47 ; XXIX, 50 ; XXXIV, 23 ; XLI, 50 ; LXXXIX, 15, 16 / ***ʾIlāh [CDRD] :*** II, 42 ; XXXVIII, 5 ; XXXIX, 3 / ***raḥmān*** [CDRD] : XIX, 88 ; XXI, 26 ; XXV, 60 ; XLIII, 20 / **Autres** [CDRD] : XLIII, 9 ; XXIV, 16 ; IV, 171.

CDRDP n° 207 (XXXIX, 38) / سورة الزمر / Tradition (59) ; Noldëke (80) ; Blachère (82)

وَلَئِن سَأَلْتَهُم مَّنْ خَلَقَ السَّمَاوَاتِ وَالْأَرْضَ لَيَقُولُنَّ **اللَّهُ** قُلْ أَفَرَأَيْتُم مَّا تَدْعُونَ مِن دُونِ اللَّهِ إِنْ أَرَادَنِيَ اللَّهُ بِضُرٍّ هَلْ هُنَّ كَاشِفَاتُ ضُرِّهِ أَوْ أَرَادَنِي بِرَحْمَةٍ هَلْ هُنَّ مُمْسِكَاتُ رَحْمَتِهِ قُلْ حَسْبِيَ اللَّهُ عَلَيْهِ يَتَوَكَّلُ الْمُتَوَكِّلُونَ

Allāhu

« Allah ».

Allāh [CDRD] : II, 8, 26, 76, 79, 116, 118 ; III, 72, 78, 181, 183 ; IV, 72, 78, 157 ; V, 17, 18, 64, 72, 73 ; VI, 93, 124, 136, 148 ; VII, 28 ; VIII, 32 ; IX, 30, 59 ; X, 18, 68 ; XVI, 35, 38 ; XVII, 92, 94 ; XVIII, 4 ; XXI, 29 ; XXIII, 85, 87, 89 ; XXIV, 47 ; XXV, 8, 41 ; XXIX, 10, 61, 63 ; XXXI, 25 ; XXXIII, 12 ; XXXIV, 8 ; XXXVI, 47 ; XXXVII, *151*, 152, 169 ; XXXIX, 3, 38; XLII, 24 ; XLIII, 87 ; XLV, 32 ; LVIII, 8 ; LXIII, 1, 7 ; LXXIV, 31 / ***rabb*** [CDRD] : II, 76, 200 ; IV, 77 ; VI, 37 ; X, 20 ; XIII, 7, 27 ; XX, 133 ; XXV, 21 ; XXVIII, 47 ; XXIX, 50 ; XXXIV, 23 ; XLI, 50 ; LXXXIX, 15, 16 / ***ʾIlāh*** [CDRD] : II, 42 ; XXXVIII, 5 ; XXXIX, 3 / ***raḥmān*** [CDRD] : XIX, 88 ; XXI, 26 ; XXV, 60 ; XLIII, 20 / **Autres** [CDRD] : XLIII, 9 ; XXIV, 16 ; IV, 171.

CDRDP n° 208 (XXXIX, 49) / سورة الزمر / Tradition (59) ; Noldëke (80) ; Blachère (82)

فَإِذَا مَسَّ الْإِنسَانَ ضُرٌّ دَعَانَا ثُمَّ إِذَا خَوَّلْنَاهُ نِعْمَةً مِّنَّا قَالَ **إِنَّمَا أُوتِيتُهُ عَلَىٰ عِلْمٍ** بَلْ هِيَ فِتْنَةٌ وَلَٰكِنَّ أَكْثَرَهُمْ لَا يَعْلَمُونَ

ʾinnamā ʾūtītuhū ʿalā ʿilm^{in}

« Cela m'a été donné par ma seule science ».

CDRDP n° 209 (XLI, 5) / سورة فصلت / Tradition (61) ; Noldëke (71) ; Blachère (72)

وَقَالُوا **قُلُوبُنَا فِي أَكِنَّةٍ مِّمَّا تَدْعُونَا إِلَيْهِ وَفِي آذَانِنَا وَقْرٌ وَمِن بَيْنِنَا وَبَيْنِكَ حِجَابٌ فَاعْمَلْ إِنَّنَا عَامِلُونَ**

qulūbunā fī ʾakinnat^{in} *mimmā tadʿūnā ʾilayh*^{i} *wa-fī ʾāḏāninā waqr*^{un} *wa-min bayninā wa- baynik*^{a} *ḥiğāb*^{un} *fāʿmal ʾinnanā ʿāmilūn*^{a}

« Nos coeurs sont dans des enveloppes de ce vers quoi vous nous appelez. En nos oreilles, une surdité. Entre vous et nous est un voile. Agis, car nous allons agir ! »

Contre le Coran [CDRD] : II, 26, 76, 91, 118, 170, III, 72, 73 ; V, 104 ; VI, 7, 25, 93, 105, 156, 157 ; VII, 203 ; VIII, 21, 31 ; IX, 127 ; X, 15, 20, 38 ; XI, 13, 35 ; XVI, 24, 101, 103 ; XXV, 4, 5, 32 ; XXXI, 21 ; XXXIV, 31 ; XXXVII, 168, 169 ; XXXVIII, 7, 8 ; XLI, 5, 26, 44 ; XLII, 24 ; XLIII, 31 ; XLIV, 14, 36 ; XLV, 25, 32 ; XLVI, 7, 8, 11 ; XLVII, 20, 26 ; LII, 33 ; LXVIII, 15 ; LXXIV, 24, 25, 31 ; LXXXIII, 13.

CDRDP n° 210 (XLI, 26) / سورة فصلت / Tradition (67) ; Noldëke (71) ; Blachère (72)

وَقَالَ الَّذِينَ كَفَرُوا **لَا تَسْمَعُوا لِهَٰذَا الْقُرْآنِ وَالْغَوْا فِيهِ لَعَلَّكُمْ تَغْلِبُونَ**

lā tasmaʿū li-haḏā l-qurʾān^{i} *wa lġaw fīh*^{i} *laʿallakum taġlibūn*^{a}

« N'écoutez pas ce Coran (récité) mais jactez en son endroit afin de l'emporter ».

qurʾān^{un} [CDRDP] : X, 15 ; XXV, 32 ; XXXIV, 31 ; XLI, 26 ; XLIII, 31. **Contre le Coran** [CDRD] : II, 26, 76, 91, 118, 170, III, 72, 73 ; V, 104 ; VI, 7, 25, 93, 105, 156, 157 ; VII, 203 ; VIII, 21, 31 ; IX, 127 ; X, 15, 20, 38 ; XI, 13, 35 ; XVI, 24, 101, 103 ; XXV, 4, 5, 32 ; XXXI, 21 ; XXXIV, 31 ; XXXVII, 168, 169 ; XXXVIII, 7, 8 ; XLI, 5, 26, 44 ; XLII, 24 ; XLIII, 31 ; XLIV, 14, 36 ; XLV, 25, 32 ; XLVI, 7, 8, 11 ; XLVII, 20, 26 ; LII, 33 ; LXVIII, 15 ; LXXIV, 24, 25, 31 ; LXXXIII, 13.

CDRDP n° 211 (XLI, 44) / سورة فصلت / Tradition (61) ; Noldëke (71) ; Blachère (72)

وَلَوْ جَعَلْنَاهُ قُرْآنًا أَعْجَمِيًّا لَّقَالُوا **لَوْلَا فُصِّلَتْ آيَاتُهُ أَأَعْجَمِيٌّ وَعَرَبِيٌّ** قُلْ هُوَ لِلَّذِينَ آمَنُوا هُدًى وَشِفَاءٌ وَالَّذِينَ لَا يُؤْمِنُونَ فِي آذَانِهِمْ وَقْرٌ وَهُوَ عَلَيْهِمْ عَمًى أُولَٰئِكَ يُنَادَوْنَ مِن مَّكَانٍ بَعِيدٍ

law-lā fuṣṣilat ʾāyātuh^{u} *ʾa-aʿ ğamīyy*^{un} *wa- ʿarabīyy*^{un}

« Pourquoi ses versets n'ont-ils pas été exposés clairement ? Quoi ? est-ce un Coran étranger et arabe (à la fois) ? »

Contre le Coran [CDRD] : II, 26, 76, 91, 118, 170, III, 72, 73 ; V, 104 ; VI, 7, 25, 93, 105, 156, 157 ; VII, 203 ; VIII, 21, 31 ; IX, 127 ; X, 15, 20, 38 ; XI, 13, 35 ; XVI, 24, 101, 103 ; XXV, 4, 5, 32 ; XXXI, 21 ; XXXIV, 31 ; XXXVII, 168, 169 ; XXXVIII, 7, 8 ; XLI, 5, 26, 44 ; XLII, 24 ; XLIII, 31 ; XLIV, 14, 36 ; XLV, 25, 32 ; XLVI, 7, 8, 11 ; XLVII, 20, 26 ; LII, 33 ; LXVIII, 15 ; LXXIV, 24, 25, 31 ; LXXXIII, 13.

CDRDE n° 212 (XLI, 50) / سورة فصلت / Tradition (61) ; Noldëke (71) ; Blachère (72)

وَلَئِنْ أَذَقْنَاهُ رَحْمَةً مِّنَّا مِن بَعْدِ ضَرَّاءَ مَسَّتْهُ لَيَقُولَنَّ **هَٰذَا لِي وَمَا أَظُنُّ السَّاعَةَ قَائِمَةً وَلَئِن رُّجِعْتُ إِلَىٰ رَبِّي إِنَّ لِي عِندَهُ لَلْحُسْنَىٰ** فَلَنُنَبِّئَنَّ الَّذِينَ كَفَرُوا بِمَا عَمِلُوا وَلَنُذِيقَنَّهُم مِّنْ عَذَابٍ غَلِيظٍ

hāḏā lī wa-mā ʾaẓunn^{u} *l-sāʿat*^{a} *qāʾimat*^{an} *wa-la-ʾin ruǧiʿt*^{u} *ʾilā rabbī ʾinn*^{a} *lī ʿindah*^{u} *la-l-ḥusnā*

« Ceci m'est dû et je ne pense pas que l'Heure arrive, et si je suis ramené à mon Seigneur, j'aurai auprès de Lui la Très Belle Rétribution ».

L'Heure eschatologique [CDRD] : VII, 187 ; X, 48 ; XVII, 51 ; XXI, 38 ; XXVII, 71 ; XXXII, 28 ; XXXIV, 3, 29 ; XXXVI, 48 ; XLI, 50 ; XLV, 32 ; LI, 12 ; LXVII, 25 ; LXXV, 6 ; LXXIX, 42 / **La résurrection** [CDRD] : VI, 29 ; XI, 7 ; XIII, 5 ; XVI, 38 ; XVII 49, 51, 98 ; XIX, 66 ; XXIII, 82, 83 ; XXVII, 67, 68 ; XXXII, 10 ; XXXIV, 7, 8 ; XXXVI, 78 ; XXXVII 15, 16, 17 ; XLIV, 34, 35, 36 ; XLV, 24, 25 ; XLVI, 17 ; L, 2, 3 ; LVI, 47, 48 ; LXXIX, 10, 11, 12 / **L'Eschatologie** [CDRD] : II, 8, 80, 111 ; III, 24 ; VI, 29 ; VII, 187 ; X, 48, 53 ; XI, 7, 8 ; XIII, 5 ; XVI, 38 ; XVII, 49, 51, 98 ; XIX, 66 ; XXI, 38 ; XXIII, 82, 83 ; XXVII, 67, 68, 71 ; XXXII, 10, 28 ; XXXIV, 3, 7, 8, 29 ; XXXVI, 48, 78 ; XXXVII, 15, 16, 17 ; XLI, 50 ; XLIV, 34, 35, 36 ; XLV, 24, 25, 32 ; XLVI, 17 ; L, 2, 3 ; LI, 12 ; LVI, 47, 48 ; LXVII, 25 ; LXXV, 6 ; LXXIX, 10, 11, 12, 42.

Talmud [CDRD] : Sanh. 90 b et seq

Deux cent douzième contre-discours dans l'ordre du *muṣḥaf*. Dans l'ordre chronologique des discours contre l'eschatologie, il est placé à la trente deuxième position (sur cinquante deux). Sa structure est semi complexe avec un Contre-discours Rapporté Direct Présent central (« Ceci m'est dû et je ne pense pas que l'Heure arrive, et si je suis ramené à mon Seigneur, j'aurai auprès de Lui la Très Belle Rétribution »). Ce contre-discours est une mise en scène de l'opposant qui reconnait implicitement avoir connaissance de ce qu'est la Rétribution et de pouvoir être parmi les élus. La rispote joue stratégiquement sur la menace eschatologique rappelant les affres de l'enfer.

CDRDP n° 213 (XLII, 24) / سورة الشورى / Tradition (62) ; Noldëke (83) ; Blachère (85)

أَمْ يَقُولُونَ **افْتَرَىٰ عَلَى اللَّهِ كَذِبًا** فَإِن يَشَإِ اللَّهُ يَخْتِمْ عَلَىٰ قَلْبِكَ وَيَمْحُ اللَّهُ الْبَاطِلَ وَيُحِقُّ الْحَقَّ بِكَلِمَاتِهِ إِنَّهُ عَلِيمٌ بِذَاتِ الصُّدُورِ

iftarā ʿalā Allāh^i kaḏib^an
« Il a forgé un mensonge contre Allah ».

Contre le Coran [CDRD] : II, 26, 76, 91, 118, 170, III, 72, 73 ; V, 104 ; VI, 7, 25, 93, 105, 156, 157 ; VII, 203 ; VIII, 21, 31 ; IX, 127 ; X, 15, 20, 38 ; XI, 13, 35 ; XVI, 24, 101, 103 ; XXV, 4, 5, 32 ; XXXI, 21 ; XXXIV, 31 ; XXXVII, 168, 169 ; XXXVIII, 7, 8 ; XLI, 5, 26, 44 ; XLII, 24 ; XLIII, 31 ; XLIV, 14, 36 ; XLV, 25, 32 ; XLVI, 7, 8, 11 ; XLVII, 20, 26 ; LII, 33 ; LXVIII, 15 ; LXXIV, 24, 25, 31 ; LXXXIII, 13.

CDRDP n° 214 (XLIII, 9) / سورة الزخرف / Tradition (63) ; Noldëke (61) ; Blachère (63)

وَلَئِن سَأَلْتَهُم مَّنْ خَلَقَ السَّمَاوَاتِ وَالْأَرْضَ لَيَقُولُنَّ **خَلَقَهُنَّ الْعَزِيزُ الْعَلِيمُ**

ḫalaqahunn^a al ʿazīz^u l- ʿalīm^u
« Le tout Puissant, le Tout Connaissant les a créés ».

Allāh^u [CDRD] : II, 8, 26, 76, 79, 116, 118 ; III, 72, 78, 181, 183 ; IV, 72, 78, 157 ; V, 17, 18, 64, 72, 73 ; VI, 93, 124, 136, 148 ; VII, 28 ; VIII, 32 ; IX, 30, 59 ; X, 18, 68 ; XVI, 35, 38 ; XVII, 92, 94 ; XVIII, 4 ; XXI, 29 ; XXIII, 85, 87, 89 ; XXIV, 47 ; XXV, 8, 41 ; XXIX, 10, 61, 63 ; XXXI, 25 ; XXXIII, 12 ; XXXIV, 8 ; XXXVI, 47 ; XXXVII, *151*, 152, 169 ; XXXIX, 3, 38; XLII, 24 ; XLIII, 87 ; XLV, 32 ; LVIII, 8 ; LXIII, 1, 7 ; LXXIV, 31 / ***rabb*** [CDRD] : II, 76, 200 ; IV, 77 ; VI, 37 ; X, 20 ; XIII, 7, 27 ; XX, 133 ; XXV, 21 ; XXVIII, 47 ; XXIX, 50 ; XXXIV, 23 ; XLI, 50 ; LXXXIX, 15, 16 / ***'Ilāh [CDRD] :*** II, 42 ; XXXVIII, 5 ; XXXIX, 3 / ***raḥmān*** [CDRD] : XIX, 88 ; XXI, 26 ; XXV, 60 ; XLIII, 20 / **Autres** [CDRD] : XLIII, 9 ; XXIV, 16 ; IV, 171.

CDRDP n° 215 (XLIII, 20) / سورة الزخرف / Tradition (63) ; Noldëke (61) ; Blachère (63)

وَقَالُوا **لَوْ شَاءَ الرَّحْمَٰنُ مَا عَبَدْنَاهُم** مَّا لَهُم بِذَٰلِكَ مِنْ عِلْمٍ إِنْ هُمْ إِلَّا يَخْرُصُونَ

law šāʾ^a l-raḥmān^u mā ʿabadnāhum
« Si le Miséricordieux l'avait voulu, nous ne les aurions pas adoré ».

Allāh^u [CDRD] : II, 8, 26, 76, 79, 116, 118 ; III, 72, 78, 181, 183 ; IV, 72, 78, 157 ; V, 17, 18, 64, 72, 73 ; VI, 93, 124, 136, 148 ; VII, 28 ; VIII, 32 ; IX, 30, 59 ; X, 18, 68 ; XVI, 35, 38 ; XVII, 92, 94 ; XVIII, 4 ; XXI, 29 ; XXIII, 85, 87, 89 ; XXIV, 47 ; XXV, 8, 41 ; XXIX, 10, 61, 63 ; XXXI, 25 ; XXXIII, 12 ; XXXIV, 8 ; XXXVI, 47 ; XXXVII, *151*, 152, 169 ; XXXIX, 3, 38; XLII, 24 ; XLIII, 87 ; XLV, 32 ; LVIII, 8 ; LXIII, 1, 7 ; LXXIV, 31 / ***rabb*** [CDRD] : II, 76, 200 ; IV, 77 ; VI, 37 ; X, 20 ; XIII, 7, 27 ; XX, 133 ; XXV, 21 ; XXVIII, 47 ; XXIX, 50 ; XXXIV, 23 ; XLI, 50 ; LXXXIX, 15, 16 / ***'Ilāh [CDRD] :*** II, 42 ; XXXVIII, 5 ; XXXIX,

3 / ***raḥmān*** [CDRD] : XIX, 88 ; XXI, 26 ; XXV, 60 ; XLIII, 20 / **Autres** [CDRD] : XLIII, 9 ; XXIV, 16 ; IV, 171.

CDRDP n° 216 (XLIII, 22) / سورة الزخرف / Tradition (63) ; Noldëke (61) ; Blachère (63)

بَلْ قَالُوا **إِنَّا وَجَدْنَا آبَاءَنَا عَلَىٰ أُمَّةٍ وَإِنَّا عَلَىٰ آثَارِهِم مُّهْتَدُونَ**

ʾinnā waǧadnā ʾābāʾanā ʿalā ʾummat[in] wa- ʾinnā ʿalā ʾāṯārihim muhtadūn[a]

« Nous avons trouvé nos pères en une communauté et nous suivons leurs traces ».

CDRDP n° 217 (XLIII, 23) / سورة الزخرف / Tradition (63) ; Noldëke (61) ; Blachère (63)

وَكَذَٰلِكَ مَا أَرْسَلْنَا مِن قَبْلِكَ فِي قَرْيَةٍ مِّن نَّذِيرٍ إِلَّا قَالَ مُتْرَفُوهَا **إِنَّا وَجَدْنَا آبَاءَنَا عَلَىٰ أُمَّةٍ وَإِنَّا عَلَىٰ آثَارِهِم مُّقْتَدُونَ**

ʾinnā waǧadnā ʾābāʾanā ʿalā ʾummat[in] wa- ʾinnā ʿalā ʾāṯārihim muqtadūn[a]

« Nous avons trouvé nos pères en une communauté et nous suivons leurs traces ».

CDRDP n° 218 (XLIII, 24) / سورة الزخرف / Tradition (63) ; Noldëke (61) ; Blachère (63)

قَالَ أَوَلَوْ جِئْتُكُم بِأَهْدَىٰ مِمَّا وَجَدتُّمْ عَلَيْهِ آبَاءَكُمْ قَالُوا **إِنَّا بِمَا أُرْسِلْتُم بِهِ كَافِرُونَ**

ʾinnā bi-mā ʾursiltum bihi kāfirūn[a]

« Nous ne croyons pas au message avec lequel vous avez été envoyés ».

Contre le Coran [CDRD] : II, 26, 76, 91, 118, 170, III, 72, 73 ; V, 104 ; VI, 7, 25, 93, 105, 156, 157 ; VII, 203 ; VIII, 21, 31 ; IX, 127 ; X, 15, 20, 38 ; XI, 13, 35 ; XVI, 24, 101, 103 ; XXV, 4, 5, 32 ; XXXI, 21 ; XXXIV, 31 ; XXXVII, 168, 169 ; XXXVIII, 7, 8 ; XLI, 5, 26, 44 ; XLII, 24 ; XLIII, 31 ; XLIV, 14, 36 ; XLV, 25, 32 ; XLVI, 7, 8, 11 ; XLVII, 20, 26 ; LII, 33 ; LXVIII, 15 ; LXXIV, 24, 25, 31 ; LXXXIII, 13.

CDRDP n° 219 (XLIII, 30) / سورة الزخرف / Tradition (63) ; Noldëke (61) ; Blachère (63)

وَلَمَّا جَاءَهُمُ الْحَقُّ قَالُوا **هَٰذَا سِحْرٌ وَإِنَّا بِهِ كَافِرُونَ**

hāḏā siḥr[un] wa ʾinnā bih[i] kāfirūn[a]

« Ceci est une magie et nous n'y croyons pas ».

Contre le Coran [CDRD] : II, 26, 76, 91, 118, 170, III, 72, 73 ; V, 104 ; VI, 7, 25, 93, 105, 156, 157 ; VII, 203 ; VIII, 21, 31 ; IX, 127 ; X, 15, 20, 38 ; XI, 13, 35 ; XVI, 24, 101, 103 ; XXV, 4, 5, 32 ; XXXI, 21 ; XXXIV, 31 ; XXXVII, 168, 169 ; XXXVIII, 7, 8 ; XLI, 5, 26, 44 ; XLII, 24 ; XLIII, 31 ; XLIV, 14, 36 ; XLV, 25, 32 ; XLVI, 7, 8, 11 ; XLVII, 20, 26 ; LII, 33 ; LXVIII, 15 ; LXXIV, 24, 25, 31 ; LXXXIII, 13 / ***siḥr[un]*** [CDRD] VI, 7 ; XI, 7 ; XXVIII, 48 ; XXXIV, 43 ; XXXVII, 15 ; XLIII, 30 ; XLVI, 7 ; LIV, 2 ; LXXIV, 24.

CDRDP n° 220 (XLIII, 31) / سورة الزخرف / Tradition (63) ; Noldëke (61) ; Blachère (63)

وَقَالُوا لَوْلَا نُزِّلَ هَٰذَا الْقُرْآنُ عَلَىٰ رَجُلٍ مِّنَ الْقَرْيَتَيْنِ عَظِيمٍ

law-lā nuzzil^a hāḏā l-qur'ān^u 'alā rağul^in mina l-qaryatayn^i 'aẓīm^in

« Pourquoi n'a-t-on pas fait descendre ce Coran sur un personnage d'importance de l'une des deux cités ? »

qur'ān [CDRDP] : X, 15 ; XXV, 32 ; XXXIV, 31 ; XLI, 26 ; XLIII, 31. **Contre le Coran** [CDRD] : II, 26, 76, 91, 118, 170, III, 72, 73 ; V, 104 ; VI, 7, 25, 93, 105, 156, 157 ; VII, 203 ; VIII, 21, 31 ; IX, 127 ; X, 15, 20, 38 ; XI, 13, 35 ; XVI, 24, 101, 103 ; XXV, 4, 5, 32 ; XXXI, 21 ; XXXIV, 31 ; XXXVII, 168, 169 ; XXXVIII, 7, 8 ; XLI, 5, 26, 44 ; XLII, 24 ; XLIII, 31 ; XLIV, 14, 36 ; XLV, 25, 32 ; XLVI, 7, 8, 11 ; XLVII, 20, 26 ; LII, 33 ; LXVIII, 15 ; LXXIV, 24, 25, 31 ; LXXXIII, 13.

CDRDP n° 221 (XLIII, 58) / سورة الزخرف / Tradition (63) ; Noldëke (61) ; Blachère (63)

وَقَالُوا أَآلِهَتُنَا خَيْرٌ أَمْ هُوَ مَا ضَرَبُوهُ لَكَ إِلَّا جَدَلًا بَلْ هُمْ قَوْمٌ خَصِمُونَ

'ăālihatunā ḫayr^un 'am huw^a

« Nos divinités sont-elles meilleures ou bien lui ? »

CDRDP n° 222 (XLIII, 87) / سورة الزخرف / Tradition (63) ; Noldëke (61) ; Blachère (63)

وَلَئِن سَأَلْتَهُم مَّنْ خَلَقَهُمْ لَيَقُولُنَّ اللَّهُ فَأَنَّىٰ يُؤْفَكُونَ

Allāh^u

« Allah ».

Allāh [CDRD] : II, 8, 26, 76, 79, 116, 118 ; III, 72, 78, 181, 183 ; IV, 72, 78, 157 ; V, 17, 18, 64, 72, 73 ; VI, 93, 124, 136, 148 ; VII, 28 ; VIII, 32 ; IX, 30, 59 ; X, 18, 68 ; XVI, 35, 38 ; XVII, 92, 94 ; XVIII, 4 ; XXI, 29 ; XXIII, 85, 87, 89 ; XXIV, 47 ; XXV, 8, 41 ; XXIX, 10, 61, 63 ; XXXI, 25 ; XXXIII, 12 ; XXXIV, 8 ; XXXVI, 47 ; XXXVII, *151*, 152, 169 ; XXXIX, 3, 38; XLII, 24 ; XLIII, 87 ; XLV, 32 ; LVIII, 8 ; LXIII, 1, 7 ; LXXIV, 31 / ***rabb*** [CDRD] : II, 76, 200 ; IV, 77 ; VI, 37 ; X, 20 ; XIII, 7, 27 ; XX, 133 ; XXV, 21 ; XXVIII, 47 ; XXIX, 50 ; XXXIV, 23 ; XLI, 50 ; LXXXIX, 15, 16 / ***'Ilāh*** [CDRD] : II, 42 ; XXXVIII, 5 ; XXXIX, 3 / ***raḥmān*** [CDRD] : XIX, 88 ; XXI, 26 ; XXV, 60 ; XLIII, 20 / **Autres** [CDRD] : XLIII, 9 ; XXIV, 16 ; IV, 171.

CDRDP n° 223 (XLIV, 14) / سورة الدخان / Tradition (64) ; Noldëke (53) ; Blachère (55)

ثُمَّ تَوَلَّوْا عَنْهُ وَقَالُوا مُعَلَّمٌ مَّجْنُونٌ

mu'allam^un mağnūn^un

« (c'est) un élève, un possédé ! »

Contre le Prophète [CDRD] : III, 183, IV, 78, 141, 150 ; V, 19 ; VI, 8, 37, 91, 93, 105, 124, VII, 203 ; IX, 59, 61 ; X, 2, 15, 20, 38 ; XI, 12, 13, 35 ; XIII, 7, 27, 43 ; XV, 6, 7 ; XVI, 101, 103 ; XVII, 47, 90, 91, 92, 93, 94 ; XX, 133 ; XXI, 3, 5, 36 ; XXIII, 70 ; XXIV, 47 ; XXV, 4, 5, 7, 32, 41, 42, 60 ; XXVIII, 47, 48, 57 ; XXIX, 50 ; XXX, 58 ; XXXIII, 12 ; XXXIV, 8, 34, 43 ; XXXVII, 36 ; XXXVIII, 4, 5, 8 ; XLII, 24 ; XLIII, 24, 31 ; XLIV, 14 ; XLVI, 8 ; XLVII, 6, 16 ; XLVIII, 15 ; LII, 30, 33 ; LXIII, 1, 7, 8 ; LXVIII, 51 ; LXXIV, 25.

CDRDE n° 224 (XLIV, 34) / سورة الدخان / Tradition (64) ; Noldëke (53) ; Blachère (55)

إِنَّ هَٰؤُلَاءِ لَيَقُولُونَ

ʾinna hāʾulāʾi la-yaqūlūna
« Ceux-là disent ».

CDRDE n° 225 (XLIV, 35) / سورة الدخان / Tradition (64) ; Noldëke (53) ; Blachère (55)

إِنْ هِيَ إِلَّا مَوْتَتُنَا الْأُولَىٰ وَمَا نَحْنُ بِمُنشَرِينَ

ʾin hiya ʾillā mawtatunā al-ʾūlā wa-mā naḥnu bi-munšarīna
« Il n'y a que notre première mort et nous ne serons pas ressuscités ».

L'Heure eschatologique [CDRD] : VII, 187 ; X, 48 ; XVII, 51 ; XXI, 38 ; XXVII, 71 ; XXXII, 28 ; XXXIV, 3, 29 ; XXXVI, 48 ; XLI, 50 ; XLV, 32 ; LI, 12 ; LXVII, 25 ; LXXV, 6 ; LXXIX, 42 / **La résurrection** [CDRD] : VI, 29 ; XI, 7 ; XIII, 5 ; XVI, 38 ; XVII 49, 51, 98 ; XIX, 66 ; XXIII, 82, 83 ; XXVII, 67, 68 ; XXXII, 10 ; XXXIV, 7, 8 ; XXXVI, 78 ; XXXVII 15, 16, 17 ; XLIV, 34, 35, 36 ; XLV, 24, 25 ; XLVI, 17 ; L, 2, 3 ; LVI, 47, 48 ; LXXIX, 10, 11, 12 / **L'Eschatologie** [CDRD] : II, 8, 80, 111 ; III, 24 ; VI, 29 ; VII, 187 ; X, 48, 53 ; XI, 7, 8 ; XIII, 5 ; XVI, 38 ; XVII, 49, 51, 98 ; XIX, 66 ; XXI, 38 ; XXIII, 82, 83 ; XXVII, 67, 68, 71 ; XXXII, 10, 28 ; XXXIV, 3, 7, 8, 29 ; XXXVI, 48, 78 ; XXXVII, 15, 16, 17 ; XLI, 50 ; XLIV, 34, 35, 36 ; XLV, 24, 25, 32 ; XLVI, 17 ; L, 2, 3 ; LI, 12 ; LVI, 47, 48 ; LXVII, 25 ; LXXV, 6 ; LXXIX, 10, 11, 12, 42.

Deux cent vingt cinquième contre-discours dans l'ordre du *muṣḥaf*. Dans l'ordre chronologique des discours contre l'eschatologie, il est placé à la treizième position (sur cinquante deux). Sa structure est simple et singulière puisque le Contre-discours Citant Introductif est logé dans le verset qui le précède. Le verset accueille donc dans sa totalité un Contre-discours Rapporté Direct Présent (« Il n'y a que notre première mort et nous ne serons pas ressuscités »). Il est presque identique à VI, 29. Ce contre-discours est une réfutation argumentative qui s'apparente à des contre-discours présents dans le traité talmudique du Sanhédrin et un passage de l'Apocalypse de Pierre. La différence tient au fait que l'opposant coranique formule son opposition par une assertion et non une question comme dans le Talmud. La riposte qui se formule dans le verset suivant fait allusion au peuple de Tubbaʿ et d'autres qui ont été punis pour leur refus de croire en la résurrection. On mettra en lumière la différence d'argumentation ici avec la riposte qui accompagne le verset VI, 29 où il s'agissait d'une mise en scène des damnés (avec l'usage de discours rapporté direct) qui regrettaient leur incroyance passée.

CDRDE n° 226 (XLIV, 36) / سورة الدخان / Tradition (64) ; Noldëke (53) ; Blachère (55)

فَأْتُوا بِآبَائِنَا إِن كُنتُمْ صَادِقِينَ

fạtū bi-'ābā'inā 'in kuntum ṣādiqīn[a]

« Faites donc revenir nos pères, si vous êtes véridiques ».

L'Heure eschatologique [CDRD] : VII, 187 ; X, 48 ; XVII, 51 ; XXI, 38 ; XXVII, 71 ; XXXII, 28 ; XXXIV, 3, 29 ; XXXVI, 48 ; XLI, 50 ; XLV, 32 ; LI, 12 ; LXVII, 25 ; LXXV, 6 ; LXXIX, 42 / **La résurrection** [CDRD] : VI, 29 ; XI, 7 ; XIII, 5 ; XVI, 38 ; XVII 49, 51, 98 ; XIX, 66 ; XXIII, 82, 83 ; XXVII, 67, 68 ; XXXII, 10 ; XXXIV, 7, 8 ; XXXVI, 78 ; XXXVII 15, 16, 17 ; XLIV, 34, 35, 36 ; XLV, 24, 25 ; XLVI, 17 ; L, 2, 3 ; LVI, 47, 48 ; LXXIX, 10, 11, 12 / **L'Eschatologie** [CDRD] : II, 8, 80, 111 ; III, 24 ; VI, 29 ; VII, 187 ; X, 48, 53 ; XI, 7, 8 ; XIII, 5 ; XVI, 38 ; XVII, 49, 51, 98 ; XIX, 66 ; XXI, 38 ; XXIII, 82, 83 ; XXVII, 67, 68, 71 ; XXXII, 10, 28 ; XXXIV, 3, 7, 8, 29 ; XXXVI, 48, 78 ; XXXVII, 15, 16, 17 ; XLI, 50 ; XLIV, 34, 35, 36 ; XLV, 24, 25, 32 ; XLVI, 17 ; L, 2, 3 ; LI, 12 ; LVI, 47, 48 ; LXVII, 25 ; LXXV, 6 ; LXXIX, 10, 11, 12, 42.

CDRDE n° 227 (XLV, 24) / سورة الجاثية / Tradition (65) ; Noldëke (72) ; Blachère (73)

وَقَالُوا مَا هِيَ إِلَّا حَيَاتُنَا الدُّنْيَا نَمُوتُ وَنَحْيَا وَمَا يُهْلِكُنَا إِلَّا الدَّهْرُ وَمَا لَهُم بِذَٰلِكَ مِنْ عِلْمٍ إِنْ هُمْ إِلَّا يَظُنُّونَ

mā hiy[a] 'illā ḥayātunā l-dunyā namūt[u] wa- naḥyā wa-mā yuhlikunā 'illā l-dahr[u]

« Il n'y a pour nous que la vie d'ici-bas : nous mourons et nous vivons et seul le temps nous fait périr ».

L'Heure eschatologique [CDRD] : VII, 187 ; X, 48 ; XVII, 51 ; XXI, 38 ; XXVII, 71 ; XXXII, 28 ; XXXIV, 3, 29 ; XXXVI, 48 ; XLI, 50 ; XLV, 32 ; LI, 12 ; LXVII, 25 ; LXXV, 6 ; LXXIX, 42 / **La résurrection** [CDRD] : VI, 29 ; XI, 7 ; XIII, 5 ; XVI, 38 ; XVII 49, 51, 98 ; XIX, 66 ; XXIII, 82, 83 ; XXVII, 67, 68 ; XXXII, 10 ; XXXIV, 7, 8 ; XXXVI, 78 ; XXXVII 15, 16, 17 ; XLIV, 34, 35, 36 ; XLV, 24, 25 ; XLVI, 17 ; L, 2, 3 ; LVI, 47, 48 ; LXXIX, 10, 11, 12 / **L'Eschatologie** [CDRD] : II, 8, 80, 111 ; III, 24 ; VI, 29 ; VII, 187 ; X, 48, 53 ; XI, 7, 8 ; XIII, 5 ; XVI, 38 ; XVII, 49, 51, 98 ; XIX, 66 ; XXI, 38 ; XXIII, 82, 83 ; XXVII, 67, 68, 71 ; XXXII, 10, 28 ; XXXIV, 3, 7, 8, 29 ; XXXVI, 48, 78 ; XXXVII, 15, 16, 17 ; XLI, 50 ; XLIV, 34, 35, 36 ; XLV, 24, 25, 32 ; XLVI, 17 ; L, 2, 3 ; LI, 12 ; LVI, 47, 48 ; LXVII, 25 ; LXXV, 6 ; LXXIX, 10, 11, 12, 42.

Deux cent vingt-septième contre-discours et trente troisième discours contre l'eschatologie dans l'ordre chronologique (sur 52). Il s'agit d'un contre-discours semi complexe avec introduction, contre-discours et riposte. Il s'agit avant tout d'une réfutation contre argumentative. L'adversaire explicite la raison pour laquelle il refuse de croire en la résurrection. Ce refus est à mettre en relation avec la même perplexité exprimée par les contre-discours talmudiques.

CDRDE n° 228 (XLV, 25) / سورة الجاثية / Tradition (65) ; Noldëke (72) ; Blachère (73)

وَإِذَا تُتْلَىٰ عَلَيْهِمْ آيَاتُنَا بَيِّنَاتٍ مَّا كَانَ حُجَّتَهُمْ إِلَّا أَن قَالُوا **ائْتُوا بِآبَائِنَا إِن كُنتُمْ صَادِقِينَ**

’tū bi-’ābā’inā ’in kuntum ṣādiqīn[a]

« Faites revenir nos pères, si vous êtes véridiques ».

L'Heure eschatologique [CDRD] : VII, 187 ; X, 48 ; XVII, 51 ; XXI, 38 ; XXVII, 71 ; XXXII, 28 ; XXXIV, 3, 29 ; XXXVI, 48 ; XLI, 50 ; XLV, 32 ; LI, 12 ; LXVII, 25 ; LXXV, 6 ; LXXIX, 42 / **La résurrection** [CDRD] : VI, 29 ; XI, 7 ; XIII, 5 ; XVI, 38 ; XVII 49, 51, 98 ; XIX, 66 ; XXIII, 82, 83 ; XXVII, 67, 68 ; XXXII, 10 ; XXXIV, 7, 8 ; XXXVI, 78 ; XXXVII 15, 16, 17 ; XLIV, 34, 35, 36 ; XLV, 24, 25 ; XLVI, 17 ; L, 2, 3 ; LVI, 47, 48 ; LXXIX, 10, 11, 12 / **L'Eschatologie** [CDRD] : II, 8, 80, 111 ; III, 24 ; VI, 29 ; VII, 187 ; X, 48, 53 ; XI, 7, 8 ; XIII, 5 ; XVI, 38 ; XVII, 49, 51, 98 ; XIX, 66 ; XXI, 38 ; XXIII, 82, 83 ; XXVII, 67, 68, 71 ; XXXII, 10, 28 ; XXXIV, 3, 7, 8, 29 ; XXXVI, 48, 78 ; XXXVII, 15, 16, 17 ; XLI, 50 ; XLIV, 34, 35, 36 ; XLV, 24, 25, 32 ; XLVI, 17 ; L, 2, 3 ; LI, 12 ; LVI, 47, 48 ; LXVII, 25 ; LXXV, 6 ; LXXIX, 10, 11, 12, 42.

Nouveau Testament [CDRD] : 2 P 3, 4.

Deux cent vingt huitième contre-discours dans l'ordre du *muṣḥaf*. Dans l'ordre chronologique des discours contre l'eschatologie, il est placé à la trente quatrième place (sur cinquante deux). Sa structure est semi-complexe avec la présence d'un Contre-Discours Rapporté Introductif (CDRI) et d'un Contre-Discours Rapporté Direct (CDRD). Le CDRI a l'intérêt de mettre en scène la révélation coranique et sa récitation. L'énoncé implique implicitement que l'opposant a écouté le Coran et qu'il réagit en conséquence. Le CDRD est une réfutation contre-argumentative. Ici, c'est une mise au défi dont on devine dans le même temps la teneur ironique. Dans une perspective intertextuelle, l'expression est à rapprocher de Is 5, 19 (à ceux qui disent : «Qu'il fasse vite, qu'il hâte son œuvre...») הָאֹמְרִים יְמַהֵר יָחִישָׁה מַעֲשֵׂהוּ

CDRDE n° 229 (XLV, 32) / سورة الجاثية / Tradition (65) ; Noldëke (72) ; Blachère (73)

وَإِذَا قِيلَ إِنَّ وَعْدَ ٱللَّهِ حَقٌّ وَٱلسَّاعَةُ لَا رَيْبَ فِيهَا قُلْتُم **مَّا نَدْرِى مَا ٱلسَّاعَةُ إِن نَّظُنُّ إِلَّا ظَنًّا وَمَا نَحْنُ بِمُسْتَيْقِنِينَ**

mā nadrī mā l-sāʿatu ʾin naẓunnu ʾillā ẓannan wa-mā naḥnu bi-mustayqinīna
« Nous ne savons pas ce qu'est l'Heure. Nous ne faisons que conjecture et ne sommes pas convaincus ».

L'Heure eschatologique [CDRD] : VII, 187 ; X, 48 ; XVII, 51 ; XXI, 38 ; XXVII, 71 ; XXXII, 28 ; XXXIV, 3, 29 ; XXXVI, 48 ; XLI, 50 ; XLV, 32 ; LI, 12 ; LXVII, 25 ; LXXV, 6 ; LXXIX, 42 / **La résurrection** [CDRD] : VI, 29 ; XI, 7 ; XIII, 5 ; XVI, 38 ; XVII 49, 51, 98 ; XIX, 66 ; XXIII, 82, 83 ; XXVII, 67, 68 ; XXXII, 10 ; XXXIV, 7, 8 ; XXXVI, 78 ; XXXVII 15, 16, 17 ; XLIV, 34, 35, 36 ; XLV, 24, 25 ; XLVI, 17 ; L, 2, 3 ; LVI, 47, 48 ; LXXIX, 10, 11, 12 / **L'Eschatologie** [CDRD] : II, 8, 80, 111 ; III, 24 ; VI, 29 ; VII, 187 ; X, 48, 53 ; XI, 7, 8 ; XIII, 5 ; XVI, 38 ; XVII, 49, 51, 98 ; XIX, 66 ; XXI, 38 ; XXIII, 82, 83 ; XXVII, 67, 68, 71 ; XXXII, 10, 28 ; XXXIV, 3, 7, 8, 29 ; XXXVI, 48, 78 ; XXXVII, 15, 16, 17 ; XLI, 50 ; XLIV, 34, 35, 36 ; XLV, 24, 25, 32 ; XLVI, 17 ; L, 2, 3 ; LI, 12 ; LVI, 47, 48 ; LXVII, 25 ; LXXV, 6 ; LXXIX, 10, 11, 12, 42.

Talmud [CDRD] : Sanhédrin 90 b et seq

Deux cent vingt neuvième contre-discours dans l'ordre du *muṣḥaf*. Dans l'ordre chronologique des discours contre l'eschatologie, il est placé à la trente cinquième place (sur cinquante deux). Sa structure est similaire au contre-discours précédent. Il s'agit donc d'un énoncé semi-complexe avec la présence d'un Contre-Discours Rapporté Introductif (CDRI) et d'un Contre-Discours Rapporté Direct (CDRD). Le CDRI a également l'intérêt de mettre en scène la révélation coranique et sa récitation en faisant référence à son propre discours (forme méta-textuelle). L'énoncé implique implicitement que l'opposant a écouté le Coran et qu'il réagit en conséquence. Le CDRD est une réfutation contre-argumentative. Ici, c'est une assertion qui fait écho aux même scepticismes de l'opposant talmudique.

CDRDP n° 231 (XLVI, 8) / سورة الأحقاف / Tradition (66) ; Noldëke (88) ; Blachère (90)

أَمْ يَقُولُونَ **افْتَرَاهُ** قُلْ إِنِ افْتَرَيْتُهُ فَلَا تَمْلِكُونَ لِي مِنَ اللَّهِ شَيْئًاهُوَ أَعْلَمُ بِمَا تُفِيضُونَ فِيهِكَفَىٰ بِهِ شَهِيدًا بَيْنِي وَبَيْنَكُمْوَهُوَ الْغَفُورُ الرَّحِيمُ

Aftarāhu
« Il l'a inventé ! »

Contre le Prophète [CDRD] : III, 183, IV, 78, 141, 150 ; V, 19 ; VI, 8, 37, 91, 93, 105, 124, VII, 203 ; IX, 59, 61 ; X, 2, 15, 20, 38 ; XI, 12, 13, 35 ; XIII, 7, 27, 43 ; XV, 6, 7 ; XVI, 101, 103 ; XVII, 47, 90, 91, 92, 93, 94 ; XX, 133 ; XXI, 3, 5, 36 ; XXIII, 70 ; XXIV, 47 ; XXV, 4, 5, 7, 32, 41, 42, 60 ; XXVIII, 47, 48, 57 ; XXIX, 50 ; XXX, 58 ; XXXIII, 12 ; XXXIV, 8, 34, 43 ; XXXVII, 36 ; XXXVIII, 4, 5, 8 ; XLII, 24 ; XLIII, 24, 31 ; XLIV, 14 ; XLVI, 8 ; XLVII, 6, 16 ; XLVIII, 15 ; LII, 30, 33 ; LXIII, 1, 7, 8 ; LXVIII, 51 ; LXXIV, 25.

CDRDP n° 230 (XLVI, 7) / سورة الأحقاف / Tradition (66) ; Noldëke (88) ; Blachère (90)

وَإِذَا تُتْلَىٰ عَلَيْهِمْ آيَاتُنَا بَيِّنَاتٍ قَالَ الَّذِينَ كَفَرُوا لِلْحَقِّ لَمَّا جَاءَهُمْ **هَٰذَا سِحْرٌ مُّبِينٌ**

hāḏā siḥr^un mubīn^un

« Ceci est une sorcellerie évidente ».

Contre le Coran [CDRD] : II, 26, 76, 91, 118, 170, III, 72, 73 ; V, 104 ; VI, 7, 25, 93, 105, 156, 157 ; VII, 203 ; VIII, 21, 31 ; IX, 127 ; X, 15, 20, 38 ; XI, 13, 35 ; XVI, 24, 101, 103 ; XXV, 4, 5, 32 ; XXXI, 21 ; XXXIV, 31 ; XXXVII, 168, 169 ; XXXVIII, 7, 8 ; XLI, 5, 26, 44 ; XLII, 24 ; XLIII, 31 ; XLIV, 14, 36 ; XLV, 25, 32 ; XLVI, 7, 8, 11 ; XLVII, 20, 26 ; LII, 33 ; LXVIII, 15 ; LXXIV, 24, 25, 31 ; LXXXIII, 13 / ***siḥr^un*** [CDRD] VI, 7 ; XI, 7 ; XXVIII, 48 ; XXXIV, 43 ; XXXVII, 15 ; XLIII, 30 ; XLVI, 7 ; LIV, 2 ; LXXIV, 24.

CDRDP n° 231 (XLVI, 8) / سورة الأحقاف / Tradition (66) ; Noldëke (88) ; Blachère (90)

أَمْ يَقُولُونَ **افْتَرَاهُ** قُلْ إِنِ افْتَرَيْتُهُ فَلَا تَمْلِكُونَ لِي مِنَ اللَّهِ شَيْئًا هُوَ أَعْلَمُ بِمَا تُفِيضُونَ فِيهِ كَفَىٰ بِهِ شَهِيدًا بَيْنِي وَبَيْنَكُمْ وَهُوَ الْغَفُورُ الرَّحِيمُ

iftarāh^u

« Il l'a inventée ».

Aftarāh^u [CDRD] X,38 XI, 13, 35 ; XXI, 5 ; XXV, 4 ; XLII, 24 ; XLVI, 8 / **Contre le Coran** [CDRD] : II, 26, 76, 91, 118, 170, III, 72, 73 ; V, 104 ; VI, 7, 25, 93, 105, 156, 157 ; VII, 203 ; VIII, 21, 31 ; IX, 127 ; X, 15, 20, 38 ; XI, 13, 35 ; XVI, 24, 101, 103 ; XXV, 4, 5, 32 ; XXXI, 21 ; XXXIV, 31 ; XXXVII, 168, 169 ; XXXVIII, 7, 8 ; XLI, 5, 26, 44 ; XLII, 24 ; XLIII, 31 ; XLIV, 14, 36 ; XLV, 25, 32 ; XLVI, 7, 8, 11 ; XLVII, 20, 26 ; LII, 33 ; LXVIII, 15 ; LXXIV, 24, 25, 31 ; LXXXIII, 13.

CDRDP n° 232 (XLVI, 11) / سورة الأحقاف / Tradition (66) ; Noldëke (88) ; Blachère (90)

وَقَالَ الَّذِينَ كَفَرُوا لِلَّذِينَ آمَنُوا **لَوْ كَانَ خَيْرًا مَّا سَبَقُونَا إِلَيْهِ** وَإِذْ لَمْ يَهْتَدُوا بِهِ فَسَيَقُولُونَ هَٰذَا إِفْكٌ قَدِيمٌ

law kān^{a} ḫayr^{an} mā sabaqūnā ʾilayh^{i} / hāḏā ʾifk^{un} qadīm^{un}
« Si cela (Coran) était meilleur, ils ne nous auraient point devancés dans son acceptation » / « C'est un vieux mensonge ».

Contre le Coran [CDRD] II, 26, 76, 91, 118, 170, III, 72, 73 ; V, 104 ; VI, 7, 25, 93, 105, 156, 157 ; VII, 203 ; VIII, 21, 31 ; IX, 127 ; X, 15, 20, 38 ; XI, 13, 35 ; XVI, 24, 101, 103 ; XXV, 4, 5, 32 ; XXXI, 21 ; XXXIV, 31 ; XXXVII, 168, 169 ; XXXVIII, 7, 8 ; XLI, 5, 26, 44 ; XLII, 24 ; XLIII, 31 ; XLIV, 14, 36 ; XLV, 25, 32 ; XLVI, 7, 8, 11 ; XLVII, 20, 26 ; LII, 33 ; LXVIII, 15 ; LXXIV, 24, 25, 31 ; LXXXIII, 13.

CDRDE n° 233 (XLVI, 17) / سورة الأحقاف / Tradition (66) ; Noldëke (88) ; Blachère (90)

وَالَّذِي قَالَ لِوَالِدَيْهِ **أُفٍّ لَّكُمَا أَتَعِدَانِنِي أَنْ أُخْرَجَ وَقَدْ خَلَتِ الْقُرُونُ مِن قَبْلِي** وَهُمَا يَسْتَغِيثَانِ اللَّهَ
وَيْلَكَ آمِنْ إِنَّ وَعْدَ اللَّهِ حَقٌّ فَيَقُولُ **مَا هَٰذَا إِلَّا أَسَاطِيرُ الْأَوَّلِينَ**

ʾuff^{in} lakumā ʾa-taʿidāninī ʾan ʾuḫraǧ^{a} wa-qad ḫalat^{i} l-qurūn^{u} min qablī / mā hāḏā ʾillā ʾasāṭīr^{u} l-ʾawwalīn^{a}
« Fi de vous deux ! Me promettez-vous qu'on me fera sortir de terre alors que des générations avant moi ont passé ? / Ce ne sont que des fables des Anciens ! »

L'Heure eschatologique [CDRD] : VII, 187 ; X, 48 ; XVII, 51 ; XXI, 38 ; XXVII, 71 ; XXXII, 28 ; XXXIV, 3, 29 ; XXXVI, 48 ; XLI, 50 ; XLV, 32 ; LI, 12 ; LXVII, 25 ; LXXV, 6 ; LXXIX, 42 / **La résurrection** [CDRD] : VI, 29 ; XI, 7 ; XIII, 5 ; XVI, 38 ; XVII 49, 51, 98 ; XIX, 66 ; XXIII, 82, 83 ; XXVII, 67, 68 ; XXXII, 10 ; XXXIV, 7, 8 ; XXXVI, 78 ; XXXVII 15, 16, 17 ; XLIV, 34, 35, 36 ; XLV, 24, 25 ; XLVI, 17 ; L, 2, 3 ; LVI, 47, 48 ; LXXIX, 10, 11, 12 / **L'Eschatologie** [CDRD] : II, 8, 80, 111 ; III, 24 ; VI, 29 ; VII, 187 ; X, 48, 53 ; XI, 7, 8 ; XIII, 5 ; XVI, 38 ; XVII, 49, 51, 98 ; XIX, 66 ; XXI, 38 ; XXIII, 82, 83 ; XXVII, 67, 68, 71 ; XXXII, 10, 28 ; XXXIV, 3, 7, 8, 29 ; XXXVI, 48, 78 ; XXXVII, 15, 16, 17 ; XLI, 50 ; XLIV, 34, 35, 36 ; XLV, 24, 25, 32 ; XLVI, 17 ; L, 2, 3 ; LI, 12 ; LVI, 47, 48 ; LXVII, 25 ; LXXV, 6 ; LXXIX, 10, 11, 12, 42.

Talmud [CDRD] : Sanhédrin 90 b et seq ; **Nouveau Testament** [CDRD] 2 P 3, 4

Deux cent trente troisième contre-discours dans l'ordre du *muṣḥaf*. Dans l'ordre chronologique des discours contre l'eschatologie, il est placé à la quarante sixième place (sur cinquante deux). Sa structure est complexe avec la présence dans le même verset de deux contre-discours. Le premier d'entre eux est une réfutation questionnante et le deuxième une réfutation assertion. Ensemble, ils se constituent en un écho assez singulier avec à la fois l'objection de l'hérétique au Rabbi Gamaliel dans le Talmud et la phrase des faux docteurs dans le Nouveau testament. Le verset est à rapprocher de XIII, 5 ; XVII, 49, 98 ; XXIII, 82–83 ; XXVII, 67 ; XXXII, 10 ; XXXVI, 78 ; XXXVII, 15–17 ; XLIV, 34–35 ; L, 2–3 ; LVI, 47, 48 ; LXXIX, 10.

CDRDP nº 234 (XLVII, 16) / سورة محمد / Tradition (95) ; Noldëke (96) ; Blachère (98)

وَمِنْهُم مَّن يَسْتَمِعُ إِلَيْكَ حَتَّىٰ إِذَا خَرَجُوا مِنْ عِندِكَ قَالُوا لِلَّذِينَ أُوتُوا الْعِلْمَ **مَاذَا قَالَ آنِفًا** أُولَٰئِكَ الَّذِينَ طَبَعَ اللَّهُ عَلَىٰ قُلُوبِهِمْ وَاتَّبَعُوا أَهْوَاءَهُمْ

māḏā qāl[a] *ʾānif*[an]
« Qu'a-t-il dit tout à l'heure ? »

Contre le Prophète [CDRD] : III, 183, IV, 78, 141, 150 ; V, 19 ; VI, 8, 37, 91, 93, 105, 124, VII, 203 ; IX, 59, 61 ; X, 2, 15, 20, 38 ; XI, 12, 13, 35 ; XIII, 7, 27, 43 ; XV, 6, 7 ; XVI, 101, 103 ; XVII, 47, 90, 91, 92, 93, 94 ; XX, 133 ; XXI, 3, 5, 36 ; XXIII, 70 ; XXIV, 47 ; XXV, 4, 5, 7, 32, 41, 42, 60 ; XXVIII, 47, 48, 57 ; XXIX, 50 ; XXX, 58 ; XXXIII, 12 ; XXXIV, 8, 34, 43 ; XXXVII, 36 ; XXXVIII, 4, 5, 8 ; XLII, 24 ; XLIII, 24, 31 ; XLIV, 14 ; XLVI, 8 ; XLVII, 6, 16 ; XLVIII, 15 ; LII, 30, 33 ; LXIII, 1, 7, 8 ; LXVIII, 51 ; LXXIV, 25.

CDRDP nº 235 (XLVII, 20) / سورة محمد / Tradition (95) ; Noldëke (96) ; Blachère (98)

وَيَقُولُ الَّذِينَ آمَنُوا **لَوْلَا نُزِّلَتْ سُورَةٌ** فَإِذَا أُنزِلَتْ سُورَةٌ مُّحْكَمَةٌ وَذُكِرَ فِيهَا الْقِتَالُ رَأَيْتَ الَّذِينَ فِي قُلُوبِهِم مَّرَضٌ يَنظُرُونَ إِلَيْكَ نَظَرَ الْمَغْشِيِّ عَلَيْهِ مِنَ الْمَوْتِ فَأَوْلَىٰ لَهُمْ

law-lā nuzzilat sūrat[un]
« Pourquoi une Sourate n'est pas descendue ? »

Contre le Coran [CDRD] : II, 26, 76, 91, 118, 170, III, 72, 73 ; V, 104 ; VI, 7, 25, 93, 105, 156, 157 ; VII, 203 ; VIII, 21, 31 ; IX, 127 ; X, 15, 20, 38 ; XI, 13, 35 ; XVI, 24, 101, 103 ; XXV, 4, 5, 32 ; XXXI, 21 ; XXXIV, 31 ; XXXVII, 168, 169 ; XXXVIII, 7, 8 ; XLI, 5, 26, 44 ; XLII, 24 ; XLIII, 31 ; XLIV, 14, 36 ; XLV, 25, 32 ; XLVI, 7, 8, 11 ; XLVII, 20, 26 ; LII, 33 ; LXVIII, 15 ; LXXIV, 24, 25, 31 ; LXXXIII, 13. Seule occurrence du terme « *sūra* » dans le CDRDP.

CDRDP nº 236 (XLVII, 26) / سورة محمد / Tradition (95) ; Noldëke (96) ; Blachère (98)

وَاللَّهُ يَعْلَمُ إِسْرَارَهُمْ ذَٰلِكَ بِأَنَّهُمْ قَالُوا لِلَّذِينَ كَرِهُوا مَا نَزَّلَ اللَّهُ **سَنُطِيعُكُمْ فِي بَعْضِ الْأَمْرِ**

sa-nuṭīʿukum fī baʿḍ[i] *l-ʾamr*[i]
« Nous vous obéirons en partie ».

Contre le Coran [CDRD] : II, 26, 76, 91, 118, 170, III, 72, 73 ; V, 104 ; VI, 7, 25, 93, 105, 156, 157 ; VII, 203 ; VIII, 21, 31 ; IX, 127 ; X, 15, 20, 38 ; XI, 13, 35 ; XVI, 24, 101, 103 ;

XXV, 4, 5, 32 ; XXXI, 21 ; XXXIV, 31 ; XXXVII, 168, 169 ; XXXVIII, 7, 8 ; XLI, 5, 26, 44 ; XLII, 24 ; XLIII, 31 ; XLIV, 14, 36 ; XLV, 25, 32 ; XLVI, 7, 8, 11 ; XLVII, 20, 26 ; LII, 33 ; LXVIII, 15 ; LXXIV, 24, 25, 31 ; LXXXIII, 13.

CDRDP n° 237 (XLVIII, 11) / سورة الفتح / Tradition (111) ; Noldëke (108) ; Blachère (110)

سَيَقُولُ لَكَ الْمُخَلَّفُونَ مِنَ الْأَعْرَابِ **شَغَلَتْنَا أَمْوَالُنَا وَأَهْلُونَا فَاسْتَغْفِرْ لَنَا يَقُولُونَ بِأَلْسِنَتِهِم مَّا لَيْسَ فِي قُلُوبِهِمْ** قُلْ فَمَن يَمْلِكُ لَكُم مِّنَ اللَّهِ شَيْئًا إِنْ أَرَادَ بِكُمْ ضَرًّا أَوْ أَرَادَ بِكُمْ نَفْعًا بَلْ كَانَ اللَّهُ بِمَا تَعْمَلُونَ خَبِيرًا

šaġalatnā ʾamwālunā wa ʾahlūnā fā-staġfir lanā
« Nos biens et nos familles nous ont retenus : implore le pardon pour nous ».

Le combat [CDRD] : III, 154, 156, 167, 168 ; IV, 72, 73, 77 ; V, 52 ; IX, 42, 49, 50, 81, 86 ; XLVIII, 11, 15 ; LIX, 11.

CDRDP n° 238 (XLVIII, 15) / سورة الفتح / Tradition (111) ; Noldëke (108) ; Blachère (110)

سَيَقُولُ الْمُخَلَّفُونَ إِذَا انطَلَقْتُمْ إِلَىٰ مَغَانِمَ لِتَأْخُذُوهَا **ذَرُونَا نَتَّبِعْكُمْ** يُرِيدُونَ أَن يُبَدِّلُوا كَلَامَ اللَّهِ قُل لَّن تَتَّبِعُونَا كَذَٰلِكُمْ قَالَ اللَّهُ مِن قَبْلُفَسَيَقُولُونَ **بَلْ تَحْسُدُونَنَا** بَلْ كَانُوا لَا يَفْقَهُونَ إِلَّا قَلِيلًا

ḏarūnā nattabiʿkum / bal taḥsudūnanā
« Laissez-nous vous suivre ! » / « Non ! Vous n’êtes que des envieux ».

Le combat [CDRD] : III, 154, 156, 167, 168 ; IV, 72, 73, 77 ; V, 52 ; IX, 42, 49, 50, 81, 86 ; XLVIII, 11, 15 ; LIX, 11.

CDRDP n° 239 (XLIX, 14) / سورة الحجرات / Tradition (106) ; Noldëke (112) ; Blachère (114/112)

قَالَتِ الْأَعْرَابُ **آمَنَّا** قُل لَّمْ تُؤْمِنُوا وَلَٰكِن قُولُوا أَسْلَمْنَا وَلَمَّا يَدْخُلِ الْإِيمَانُ فِي قُلُوبِكُمْ وَإِن تُطِيعُوا اللَّهَ وَرَسُولَهُ لَا يَلِتْكُم مِّنْ أَعْمَالِكُمْ شَيْئًا ۚ إِنَّ اللَّهَ غَفُورٌ رَّحِيمٌ

ʾāmannā
« Nous croyons ».

ʾāmana [CDRD] : II, 8, 13, 14, 76, 91 ; III, 72, 119 ; IV, 81, 150 ; V, 41, 61 ; VIII, 21 ; XXIV, 47 ; XXIX, 2, 10 ; XLIX, 14 ; LXIII, 1 / ***ʾāmana*** [Coran] : II, 136 ; III, 7, 16, 52, 53, 84, 193 ; V, 59, 83, 121, 126, XX, 70, 73.)

CDRDE n° 240 (L, 2) / سورة ق / Tradition (34) ; Noldëke (54) ; Blachère (56)

بَلْ عَجِبُوا أَن جَاءَهُم مُّنذِرٌ مِّنْهُمْ فَقَالَ الْكَافِرُونَ **هَٰذَا شَيْءٌ عَجِيبٌ**

hāḏā šay'un ʿağībun

« Voici une chose étrange ».

L'Heure eschatologique [CDRD] : VII, 187 ; X, 48 ; XVII, 51 ; XXI, 38 ; XXVII, 71 ; XXXII, 28 ; XXXIV, 3, 29 ; XXXVI, 48 ; XLI, 50 ; XLV, 32 ; LI, 12 ; LXVII, 25 ; LXXV, 6 ; LXXIX, 42 / **La résurrection** [CDRD] : VI, 29 ; XI, 7 ; XIII, 5 ; XVI, 38 ; XVII 49, 51, 98 ; XIX, 66 ; XXIII, 82, 83 ; XXVII, 67, 68 ; XXXII, 10 ; XXXIV, 7, 8 ; XXXVI, 78 ; XXXVII 15, 16, 17 ; XLIV, 34, 35, 36 ; XLV, 24, 25 ; XLVI, 17 ; L, 2, 3 ; LVI, 47, 48 ; LXXIX, 10, 11, 12 / **L'Eschatologie** [CDRD] : II, 8, 80, 111 ; III, 24 ; VI, 29 ; VII, 187 ; X, 48, 53 ; XI, 7, 8 ; XIII, 5 ; XVI, 38 ; XVII, 49, 51, 98 ; XIX, 66 ; XXI, 38 ; XXIII, 82, 83 ; XXVII, 67, 68, 71 ; XXXII, 10, 28 ; XXXIV, 3, 7, 8, 29 ; XXXVI, 48, 78 ; XXXVII, 15, 16, 17 ; XLI, 50 ; XLIV, 34, 35, 36 ; XLV, 24, 25, 32 ; XLVI, 17 ; L, 2, 3 ; LI, 12 ; LVI, 47, 48 ; LXVII, 25 ; LXXV, 6 ; LXXIX, 10, 11, 12, 42.

CDRDE n° 241 (L, 3) / سورة ق / Tradition (34) ; Noldëke (54) ; Blachère (56)

ذَٰلِكَ رَجْعٌ بَعِيدٌ أَإِذَا مِتْنَا وَكُنَّا تُرَابًا

'aiḏā mitnā wa-kunnā turāban ḏālika rağʿun baʿīdun

« Quoi ! Quand nous serons morts et que nous serons poussière... ? Ce serait revenir de loin ! »

L'Heure eschatologique [CDRD] : VII, 187 ; X, 48 ; XVII, 51 ; XXI, 38 ; XXVII, 71 ; XXXII, 28 ; XXXIV, 3, 29 ; XXXVI, 48 ; XLI, 50 ; XLV, 32 ; LI, 12 ; LXVII, 25 ; LXXV, 6 ; LXXIX, 42 / **La résurrection** [CDRD] : VI, 29 ; XI, 7 ; XIII, 5 ; XVI, 38 ; XVII 49, 51, 98 ; XIX, 66 ; XXIII, 82, 83 ; XXVII, 67, 68 ; XXXII, 10 ; XXXIV, 7, 8 ; XXXVI, 78 ; XXXVII 15, 16, 17 ; XLIV, 34, 35, 36 ; XLV, 24, 25 ; XLVI, 17 ; L, 2, 3 ; LVI, 47, 48 ; LXXIX, 10, 11, 12 / **L'Eschatologie** [CDRD] : II, 8, 80, 111 ; III, 24 ; VI, 29 ; VII, 187 ; X, 48, 53 ; XI, 7, 8 ; XIII, 5 ; XVI, 38 ; XVII, 49, 51, 98 ; XIX, 66 ; XXI, 38 ; XXIII, 82, 83 ; XXVII, 67, 68, 71 ; XXXII, 10, 28 ; XXXIV, 3, 7, 8, 29 ; XXXVI, 48, 78 ; XXXVII, 15, 16, 17 ; XLI, 50 ; XLIV, 34, 35, 36 ; XLV, 24, 25, 32 ; XLVI, 17 ; L, 2, 3 ; LI, 12 ; LVI, 47, 48 ; LXVII, 25 ; LXXV, 6 ; LXXIX, 10, 11, 12, 42.

CDRDE n° 242 (LI, 12) / سورة الذاريات / Tradition (67) ; Noldëke (39) ; Blachère (49)

يَسْأَلُونَ **أَيَّانَ يَوْمُ الدِّينِ**

'ayyāna yawmu l-dīni

« A quand le Jour du Jugement ? »

L'Heure eschatologique [CDRD] : VII, 187 ; X, 48 ; XVII, 51 ; XXI, 38 ; XXVII, 71 ; XXXII, 28 ; XXXIV, 3, 29 ; XXXVI, 48 ; XLI, 50 ; XLV, 32 ; LI, 12 ; LXVII, 25 ; LXXV, 6 ; LXXIX, 42 / **La résurrection** [CDRD] : VI, 29 ; XI, 7 ; XIII, 5 ; XVI, 38 ; XVII 49, 51, 98 ; XIX, 66 ; XXIII, 82, 83 ; XXVII, 67, 68 ; XXXII, 10 ; XXXIV, 7, 8 ; XXXVI, 78 ; XXXVII 15, 16, 17 ; XLIV, 34, 35, 36 ; XLV, 24, 25 ; XLVI, 17 ; L, 2, 3 ; LVI, 47, 48 ; LXXIX, 10, 11, 12 / **L'Eschatologie** [CDRD] : II, 8, 80, 111 ; III, 24 ; VI, 29 ; VII, 187 ; X, 48, 53 ; XI, 7, 8 ; XIII, 5 ; XVI, 38 ; XVII, 49, 51, 98 ; XIX, 66 ; XXI, 38 ; XXIII, 82, 83 ; XXVII, 67, 68, 71 ; XXXII, 10, 28 ; XXXIV, 3, 7, 8, 29 ; XXXVI, 48, 78 ; XXXVII, 15, 16, 17 ; XLI, 50 ; XLIV, 34, 35, 36 ; XLV, 24, 25, 32 ; XLVI, 17 ; L, 2, 3 ; LI, 12 ; LVI, 47, 48 ; LXVII, 25 ; LXXV, 6 ; LXXIX, 10, 11, 12, 42.

CDRDP n° 243 (LII, 30) / سورة الطور / Tradition (76) ; Noldëke (40) ; Blachère (22)

أَمْ يَقُولُونَ **شَاعِرٌ نَتَرَبَّصُ** بِهِ رَيْبَ الْمَنُونِ

šāʿirun natarabbaṣu bihi rayba l-manūni

« Un poète ! Attendons pour lui un malheur (la mort ?) »

Contre le Prophète [CDRD] : III, 183, IV, 78, 141, 150 ; V, 19 ; VI, 8, 37, 91, 93, 105, 124, VII, 203 ; IX, 59, 61 ; X, 2, 15, 20, 38 ; XI, 12, 13, 35 ; XIII, 7, 27, 43 ; XV, 6, 7 ; XVI, 101, 103 ; XVII, 47, 90, 91, 92, 93, 94 ; XX, 133 ; XXI, 3, 5, 36 ; XXIII, 70 ; XXIV, 47 ; XXV, 4, 5, 7, 32, 41, 42, 60 ; XXVIII, 47, 48, 57 ; XXIX, 50 ; XXX, 58 ; XXXIII, 12 ; XXXIV, 8, 34, 43 ; XXXVII, 36 ; XXXVIII, 4, 5, 8 ; XLII, 24 ; XLIII, 24, 31 ; XLIV, 14 ; XLVI, 8 ; XLVII, 6, 16 ; XLVIII, 15 ; LII, 30, 33 ; LXIII, 1, 7, 8 ; LXVIII, 51 ; LXXIV, 25.

CDRDP n° 244 (LII, 33) / سورة الطور / Tradition (76) ; Noldëke (40) ; Blachère (22)

أَمْ يَقُولُونَ **تَقَوَّلَهُ** بَل لَّا يُؤْمِنُونَ

taqawwalahu

« Il l'a inventé ».

Contre le Prophète [CDRD] : III, 183, IV, 78, 141, 150 ; V, 19 ; VI, 8, 37, 91, 93, 105, 124, VII, 203 ; IX, 59, 61 ; X, 2, 15, 20, 38 ; XI, 12, 13, 35 ; XIII, 7, 27, 43 ; XV, 6, 7 ; XVI, 101, 103 ; XVII, 47, 90, 91, 92, 93, 94 ; XX, 133 ; XXI, 3, 5, 36 ; XXIII, 70 ; XXIV, 47 ; XXV, 4, 5, 7, 32, 41, 42, 60 ; XXVIII, 47, 48, 57 ; XXIX, 50 ; XXX, 58 ; XXXIII, 12 ; XXXIV, 8, 34, 43 ; XXXVII, 36 ; XXXVIII, 4, 5, 8 ; XLII, 24 ; XLIII, 24, 31 ; XLIV, 14 ; XLVI, 8 ; XLVII, 6, 16 ; XLVIII, 15 ; LII, 30, 33 ; LXIII, 1, 7, 8 ; LXVIII, 51 ; LXXIV, 25.
Contre le Coran [CDRD] : II, 26, 76, 91, 118, 170, III, 72, 73 ; V, 104 ; VI, 7, 25, 93, 105, 156, 157 ; VII, 203 ; VIII, 21, 31 ; IX, 127 ; X, 15, 20, 38 ; XI, 13, 35 ; XVI, 24, 101, 103 ; XXV, 4, 5, 32 ; XXXI, 21 ; XXXIV, 31 ; XXXVII, 168, 169 ; XXXVIII, 7, 8 ; XLI, 5, 26, 44 ; XLII, 24 ; XLIII, 31 ; XLIV, 14, 36 ; XLV, 25, 32 ; XLVI, 7, 8, 11 ; XLVII, 20, 26 ; LII, 33 ; LXVIII, 15 ; LXXIV, 24, 25, 31 ; LXXXIII, 13.

CDRDP n° 245 (LII, 44) / سورة الطور / Tradition (76) ; Noldëke (40) ; Blachère (22)

وَإِن يَرَوْا كِسْفًا مِّنَ السَّمَاءِ سَاقِطًا يَقُولُوا **سَحَابٌ مَّرْكُومٌ**

saḥāb^{un} markūm^{un}

« Ce sont nuages amoncelés ».

RKM [Coran] VIII, 37 ; XXIV, 43 ; LII, 44

CDRDE n° 246 (LIV, 2) / سورة القمر / Tradition (37) ; Noldëke (49) ; Blachère (50)

وَإِن يَرَوْا آيَةً يُعْرِضُوا وَيَقُولُوا **سِحْرٌ مُّسْتَمِرٌّ**

siḥr^{un} mustamirr^{un}

« Magie continuelle ».

siḥr^{un} [CDRD] VI, 7 ; XI, 7 ; XXVIII, 48 ; XXXIV, 43 ; XXXVII, 15 ; XLIII, 30 ; XLVI, 7 ; LIV, 2 ; LXXIV, 24.

CDRDE n° 247 (LIV, 44) / سورة القمر / Tradition (37) ; Noldëke (49) ; Blachère (50)

أَمْ يَقُولُونَ **نَحْنُ جَمِيعٌ مُّنتَصِرٌ**

naḥn^{u} ǧamī^{ʿun} muntaṣir^{un}

« Nous sommes une assemblée qui s'entraide ».

naḥn^{u} [CDRD] : II, 11, 14 ; III, 181, V, 18, VI, 29 ; XV, 15 ; XVI, 35 ; XXIII, 83 ; XXVII, 68 ; XXXIV, 35 ; XLIV, 35 ; LIV, 44.

CDRDE n° 248 (LVI, 47) / سورة الواقعة / Tradition (46) ; Noldëke (41) ; Blachère (23)

وَكَانُوا يَقُولُونَ **أَئِذَا مِتْنَا وَكُنَّا تُرَابًا وَعِظَامًا أَإِنَّا لَمَبْعُوثُونَ**

ʾaʾiḏā mitnā wa kunnā turāb^{an} wa- ʿiẓām^{an} ʾa-ʾinnā la-mabʿūṯūn^{a}

« Quand nous mourrons et serons poussières et ossements, serons-nous ressuscités ? »

L'Heure eschatologique [CDRD] : VII, 187 ; X, 48 ; XVII, 51 ; XXI, 38 ; XXVII, 71 ; XXXII, 28 ; XXXIV, 3, 29 ; XXXVI, 48 ; XLI, 50 ; XLV, 32 ; LI, 12 ; LXVII, 25 ; LXXV, 6 ; LXXIX, 42 / **La résurrection** [CDRD] : VI, 29 ; XI, 7 ; XIII, 5 ; XVI, 38 ; XVII 49, 51, 98 ; XIX, 66 ; XXIII, 82, 83 ; XXVII, 67, 68 ; XXXII, 10 ; XXXIV, 7, 8 ; XXXVI, 78 ; XXXVII 15, 16, 17 ; XLIV, 34, 35, 36 ; XLV, 24, 25 ; XLVI, 17 ; L, 2, 3 ; LVI, 47, 48 ; LXXIX, 10, 11, 12 / **L'Eschatologie** [CDRD] : II, 8, 80, 111 ; III, 24 ; VI, 29 ; VII, 187 ; X, 48, 53 ; XI, 7, 8 ; XIII, 5 ; XVI, 38 ; XVII, 49, 51, 98 ; XIX, 66 ; XXI, 38 ; XXIII, 82, 83 ; XXVII, 67, 68, 71 ; XXXII, 10, 28 ; XXXIV, 3, 7, 8, 29 ; XXXVI, 48, 78 ; XXXVII, 15, 16, 17 ; XLI, 50 ; XLIV, 34, 35, 36 ; XLV, 24, 25, 32 ; XLVI, 17 ; L, 2, 3 ; LI, 12 ; LVI, 47, 48 ; LXVII, 25 ; LXXV, 6 ; LXXIX, 10, 11, 12, 42.

CDRDE n° 249 (LVI, 48) / سورة الواقعة / Tradition (46) ; Noldëke (41) ; Blachère (23)

ؤُنَا الْأَوَّلُونَ أَوَآبَا

ʾa-wa ʾābāʾunā l-ʾawwalūn[a]
« ainsi que nos pères, les anciens ».

L'Heure eschatologique [CDRD] : VII, 187 ; X, 48 ; XVII, 51 ; XXI, 38 ; XXVII, 71 ; XXXII, 28 ; XXXIV, 3, 29 ; XXXVI, 48 ; XLI, 50 ; XLV, 32 ; LI, 12 ; LXVII, 25 ; LXXV, 6 ; LXXIX, 42 / **La résurrection** [CDRD] : VI, 29 ; XI, 7 ; XIII, 5 ; XVI, 38 ; XVII 49, 51, 98 ; XIX, 66 ; XXIII, 82, 83 ; XXVII, 67, 68 ; XXXII, 10 ; XXXIV, 7, 8 ; XXXVI, 78 ; XXXVII 15, 16, 17 ; XLIV, 34, 35, 36 ; XLV, 24, 25 ; XLVI, 17 ; L, 2, 3 ; LVI, 47, 48 ; LXXIX, 10, 11, 12 / **L'Eschatologie** [CDRD] : II, 8, 80, 111 ; III, 24 ; VI, 29 ; VII, 187 ; X, 48, 53 ; XI, 7, 8 ; XIII, 5 ; XVI, 38 ; XVII, 49, 51, 98 ; XIX, 66 ; XXI, 38 ; XXIII, 82, 83 ; XXVII, 67, 68, 71 ; XXXII, 10, 28 ; XXXIV, 3, 7, 8, 29 ; XXXVI, 48, 78 ; XXXVII, 15, 16, 17 ; XLI, 50 ; XLIV, 34, 35, 36 ; XLV, 24, 25, 32 ; XLVI, 17 ; L, 2, 3 ; LI, 12 ; LVI, 47, 48 ; LXVII, 25 ; LXXV, 6 ; LXXIX, 10, 11, 12, 42.

CDRDP n° 251 (LVIII, 8) / سورة المجادلة / Tradition (104) ; Noldëke (104) ; Blachère (106)

أَلَمْ تَرَ إِلَى الَّذِينَ نُهُوا عَنِ النَّجْوَىٰ ثُمَّ يَعُودُونَ لِمَا نُهُوا عَنْهُ وَيَتَنَاجَوْنَ بِالْإِثْمِ وَالْعُدْوَانِ وَمَعْصِيَتِ الرَّسُولِ وَإِذَا جَاءُوكَ حَيَّوْكَ بِمَا لَمْ يُحَيِّكَ بِهِ اللَّهُ وَيَقُولُونَ فِي أَنفُسِهِمْ **لَوْلَا يُعَذِّبُنَا اللَّهُ بِمَا نَقُولُ** حَسْبُهُمْ جَهَنَّمُ يَصْلَوْنَهَافَبِئْسَ الْمَصِيرُ

law-lā yuʿaḏḏibunā Allāh[u] *bi-mā naqūl*[u]
« Pourquoi Allah ne nous châtie pas pour ce que nous disons ? »

ʿaḏḏib [CDRD] XXXIV, 35 ; LVIII, 8

CDRDP n° 252 (LXIII, 1) / سورة المنافقون / Tradition (104) ; Noldëke (104) ; Blachère (106)

إِذَا جَاءَكَ الْمُنَافِقُونَ **قَالُوا نَشْهَدُ إِنَّكَ لَرَسُولُ اللَّهِ** وَاللَّهُ يَعْلَمُ إِنَّكَ لَرَسُولُهُ وَاللَّهُ يَشْهَدُ إِنَّ الْمُنَافِقِينَ لَكَاذِبُونَ

našhad[u] *ʾinnak*[a] *la-rasūl*[u] *Allāh*[i]
« J'atteste que tu es le messager d'Allah ».

Contre le Prophète [CDRD] : III, 183, IV, 78, 141, 150 ; V, 19 ; VI, 8, 37, 91, 93, 105, 124, VII, 203 ; IX, 59, 61 ; X, 2, 15, 20, 38 ; XI, 12, 13, 35 ; XIII, 7, 27, 43 ; XV, 6, 7 ; XVI, 101, 103 ; XVII, 47, 90, 91, 92, 93, 94 ; XX, 133 ; XXI, 3, 5, 36 ; XXIII, 70 ; XXIV, 47 ; XXV, 4, 5, 7, 32, 41, 42, 60 ; XXVIII, 47, 48, 57 ; XXIX, 50 ; XXX, 58 ; XXXIII, 12 ; XXXIV, 8, 34, 43 ; XXXVII, 36 ; XXXVIII, 4, 5, 8 ; XLII, 24 ; XLIII, 24, 31 ; XLIV, 14 ; XLVI, 8 ; XLVII, 6, 16 ; XLVIII, 15 ; LII, 30, 33 ; LXIII, 1, 7, 8 ; LXVIII, 51 ; LXXIV, 25.

CDRDP n° 253 (LXIII, 7) / سورة المنافقون / Tradition (104) ; Noldëke (104) ; Blachère (106)

هُمُ الَّذِينَ يَقُولُونَ **لَا تُنفِقُوا عَلَىٰ مَنْ عِندَ رَسُولِ اللَّهِ حَتَّىٰ يَنفَضُّوا** وَلِلَّهِ خَزَائِنُ السَّمَاوَاتِ وَالْأَرْضِ وَلَٰكِنَّ الْمُنَافِقِينَ لَا يَفْقَهُونَ

lā tunfiqū ʿalā man ʿind^a rasūl^i Allāh^i ḥattā yanfaḍḍū

« Ne dépensez pas pour ceux qui sont auprès du messager d'Allah, afin qu'ils se dispersent ! »

Contre le Prophète [CDRD] : III, 183, IV, 78, 141, 150 ; V, 19 ; VI, 8, 37, 91, 93, 105, 124, VII, 203 ; IX, 59, 61 ; X, 2, 15, 20, 38 ; XI, 12, 13, 35 ; XIII, 7, 27, 43 ; XV, 6, 7 ; XVI, 101, 103 ; XVII, 47, 90, 91, 92, 93, 94 ; XX, 133 ; XXI, 3, 5, 36 ; XXIII, 70 ; XXIV, 47 ; XXV, 4, 5, 7, 32, 41, 42, 60 ; XXVIII, 47, 48, 57 ; XXIX, 50 ; XXX, 58 ; XXXIII, 12 ; XXXIV, 8, 34, 43 ; XXXVII, 36 ; XXXVIII, 4, 5, 8 ; XLII, 24 ; XLIII, 24, 31 ; XLIV, 14 ; XLVI, 8 ; XLVII, 6, 16 ; XLVIII, 15 ; LII, 30, 33 ; LXIII, 1, 7, 8 ; LXVIII, 51 ; LXXIV, 25.

CDRDP n° 254 (LXIII, 8) / سورة المنافقون / Tradition (104) ; Noldëke (104) ; Blachère (106)

يَقُولُونَ **لَئِن رَّجَعْنَا إِلَى الْمَدِينَةِ لَيُخْرِجَنَّ الْأَعَزُّ مِنْهَا الْأَذَلَّ** وَلِلَّهِ الْعِزَّةُ وَلِرَسُولِهِ وَلِلْمُؤْمِنِينَ وَلَٰكِنَّ الْمُنَافِقِينَ لَا يَعْلَمُونَ

laʾin raǧaʿnā ʾilā l-madīnat^i la-yuḫriǧanna l-ʾaʿazz^u minhā l-ʾaḏall^a

« Si nous retournons à Médine, le plus puissant en expulsera le plus humble ».

CDRDE n° 255 (LXVII, 25) / سورة الملك / Tradition (77) ; Noldëke (63) ; Blachère (65)

وَيَقُولُونَ **مَتَىٰ هَٰذَا الْوَعْدُ إِن كُنتُمْ صَادِقِينَ**

matā hāḏā l-waʿd^u ʾin kuntum ṣādiqīn^a

« A quand cette promesse, si vous êtes véridiques ? »

L'Heure eschatologique [CDRD] : VII, 187 ; X, 48 ; XVII, 51 ; XXI, 38 ; XXVII, 71 ; XXXII, 28 ; XXXIV, 3, 29 ; XXXVI, 48 ; XLI, 50 ; XLV, 32 ; LI, 12 ; LXVII, 25 ; LXXV, 6 ; LXXIX, 42 / **L'Eschatologie** [CDRD] : II, 8, 80, 111 ; III, 24 ; VI, 29 ; VII, 187 ; X, 48, 53 ; XI, 7, 8 ; XIII, 5 ; XVI, 38 ; XVII, 49, 51, 98 ; XIX, 66 ; XXI, 38 ; XXIII, 82, 83 ; XXVII, 67, 68, 71 ; XXXII, 10, 28 ; XXXIV, 3, 7, 8, 29 ; XXXVI, 48, 78 ; XXXVII, 15, 16, 17 ; XLI, 50 ; XLIV, 34, 35, 36 ; XLV, 24, 25, 32 ; XLVI, 17 ; L, 2, 3 ; LI, 12 ; LVI, 47, 48 ; LXVII, 25 ; LXXV, 6 ; LXXIX, 10, 11, 12, 42.

Ancien Testament [CDRD] Is 5, 19 ; **Nouveau Testament** [CDRD] 2 P 3, 4.

Deux cent cinquante cinquième contre-discours dans l'ordre du *muṣḥaf*. Dans l'ordre chronologique des discours contre l'eschatologie, il est placé à la vingtième position (sur cinquante deux). Sa structure est simple avec un Contre-discours Citant Introductif (« Et ils disent ») suivi d'un Contre-discours Rapporté Direct Présent (« A quand cette Victoire, si vous êtes véridiques »). Ce contre-discours est une réfutation questionnante à mettre en relation, du fait de leur proximité formelle, avec VII, 187 ; X, 48 ; XXI, 38 ; XXXII, 28 ; XXXIV, 29 ; XXXVI, 48; LXVII, 25 ; LXXV, 6 ; LXXIX, 42. Dans le cadre d'une approche extratextuelle, cette réfutation questionnante s'apparente à un contre-discours présent dans la deuxième épitre de Pierre : « Où est la promesse de son avènement ? » La riposte qui se formule dans le verset qui suit le contre-discours est une injonction. Elle porte sur la connaissance divine de l'instant eschatologique.

CDRDP nº 256 (LXVIII, 15) / سورة القلم / Tradition (2) ; Noldëke (18) ; Blachère (51)

إِذَا تُتْلَىٰ عَلَيْهِ آيَاتُنَا قَالَ **أَسَاطِيرُ الْأَوَّلِينَ**

ʾasāṭīr[u] *l-awwalīn*[a]
« Histoires d'Anciens ! »

Contre le Coran [CDRD] : II, 26, 76, 91, 118, 170, III, 72, 73 ; V, 104 ; VI, 7, 25, 93, 105, 156, 157 ; VII, 203 ; VIII, 21, 31 ; IX, 127 ; X, 15, 20, 38 ; XI, 13, 35 ; XVI, 24, 101, 103 ; XXV, 4, 5, 32 ; XXXI, 21 ; XXXIV, 31 ; XXXVII, 168, 169 ; XXXVIII, 7, 8 ; XLI, 5, 26, 44 ; XLII, 24 ; XLIII, 31 ; XLIV, 14, 36 ; XLV, 25, 32 ; XLVI, 7, 8, 11 ; XLVII, 20, 26 ; LII, 33 ; LXVIII, 15 ; LXXIV, 24, 25, 31 ; LXXXIII, 13.

CDRDP nº 257 (LXVIII, 51) / سورة القلم / Tradition (2) ; Noldëke (18) ; Blachère (51)

وَإِن يَكَادُ الَّذِينَ كَفَرُوا لَيُزْلِقُونَكَ بِأَبْصَارِهِمْ لَمَّا سَمِعُوا الذِّكْرَ وَيَقُولُونَ **إِنَّهُ لَمَجْنُونٌ**

ʾinnah[u] *la-maǧnūn*[un]
« Assurément, il est possédé ».

Contre le Prophète [CDRD] : III, 183, IV, 78, 141, 150 ; V, 19 ; VI, 8, 37, 91, 93, 105, 124, VII, 203 ; IX, 59, 61 ; X, 2, 15, 20, 38 ; XI, 12, 13, 35 ; XIII, 7, 27, 43 ; XV, 6, 7 ; XVI, 101, 103 ; XVII, 47, 90, 91, 92, 93, 94 ; XX, 133 ; XXI, 3, 5, 36 ; XXIII, 70 ; XXIV, 47 ; XXV, 4, 5, 7, 32, 41, 42, 60 ; XXVIII, 47, 48, 57 ; XXIX, 50 ; XXX, 58 ; XXXIII, 12 ; XXXIV, 8, 34, 43 ; XXXVII, 36 ; XXXVIII, 4, 5, 8 ; XLII, 24 ; XLIII, 24, 31 ; XLIV, 14 ; XLVI, 8 ; XLVII, 6, 16 ; XLVIII, 15 ; LII, 30, 33 ; LXIII, 1, 7, 8 ; LXVIII, 51 ; LXXIV, 25.

CDRDP nº 258 (LXXIV, 24) / سورة المدثر / Tradition (4) ; Noldëke (2) ; Blachère (2)

فَقَالَ **إِنْ هَٰذَا إِلَّا سِحْرٌ يُؤْثَرُ**

ʾin hāḏā ʾillā siḥr[un] *yuʾṯar*[u]
« Cela n'est que magie apprise ! »

Contre le Coran [CDRD] : II, 26, 76, 91, 118, 170, III, 72, 73 ; V, 104 ; VI, 7, 25, 93, 105, 156, 157 ; VII, 203 ; VIII, 21, 31 ; IX, 127 ; X, 15, 20, 38 ; XI, 13, 35 ; XVI, 24, 101, 103 ; XXV, 4, 5, 32 ; XXXI, 21 ; XXXIV, 31 ; XXXVII, 168, 169 ; XXXVIII, 7, 8 ; XLI, 5, 26, 44 ; XLII, 24 ; XLIII, 31 ; XLIV, 14, 36 ; XLV, 25, 32 ; XLVI, 7, 8, 11 ; XLVII, 20, 26 ; LII, 33 ; LXVIII, 15 ; LXXIV, 24, 25, 31 ; LXXXIII, 13.

CDRDP n° 259 (LXXIV, 25) / سورة المدثر / Tradition (4) ; Noldëke (2) ; Blachère (2)

إِنْ هَٰذَا إِلَّا قَوْلُ الْبَشَرِ

ʾin hāḏā illā qawl^u l-bašar^i
« Ce n'est que parole d'un homme ».

bašar [CDRD] : XVI, 103 ; XVII, 94 ; XXI, 3 ; LXXIV, 25 / **Contre le Coran** [CDRD] : II, 26, 76, 91, 118, 170, III, 72, 73 ; V, 104 ; VI, 7, 25, 93, 105, 156, 157 ; VII, 203 ; VIII, 21, 31 ; IX, 127 ; X, 15, 20, 38 ; XI, 13, 35 ; XVI, 24, 101, 103 ; XXV, 4, 5, 32 ; XXXI, 21 ; XXXIV, 31 ; XXXVII, 168, 169 ; XXXVIII, 7, 8 ; XLI, 5, 26, 44 ; XLII, 24 ; XLIII, 31 ; XLIV, 14, 36 ; XLV, 25, 32 ; XLVI, 7, 8, 11 ; XLVII, 20, 26 ; LII, 33 ; LXVIII, 15 ; LXXIV, 24, 25, 31 ; LXXXIII, 13.

CDRDP n° 260 (LXXIV, 31) / سورة المدثر / Tradition (4) ; Noldëke (2) ; Blachère (2)

وَمَا جَعَلْنَا أَصْحَابَ النَّارِ إِلَّا مَلَائِكَةً وَمَا جَعَلْنَا عِدَّتَهُمْ إِلَّا فِتْنَةً لِّلَّذِينَ كَفَرُوا لِيَسْتَيْقِنَ الَّذِينَ أُوتُوا الْكِتَابَ وَيَزْدَادَ الَّذِينَ آمَنُوا إِيمَانًا وَلَا يَرْتَابَ الَّذِينَ أُوتُوا الْكِتَابَ وَالْمُؤْمِنُونَ وَلِيَقُولَ الَّذِينَ فِي قُلُوبِهِم مَّرَضٌ وَالْكَافِرُونَ **مَاذَا أَرَادَ اللَّهُ بِهَٰذَا مَثَلًا** كَذَٰلِكَ يُضِلُّ اللَّهُ مَن يَشَاءُ وَيَهْدِي مَن يَشَاءُ وَمَا يَعْلَمُ جُنُودَ رَبِّكَ إِلَّا هُوَ وَمَا هِيَ إِلَّا ذِكْرَىٰ لِلْبَشَرِ

māḏā ʾarād^a Allāh^u bi-hāḏā maṯal^an
« Qu'a voulu [dire] Dieu par cet exemple ? »

Contre le Coran [CDRD] : II, 26, 76, 91, 118, 170, III, 72, 73 ; V, 104 ; VI, 7, 25, 93, 105, 156, 157 ; VII, 203 ; VIII, 21, 31 ; IX, 127 ; X, 15, 20, 38 ; XI, 13, 35 ; XVI, 24, 101, 103 ; XXV, 4, 5, 32 ; XXXI, 21 ; XXXIV, 31 ; XXXVII, 168, 169 ; XXXVIII, 7, 8 ; XLI, 5, 26, 44 ; XLII, 24 ; XLIII, 31 ; XLIV, 14, 36 ; XLV, 25, 32 ; XLVI, 7, 8, 11 ; XLVII, 20, 26 ; LII, 33 ; LXVIII, 15 ; LXXIV, 24, 25, 31 ; LXXXIII, 13 / ***maṯal*** [Coran] : II, 26 ; VII, 177 ; XI, 24 ; XIV, 24 ; XVI, 75, 76, 112, XVIII, 32 ; XXIV, 34 ; XXX, 28 ; XXXVI, 13, 78 ; XXXXIX, 29 ; XLIII, 17, 56, 57, 59 ; LXVI, 11 ; LXXIV, 31 / ***maṯalā*** [CDRD] : II, 26 ; LXXIV, 31 / ***qurʾān^un*** [CDRDP] : X, 15 ; XXV, 32 ; XXXIV, 31 ; XLI, 26 ; XLIII, 31.

Bible [CDRD] Mt XIII, 10–11 ; Lc VIII, 9–10, 18 ; Mc 4, 10–12

CDRDE n° 261 (LXXV, 6) / سورة القيامة / Tradition (31) ; Noldëke (36) ; Blachère (27)

يَسْأَلُ أَيَّانَ يَوْمُ الْقِيَامَةِ

ʾayyānᵃ yawmᵘ l-qiyāmatⁱ
« Quand sera le Jour de la Résurrection ? »

L'Heure eschatologique [CDRD] : VII, 187 ; X, 48 ; XVII, 51 ; XXI, 38 ; XXVII, 71 ; XXXII, 28 ; XXXIV, 3, 29 ; XXXVI, 48 ; XLI, 50 ; XLV, 32 ; LI, 12 ; LXVII, 25 ; LXXV, 6 ; LXXIX, 42 / **La résurrection** [CDRD] : VI, 29 ; XI, 7 ; XIII, 5 ; XVI, 38 ; XVII 49, 51, 98 ; XIX, 66 ; XXIII, 82, 83 ; XXVII, 67, 68 ; XXXII, 10 ; XXXIV, 7, 8 ; XXXVI, 78 ; XXXVII 15, 16, 17 ; XLIV, 34, 35, 36 ; XLV, 24, 25 ; XLVI, 17 ; L, 2, 3 ; LVI, 47, 48 ; LXXIX, 10, 11, 12 / **L'Eschatologie** [CDRD] : II, 8, 80, 111 ; III, 24 ; VI, 29 ; VII, 187 ; X, 48, 53 ; XI, 7, 8 ; XIII, 5 ; XVI, 38 ; XVII, 49, 51, 98 ; XIX, 66 ; XXI, 38 ; XXIII, 82, 83 ; XXVII, 67, 68, 71 ; XXXII, 10, 28 ; XXXIV, 3, 7, 8, 29 ; XXXVI, 48, 78 ; XXXVII, 15, 16, 17 ; XLI, 50 ; XLIV, 34, 35, 36 ; XLV, 24, 25, 32 ; XLVI, 17 ; L, 2, 3 ; LI, 12 ; LVI, 47, 48 ; LXVII, 25 ; LXXV, 6 ; LXXIX, 10, 11, 12, 42.

Ancien Testament [CDRD] Is 5, 19 ; **Nouveau Testament** [CDRD] 2 P 3, 4.

Deux cent cinquante cinquième contre-discours dans l'ordre du *muṣḥaf*. Dans l'ordre chronologique des discours contre l'eschatologie, il est placé à la vingtième position (sur cinquante deux). Sa structure est simple avec un Contre-discours Citant Introductif (« ils demandent ») suivi d'un Contre-discours Rapporté Direct Présent (« A quand cette Victoire, si vous êtes véridiques »). Ce contre-discours est une réfutation questionnante à mettre en relation, du fait de leur proximité formelle, avec VII, 187 ; X, 48 ; XXI, 38 ; XXXII, 28 ; XXXIV, 29 ; XXXVI, 48; LXVII, 25 ; LXXV, 6 ; LXXIX, 42. Dans le cadre d'une approche extratextuelle, cette réfutation questionnante s'apparente à un contre-discours présent dans la deuxième épitre de Pierre : « Où est la promesse de son avènement ? » La riposte qui se formule dans le verset se singularise nettement des autres occurrences similaires en décrivant les signes apocalyptiques (référence à la réunion du soleil et de la lune).

CDRDE n° 262 (LXXIX, 10) / سورة النازعات / Tradition (81) ; Noldëke (31) ; Blachère (20)

يَقُولُونَ أَإِنَّا لَمَرْدُودُونَ فِي الْحَافِرَةِ

ʾảinnā la-mardūdūnᵃ fī l-ḥāfiratⁱ
« Quoi, nous serions renvoyés sur la terre ? »

L'Heure eschatologique [CDRD] : VII, 187 ; X, 48 ; XVII, 51 ; XXI, 38 ; XXVII, 71 ; XXXII, 28 ; XXXIV, 3, 29 ; XXXVI, 48 ; XLI, 50 ; XLV, 32 ; LI, 12 ; LXVII, 25 ; LXXV, 6 ; LXXIX, 42 / **La résurrection** [CDRD] : VI, 29 ; XI, 7 ; XIII, 5 ; XVI, 38 ; XVII 49,

51, 98 ; XIX, 66 ; XXIII, 82, 83 ; XXVII, 67, 68 ; XXXII, 10 ; XXXIV, 7, 8 ; XXXVI, 78 ; XXXVII 15, 16, 17 ; XLIV, 34, 35, 36 ; XLV, 24, 25 ; XLVI, 17 ; L, 2, 3 ; LVI, 47, 48 ; LXXIX, 10, 11, 12 / **L'Eschatologie** [CDRD] : II, 8, 80, 111 ; III, 24 ; VI, 29 ; VII, 187 ; X, 48, 53 ; XI, 7, 8 ; XIII, 5 ; XVI, 38 ; XVII, 49, 51, 98 ; XIX, 66 ; XXI, 38 ; XXIII, 82, 83 ; XXVII, 67, 68, 71 ; XXXII, 10, 28 ; XXXIV, 3, 7, 8, 29 ; XXXVI, 48, 78 ; XXXVII, 15, 16, 17 ; XLI, 50 ; XLIV, 34, 35, 36 ; XLV, 24, 25, 32 ; XLVI, 17 ; L, 2, 3 ; LI, 12 ; LVI, 47, 48 ; LXVII, 25 ; LXXV, 6 ; LXXIX, 10, 11, 12, 42.

Talmud [CDRD] : Sanh. 90 b et seq

Deux cent soixante deuxième contre-discours dans l'ordre du *muṣḥaf*. Dans l'ordre chronologique des discours contre l'eschatologie, il est placé à la première position (sur cinquante deux). Sa structure est simple ne contenant qu'un Contre-discours Rapporté Direct Présent (« Quoi, nous serions renvoyés sur la terre ? »). Ce contre-discours est une réfutation questionnante qui du point de vue argumentatif peut être considérée comme une objection. La raison de l'objection est motivée. Elle est fondée sur un argument rationnel qui pose le postulat implicite d'une impossibilité de faire renaître ce qui est mort. Ce verset est à rapprocher de versets XIII, 5 ; XVII, 49, 98 ; XXIII, 82–83 ; XXVII, 67 ; XXXII, 10 ; XXXVI, 78 ; XXXVII, 15–17 ; XLIV, 34–35 ; L, 2–3 ; LVI, 47, 48 ; LXXIX, 10. L'objection est employée dans un traité du Talmud, le Sanhédrin : « Un hérétique disait au rabbi Gamaliel : 'Vous prétendez que les morts revivront, mais ils sont réduits en poussière ; la poussière peut-elle prendre vie ?' » A noter que dans le cadre du Talmud, la question de la résurrection n'est pas considérée par l'opposant comme néfaste comme dans le Coran : « Ce serait alors un retour désastreux ». Dans le cadre du Talmud, l'opposant s'interroge seulement sur la réalité et la possibilité d'un tel évenement.

CDRDE n° 263 (LXXIX, 11) / سورة النازعات / Tradition (81) ; Noldëke (31) ; Blachère (20)

أَإِذَا كُنَّا عِظَامًا نَّخِرَةً

*ʾaiḏā kunnā ʿiẓām^an^ naḫirat^an^*
« quand nous serons ossements décharnés ? »

La résurrection [CDRD] : VI, 29 ; XI, 7 ; XIII, 5 ; XVI, 38 ; XVII 49, 51, 98 ; XIX, 66 ; XXIII, 82, 83 ; XXVII, 67, 68 ; XXXII, 10 ; XXXIV, 7, 8 ; XXXVI, 78 ; XXXVII 15, 16, 17 ; XLIV, 34, 35, 36 ; XLV, 24, 25 ; XLVI, 17 ; L, 2, 3 ; LVI, 47, 48 ; LXXIX, 10, 11, 12 / **L'Eschatologie** [CDRD] : II, 8, 80, 111 ; III, 24 ; VI, 29 ; VII, 187 ; X, 48, 53 ; XI, 7, 8 ; XIII, 5 ; XVI, 38 ; XVII, 49, 51, 98 ; XIX, 66 ; XXI, 38 ; XXIII, 82, 83 ; XXVII, 67, 68, 71 ; XXXII, 10, 28 ; XXXIV, 3, 7, 8, 29 ; XXXVI, 48, 78 ; XXXVII, 15, 16, 17 ; XLI, 50 ;

XLIV, 34, 35, 36 ; XLV, 24, 25, 32 ; XLVI, 17 ; L, 2, 3 ; LI, 12 ; LVI, 47, 48 ; LXVII, 25 ; LXXV, 6 ; LXXIX, 10, 11, 12, 42.

Voir commentaire précédent.

CDRDE n° 264 (LXXIX, 12) / سورة النازعات / Tradition (81) ; Noldëke (31) ; Blachère (20)

قَالُوا تِلْكَ إِذًا كَرَّةٌ خَاسِرَةٌ

tilk[a] *'iḏ*[an] *karrat*[un] *ḫāsirat*[un]
« Ce serait alors un retour désastreux ».

L'Heure eschatologique [CDRD] : VII, 187 ; X, 48 ; XVII, 51 ; XXI, 38 ; XXVII, 71 ; XXXII, 28 ; XXXIV, 3, 29 ; XXXVI, 48 ; XLI, 50 ; XLV, 32 ; LI, 12 ; LXVII, 25 ; LXXV, 6 ; LXXIX, 42 / **La Résurrection** [CDRD] : VI, 29 ; XI, 7 ; XIII, 5 ; XVI, 38 ; XVII 49, 51, 98 ; XIX, 66 ; XXIII, 82, 83 ; XXVII, 67, 68 ; XXXII, 10 ; XXXIV, 7, 8 ; XXXVI, 78 ; XXXVII 15, 16, 17 ; XLIV, 34, 35, 36 ; XLV, 24, 25 ; XLVI, 17 ; L, 2, 3 ; LVI, 47, 48 ; LXXIX, 10, 11, 12 / **L'Eschatologie** [CDRD] : II, 8, 80, 111 ; III, 24 ; VI, 29 ; VII, 187 ; X, 48, 53 ; XI, 7, 8 ; XIII, 5 ; XVI, 38 ; XVII, 49, 51, 98 ; XIX, 66 ; XXI, 38 ; XXIII, 82, 83 ; XXVII, 67, 68, 71 ; XXXII, 10, 28 ; XXXIV, 3, 7, 8, 29 ; XXXVI, 48, 78 ; XXXVII, 15, 16, 17 ; XLI, 50 ; XLIV, 34, 35, 36 ; XLV, 24, 25, 32 ; XLVI, 17 ; L, 2, 3 ; LI, 12 ; LVI, 47, 48 ; LXVII, 25 ; LXXV, 6 ; LXXIX, 10, 11, 12, 42.

voir commentaire CDRD 262.

CDRDE n° 265 (LXXIX, 42) / سورة النازعات / Tradition (81) ; Noldëke (31) ; Blachère (20)

يَسْأَلُونَكَ عَنِ السَّاعَةِ **أَيَّانَ مُرْسَاهَا**

'ayyān[a] *mursāhā*
« à quand sa survenue ? »

L'Heure eschatologique [CDRD] : VII, 187 ; X, 48 ; XVII, 51 ; XXI, 38 ; XXVII, 71 ; XXXII, 28 ; XXXIV, 3, 29 ; XXXVI, 48 ; XLI, 50 ; XLV, 32 ; LI, 12 ; LXVII, 25 ; LXXV, 6 ; LXXIX, 42 / **L'Eschatologie** [CDRD] : II, 8, 80, 111 ; III, 24 ; VI, 29 ; VII, 187 ; X, 48, 53 ; XI, 7, 8 ; XIII, 5 ; XVI, 38 ; XVII, 49, 51, 98 ; XIX, 66 ; XXI, 38 ; XXIII, 82, 83 ; XXVII, 67, 68, 71 ; XXXII, 10, 28 ; XXXIV, 3, 7, 8, 29 ; XXXVI, 48, 78 ; XXXVII, 15, 16, 17 ; XLI, 50 ; XLIV, 34, 35, 36 ; XLV, 24, 25, 32 ; XLVI, 17 ; L, 2, 3 ; LI, 12 ; LVI, 47, 48 ; LXVII, 25 ; LXXV, 6 ; LXXIX, 10, 11, 12, 42.

Ancien Testament [CDRD] Is 5, 19 ; **Nouveau Testament** [CDRD] 2 P 3, 4.

Deux cent soixante cinquième contre-discours dans l'ordre du *muṣḥaf*. Dans l'ordre chronologique des discours contre l'eschatologie, il est placé à la quatrième position (sur cinquante-deux). Sa structure est simple avec un Contre-discours Citant Introductif (« ils t'interrogent sur l'Heure ») suivi d'un Contre-discours Rapporté Direct Présent (« à quand sa survenue ? »). Ce contre-discours est une réfutation questionnante à mettre en relation, du fait de leur proximité formelle, avec VII, 187 ; X, 48 ; XXI, 38 ; XXXII, 28 ; XXXIV, 29 ; XXXVI, 48; LXVII, 25 ; LXXV, 6 ; LXXIX, 42. Dans le cadre d'une approche extratextuelle, cette réfutation questionnante s'apparente à un contre-discours présent dans la deuxième épitre de Pierre : « Où est la promesse de son avènement ? » La riposte reprend le thème souvent répété de savoir divin seul détenteur de l'instant eschatologique.

CDRDP n° 266 (LXXXIII, 13) / سورة المطففين / Tradition (86) ; Noldëke (47) ; Blachère (35)

إِذَا تُتْلَى عَلَيْهِ آيَاتُنَا قَالَ **أَسَاطِيرُ الْأَوَّلِينَ**

ʾasāṭīr^u l-ʾawwalīn^a
« [Ce sont] des histoires des anciens ».

Contre le Coran [CDRD] : II, 26, 76, 91, 118, 170, III, 72, 73 ; V, 104 ; VI, 7, 25, 93, 105, 156, 157 ; VII, 203 ; VIII, 21, 31 ; IX, 127 ; X, 15, 20, 38 ; XI, 13, 35 ; XVI, 24, 101, 103 ; XXV, 4, 5, 32 ; XXXI, 21 ; XXXIV, 31 ; XXXVII, 168, 169 ; XXXVIII, 7, 8 ; XLI, 5, 26, 44 ; XLII, 24 ; XLIII, 31 ; XLIV, 14, 36 ; XLV, 25, 32 ; XLVI, 7, 8, 11 ; XLVII, 20, 26 ; LII, 33 ; LXVIII, 15 ; LXXIV, 24, 25, 31 ; LXXXIII, 13.

CDRDP n° 267 (LXXXIII, 32) / سورة المطففين / Tradition (86) ; Noldëke (47) ; Blachère (35)

وَإِذَا رَأَوْهُمْ قَالُوا **إِنَّ هَٰؤُلَاءِ لَضَالُّونَ**

ʾinn^a hāʾulāʾ^i la-ḍāllūn^a
« Ceux là sont vraiment des égarés ».

la-ḍāllūn^a [Coran] : III, 90 ; XV, 56 ; LVI, 51 ; LXVIII, 26.

CDRDP n° 268 (LXXXIX, 15) / سورة الفجر / Tradition (10) ; Noldëke (35) ; Blachère (42)

فَأَمَّا الْإِنسَانُ إِذَا مَا ابْتَلَاهُ رَبُّهُ فَأَكْرَمَهُ وَنَعَّمَهُ فَيَقُولُ **رَبِّي أَكْرَمَنِ**

rabbī ʾakraman^i
« Mon Seigneur m'a honoré ».

Allāh [CDRD] : II, 8, 26, 76, 79, 116, 118 ; III, 72, 78, 181, 183 ; IV, 72, 78, 157 ; V, 17, 18, 64, 72, 73 ; VI, 93, 124, 136, 148 ; VII, 28 ; VIII, 32 ; IX, 30, 59 ; X, 18, 68 ; XVI, 35,

38 ; XVII, 92, 94 ; XVIII, 4 ;; XXIII, 85, 87, 89 ; XXIV, 47 ; XXV, 41 ; XXIX, 10, 61, 63 ; XXXI, 25 ; XXXIII, 12 ; XXXIV, 8 ; XXXVI, 47 ; XXXVII, *151*, 152, 169 ; XXXIX, 3, 38; XLII, 24 ; XLIII, 87 ; LVIII, 8 ; LXIII, 1, 7 ; LXXIV, 31 / ***rabb*** [CDRD] : II, 76, 200 ; IV, 77 ; VI, 37 ; X, 20 ; XIII, 7, 27 ; XX, 133 ; XXV, 21 ; XXVIII, 47 ; XXIX, 50 ; XXXIV, 23 ; XLI, 50 ; LXXXIX, 15, 16

CDRDP n° 269 (LXXXIX, 16) / سورة الفجر / Tradition (10) ; Noldëke (35) ; Blachère (42)

وَأَمَّا إِذَا مَا ابْتَلَاهُ فَقَدَرَ عَلَيْهِ رِزْقَهُ فَيَقُولُ **رَبِّي أَهَانَنِ**

rabbī ʾahānan^{i}
« Mon Seigneur m'a humilié ».

Allāh [CDRD] : II, 8, 26, 76, 79, 116, 118 ; III, 72, 78, 181, 183 ; IV, 72, 78, 157 ; V, 17, 18, 64, 72, 73 ; VI, 93, 124, 136, 148 ; VII, 28 ; VIII, 32 ; IX, 30, 59 ; X, 18, 68 ; XVI, 35, 38 ; XVII, 92, 94 ; XVIII, 4 ;; XXIII, 85, 87, 89 ; XXIV, 47 ; XXV, 41 ; XXIX, 10, 61, 63 ; XXXI, 25 ; XXXIII, 12 ; XXXIV, 8 ; XXXVI, 47 ; XXXVII, *151*, 152, 169 ; XXXIX, 3, 38; XLII, 24 ; XLIII, 87 ; LVIII, 8 ; LXIII, 1, 7 ; LXXIV, 31 / ***rabb*** [CDRD] : II, 76, 200 ; IV, 77 ; VI, 37 ; X, 20 ; XIII, 7, 27 ; XX, 133 ; XXV, 21 ; XXVIII, 47 ; XXIX, 50 ; XXXIV, 23 ; XLI, 50 ; LXXXIX, 15, 16.

CDRDP n° 270 (XC,6) / سورة البلد / Tradition (35) ; Noldëke (11) ; Blachère (40)

يَقُولُ **أَهْلَكْتُ مَالًا لُبَدًا**

ʾahlakt^{u} *māl*^{an} *lubad*^{an}
« J'ai gaspillé un bien considérable ».

māl^{an} [CDRD] : XIX, 77

Conclusion

« On ne peut nier que l'homme n'affirme jamais
aussi résolument son semblable qu'en le refusant[1] »
Robert Musil – L'homme sans qualité

Parvenu au seuil de notre conclusion, rappelons les questions préjudicielles qui motivèrent le choix du contre-discours comme objet d'étude. Soulignant l'intérêt d'un tel discours qui, rappelons-le, n'est autre que le discours rapporté tenu par l'adversaire, on proposa d'interroger ces énoncés à la fois historiquement, linguistiquement mais aussi dans leur dimension rhétorique. En effet, pour l'historien, le contre-discours recèle une parole implicite car nier la croyance de l'autre, c'est toujours réfuter à partir de ses propres croyances. Que dévoilait alors la somme des contre-discours coraniques sur la façon de croire de l'opposant ? Quel portrait et quelle identité construite parvenait-on alors à découvrir ? Pour le linguiste, le contre-discours dévoile un mode de fonctionnement discursif qui rend compte d'une stratégie de gestion de l'altérité opposante. Quelles stratégies discursives sont alors mise en place par le discours coranique pour nier la parole qui le réfute ? Enfin pour le spécialiste de l'argumentation, le contre-discours se révèle être un paradoxe argumentatif. Car, comment un texte qui se veut porteur d'une vérité transcendante et donc irréfutable peut-il abriter en son sein l'écho même d'une parole qui le nie ? Donner la parole à l'adversaire, n'est-ce pas affaiblir son propre discours ? Réfuter l'adversaire, n'est-ce pas également renforcer les thèses que l'on souhaite en l'occurrence combattre ? Comment dès lors le discours coranique parvient-il à gérer ce paradoxe ?

A ces questions, il est dorénavant possible de répondre. On le fera ici en reprenant la méthode, au sens étymologique de « chemin » *(ὁδός)*, empruntée tout au long de cette étude. Trois étapes ont marqué notre parcours : le premier a tenté de cerner et définir notre sujet (Chapitres I–III), le deuxième nous a conduit à identifier et quantifier un corpus (Chapitres IV–V), le troisième s'est attaché à analyser ce corpus en interrogeant ses thèmes, ses formes et ses évolutions (Chapitres VI–IX). Précisons chacune de ces étapes et rappelons les résultats obtenus.

Définir et cerner. Afin de démontrer la pertinence d'une étude dévolue aux contre-discours, il fallut d'abord revenir aux évolutions des études coraniques

1 Musil (Robert), *L'Homme sans qualité*, trad. Philippe Jaccotet, Paris, Seuil, 1966, p. 32.

contemporaines. Un premier *status quaestonis* permit d'inscrire ainsi la question de la polémique coranique comme un des thèmes clé pour comprendre le contexte d'élaboration du Coran. Ce même thème est également le « lieu » privilégié d'intelligibilité des stratégies discursives mobilisées pour convaincre son public (Chapitre I). Un deuxième *status quaestonis*, cette fois consacré à la polémique dans le Coran, nous a permis d'envisager une nouvelle voie d'analyse à travers la notion de contre-discours, cette dernière notion constituant la forme la plus explicite de la controverse dont le Coran se fait l'écho (Chapitre II). Nullement ignoré par des travaux antérieurs, un troisième *status quaestionis* autour de la notion de contre-discours a démontré à la fois l'intérêt d'un tel objet d'investigation mais aussi la pertinence d'en poursuivre une analyse systématique (Chapitre III). L'aboutissement de ce triple état de la recherche invite à élargir l'enquête à l'ensemble du corpus coranique et à privilégier une forme argumentative dialogique : le contre-discours et la riposte systématique qu'il entraîne.

Identifier, quantifier et catégoriser. Afin de procéder à l'analyse de cette forme dialogique, il s'est agi préalablement de définir le plus exactement possible un corpus. Ainsi, avisé qu'il existe bien un contre-discours coranique impliqué par le caractère dialogique et polyphonique du Coran, et informé de la nécessité méthodologique de le catégoriser suivant la démarche de l'analyse de contenu (Chapitres IV–V), il nous a été possible de rechercher systématiquement « la voix de l'autre » et, dans le cas qui nous occupe, celle de l'opposant. Ce travail a été réalisé à partir de synopses, tableaux et graphiques statistiques. Les résultats de cette enquête dénombrent cinq cent quatre vingt huit versets relevant d'un contre-discours, qu'il soit référé à un discours passé (propos rapportés de figures passées notamment bibliques), présent (propos rapportés d'opposants éventuels à l'allocutaire coranique) ou futur (propos rapportés d'opposants rejetés dans un temps eschatologique, autrement dit les damnés). Chacun de ces discours rassemble respectivement 38 %, 46 % et 16 % de l'ensemble. L'identification de trois cent cinquante versets introduisant l'expression « *qul* » qui s'ajoute au nombre de tous les contre-discours permet ainsi d'affirmer que 15 % du Coran emprunte un registre explicitement polémique. Ces résultats ont également permis dans le même temps de proposer et préciser de nouvelles notions indispensables dans le cadre d'une analyse du contre-discours : Contre-Discours Rapporté Direct Passé (CDRDPa), Contre-Discours Rapporté Direct Présent (CDRDP), Contre-Discours Rapporté Direct Futur (CDRDF). Une dernière étape consista ici à faire le choix d'une catégorisation du « contre-discours présent » (CDRDP) ou contre-discours rapporté des éventuels adversaires de l'allocutaire coranique. On parvint ainsi à déterminer cinq thèmes de la polémique contemporaine à la révélation coranique tels que le Coran les met en scène. Une localisation, une quantification et une catégorisation précises permettent de thématiser et d'évaluer les composantes de cette polémique (Chapitres V–VI). Elle se décline en l'occurrence selon cinq types de discours : le discours contre Dieu (29 %), le discours contre le Prophète (27 %), le discours contre le Coran (20 %), le discours contre l'Eschatologie (19 %), le discours contre les Croyants (6 %). Ce faisant, la réfutation coranique est une argumentation qui vise à renforcer à la fois l'auteur coranique (Le Dieu coranique), l'énonciateur (l'allocutaire), l'énonciation (le Coran), l'énoncé (l'eschatologie), mais aussi les destinataires (les croyants).

Procédant à une réduction progressive et méthodique de l'objet étudié, allant de la polémique au contre-discours, et d'un contre-discours élargi (CDRD Passé, Présent, Futur) à un contre-discours restreint (CDRD présent), l'investigation s'est employée à analyser les thèmes, les formes, les stratégies discursives et les évolutions des cinq questions argumentatives.

Analyser. En premier lieu, l'analyse s'est intéressée aux thèmes et prédicats impliqués par les contre-discours. Les résultats obtenus ont permis de déterminer l'existence de quatorze thèmatiques et quatre-vingt onze prédicats pour l'ensemble des contre-discours présents. Issus d'une démarche délibérement descriptive, ils sont les données indispensables qui dessinent un portrait coranique de l'opposant (Chapitre VII) et la source utile pour une identification de groupes d'opposants (Chapitre IX).

Cette analyse s'est poursuivie avec la mise en évidence des trois types d'énoncés qui structurent les contre-discours. Le premier est la partie introductive plus ou moins développée qui précède le verbe introducteur : il s'agit du « Contre-Discours Citant Introductif » (CDCI). Le deuxième énoncé est le discours rapporté proprement dit ou le « Contre-Discours Rapporté Direct Présent » (CDRDP). Enfin, le troisième énoncé est celui qui succède au contre-discours rapporté, le commentant pour le réfuter, où « Contre-Discours Citant de la Riposte » (CDCR). Cette nomenclature inédite permet dans le même temps de souligner l'existence de quatre formes distinctes de la réfutation dans les Contre-Discours Rapportés Directs Présents (CDRDP) : la réfutation assertion, la concession, la réfutation hypothétique et la réfutation questionnante. Enfin, toujours dans une perspective formelle, la riposte accueille elle aussi des formes déterminées : l'assertion, l'interrogation rhétorique, l'injonction, la louange ou encore la métatexte.

Ces considérations formelles ont été le préalable à la mise en lumière des diverses stratégies discursives et des effets qu'elles entraînent sur l'auditeur/lecteur. Premièrement, la disposition des contre-discours et leur riposte répondent à des contraintes stratégiques qui visent à réduire leur place dans le discours coranique. Ces stratégies sont celles de l'isolement et de la focalisation. A l'appui de deux exemples (*al furqān, al-wāqiʿa*), on a démontré comment les énoncés du contre-discours sont neutralisés par le fait même qu'ils soient minoritaires, décentrés et encerclés autour d'autres énoncés qui s'y opposent. Mais loin d'être suffisantes, ces deux stratégies sont appuyées par d'autres procédés discursifs tout aussi efficaces :

- l'indistinction : ne pas nommer l'adversaire joue un rôle de dévalorisation. De surcroît, il élargit dans le même temps l'audience des potentielles personnes concernées, conséquence de ce même anonymat. Ce dernier crée de surcroît une connivence entre le locuteur et les auditeurs croyants qui se solidarisent sur le compte d'un adversaire implicitement convoqué et reconnu.
- l'intemporalité : ne pas désigner l'adversaire entraîne la possible actualisation de la controverse à chaque lecture (ou écoute) du Coran. Sortie d'un cadre historique précis que renforce l'absence marquante de noms propres à quelques exceptions près, la figure de l'opposant est comme déplacée et réorientée par le texte lui-même.
- la modalisation et l'effet de contraste : ne pas désigner l'adversaire, c'est construire l'identité de celui-ci à partir des énoncés modalisés du texte. Autrement dit, ne pas nommer l'adversaire, c'est lui affecter une identité construite par les qualificatifs que lui donne le Coran. Dans le cadre de la polémique, il se conçoit alors que cette identité s'élabore autour de vocables variés et très péjoratifs mais aussi d'éléments de mise en scène (souvent très succincts) en défaveur de l'opposant.
- La distanciation : rapporter le propos de l'adversaire, c'est toujours se dissocier de sa parole. Le Locuteur coranique se détache ainsi de la parole déviante qu'il rapporte.
- la théâtralisation et « l'effet du réel » : la mise à distance s'inscrit pleinement dans une théâtralisation de l'événement. Reproduction d'un événement de parole, le discours tend ainsi à se poser comme vrai du fait même qu'il ne craint pas de donner la parole à des opposants. Ce dernier paradoxe est à souligner. Plus les paroles rapportées de l'adversaire sont violentes, radicales et sans concessions, plus elles acquièrent de véracité en tant qu'énoncés réellement proférés.

Mais ce travail d'élucidation des thèmes, des formes et des stratégies discursives ont été les conditions préalables à la définition d'une typologie des opposants. Rassemblant tous les indices qui concourent à la contruction et l'identification des adversaires aux prismes des seuls versets du contre-discours, il nous a donc été possible d'identifier six groupes d'opposants différents. Les résultats obtenus ici ont été possibles par la mise en commun de ce que nous avons appelé une identité de désignation (le Coran désigne nommément un groupe), une identité d'attitudes (Le Coran décrit leurs attitudes, leurs actions), et enfin une identité de croyances (le Coran se fait l'écho des croyances de l'adversaire).

Enfin, notre travail s'est achevé par la prise en compte d'un corpus plus restreint, ici l'eschatologie, et dans une perspective non plus diachronique mais synchronique. A l'appui de notre propre reconstitution chronologique partielle et complétée par celle de Nöldeke, il a été possible de saisir des évolutions des formes de la réfutation et des ripostes qu'elle génèrent. Dans le cadre de cette évolution, il a été possible de faire plusieurs constats : il existe un Coran sans eschatologie, les formes argumentatives de la réfutation évoluent et s'exacerbent (la réfutation questionnante laisse place à la réfutation contre-argumentative, plus polémique), les thèmes des débuts supposés de la révélation disparaissent pour d'autres thématiques (c'est l'exemple de la résurrection des corps absent de la période médinoise).

Mais cette évolution est aussi palpable dans les ripostes coraniques faites aux contre-discours. D'abord et essentiellement descriptif, le Coran aurait proclamé un message de croyance sans biblisme marqué. La référence à l'arbre d'*al-zaqqūm* en attesterait. Puis, à la suite de l'hostilité croissante face aux messages délivrés par le Coran, il est possible que les items bibliques aient été sollicités comme point d'appui et arguments de persuasion. Enfin, face à une hostilité toujours croissante, le locuteur coranique, tout en préservant son biblisme, semblerait accroître significativement son intervention pour soutenir son allocutaire et renforcer sa croyance.

Ainsi, on aura tout au long de ce parcours à travers des analyses thématique, formelle, chronologique et intratextuelle mis en lumière (nous l'espérons) l'intérêt d'une étude autour des contre-discours. Il nous reste dorénavant la tâche d'en proposer les prolongements.

Prolonger et généraliser. L'ensemble des résultats présenté ici permet d'envisager des prolongements de la recherche selon deux voies : l'une interne et l'autre externe. Interne, il a été souligné les solidarités entre les versets se référant aux contre-discours passés et ceux se référant aux contre-discours présents. Une analyse de ces relations internes permettrait sans nul doute de mieux comprendre les ressorts du « monoprophétisme[2] » coranique. Toujours dans une perspective interne, il serait utile de généraliser les comparaisons des ripostes pour un même thème polémique et de déceler dans le même temps les évolutions des stratégies de persuasion mises en œuvre.

2 De Prémare (Alfred-Louis), *Le thème des peuples anéantis dans quelques textes islamiques primitifs. Une vision de l'histoire*, *REMMM*, XLVIII–XLIX, 1988, p. 12.

Dans une perspective externe, il est de la plus haute importance de poursuivre une recherche systématique des contre-discours en usage dans le Coran en les comparant avec d'autres contre-discours présents dans les textes de l'Antiquité tardive. L'éventuelle concomittance des contre-discours coraniques avec d'autres formes similaires dans la vaste littérature de l'Antiquité tardive est ainsi posée. Notre troisème partie a déjà mis en lumière de telles relations. Leur détermination systématique quand cela est possible permettrait de mieux comprendre les processus d'emprunts qui président à la construction d'une figure de l'opposant dans le Coran et, on peut l'espérer, de jeter un regard renouvelé sur le contexte d'émergence du livre fondateur de l'Islam.

Annexes

Table I

Le présent tableau quantifie précisément le nombre de Contre-Discours Rapportés Directs Passé, Présent et Futur (CDRDPa, CDRDP, CDRDF) et les ripostes générées (débutant par « *qul* ») pour chaque sourate.

Sourates	CDRD Passé	CDRD Présent	CDRD Futur	CDRD Hypo-thétique	Riposte « *Qul* » (Passé-Présent)	Riposte « *Qul* » (Présent)	Riposte « *Qala... Qul* »
1	0	0	0	0	0	0	0
2	11	20	2	0	22	14	7
3	0	13	0	1	24	14	6
4	2	13	1	0	7	5	2
5	4	11	1	0	9	7	2
6	2	15	4	1	44	31	2
7	41	3	6	0	12	6	2
8	0	4	0	0	3	3	0
9	1	12	0	2	12	9	2
10	1	9	1	0	24	15	5
11	9	6	0	2	3	1	2
12	24	0	0	0	2	2	0
13	0	4	0	0	10	4	2
14	3	0	3	0	2	2	0
15	4	3	0	1	1	1	0
16	1	6	2	0	1	1	0
17	1	9	2	0	21	18	2
18	4	1	1	0	8	1	0
19	1	4	0	0	2	1	0
20	13	1	1	0	5	1	0
21	10	6	2	0	5	5	0
22	0	0	0	0	3	3	0
23	7	6	4	0	11	6	3
24	0	3	0	1	4	4	0
25	0	9	3	0	4	4	0
26	29	0	8	0	2	1	0
27	3	3	0	0	7	7	0
28	3	3	2	1	4	4	0
29	2	6	0	0	5	3	2

Sourates	CDRD Passé	CDRD Présent	CDRD Futur	CDRD Hypo-thétique	Riposte « *Qul* » (Passé-Présent)	Riposte « *Qul* » (Présent)	Riposte « *Qala… Qul* »
30	0	1	0	0	1	1	0
31	0	2	0	1	1	0	1
32	0	2	1	1	2	1	1
33	0	4	3	0	7	7	0
34	1	9	1	0	14	13	1
35	0	0	1	0	1	1	0
36	3	3	0	0	1	1	0
37	1	9	8	2	1	1	0
38	6	5	0	0	3	3	0
39	0	3	4	1	15	14	1
40	7	0	7	0	1	0	0
41	3	4	2	0	5	4	1
42	0	1	1	0	2	2	0
43	4	9	2	1	3	2	0
44	0	4	0	0	0	0	0
45	0	3	0	0	2	2	0
46	2	4	1	0	4	3	1
47	0	3	0	0	0	0	0
48	0	2	0	0	3	1	2
49	0	1	0	0	4	1	1
50	0	2	3	0	0	0	0
51	2	1	0	0	0	0	0
52	0	3	0	0	1	1	0
53	0	0	0	0	0	0	0
54	3	2	1	0	0	0	0
55	0	0	0	0	0	0	0
56	0	2	2	0	1	1	0
57	0	0	2	0	0	0	0
58	0	1	0	0	0	0	0
59	1	1	0	0	0	0	0
60	0	0	0	0	0	0	0
61	1	0	0	0	0	0	0
62	0	0	0	0	3	3	0
63	0	3	1	0	0	0	0
64	1	0	0	0	1	1	0
65	0	0	0	0	0	0	0
66	0	0	0	0	0	0	0
67	2	1	0	0	6	6	0
68	7	2	0	0	0	0	0
69	0	0	5	0	0	0	0
70	0	0	0	0	0	0	0

Sourates	CDRD Passé	CDRD Présent	CDRD Futur	CDRD Hypo-thétique	Riposte « *Qul* » (Passé-Présent)	Riposte « *Qul* » (Présent)	Riposte « *Qala… Qul* »
71	0	0	0	0	0	0	0
72	0	0	0	0	5	5	0
73	0	0	0	0	0	0	0
74	0	3	5	0	0	0	0
75	0	1	2	0	0	0	0
76	0	0	0	0	0	0	0
77	0	0	0	0	0	0	0
78	0	0	1	0	0	0	0
79	1	4	0	0	1	0	0
80	0	0	0	0	0	0	0
81	0	0	0	0	0	0	0
82	0	0	0	0	0	0	0
83	0	2	0	0	0	0	0
84	0	0	0	0	0	0	0
85	0	0	0	0	0	0	0
86	0	0	0	0	0	0	0
87	0	0	0	0	0	0	0
88	0	0	0	0	0	0	0
89	0	2	0	0	0	0	0
90	0	1	0	0	0	0	0
91	0	0	0	0	0	0	0
92	0	0	0	0	0	0	0
93	0	0	0	0	0	0	0
94	0	0	0	0	0	0	0
95	0	0	0	0	0	0	0
96	0	0	0	0	0	0	0
97	0	0	0	0	0	0	0
98	0	0	0	0	0	0	0
99	0	0	1	0	0	0	0
100	0	0	0	0	0	0	0
101	0	0	0	0	0	0	0
102	0	0	0	0	0	0	0
103	0	0	0	0	0	0	0
104	0	0	0	0	0	0	0
105	0	0	0	0	0	0	0
106	0	0	0	0	0	0	0
107	0	0	0	0	0	0	0
108	0	0	0	0	0	0	0
109	0	0	0	0	1	1	0
110	0	0	0	0	0	0	0
111	0	0	0	0	0	0	0

Sourates	CDRD Passé	CDRD Présent	CDRD Futur	CDRD Hypo-thétique	Riposte « *Qul* » (Passé-Présent)	Riposte « *Qul* » (Présent)	Riposte « *Qala… Qul* »
112	0	0	0	0	1	1	0
113	0	0	0	0	1	1	0
114	0	0	0	0	1	1	0
TOTAUX (114 sourates // 6237 versets)	221	270 **588** **(soit 9, 42 % du Coran)**	97	15	350	251 **350** **(soit 5, 61 % du Coran)**	48

Part de la polémique explicite dans le Coran : 15, 27 %

Table II

Les Contre-Discours Rapportés Directs Présents sont ici présentés de trois manières différentes. Le premier tableau répond à un ordonnancement dit traditionnel : l'ordre des contre-discours respecte scrupuleusement l'ordre de leur apparition dans le *muṣḥaf*. Le deuxième tableau est chronologique : il arrange les contre-discours selon l'ordre supposé de leur révélation. Cette présentation est proposée en se référant aux travaux de Noldëke[1]. Le troisième tableau, enfin, ordonne les contre-discours de manière alphabétique (latin).

Chaque tableau a une présentation identique. Il est divisé en deux parties. La partie de gauche présente les énoncés translittérés de chaque Contre-discours Rapporté Direct Présent (CDRDP). La partie de droite, chiffrée, correspond au n° du CDRDP tel qu'il est proposé dans la partie III, c'est à dire selon l'ordre d'apparition dans le *muṣḥaf*.

1 *V.* notre présentation de la Partie III.

I Liste des CDRDP selon l'ordre d'apparition dans la vulgate coranique

Enoncé intégral du CDRDP	n° CDRDP
ʾāmannā bi-Allāh^{i} wa bi-l yawm^{i} l-ʾāḫir^{i}	1
ʾinnamā naḥnu muṣliḥūn^{a}	2
ʾa-nuʾminu ka-mā ʾāmana l-sufahāʾu	3
ʾāmannā / ʾinnā maʿakum ʾinnamā naḥnu mustahziʾūn^{a}	4
māḏā ʾarāda Allāh^{u} bi-hāḏā maṯal^{an}	5
ʾāmannā / ʾa-tuḥaddiṯūnahum bi-mā fataḥa Allāh^{u} ʿalaykum li-yuḥāǧǧūkum bihī ʿinda rabbikum	6
hāḏā min ʿindi Allāh^{i}	7
lan tamassanā l-nār^{u} ʾillā ʾayyām^{an} maʿdūdat^{an}	8
qulūbunā ġulf^{un}	9
nuʾmin^{u} bi-mā ʾunzil^{a} ʿalaynā	10
lan yadḫul^{a} l-ǧannat^{a} ʾillā man kāna hūdan ʾaw naṣārā	11
laysati l-naṣārā ʿalā šayʾin / laysati l-yahūdu ʿalā šayʾin	12
ittaḫaḏa Allāh^{u} walad^{an}	13
law-lā yukallimunā Allāh^{u} ʾaw taʾtīnā ʾāyatun	14
kūnū hūd^{an} ʾaw naṣārā tahtadū	15
ʾinna ʾIbrāhīm^{a} wa- ʾIsmāʿīl^{a} wa- ʾIsḥāq^{a} wa- Yaʿqūb^{a} wa-l-ʾasbāṭ^{a} kānū hūd^{an} ʾaw naṣārā	16
mā wa Allāh^{um} ʿan qiblatihim^{u} llatī kānū ʿalayhā	17
bal nattabiʿ^{u} mā ʾalfaynā ʿalayh^{i} ʾābāʾanā	18
rabbanā ʾātinā fī l-dunyā	19
ʾinnamā l-bayʿ^{u} miṯl^{u} l-ribā	20
lan tamassanā l-nār^{u} ʾillā ʾayyām^{an} maʿdūdāt^{in}	21
ʾāminū bi-llaḏī ʾunzil^{a} ʿalā llaḏīn^{a} ʾāmanū waǧha l-nahār^{i} wa-kfurū ʾāḫirahū laʿallāhum yarǧiʿūn^{a}	22
wa-lā tuʾminū ʾillā li-man tabiʿ^{a} dīnakum	23
lays^{a} ʿalaynā fī l-ʾummīyyīn^{a} sabīl^{un}	24
huwa min ʿindi Allāh^{i}	25
ʾāmannā	26
hal lanā min^{a} l-ʾamr^{i} min šayʾ^{in} / law kān^{a} lanā mina l-ʾamri šayʾ^{un} mā qutilnā hāhunā	27
law kānū ʿindanā mā mātū wa-mā qutilū	28
ʾannā hāḏā	29
law naʿlam^{u} qitāl^{an} lā-ttabaʿnākum	30
li-ʾiḫwānihim wa qaʿadū law ʾaṭāʿūnā mā qutilū	31
ʾinna Allāh^{a} faqīr^{un} wa-naḥn^{u} ʾaġniyāʾ^{u}	32
ʾinna Allāh^{a} ʿahida ʾilaynāʾ ʾallā nuʾmin^{a} li-rasūl^{in} ḥattā yaʾtiyanā bi-qurbā^{nin} taʾkuluh^{u} l-nāru	33
samiʿnā (wa-) ʿaṣaynā (wa-) smaʿ ġayr^{a} musmaʿin (wa-) rāʿinā	34
hāʾulāʾ^{i} ʾahdā min^{a} llaḏīn^{a} ʾāmanū sabīl^{an}	35
ʾin ʾaradnā ʾillā ʾiḥsān^{an} wa-tawfīq^{an}	36
qad ʾanʿam^{a} Allāh^{u} ʿalayy^{a} ʾiḏ lam ʾakun maʿahum šahīd^{an}	37
mawaddat^{un} yā laytanī kunt^{u} maʿahum fa-ʾafūza fawz^{an} ʿaẓīm^{an}	38

Enoncé intégral du CDRDP	n° CDRDP
rabbanā li-ma katabt^{a} ʿalaynā l-qitāl^{a} law-lā ʾaḫḫartanā ʾilā ʾağal^{in} qarīb^{in}	39
haḏih^{i} min ʿind^{i} l-lāh^{i} / hāḏih^{i} min ʿindik^{a}	40
ṭāʿat^{un}	41
ʾa-lam nakun maʿakum / ʾa-lam nastaḥwiḏ ʿalaykum wa namnaʿkum mina l-muʾuminīna	42
nuʾmin^{u} bi-baʿḍ^{in} wa nakfur^{u} bi-baʿḍ^{in}	43
qulūbunā ġulf^{un}	44
ʾinnā qatalnā l-masīḥ^{a} ʿĪsā bn^{a} Maryam^{a} rasūl^{a} Allāh^{i}	45
ṯalāṯat^{un}	46
ʾinnā naṣārā	47
ʾinna Allāh^{a} huw^{a} l-masīḥ^{u} bn^{u} Maryam^{a}	48
naḥn^{u} ʾabnāʾ^{u} Allāh^{i} wa ʾaḥibbāʾuh^{u}	49
mā ğāʾanā min bašīr^{in} wa-lā naḏīr^{in}	50
ʾāmannā / ʾin ʾūtītum hāḏā fa-ḫuḏūh^{u} wa- ʾin lam tuʾtawh^{u} fā-ḥḏarū	51
naḫšā ʾan tuṣīban^{a} dāʾirat^{un}	52
ʾāmannā	53
yad^{u} Allāh^{i} maġlūlat^{un}	54
ʾinna Allāh^{a} huw^{a} l-masīḥ^{u} bn^{u} Maryam^{a}	55
ʾinna Allāh^{a} ṯāliṯ^{u} ṯalāṯat^{in}	56
ḥasbunā mā wağadnā ʿalayh^{i} ābāʾanā	57
ʾin hāḏā ʾillā siḥr^{un} mubīn^{un}	58
law-lā ʾunzil^{a} ʿalayh^{i} malak^{un}	59
ʾin hāḏā ʾillā ʾasāṭīr^{u} l-ʾawwalīn^{a}	60
ʾin hiy^{a} ʾillā ḥayātunā l-dunyā wa mā naḥn^{u} bi-mabʿūṯīn^{a}	61
law-lā nuzzil^{a} ʿalayh^{i} ʾāyat^{un} min rabbih^{i}	62
mā ʾanzal^{a} Allāh^{u} ʿalā bašar^{in} min šayʾ^{in}	63
ʾūḥiy^{a} ʾilayy^{a} / saʾunzil^{u} miṯl^{a} mā ʾanzal^{a} Allāh^{u}	64
darast^{a}	65
lan nuʾmin^{a} ḥattā nuʾtā miṯl^{a} mā ʾūtiy^{a} rusul^{u} Allāh^{i}	66
hāḏā li-Allāh^{i} / wa haḏā li-šurakāʾinā	67
hāḏih^{i} ʾanʿām^{un} wa-ḥarṯ^{un} ḥiğrun lā yaṭʿamuhā illā man našāʾu	68
mā fī buṭūn^{i} haḏih^{i} l-ʾanʿām^{i} ḫāliṣat^{un} li-ḏukūrinā wa-muḥarram^{un} ʿalā ʾazwāğinā	69
law šāʾa Allāh^{u} mā ʾašraknā wa lā ʾābāʾunā wa lā ḥarramnā min šayʾ^{in}	70
ʾinnamā ʾunzil^{a} l-kitāb^{u} ʿalā ṭāʾifatayn^{i} min qablinā wa ʾin kunnā ʿan dirāsatihim la-ġāfilīn^{a}	71
law ʾannā ʾunzil^{a} ʿalaynā l-kitāb^{u} la-kunnā ʾahdā minhum	72
wağadnā ʿalayhā ʾābāʾanā wa Allāh^{u} ʾamaranā bihā	73
ʾayyāna mursāhā	74
law-lā ğtabaytahā	75
samiʿnā	76
qad samiʿnā law našāʾ^{u} la-qulnā miṯl^{a} hāḏā ʾin hāḏā ʾillā ʾasāṭīr^{u} l-ʾawwalīn^{a}	77
Allāhumma ʾin kān^{a} hāḏā huwa l-ḥaqqa min ʿindik^{a} fa-ʾamṭir ʿalaynā ḥiğāratan mina l-samāʾ^{i} ʾawi ʾtinā bi-ʿaḏāb^{in} ʾalīm^{in}	78
ġarr^{a} hāʾulāʾ^{i} dīnuhum	79
ʿUzayr^{un}-bnu Allāh^{i} / l-masīḥ^{u} bnu Allāh^{i}	80

Enoncé intégral du CDRDP	n° CDRDP
lawi staṭaʿnā la-ḫarağnā maʿakum	81
ʾḏan lī wa lā taftinnī ʾa-lā fī l-fitnati saqaṭū	82
qad ʾaḫaḏnā ʾamranā min qabl^{u}	83
ḥasbunā Allāh^{u} sa-yuʾtīnā Allāh^{u} min faḍlihi wa-rasūluhū ʾinnā ʾilā Allāh^{i} rāġibūna	84
huwa ʾuḏun^{un}	85
ʾinnamā kunnā naḫūḍ^{u} wa-nalʿab^{u}	86
la-ʾin ʾātānā min faḍlih^{i} la-naṣṣaddaqanna wa-la-nakūnanna mina-l-ṣāliḥīn^{a}	87
lā tanfirū fī l-ḥarr^{i}	88
ḏarnā nakun maʿa l-qāʿidīna	89
ʾin ʾaradnā ʾillā l-ḥusnā	90
hal yarākum min ʾaḥad^{in}	91
ʾinna hāḏā la-sāḥir^{un} mubīn^{un}	92
ʾti bi-qurʾān^{in} ġayr^{i} hāḏā [ʾaw] baddilh^{u}	93
hāʾulāʾ^{i} šufaʿāʾunā ʿinda l-lāh^{i}	94
law-lā ʾunzil^{a} ʿalayh^{i} ʾāyat^{un} min rabbih^{i}	95
la-ʾin ʾanǧaytanā min hāḏih^{i} la-nakūnanna mina l-šākirīn^{a}	96
Iftarāhu	97
matā hāḏā l-waʿd^{u} ʾin kuntum ṣādiqīn^{a}	98
ʾa-ḥaqq^{un} huwa	99
ittaḫaḏ^{a} Allāh^{u} walad^{an}	100
ʾin hāḏā ʾillā siḥr^{un} mubīn^{un}	101
mā yaḥbisuh^{u}	102
ḏahab^{a} l-sayyiʾātu	103
law-lā ʾunzil^{a} ʿalayh^{i} kanz^{un} [ʾaw] ǧāʾ^{a} maʿah^{u} malak^{un}	104
iftarāh^{u}	105
iftarāh^{u}	106
ʾaʾiḏā kunnā turāb^{an} ʾaʾinnā la-fī ḫalq^{in} ǧadīd^{in}	107
law-lā ʾunzil^{a} ʿalayh^{i} ʾāyat^{un} min rabbih^{i}	108
law-lā ʾunzil^{a} ʿalayh^{i} ʾāyat^{un} min rabbih^{i}	109
last^{a} mursal^{an}	110
yā ʾayyuhā llaḏī nuzzil^{a} ʿalayh^{i} l-ḏikr^{u} ʾinnak^{a} la-mağnūn^{un}	111
law mā taʾtīnā bi-l-malāʾikat^{i} ʾin kunt^{a} mina l-ṣādiqīn^{a}	112
ʾinnamā sukkirat ʾabṣārunā bal naḥn^{u} qawm^{un} masḥūrūn^{a}	113
ʾasāṭīr^{u} l-ʾawwalīn^{a}	114
law šāʾ^{a} Allāh^{u} mā ʿabadnā min dūnih^{i} min šayʾ^{in} naḥn^{u} wa-lā ʾābāʾunā wa-lā ḥarramnā min dūnihī min šayʾ^{in}	115
lā yabʿaṯ^{u} Allāh^{u} man yamūt^{u}	116
ʾinnamā ʾant^{a} muftar^{in}	117
ʾinnamā yuʿallimuh^{u} bašar^{un}	118
hāḏā ḥalāl^{un} wa-haḏā ḥarām^{un}	119
ʾin tattabiʿūn^{a} ʾillā rağul^{an} masḥūr^{an}	120
ʾaʾiḏā kunnā ʿiẓām^{an} wa-rufāt^{an} ʾaʾinnā la-mabʿūṯūn^{a} ḫalq^{an} ǧadīd^{an}	121
man yuʿīdunā / matā huw^{a}	122
lan nuʾmin^{a} lak^{a} ḥattā tafǧur^{a} lanā min^{a} l-ʾarḍ^{i} yanbūʿ^{an}	123
ʾaw takūn^{a} lak^{a} ǧannat^{un} min naḫīl^{in} wa ʿinab^{in} fa-tufaǧǧir^{a} l-ʾanhār^{a} ḫilālahā tafǧīr^{an}	124

Enoncé intégral du CDRDP	n° CDRDP
ʾaw tusqiṭ^{a} l-samāʾ^{a} ka-mā zaʿamt^{a} ʿalaynā kisaf^{an} ʾaw taʾtiy^{a} bi-Allāh^{i} wa-l-malāʾikat^{i} qabīl^{an}	125
ʾaw yakūn^{a} lak^{a} bayt^{un} min zuḫruf^{in} ʾaw tarqā fī l-samāʾ^{i} wa-lan nuʾmin^{a} li-ruqiyyik^{a} ḥattā tunazzil^{a} ʿalaynā kitāb^{an} naqraʾuhū	126
ʾabaʿaṯ^{a} Allāh^{u} bašar^{an} rasūl^{an}	127
ʾaʾiḏā kunnā ʿiẓām^{an} wa-rufāt^{an} ʾaʾinnā la-mabʿūṯūn^{a} ḫalq^{an} ǧadīd^{an}	128
ʾIttaḫaḏ^{a} Allāh^{u} walad^{an}	129
ʾa-ʾiḏā mā mitt^{u} la-sawf^{a} ʾuḫraǧ^{u} ḥayy^{an}	130
ʾayy^{u} l-farīqayn^{i} ḫayr^{un} maqām^{an} wa ʾaḥsan^{u} nadīyy^{an}	131
la-ʾūtayann^{a} māl^{an} wa walad^{an}	132
Ittaḫaḏ^{a} l-raḥmān^{u} walad^{an}	133
law-lā yaʾtīnā bi-ʾāyat^{in} min rabbih^{i}	134
hal hāḏā ʾillā bašar^{un} miṯlukum	135
ʾaḍġāṯ^{u} ʾaḥlām^{in} bal^{i} ftarāh^{u} bal huw^{a} šāʿir^{un} fa-l-yaʾtinā biʾāyat^{in} ka-mā ʾursil^{a} l-ʾ-awwalūn^{a}	136
ʾittaḫaḏ^{a} l-raḥmān^{u} walad^{an}	137
ʾinnī ʾilāh^{un} min dūnih^{i}	138
ʾa-hāḏā llaḏī yaḏkur^{u} ʾālihatakum	139
matā hāḏā l-waʿd^{u} ʾin kuntum ṣādiqīn^{a}	140
bih^{i} ǧinnat^{un}	141
ʾaʾiḏā mitnā wa-kunnā turāb^{an} wa ʿiẓām^{an} ʾa-ʾinnā la-mabʿūṯūn^{a}	142
la-qad wuʿidnā naḥn^{u} wa-ʾābāʾunā hāḏā min qabl^{u} ʾin hāḏā ʾillā ʾasāṭīr^{u} l-ʾawwalīn^{a}	143
li-Allāh^{i}	144
li-Allāh^{i}	145
li-Allāh^{i}	146
hāḏā ʾifk^{un} mubīn^{un}	147
ʾan natakallam^{a} bi-hāḏā subḥānak^{a} hāḏā buhtān^{un} ʿaẓīm^{un}	148
ʾāmannā bi-Allāh^{i} wa- bi-l-rasūl^{i} wa- ʾaṭaʿnā	149
ʾin hāḏā ʾillā ʾifk^{un} iftarāh^{u} wa- ʾaʿānah^{u} ʿalayh^{i} qawm^{un} ʾāḫarūn^{a}	150
ʾasāṭīr^{u} l-ʾawwalīn^{a} ʾiktatabahā fa-hiy^{a} tumlā ʿalayh^{i} bukrat^{an} wa- ʾaṣīl^{an}	151
mā li-hāḏā l-rasūl^{i} yaʾkul^{u} -ṭaʿām^{a} wa yamšī fi l-ʾaswāq^{i} law-lā ʾunzil^{a} ʾilayh^{i} malak^{un} fa-yakūn^{a} maʿah^{u} naḏīr^{an}	152
ʾaw yulqā ʾilayh^{i} kanz^{un} ʾaw takūn^{u} lah^{u} ǧannat^{un} yaʾkul^{u} minhā / ʾin tattabiʿūn^{a} ʾillā raǧul^{an} masḥūr^{an}	153
law-lā ʾunzil^{a} ʿalaynā l-malāʾikat^{u} ʾaw narā rabbanā	154
law-lā nuzzil^{a} ʿalayh^{i} l-qurʾān^{u} ǧumlat^{an} wāḥidat^{an}	155
ʿa-hāḏā llaḏī baʿaṯ^{a} Allāh^{u} rasūl^{an}	156
ʿin kād^{a} la-yuḍillunā ʿan ʾālihatinā law-lā ʿan ṣabarnā ʿalayhā	157
wa mā l-raḥmān^{u} ʾa-nasǧud^{u} li-mā taʾmurun^{a}	158
ʾaʾiḏā kunnā turāb^{an} wa- ʾābāʾunā ʾa-ʾinnā la-muḫraǧūn^{a}	159
la-qad wuʿidnā hāḏā naḥn^{u} wa- ʾābāʾunā min qabl^{u} ʾin hāḏā ʾillā ʾasāṭīr^{u} l-ʾawwalīn^{a}	160
matā hāḏā l-waʿd^{u} ʾin kuntum ṣādiqīn^{a}	161
rabbanā law-lā ʾarsalt^{a} ʾilaynā rasūl^{an} fa-nattabiʿ^{a} ʾāyātik^{a} wa-nakūn^{a} mina l-muʾminīn^{a}	162
law-lā ʾūtiy^{a} miṯl^{a} mā ʾūtiy^{a} mūsā / siḥrān^{i} taẓāharā / ʾinnā bi-kull^{in} kāfirūn^{a}	163

Enonce intégral du CDRDP	n° CDRDP
ʾin nattabiʿ^{i} l-hudā maʿak^{a} nutaḫaṭṭafmin arḍinā	164
ʾāmannā	165
ʾāmannā bi-Allāh^{i}	166
ittabiʿū sabīlanā wa l-naḥmil ḫaṭāyākum	167
law-lā ʾunzil^{a} ʿalayh^{i} ʾāyāt^{un} min rabbih^{i}	168
Allāh^{u}	169
Allāh^{u}	170
ʾin ʾantum ʾillā mubṭilūn^{a}	171
bal nattabiʿ^{u} mā waǧadnā ʿalayh^{i} ʾābāʾanā	172
Allāh^{u}	173
ʾaʾiḏā ḍalalnā fī l-ʾarḍ^{i} ʾaʾinnā la-fī ḫalq^{in} ǧadīd^{in}	174
matā hāḏā l-fatḥ^{u} ʾin kuntum ṣādiqīn^{a}	175
tuẓāhirūn^{a} minhunn^{a} ʾummahātikum	176
mā waʿadanā Allāh^{u} wa rasūluh^{u} ʾillā ġurūr^{an}	177
yā- ʾahl^{a} yaṯrib^{a} lā muqām^{a} lakum fa-rǧiʿū / ʾinn^{a} buyūtanā ʿawrat^{un}	178
halumm^{a} ʾilaynā	179
lā taʾtīnā l-sāʿat^{u}	180
hal nadullukum ʿalā raǧul^{in} yunabbiʾukum ʾiḏā muzziqtum kull^{a} mumazzaq^{in} ʾinnakum la-fī ḫalq^{in} ǧadīd^{in}	181
ʾa-ftarā ʿalā Allāh^{i} kaḏib^{an} ʾam bih^{i} ǧinnat^{un}	182
māḏā qāl^{a} rabbukum	183
matā hāḏā l-waʿd^{u} ʾin kuntum ṣādiqīn^{a}	184
lan nuʾumin^{a} bi-hāḏā l-qurʾān^{i} wa-lā bi-llaḏ^{ī} bayn^{a} yadayh^{i}	185
ʿinnā bi-mā ʾursiltum bih^{i} kāfirūn^{a}	186
naḥn^{u} ʾakṯar^{u} ʾamwāl^{an} wa ʾawlād^{an} wa-mā naḥn^{u} bi-muʿaḏḏabīn^{a}	187
mā hāḏā ʾillā raǧul^{un} yurīd^{u} ʾan yaṣuddakum ʿammā kān^{a} yaʿbud^{u} ʾābāʾukum / mā hāḏā ʾillā ʾifk^{un} muftar^{an} / ʾin hāḏā ʾillā siḥr^{un} mubīn^{un}	188
ʾa-nuṭʿim^{u} man law yaš āʾ^{u} Allāh^{u} ʾaṭʿamah^{u} ʾin ʾantum ʾillā fī ḍalāl^{in} mubīn^{in}	189
matā hāḏā l-waʿd^{u} ʾin kuntum ṣādiqīn^{a}	190
man yuḥyī l-ʿiẓām^{a} wa- hiy^{a} ramīm^{un}	191
ʾin hāḏā ʾillā siḥr^{un} mubīn^{un}	192
ʾaʾiḏā mitnā wa-kunnā turāb^{an} wa-ʿiẓām^{an} ʾa-ʾinnā la-mabʿūṯūn^{a}	193
ʾa-waʾābāʾunā l-ʾawwalūn^{a}	194
ʾaʾinnā la-tārikū ʾālihatinā li-šāʿir^{in} maǧnūn^{in}	195
ʾalā ʾinnahum min ʾifkihim la-yaqūlūn^{a}	196
walad^{a} Allāh^{u}	197
wa ʾin kānū la-yaqūlūn^{a}	198
law ʾann^{a} ʿindanā ḏikr^{an} min^{a} l-ʾawwalīn^{a}	199
la-kunnā ʿibād^{a} Allāh^{i} l-muḫlaṣīn^{a}	200
hāḏā sāḥir^{un} kaḏḏāb^{un}	201
ʾaǧaʿal^{a} l-ʾālihat^{a} ʾilāh^{an} wāḥid^{an} ʾinn^{a} hāḏā la-šayʾ^{un} ʿuǧāb^{un}	202
ʾani mšū wa-ṣbirū ʿalā ʾālihatikum ʾinna hāḏā la-šayʾ^{un} yurād^{u}	203
mā samiʿnā bi-haḏā fī l-millat^{i} l-ʾāḫirat^{i} ʾin hāḏā ʾillā ḫtilāq^{un}	204
ʾa-ʾunzil^{a} ʿalayh^{i} l-ḏikr^{u} min bayninā	205
mā naʿbuduhum ʾillā li-yuqarribūnā ʾilā Allāh^{i} zulfā	206

Enoncé intégral du CDRDP	**n° CDRDP**
Allāh^{u}	207
ʾinnamā ʾūtītuhū ʿalā ʿilm^{in}	208
qulūbunā fī ʾakinnat^{in} mimmā tadʿūnā ʾilayh^{i} wa-fī ʾāḏāninā waqr^{un} wa-min bayninā wa- baynik^{a} ḥiğāb^{un} fāʿmal ʾinnanā ʿāmilūn^{a}	209
lā tasmaʿū li-haḏā l-qurʾān^{i} wa lġaw fīh^{i} laʿallakum taġlibūn^{a}	210
law-lā fuṣṣilat ʾāyātuh^{u} ʾa-aʿ ǧamīyy^{un} wa- ʿarabīyy^{un}	211
hāḏā lī wa-mā ʾaẓunn^{u} l-sāʿat^{a} qāʾimat^{an} wa-la-ʾin ruǧiʿt^{u} ʾilā rabbī ʾinn^{a} lī ʿindah^{u} la-l-ḥusnā	212
iftarā ʿalā Allāh^{i} kaḏib^{an}	213
ḫalaqahunn^{a} al ʿazīz^{u} l- ʿalīm^{u}	214
law šā^{ʾa} l-raḥmān^{u} mā ʿabadnāhum	215
ʾinnā waǧadnā ʾābāʾanā ʿalā ʾummat^{in} wa- ʾinnā ʿalā ʾāṯārihim muhtadūn^{a}	216
ʾinnā waǧadnā ʾābāʾanā ʿalā ʾummat^{in} wa- ʾinnā ʿalā ʾāṯārihim muqtadūn^{a}	217
ʾinnā bi-mā ʾursiltum bihi kāfirūn^{a}	218
hāḏā siḥr^{un} wa ʾinnā bih^{i} kāfirūn^{a}	219
law-lā nuzzil^{a} hāḏā l-qurʾān^{u} ʿalā raǧul^{in} mina l-qaryatayn^{i} ʿaẓīm^{in}	220
ʾaʾālihatunā ḫayr^{un} ʾam huw^{a}	221
Allāh^{u}	222
muʿallam^{un} maǧnūn^{un}	223
ʾinna hāʾula^{ʾi} la-yaqūlūn^{a}	224
ʾin hiy^{a} ʾillā mawtatunā l-ʾūlā wa-mā naḥn^{u} bi-munšarīn^{a}	225
faʾtū bi-ʾābāʾinā ʾin kuntum ṣādiqīn^{a}	226
mā hiy^{a} ʾillā ḥayātunā l-dunyā namūt^{u} wa- naḥyā wa-mā yuhlikunā ʾillā l-dahr^{u}	227
ʾtū bi-ʾābāʾinā ʾin kuntum ṣādiqīn^{a}	228
mā nadrī mā l-sāʿat^{u} ʾin naẓunn^{u} ʾillā ẓann^{an} wa-mā naḥn^{u} bi-mustayqinīn^{a}	229
aftarāh^{u}	230
hāḏā siḥr^{un} mubīn^{un}	231
aftarāh^{u}	232
law kān^{a} ḫayr^{an} mā sabaqūnā ʾilayh^{i} / hāḏā ʾifk^{un} qadīm^{un}	233
ʾuff^{in} lakumā ʾa-taʿidāninī ʾan ʾuḫraǧ^{a} wa-qad ḫalat^{i} l-qurūn^{u} min qablī / mā hāḏā ʾillā ʾasāṭīr^{u} l-ʾawwalīn^{a}	234
māḏā qāl^{a} ʾānif^{an}	235
law-lā nuzzilat sūrat^{un}	236
sa-nuṭī ʿukum fī baʿḍ^{i} l-ʾamr^{i}	237
šaġalatnā ʾamwālunā wa ʾahlūnā fā-staġfir lanā	238
ḏarūnā nattabiʿkum / bal taḥsudūnanā	239
ʾāmannā	240
hāḏā šay^{ʾun} ʿağīb^{un}	241
ʾaʾiḏā mitnā wa-kunnā turāb^{an} ḏālik^{a} raǧ^{ʿun} baʿīd^{un}	242
ʾayyān^{a} yawm^{u} l-dīn^{i}	243
šāʿir^{un} natarabbaṣ^{u} bih^{i} rayb^{a} l-manūn^{i}	244
taqawwalah^{u}	245
saḥāb^{un} markūm^{un}	246
siḥr^{un} mustamirr^{un}	247
naḥn^{u} ǧamī^{ʿun} muntaṣir^{un}	248

Enoncé intégral du CDRDP	n° CDRDP
ʾaʾiḏā mitnā wa kunnā turāb^{an} wa- ʿiẓām^{an} ʾa-ʾinnā la-mabʿūṯūn^{a}	249
ʾa-wa ʾābāʾunā l-ʾawwalūn^{a}	250
law-lā yuʿaḏḏibunā Allāh^{u} bi-mā naqūl^{u}	251
našhad^{u} ʾinnak^{a} la-rasūl^{u} Allāh^{i}	252
lā tunfiqū ʿalā man ʿind^{a} rasūl^{i} Allāh^{i} ḥattā yanfaḍḍū	253
laʾin raǧaʿnā ʾilā l-madīnat^{i} la-yuḫriǧanna l-ʾaʿazz^{u} minhā l-ʾaḏall^{a}	254
matā hāḏā l-waʿd^{u} ʾin kuntum ṣādiqīn^{a}	255
ʾasāṭīr^{u} l-awwalīn^{a}	256
ʾinnah^{u} la-maǧnūn^{un}	257
ʾin hāḏā ʾillā siḥr^{un} yuʾṯar^{u}	258
ʾin hāḏā illā qawl^{u} l-bašar^{i}	259
māḏā ʾarād^{a} Allāh^{u} bi-hāḏā maṯal^{an}	260
ʾayyān^{a} yawm^{u} l-qiyāmat^{i}	261
ʾaʾinnā la-mardūdūn^{a} fī l-ḥāfirat^{i}	262
ʾaʾiḏā kunnā ʿiẓām^{an} naḫirat^{an}	263
tilk^{a} ʾiḏ^{an} karrat^{un} ḫāsirat^{un}	264
ʾayyān^{a} mursāhā	265
ʾasāṭīr^{u} l-ʾawwalīn^{a}	266
ʾinn^{a} hāʾulāʾ^{i} la-ḍāllūn^{a}	267
rabbī ʾakraman^{i}	268
rabbī ʾahānan^{i}	269
ʾahlakt^{u} māl^{an} lubad^{an}	270

II Liste des CDRDP selon un ordre chronologique supposé (Nöldeke, Schwally)

Enoncé intégral du CDRDP	n°CDRDP
ʾin hāḏā ʾillā siḥr^{un} yuʾṯar^{u}	258
ʾin hāḏā illā qawl^{u} l-bašar^{i}	259
māḏā ʾarād^{a} Allāh^{u} bi-hāḏā maṯal^{an}	260
ʾahlakt^{u} māl^{an} lubad^{an}	270
ʾasāṭīr^{u} l-awwalīn^{a}	256
ʾinnah^{u} la-maǧnūn^{un}	257
ʾaʾinnā la-mardūdūn^{a} fī l-ḥāfirat^{i}	262
ʾaʾiḏā kunnā ʿiẓām^{an} naḫirat^{an}	263
tilk^{a} ʾiḏ^{an} karrat^{un} ḫāsirat^{un}	264
ʾayyān^{a} mursāhā	265
rabbī ʾakraman^{i}	268
rabbī ʾahānan^{i}	269
ʾayyān^{a} yawm^{u} l-qiyāmat^{i}	261
ʾaʾiḏā mitnā wa-kunnā turāb^{an} ḏālik^{a} raǧʿ^{un} baʿīd^{un}	242
ʾayyān^{a} yawm^{u} l-dīn^{i}	243
šāʿir^{un} natarabbaṣ^{u} bih^{i} rayb^{a} l-manūn^{i}	244

Enoncé intégral du CDRDP	n°CDRDP
taqawwalah^{u}	245
naḥn^{u} ǧamīʿ^{un} muntaṣir^{un}	248
ʾaʾiḏā mitnā wa kunnā turāb^{an} wa- ʿiẓām^{an} ʾa-ʾinnā la-mabʿūṯūn^{a}	249
ʾasāṭīr^{u} l-ʾawwalīn^{a}	266
ʾinn^{a} hāʾulāʾ^{i} la-ḍāllūn^{a}	267
saḥāb^{un} markūm^{un}	246
siḥr^{un} mustamirr^{un}	247
ʾin hāḏā ʾillā siḥr^{un} mubīn^{un}	192
ʾaʾiḏā mitnā wa-kunnā turāb^{an} wa-ʿiẓām^{an} ʾa-ʾinnā la-mabʿūṯūn^{a}	193
ʾa-waʾābāʾunā l-ʾawwalūn^{a}	194
ʾaʾinnā la-tārikū ʾālihatinā li-šāʿir^{in} maǧnūn^{in}	195
ʾalā ʾinnahum min ʾifkihim la-yaqūlūn^{a}	196
walad^{a} Allāh^{u}	197
wa ʾin kānū la-yaqūlūn^{a}	198
law ʾann^{a} ʿindanā ḏikr^{an} min^{a} l-ʾawwalīn^{a}	199
la-kunnā ʿibād^{a} Allāh^{i} l-muḫlaṣīn^{a}	200
muʿallam^{un} maǧnūn^{un}	223
ʾinna hāʾulaʾ^{i} la-yaqūlūn^{a}	224
ʾin hiy^{a} ʾillā mawtatunā l-ʾūlā wa-mā naḥn^{u} bi-munšarīn^{a}	225
faʾtū bi-ʾābāʾinā ʾin kuntum ṣādiqīn^{a}	226
ʾāmannā	240
hāḏā šayʾ^{un} ʿaǧīb^{un}	241
law-lā yaʾtīnā bi-ʾāyat^{in} min rabbih^{i}	134
yā ʾayyuhā llaḏī nuzzil^{a} ʿalayh^{i} l-ḏikr^{u} ʾinnak^{a} la-maǧnūn^{un}	111
law mā taʾtīnā bi-l-malāʾikat^{i} ʾin kunt^{a} mina l-ṣādiqīn^{a}	112
ʾinnamā sukkirat ʾabṣārunā bal naḥn^{u} qawm^{un} masḥūrūn^{a}	113
ʾa-ʾiḏā mā mitt^{u} la-sawf^{a} ʾuḫraǧ^{u} ḥayy^{an}	130
ʾayy^{u} l-farīqayn^{i} ḫayr^{un} maqām^{an} wa ʾaḥsan^{u} nadīyy^{an}	131
la-ʾūtayann^{a} māl^{an} wa walad^{an}	132
Ittaḫaḏ^{a} l-raḥmān^{u} walad^{an}	133
hāḏā sāḥir^{un} kaḏḏāb^{un}	201
ʾaǧaʿal^{a} l-ʾālihat^{a} ʾilāh^{an} wāḥid^{an} ʾinn^{a} hāḏā la-šayʾ^{un} ʿuǧāb^{un}	202
ʾani mšū wa-ṣbirū ʿalā ʾālihatikum ʾinna hāḏā la-šayʾ^{un} yurād^{u}	203
mā samiʿnā bi-haḏā fī l-millat^{i} l-ʾāḫirat^{i} ʾin hāḏā ʾillā ḫtilāq^{un}	204
ʾa-ʾunzil^{a} ʿalayh^{i} l-ḏikr^{u} min bayninā	205
ʾa-nuṭʿim^{u} man law yaš āʾ^{u} Allāh^{u} ʾaṭʿamah^{u} ʾin ʾantum ʾillā fī ḍalāl^{in} mubīn^{in}	189
matā hāḏā l-waʿd^{u} ʾin kuntum ṣādiqīn^{a}	190
man yuḥyī l-ʿiẓām^{a} wa- hiy^{a} ramīm^{un}	191
ḫalaqahunn^{a} al ʿazīz^{u} l- ʿalīm^{u}	214
law šāʾ^{a} l-raḥmān^{u} mā ʿabadnāhum	215
ʾinnā waǧadnā ʾābāʾanā ʿalā ʾummat^{in} wa- ʾinnā ʿalā ʾāṯārihim muhtadūn^{a}	216
ʾinnā waǧadnā ʾābāʾanā ʿalā ʾummat^{in} wa- ʾinnā ʿalā ʾāṯārihim muqtadūn^{a}	217
ʾinnā bi-mā ʾursiltum bihi kāfirūn^{a}	218
hāḏā siḥr^{un} wa ʾinnā bih^{i} kāfirūn^{a}	219
law-lā nuzzil^{a} hāḏā l-qurʾān^{u} ʿalā raǧul^{in} mina l-qaryatayn^{i} ʿaẓīm^{in}	220

Enoncé intégral du CDRDP	**n°CDRDP**
ʾaʾālihatunā ḫayr^{un} ʾam huw^{a}	221
Allāh^{u}	222
matā hāḏā l-waʿd^{u} ʾin kuntum ṣādiqīn^{a}	255
bih^{i} ǧinnat^{un}	141
ʾaʾiḏā mitnā wa-kunnā turāb^{an} wa ʿiẓām^{an} ʾa-ʾinnā la-mabʿūṯūn^{a}	142
la-qad wuʿidnā naḥn^{u} wa-ʾābāʾunā hāḏā min qabl^{u} ʾin hāḏā ʾillā ʾasāṭīr^{u} l-ʾawwalīn^{a}	143
li-Allāh^{i}	144
li-Allāh^{i}	145
li-Allāh^{i}	146
hal hāḏā ʾillā bašar^{un} miṯlukum	135
ʾaḍġāṯ^{u} ʾaḥlām^{in} balʾftarāh^{u} bal huw^{a} šāʿir^{un} fa-l-yaʾtinā biʾāyat^{in} ka-mā ʾursil^{a} l-ʾ-awwalūn^{a}	136
ʾittaḫaḏ^{a} l-raḥmān^{u} walad^{an}	137
ʾinnī ʾilāh^{un} min dūnih^{i}	138
ʾa-hāḏā llaḏī yaḏkur^{u} ʾālihatakum	139
matā hāḏā l-waʿd^{u} ʾin kuntum ṣādiqīn^{a}	140
ʾin hāḏā ʾillā ʾifk^{un} iftarāh^{u} wa- ʾaʿānah^{u} ʿalayh^{i} qawm^{un} ʾāḫarūn^{a}	150
ʾasāṭīr^{u} l-ʾawwalīn^{a} ʾiktatabahā fa-hiy^{a} tumlā ʿalayh^{i} bukrat^{an} wa- ʾaṣīl^{an}	151
mā li-hāḏā l-rasūl^{i} yaʾkul^{u} -ṭaʿām^{a} wa yamšī fī l-ʾaswāq^{i} law-lā ʾunzil^{a} ʾilayh^{i} malak^{un} fa-yakūn^{a} maʿah^{u} naḏīr^{an}	152
ʾaw yulqā ʾilayh^{i} kanz^{un} ʾaw takūn^{u} lah^{u} ǧannat^{un} yaʾkul^{u} minhā / ʾin tattabiʿūn^{a} ʾillā raǧul^{an} masḥūr^{an}	153
law-lā ʾunzil^{a} ʿalaynā l-malāʾikat^{u} ʾaw narā rabbanā	154
law-lā nuzzil^{a} ʿalayh^{i} l-qurʾān^{u} ǧumlat^{an} wāḥidat^{an}	155
ʿa-hāḏā llaḏī baʿaṯ^{a} Allāh^{u} rasūl^{an}	156
ʿin kād^{a} la-yuḍillunā ʿan ʾālihatinā law-lā ʾan ṣabarnā ʿalayhā	157
wa mā l-raḥmān^{u} ʾa-nasǧud^{u} li-mā taʾmurun^{a}	158
ʾin tattabiʿūn^{a} ʾillā raǧul^{an} masḥūr^{an}	120
ʾaʾiḏā kunnā ʿiẓām^{an} wa-rufāt^{an} ʾaʾinnā la-mabʿūṯūn^{a} ḫalq^{an} ǧadīd^{an}	121
man yuʿīdunā / matā huw^{a}	122
lan nuʾmin^{a} lak^{a} ḥattā tafǧur^{a} lanā min^{a} l-ʾarḍ^{i} yanbūʿ^{an}	123
ʾaw takūn^{a} lak^{a} ǧannat^{un} min naḫīl^{in} wa ʿinab^{in} fa-tufaǧǧir^{a} l-ʾanhār^{a} ḫilālahā tafǧīr^{an}	124
ʾaw tusqiṭ^{a} l-samāʾ^{a} ka-mā zaʿamt^{a} ʿalaynā kisaf^{an} ʾaw taʾtiy^{a} bi-Allāh^{i} wa-l-malāʾikat^{i} qabīl^{an}	125
ʾaw yakūn^{a} lak^{a} bayt^{un} min zuḫruf^{in} ʾaw tarqā fī l-samāʾ^{i} wa-lan nuʾmin^{a} li-ruqiyyik^{a} ḥattā tunazzil^{a} ʿalaynā kitāb^{an} naqraʾuhū	126
ʾabaʿaṯ^{a} Allāh^{u} bašar^{an} rasūl^{an}	127
ʾaʾiḏā kunnā ʿiẓām^{an} wa-rufāt^{an} ʾaʾinnā la-mabʿūṯūn^{a} ḫalq^{an} ǧadīd^{an}	128
ʾaʾiḏā kunnā turāb^{an} wa- ʾābāʾunā ʾa-ʾinnā la-muḫraǧūn^{a}	159
la-qad wuʿidnā hāḏā naḥn^{u} wa- ʾābāʾunā min qabl^{u} ʾin hāḏā ʾillā ʾasāṭīr^{u} l-ʾawwalīn^{a}	160
matā hāḏā l-waʿd^{u} ʾin kuntum ṣādiqīn^{a}	161
ʾIttaḫaḏ^{a} Allāh^{u} walad^{an}	129
qulūbunā fī ʾakinnat^{in} mimmā tadʿūnā ʾilayh^{i} wa-fī ʾāḏāninā waqr^{un} wa-min bayninā wa- baynik^{a} ḥiǧāb^{un} fāʿmal ʾinnanā ʿāmilūn^{a}	209
lā tasmaʿū li-haḏā l-qurʾān^{i} wa lġaw fīh^{i} laʿallakum taġlibūn^{a}	210

Enoncé intégral du CDRDP	n°CDRDP
law-lā fuṣṣilat ʾāyātuh^{u} ʾa-aʿ ǧamīyy^{un} wa- ʿarabīyy^{un}	211
hāḏā lī wa-mā ʾaẓunn^{u} l-sāʿat^{a} qāʾimat^{an} wa-la-ʾin ruǧiʿt^{u} ʾilā rabbī ʾinn^{a} lī ʿindah^{u} la-l-ḥusnā	212
mā hiy^{a} ʾillā ḥayātunā l-dunyā namūt^{u} wa- naḥyā wa-mā yuhlikunā ʾillā l-dahr^{u}	227
ʾtū bi-ʾābāʾinā ʾin kuntum ṣādiqīn^{a}	228
law-lā yuʿaḏḏibunā Allāh^{u} bi-mā naqūl^{u}	251
mā nadrī mā l-sāʿat^{u} ʾin naẓunn^{u} ʾillā ẓann^{an} wa-mā naḥn^{u} bi-mustayqinīn^{a}	229
waǧadnā ʿalayhā ʾābāʾanā wa Allāh^{u} ʾamaranā bihā	73
ʾayyāna mursāhā	74
law-lā ǧtabaytahā	75
ʾasāṭīr^{u} l-ʾawwalīn^{a}	114
law šāʾ^{a} Allāh^{u} mā ʿabadnā min dūnih^{i} min šayʾ^{in} naḥn^{u} wa-lā ʾābāʾunā wa-lā ḥarramnā min dūnihī min šayʾ^{in}	115
lā yabʿaṯ^{u} Allāh^{u} man yamūt^{u}	116
ʾinnamā ʾant^{a} muftar^{in}	117
ʾinnamā yuʿallimuh^{u} bašar^{un}	118
hāḏā ḥalāl^{un} wa-haḏā ḥarām^{un}	119
ʾin ʾantum ʾillā mubṭilūn^{a}	171
ʾin hāḏā ʾillā siḥr^{un} mubīn^{un}	101
mā yaḥbisuh^{u}	102
ḏahab^{a} l-sayyiʾātu	103
law-lā ʾunzil^{a} ʿalayh^{i} kanz^{un} [ʾaw] ǧāʾ^{a} maʿah^{u} malak^{un}	104
iftarāh^{u}	105
iftarāh^{u}	106
ʾaʾiḏā ḍalalnā fī l-ʾarḍ^{i} ʾaʾinnā la-fī ḫalq^{in} ǧadīd^{in}	174
matā hāḏā l-fatḥ^{u} ʾin kuntum ṣādiqīn^{a}	175
rabbanā law-lā ʾarsalt^{a} ʾilaynā rasūl^{an} fa-nattabiʿ^{a} ʾāyātik^{a} wa-nakūn^{a} mina l-muʾminīn^{a}	162
law-lā ʾūtiy^{a} miṯl^{a} mā ʾūtiy^{a} mūsā / siḥrān^{i} taẓāharā / ʾinnā bi-kull^{in} kāfirūn^{a}	163
ʾin nattabiʿ^{i} l-hudā maʿak^{a} nutaḫaṭṭaf min arḍinā	164
mā naʿbuduhum ʾillā li-yuqarribūnā ʾilā Allāh^{i} zulfā	206
Allāh^{u}	207
ʾinnamā ʾūtītuhū ʿalā ʿilm^{in}	208
ʾāmannā	165
ʾāmannā bi-Allāh^{i}	166
ittabiʿū sabīlanā wa l-naḥmil ḫaṭāyākum	167
law-lā ʾunzil^{a} ʿalayh^{i} ʾāyāt^{un} min rabbih^{i}	168
Allāh^{u}	169
Allāh^{u}	170
bal nattabiʿ^{u} mā waǧadnā ʿalayh^{i} ʾābāʾanā	172
Allāh^{u}	173
iftarā ʿalā Allāh^{i} kaḏib^{an}	213
ʾinna hāḏā la-sāḥir^{un} mubīn^{un}	92
ʾti bi-qurʾān^{in} ġayr^{i} hāḏā [ʾaw] baddilh^{u}	93
hāʾulāʾ^{i} šufaʿāʾunā ʿinda l-lāh^{i}	94

Enoncé intégral du CDRDP	n°CDRDP
law-lā ʾunzil^{a} ʿalayh^{i} ʾāyat^{un} min rabbih^{i}	95
la-ʾin ʾanǧaytanā min hāḏih^{i} la-nakūnanna mina l-šākirīn^{a}	96
Iftarāhu	97
matā hāḏā l-waʿd^{u} ʾin kuntum ṣādiqīn^{a}	98
ʾa-ḥaqq^{un} huwa	99
ittaḫaḏ^{a} Allāh^{u} walad^{an}	100
lā taʾtīnā l-sāʿat^{u}	180
hal nadullukum ʿalā raǧul^{in} yunabbiʾukum ʾiḏā muzziqtum kull^{a} mumazzaq^{in} ʾinnakum la-fī ḫalq^{in} ǧadīd^{in}	181
ʾa-ftarā ʿalā Allāh^{i} kaḏib^{an} ʾam bih^{i} ǧinnat^{un}	182
māḏā qāl^{a} rabbukum	183
matā hāḏā l-waʿd^{u} ʾin kuntum ṣādiqīn^{a}	184
lan nuʾumin^{a} bi-hāḏā l-qurʾān^{i} wa-lā bi-llaḏ^{ī} bayn^{a} yadayh^{i}	185
ʿinnā bi-mā ʾursiltum bih^{i} kāfirūn^{a}	186
naḥn^{u} ʾakṯar^{u} ʾamwāl^{an} wa ʾawlād^{an} wa-mā naḥn^{u} bi-muʿaḏḏabīn^{a}	187
mā hāḏā ʾillā raǧul^{un} yurīd^{u} ʾan yaṣuddakum ʿammā kān^{a} yaʿbud^{u} ʾābāʾukum / mā hāḏā ʾillā ʾifk^{un} muftar^{an} / ʾin hāḏā ʾillā siḥr^{un} mubīn^{un}	188
aftarāh^{u}	230
hāḏā siḥr^{un} mubīn^{un}	231
aftarāh^{u}	232
law kān^{a} ḫayr^{an} mā sabaqūnā ʾilayh^{i} / hāḏā ʾifk^{un} qadīm^{un}	233
ʾin hāḏā ʾillā siḥr^{un} mubīn^{un}	58
Law-lā ʾunzil^{a} ʿalayh^{i} malak^{un}	59
ʾin hāḏā ʾillā ʾasāṭīr^{u} l-ʾawwalīn^{a}	60
ʾin hiy^{a} ʾillā ḥayātunā l-dunyā wa mā naḥn^{u} bi-mabʿūṯīn^{a}	61
law-lā nuzzil^{a} ʿalayh^{i} ʾāyat^{un} min rabbih^{i}	62
mā ʾanzal^{a} Allāh^{u} ʿalā bašar^{in} min šayʾ^{in}	63
ʾūḥiy^{a} ʾilayy^{a} / saʾunzil^{u} miṯl^{a} mā ʾanzal^{a} Allāh^{u}	64
Darast^{a}	65
lan nuʾmin^{a} ḥattā nuʾtā miṯl^{a} mā ʾūtiy^{a} rusul^{u} Allāh^{i}	66
hāḏā li-Allāh^{i} / wa haḏā li-šurakāʾinā	67
hāḏih^{i} ʾanʿām^{un} wa-ḥarṯ^{un} ḥiǧrun lā yaṭʿamuhā illā man našāʾu	68
mā fī buṭūn^{i} hadih^{i} l-ʾanʿām^{i} ḫāliṣat^{un} li-ḏukūrinā wa-muḥarram^{un} ʿalā ʾazwāǧinā	69
law šāʾa Allāh^{u} mā ʾašraknā wa lā ʾābāʾunā wa lā ḥarramnā min šayʾ^{in}	70
ʾinnamā ʾunzil^{a} l-kitāb^{u} ʿalā ṭāʾifatayn^{i} min qablinā wa ʾin kunnā ʿan dirāsatihim la-ġāfilīn^{a}	71
law ʾannā ʾunzil^{a} ʿalaynā l-kitāb^{u} la-kunnā ʾahdā minhum	72
ʾāmannā bi-Allāh^{i} wa bi al yawm^{i} l-ʾāḫir^{i}	1
ʾinnamā naḥnu muṣliḥūn^{a}	2
ʾa-nuʾminu ka-mā ʾāmana l-sufahāʾu	3
ʾāmannā / ʾinnā maʿakum ʾinnamā naḥnu mustahziʾūn^{a}	4
māḏā ʾarāda Allāh^{u} bi-hāḏā maṯal^{an}	5
ʾāmannā / ʾa-tuḥaddiṯūnahum bi-mā fataḥa Allāh^{u} ʿalaykum li-yuḥāǧǧūkum bihī ʿinda rabbikum	6
hāḏā min ʿindi Allāh^{i}	7

Enoncé intégral du CDRDP	n°CDRDP
lan tamassanā l-nār^{u} ʾillā ʾayyām^{an} maʿdūdat^{an}	8
qulūbunā ġulf^{un}	9
nuʾmin^{u} bi-mā ʾunzil^{a} ʿalaynā	10
lan yadḫul^{a} l-ǧannat^{a} ʾillā man kāna hūdan ʾaw naṣārā	11
laysati l-naṣārā ʿalā šayʾin / laysati l-yahūdu ʿalā šayʾin	12
ittaḫaḏa Allāh^{u} walad^{an}	13
Law-lā yukallimunā Allāhu ʾaw taʾtīnā ʾāyatun	14
kūnū hūd^{an} ʾaw naṣārā tahtadū	15
ʾinna ʾIbrāhīm^{a} wa- ʾIsmāʿīl^{a} wa- ʾIsḥāq^{a} wa- Yaʿqūb^{a} wa-l-ʾasbāṭ^{a} kānū hūd^{an} ʾaw naṣārā	16
mā Allāh^{um} ʿan qiblatihim^{u} llatī kānū ʿalayhā	17
bal nattabiʿ^{u} mā ʾalfaynā ʿalayh^{i} ʾābāʾanā	18
rabbanā ʾātinā fī l-dunyā	19
ʾinnamā l-bayʿ^{u} miṯl^{u} l-ribā	20
ʾuff^{in} lakumā ʾa-taʿidāninī ʾan ʾuḫraǧ^{a} wa-qad ḫalat^{i} l-qurūn^{u} min qablī / mā hāḏā ʾillā ʾasāṭīr^{u} l-ʾawwalīn^{a}	234
māḏā qāl^{a} ʾānif^{an}	235
law-lā nuzzilat sūrat^{un}	236
lan tamassanā l-nār^{u} ʾillā ʾayyām^{an} maʿdūdāt^{in}	21
ʾāminū bi-llaḏī ʾunzil^{a} ʿalā llaḏīn^{a} ʾāmanū waǧha l-nahār^{i} wa-kfurū ʾāḫirahū laʿallāhum yarǧiʿūn^{a}	22
wa-lā tuʾminū ʾillā li-man tabiʿ^{a} dīnakum	23
lays^{a} ʿalaynā fī l-ʾummīyyīn^{a} sabīl^{un}	24
huwa min ʿindi Allāh^{i}	25
ʾāmannā	26
hal lanā min^{a} l-ʾamr^{i} min šayʾ^{in} / law kān^{a} lanā mina l-ʾamri šayʾ^{un} mā qutilnā hāhunā	27
« law kānū ʿindanā mā mātū wa-mā qutilū »	28
ʾannā hāḏā	29
law naʿlam^{u} qitāl^{an} lā-ttabaʿnākum	30
li-ʾiḫwānihim wa qaʿadū law ʾaṭāʿūnā mā qutilū	31
ʾinna Allāh^{a} faqīr^{un} wa-naḥn^{u} ʾaġniyāʾ^{u}	32
ʾinna Allāh^{a} ʿahidaʾilaynāʾ ʾallā nuʾmin^{a} li-rasūl^{in} ḥattā yaʾtiyanā bi-qurbān^{in} taʾkuluh^{u} l-nāru	33
samiʿnā	76
qad samiʿnā law našāʾ^{u} la-qulnā miṯl^{a} hāḏā ʾin hāḏā ʾillā ʾasāṭīr^{u} l-ʾawwalīn^{a}	77
Allāhumma ʾin kān^{a} hāḏā huwa l-ḥaqqa min ʿindik^{a} fa-ʾamṭir ʿalaynā ḥiǧāratan mina l-samāʾ^{i} ʾawi ʾtinā bi-ʿaḏāb^{in} ʾalīm^{in}	78
ġarr^{a} hāʾulāʾ^{i} dīnuhum	79
samiʿnā (wa-) ʿaṣaynā (wa-) smaʿ ġayr^{a} musmaʿin (wa-) rāʿinā	34
hāʾulāʾ^{i} ʾahdā min^{a} llaḏīn^{a} ʾāmanū sabīl^{an}	35
ʾin ʾaradnā ʾillā ʾiḥsān^{an} wa-tawfīq^{an}	36
qad ʾanʿam^{a} Allāh^{u} ʿalayy^{a} ʾiḏ lam ʾakun maʿahum šahīd^{an}	37
mawaddat^{un} yā laytanī kunt^{u} maʿahum fa-ʾafūza fawz^{an} ʿaẓīm^{an}	38
rabbanā li-ma katabt^{a} ʿalaynā l-qitāl^{a} law-lā ʾaḫḫartanā ʾilā ʾaǧal^{in} qarīb^{in}	39
haḏih^{i} min ʿind^{i} l-lāh^{i} / hāḏih^{i} min ʿindik^{a}	40

Enoncé intégral du CDRDP	n°CDRDP
ṭāʿat^{un}	41
ʾa-lam nakun maʿakum / ʾa-lam nastaḥwiḏ ʿalaykum wa namnaʿkum mina l-muʾuminīna	42
nuʾmin^{u} bi-baʿḍ^{in} wa nakfur^{u} bi-baʿḍ^{in}	43
qulūbunā ġulf^{un}	44
ʾinnā qatalnā l-masīḥ^{a} ʿĪsā bn^{a} Maryam^{a} rasūl^{a} Allāh^{i}	45
ṯalāṯat^{un}	46
tuẓāhirūn^{a} minhunn^{a} ʾummahātikum	176
mā waʿadanā Allāh^{u} wa rasūluh^{u} ʾillā ġurūr^{an}	177
yā- ʾahl^{a} yaṯrib^{a} lā muqām^{a} lakum fa-rǧiʿū / ʾinn^{a} buyūtanā ʿawrat^{un}	178
halumm^{a} ʾilaynā	179
našhad^{u} ʾinnak^{a} la-rasūl^{u} Allāh^{i}	252
lā tunfiqū ʿalā man ʿind^{a} rasūl^{i} Allāh^{i} ḥattā yanfaḍḍū	253
laʾin raǧaʿnā ʾilā l-madīnat^{i} la-yuḫriǧanna l-ʾaʿazz^{u} minhā l-ʾaḏall^{a}	254
hāḏā ʾifk^{un} mubīn^{un}	147
ʾan natakallam^{a} bi-hāḏā subḥānak^{a} hāḏā buhtān^{un} ʿaẓīm^{un}	148
ʾāmannā bi-Allāh^{i} wa- bi-l-rasūl^{i} wa- ʾaṭaʿnā	149
ʾa-wa ʾābāʾunā l-ʾawwalūn^{a}	250
ʾaʾiḏā kunnā turāb^{an} ʾaʾinnā la-fī ḫalq^{in} ǧadīd^{in}	107
law-lā ʾunzil^{a} ʿalayh^{i} ʾāyat^{un} min rabbih^{i}	108
law-lā ʾunzil^{a} ʿalayh^{i} ʾāyat^{un} min rabbih^{i}	109
last^{a} mursal^{an}	110
sa-nuṭī ʿukum fī baʿḍ^{i} l-ʾamr^{i}	237
šaġalatnā ʾamwālunā wa ʾahlūnā fā-staġfir lanā	238
ḏarūnā nattabiʿkum / bal taḥsudūnanā	239
ʿUzayr^{un}-i bnu Allāh^{i} / l-masīḥ^{u} bnu Allāh^{i}	80
lawi staṭaʿnā la-ḫaraǧnā maʿakum	81
ʾḏan lī wa lā taftinnī ʾa-lā fī l-fitnati saqaṭū	82
qad ʾaḫaḏnā ʾamranā min qabl^{u}	83
ḥasbunā Allāhu sa-yuʾtīnā Allāhu min faḍlihi wa-rasūluhū ʾinnā ʾilā Allāhi rāġibūna	84
huwa ʾuḏun^{un}	85
ʾinnamā kunnā naḫūḍ^{u} wa-nalʿab^{u}	86
la-ʾin ʾātānā min faḍlih^{i} la-naṣṣaddaqanna wa-la-nakūnanna mina-l-ṣāliḥīn^{a}	87
lā tanfirū fī l-ḥarr^{i}	88
ḏarnā nakun maʿa l-qāʿidīna	89
ʾin ʾaradnā ʾillā l-ḥusnā	90
hal yarākum min ʾaḥad^{in}	91
ʾinnā naṣārā	47
ʾinna Allāh^{a} huw^{a} l-masīḥ^{u} bn^{u} Maryam^{a}	48
naḥn^{u} ʾabnāʾ^{u} Allāh^{i} wa ʾaḥibbāʾuh^{u}	49
mā ǧāʾanā min bašīr^{in} wa-lā naḏīr^{in}	50
ʾāmannā / ʾin ʾūtītum hāḏā fa-ḫuḏūh^{u} wa- ʾin lam tuʾtawh^{u} fā-ḥḏarū	51
naḫšā ʾan tuṣīban^{ā} dāʾirat^{un}	52
ʾāmannā	53
yad^{u} Allāh^{i} maġlūlat^{un}	54

Enoncé intégral du CDRDP	n°CDRDP
'inna Allāhᵃ huwᵃ l-masīḥᵘ bnᵘ Maryamᵃ	55
'inna Allāhᵃ ṯāliṯᵘ ṯalāṯatⁱⁿ	56
ḥasbunā mā waǧadnā 'alayhⁱ ābā'anā	57

III Liste des CDRDP selon un ordre alphabétique (latin)

Enoncé intégral du CDRDP	n° CDRDP
'a'ālihatunā ḫayrᵘⁿ 'am huwᵃ	221
'aba'aṯᵃ Allāhᵘ bašarᵃⁿ rasūlᵃⁿ	127
'aḍġāṯᵘ 'aḥlāmⁱⁿ balⁱ ftarāhᵘ bal huwᵃ šā'irᵘⁿ fa-l-ya'tinā bi'āyatⁱⁿ ka-mā 'ursilᵃ l-'-awwalūnᵃ	136
'a-ftarā 'alā Allāhⁱ kaḏibᵃⁿ 'am bihⁱ ǧinnatᵘⁿ	182
aftarāhᵘ	230
aftarāhᵘ	232
'aǧa'alᵃ l-'ālihatᵃ 'ilāhᵃⁿ wāḥidᵃⁿ 'innᵃ hāḏā la-šay'ᵘⁿ 'uǧābᵘⁿ	202
'a-hāḏā llaḏī ba'aṯᵃ Allāhᵘ rasūlᵃⁿ	156
'a-hāḏā llaḏī yaḏkurᵘ 'ālihatakum	139
'a-ḥaqqᵘⁿ huwa	99
'ahlaktᵘ mālᵃⁿ lubadᵃⁿ	270
'a'iḏā ḍalalnā fī l-'arḍⁱ 'a'innā la-fī ḫalqⁱⁿ ǧadīdⁱⁿ	174
'a'iḏā kunnā 'iẓāmᵃⁿ naḫiratᵃⁿ	263
'a'iḏā kunnā 'iẓāmᵃⁿ wa-rufātᵃⁿ 'a'innā la-mab'ūṯūnᵃ ḫalqᵃⁿ ǧadīdᵃⁿ	121
'a'iḏā kunnā 'iẓāmᵃⁿ wa-rufātᵃⁿ 'a'innā la-mab'ūṯūnᵃ ḫalqᵃⁿ ǧadīdᵃⁿ	128
'a'iḏā kunnā turābᵃⁿ 'a'innā la-fī ḫalqⁱⁿ ǧadīdⁱⁿ	107
'a'iḏā kunnā turābᵃⁿ wa- 'ābā'unā 'a-'innā la-muḫraǧūnᵃ	159
'a-'iḏā mā mittᵘ la-sawfᵃ 'uḫraǧᵘ ḥayyᵃⁿ	130
'a'iḏā mitnā wa kunnā turābᵃⁿ wa- 'iẓāmᵃⁿ 'a-'innā la-mab'ūṯūnᵃ	249
'a'iḏā mitnā wa-kunnā turābᵃⁿ ḏālikᵃ raǧ'ᵘⁿ ba'īdᵘⁿ	242
'a'iḏā mitnā wa-kunnā turābᵃⁿ wa 'iẓāmᵃⁿ 'a-'innā la-mab'ūṯūnᵃ	142
'a'iḏā mitnā wa-kunnā turābᵃⁿ wa-'iẓāmᵃⁿ 'a-'innā la-mab'ūṯūnᵃ	193
'a'innā la-mardūdūnᵃ fī l-ḥāfiratⁱ	262
'a'innā la-tārikū 'ālihatinā li-šā'irⁱⁿ maǧnūnⁱⁿ	195
'alā 'innahum min 'ifkihim la-yaqūlūnᵃ	196
'a-lam nakun ma'akum / 'a-lam nastaḥwiḏ 'alaykum wa namna'kum mina l-mu'uminīna	42
Allāhᵘ	169
Allāhᵘ	170
Allāhᵘ	173
Allāhᵘ	207
Allāhᵘ	222
Allāhumma 'in kānᵃ hāḏā huwa l-ḥaqqa min 'indikᵃ fa-'amṭir 'alaynā ḥiǧāratan mina l-samā'ⁱ 'awi 'tinā bi-'aḏābⁱⁿ 'alīmⁱⁿ	78
'āmannā	26

Enoncé intégral du CDRDP	n° CDRDP
ʾāmannā	53
ʾāmannā	165
ʾāmannā	240
ʾāmannā / ʾinnā maʿakum ʾinnamā naḥnu mustahziʾūn^{a}	4
ʾāmannā / ʾa-tuḥaddiṯūnahum bi-mā fataḥa Allāh^{u} ʿalaykum li-yuḥāǧǧūkum bihī ʿinda rabbikum	6
ʾāmannā / ʾin ʾūtītum hāḏā fa-ḫuḏūh^{u} wa- ʾin lam tuʾtawh^{u} fā-ḥḏarū	51
ʾāmannā bi-Allāh^{i}	166
ʾāmannā bi-Allāh^{i} wa bi al yawm^{i} l-ʾāḫir^{i}	1
ʾāmannā bi-Allāh^{i} wa- bi-l-rasūl^{i} wa- ʾaṭaʿnā	149
ʾāminū bi-llaḏī ʾunzil^{a} ʿalā llaḏīn^{a} ʾāmanū waǧha l-nahār^{i} wa-kfurū ʾāḫirahū laʿallāhum yarǧiʿūn^{a}	22
ʾan natakallam^{a} bi-hāḏā subḥānak^{a} hāḏā buhtān^{un} ʿaẓīm^{un}	148
ʾani mšū wa-ṣbirū ʿalā ʾālihatikum ʾinna hāḏā la-šayʾ^{un} yurād^{u}	203
ʾannā hāḏā	29
ʾa-nuʾminu ka-mā ʾāmana l-sufahāʾu	3
ʾa-nuṭʿim^{u} man law yaš āʾ^{u} Allāh^{u} ʾaṭʿamah^{u} ʾin ʾantum ʾillā fī ḍalāl^{in} mubīn^{in}	189
ʾasāṭīr^{u} l-ʾawwalīn^{a}	256
ʾasāṭīr^{u} l-ʾawwalīn^{a}	114
ʾasāṭīr^{u} l-ʾawwalīn^{a}	266
ʾasāṭīr^{u} l-ʾawwalīn^{a} ʾiktatabahā fa-hiy^{a} tumlā ʿalayh^{i} bukrat^{an} wa- ʾaṣīl^{an}	151
ʾa-ʾunzil^{a} ʿalayh^{i} l-ḏikr^{u} min bayninā	205
ʾaw takūn^{a} lak^{a} ǧannat^{un} min naḫīl^{in} wa ʿinab^{in} fa-tufaǧǧir^{a} l-ʾanhār^{a} ḫilālahā tafǧīr^{an}	124
ʾaw tusqiṭ^{a} l-samāʾ^{a} ka-mā zaʿamt^{a} ʿalaynā kisaf^{an} ʾaw taʾtiy^{a} bi-Allāh^{i} wa-l-malāʾikat^{i} qabīl^{an}	125
ʾaw yakūn^{a} lak^{a} bayt^{un} min zuḫruf^{in} ʾaw tarqā fī l-samāʾ^{i} wa-lan nuʾmin^{a} li-ruqiyyik^{a} ḥattā tunazzil^{a} ʿalaynā kitāb^{an} naqraʾuhū	126
ʾaw yulqā ʾilayh^{i} kanz^{un} ʾaw takūn^{u} lah^{u} ǧannat^{un} yaʾkul^{u} minhā / ʾin tattabiʿūn^{a} ʾillā raǧul^{an} masḥūr^{an}	153
ʾa-wa ʾābāʾunā l-ʾawwalūn^{a}	250
ʾa-waʾābāʾunā l-ʾawwalūn^{a}	194
ʾayyāna mursāhā	74
ʾayyān^{a} mursāhā	265
ʾayyān^{a} yawm^{u} l-dīn^{i}	243
ʾayyān^{a} yawm^{u} l-qiyāmat^{i}	261
ʾayy^{u} l-farīqayn^{i} ḫayr^{un} maqām^{an} wa ʾaḥsan^{u} nadīyy^{an}	131
bal nattabiʿ^{u} mā ʾalfaynā ʿalayh^{i} ʾābāʾanā	18
bal nattabiʿ^{u} mā waǧadnā ʿalayh^{i} ʾābāʾanā	172
bih^{i} ǧinnat^{un}	141
ḏahab^{a} l-sayyiʾātu	103
ʾḏan lī wa lā taftinnī ʾa-lā fī l-fitnati saqaṭū	82
darast^{a}	65
ḏarnā nakun maʿa l-qāʿidīna	89
ḏarūnā nattabiʿkum / bal taḥsudūnanā	239
faʾtū bi-ʾābāʾinā ʾin kuntum ṣādiqīn^{a}	226

Enoncé intégral du CDRDP	n° CDRDP
ġarrᵃ hāʾulāʾⁱ dīnuhum	79
hāḏā ḥalālᵘⁿ wa-haḏā ḥarāmᵘⁿ	119
hāḏā ʾifkᵘⁿ mubīnᵘⁿ	147
hāḏā lī wa-mā ʾaẓunnᵘ l-sāʿatᵃ qāʾimatᵃⁿ wa-la-ʾin ruǧiʿtᵘ ʾilā rabbī ʾinnᵃ lī ʿindahᵘ la-l-ḥusnā	212
hāḏā li-Allāhⁱ / wa haḏā li-šurakāʾinā	67
hāḏā min ʿindi Allāhⁱ	7
hāḏā sāḥirᵘⁿ kaḏḏābᵘⁿ	201
hāḏā šayʾᵘⁿ ʿaǧībᵘⁿ	241
hāḏā siḥrᵘⁿ mubīnᵘⁿ	231
hāḏā siḥrᵘⁿ wa ʾinnā bihⁱ kāfirūnᵃ	219
hāḏihⁱ ʾanʿāmᵘⁿ wa-ḥarṯᵘⁿ ḥiǧrun lā yaṭʿamuhā illā man našāʾu	68
haḏihⁱ min ʿindⁱ l-lāhⁱ / hāḏihⁱ min ʿindikᵃ	40
hal hāḏā ʾillā bašarᵘⁿ miṯlukum	135
hal lanā minᵃ l-ʾamrⁱ min šayʾⁱⁿ / law kānᵃ lanā mina l-ʾamri šayʾᵘⁿ mā qutilnā hāhunā	27
hal nadullukum ʿalā raǧulⁱⁿ yunabbiʾukum ʾiḏā muzziqtum kullᵃ mumazzaqⁱⁿ ʾinnakum la-fī ḫalqⁱⁿ ǧadīdⁱⁿ	181
hal yarākum min ʾaḥadⁱⁿ	91
ḫalaqahunnᵃ al ʿazīzᵘ l- ʿalīmᵘ	214
halummᵃ ʾilaynā	179
ḥasbunā Allāh sa-yuʾtīnā Allāhᵘ min faḍlihi wa-rasūluhū ʾinnā ʾilā Allāhⁱ rāġibūna	84
ḥasbunā mā waǧadnā ʿalayhⁱ ābāʾanā	57
hāʾulāʾⁱ ʾahdā minᵃ llaḏīnᵃ ʾāmanū sabīlᵃⁿ	35
hāʾulāʾⁱ šufaʿāʾunā ʿinda l-lāhⁱ	94
huwa min ʿindi Allāhⁱ	25
huwa ʾuḏunᵘⁿ	85
iftarā ʿalā Allāhⁱ kaḏibᵃⁿ	213
iftarāhu	97
iftarāhᵘ	105
iftarāhᵘ	106
ʾin ʾantum ʾillā mubṭilūnᵃ	171
ʾin ʾaradnā ʾillā ʾiḥsānᵃⁿ wa-tawfīqᵃⁿ	36
ʾin ʾaradnā ʾillā l-ḥusnā	90
ʾin hāḏā ʾillā ʾasāṭīrᵘ l-ʾawwalīnᵃ	60
ʾin hāḏā ʾillā ʾifkᵘⁿ iftarāhᵘ wa- ʾaʿānahᵘ ʿalayhⁱ qawmᵘⁿ ʾāḫarūnᵃ	150
ʾin hāḏā illā qawlᵘ l-bašarⁱ	259
ʾin hāḏā ʾillā siḥrᵘⁿ mubīnᵘⁿ	58
ʾin hāḏā ʾillā siḥrᵘⁿ mubīnᵘⁿ	101
ʾin hāḏā ʾillā siḥrᵘⁿ mubīnᵘⁿ	192
ʾin hāḏā ʾillā siḥrᵘⁿ yuʾṯarᵘ	258
ʾin hiyᵃ ʾillā ḥayātunā l-dunyā wa mā naḥnᵘ bi-mabʿūṯīnᵃ	61
ʾin hiyᵃ ʾillā mawtatunā l-ʾūlā wa-mā naḥnu bi-munšarīnᵃ	225
ʾin kādᵃ la-yuḍillunā ʿan ālihatinā law-lā ʾan ṣabarnā ʿalayhā	157
ʾin nattabiʿⁱ l-hudā maʿakᵃ nutaḫaṭṭaf min arḍinā	164
ʾin tattabiʿūnᵃ ʾillā raǧulᵃⁿ masḥūrᵃⁿ	120

Enoncé intégral du CDRDP	**n° CDRDP**
ʾinna Allāh^{a} *ʿahidaʾilaynāʾ ʾallā nuʾmin*^{a} *li-rasūl*^{in} *ḥattā yaʾtiyanā bi-qurbān*^{in} *taʾkuluh*^{u} *l-nāru*	33
ʾinna Allāh^{a} *faqīr*^{un} *wa-naḥn*^{u} *ʾaġniyāʾ*^{u}	32
ʾinna Allāh^{a} *huw*^{a} *l-masīḥ*^{u} *bn*^{u} *Maryam*^{a}	48
ʾinna Allāh^{a} *huw*^{a} *l-masīḥ*^{u} *bn*^{u} *Maryam*^{a}	55
ʾinna Allāh^{a} *ṯāliṯ*^{u} *ṯalāṯat*^{in}	56
ʿinnā bi-mā ʾursiltum bih^{i} *kāfirūn*^{a}	186
ʾinnā bi-mā ʾursiltum bihi kāfirūn^{a}	218
ʾinna hāḏā la-sāḥir^{un} *mubīn*^{un}	92
ʾinn^{a} *hāʾulāʾ*^{i} *la-ḍāllūn*^{a}	267
ʾinna hāʾulaʾ^{i} *la-yaqūlūn*^{a}	224
ʾinna ʾIbrāhīm^{a} *wa- ʾIsmāʿīl*^{a} *wa- ʾIsḥāq*^{a} *wa- Yaʿqūb*^{a} *wa-l-ʾasbāṭ*^{a} *kānū hūd*^{an} *ʾaw naṣārā*	16
ʾinnā naṣārā	47
ʾinnā qatalnā l-masīḥ^{a} *ʿĪsā bn*^{a} *Maryam*^{a} *rasūl*^{a} *Allāh*^{i}	45
ʾinnā waǧadnā ʾābāʾanā ʿalā ʾummat^{in} *wa- ʾinnā ʿalā ʾāṯārihim muhtadūn*^{a}	216
ʾinnā waǧadnā ʾābāʾanā ʿalā ʾummat^{in} *wa- ʾinnā ʿalā ʾāṯārihim muqtadūn*^{a}	217
ʾinnah^{u} *la-maǧnūn*^{un}	257
ʾinnamā l-bayʿ^{u} *miṯl*^{u} *l-ribā*	20
ʾinnamā ʾant^{a} *muftar*^{in}	117
ʾinnamā kunnā naḫūḍ^{u} *wa-nalʿab*^{u}	86
ʾinnamā naḥnu muṣliḥūn^{a}	2
ʾinnamā sukkirat ʾabṣārunā bal naḥn^{u} *qawm*^{un} *masḥūrūn*^{a}	113
ʾinnamā ʾunzil^{a} *l-kitāb*^{u} *ʿalā ṭāʾifatayn*^{i} *min qablinā wa ʾin kunnā ʿan dirāsatihim la-ġāfilīn*^{a}	71
ʾinnamā ʾūtītuhū ʿalā ʿilm^{in}	208
ʾinnamā yuʿallimuh^{u} *bašar*^{un}	118
ʾinnī ʾilāh^{un} *min dūnih*^{i}	138
ʾittabiʿū sabīlanā wa l-naḥmil ḫaṭāyākum	167
ʾittaḫaḏ^{a} *Allāh*^{u} *walad*^{an}	13
ʾittaḫaḏ^{a} *Allāh*^{u} *walad*^{an}	100
ʾittaḫaḏ^{a} *Allāh*^{u} *walad*^{an}	129
ʾittaḫaḏ^{a} *l-raḥmān*^{u} *walad*^{an}	133
ʾittaḫaḏ^{a} *l-raḥmān*^{u} *walad*^{an}	137
kūnū hūd^{an} *ʾaw naṣārā tahtadū*	15
lā tanfirū fī l-ḥarr^{i}	88
lā tasmaʿū li-haḏā l-qurʾān^{i} *wa lġaw fīh*^{i} *laʿallakum taġlibūn*^{a}	210
lā taʾtīnā l-sāʿat^{u}	180
lā tunfiqū ʿalā man ʿind^{a} *rasūl*^{i} *Allāh*^{i} *ḥattā yanfaḍḍū*	253
lā yabʿaṯ^{u} *Allāh*^{u} *man yamūt*^{u}	116
la-ʾin ʾanǧaytanā min hāḏih^{i} *la-nakūnanna mina l-šākirīn*^{a}	96
la-ʾin ʾātānā min faḍlih^{i} *la-naṣṣaddaqanna wa-la-nakūnanna mina-l-ṣāliḥīn*^{a}	87
laʾin raǧaʿnā ʾilā l-madīnat^{i} *la-yuḫriǧanna l-ʾaʿazz*^{u} *minhā l-ʾaḏall*^{a}	254
la-kunnā ʿibād^{a} *Allāh*^{i} *l-muḫlaṣīn*^{a}	200
lan nuʾmin^{a} *ḥattā nuʾtā miṯl*^{a} *mā ʾūtiy*^{a} *rusul*^{u} *Allāh*^{i}	66

Enoncé intégral du CDRDP	n° CDRDP
lan nu'mina laka ḥattā tafǧura lanā mina l-'arḍi yanbū'an	123
lan nu'umina bi-hāḏā l-qur'āni wa-lā bi-llaḏī bayna yadayhi	185
lan tamassanā l-nāru 'illā 'ayyāman ma'dūdatan	8
lan tamassanā l-nāru 'illā 'ayyāman ma'dūdātin	21
lan yadḫula l-ǧannata 'illā man kāna hūdan 'aw naṣārā	11
la-qad wu'idnā hāḏā naḥnu wa- 'ābā'unā min qablu 'in hāḏā 'illā 'asāṭīru l-'awwalīna	160
la-qad wu'idnā naḥnu wa-'ābā'unā hāḏā min qablu 'in hāḏā 'illā 'asāṭīru l-'awwalīna	143
lasta mursalan	110
la-'ūtayanna mālan wa waladan	132
law 'anna 'indanā ḏikran mina l-'awwalīna	199
law 'annā 'unzila 'alaynā l-kitābu la-kunnā 'ahdā minhum	72
law kāna ḫayran mā sabaqūnā 'ilayhi / hāḏā 'ifkun qadīmun	233
law kānū 'indanā mā mātū wa-mā qutilū	28
law mā ta'tīnā bi-l-malā'ikati 'in kunta mina l-ṣādiqīna	112
law na'lamu qitālan lā-ttaba'nākum	30
law šā'a Allāhu mā 'abadnā min dūnihi min šay'in naḥnu wa-lā 'ābā'unā wa-lā ḥarramnā min dūnihī min šay'in	115
law šā'a Allāhu mā 'ašraknā wa lā 'ābā'unā wa lā ḥarramnā min šay'in	70
law šā'a l-raḥmānu mā 'abadnāhum	215
lawi staṭa'nā la-ḫarağnā ma'akum	81
law-lā fuṣṣilat 'āyātuhu 'a-a' ğamīyyun wa- 'arabīyyun	211
law-lā ğtabaytahā	75
law-lā nuzzila 'alayhi l-qur'ānu ğumlatan wāḥidatan	155
law-lā nuzzila 'alayhi 'āyatun min rabbihi	62
law-lā nuzzila hāḏā l-qur'ānu 'alā rağulin mina l-qaryatayni 'aẓīmin	220
law-lā nuzzilat sūratun	236
law-lā 'unzila 'alayhi 'āyatun min rabbihi	95
law-lā 'unzila 'alayhi 'āyatun min rabbihi	108
law-lā 'unzila 'alayhi 'āyatun min rabbihi	109
law-lā 'unzila 'alayhi 'āyātun min rabbihi	168
law-lā 'unzila 'alayhi kanzun ['aw] ğā'a ma'ahu malakun	104
law-lā 'unzila 'alayhi malakun	59
law-lā 'unzila 'alaynā l-malā'ikatu 'aw narā rabbanā	154
law-lā 'ūtiya miṯla mā 'ūtiya mūsā / siḥrāni taẓāharā / 'innā bi-kullin kāfirūna	163
law-lā ya'tīnā bi-'āyatin min rabbihi	134
law-lā yu'aḏḏibunā Allāhu bi-mā naqūlu	251
law-lā yukallimunā Allāhu 'aw ta'tīnā 'āyatun	14
laysa 'alaynā fī l-'ummīyyīna sabīlun	24
laysati l-naṣārā 'alā šay'in / laysati l-yahūdu 'alā šay'in	12
li-Allāhi	144
li-Allāhi	145
li-Allāhi	146
li-'iḫwānihim wa qa'adū law 'aṭā'ūnā mā qutilū	31
mā 'anzala Allāhu 'alā bašarin min šay'in	63
mā fī buṭūni haḏihi l-'an'āmi ḫāliṣatun li-ḏukūrinā wa-muḥarramun 'alā 'azwāğinā	69

Enoncé intégral du CDRDP	n° CDRDP
mā ǧāʾanā min bašīr^{in} wa-lā naḏīr^{in}	50
mā hāḏā ʾillā raǧul^{un} yurīd^{u} ʾan yaṣuddakum ʿammā kān^{a} yaʿbud^{u} ʾābāʾukum / mā hāḏā ʾillā ʾifk^{un} muftar^{an} / ʾin hāḏā ʾillā siḥr^{un} mubīn^{un}	188
mā hiy^{a} ʾillā ḥayātunā l-dunyā namūt^{u} wa- naḥyā wa-mā yuhlikunā ʾillā l-dahr^{u}	227
mā li-hāḏā l-rasūl^{i} yaʾkul^{u} -ṭaʿām^{a} wa yamšī fī l-ʾaswāq^{i} law-lā ʾunzil^{a} ʾilayh^{i} malak^{un} fa-yakūn^{a} maʿah^{u} naḏīr^{an}	152
mā naʿbuduhum ʾillā li-yuqarribūnā ʾilā Allāh^{i} zulfā	206
mā nadrī mā l-sāʿat^{u} ʾin naẓunn^{u} ʾillā ẓann^{an} wa-mā naḥn^{u} bi-mustayqinīn^{a}	229
mā samiʿnā bi-haḏā fī l-millat^{i} l-ʾāḫirat^{i} ʾin hāḏā ʾillā ḫtilāq^{un}	204
mā wa Allāh^{um} ʿan qiblatihim^{u} llatī kānū ʿalayhā	17
mā waʿadanā Allāh^{u} wa rasūluh^{u} ʾillā ġurūr^{an}	177
mā yaḥbisuh^{u}	102
māḏā ʾarāda Allāh^{u} bi-hāḏā maṯal^{an}	5
māḏā ʾarād^{a} Allāh^{u} bi-hāḏā maṯal^{an}	260
māḏā qāl^{a} ʾānif^{an}	235
māḏā qāl^{a} rabbukum	183
man yuḥyī l-ʿiẓām^{a} wa- hiy^{a} ramīm^{un}	191
man yuʿīdunā / matā huw^{a}	122
matā hāḏā l-waʿd^{u} ʾin kuntum ṣādiqīn^{a}	161
matā hāḏā l-waʿd^{u} ʾin kuntum ṣādiqīn^{a}	190
matā hāḏā l-fatḥ^{u} ʾin kuntum ṣādiqīn^{a}	175
matā hāḏā l-waʿd^{u} ʾin kuntum ṣādiqīn^{a}	98
matā hāḏā l-waʿd^{u} ʾin kuntum ṣādiqīn^{a}	140
matā hāḏā l-waʿd^{u} ʾin kuntum ṣādiqīn^{a}	184
matā hāḏā l-waʿd^{u} ʾin kuntum ṣādiqīn^{a}	255
mawaddat^{un} yā laytanī kunt^{u} maʿahum fa-ʾafūza fawz^{an} ʿaẓīm^{an}	38
muʿallam^{un} maǧnūn^{un}	223
naḥn^{u} ʾabnāʾ^{u} Allāh^{i} wa ʾaḥibbāʾuh^{u}	49
naḥn^{u} ʾakṯar^{u} ʾamwāl^{an} wa ʾawlād^{an} wa-mā naḥn^{u} bi-muʿaḏḏabīn^{a}	187
naḥn^{u} ǧamīʿ^{un} muntaṣir^{un}	248
naḫšā ʾan tuṣīban$^{\bar{a}}$ dāʾirat^{un}	52
našhad^{u} ʾinnak^{a} la-rasūl^{u} Allāh^{i}	252
nuʾmin^{u} bi-baʿḍ^{in} wa nakfur^{u} bi-baʿḍ^{in}	43
nuʾmin^{u} bi-mā ʾunzil^{a} ʿalaynā	10
qad ʾaḫaḏnā ʾamranā min qabl^{u}	83
qad ʾanʿam^{a} Allāh^{u} ʿalayy^{a} ʾiḏ lam ʾakun maʿahum šahīd^{an}	37
qad samiʿnā law našāʾ^{u} la-qulnā miṯl^{a} hāḏā ʾin hāḏā ʾillā ʾasāṭīr^{u} l-ʾawwalīn^{a}	77
qulūbunā fī ʾakinnat^{in} mimmā tadʿūnā ʾilayh^{i} wa-fī ʾāḏāninā waqr^{un} wa-min bayninā wa- baynik^{a} ḥiǧāb^{un} fāʿmal ʾinnanā ʿāmilūn^{a}	209
qulūbunā ġulf^{un}	9
qulūbunā ġulf^{un}	44
rabbanā ʾātinā fī l-dunyā	19
rabbanā law-lā ʾarsalt^{a} ʾilaynā rasūl^{an} fa-nattabiʿ^{a} ʾāyātik^{a} wa-nakūn^{a} mina l-muʾminīn^{a}	162
rabbanā li-ma katabt^{a} ʿalaynā l-qitāl^{a} law-lā ʾaḫḫartanā ʾilā ʾaǧal^{in} qarīb^{in}	39

Enoncé intégral du CDRDP	n° CDRDP
rabbī ʾahānan^{i}	269
rabbī ʾakraman^{i}	268
šaġalatnā ʾamwālunā wa ʾahlūnā fā-staġfir lanā	238
saḥāb^{un} markūm^{un}	246
šāʿir^{un} natarabbaṣ^{u} bih^{i} rayb^{a} l-manūn^{i}	244
samiʿnā	76
samiʿnā (wa-) ʿaṣaynā (wa-) smaʿ ġayr^{a} musmaʿin (wa-) rāʿinā	34
sa-nuṭīʿukum fī baʿḍ^{i} l-ʾamr^{i}	237
siḥr^{un} mustamirr^{un}	247
ṭāʿat^{un}	41
ṯalāṯat^{un}	46
taqawwalah^{u}	245
ʾti bi-qurʾān^{in} ġayr^{i} hāḏā [ʾaw] baddilh^{u}	93
tilk^{a} ʾiḏ^{an} karrat^{un} ḫāsirat^{un}	264
ʾtū bi-ʾābāʾinā ʾin kuntum ṣādiqīn^{a}	228
tuẓāhirūn^{a} minhunn^{a} ʾummahātikum	176
ʾuff^{in} lakumā ʾa-taʿidāninī ʾan ʾuḫraǧ^{a} wa-qad ḫalat^{i} l-qurūn^{u} min qablī / mā hāḏā ʾillā ʾasāṭīr^{u} l-ʾawwalīn^{a}	234
ʾūḥiy^{a} ʾilayy^{a} / saʾunzil^{u} miṯl^{a} mā ʾanzal^{a} Allāh^{u}	64
ʿUzayr^{un}-bnu Allāh^{i} / l-masīḥ^{u} bnu Allāh^{i}	80
wa ʾin kānū la-yaqūlūn^{a}	198
wa mā l-raḥmān^{u} ʾa-nasǧud^{u} li-mā taʾmurun^{a}	158
waǧadnā ʿalayhā ʾābāʾanā wa Allāh^{u} ʾamaranā bihā	73
wa-lā tuʾminū ʾillā li-man tabiʿ^{a} dīnakum	23
walad^{a} Allāh^{u}	197
yā- ʾahl^{a} yaṯrib^{a} lā muqām^{a} lakum fa-rǧiʿū / ʾinn^{a} buyūtanā ʿawrat^{un}	178
yā ʾayyuhā llaḏī nuzzil^{a} ʿalayh^{i} l-ḏikr^{u} ʾinnak^{a} la-maǧnūn^{un}	111
yad^{u} Allāh^{i} maġlūlat^{un}	54

Bibliographie

Amir Moezzi, Mohammad Ali. *Le Coran silencieux et le Coran parlant : Sources scripturaires de l'islam entre histoire et ferveur*. Paris : CNRS éditions (CNRS Religions), 2011, 268 p.

Andrae, Tor. *Der Ursprung des Islams und das Christentum. Einleitung*. Uppsala : Almqvist & Wiksell (Skrifter utgivna av kyrkohistoriska föreningen 1 ; 23 & 25), 1923–1925. Traduit de l'allemand par Jules Roche sous le titre *Les origines de l'Islam et le Christianisme*, Paris : Adrien-Maisonneuve (Initiation à l'islam ; 8), 1955, 211 p.

Anṣārī, al-Ṭayyib 'Abd al-Raḥmān. *Qaryat al-Fau : A Portrait of Pre-Islamic Civilisation in Saudi Arabia*. Al-Riyaḍ : Ǧāmi'a al-Riyāḍ, 1982, 147–63 p.

Arkoun, Mohammed. *La Pensée arabe*. Paris : Presses Universitaires de France (Que sais-je ? ; 915), 1975[1], 1991[4], 127 p.

Arkoun, Mohammed. *Lectures du Coran*. Paris : Maisonneuve & Larose (Islam d'hier et d'aujourd'hui), 1982, 175 p.

Arkoun, Mohammed. *Ouvertures sur l'islam*. Paris : Jacques Grancher (Ouverture), 1992[2], 287 p.

Arkoun, Mohammed. *Pour une critique de la raison islamique*. Paris : Maisonneuve & Larose (Islam d'hier et d'aujourd'hui), 378 p.

Ayoub, Mahmoud. *The Awesome News : Interpretation of Juz' 'Amma : The Last Part of the Qur'ān*. Hiawatha (USA) : World Islamic Call Society, 1997, XII + 178 p.

Azaiez, Mehdi (éd.), Mervin Sabrina (collab.). *Le Coran, Nouvelles approches*. Paris : CNRS Editions, 2013, 350 p.

Azaiez, Mehdi. « Les thèses consacrées au Coran en France depuis les années soixante-dix. Une note bibliographique », *Arabica*, LVI/1, 2009, p. 107–111.

Bāqī, Muḥammad Fu'ād, m. 1968. *al-Mu'ǧam al-mufahras li-alfāẓ al-Qur'ān*. Beyrouth : Dār Iḥyā' al-Turāṯ al-'Arabī, 196?, 8 + 781 p.

Bell, Richard; Watt, William Montgomery. *Bell's introduction to the Qur'ān*, completely revised and enlarged by Montgomery Watt. Edinburgh : Edinburgh University Press, 1970, xi + 258 p.

Ben Taïbi, Mustapha. *Le Coran comme texte adressé essai de lecture*. Paris : Paris V, Thèse de doctorat, 1999, 348 p.

Ben Taïbi, Mustapha. *Quelques façons de lire le texte coranique*. Préface de Frédéric Francois. Limoges : Editions Lambert-Lucas, 2009, 254 p.

Bennani, Saïd. *La construction des figures symboliques dans le Coran*. Paris : Paris III, Thèse de doctorat, 1982, 283 p.

Benveniste, Emile. *Problèmes de linguistique générale* I & II. Paris : Gallimard (Bibliothèque des sciences humaines), 1967 & 1978, vol I, 356 p ; vol II, 286 p.

Bergsträsser, Gotthelf. « Koranlesung in Kairo », *Der Islam*, XX,1 (1932), p. 1–42.

Berque, Jacques. *Relire le Coran*. Préface de Mohamed Bennouna. Paris : A. Michel (Bibliothèque Albin Michel – Idées / La Chaire de l'IMA), 1993, 138 p.

La Bible de Jérusalem. Traduite en français sous la direction de l'Ecole Biblique de Jérusalem. Paris : Les Editions du Cerf, 2008, 2559 p.

Birkeland, Harris. *The Lord Guideth : Studies on Primitive Islam*. Oslo : H. Aschehoug & Co. (Skrifter utgitt av det norske videnskapsakademi i Oslo. II. Hist. filos. klasse 1956 ; 2), 1956, 140 p.

Blachère, Régis. *Introduction au Coran*. Paris : Maisonneuve & Larose, 1991[2], 1959[1], 310 p.

Blachère, Régis. *Le Coran*. Paris : Presses Universitaires de France (Que Sais-Je ? ; 1245), 2002[13], 1966[1], 127 p.

Blachère, Régis. *Le problème de Mahomet : Essai biographique critique du fondateur de l'islam*. Paris : Presses Universitaires de France, 1952, xiii, 130 p.

Boisliveau, Anne-Sylvie. *Le Coran par lui-même : Vocabulaire et argumentation du discours coranique autoréférentiel*. Leiden : Brill, 2013, 460 p.

Boullata, Issa J. (ed.). *Literary Structures of Religious Meaning in the Qur'ân*. Richmond : Curzon (Routledge Studies in the Qur'ān), 2000, XII + 393 p.

Bravmann, M. M. *The Spiritual Background of Early Islam : Studies in Ancient Arab Concepts*. Leiden : Brill, 1972, VI + 338 p.

Brock, Sebastian. « A Dispute of the Monthes and Some Related Syriac Texts », *JSS*, 30, 1985, 181–211.

Brock, Sebastian. « Syriac Dispute Poems: The Various Types », *Dispute Poems and Dialogues* (*OLA* 42), Leuven 1991, 109–119.

Brock, Sebastian. « Tales of Two Beloved Brothers: Syriac Dialogues between Body and Soul », *Studies in the Christian East in Memory of Mirrit Boutros Ghali*, Washington D. C., 1995, p. 29–38.

Brown, Raymond. *Que sait-on du Nouveau Testament ?* Paris : Bayard, 2000, 921 p.

Buḫarī, Muḥammad Ibn Ismā'īl al- (m. 870). *Ṣaḥīḥ Al-Buḫārī*. Traduit Par O. Houdas (Octave) et W. Marçais William ; entièrement revu, corrigé et annoté par Corentin Pabiot, ... [éd. bilingue arabe-français]. Paris : Maison d'Ennour, 2007, 4 vols (946, 870, 926, 980 p.). – Tome 1, Hadîths 1–2046. – Tome 2, Hadîths 2047–3775. – Tome 3, Hadîths 3776–5474. – Tome 4, Hadîths 5475–7563.

Burton, John. *The Collection of the Qur'ān*. London : Cambridge University Press, 1977, VII + 273 p.

Caetani, Leone. *Annali dell'Islam*. Milan : Urico Hoepli, vols. I–X, 1905–1926. Reprod. en fac-sim. Hildesheim, Olms, 1972–1977.

Carlyle, Thomas. *On Heroes, Hero-Worship and the Heroic in History*. Edited, with notes and introduction, by Mrs. Annie Russell Marble. New York/London : Macmillan, 1897, XXXVI + 417 p.

Casanova, Paul. *Mohammed et la fin du monde : Étude critique sur l'islam primitif*, I–III. Paris : P. Geuthner, 1911–1924, 244 p.

Certeau, Michel de. *L'écriture de l'histoire*. Paris : Gallimard (Folio/Histoire ; 115), 2002, 358 p. 1ère éd. 1975 (« Bibliothèque des histoires »), 527 p.

Chabbi, Jacqueline. *Le Coran décrypté : Figures bibliques d'Arabie*. Paris : Fayard (Bibliothèque de culture religieuse), 2007, 415 p.

Chabbi, Jacqueline. *Le Seigneur des tribus : l'islam de Mahomet*. Préface d'André Caquot. Paris : Noêsis, 1997, 725 p.

Chagh, Faddel. *La pragmatique de la négation et des expressions à polarité négative dans le Coran : Étude énonciative polyphonique*. Paris : Paris V, Thèse de doctorat, 1994, 339 p.

Charfi, Abdelmajid. *L'Islam entre le message et l'histoire*. Paris : Albin Michel (Spiritualités, l'islam des lumières), 2004, 229 p.

Cheddadi, Abdelsselam. *Les Arabes et l'appropriation de l'histoire : Émergence et premiers développements de l'historiographie musulmane jusqu'au IIe/VIIIème siècle*. Paris : Sindbad Actes Sud (La bibliothèque arabe/Hommes et sociétés), 2004, 390 p.

Comerro, Viviane. « La nouvelle alliance dans la sourate al Mā'ida », *Arabica*, XLVIII (2001/3), p. 285–314.

Cook, David. *Studies in Muslim Apocalyptic*. Princeton : Darwin Press (Studies in Late Antiquity and Early Islam ; 21), 2002, XII + 470 p.

Cook, Michael Allan. « The Opponents of the Writing of Tradition in Early Islam », *Arabica*, XLIV (1997), p. 437–530.
Cook, Michael Allan. *Early Muslim Dogma : A Source-Critical Study*. Cambridge : Cambridge University Press, 1981, XI + 242 p.
Cook, Michael Allan. *Muhammad*. Oxford : Oxford University Press (Past Masters), 1ère édition 1983, 2ème édition 1996, 94 p.
Cook, Michael Allan. *Studies in the Origins of Early Islamic Culture and Tradition*. Aldershot : Ashgate Varorium (Variorum Collected Studies ; 784), 2004, xii + 370 p.
Le Coran (al-Qor'ân). Trad. de l'arabe par Régis Blachère. Paris : G.-P. Maisonneuve et Larose, 1968, 749 p. Réédité dans la collection « Références Maisonneuve et Larose » 2005.
Le Coran. Essai de traduction de l'arabe annoté et suivi d'une étude exégétique par Jacques Berque. Édition revue et corrigée. Paris : Albin Michel (Spiritualités vivantes ; 194), 2002, 799 p.
Le Coran. Trad. de l'arabe par Régis Blachère selon un essai de reclassement des sourates par Régis Blachère. Paris : G. P. Maisonneuve (Islam d'hier et d'aujourd'hui ; IV–V), 1949–1950, 2 vols, XIII + 1239 p. [Vol. I, p. 1–536 ; Vol. II, p. 538–1239].
Le Coran. Trad. de l'arabe par Kasimirski ; chronologie et préf. par Mohammed Arkoun. Paris : Garnier Flammarion (G. F. ; 237), 1989, 511 p.
Le Coran. Traduction intégrale et notes de Muhammad Hamidullah... ; avec la collaboration de Michel Léturmy ; Préface de Louis Massignon. Paris : Le Club Français du Livre, 1959, L + 635 p.
Cragg, Kenneth. *Muhammad in the Qur'ān*. Londres : Melisende, 2001, 224 p.
Crapon de Crapona, Pierre. *Le Coran : Aux sources de la parole oraculaire : Structures rythmiques des sourates mecquoises*. Paris : Publications Orientalistes de France (Arabiyya), 1981, 682 p.
Crone, Patricia; Cook, Michael Allan. *Hagarism : The Making of the Islamic World*. Cambridge : Cambridge University Press, 1977, ix + 268 p.
Crone, Patricia. « Angels versus Humans as Messengers of God », *in* Philippa Townsend, Moulie Vidas (eds), *Revelation, Literature, and Community in Late Antiquity*. Tübingen : Mohr Siebeck (Texts and Studies in Ancient Judaism ; 146), 2011, p. 315–336.
Crone, Patricia. « The Religion of the Qur'ānic Pagans, God and the Lesser Deities », *Arabica*, LVII 2–3 (2010), p. 151–200.
Crone, Patricia. *Meccan Trade and The Rise of Islam*. Princeton : Princeton University Press, 1987, vii + 300 p.
Cuypers, Michel. « Une lecture rhétorique et intertextuelle de la sourate al-Ikhlāṣ », *MIDEO*, 25, 26, (2004), p. 141–175.
Cuypers, Michel. « Le centre des compositions concentriques », *in* Michel Cuypers, *La composition du Coran : Naẓm al-Qur'ān*. Paris : Gabalda (Rhétorique Sémitique ; IX), 2012, 200 p.
Cuypers, Michel. *Le Festin : Une lecture de la sourate al-Mâ'ida*. Paris : Lethielleux (Rhétorique Sémitique ; 3), 2007, iv + 453 p.
Cuypers, Michel. « Structures rhétoriques dans le Coran. Une analyse structurelle de la sourate "Joseph" et de quelques sourates brèves », *MIDEO*, XXII, (1995), p. 107–195.
Dascal, Marcelo. *Dialogue – An Interdisciplinary Approach*. Amsterdam/Philadelphia : John Benjamins, 1985, xiv + 473 p.
Debié, Muriel. « Les apocalypses apocryphes syriaques : des textes pseudépigraphiques de l'Ancien et du Nouveau Testament », *in* Muriel Debié *et al.*, *Les apocryphes syriaques*. Paris : Geuthner (Études Syriaques ; 2), 2005, p. 111–146.

Declercq, Gilles. « Rhétorique et Polémique », in Gilles Declercq, Michel Murat, Jacqueline Dangel (eds), *La parole polémique*. Paris : Champion, 2003, p. 17–21.

Déroche, François. *La transmission écrite du Coran dans le débuts de l'islam : Le codex Parisino-petropolitanus*. Leiden : Brill (Texts and Studies on the Qur'ān ; 5), 2009, 640 p.

Dictionnaire Critique de Théologie, dir. Jean-Yves Lacoste. Paris : PUF, 1998, XXXII + 1298 p.

Dictionnaire du Coran, dir. Mohammad Ali Amir Moezzi. Paris : Robert Laffont (Bouquins), 2007, XXXVI + 981 p.

Djaït, Hichem. *La grande discorde : Religion et politique dans l'islam des origines*. Paris : Gallimard (Bibliothèque des Histoires), 1989, 421 p.

Donner, Fred McGraw. *Narratives of Islamic Origins : The Beginnings of Islamic Historical Writing*. Princeton : Darwin Press (Studies in Late Antiquity and Early Islam, 14), 1998, xv, 358 p.

Doury, Marianne; Moirand, Sophie (eds). *L'argumentation aujourd'hui : Positions théoriques en confrontation*. Paris : Presses Sorbonne Nouvelle, 2005, 200 p.

Doury, Marianne; Moirand, Sophie. « Argumentation et mise en voix : les discours quotidiens sur l'immigration », *in* Marina Bondi, Stati Sorin (dir.), *Dialogue Analysis 2000 : Selected papers from the 10th IADA Anniversary Conference, Bologna, 2000*. Niemeyer Verlag, 2003, p. 173–183.

Doury, Marianne; Moirand, Sophie. *Le Débat immobile : L'argumentation dans le débat médiatique sur les parasciences*. Paris : Kimé (Argumentation, sciences du langage), 1997, 267 p.

Duby, Georges. *Féodalité*. Paris : Gallimard (Quarto), 1996, 1568 p.

Ducrot, Oswald; Schaeffer, Jean-Marie (eds). *Nouveau dictionnaire encyclopédique des sciences du langage*. Avec la collaboration de Marielle Abrioux, Dominique Bassano, Georges Boulakia *et al.* Paris : Seuil (Points. Série Essais), 1995, 817 p.

Dundes, Alan. *Fables of the Ancients ? Folklore in the Qur'ān*. Lanham : Rowman & Littlefield, 2003, xvi + 89 p.

Eco, Umberto. *Les limites de l'interprétation*. Paris : Bernard Grasset (Le Livre de Poche, Biblio/ Essais ; 4192), 1998, 216 p.

Edzard, Lutz; Szyska, Christian; Wild, Stefan. *Encounters of Words and Texts : Intercultural Studies in Honor of Stefan Wild on the Occasion of His 60th Birthday, March 2, 1997, Presented by His Pupils in Bonn*. Hildesheim : G. Olms (Arabistische Texte und Studien ; 10), 1997, 242 p.

Eemeren, Franz van; Grootendorst, Rob. *La nouvelle dialectique*. Traduit par S. Bruxelles, M. Doury et V. Traverso ; traduction coordonnée par Ch. Plantin. Paris : Kimé (Argumentation : sciences du langage), 1996, 251 p.

Eggs, Ekkehard. *Grammaire du discours argumentatif : Le topique, le générique, le figuré*. Paris : Kimé (Argumentation : sciences du langage), 1994, 245 p.

El Awa, Salwa M. S. *Textual Relations in the Qur'ān : Relevance, Coherence and Structure*. London : Routledge (Routledge Studies in the Qur'ān), 2006, x + 182 p.

El Yagoubi Bouderrao, Mohamed. *Sémiotique de la sourate al A'raf : Discours coranique et discours exégétique classique*. Paris III, 1989, 2 vols, 609 p.

Encyclopaedia of the Qur'ān, Jane Dammen Mc Auliffe (general ed.). Leiden : Brill, 6 vols, 2001–2006. Vol. 1: A-D, XXXIII + 557 p.; Vol. 2: E–I, XXIII + 572 p.; Vol. 3: J–O, XXIII + 608 p.; Vol. 4: P–Sh, XXIII + 606 p.; Vol. 5: Si–Z, XXIII + 576 p.; Vol. 6: E–I, IX + 860 p.

Encyclopaedia of the Holy Qurân, N. K. Singh, A. R. Agwan (eds). Dehli : Global Vision, 5 v., 2002, 2000, 1708 p.

Encyclopédie de l'islam, Clifford Edmund Bosworth (éd. scientifique). Leiden : Brill, 1960–2005, 11 vols, 2 vols, 3 vols suppléments. Vol. I: A–B (1960); Vol. II: C–G (1965); Vol. III: H–Iram (1971); Vol. IV: Iran–Kha (1978); Vol. V: Khe–Mahi (1986); Vol. VI: Mahk–Mid (1991); Vol. VII: Mif–Naz (1993); Vol. VIII: Ned–Sam (1995); Vol. IX: San–Sze (1998); Vol. X: T–U (2002); Vol. XI: V-Z (2005).

Ettinghausen, Richard. *Antiheidnische Polemik im Koran*. Inaugural-Dissertation zur Erlangung der Doktorwürde der philosophischen Fakultät der Johann Wolfgang Goethe-Universität zu Frankfurt am Main. Gelnhausen : F. W. Kalbfleisch, 1934, 58 p.

Fahd, Taoufic. *La divination arabe*. Paris : Sindbad (La Bibliothèque Arabe. Collection Hommes et Sociétés ; 17), 1968, xi + 563 p.

Fahd, Taoufic. *Le panthéon de l'Arabie centrale à la veille de l'hégire*. Paris : P. Geuthner (Bibliothèque Archéologique et Historique), 1968, xvi + 323 p.

Fedeli, Alba. « Early Evidences of Variant Readings in Qur'ânic Manuscripts », *in* K. Ohlig, G. R. Puin (eds), *The Hidden Origins of Islam : New Research Into Its Early History*. New York : Prometheus Books, 2009, p. 293–316.

Foucault, Michel. *L'archéologie du savoir*. Paris : Gallimard (Bibliothèque des sciences humaines), 1969, 275 p.

Gallez, Edouard Marie. *Des 'Nazaréens' aux 'Emigrés'*. Strasbourg II, 2004, 2 vols, 369 p., 403 p. (Théologie catholique). Edité à Versailles par les Editions de Paris en 3 volumes sous le titre *Le messie et son prophète : Aux origines de l'islam* (tome I), *Du Muhammad des califes au Muhammad de l'histoire* (tome II), *Histoire et légendologie*, annexes (tome III), 2005, 582 p.

Garand, Dominique; Haymard, Annette (dir.). *Etats du polémique*. Québec : Nota bene (Les cahiers du Centre de recherche en littérature québécoise ; 22), 1998, 326 p.

Garcia-Debanc, Claudine. *L'argumentation en dialogues*. Paris : Larousse, 1996, 126 p.

Gasmi, Laroussi. *Narrativité et production de sens dans le texte coranique : le récit de Joseph*. Paris : EHESS, 1977, 293 p.

Ġazālī, Muḥammad Ibn Muḥammad Abū Ḥāmid al- (m. 1111). *Al Qisṭās Al Mustaqīm*. Abū Ḥāmid Al Gazālī ; Qaddama Lahu Wa Dayyala-Hu… Fikṭūr Salḥat. Beyrouth : Maṭba'ā Al Kaṯūlikiyya, 1959, 104 p. Nouvelle Réédition de la traduction de Victor Chelhot, *La Balance juste ou La connaissance rationnelle chez al Ghazali : Étude, introduction et traduction du 'Qistâs Al Mustaqîm'*. Paris : Iqra, 1998, 247 p.

Ġazālī, Muḥammad Ibn Muḥammad Abū Ḥāmid al- (m. 1111). *Iḥyā' 'Ulūm al-Dīn : Lil-Imām al-Ġazālī*. Beyrouth : Dār al-Kutub al-'Ilmiyya, 5 vols, 1992.

Geiger, Abraham. *Was hat Mohammed aus dem Judenthume aufgenommen?* Eine von der Königl. Preussischen Rheinuniversität gekrönte Preisschrift. Bonn : F. Baaden, 1833, v + 215 p.

Geyer, Rudolph Eugen. « Zur Strophik des Qurâns », *WZKM*, 22 (1908), p. 266–286.

Geyer, Rudolph Eugen. *Die Propheten in ihrer ursprünglichen Form. Die Grundgesetze der ursemitischen Poesie erschlossen und nachgewiesen in Bibel, Keilinschriften, und Koran und in ihren Wirkungen erkannt in den Chören der griechischen Tragödie*. Wien : Alfred Hölder, 1896, p. 20–60.

Gilliot, Claude. « Creation of a Fixed Text », *in* McAuliffe, Jane D. (ed.), *The Cambridge Companion to the Qur'ān*, 2006, p. 41–57.

Gilliot, Claude. « Langue et Coran : une lecture syro-araméenne du Coran », *Arabica*, L (2003/3), p. 381–393.

Gilliot, Claude. « Les informateurs juifs et chrétiens de Muhammad. Reprise d'un problème traité par Aloys Sprenger et Theodor Nöldeke », *JSAI*, 22 (1998), p. 84–116.
Gilliot, Claude. « Origines et fixation du texte coranique », *Études*, CCCCIX/12 (2008), p. 643–652.
Gilliot, Claude. « Une reconstruction critique du Coran ou comment en finir avec les merveilles de la lampe d'Aladin », in Kropp, Manfred (ed.), *Results of Contemporary Research on the Qur'ān*, 2007, p. 33–137.
Gilliot, Claude. *Exégèse, langue et théologie en Islam : L'exégèse coranique de Ṭabarī*. Paris : Vrin (Études Musulmanes, XXXII), 1990, 320 p.
Gilliot, Claude; Nagel, Tilman (dir.). *Les usages du Coran : Présupposés et méthodes. Formgebrauch des Korans : Voraussetzungen und Methoden*. Actes du colloque d'Aix-en-Provence, 3–8 Novembre 1998. *Arabica*, xlviii/3–4, pp. 315–25.
Gimaret, Daniel. *Les noms divins en islam : exégèse lexicographique et théologique*. Paris : Éditions du Cerf (Patrimoines, Islam ; 2), 1988, 448 p.
Goldziher, Ignác. *Muhammedanische Studien*. Halle a. S. : M. Niemeyer, 1889–1890, 2 vols. Vol 1: xii + 280 p.; vol 2: x + 420 p. Traduit par Léon Bercher sous le titre *Etudes sur la tradition islamique*. Paris : Adrien-Maisonneuve (Initiation à l'islam), 1952, ii + 355 p.
Goldziher, Ignác. *Vorlesungen über den Islam*. Heidelberg : Carl Winter (Religionswissenschaftliche Bibliothek ; 1), 1925, xii + 406 p. Traduit par Félix Arin sous le titre *Le dogme et la loi de l'islam : histoire du développement dogmatique et juridique de la religion musulmane*. Paris : P. Geuthner, 1958, viii + 315 p.
Graham, William Albert. *Beyond the Written Word : Oral Aspects of Scripture in the History of Religion*. Cambridge : Cambridge University Press, 1993^2, xiv + 306 p.
Greisch, Jean. *L'âge herméneutique de la raison*. Paris : Cerf (Cogitatio Fidei ; 133), 1985, 275 p.
Grémy, Jean Pierre; Le Moan, Marie-Joëlle. *Analyse de la démarche de construction de typologies dans les sciences sociales*. Paris : Université Paris-Sorbonne, Institut des Sciences Humaines Appliquées, 1977, 80 p.
Guillaume, Alfred. *The Life of Muhammad*. A translation of Ibn Ishâq's sîrat rasûl allâh with an introduction and notes by A. Guillaume. Lahore : Oxford University Press, 1955, xlvii + 813 p.
Gwynne, Rosalind Ward. *Logic, Rhetoric, and Legal Reasoning in the Qur'ān : God's Arguments*. New York : RoutledgeCurzon, 2004, xv + 251 p.
Ḫalīl, Ḫalīl Aḥmad. *Ǧadalīya al Qur'ān*. Beyrouth : Dār al Ṭalīʿā, 1977.
Hartog, François. *Le miroir d'Hérodote : essai sur la représentation de l'autre*. Paris : Gallimard (Folio/Histoire ; 101), ^{1}1980, ^{2}2001, 581 p.
Hawting, Gerald R. *The Idea of Idolatry and the Emergence of Islam : From Polemic to History*. Cambridge : Cambridge University Press (Cambridge Studies in Islamic Civilization), 1999, xvii + 168 p.
Hawting, Gerald R.; Shareef, A. Abdul-Kadar. *Approaches to the Qur'ān*. London : Routledge, (SOAS Contemporany Politics and Culture in the Middle East Series), 1993, x + 352 p.
Hilali, Asma. *Le palimpseste de Ṣanʿā' et la canonisation du Coran : nouveaux éléments*. Cahiers Gustave Glotz, XXI, 2010, p. 443–448.
Hinds, Martin. *Studies in Early Islamic History*. Ed. by Jere Bacharcah, Lawrence I. Conrad, and Patricia Crone ; with an introduction by G. R. Hawting. Princeton : Darwin Press (Studies in Late Antiquity and Early Islam ; 4), xix + 262 p.
Hirschfeld, Hartwig. *New Researches into the Composition and Exegesis of the Qoran*. London : Royal Asiatic Society (Asiatic Monographs ; 3), 1902, ii + 155 p.

Hoffmann, Thomas. « Agonistic Poetics in the Qur'ân : Self-referentialities, Refutations, and the Development of a Qur'ânic Self », *in* Stefan Wild (ed.), *Self-referentiality in the Qur'ān*, 2006, p. 39–57.

Hoffmann, Thomas. *The Poetic Qur'ān : Studies on Qur'ānic Poeticity*. Wiesbaden : Harrassowitz (Diskurse der Arabistik ; 12), 2007, XV + 192 p.

Les homélies contre les Juifs. Jacques de Saroug (éd. critique du texte syriaque inédit) ; traduction française, introduction et notes par Micheline Albert. Turnhout : Brepols (Patrologia orientalis ; 38, 1), 1976, 242 p.

Horovitz, Josef. *Jewish Proper Names and Derivatives in the Koran*. Hildesheim : Georg Olms Verlagsbuchhandlung, 1964, 83 p.

Horovitz, Josef. *Koranische Untersuchungen*. Berlin/Leipzig : W. de Gruyter & Co (Studien zur Geschichte und Kultur des islamischen Orients ; Heft 4), 1926, 171 p.

Hoyland, Robert G. (ed.). *Muslims and Others in Early Islamic Society*. Aldershot : Ashgate (The Formation of the Classical Islamic World ; 18), 2004, xxxiv + 363 p.

Hoyland, Robert G. *Seeing Islam As Others Saw It : A Survey and Evaluation of Christian, Jewish and Zoroastrian Writings on Early Islam*. Princeton : Darwin Press (Studies in Late Antiquity and Early Islam, 13), 2001, xviii + 872 p.

Ibn Al-Kalbī, Hišām Ibn Muḥammad Ibn Al-Sā'ib (m. 821?). *Das Götzenbuch : Kitāb al-Aṣnām des Ibn Al-Kalbî*. Übersetzung mit Einleitung und Kommentar von Rosa Klinke-Rosenberger; Taḥqīq Aḥmad Zakkī. Leipzig : O. Harrassowitz (Sammlung Orientalistischer Arbeiten ; 8), 1941, 142, 40 p.

Ibn Ḥanbal, Aḥmad Ibn Muḥammad (780–855). *Musnad al-Imām Aḥmad Ibn Ḥanbal : (164–241 H) / ḥaqqaqahu wa-ḫarraǧa aḥādīṯahu wa-ʿallaqa ʿalayhi Šuʿayb al-Arnaʾūṭ, ʿĀdil Muršid*. Bayrūt : Muʾassasa al-Risāla, 1999–2001, 50 vols.

Ibn Hišām, ʿAbd al-Malik (m. 834). *Das Leben Muhammed's nach Muhammed Ibn Ishâk bearbeitet von Abd el-Malik Ibn Hischâm....* Herausgegeben von Dr Ferdinand Wüstenfeld. Göttingen : Dieterich, 3 vols, 1858–1860.

Ibn Kaṯīr, ʿImād Al-Dīn Abū-l-Fidāʾ Ismāʿīl Ibn Kaṯīr al-Quršī al-Dimašqī (m. 1373). *Tafsīr al-Qurʾān al-ʿazīm*. Miṣr : Dār Iḥyāʾ al-Kutub al-ʿArabiya, 19??, 4 Vols. (598 p., 598 p., 583 p., 576, 58 p.).

Ibn Manẓūr, Abūl-Faḍl Ǧamāl al-Dīn. *Lisan al-ʿArab : Tabʿa Ǧadīda Muḥaqqaqa*. Beyrouth : Dār Ṣādr, 2000 ?, 18 Vols.

Ibn Warraq (ed.). *The Origins of the Koran : Classic Essays on Islam's Holy Book*. Amherst : Prometheus Books, 1998, 411 p.

Ibn Warraq (ed.). *The Quest for the Historical Muhammad*. Amherst : Prometheus Books, 2000, 554 p.

Ibn Warraq (ed.). *What the Koran Really Says : Language, Text, & Commentary*. Amherst : Prometheus Books, 2002, 782 p.

Imbert, Frédéric. « Le Coran dans les graffiti des deux premiers siècles de l'hégire », *Arabica*, 47 (3–4/2000), p. 381–390.

Iṣlāḥī, Amīn Aḥsan (m. 1997). *Tadabbur-i Qurʾān*. Lahore : Dār al-Išāʿat al Islāmiyya, I–IX, 1999.

Izutsu, Toshihiko. *Ethico-Religious Concepts in the Qurʾān*. Montreal : Mc Gill-Queen University Press, 2002, 284 p.

Izutsu, Toshihiko. *God and Man in the Koran*. New York : Books for Libraries (Studies in the Humanities and Social Relations – Tokyo : The Keio Institute of Cultural and Linguistic Studies, 5), 1980, 242 p. Republication de Toshihiko Izutsu, *God and Man in the Koran :*

Semantics of the Koranic Weltanschauung. Tokyo : Keio Institute Cultural and Linguistic Studies, 1964.

Jacques, François. *Dialogiques : recherches logiques sur le dialogue*. Paris : Presses Universitaires de France (Philosophie d'aujourd'hui ; 12), 1979, 422 p.

Jeffery, Arthur. « Progress in the Study of the Koran Text », *MW*, 25 (1935), p. 4–16.

Jeffery, Arthur. *Materials for the History of the Text of the Qur'ān. The Old Codices : The Kitāb al-Masāhif of Ibn Abi Dawud Together With a Collection of the Variant Readings*. Leiden : Brill (De Goeje Fund ; 11), 1937, 566 p.

Jeffery, Arthur. *The Foreign Vocabulary of the Qu'rān*. With a foreword by Gerhard Böwering and Jane Dammen Mc Auliffe. Leiden : Brill (Texts and studies on the Qur'an, 3), 2007, XX + 311 p. Republication de Arthur Jeffery, *The Foreign Vocabulary of the Qu'rân*. Baroda : Oriental Institute (Gaekwad's Oriental Series, 79), 1938, 311 p.

Jeffery, Arthur. *The Qur'ân as Scripture*. New York : R. F. Moore Co., 1952, 103 p.

Jones, Alan. *Arabic Through the Qur'ān*. Cambridge : The Islamic Texts Society, 2005, 331 p.

Kassis, Hanna E. *A Concordance of the Qur'ān*. Foreword by Fazlur Rahman. Berkeley : University of California Press, 1984, XXXIX + 1484 p.

Kazimirski, Biberstein Albin de. *Dictionnaire arabe français, qamus arabi faransi : contenant toutes les racines de la langue arabe, leurs dérivés, tant dans l'idiome vulgaire que l'idiome littéral ainsi que les dialectes d'Alger et du Maroc*. Beyrouth : Albouraq, 2004, 2 vols: 1392 p., 1638 p. [Reproduction en fac-similé de l'édition de Paris, Maisonneuve, 1860.]

Kerbrat-Orecchioni, Catherine; Gelas, Nadine; Le Guern, Michel; Gonzales-Morales, Michel (eds). *Le Discours polémique*. [Publié par le] Centre de recherches linguistiques et sémiologiques de Lyon. Lyon : Presses universitaires de Lyon (Linguistique et sémiologie), 1980, 153 p.

Kindy, Salam al-. *Le voyageur sans orient : poésie et philosophie des arabes de l'ère préislamique*. Préface d'Alain Badiou. Paris : Sindbad Actes Sud (La Bibliothèque arabe/ Hommes et sociétés), 2004, 202 p.

Kitāb al-maġāzī li-l-Wāqidī. *The kitāb al-maghāzī of Al-Wāqidī*, Muḥammad ibn ʿUmar ibn Wāqid (m. 823), Marsden Jones (éd. scientifique). London, Oxford University Press, 1966, 3 vols (xiii + 1321 p.).

Der Koran. Handkommentar mit Übersetzung von Angelika Neuwirth. Bd 2 : Mittelmekkanische Suren : Ein neues Gottesvolk. Berlin : Verlag der Weltreligionen, 2013, 750 p.

Der Koran. Herausgegeben von Rudi Paret. Darmstadt : Wissenschaftliche Buchgesellschaft (Wege der Forschung ; 326), 1975, XXV + 449 p.

Der Koran. Übersetzung von Adel Theodor Khoury ; unter Mitwirkung von Muhammad Salim Abdullah ; mit einem Geleitwort von Inamullah Khan. Gütersloh : G. Mohn, 1987, XXVIII + 578 p.

The Koran. Interpreted by Arthur J. Arberry. London : Allen & Unwin ; New York : Macmillan (Spalding library of religion), 1955, Vol. 1: Suras I–XX. Vol. 2: Suras XXI-CXIV.

Kropp, Manfred. « Tripartite, but Anti-Trinitarian Formulas in the Qur'ānic Corpus : Possibly Pre-Qur'ānic » *in* Gabriel Said Reynolds (ed.), *The Qur'ān in its historical context*, 2, 2011, p. 247–264.

Kropp, Manfred (ed.), *Results of Contemporary Research on the Qur'ān : The Question of a Historio-Critical Text of the Qur'ān*. Beyrouth : Orient-Institut ; Würzburg : Ergon in Kommission (Beiruter Texte und Studien ; Bd. 100), 2007, 198 p.

Lammens, Henri. *L'Arabie occidentale avant l'hégire*. Beyrouth : Imprimerie Catholique, 1928, 342 p.

Lammens, Henri. *Le berceau de l'islam : l'Arabie occidentale à la veille de l'Hégire*. Vol. I : *Le climat, les Bédouins*. Rome : Sumptibus Pontificii Instituti Biblici (Scripta Pontificii instituti biblici, Institut biblique pontifical), 1914, XXIII + 371 p.

Lane, Edward William. *An Arabic-English Lexicon*, vols. I–II. Cambridge : The Islamic Texts Society, 1984. Reproduction photomécanique de l'édition de Londres, Williams and Norgate, 1863–1893.

Larcher, Pierre. « Arabe préislamique, arabe coranique, arabe classique : un continuum? » *in* Karl-Heinz Ohlig, Gerd-Rüdiger Puin (eds), *Die dunklen Anfänge : Neue Forschungen zur Entstehung und frühen Geschichte des Islam*. Beitr. von Volker Popp *et. al.* Berlin : Verlag Hans Schiler, 2005, p. 248–265.

Larcher, Pierre. « Le concept de polyphonie dans la théorie d'Oswald Ducrot », *in* Robert Vion (éd.), *Les sujets et leurs discours : énonciation et interaction* : [Actes de deux journées d'École doctorale à l'Université de Provence]. Aix-en-Provence : Publications de l'Université de Provence, 1998, p. 203–224.

Larcher, Pierre. « L'expression de l'autre et de l'ailleurs en arabe classique », *Arabica* XLIX (2002/4), p. 494–502.

Larcher, Pierre. « Coran et théorie linguistique de l'énonciation », *in* Claude Gilliot, Tilman Nagel (dir.), *Les usages du Coran : Présupposés et méthodes*, 1998, p. 121–131.

Laroui, Abdallah. *Islam et Histoire : essai d'épistémologie*. Paris : Flammarion (Chaire de l'IMA, Champ Flammarion), 1999, 163 p.

Le Goff, Jacques. *Un autre Moyen Âge*. Paris : Gallimard (Quarto), 1999, 1400 p.

Lecker, Michael. *People, Tribes, and Society in Arabia around the Time of Muhammad*. Burlington : Ashgate (Variorum Collected Studies Series ; 812), 2005, 358 p.

Leehmuis, Frederick. «A Koranic Contest Poem in Sūrat Aṣ-Ṣāffāt ? », *in* Gerrit Jan Reinik, Herman L. J. Vanstiphout (eds), *Dispute Poems and Dialogues in the Ancient and Medieval Near East : Forms and Types of Literary Debates in Semitic and Related Literatures*. Leuven : Department Oriëntalistiek (Orientalia Lovaniensia analecta ; 42), 1991, p. 165–177.

Lüling, Günter. *A Challenge to Islam for Reformulation : The Rediscovery and Reliable Reconstruction of a Comprehensive Pre-Islamic Christian Hymnal Hidden in the Koran Under Earliest Islamic Reinterpretations*. Dehli : Motilal, 2003, lxviii + 580 p.

Lüling, Günter. *Die Wiederentdeckung des Propheten Muḥammad. Eine Kritik am 'christlichen' Abendland*. Erlangen : H. Lüling, 1981, p. 423 p.

Luxenberg, Christoph. *Die syro-aramäische Lesart des Koran. Ein Beitrag zur Entschlüsselung der Koransprache*. Berlin : Verlag Hans Schiler, 2004, 351 p. En version anglaise sous le titre *The Syro-Aramaic Reading of the Koran : A Contribution to the Decoding of the Language of the Koran*. Berlin : H. Schiler, 2007, 349 p.

Madigan, Daniel A. *The Qur'ân's Self Image : Writing and Authority in Islam's Scripture*. Princeton : Princeton University Press, 2001, xv + 236 p.

Mainguenenau, Dominique. *Genèses du discours*. Bruxelles : P. Mardaga (Philosophie et langages ; 3), 1984, 209 p.

Mainguenenau, Dominique. *Sémantique de la polémique : discours religieux et ruptures idéologiques au xvii*[e] *siècle*. Lausanne : L'âge de l'homme (Cheminements ; 3), 1983, 206 p.

Marrou, Henri-Irénée. *De la connaissance historique*. Paris : Editions du Seuil (Histoire ; 21), 1954, 318 p.

Marshall, David. *God, Muhammad and the Unbelievers : A Qurʾānic Study.* New York : RoutledgeCurzon, 1999, xviii + 220 p.
Masson, Denise. *Monothéisme coranique et monothéisme biblique.* Paris : Desclée de Brouwer, 1976[2], 821 p.
McAuliffe, Jane D. « Debate and Disputation », *EQ*, I (2001), p. 511–514.
McAuliffe, Jane D. « Debate With Them in the Better Way », *in* Neuwirth/Embaló/Günter/Jarrar (eds). *Myths, Historical Archetypes and Symbolic Figures in Arabic Literature*, 1999, p. 163–168.
McAuliffe, Jane D. *Qurʾānic Christians : An Analysis of Classical and Modern Exegesis.* Cambridge : Cambridge University Press, 1991, 352 p. xii + 340 p.
McAuliffe, Jane D. (ed.). *The Cambridge Companion to the Qurʾān.* Cambrigde : Cambridge University Press (Cambridge Companions to Religion), 2006, xv + 332 p.
The meaning of the Holy Qurʾān. ʿAbdullah Yūsuf ʿAlī. New ed. with rev. translation, commentary, and newly compiled. Beltsville, Md. : Amana Publications, 1996(8), I–LXII + 1759 p.
Meynet, Roland. « The Question at the Center: A Specific Device of Rhetorical Argumentation in Scripture », *in* Anders Eriksson, Thomas H. Olbricht, Walter Übelacker (eds), *Rhetorical Argumentation in Biblical Texts.* Harrisburg : Trinity Press International, 2002, p. 200–214.
Mimouni, Simon Claude. *Les Chrétiens d'origine juive dans l'Antiquité.* Paris : Albin Michel (Présence du Judaïsme), 2004, 261 p.
Mingana, Alphonse; Lewis, Agnes Smith. *Leaves From Three Ancient Qurâns : Possibly Pre-'-Othmânic ; With a List of Their Variants.* Cambridge : Cambridge University Press, 1914, p. lxv + 75 p. Republié in Ibn Warraq (ed.), *The Origins of the Koran*, 1998, p. 76–96.
Mingana, Alphonse; Lewis, Agnes Smith. « Syriac Influence on the Style of the Koran », *Bulletin of the John Rylands Library*, XI (1927), p. 77–98.
Mir, Mustansir. *Dictionary of Qurʾānic terms and concepts.* New York/London : Garland Publications (Garland Reference Library of the Humanities ; 693), XIV, 244p, 1987.
Mir, Mustansir. *Verbal idioms of the Qurʾān.* Ann Arbor : Center for Near Eastern and North African Studies, The University of Michigan (Michigan series on the Middle East ; 1), 1989, XXI + 378 p.
Moeschler, Jacques. *Modélisation du dialogue : représentation de l'inférence argumentative.* Paris : Hermès (Langue, raisonnement, calcul), 1989, 266 p.
Motzki, Harald. *The Biography of Muḥammad : The Issue of the Sources.* Leiden : Brill (Islamic History and Civilization. Studies and Texts ; 41), 2000, xvi + 330 p.
Muir, Sir William. *The Korân, Its Composition and Teaching and the Testimony It Bears to Holy Scriptures.* Kessinger publishing (Kessinger Publishing's rare reprints), 239 p. Reproduction de l'édition London : Society for Promoting Christian Knowledge, 1878, 239 p.
Nagel, Tilman. *Medinensische Einschübe in mekkanischen Suren.* Göttingen : Vandenhoeck & Ruprecht (Abhandlungen der Akademie der Wissenschaften zu Göttingen. Philologisch-Historische Klasse. Dritte Folge, Band 211), 1995, 212 p.
Neuwirth, Angelika. « Zur Archäologie einer Heiligen Schrift. Überlegungen zum Koran vor seiner Kompilation » *in* Christoph Burgmer (ed.), *Streit um den Koran. Die Luxenberg-Debatte : Standpunkte und Hintergründe* (Controverse autour du Coran. Le Débat autour de Luxenberg : points de vue et perspectives). Berlin : H. Schiler, 2005, p. 130–134.
Neuwirth, Angelika; Embaló, Birgit; Günter, Sebastian; Jarrar, Maher (eds). *Myths, Historical Archetypes and Symbolic Figures in Arabic Literature : Towards a New Hermeneutic*

Approach : Proceedings of the International Symposium in Beirut, June 25th – June 30th. Beirut : Orient-Institut der Deutschen Morgenlädischen Gesellschaft, 1999, xxii, 640 p.

Neuwirth, Angelika. « 'Oral Scriptures' in Contact. The Qur'ānic Story of the Golden Calf and its Biblical Subtext Between Narrative, Cult, and Inter-communal Debate », *in* Stefan Wild (ed.), *Self-referentiality in the Qur'ān*, 2006, p. 71–91.

Neuwirth, Angelika. « Referentiality and Textuality in Sūrat al-Ḥijr. Some Observations on the Qur'ānic 'Canonical Process' and the Emergence of a Community », *in* Issa J. Boullata (ed.). *Literary Structures of Religious Meaning in the Qur'ân*, 2000, p 143–172.

Neuwirth, Angelika. « Qur'ānic and History. A Disputed Relationship : Some Reflections on Qur'ānic History and History in the Qur'ān », *JQS*, V (2003/1), p. 1–18.

Neuwirth, Angelika; Sinai, Nicolai; Marx, Michael (eds). *The Qur'ān in Context : Historical and Literary Investigations Into the Qur'anic Milieu*. Leiden : Brill (Texts and Studies on the Qur'ān ; 6), 2009, 740 p.

Neuwirth, Angelika. *Studien zur Komposition der mekkanischen Suren*. Berlin : De Gruyter (Studien zur Sprache, Geschichte und Kultur des islamischen Orients ; 10), 1981², ix + 433 p.

Neuwirth, Angelika. *Der Koran als Text der Spätantike. Ein europäischer Zugang*. Berlin : Verlag der Weltreligionen, 2010, 700 p.

Nevo, Yehuda D.; Koren, Judith. « Methodological Approaches to Islamic Studies », *Isl*, LXVIII, 1991, p. 87–107.

Nevo, Yehuda D.; Koren, Judith. *Crossroads to Islam : The Origins of the Arab Religion and the Arab State*. Amherst/New York : Prometheus Books, 2003, viii + 452 p.

Nīsābūrī, 'Ali Ibn Aḥmad Al-Waḥidi (m. 1075). *Asbāb al-nuzūl*, Ta'līf Abī al-Ḥasan 'Alī Ibn Aḥmad al-Wāhidī al-Nīsābūrī. Beyrouth : Dār al-Kutub al-'Ilmiyya, 1978, 318 p.

Nöldeke, Theodor. « The Qur'ān », *in* Theodor Nöldeke, *Sketches from Eastern History*. Transl. J. S. Black. London : Adam and Charles Black, 1892, p. 21–59. Republié sous le titre « The Koran », in Ibn Warraq (ed.), *The Origins of the Koran*, 1998, p. 36–63.

Nöldeke, Theodor; Bergsträsser, Gotthelf; Pretzl, Otto (eds). *Geschichte des Qorāns von Theodor Nöldeke*. Bearbeitet von Friedrich Schwally. Hildesheim : G. Holms, 1981. Bd. 1: Über den Ursprung des Qorāns. – Bd. 2: Die Sammlung des Qorāns, mit einem literarhistorischen Anhang über die muhammedanischen Quellen und die neuere christliche Forschung. – Bd. 3: Die Geschichte des Qorāntexts / von G. Bergsträsser und O. Pretzl. Leipzig : T. Weicher, 1909–1938. Nous avons consulté une partie de l'ouvrage (Tome 2, éd. 1919, disponible en ligne à l'adresse : http://www.archive.org/stream/geschichtedesqor00nluoft#page/n3/mode/2up)

Novum Testamentum Graece : Novum testamentum graece cum apparatu critico ex editionibus et libris manu scriptis collecto. Stuttgart : Privilegierte Württembergische Bibelanstalt, 1898, 660 p.

O'Shaughnessy, Thomas J. *Word of God in the Qur'ān*. Second Completely Revised Edition of *The Koranic Concept of the Word of God*. Rome : Biblical Institute Press (Biblical Institute Press ; 11 a), 1984, 55 p. Réédition de l'ouvrage de 1948.

Ohlig, K. H.; von Bothmer, H. C.; Puin, G. R. « Neue Wege der Koranforschung », *in Magazin Forschung. Universität des Saarlandes* I, 1999, pp. 33–46.

Orrechioni Kerbrat, C.; Gelas, Nadine. *Le discours polémique*. Lyon : Presses Universitaires de Lyon, 1980, 153.

Paret, Rudi. *Der Koran. Kommentar und Konkordanz*. Stuttgart : Verlag W. Kohlhammer, ⁷2005, ¹1980, 555 p.

Penrice, John. *A Dictionary and Glossary of the Koran*. New York : Dover Publications, 2004, 166 p. Reproduction de John Penrice, *Dictionary and Glossary of the Koran, with Copious Grammatical References and Explanations of the Text*. London : Henry S. King, 1873.

Perelman, Chaïm; Olbrechts-Tyteca, Lucie. *Traité de l'argumentation : la nouvelle rhétorique*. Préface de Michel Meyer. 5e éd. Bruxelles : Editions de l'Université de Bruxelles (Oeuvres de Chaïm Perelman ; 1), 2000, 734 p.

Peters, F. E. « The Quest for the Historical Muḥammad », *IJMES*, XXIII (1991), p. 291–315. Rééd. *in* Ibn Warraq (ed.), *The Quest for the Historical Muḥammad*, p. 444–475.

Plantin, Christian. « Objection », *in Dictionnaire d'analyse du discours*. Patrick Charaudeau, Dominique Maingneneau *et al.* (dir.). Paris : Seuil, 2002, p. 405.

Plantin, Christian. « Des polémistes aux polémiqueurs », *in* Declercq/Murat/Dangel (eds), *La parole polémique*, Paris : Champion, 2003, p. 377–408.

Plantin, Christian. *Essais sur l'argumentation : Introduction linguistique l'étude de la parole argumentative*. Paris : Kimé (Argumentation et sciences du langage), 1990, 351 p.

Plantin, Christian. *L'argumentation : Histoire, théories et perspectives*. Paris : Presses Universitaires de France (Que sais-je ? ; 2087), 2005, 127 p.

Powers, David Stephan. *Muḥammad Is Not the Father of Any of Your Men : The Making of the Last Prophet*. Philadelphia : University of Pennsylvania Press (Divination), 2009, XVI + 357.

Prémare, Alfred-Louis de (ed.). *Les premières écritures islamiques*. Aix-en-Provence : Edisud (Revue du Monde Musulman et de la Méditerranée, 58), 1990, 156 p.

Prémare, Alfred-Louis de. *Aux origines du Coran : questions d'hier, approches d'aujourd'hui*. Paris : Téraèdre (L'Islam en débats), 2004, 144 p.

Prémare, Alfred-Louis de. *Joseph et Muhammad : le chapitre 12 du Coran : étude textuelle*. Aix-en-Provence : Publications de l'Université de Provence, 1989, 193 p.

Prémare, Alfred-Louis de. *Les fondations de l'islam : entre écriture et histoire*. Paris : Seuil (L'Univers Historique), 2002, 442 p.

Puin, G. R.. « Methods of Research on Qur'ānic Manuscripts. A Few Ideas », *in Maṣāḥif Ṣan'ā'*, Kuwait, 1985, p. 9–17.

The Qur'an. An Encyclopedia, edited by Oliver Leaman, London, Routledge, 2006, XXVII + 771p.

Qurṭubī, Abū ʿAbd Allāh Muḥammad Ibn Al-Anṣārī al- (m. 1273). *Al-Ǧāmiʿ li aḥkām al-Qur'ān*. Lī Abī ʿAbd Allāh Muḥammad Ibn Aḥmad Al-Anṣārī Al-Qurṭubī. Beyrouth : Dār al-Kitāb al-ʿArabī, 20 Vols.

Radscheit, Matthias. « Provocation », *EQ*, IV, 2004, p. 308–313.

Radscheit, Matthias. « Word of God or Prophetic Speech? Reflections on the Quranic qul-Statements », in Edzard/Szyska/Wild (eds), *Encounters of Words and Texts*, Intercultural Studies in Honor of Stefan Wild, 1997, pp. 33–42.

Radscheit, Matthias. *Die koranische Herausforderung. Die tahaddi-Verse im Rahmen der Polemikpassagen des Korans*. Berlin : Klaus Schwarz (Islamkundliche Untersuchungen), 1996, 117 p. Bulletin critique de l'ouvrage par Claude Gilliot dans *Arabica*, XLVI/2 (1998), p. 130–131.

Rahman, Fazlur. *Major themes of the Qur'ān*. Minneapolis : Bibliotheca Islamica, 1980, xvi + 180 p.

Rāzī, Muḥammad ibn ʿUmar Faḫr al-Dīn al- (m. 1210), *Al-Tafsīr al-kabīr* ; Mafātīḥ al- ġayb. Beyrouth : Dār al-kutub al-ʿilmiyya, 1990, 32 t. en 16 vol.

Retsö, Jan. *The Arabs in Antiquity : Their History from the Assyrians to the Umayyads*. London : RoutledgeCurzon, 2003, xiii + 674 p.

Rey, Alain; Rey Debove, Josette (dir.). *Le nouveau petit Robert : Dictionnaire alphabétique et analogique de la langue française*. Paris : Le Robert, 2006, XLII + 2837 p.
Reynolds, Gabriel Said. « Le problème de la chronologie du Coran », *Arabica*, LVIII/6 (2011), p. 477–502.
Reynolds, Gabriel Said (ed.). *The Qur'ān in its historical context*, 2. London : Routledge, (Routledge Studies in the Qur'ān), 2011, 538 p.
Reynolds, Gabriel Said (ed.). *The Qur'ān in its historical context*. London : Routledge (Routledge Studies in the Qur'ān), 2008, xiv + 294 p.
Reynolds, Gabriel Said. *The Qur'ān and Its Biblical Subtext*. London : Routledge (Routledge Studies in the Qur'ān), 2010, 320 p.
Ricoeur, Paul. *Du texte à l'action : essai d'herméneutique*, II. Paris : Seuil (Esprit), 1986, 405 p.
Rippin, Andrew (ed.). *The Blackwell Companion to the Qur'ān*. Malden : Blackwell Publishing, (Blackwell Companions to Religion), 2006, xiii + 560 p.
Rippin, Andrew (ed.). *The Qur'ān : Formative Interpretation*. Aldershot : Ashgate (The Formation of the Classical Islamic World ; 25), 1999, xxvii + 385 p.
Rippin, Andrew (ed.). *The Qur'ān : Style and Contents*. Aldershot : Brookfield (The Formation of the Classical Islamic World ; 24), 2001, xxxiii + 429 p.
Rippin, Andrew. « Muḥammad in the Qur'ān : Reading Scripture in the 21st Century », in Harald Motzki, *The Biography of Muḥammad*. Leiden : Brill, 2000, p. 298–309
Rippin, Andrew. *The Qur'ān and Its Interpretive Tradition*. Aldershot : Ashgate Variorum (Variorum Collected Studies Series ; 715), 2001, xix + 336 p.
Robert, André D.; Bouillaguet, Annick. *L'analyse de contenu*. Paris : Presses Universitaires de France (Que sais-je ; n° 3271), 2007³, 127 p.
Robinson, Chase F. *Islamic historiography*. New York : Cambridge University Press (Themes in Islamic History), 2003, xxv + 237.
Robinson, Neal. *Discovering the Qur'ān : A Contemporary Approach to a Veiled Text*. Washington : Georgetown University Press, 2003², 332 p.
Rodinson, Maxime. *Mahomet*. Paris : Seuil (Points Essais ; 282), 1994, 398 p.
Roellenbleck, Georg (éd.). *Le discours polémique*. Tübingen : Gunter Narr, 1985, 99 p.
Routes d'Arabie : Archéologie et histoire du royaume d'Arabie Saoudite. Al Ghabban, Ali Ibrahim; André Salvini, Béatrice *et al.* (dir.). Paris : Musée du Louvre/Somogy, 2010, 623 p.
Rubin, Uri. « Abū Lahab and sūra CXI », *in* Andrew Rippin (ed.), *The Qur'ān :Style and Contents*, 2001, p. 269–284; in *BSOAS*, 42 (1979) p. 13–28.
Rubin, Uri. *Between Bible and Qur'ān : The Children of Israel and the Islamic Self-Image*. Princeton : Darwin Press (Studies in Late Antiquity and Early Islam ; 17), 1999, xiii + 318 p.
Rubin, Uri. *The Eye of the Beholder : The Life of Muhammad as Viewed by the Early Muslims : A Textual Analysis*. Princeton : Darwin Press (Studies in Late Antiquity and Early Islam ; 5), 1995, ix + 289 p.
Rubin, Uri (ed.). *The Life of Muhammad*. Aldershot : Brookfield (The Formation of the Classical Islamic World, 4), 1998, xlvi + 410 p.
Sabbagh, Toufic. *La métaphore dans le Coran*. Université de Paris, 1943. [Edité à Paris par Adrien Maisonneuve sous le même titre, 1943, XI + 272 p.]
Sadeghi, Behnam; Bergmann, Uwe. « The Codex of a Companion of the Prophet and the Qur'ān of the Prophet », *Arabica*, LVII/4 (2010), p. 343–436.
Šarqāwī, Ḥasan Muḥammad. *Al-ǧadal fī l-qur'ān*. Alexandrie : Munšaʾa al-Maʿārif, 1986, 150 p.
Schacht, Joseph. *The Origins of Muhammadan Jurisprudence*. Oxford : Clarendon Press, 1959, xii + 350 p.

Schoeler, Gregor. *Ecrire et transmettre dans les débuts de l'islam*. Paris : Presses Universitaires de France (Islamiques), 2002, 171 p.

Sfar, Mondher. *Le Coran est-il authentique ?* Paris : Sfar & (diff) le Cerf, 2000, 158 p.

Sfar, Mondher. *Le Coran, la Bible et l'Orient ancien*. Paris : M. Sfar, 1998, 447 p.

Speyer, Heinrich. *Die Biblischen Erzählungen im Qoran*. Hildesheim : G. Olms Verlagsbuchhandlung, 1961, xiv + 509 p. Réimpr 1ère éd. 1931.

Sprenger, Aloys. *The Life of Moḥammad from Original Sources*. Allahabad : J. Warren, 1851, 210 p.

Steinschneider, Moritz. *Polemische und apologetische Literatur in arabischer Sprache, zwischen Muslimen, Christen und Juden, nebst Anhängen verwandten Inhalts*. Hildesheim : G. Olms, 1966, x + 456 p. Reproduction photomécanique, Leipzig : Brockhaus, 1877.

Suyūṭī, Ǧalāl al-Dīn ʿAbd al-Raḥmān al- (m. 1505). *Al-Itqān Fī ʿUlūm Al-Qurʾān*. Beyrouth : Dār Al Ǧīa, 1998, 2 Vols. Vol. I: 751 p. ; Vol. II: 668 p.

Ṭabarī, Muḥammad Ibn Ǧarīr Abū Ǧaʿfar al- (m. 923). *Tafsīr al-Ṭabarī*. Ǧāmiʿ al-Bayān ʿan Taʾwīl al-Qurʾān / Li Abī Ǧaʿfar Muḥammad Ibn Ǧarīr al-Ṭabarī ; Ḥaqqaqahu Wa ʿAllaqa Ḥawāšiyahu Maḥmud Muḥammad Šākir ; Raǧaʿahu wa ḫarraǧa aḥādītahu Aḥmad Muḥammad Šākir. Le Caire : Dār Al-Maʿārif, 1954–1960, 15 Vols. Vol 1 : Intr. de Ṭabarī sur le tafsir en général et commentaire de la sourate I à La Sourate II, 43 ; Vol. 2 : Jusqu'au Com. II, 123 ; Vol. 3 : Jusqu'au Com. II, 195 ; Vol. 4 : Jusqu'au Com. II, 230 ; Vol. 5 : Jusqu'au Com. II, 274 – Vol. 6 : Jusqu'au Com. III, 92 ; Vol. 7 : Jusqu'au Com. IV,7 – Vol. 8 : Jusqu'au Com. IV, 87 ; T. 9 : Jusqu'au Com. V, 5 ; Vol. 10 : Jusqu'au Com. V, 94 – Vol. 11 : Jusqu'au Com. VI, 99 ; Vol. 12 : Jusqu'au Com. VII, 100 – Vol. 13 : Jusqu'au Com. VIII, 47 – Vol. 14 : Jusqu'au Com. IX, 129 ; Vol. 15 : Jusqu'au Com. XII, 188.

Le Talmud. L'édition Steinsaltz ; Guide et lexiques par le rabbin Adin Steinsaltz. Jérusalem : FSJU, Tome I, 1994, 290 p.

Thyen, Johann D. *Bibel und Koran : Eine Synopse gemeinsamer Überlieferungen*. Köln : Böhlau (Kölner Veröffentlichungen zur Religionsgeschichte ; 19), 1989, XXIX + 397 p.

Todorov, Tzvetan. *Symbolisme et interprétation*. Paris : Seuil (Collection Poétique), 1978, 165 p.

Toelle, Heidi. *Le Coran revisité : le feu, l'eau, l'air et la terre*. Université de Provence, 1992, 329 p. Édité à Damas par l'Institut Français d'Études Arabes, sous le même titre, 1999, 288 p.

Torrey, Charles Cutler. *The Commercial Theological Terms in the Koran : A Dissertation*. Leiden : E. J. Brill, 1892, iv + 51p.

Ṭūfī, Sulaymān Ibn ʿAbd Al-Qawī (m. 1316); Heinrich, Wolfhart. *ʿAlam Al-Ǧaḏal Fī ʿIlm Al-Ǧadal*, Li-Naǧm Al-Dīn Al-Ṭūfī Al-Ḥanbalī ; Taḥqīq Wolfhart Heinrichs. Wiesbaden : Franz Steiner, (Bibliotheca Islamica ; 32), 1987, 283 + 30 p.

Tūmī, Muḥammad al- (m. 2003). *Al-Ǧadal fī l-Qurʾān al Karīm* (Dirāsāt al Qurʾāniyya ; 2), 1980, 302 p.

Urvoy, Dominique; Urvoy, Marie Thérèse. *L'action psychologique dans le Coran*. Paris : Cerf (Patrimoines, Islam), 2007, 103 p.

Urvoy, Dominique. *Les penseurs libres dans l'islam classique*. Paris : Albin Michel (Bibliothèque Albin Michel ; Idées), 1996, 261 p.

Urvoy, Marie-Thérèse. « De quelques procédés de persuasion dans le Coran », *Arabica*, XLIX (2002/4), p. 456–476.

Veyne, Paul. *Comment on écrit l'histoire*, augmenté de *Foucault révolutionne l'histoire*. Paris : Seuil, 1978 (L'univers Historique), 384 p.

Voltaire. *Œuvres complètes de Voltaire*. Basel : Imprimerie de Jean Jacques Tourneisen, vol. 47, 1787, 552 p.

Waardenburg, Jacques. « Un débat coranique contre les polythéistes », *in Ex Orbe Religionum*, Studia Geo Widengren. Lugduni Batavorum : E. J. Brill (Studies ; 22), 1972, II, p. 143–154.

Wansbrough, John. *Quranic Studies : Sources and Methods of Scriptural Interpretation*. Foreword, translations, and expanded notes by Andrew Rippin. New York : Prometheus Books, 2004, xix + 316 p.

Wansbrough, John. *The Sectarian Milieu : Content and Composition of Islamic Salvation History*. Foreword, translations, and expanded notes by Gerald Hawting. Amherst : Prometheus Books, 2006, xxii + 200 p.

Watt, William Montgomery. *Muhammad at Mecca*. Oxford : Clarendon Press, 1953, xiv + 192 p.

Watt, William Montgomery. *Muhammad at Medina*. Oxford : Clarendon Press, 1956, xiv + 418 p.

Welch, Alford. T. « Muḥammad's Understanding of Himself : the Koranic Data », *in* Richard G. Hovannisian; Speros Vryonnis Jr. (eds), *Islam's Understanding of Itself*. Malibu, CA : Undena Publications, 1983, p. 15–52.

Wellhausen, Julius. *Reste arabischen Heidentums*. Berlin : G. Reimer, 1961³, 1887¹, 250 p.

Wild, Stefan. « Self-Referentiality » *in* Oliver Leaman (ed.), *The Qur'ān : An Encyclopedia*, 2006, p. 576–579.

Wild, Stefan. « The Self-Referentiality of the Qur'ān, Sura 37 as an Exegetical Challenge » *in* J. D. McAuliffe; Barry D. Walfish; Joseph W. Goering, *With Reverence for the Word : Medieval Scriptural Exegesis in Judaism, Christianity, and Islam*. New York : Oxford University Press, 2003, p. 422–426.

Wild, Stefan (ed.). *Self-referentiality in the Qur'ān*. Wiesbaden : Harrassowitz (Diskurse der Arabistik ; 11) 2006, 169 p.

Wild, Stefan. *The Qur'ān as Text*. Leiden : E. J. Brill (Islamic Philosophy and Theology), 1996, xi + 298 p.

Yanoshevsky, Galia. « La polémique journalistique et l'(im)partialité du tiers », *Recherches en communication*, XX (2003), p. 1–12.

Zamaḫšarī, Mahmud ibn Omar al- (m. 1144). *Al-Kaššāf ʿan ḥaqāʾiq ġawāmiḍ al-tanzīl wa ʿuyūn al-aqāwīl fī wuǧūh al-taʾwīl*. Le Caire : Maṭbaʿa al-Istiqāma, 1946, 4 vols.

Zammit, Martin R. *A Comparative Lexical Study of Qur'ānic*. Leiden : Brill (Handbook of Oriental Studies. Section 1: The Near and Middle East ; 61), 2002, XIV + 658 p.

Zarkašī, Badr Al-Dīn Muḥammad Ibn ʿAbd Allāh al- (m. 1392). *Al-Burhān Fī ʿUlūm Al-Qur'ān*. Taḥqīq Muḥammad Abū-L-Faḍl Ibrāhīm, Al-Ṭabʿa Al-Tāniya. Beyrouth : Dār al-Maʿrifa, 1972, 4 vols.

Zebiri, Kate. « Argumentation », *in* Andrew Rippin (ed.), *The Blackwell Companion to the Qur'ān*, 2006, p. 266–281.

Zumthor, Paul. *Essai de Poétique Médiévale*. Avec une préface de Michel Zink et un texte inédit de Paul Zumthor. Paris : Editions du Seuil, 2ème édition (Points Essais ; 433), 2000, 619 p.

Sites internet

http://alwaraq.net/ [Accès à d'innombrables textes médiévaux en langue arabe]
http://archive.org/ [Site ressource comprenant un grand nombre d'ouvrages orientalistes]
http://bible.cc/ [Table de concordance numérique de la Bible avec traductions et commentaires]
http://corpus.quran.com/ [Texte coranique en ligne avec une concordance électronique et des analyses grammaticale, sémantique et syntaxique]
http://islamic-awareness.org/ [Site ressource et de débats sur les études coraniques contemporaines]
http://mehdi-azaiez.org/ [Site d'actualités, d'informations et de ressources sur les études coraniques contemporaines]
http://tanzil.net/ [Texte coranique en ligne avec une trentaine de traductions disponibles]

Liste des tableaux, schémas et synopse

Tableaux

Tableau 1 : Occurrences coraniques des indices dits « référentiels » — **54**
Tableau 2 : Occurrences coraniques des indices dits « contextuels » (des opposants) — **54**
Tableau 3 : Le découpage de la séquence coranique II, 30–39 — **61**
Tableau 4 : Le découpage de la séquence coranique XXIII, 81–90 — **62**
Tableau 5 : Le découpage de la séquence coranique XXIII, 81–90 (Version synthétique) — **64**
Tableau 6 : Le découpage de la séquence XXXIV, 1–6 — **76**
Tableau 7 : Part des contre-discours et de la riposte coranique dans le Coran — **91**
Tableau 8 : Répartition des contre-discours passé, présent, futur dans le Coran — **94**
Tableau 9 : Les sourates sans contre-discours — **103**
Tableau 10 : Les sourates sans contre-discours et les premières sourates du Coran selon Nöldeke — **115**
Tableau 11 : Les cinq questions argumentatives dans les sourates sans contre-discours — **116**
Tableau 12 : Essai de ré-ordonnancement des trente premières sourates — **121**
Tableau 13 : Disposition rhétorique simplifiée de deux passages coraniques — **151**
Tableau 14 : Disposition rhétorique des versets 1 à 10 de la sourate *al Furqān* — **152**
Tableau 15 : Disposition rhétorique des versets 41 à 55 de la sourate *al-wāqiʿa* — **154**
Tableau 16 : L'eschatologie coranique sans contre-discours — **166**
Tableau 17 : Le contre-discours eschatologique selon les chronologies islamique et orientaliste — **168**

Schémas

Schéma 1 : La question argumentative — **72**
Schéma 2 : Syntagmatique du discours argumentatif (C. Plantin) — **74**

Graphiques

Graphique 1 : Les cinq thèmes du contre-discours présent (répartition en %) — **93**
Graphique 2 : Les contre-discours passé, présent et futur dans le Coran (nombre par sourates) — **95**
Graphique 3 : Les Contre-Discours Rapportés Directs Présents (CDRP) — **97**
Graphique 4 : Les Contre-Discours Rapportés Directs Présents (CDRP) — **98**
Graphique 5 : Les Contre-Discours Rappwwortés Directs Présents (CDRP) selon la chronologie de Nöldeke et Schwally — **99**
Graphique 6 : Le contre-discours et la riposte coranique (Répartition dans le *muṣḥaf*) — **100**
Graphique 7 : La riposte coranique (*Qul* présent) selon la chronologie de Nöldeke et Schwally — **101**

Synopse

Index

ʿAbd al malik 42
ʿAbd al-Muṭṭalib 33
ʿAbd al-ʿUzza 33
Abraham 30 f., 92, 187, 188
Abū ǧahl 33
Abū Lahab 33 f., 39, 167
actant 73, 75
acte de louange 75
actes illocutoires 60
Adam 32, 60, 171
agonique 49, 52
agora 52
Ahl al kitāb 54
al ʾIḫlāṣ 41
al-māʾida 24
Albin, M. W. 1, 14, 55, 92, 171
Allah 31, 45, 59, 75, 123–126, 128–130, 133 f., 137 f., 145 f., 148, 161 f., 181, 184 f., 187, 190 f., 193, 195 f., 199, 201 f., 205 f., 208 f., 211 f., 215, 218, 225, 229–231, 238–240, 243, 248–250, 252, 254, 257, 261, 264, 267, 269, 281, 282
alliance 24, 47, 48, 73
allocutaire 31, 38 f., 45, 51, 60, 63, 75, 91, 93, 104, 111, 116, 120, 123, 125, 127–129, 132–134, 137, 139–141, 148, 150, 158, 163, 166 f., 172, 175, 186, 190, 210, 218, 228, 231, 236, 254, 291, 294
al-nisāʾ 23
altérité 8, 155, 290
Amari (projet) 20
ʿamr 57
analyse de contenu 69, 76–78, 291
anges 41, 57, 60, 61, 126, 224, 242
anṣar 37
Anṣārī 21
Anscombre, J. C. 63
antiquité 6, 21, 25, 43, 50
Arabie 21, 31 f., 34, 36, 44, 48, 171
archéologique 6, 19, 21
argument d'autorité 66
argumentatifs 47 f., 62, 71 f., 150, 172
argumentation 9, 45–48, 50, 61, 63, 65, 67 f., 71–75, 144, 146, f., 149, 171–173, 175, 204, 254, 271, 290, 292
argumentative 51, 63, 71–75, 109, 111–113, 122, 134, 140, 147, 163, 167 f., 170 f., 173, 185 f., 190, 203 f., 270, 272 f., 291, 294
arguments 35, 45–48, 72 f., 75, 139, 175, 294
Arkoun, M. 1, 5, 44, 55–59, 62, 67 f.
arrière discours 55, 58
aṣnām 43
assertion 75, 123–125, 127–129, 132, 146–148, 150 f., 162, 174, 204, 225, 270, 273, 275, 292
attitude 28, 36, 133, 138, 142, 159, 254
auditeur 148, 156, 173, 292
authenticité 56
Authier-Revue, J. 8
awṯān 43
āyāt 47
Azaiez, M. 19, 37
ʾĀzar 30

Badawi, E. 36
Badawi, S. M. 173
bal 62 f., 157, 188, 224, 234, 249, 277, 301, 303–306, 308–310, 312–315, 317
Banū isrāʾīl 54
Bāqi (Muḥammad Fuʾād) 31, 78, 92
Bashear, S. 35
Becker, C. H. 29, 34
bédouins 163, 182
Bell, R. 25, 93, 180, 187
Ben Taïbi (M.) 7, 8, 55, 59, 63, 75, 149, 170, 173
Bergmann, U. 19, 22
Bergsträsser, R. 15, 16, 20
Berque, J. 23, 92, 171
Bible 6, 14, 24, 25, 171, 174, 284
binarité 46
Blachère, R. 4, 15, 31, 55, 78, 124, 129, 148, 150, 152, 164, 179–289
Böwering, G. 2, 16
Bravmann, M. M. 6
Brown, P. 6
Buḫari 2
Burgmer, C. 13, 18
Burton, J. 3

Caetani, L. 16, 35
Caire 2, 7, 14, 16, 26, 78, 179, 180
califat 3
Carbone 14 22
Carlyle 5
catégorisation 66, 69, 71, 77, 291
CDCI 144, 156 , 160, 162, 292
CDCR 144, 147, 156 f., 159 f., 219 f., 225, 253, 292
CDRDP 144, 146, 156, 162, 178 f., 181–185, 187–203, 205–208, 210–216, 218–230, 233–236, 238–243, 246–250, 252 f., 256 f., 260–265, 267–269, 273–277, 279–284, 288 f., 291 f., 297, 300 f., 307, 314
CDRDPC 112
CDRDPCr 114
CDRDPD 109
CDRDPE 113
CDRDPP 111
Chabbi, J. 25, 28, 31, 41, 103, f., 180
Chaos 13, 18
Charfi, A. 1, 4
châtiment 32, 45, 65, 137, 140–142, 151, 159, 165, 167, 173, 211
Cheddadi, A. 21
christianisme 67
chronologie 58, 62, 76, 96, 102, 104, 109–116, 120 f., 147 f., 163, 165–168, 170, 172, 176, 179, 181, 184, 186, 189, 204, 209, 217–220, 222, 225, 227 f., 231 f., 236 f., 244 f., 250 f., 253 f., 256, 258, 266, 270, 272 f., 275, 282, 285–287, 294, 300, 307
communauté 26, 37, 44, 162, 218, 268
concession 63, 74, 124, 133, 146, 174, 181, 222, 292
connecteur 63
contexte 4, 7, 21, 25–27, 29, 32, 38, 41, 43 f., 48, 56, 65 f., 104, 145, 173, 175, 225, 232, 291
contre-discours 8, 9, 27 f., 49, 52 f., 55, 65, 67–72, 75, 77–79, 91 f., 94, 96, 102, 104 f., 109–116, 122 f., 127, 134, 139–141, 143–151, 156–158, 162 f., 165, 167, 170 f., 179 f., 185 f., 189, 204, 209, 217, 219, 222, 227, 231 f., 236 f., 244, 246, 251, 254, 256, 258, 266, 270, 272 f., 275, 283, 285 f., 288, 290–294, 300
Cook, M. 16, 18, 21, 35, 38
corpus 3, 8, 9, 20, 26, 29 f., 32, 37, 39, 42 f., 53, 55 f., 58-60, 66–71, 76–78, 91–94, 96, 102, 105, 109–111, 113–115, 121 f., 139 f., 147, 158 f., 163–165, 170, 176, 179–181, 290 f., 294
Crapona de C. 4, 59
credo 40, 42
Crone, P. 7, 16, 18, 21, 28, 35, 39, 40, 42 f., 139
croyance 8, 49, 59, 70, 78, 92, 123–125, 127, 133, 135, 138 f., 146, 162–164, 175, 181, 185, 190, 196, 290, 294
Croyants 9, 92, 104, 114, 142, 292
Cuypers M. 23, 24, 42, 46, 63, 150

Dascal, P. 50
Declercq, G. 50
Déroche, F. 20, 22, 43
désignation 140, 159 f., 163, 293
destinataires 52, 59 f., 63, 104, 166, 292
diachronique 23, 94, 96, 99, 163, 294
dialectique 64 f., 72, 175, 176
dialogal (modèle) 71 f.
dialogique 70, 78, 93, 291
dialogisme 53
dialogues 31, 32, 59, 174
didascalie 60
discours rapporté 1, 3–5, 7–9, 13, 15, 23, 26–28, 31, 39, 44, 46, 49–53, 55–60, 62, 64 f., 67–69, 71–79, 91–94, 96, 102–105, 109–116, 120, 122, 125–142, 144–165, 167, 170–176, 179–181, 183 f., 186, 189, 204, 209, 217–220, 222, 225, 227 f., 231 f., 236 f., 244 f., 250 f., 253 f., 256, 258, 266, 270, 272 f., 275, 282, 285–287, 290–294, 300
distance 1, 2, 4–7, 155, 158, 293
distanciation 1, 158, 293
Djaït, H. 3
Donner, F. 9, 18, 36, 37, 290
Doury, M. 71, 72
doxa 66
Dubuisson, D. 149
Ducrot, O. 59, 60, 63

Dundes, A. 2

Eemeren, F. van 72
El Yagoubi Bouderrao (M.) 23
emprunts 26
énoncé 23, 60, 63, 71, 77, 144, 146 f., 150 f., 156 f., 159, 168, 171 f., 174, 225, 272 f., 292
énoncés 8, 52, 57, 59 f., 62, 69–71, 73, 77, 91–93, 96, 104, 109, 111–114, 122, 124 f., 132, 136, 139, 143 f., 146 f., 156–160, 162, 170, 290, 292 f., 300
énonciateur 53, 59–61, 70, 78, 158, 168, 174, 292
énonciation 26, 30, 53, 58, 60, 67, 69, 73, 148, 156, 175, 292
Entzauberung 5
épigraphiques 6, 18 f., 22, 26, 29
eschatologie 9, 44, 76, 92, 104, 109, 113–116, 122, 134 f., 142, 157, 161, 163–165, 167, 171, 181, 184, 186, 189, 204, 209, 217–222, 225, 227 f., 231 f., 236–238, 244 f., 250 f., 253–256, 258–260, 266, 270–273, 275, 278–282, 285–287, 292, 294
ésotérisme 21
Ettinghaussen, R. 28 f., 33

Fātiḥa 4
Fishbane, M. 24
fragmentation 26, 30
François, F. 1, 7, 20, 22, 49
Fu'ad 3
Furqān 149–151

Gabriel 2, 3, 6, 18, 25, 36, 174, 198
Gasmi, L. 23, 60, 149, 158, 174
Ġazālī 47, 49
ǧdl 38, 54
Gelas, N. 52 f.
genre 6, 24, 26, 35, 44, 49, 50, 53, 74, 105, 144, 150 f., 172 f., 175
George, A. 22
Geyer, R. E. 13
Al Ghabban, A. I. 22
Gilliot, C. 7, 14, 16 f., 20, 30, 36, 40
Goldziher, I. 16, 34
Graham, W. A. 1, 15
graphie 70
Greisch, A. 1, 5
Greive, A. 52 f.
Grootendorst, R. 72
Guillaume, A. 34

Ḥaddād, M. 14
ḥadīṯ 2, 29, 34, 36 f., 66
ḥafd 4
Hartog, F. 1
Hawting, G. 28, 41, 43 f.
herméneutique 1, 5, 6, 13, 19, 21, 24, 56, 175
hétérogénéité montrée 53
ḥiǧāzī 22
Hilali, A. 19
Hoffmann, T. 55, 64 f.
Houdas, O. 2
Hūd 66, 92
hypocrites 41, 163

Iblīs 60, 92
Ibn Hišām 33
Ibn Manẓur 38
Ibn Sa'd 33
Ibn Warraq 6, 14–17, 20, 32, 38
identité 8, 39 f., 43 f., 123, 137, 148, 156–160, 162 f., 176, 232, 290, 293
idolâtrie 30, 41
Imbert, F. 22
Inârah 19
indice 38 f., 102, 173, 182, 218
injonction 41, 91 f., 99, 102, 105, 123, 147 f., 150, 163, 170, 185 f., 218 f., 246, 252 f., 256, 258, 283, 292
inscriptions 22, 42
interactions 25, 49–52, 59–61, 69 f., 73, 76, 93, 174
interactions verbales 61, 174
interdiscours 50
interlocuteur 52, 72 f.
interprétation 1, 24 f., 57, 64, 70 f., 102
interrogation 32, 56, 62 f., 68, 131, 136, 147 f., 155, 292
intertextualité 23
intratextualité 23
Iṣlāḥī, M. A. 32

Islam 1, 3–5, 6, 8, 15–18, 20 f., 23, 25 f., 32–37, 42–44, 46, 49, 55 f., 64–66, 68, 70, 164, 180
Israël 47, 57
Izutsu, T. 23, 38, 45, 46

Jeffery, A. 2, 4, 15 f., 186 f., 189, 204
Jenny, L. 23
Jésus 92, 198
Jones, A. 8, 78
Joseph 23, 32, 60, 64, 149, 159
judaïsme 67, 174
Juynboll, T. W. 2

Kalāla 22
Kasimirski (A. de B.) 38, 62
Kassis, H. E. 2, 92
kfr 38, 103
Kitāb al asnām 41
Koren, J. 17, 18, 35
Kropp, M. 14, 15, 41–43
kufr 38, 157

Lammens, H. 16, 34–36
Lane, E. W. 2, 38
langage 51, 56, 63, 66, 69, 72
Larcher, P. 30, 53, 55, 58–60, 63, 67 f.
lecture 1, 5, 8, 14, 23, 25, 31, 42, 45, 47, 56, 59, 63, 69, 71, 75, 77 f., 96, 113, 149, 156, 162, 167, 170, 175, 179, 293
Lessing, G. E. 1
Lewis, A. S. 20
linguistique 7, 22, 28, 30, 44, 49, 53, 55, 58–60
locuteur 59, 60, 63 f., 67, 70, 73 f., 78, 147–149, 156–158, 172–175, 181, 190, 236, 293, 294
loi 15, 48
Lot 32
louange 75, 140, 147 f., 150, 170 f., 175, 219, 253, 292
Lubnā bint Hāgir (of ḫuzāʿa) 33
Lüling, G. 16 f.
Luxenberg, C. 13, 16–19
Madigan, D. 1, 23–25, 64
Maǧūs 54, 160
Maingueneau, D. 50, 51
manuscrits 3, 6, 16, 19, 20, 22, 26, 43
Manẓūr 2, 173
Marçais, W. 2
Marshall, D. 28, 32, 40
Marx, M. 1, 25
Masʿūd 4
McAuliffe, J. D. 2, 7
mecquoises 4, 96, 104, 112, 115, 164, 180
mecquoise (Sourates) 30, 96, 99, 110–114, 147, 171 f., 179
média 104, 155
médinoises (Sourates) 104, 180
Mekke 32, 57
métatexte 24, 64 f., 75, 147, 149, 173, 175, 225, 253, 273, 292
méthodologie 47, 53, 55, 60, 67, 69
Mingana, A. 17, 20
Mir, M. 32
modalisation 157, 293
Amir Moezzi, A. A. 3, 16, 21
Moïse 32, 92, 128, 246
morphèmes 62
Motzki, H. 35
Muǧāhid 15
muḥajirun 37
Muḥammad 2, 7, 14, 17, 20–23, 31–38, 40 f., 43 f., 46, 47, 56, 59, 66 f., 78, 92, 165, 173
Munich 16
Muqaffaʿ 55
muṣḥaf 1, 3, 16, 96, 181, 184, 186, 189, 204, 209, 217–220, 222, 225, 227 f., 231 f., 236 f., 244 f., 250 f., 253, 256, 258, 266, 270, 272 f., 275, 282, 285–287, 300
mušrikūn 41, 43

nafaq 41
narratif 30, 44
Narrativité 23, 60, 149, 159, 174, 175
nās 145
Naṣārā 54, 160
Neuwirth, A. 1, 8, 13, 19 f., 25 f., 42, 44, 66, 164
Nevo, Y. 16 f., 18, 35
Noé 92

Nöldeke, T. 4, 5, 32, 77, 96, 104, 110–113, 115 f., 147, 163, 165, 167 f., 170, 172, 186, 294, 307
Noseda, N. S: 22
Nouveau Testament 6, 14, 164, 183, 185 f., 197, 209, 236 f., 244 f., 251, 255, 258, 272, 275, 282, 285, 287
numismatiques 29

objection 55, 65 f., 68, 74, 147, 164, 167, 218, 222, 227 f., 231 f., 237, 244, 251, 275, 286
Ohlig, K. H. 19 f.
opposant 8, 63 f., 70–73, 77–79, 105, 115, 122–125, 127, 129–131, 133–135, 137 f., 142, 144–146, 150–152, 155–159, 162 f., 181, 204, 216, 218, 232, 253, 266, 270, 272 f., 286, 290–293
orale 1 f., 4, 20, 69, 131
oralité 2–4
Orecchioni Kerbrat, C. 52 f.

païens 43, 163
paradoxe 9, 49, 104, 150 f., 158, 290, 293
Paret, R. 15, 31, 186 f., 194, 196, 199, 201, 203 f.
parole 1, 4, 8, 50 f., 53, 59 f., 63, 70 f., 78, 139, 150, 155 f., 158, 174, 222, 284, 290, 293
Penrice, J. 38
performativité 148
Peters, F. E. 38
Pharaon 59, 92
Plantin, C. 50, 52, 72–74, 147
poéticité 26
point focal 151
polémicité 28, 29, 51 f.
polémique 8 f., 13, 21, 24, 27–30, 32, 35, 37, 39, 41–46, 49–53, 55, 62–67, 69 f., 72, 77, 91, 102–105, 109, 114–116, 120 f., 123 f., 134, 150, 156, 168, 171–173, 175, 222, 291–294, 300
polyphonie 58–62, 64, 67 f., 70, 78, 175, 291
Powers, D. 22
prédicats 77, 115, 122, 124–128, 130–135, 137–140, 142, 162, 292
Prémare, A.-L. de 8, 21, 23, 28, 30, 32, 34, 41, 43 f., 55, 65–68, 70, 294
Pretzl, O. 15 f.
Proche-Orient 42
Prophète 4, 9, 21, 25, 28, 31 f., 35, 56 f., 59, 92, 104, 109, 111, 115 f., 122, 127–131, 139 f., 158, 161, 194, 196 f., 200, 203, 205 f., 213–215, 217, 220–224, 226–230, 233 f., 236, 240–243, 246–249, 252, 254, 256 f., 260, 262 f., 270, 274, 276, 279, 281–283, 292
Puin, G. R. 3, 16, 19 f.

qāl 41
qāla 8, 31, 55, 63, 78, 93, 145, 157, 255, 276, 305 f., 311 f., 319
qalu 145
qara'u 2
qawm 30
qirā'āt 3, 15
Q-R-' 1 f.
question rhétorique 148
questions argumentatives 69, 71 f., 76, 109, 115 f., 120, 139 f., 142, 144, 157, 161, 189, 292
qul 2, 8, 39, 41, 66, 76, 78 f., 91–93, 96, 99, 102 f., 115, 124, 148, 150, 170, 176, 291, 297
Qurayš 54, 160
qurrā' 3

Rabb 109 f.
racines 1 f., 8, 34, 38, 51, 103
Radscheit, M. 28, 30, 38, 40, 55, 65, 93
Rahman, F. 2, 110, 164
rapporté 8, 53, 55, 57, 62–65, 70 f., 75, 77–79, 109, 111–115, 123, 132 f., 139, 144 f., 147 f., 155, 158 f., 163, 175, 180, 183, 186, 204, 254, 271, 290–292
récit 2 f., 5, 16, 23, 30–32, 60, 132, 149, 159, 171
rédaction 3, 16, 26, 35, 66, 104
réfutation 45, 62, 74–77, 104, 127, 129–134, 138, 140–142, 146 f., 152 f., 157, 167 f., 181, 185 f., 189, 204, 209, 217–220, 222, 227, 231 f., 236 f., 244, 246, 251, 253, 256, 258, 270, 272, 273, 275, 283, 285 f., 288, 292, 294
Renan, E. 34

résurrection 45, 63–65, 134–136, 164 f., 167, 168, 170, 204, 217–219, 221, 225–228, 231 f., 237 f., 244 f., 250 f., 253–255, 258 f., 260, 266, 270–273, 275, 278–281, 285 f., 294
révélation 2, 30, 66, 75, 92, 120, 125, 130 f., 133 f., 139, 151, 157, 170, 179, 205, 226, 272 f., 291, 294, 300
Reynolds, G. 3, 6, 13, 15 f., 18, 25, 36, 42, 198
Rezvan, E. 22
rhétorique 8, 23 f., 26, 28, 42, 44, 47 f., 50, 55, 62 f., 72, 130, 138, 144, 147–150, 151 f., 154, 290, 292
Ricoeur, P. 1, 5, 175
riposte 8, 64 f., 67, 69 f., 72, 74–79, 91–94, 96, 102, 104, 109, 120, 139–142, 144, 147–151, 157, 163, 170, 172–175, 186, 190, 204, 209, 218 f., 222, 225, 228, 231, 236, 246, 251, 253, 256, 258, 270, 272, 283, 285, 288, 291 f.
Rippin, A. 7, 18, 25, 37, 45, 63, 66, 93
Robinson, N. 30, 44 f., 164, 179, 180
Roellenbleck, G. 51–53

Ṣābiʾūn 54, 160
Sadeghi, B. 19, 22
Satan 60 f.
Schwally, F. 4, 77, 96, 102, 104, 110, 112 f., 147, 179, 307
scribes 3
sémantique 23, 38, 45, 52, 59
séquence 30, 31, 75, 135, 144, 149–151, 170–173
séquences 29 f., 60, 74, 149, 172, 175
Sfar 4
sīra 26, 29, 34–36, 41, 44, 66
sourate 2, 4, 7, 23, 40–42, 63, 75, 77, 78, 94, 96, 99, 102, 104, 109–116, 120–123, 147, 149–152, 154 f., 167, 170–172, 179 f., 297
spéculaire 62, 151
Spitaler, A. 16, 20
stratégie 8, 23, 26, 27, 46, 49, 51, 74 f., 122, 144, 150–152, 155 f., 158 f., 163, 173 f., 290–294
šuʿayb 92
sunna 48
Suyūṭī 2 f., 39
syllogismes 47, 49, 51
symétriques 139, 150 f.
synchronique 7, 23, 94, 96, 105, 163, 294
synopse 91, 291
syntagmatique 58, 73

Ṭabarī 3
taḥaddī 30, 40
Talmud 123, 184, 189, 193, 204, 217, 222, 225, 227 f., 231 f., 237 f., 244 f., 250 f., 260, 266, 270, 273, 275, 286
théâtralisation 158, 293
théologie 40, 164
Todorov, T. 24
topoï 44
transmission 4, 20, 22, 43
Ṭūfī 49
typologie 44, 77, 147, 149, 155 f., 159, 162, 293

Ubbay 4
Unzaga, O. A. 19
Ur-Koran 17
Urvoy, D. 28, 46, 55
ʿUṯman 4

voix 35, 53, 55, 58, 60 f., 64, 68, 70–72, 78, 104, 123, 131, 150, 156, 158, 165, 174 f., 291
Voltaire 5
Von Bothmer (H. C.) 20
vulgate 4, 21, 30, 76, 78, 166, 301

Waardenburg, J. 28
Wansbrough, J. 16, 18, 28, 35–37, 43 f., 66, 93
Wāqidī 33
Ward, R. G. 28, 46, 48
Watt, M. 25, 33, 93, 187
wayl 2, 39
Welch, T. A. 37, 93
Wellhaussen, J. 34
Wells, G. A. 14
Wild, S. 16, 36, 64, 66, 93
yā ayyuhā al kafirūn 39
yā ayyuhā al-nabī 2
Yahūd 54, 160

Yanoshevsky, G. 50, 52
yaqūlūna 8, 63, 93, 124, 176, 261, 270, 305 f., 308, 314, 317, 320
Yémen 21
Zammit, M. R. 2, 38
Zarkašī 7
Zebiri, K. 28, 45, 46, 63
Zumthor, P. 5, 7

www.ingramcontent.com/pod-product-compliance
Lightning Source LLC
Chambersburg PA
CBHW070734170426
43200CB00007B/523
9783110609462